U0894166

A NEW COURSE OF INTERNATIONAL ECONOMY AND TRADE

新编国际经贸教程

主　编　陈丽珍　　副主编　陶忠元　吕　白

江苏大学出版社
JIANGSU UNIVERSITY PRESS
镇　江

图书在版编目(CIP)数据

新编国际经贸教程 / 陈丽珍主编. —镇江: 江苏大学出版社,2013.2(2019.8 重印)
ISBN 978-7-81130-447-3

Ⅰ. ①新… Ⅱ. ①陈… Ⅲ. ①国际贸易－高等学校－教材 Ⅳ. ①F74

中国版本图书馆 CIP 数据核字(2013)第 030606 号

新编国际经贸教程
XINBIAN GUOJI JINGMAO JIAOCHENG

主　　编/陈丽珍
责任编辑/顾正彤　柳　艳　朱汇慧
出版发行/江苏大学出版社
地　　址/江苏省镇江市梦溪园巷 30 号(邮编: 212003)
电　　话/0511-84446464(传真)
网　　址/http://press.ujs.edu.cn
排　　版/镇江文苑制版印刷有限责任公司
印　　刷/虎彩印艺股份有限公司
开　　本/787 mm×1 092 mm　1/16
印　　张/22.75
字　　数/560 千字
版　　次/2013 年 2 月第 1 版　2019 年 8 月第 2 次印刷
书　　号/ISBN 978-7-81130-447-3
定　　价/48.00 元

如有印装质量问题请与本社营销部联系(电话:0511-84440882)

序言

20 世纪 90 年代以来，世界经济全球化进程日渐加快，跨国公司生产经营的一体化、国际化迅猛发展，国际直接投资活跃，产业内分工与产品内分工不断深化。区域化、全球化相互促进，货物贸易、服务贸易、技术贸易快速增长，国际贸易、国际投资、国际经济合作相互融合，国际“大经贸”格局进一步凸现。同时，市场、资源、人才、技术、标准等方面的国际竞争更加激烈，各国对外经济贸易政策法规围绕着增强国家、企业的国际竞争力不断调整，世界经济贸易格局、政策措施发生了较大变化。2008 年金融危机之后，全球经贸增速放缓，保护主义再次抬头。这一切对传统国际经贸实践与体制等都产生了深刻的影响。随着我国开放型经济发展的不断深入，企业所面临的国内外竞争环境也发生了巨大的变化，社会经济发展对国际经贸人才的需求日益增加，社会各类人士对了解和掌握国际经贸基础理论与业务知识的要求也日益迫切。

根据普通本科院校培养复合型经贸管理类人才的需要，编者借鉴诸多高校相关课程教材建设的有益经验，并在原有《国际经贸教程》（立信会计出版社 2005 年出版、2008 年再版，2007 年获“江苏省评优精品教材”）的基础上，对课程内容体系进行了重新梳理与合理整合，编写了《新编国际经贸教程》一书。

本书立足于当今国际经贸的发展实践以及我国开放型经济发展中面临的新环境和新形势，广泛收集国内外最新的研究成果，兼顾货物贸易、服务贸易、技术贸易以及国际直接投资与对外经济合作，并且融理论与实务于一体。本书的编写力求突出以下特点：(1) 适用性。坚持理论与实践相结合、理论为实践服务的基本原则，理论以“经典”和“够用”为限，实务突出“应用”和“操作”，体现精练、典型、准确、务实，并且反映国际经贸实践的新发展、新规则和相关研究的新进展。(2) 启发性。以案例分析、阅读与思考等专栏形式帮助读者理清和拓宽思路，了解相关前沿动态、研究成果，增强其认识、分析和解决问题的能力。(3) 综合性。传统的企业国际化经营活动主要体现在有形商品的国际流动上，而现代企业的国际化经营越来越多地涉及商品、资金、技术、劳务等多种因素相融合的国际经贸活动。为此，本书涵盖了贸易和投资方面的基础理论知识以及货物贸易、服务贸易、技术贸易、工程承包等方面的相关业务知识，以满足当前国际经贸人才培养的新要求。

全书由陈丽珍教授担任主编，陶忠元、吕白担任副主编。具体分工为：陈丽珍教授第六、九章，陶忠元副教授第一、三章，吕白讲师第二、十章，杨丽丽副教授第四、五章，赵桂梅讲师第八章，张鸾讲师第七章。全书由陈丽珍、陶忠元负责总纂、定稿。

在本书的编写、出版过程中,编者参考和吸收了有关专家学者的最新研究成果,也得到了江苏大学出版社的大力支持,在此一并表示诚挚的谢意!

由于编者水平有限,不当和不妥之处在所难免,真诚地恳请各位专家、同仁及广大读者提出批评和建议。

编　者

2013 年 1 月

目录

第一章

导 论

国际贸易是生产力发展到一定阶段的产物。伴随着国际分工的逐步深化和世界市场的不断发展,现代国际经贸活动范围进一步拓宽,内容日益丰富。积极参与国际经贸活动不仅是各国对外经济的核心工作,也是各国经济发展的重要内容。

第一节 国际经贸概述

一、国际经贸的基本内涵

随着现代科技的不断进步,国际分工进一步深化,经济全球化趋势不断增强。经济全球化不仅扩大了世界各国间的交往范围,增进了相互之间的互利合作,加深了各国在经济贸易方面的相互依赖关系,也大大促进了要素的国际流动和合理配置,有力地推动了整个世界经济的发展和繁荣。

进入21世纪以来,融合了商品、资本、技术、劳务等多种因素的国际经贸活动更趋活跃,国际"大经贸"格局进一步凸现。从贸易内容角度看,国际贸易领域已从传统的货物进出口扩展至货物进出口、技术进出口和服务进出口三大领域。尽管货物贸易在国际贸易中仍占较大比重,但是国际技术贸易和服务贸易的发展十分迅速,速度已接近甚至超过了国际货物贸易。从国际的经济合作和联系方式看,除了贸易往来外,国际资本流动与国际融资、国际租赁、国际工程承包等发展也十分迅速。从企业国际化经营实践来看,20世纪八九十年代的企业跨国经营活动主要体现在有形商品贸易,而现代企业跨国经营活动越来越多地涉及商品、资金、技术、劳务等多种因素,并逐步呈现出替代传统货物贸易的主流地位之势。

可见,每个国家只有摆脱货物贸易这一传统国际化经营发展的狭隘思路,不断拓展对外经济交流与合作的范围,才能获得更多的发展机会。1994年,我国原外经贸部正式提出了"大经贸"战略,旨在促进外贸、外资、对外工程承包与劳务合作、对外援助、对外投资等各项外经贸业务的相互渗透与融合,推动商品、技术和服务贸易的协调发展,形成开拓国际市场的合力。实践表明,我国"大经贸"战略的成效已经开始显现。

二、国际经贸相关概念及分类

(一)国际贸易主要分类

国际贸易(International Trade)是指世界上不同国家(地区)之间进行的商品和服务的交换活动,是世界各国在国际分工的基础上进行相互联系的主要形式。由于国际贸易是一种世界性的商品和服务的交换,因此又称为世界贸易(World Trade)或全球贸易(Global Trade)。

对外贸易(Foreign Trade)是指一国(地区)与其他国家(地区)之间进行的商品和服务的交换活动。对外贸易有时也叫做国外贸易或外部贸易(External Trade),一些海岛国家则称之为海外贸易(Oversea Trade)。国际贸易与对外贸易均指跨越国界(边境)的商品和服务交换,各国(地区)对外贸易的总和构成了国际贸易。但两者的研究角度不同,国际贸易从全球范围来研究,而对外贸易从特定的国家(地区)来研究。

国际贸易涉及面广,内容复杂,形式多样,依据不同的标准,可以进行不同的分类。

1. 按商品(或服务)的移动方向可分为出口贸易、进口贸易和过境贸易

出口贸易(Export Trade)是指一国(地区)把自己生产的商品输往国(地区)外市场销售,又称输出贸易。进口贸易(Import Trade)是指一国(地区)从国(地区)外市场购进商品用以生产或消费,又称输入贸易。当某种商品从甲国经由乙国输往丙国销售,对乙国来说,这项买卖即为过境贸易(Transit Trade)。此外,从国(地区)外输入的商品,没有在本国(地区)销售,又未经加工就再出口,称作复出口(Re-export)或再输出。相反,输往国(地区)外的商品未经加工又输入本国(地区),则叫做复进口(Re-import)或再输入。

2. 按商品形态可划分为有形商品贸易和无形商品贸易

有形商品贸易(Tangible Goods Trade)是指在进出口贸易中进行的实物商品的交易,也称为有形贸易或商品贸易。有形贸易的进口和出口都要办理海关手续,并在海关的进出口统计中反映出来。

无形商品贸易(Intangible Goods Trade)是指国际贸易中进行的不具备物质形态的商品交易活动,例如技术、旅游、运输、金融、保险等方面劳务的提供和接受。无形贸易通常不办理海关手续,故在海关的进出口统计中反映不出来,而在国际收支中反映出来。

3. 按照国境和关境统计标准可以分为总贸易和专门贸易

总贸易(General Trade)以货物通过国境(边境)作为统计进出口的标准。凡进入本国(地区)国境(边境)的货物一律计入进口,离开本国(地区)国境(边境)的货物则一律计入出口。

专门贸易(Special Trade)则以关境作为统计进出口的标准。总贸易与专门贸易蕴含的经济意义有所不同,前者包括所有进入该国(地区)的商品,反映一国(地区)在国际商品流通中所处的地位。而后者只包括那些用于该国(地区)生产和消费的进口以及由该国(地区)生产和制造的商品出口,因此它主要反映一国(地区)生产者和消费者在国际贸易中所起的作用。

4. 按参与贸易的国家数目可分为双边贸易、三角贸易和多边贸易

双边贸易(Biateral Trade)是指两个国家(地区)之间的贸易活动,双方都以本国(地区)的出口支付来自对方的进口。这类方式多适用于外汇管制的国家(地区)。

三角贸易(Triangular Trade)是指通过签定协议在3个国家(地区)之间进行的贸易。此方式往往在双方贸易出现适销不对路或外汇支付困难时,而把交易活动扩大到第三个国家。

多边贸易(Multilateral Trade)是指3个以上国家(地区)间相互进行若干项目的商品交换,相互进行多边清算的贸易行为,称为多边贸易。

5. 按清偿工具的不同可分为现汇贸易、记账贸易和易货贸易

现汇贸易(Spot Exchange Trade)是指以现汇结算方式进行交易的贸易,亦称自由结汇贸易(Free-Liquidation Trade)。该方式是目前国际贸易活动中运用最普遍的一种。

记账贸易(Clearing Account Trade)是由两国政府间签订贸易协定或贸易支付协定,按照记账方法进行结算的贸易。贸易往来中不用现汇逐笔结算,而是到期一次性结清。

易货贸易(Barter Trade)是指商品交易的双方依据相互间签订的易货协定或易货合同,以经过计价的商品作为结算手段的一种交易行为。

6. 按经济发展水平可分为水平贸易和垂直贸易

水平贸易(Horizontal Trade)是指经济发展水平比较接近的国家(地区)间开展的贸易活动。发达国家之间或发展中国家之间的贸易一般都属于水平贸易。相反,垂直贸易(Vertical Trade)是指经济发展水平不同的国家(地区)间进行的贸易活动,发达国家与发展中国家之间的贸易一般属于垂直贸易。

(二) 衡量国际贸易的主要指标

1. 贸易额

贸易额又称贸易值,是用货币表示的反映贸易规模的指标,通常也可分为国际贸易额和对外贸易额。

国际贸易额(Value of International Trade)是将世界上所有国家和地区的出口额按同一种货币单位换算相加后得出的数额。由于所有国家和地区的出口也是所有国家和地区的进口,因此不能简单地把世界各国和地区的出口额与进口额进行相加,否则就会形成重复计算。由于大多数国家和地区统计出口额时以 FOB 价格计算,统计进口额时以 CIF 价格计算,而 CIF 价格又比 FOB 价格多了运费和保险费。所以,统计世界各国和地区的进口总额会大于世界出口总额。

对外贸易额(Value of Foreign Trade)也称对外贸易值,是由一国(地区)一定时期内从国(地区)外进口的商品总额加上该国(地区)同一时期向国(地区)外出口的商品总额构成。它是衡量一国对外贸易状况的重要指标。

2. 贸易量

贸易量(Quantum of Trade)是为剔除价格变动的影响,并能准确反映一国(地区)对外贸易或国际贸易的实际数量变化而确立的一个指标,它能确切地反映一国(地区)对外贸易或国际贸易的实际规模。具体计算方法是:以固定年份为基期,以报告期的价格指数去除同期的贸易总额,得出相当于按不变价格计算的贸易额,即为报告期的贸易量。计算公式分别为:

国际贸易量 = 国际贸易额/出口价格指数,

贸易量 = 进出口贸易额/进出口价格指数,

价格指数 = (报告期价格/基期价格) × 100。

由于计算贸易量可以较为真实地反映贸易实际规模变动的情况,所以,西方国家(地区)和联合国都采用这种方法来测算贸易规模。

3. 净出口与净进口

一个国家(地区)在同类产品上既有出口又有进口,当一定时期(如一年)内某种商品的出口量大于进口量时叫做净出口(Net Export),出口量小于进口量时叫做净进口(Net Import)。这两个指标都用数量加以表示,反映了一国(地区)某种商品在国际贸易中所处的地位。

4. 对外贸易差额

对外贸易差额(Balance of Foreign Trade)即一国(地区)在一定时期(如一年、半年或一季度)内商品出口总额与进口总额的差额,也称为"有形贸易差额"或"商品贸易差额"。

出口总额超过进口总额时,相差之数称为"贸易顺差"或"贸易盈余",海关统计上则称"出超"。反之,进口总额超过出口总额时,相差之数称为"贸易逆差"或"贸易赤字",海关统计上则称"入超"。如果进出口相等,则叫做贸易平衡。

贸易差额的变化反映一国(地区)经济实力和对外竞争能力的变化,同时也受经济行情的影响。它是一国(地区)在对外贸易上所处的地位是否有利的一个重要标志。贸易平衡是相对的,贸易差额的存在是经常的,但持续的、巨额的贸易差额都会对本国(地区)经济产生不利的影响。

5. 对外贸易依存度

对外贸易依存度(Degree of Dependence on Foreign Trade)也称贸易依存率,是指一国(地区)对外贸易额与国内生产总值(或国民生产总值)的比率,反映了一国(地区)国民经济对进出口贸易的依赖程度。对外贸易依存度可细分为出口依存度和进口依存度,其中,出口依存度为出口值对国内生产总值(或国民生产总值)的比率,进口依存度为进口值对国内生产总值(或国民生产总值)的比率。

由于各国(地区)经济发展的阶段不同,经济政策的不同,地理、社会、历史的条件不同,国(地区)内市场的大小不同,各国(地区)的贸易依存度有很大差异。

6. 贸易条件

贸易条件(Terms of Trade)具有多种含义,可以分别用实物形态和价格加以表现。一般的定义是:出口商品价格与进口商品价格的比率,以公式 $N=(P_X/P_M)\times 100$ 来表示,亦即净贸易条件或商品贸易条件。贸易条件还可称作"进出口交换比价",或简称为"交换比价"。当交换比价上升时,即同等数量的出口商品能换回比以前更多的进口商品,称之为贸易条件改善或好转;反之,则称为贸易条件恶化。

阅读与思考

贸易条件衡量的其他指数

① 单项因素贸易条件指数 $S=(P_X/P_M)\times Z_X$,

其中 Z_X 为出口商品劳动生产率指数。

② 双项因素贸易条件指数 $D=(P_X/P_M)\times(Z_X/Z_M)\times 100$,

其中 Z_M 代表进口商品劳动生产率指数。

③ 收入贸易条件指数 $I=(P_X/P_M)\times Q_X$,

其中 Q_X 为出口数量指数。

7. 贸易的商品结构

国际贸易商品结构(International Trade by Commodities)是指各种类别的商品在整个国际贸易额中所占比重,通常以它们在世界出口总额或进口总额中的比重来表示。

对外贸易商品结构(Foreign Trade by Commodities)是指一个国家(地区)一定时期内各种类别的进出口商品占整个进出口贸易额的份额。一个国家(地区)对外贸易商品结构,主要是由该国(地区)的经济发展水平、产业结构状况、自然资源状况和贸易政策决定的。

8. 贸易的地理方向

国际贸易地理方向(Direction of International Trade)也称为国际贸易地理分布,是指一定时期内世界各洲、各国(地区)或各个国家(地区)经济集团的对外商品贸易在整个国际贸易中所占的地位。观察和研究不同时期的国际贸易地理方向,对于我们掌握市场行情的发展变化,认识世界各国(地区)间的经济交换关系及密切程度,开拓新的国(地区)外市场,均有重要的意义。

对外贸易地理方向(Direction of Foreign Trade)也称为对外贸易的地理分布,是指一定时期内世界上一些国家(地区)的商品在某一个国家(地区)对外贸易中所占的地位,一般是以这些国家(地区)的商品在该国进出口贸易总额的比重来表示。对外贸易地理方向表明了一国(地区)同世界各国(地区)经济贸易联系的程度。

(三) 国际经贸其他相关概念

1. 国际服务贸易

国际服务贸易(International Service Trade)的概念曾是关贸总协定乌拉圭回合谈判中各国争论的焦点之一,也是理论界深化国际服务贸易探索的重要基础。按照 WTO《服务贸易总协定》中的表述,国际服务贸易包括服务的出口和服务的进口,具体体现在过境交付、境外消费、商业存在和自然人流动这 4 种情形中。国际服务贸易的内容十分广泛,分类的标准也很多。《服务贸易总协定》将国际服务贸易分为 12 大类共 142 个服务项目。

2. 国际技术贸易

国际技术贸易(International Technology Transaction)是指不同国家(地区)的企业、个人或经济组织之间以技术为对象进行的商品交易活动。它与技术转让概念既有区别又有联系,是一种有偿的技术转让形式,包括技术引进和技术出口两方面。

3. 国际投资

国际投资(International Investment)是与国内投资相对称的一种特殊形态,是指将资本从一个国家(地区)投向他国或境外某地区的经济活动,包括国际直接投资(International Direct Investment)和国际间接投资(International Indirect Investment)。其中,国际直接投资是最为常见的一种投资方式,是指一个国家(地区)的投资者(包括自然人和法人)到国(地区)外直接开办工矿企业或经营其他企业,将资本直接投放到生产经营中去并取得企业经营控制权的经济活动。

4. 国际工程承包

国际工程承包(International Contracting for Construction)是指一个国家(地区)的政府、公司、企业或项目所有人(一般称工程业主或发包人)委托国(地区)外的工程承包人负责按规定的条件承担完成某项工程任务,是包括技术、管理、劳务、设备和资金在内的一种内容复杂的国际经贸活动方式。

三、国际经贸与经济发展

从本质上看,国际经贸活动是一国(地区)经济运行超越国家范围的延伸,通过参与国际分工和利用国际市场,它构成了各国(地区)社会再生产过程的组成部分。一般来讲,开展国际经贸活动对一国(地区)经济发展的意义主要表现在以下 4 个方面:

第一,它是保证国民经济各部门平衡发展和社会再生产顺利进行的重要手段。通过国际经贸活动,可以输出本国(地区)多余的物资和闲置的要素,引进本国(地区)急需的物资和欠缺的要素,及时纠正国民经济各部门运行中的失衡。

第二,它是节约社会劳动、提高经济效益的可靠途径。通过发展国际经贸交流与合作,世界各国可以更为充分地发挥各自的比较优势,扬长补短。这样,不仅充分利用了原先闲置的生产要素,而且大大提高了生产要素的使用效率,可以节约社会劳动,增加社会商品价值总量。

第三,它是积聚发展资金、吸收先进技术的有效方法。在科学技术日新月异的今天,一国经济的较快发展,必然需要积聚充足的资金,采用先进技术,培训专门人才,收集广泛的信息。大力发展国际经贸对于上述条件的准备显然有特殊的重要意义。二战后许多国家经济的飞速发展,无不与扩大国际经贸的交流与合作有关。

第四,它是各国(地区)增加财政收入和劳动就业的重要渠道。国际经贸合作与交流在节约各国社会劳动耗费的同时,也可让各国(地区)利用引进的技术、设备发展本国(地区)生产,提高社会劳动生产率,节约原材料耗费,创造更多的价值,从而间接地增加一国(地区)的财政收入。此外,通过征收关税等税收又能直接增加政府财政收入,尤其是能增加国家(地区)经济建设与发展过程中急需的外汇收入。在促进劳动就业方面,不仅由国际经贸带动的国内经济增长创造了更多的劳动就业岗位,而且货物与服务的出口、对外工程承包等国际经贸活动也直接为各国(地区)提供了越来越多的就业机会。

四、国际经贸与对外关系

1. 国际经贸是各国(地区)对外经济关系的主要内容

伴随着国际"大经贸"格局的进一步凸现,国际经济关系已从单纯的进出口贸易发展成为全面的经济技术交流和合作,尽管传统的对外贸易在国际经济关系中仍居重要的地位,但日趋活跃的劳务、技术交流和资本流动等已经成为各国(地区)对外经贸事业发展的重要支撑力量,并成为各国(地区)对外经贸发展战略的重要组成部分。

2. 国际经贸是联系各国(地区)经济的纽带

在经济生活日益国际化的今天,世界各国(地区)大都实行了开放政策,它们在经济上的相互依赖程度日益提高。影响这种联系的因素主要包括:① 一国(地区)经济的开放程度;② 一国(地区)对外经贸的发展规模、活跃程度及其对世界经贸的影响力;③ 双边或多边经贸关系;④ 各国(地区)对外经贸政策。可见,在各国(地区)经济的联系中,国际经贸的这种纽带作用极为重要。

3. 国际经贸是各国(地区)处理政治外交事务的重要手段

国际经贸政策是各国(地区)对外政策的重要组成部分。国际经贸活动已成为各国(地区)对外政策的重要体现,成为各国(地区)进行国际政治外交斗争的重要手段,其主要表现为:① 通过对外经贸来维护本国(地区)的国家(地区)利益与集团利益,维护本国(地区)的社会经济制度。② 通过对外经贸来建立国际或地区间的经济贸易集团,以增强国际政治斗争和国际经济斗争的抗衡力量。③ 通过对外经贸政策的制定及其实施对那些违背国际法规、违背联合国宪章、实行民族歧视的国家(地区)进行制衡。④ 通过对外经贸实践改善国家(地区)间的政治、外交关系,改善国际经济环境,为本国(地区)经济发展创造良好的外部条件。

第二节 国际分工与世界市场

一、国际分工

(一) 国际分工的产生与发展

国际分工(International Division of Labor)是指世界各国(地区)之间的劳动分工,也是世界各国(地区)之间生产的专业化分工。国际分工是社会生产力和社会分工发展到一定阶段的结果,是一国(地区)内部的社会分工超越国界(边境)向纵深和广阔方向发展的产物。国际分工的演变历程大致可以分为以下几个阶段:

1. 国际分工的萌芽阶段:16 世纪到 18 世纪 50 年代

15 世纪末至 16 世纪上半叶的"地理大发现"为国际分工的形成准备了条件。16—17 世纪,分散的手工业向工场手工业过渡,资本进入原始积累时期,西欧国家推行殖民政策,出现了宗主国与殖民地之间最初的分工形式。这一时期的商品生产专业化国际分工主要是由西欧殖民者凭借强制手段和自然条件的差别造成的,是建立在工场手工业基础上的国际分工,并带有浓厚的殖民性和掠夺性。这只能是一种国际分工的萌芽,并非真正意义上的国际分工。

2. 国际分工的形成阶段:18 世纪 60 年代到 19 世纪 60 年代

从英国开始的第一次产业革命使西欧国家和美国先后确立了以机器大工业为基础的现代工厂制度,标志着资本主义制度在这些国家最终战胜了封建制度,是国际分工的真正形成时期。

机器大工业体系的建立是国际分工形成时期的最主要的标志,机器大工业条件下的廉价产品是夺取原料产地的有力武器,从而逐渐形成了以先进技术为基础的工业国与以自然条件为基础的农业国,即宗主国与殖民地附属国之间的国际分工。正如马克思所说:"一种和机器生产中心相适应的新的国际分工产生了,它使地球的一部分成为主要从事农业的生产地区,以服务于另一部分主要从事工业的生产地区。"

3. 国际分工的发展阶段:19 世纪 70 年代到第二次世界大战前

从 19 世纪 70 年代开始的第二次产业革命(又称第二次科技革命)期间,诞生了钢铁工业、冶炼工业、汽车制造业、化学工业等许多新兴的工业部门。在原来的工业国中,重工业比重逐渐增加并取代了轻工业占据主导地位,使国际分工和世界市场再一次发生了深刻的变化。19 世纪末,美国与德国在经济上发展迅速,而英国发展较缓慢,因此,国际分工的中心从英国转变为一组国家,这些国家的工业生产各有侧重,例如美国专门从事电气化生产和汽车制造等;德国主要从事染料、药品等化学工业生产;比利时专门生产钢铁;挪威专门生产铝等。殖民地和附属国原来是工业国的食品和原料供应地,由于科技进步以及新的生产部门的出现,工业国对殖民地的原料和其他矿产品进行大规模采掘,以满足工业国对各种农矿原料的巨大需求。这样,在世界各国(地区)之间,形成了门类比较齐全的国际分工体系。

4. 国际分工的深化阶段:第二次世界大战结束以来

二次大战结束后,以电子计算机、原子能、宇宙航空、汽车、飞机、生物工程、精细化工、新型材料为主要标志的第三次产业革命迅猛兴起,一系列新兴产业部门由此诞生,新型产品层出不穷,从而推动了国际分工体系的进一步完善和深化。

当代国际分工的深化主要表现为:第一,国际分工体系开始从产业间的分工转向产业内部的分工,并进一步演变成国际商品生产的产品内专业化分工、零部件专业化分工和工艺专业化分工。例如,一架波音 B-747 飞机上共有 450 万个零部件,这些众多的零部件都是由分散在许多国家(地区)的许多工厂协作制造的。第二,形成了以自然资源优势、生产成本比较优势和竞争优势为基础的国际专业化分工体系。第三,发达国家与发展中国家之间的第二产业与第一产业的分工开始转向第三产业与第二产业的分工。发达国家逐渐把化学工业、机械加工业、钢铁工业转移到发展中国家,而自己却主要从事高新技术产业和产品的开发与生产,如生物化学技术、合成材料技术等。"工业欧美、原料亚非拉"的旧式分工格局有了明显的改变,发达国家与发展中国家之间的分工,由传统的工业和农矿业的分工变成了现代服务业与工业制造业之间的分工、高新技术产业和一般加工工业之间的分工以及技术密集型产品与资本密集型产品、劳动密集型产品之间的分工。

(二) 国际分工的类型

1. 垂直型国际分工、水平型国际分工和混合型国际分工

按参加国际分工国家的自然资源和原材料供应、生产技术水平和工业发展情况的差异,可划分为垂直型国际分工(Vertical International Division of Labour)、水平型国际分工(Horizontal International Division of Labour)和混合型国际分工(Mixed International Division of Labour)3 种不同类型的国际分工形式。

垂直型国际分工是指经济技术发展水平相差悬殊的国家(如发达国家与发展中国家)或地区之间的国际分工,具体表现为两种情形:一种是指部分国家(地区)供给初级原料,而另一部分国家供给制成品的分工形态;另一种是指同一产业内技术密集程度较高的产品与技术密集程度较低的产品之间的国际分工,或同一产品的生产过程中技术密集程度较高的工序与技术密集程度较低的工序之间的国际分工,这是相同产业内部因技术差距所引致的国际分工。迄今为止,工业发达国家从发展中国家进口原料而向其出口工业制成品的情况依然存在,垂直型的国际分工仍然是工业发达国家与发展中国家之间的一种重要的分工形式。

水平型国际分工是指经济发展水平相同或接近的国家(如发达国家以及一部分新兴工业化国家)或地区之间在工业制成品生产上的国际分工。当代发达国家的相互贸易主要是建立在水平型国际分工的基础上的。水平分工可分为产业内与产业间水平分工。随着科学技术和经济的发展,工业部门内部专业化生产程度越来越高,部门内部的分工及产品零部件的分工、各种加工工艺间的分工也越来越细。

混合型国际分工是把"垂直型"和"水平型"结合起来的国际分工方式。德国是"混合型"的典型代表。它对第三世界是"垂直型"的,从发展中国家进口原料,对其出口工业品;而对发达国家则是"水平型"的,主要是进口机器设备和零配件,其对外投资也主要集中在西欧发达的资本主义国家。

2. 产业间国际分工、产业内国际分工和产品内国际分工

按分工是在产业之间或产业内部还是在产品生产环节内部,可以划分为产业间国际分工(Inter-industry Division of Labour)、产业内国际分工(Intra-industry Division of Labour)和产品内国际分工(Intra-product Division of Labour)。

产业间国际分工是指不同产业部门之间生产的国际专业化。第二次世界大战以前,国际分工基本上是产业间国际分工,表现在亚非拉国家(地区)专门生产矿物原料、农业原料及

某些食品,欧美国家专门进行工业制成品的生产。

产业内国际分工是指产业内各部门之间的生产专业化。二战后发生的第三次科学技术革命对当代国际分工产生了深刻的影响,使国际分工的形式和趋向发生了很大的变化,突出地表现为国际分工的形式从过去的产业间专业化向产业内专业化方向转变。这主要是由于科技进步使产业各部门之间的级差化不断加强,不仅产品品种规格更加多样化,而且产品的生产过程也进一步复杂化。这就需要采用各种专门的设备和工艺,以达到商品的特定技术要求和质量要求,一般来说,所需专用设备的数量不多,但精度要求较高。同时,为了达到产品的技术和质量要求,还必须进行大规模的科学实验和研究,这就需要大量的科研费用。在这种情况下,只有进行大规模生产才能获利。但一国(地区)的市场和资金设备以及技术力量是有限的,这就促使各国(地区)产业内部的生产专业化迅速得到发展。

产业内国际分工主要有3种常见情形:一是同类产品不同型号规格的专业化分工,是在某些部门内某种规格产品的国际生产专业化,是产业内国际分工的一种表现形式。二是零部件专业化分工,是指一国(地区)为其他国家(地区)生产最终产品而进行的配件、部件或零件的生产专业化。这种国际生产专业化目前在许多种产品的生产中广泛发展。三是工艺过程专业化分工。这种专业化过程不是生产成品而是专门完成某种产品的工艺,即在完成某些工序方面的专业化分工。

产品内国际分工是当代国际分工不断演变所呈现出来的一个新特征,它是指产品生产过程所包含的不同工序和区段被拆散分布到不同国家(地区)进行,形成以工序、区段、环节为对象的国际分工体系。产品内国际分工基于同一产品的不同阶段的垂直分离,体现了国际分工从产品深入到工序的变化。产品内国际分工是产业内国际分工进一步深化的结果,也是产业内国际分工条件下更为细化的一种分工情形。产品内国际分工的日益扩展,引发了中间产品贸易规模的不断扩张。

(三)国际分工对国际贸易的影响

国际分工的不断发展对国际贸易的产生及其演变具有十分重要的作用,具体表现在以下几方面:

1. 加快了国际贸易的发展速度

由于国际分工的深化和扩大,生产的各个环节已变成全球范围内的生产活动,国际贸易增长速度超过了世界工业的增长速度,世界出口额在世界国民生产总值中所占比重大幅度提高,世界各国间的经济联系更加紧密。据WTO统计,2011年国际货物贸易规模(出口额)达到182 170亿美元。2005—2011年,国际货物贸易额年均增长达到10%。国际贸易的快速发展、贸易依赖程度的提高,说明了国际分工的演变与深化对国际贸易和世界经济的发展产生了巨大的促进作用。

2. 促使国际贸易结构的重大变化

随着现代国际分工从“垂直型”向“水平型”和“混合型”转变,国际贸易中的商品结构也发生了重要变化。工业制成品贸易规模不断扩大,产业内贸易和中间产品贸易比重不断提升。同时,由于国际分工的进一步延伸,技术贸易、服务贸易也得到了迅速的发展。据WTO统计,2011年国际服务贸易规模(出口额)达到41 490亿美元,2005—2011年国际服务贸易额年均增长达到9%。

3. 对国际贸易区域分布和地理方向产生了重大影响

第二次世界大战后，由于国际分工由“垂直型”分工为主转变为以“水平型”和“混合型”分工为主，加之发展中国家同发达国家间的国际分工也多在工业范围内进行，因此，发达国家成了国际分工的中心，而且还占据了绝大部分世界市场，成为世界贸易的主角。在2010年全球货物贸易前十位排名中，除了中国位居第二之外，其余分别为7个发达国家和2个新型工业化国家。而且，发达国家之间的相互贸易也占据了较高比重，2010年有71%的欧盟货物出口流向了所在的欧洲地区。

4. 加剧了利益分配的失衡

在国际贸易中，发达国家经济实力雄厚、资金多、劳动生产率高、产品成本低，在国际分工中能获得更多的比较利益，而且新技术革命使得发展中国家原有的劳动力优势、资源优势、能源优势逐步丧失。发达国家的技术优势已成为从发展中国家攫取利润的重要手段，发展中国家贸易条件恶化日益明显，贸易的国别地位呈现出较为明显的不平衡。

5. 使贸易依存度不断提高

随着国际分工的发展，尤其是第二次世界大战后国际分工的深入发展，整个世界的贸易依存度都在不断提高。世界货物出口依存度已从1950年的8%提高到2000年的20%左右，2004年、2005年、2006年又分别上升至22.4%，23.4%和25.8%，2010年和2011年分别为24.6%和23.1%。这表明二战后国际分工的深化使各国（地区）经济国际化的趋势不断加强。

二、世界市场

（一）世界市场的含义和特点

世界市场是世界各国商品和服务交换的场所，也是指世界商品和服务交换关系的总和。它是商品经济在世界范围内发展的结果，始终同国际分工和国际贸易紧密联系在一起。世界市场由各贸易国（地区）的市场构成，是联系各国（地区）商品流通领域的纽带。

根据不同的需要，可以对世界市场作很多分类。如可按地区划分，包括按国别（地区）、洲别或特定区域划分；也可按商品划分，包括按商品大类或按具体商品和品种划分等。

（二）世界市场的形成与发展

世界市场作为国际商品和服务交换的场所，是在各国（地区）内市场和区域性国际市场的基础上形成和发展的。

世界市场萌芽于16世纪至18世纪，地理大发现促进了世界市场在全球的萌芽。由于西欧封建制度迅速瓦解，资本主义生产关系逐步建立，工场手工业得到很大发展，商品经济活动急剧扩大。欧洲殖民者利用暴力和强制手段征服了非洲、拉丁美洲以及亚洲，开始形成宗主国与殖民地之间的国际分工，这在客观上加强了世界各国的经济联系，推动了国际商品流通活动。于是，初步的世界市场开始出现。

18世纪60年代至19世纪70年代，产业革命加快了世界市场的发展。18世纪60年代以后，英国产业革命所建立起的机器大工业，引发了资本主义生产的根本变革，形成了以英国为中心的世界市场。到19世纪中期，美、德、法等资本主义国家的工业发展迅猛，世界市场又得到很大发展，市场规模和容量迅速扩增，卷入世界市场的国家（地区）日益增多。

19世纪末至20世纪初，第二次科技革命的发生、资本输出的加强和国际分工的进一步发展,促成了以发达国家为中心的统一的世界市场体系。

(三)当代世界市场的主要特征

二战后,第三次科技革命的兴起、世界政治经济的重大调整以及国际分工、社会生产力的新发展使世界市场也发生了许多新的重要变化,形成了一些新的特征。

1. 参与国际经贸竞争的国家(地区)日益增多、世界市场不断扩大

二战后,一些社会主义国家出现在世界市场上。随着殖民统治的崩溃,100 多个发展中国家也以独立主权国家的身份参与到世界市场的竞争中。发达资本主义国家仍然是世界市场的主体,在全球国际贸易中的比重达 70% 以上,发展中国家居于次要的地位。

随着经济全球化的发展,世界市场在不断扩大,且国际经济贸易合作方式日趋多样化。国际货物贸易额从 1950 年的 607 亿美元增长到 2011 年的 182 170 亿美元,增长近 300 倍。世界货物贸易增长率一直高于世界商品生产的增长率。世界市场上交换的内容不仅限于商品,而且也越来越多地延伸到服务、知识产权等。随着第三产业的兴起,金融、保险、旅游、信息咨询等服务贸易已成为国际贸易领域中重要的组成部分。科技革命的不断深入和知识经济的到来,使得高科技产品大量进入世界市场,技术贸易也迅速发展。

国际经济合作方式的多样化也促进了国际贸易方式的多样化。二战后,出现了许多新的贸易方式,如对销贸易、寄售贸易、补偿贸易、加工贸易、租赁贸易等。

2. 世界市场全方位开放、集团化趋势不断加强

世界市场的全方位开放使每个国家和地区、每个厂商以及众多商品和劳务都可以进入市场进行交换,但这只是入门券,能否占一席之地、处于何地位则视其产品竞争力而定。世界市场的全方位开放不仅使 IBM、微软、丰田、摩托罗拉这样的商业巨子可以在世界市场上销售其产品,也使中小企业、手工作坊在世界市场上找到了合适的位置。世界市场的开放性也使商品琳琅满目、无所不有。

同时,集团化趋势也在不断发展。由于垄断的加强、跨国公司的大量出现以及经济集团化趋势的不断增强,在“封闭市场”上进行的贸易份额正在日益增加,2010 年欧盟货物出口额的 65% 就发生在内部成员国之间。集团化在世界市场中有两种表现:一是国家(地区)的集团化。其特点是内部贸易自由化,对外统一排斥、限制外国(地区)商品的进入,并与某些集团外的国家(地区)结成特殊伙伴关系,如欧盟与非洲、加勒比地区、太平洋地区的发展中国家建立的集团关系。二是企业集团化趋势。这一趋势在 20 世纪 90 年代以来愈演愈烈,如波音与麦道、花旗银行与旅行者集团之间的合并,谷歌收购摩托罗拉移动等。企业集团化的特点是交易市场内部化、技术转让内部化等。

3. 世界市场商品结构发生较大变化

二战后,尤其自 20 世纪 80 年代以来,各国工业制成品贸易发展速度加快,工业制成品在全球商品贸易中的比重发生了较大变化,服务贸易加速发展。2011 年,全球货物出口贸易额与服务出口贸易额两项合计已超过 22 万亿美元。与此同时,贸易结构也发生了变化,主要表现为以下几方面:

(1)工业制成品贸易比重迅速上升,居于主要地位,初级产品贸易比重下降。据联合国统计,1953 年工业制成品贸易比重为 50.3%,初级产品贸易比重为 49.7%,几乎是平分秋色。1973 年、1987 年和 2003 年工业制成品贸易比重已分别上升到 62%,72% 和 79%,初级产品贸易比重分别下降至 38%,28% 和 21%。到 2006 年,全球制成品贸易已占 70.1%,其

中,北美、欧洲和亚洲的工业制成品出口分别占同期出口贸易总额的70%,80%和84%。即便是刚刚经历全球性经济危机之后的2010年,工业制成品国际贸易总额也达到了99 620亿美元,约占当年全球货物贸易总额的65.3%。

(2) 机械、电子、运输设备等产品在工业制成品贸易中的比重迅速增长。在工业制成品贸易中,机械、电子元器件、电子产品、运输设备所占比重迅速增长。1953年,包括运输设备在内的机械产品在世界出口总额中所占比重为17.4%,1975年上升到27.9%,1984年已达到29.4%,1995年大约为37%,2010年达到51 458亿美元,约占当年世界出口总额的1/3,是2000年的2倍。

(3) 燃料在初级产品贸易中所占比重上升。二战后,在初级产品贸易中,燃料所占比重一直呈上升趋势,从1955年的22.2%上升到1970年的27%,1987年达39.9%。从1970—1980年,燃料贸易增长速度平均达32.8%,其中发达市场经济国家为28%,发展中国家为34.4%。1980—1992年,发达市场经济国家年平均增长速度达1.5%。自2000年以来,燃料贸易继续呈快速增长态势,2000年为6 675.42亿美元,2008年、2009年、2010年分别达到28 661亿美元、18 103亿美元和23 480亿美元。以2010年为例,欧、美、日、中、韩、印度等国燃料进口贸易额位居前列,分别约占2010年全球燃料贸易额的31.3%,15.4%,8.4%,8%,5.3%和4.6%。

(4) 服务贸易规模扩大、增长迅速。二战后商品贸易的发展、对外直接投资的扩大,以及世界性经济结构的调整,极大地推动了世界服务贸易的发展。20世纪80年代以后,其增长率超过了商品贸易增长率。目前世界服务贸易已从原来的国际运输、旅游、金融、保险等扩大到包括科技信息、数据、计划编制、工程咨询、管理技术和培训在内的生产性服务,以及包括市场调查、广告宣传、商业信息、可行性研究、编制指标文件、提供销售和分销服务等商业性服务。1993年底乌拉圭回合谈判成功以及《服务贸易总协定》的达成,使世界服务贸易的发展上了一个新台阶。2003年世界服务贸易总额为17 630亿美元,在全球贸易总额中的比重上升到20%。2006年和2011年服务贸易总额相继上升至27 100亿美元和41 490亿美元,均占当年全球贸易总额的18%以上。

4. 世界市场上的垄断与竞争日益加剧,各国争夺世界市场的方式发生了变化

二战后,由于世界市场从卖方市场转为买方市场,各国、各企业及经贸集团为争夺世界市场展开了激烈的竞争,纷纷改变自己的竞争策略和方式,主要表现在:

(1) 借助于组成经济贸易集团,控制集团内部市场。二战后,经济贸易集团化、一体化的趋势加强。进入20世纪80年代后,经济贸易集团化的浪潮席卷全球。无论发达国家还是发展中国家,都力图通过组成经济贸易集团控制和巩固传统的出口市场。如20世纪50年代末之后成立的"欧洲经济共同体""欧洲自由贸易联盟"及20世纪80年代以来迅速壮大的"欧洲联盟""北美自由贸易区"等。

(2) 积极介入世界市场的竞争。各个国家(地区)为了争夺市场,积极参与世界市场的竞争,并为此制定各种各样的政策措施。如制定奖出限入的贸易政策,通过关税与非关税壁垒限制外国商品的进口,同时采取各种措施鼓励出口,通过资本输出等方式推动商品出口。

(3) 跨国公司通过对外投资形式进入其他国家市场。为绕过一些国家或地区的贸易限制,跨国公司通过对外投资,利用其雄厚的资本、先进的科学技术、较强的研究与开发能力开拓海外市场,并且通过横向、纵向及混合型兼并的方式,利用限制性商业做法、内部转移定价

等措施来进行竞争,保证其在国际市场上的垄断地位。

(4) 世界市场的竞争方式从以价格竞争为主转向以非价格竞争为主。价格竞争的基础是企业生产的低成本,但企业成本的降低存在一定的限制,成本降低到一定程度后便很难再降低。另外,过度的价格竞争极易引起对方国(地区)的"反倾销"或"反贴补"指控。因此,很多企业改变了在20世纪70年代以前普遍实行的以价格竞争为主的竞争方式,纷纷采取非价格竞争的形式以增强自己的竞争力。

(5) 许多国家与地区努力寻求市场多元化。在日益剧烈的竞争环境中,很多国家与地区甚至企业,越来越认识到如果市场过分地集中在某些国家或地区,则会由于政治、经济环境的变化带来较大的经营风险。为此,许多国家(地区)在出口市场及进口市场普遍采取市场多元化的战略,不断地开拓新的市场,并采取各种措施巩固和发展已占领的市场。

第三节 国际经贸发展趋势及中国对外经贸现状

一、国际经贸发展趋势

(一) 国际贸易持续增长,对经济增长的拉动作用明显

伴随着科技进步、生产力提高、国际分工深化,世界经济增长和经济全球化进程得到了明显的推进,国际贸易也实现了持续增长,1990—2008年全球贸易的年均增长速度达到了6%。WTO《2011年世界贸易报告》指出,2010年全球货物贸易额为15.2万亿美元,较2009年出现了较为明显的复苏,出口增长速度为14.5%,为该组织1950年开始此项统计以来的最高增速,并且是当年全球GDP增速3.6%的4倍多,进口增幅也达到了13.5%。而且,从1991—2011年的世界年均货物出口量增长率与GDP增长率对比来看(如图1-1所示),贸易对经济增长的带动作用十分明显,尤其是对全球经济复苏的作用功不可没,2010年全球货物贸易出口增速是GDP增速的4倍。以德国为例,2010年德国出口对国内经济增长的贡献率达到了40%。WTO公布的《2012年世界贸易报告》表明,2011年世界货物贸易继续保持增长势头,贸易规模已经超过18.2万亿美元,比2010年增长19%。然而,鉴于本轮经济危机的后续影响仍然存在,世界贸易的下行风险在近期也值得关注。

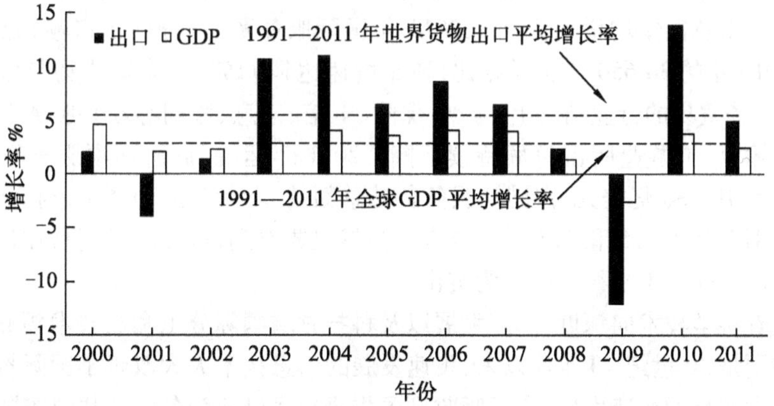

图1-1 2000—2011年世界货物出口量增长与GDP增长对比

资料来源:WTO秘书处(World Trade Report 2012)。

（二）发达国家主导国际贸易格局，中国成为其中的新生力量

尽管二战后发展中国家取得了很大的发展，但发达国家和发展中国家之间的国际贸易格局仍然留有二战之前的烙印。美、欧、日三大经济体既是世界经济的主要力量，也在国际贸易中居于主导地位。目前，发达国家已经占据世界货物出口 70% 以上的份额和服务贸易 90% 以上的份额。发达国家在与发展中国家的贸易中可以获得多重的贸易利益，即发达国家从出口工业制品与进口发展中国家初级产品的价格差异中所获得的贸易利益，发达国家的跨国公司凭借东道国优势和便利优惠在发展中国家工业制品出口贸易中占有的利益，发达国家利用其本币的国际储备货币地位从市场汇率与购买力平价差异中所得到的贸易利益。更为重要的是，发达国家通过主导区域贸易合作和控制多边贸易体制来主宰国际贸易秩序，在国际交换中获得了更为广泛的贸易利益。

中国是迅速崛起的新兴市场经济体的典型代表，是近年来国际贸易增长中最为显眼的一个"亮点"，不仅在全球贸易总量中的份额和排名不断攀升，而且对全球贸易增量的贡献也更为显著。2010 年，中国货物进出口总额达到 29 740 亿美元，比 1978 年增长了 143 倍，年均增长 16.8%；在世界货物贸易中的出口占比和进口占比分别提高到 10.4% 和 9.1%，连续两年成为世界货物贸易第一出口大国和第二进口大国。2011 年，货物进出口贸易额进一步上升至 36 420 亿美元，其中出口 18 986 亿美元、进口 17 434 亿美元。正如 WTO 总干事帕斯卡尔 · 拉米所言，中国为推动世界贸易蓬勃发展作出了巨大贡献。尤其值得一提的是，在 2009 年全球货物贸易下降 12.9% 的情况下，中国货物进口量同比增长 2.8%，进口值仍然超过 1 万亿美元，为全球经济复苏做出了积极努力。

（三）国际贸易结构渐趋高级化，服务和技术贸易较为活跃

国际贸易结构的高级化与产业结构的升级之间互为依托、相互支撑，因此，伴随全球产业结构调整的不断深入和各国产业结构的进一步优化升级，国际贸易结构的高级化趋势愈加显现。其主要表现为：在国际货物贸易中，工业制成品占比持续上升，制成品贸易中高新技术产品快速增长。根据联合国贸易和发展会议发布的统计数据，2010 年全球出口高技术密集型制成品（Manufacturers with High Skill and Technology Intensity）已达到 40 284 亿美元，约占当年世界出口总额的 1/4，分别是 1995 年和 2000 年的 3 倍和 2 倍。

同时，全球服务贸易发展势头迅猛。根据 WTO《2012 年世界贸易报告》，2005—2011 年间，全球服务贸易总额年均增速为 9%，2011 年国际服务贸易规模（出口额）已达到 41 490 亿美元，与 2010 年的 36 650 亿美元相比，环比增速达到 11%，占全球货物与服务贸易总额的 18%。在服务贸易的行业结构上，金融、保险、电信、信息、咨询等新兴服务业地位日渐凸显，传统的运输业、旅游业所占份额持续下降。2011 年运输、旅游两项服务贸易额分别为 8 550 亿美元和 10 630 亿美元，占同期服务贸易总额的 20.6% 和 25.6%，与 2006 年的贸易份额相比，分别下降了 2.5 和 1.5 个百分点。当然也要看到，世界服务贸易在加速发展的同时，地区间和部门间的不平衡性也更为突出。

此外，随着科学技术向深度、广度发展以及科技领域国际分工和高技术领域国际合作的不断加强，特别是 20 世纪 90 年代以来，飞速发展的信息技术大大改善了国际技术贸易的环境，促进了技术贸易的快速发展，广泛吸收别国先进技术已成为各国的共同选择。

（四）国际自然资源贸易活跃，备受国际组织和世界各国关注

由于自然资源在地理分布上的不均衡性、可耗竭性及其市场价格的高度波动性，又由于一些经济体对其存有高度依赖性,国际自然资源贸易成为世界经济相互依赖关系中的重要组成部分。据 WTO 统计,2008 年全球自然资源贸易总额达 3.7 万亿美元,占世界货物贸易总额的近 24%。与 1998 年相比,2008 年的自然资源贸易额增长了 6 倍多,其中的燃料占比从 1998 年的 57% 上升至 77%。2010 年,全球燃料产品贸易额为 23 480 亿美元,分别占初级产品贸易和全球贸易额的 52.3% 和 15.3%。为此,自然资源贸易越来越受到国际组织机构和世界各国的关注,2010 年 7 月 23 日 WTO 发布的《2010 年世界贸易报告》专门以资源贸易为主题,公布了全球自然资源贸易的发展状况,由此也证明了自然资源贸易的重要性与日俱增。

随着经济的进一步发展,世界各国特别是发展中国家对世界资源市场和资源性产品的依赖会进一步增大,世界资源贸易的基本格局及其趋向也将对世界经贸发展产生重要影响。

(五)贸易投资一体化趋势增强,跨国公司的主导作用日益突出

在经济全球化的推动下,生产要素特别是资本要素在全球范围内更加广泛自由地流动,跨国公司的国际化生产进一步提升,通过在全球范围内建立生产和营销网络,推动了贸易投资一体化进程,并对国际经济贸易格局产生了深刻影响。相关研究表明,跨国公司已成为全球范围内资源配置的核心力量,跨国公司掌握着全球 1/3 的生产和 70% 的技术转让,也控制着全球 2/3 的国际贸易和 90% 的外国直接投资。跨国公司产业转移不断加快,加工贸易以及中间产品、零部件贸易在国际贸易中的比重不断上升,对国际分工的深化和世界经贸的发展起到了积极的推动作用。联合国贸易和发展组织《2012 年世界投资报告》显示,2011 年跨国公司的外国(地区)分支机构在世界各地雇用的员工总数约为 6 900 万,创造销售额 28 万亿美元,附加值为 7 万亿美元,比 2010 年高出 9%。

(六)多边贸易体制面临挑战,区域经济合作势头强劲

从 2001 年启动至 2011 年,致力于从多边角度推动全球贸易的多哈回合谈判已经断断续续进行了十年。多哈回合是首轮以促进发展为使命的多边贸易谈判,也是发展中国家参与最多、贡献最大的一轮谈判。虽经发达成员和发展中成员多次磋商,但在农业和非农产品市场准入这两大关键领域存在的严重分歧一直未能消除,致使谈判中断、恢复、再中断,也由最初的 2005 年 1 月 1 日最后期限数次推迟"最后期限",这给多边贸易体系的今后走向也带来了一定程度的影响。

同时,以区域贸易安排(RTAs)或优惠贸易安排(PTAs)为主要形式的区域经济合作加速发展。截至 2011 年 5 月,在已经向世贸组织通报的 489 个区域贸易协定中,297 个正在有效实施,基本上都是近 10 多年内建立的,并呈现出一些新的趋势:① 区域贸易安排迅猛发展;② 各种区域贸易协定纷繁多样、成员交叉重叠;③ 主要贸易大国都在追求区域贸易安排的主导权;④ 区域贸易安排成员间的贸易比重进一步上升;⑤ 国家之间的竞争正在向区域经济集团之间的竞争转变,区域贸易安排已经成为各国争取市场资源、扩大发展空间、提升国际地位的战略手段。由于 WTO 成员方更热衷于区域贸易体系的构建,一些贸易协定的框架安排也已超出了传统的降低贸易和投资壁垒范围,故而对 WTO 现行多边贸易体系带来了较大的冲击。

(七)保护主义与贸易自由化并存,贸易壁垒层出不穷

在经济全球化的推动下,世界各国(地区)经贸往来愈加频繁。在多边贸易体系的有序安排和积极推动之下,贸易自由化已成为不可逆转的潮流。但是,随着国际经济与贸易规模不断扩大以及经贸发展不平衡性的加剧，保护主义与经贸摩擦产生的几率也越来越大。近些年来，由于危机之后的各国（地区）经济呈现出较为明显的不均衡性，贸易失衡和贸易分配利益的不公平有所增强，加上区域贸易集团的封闭性和排他性，造成保护主义再度泛滥。保护手段不断翻新、层出不穷，除了广泛运用传统的贸易救济措施外，各种技术壁垒均成为实施保护的新武器，知识产权纠纷成为国际贸易争端的重要内容，劳工与社会保障、资源与环境、市场体制、汇率制度等都已成为摩擦的新领域，国际经贸发展步入新一轮争端高发期。

（八）电子商务引发交易手段变革，引导国际经贸新潮流

互联网应用领域的快速扩展为国际经贸带来了深刻的变化，这种变化不但表现在国际经贸活动的完成方式上，也影响到国际经贸活动的本质内容和开展观念。电子商务问世于20世纪90年代后半期，它的出现促进了国际经贸活动的网络化、无边境化和个性化，能有效突破自然和人为限制，具有营运成本低、用户范围广、互动交流性强等特点。同时，电子商务的兴起本身也孕育着广泛的商机，特别是在美、欧、日等主要发达国家的大力推动下，电子商务已成为21世纪最具发展前途的领域之一。相关统计表明，20世纪90年代以前的全球电子市场交易额几乎可以忽略不计，但到1997年就迅速达到约300亿美元，2000年增至2 500亿美元。电子商务的运作特性及其快速发展的趋势也引起了诸多国际组织机构的关注，诸如：联合国国际贸易委员会通过了《电子商务示范法》，WTO部长级会议上通过了《关于全球电子商务宣言》，由OECD电子商务部长级会议以及电子商务全球对话形成了《巴黎倡议》，等等。

可以预料，电子商务不仅冲击着传统的国际经贸方式，也将取代传统的国际商务活动。因此，电子商务将会引发全球经贸领域的又一次洗牌。同时，电子商务以其自身的优势使信息跨国界（边境）传递和资源共享得以实现，从而使各国（地区）间的经贸联系大大加强，经贸活动效率进一步提高，加快推动经济全球化的进一步深入。

二、中国对外经贸发展的基本现状

（一）中国的对外贸易

1. 对外贸易规模持续扩大

改革开放之前，受当时特殊的历史背景和经济政策的影响，我国对外贸易的主要目的是为了调剂余缺，规模小且不稳定。改革开放之后，中国对外贸易事业蓬勃发展。1978—2011年的33年间，中国货物进出口总额增长了175倍，其中出口增长了约193倍，进口增长了159倍，进出口贸易总额、出口额、进口额的年均增长率分别为16.9%，17.3%和16.6%。这一期间，中国对外贸易增长速度远远高于世界贸易的增长速度，在世界贸易中的比重由1978年的1%攀升至2011年的10.4%左右，在全球贸易额的排名也从1978年的第32位上升到2010年的第1位。同时，对外贸易的发展速度也高于同期国内生产总值的增长速度，对外贸易增长与国内经济发展之间的联动性也逐步增强，外贸依存度从1978年的9.79%上升到2011年的50%左右。尤其在中国加入WTO之后，贸易规模扩张更为迅速，2011年的进出口贸易总额、出口额、进口额分别为2001年的7.14倍、7.13倍和7.16倍（见表1-1），中国入世10年后的进出口贸易总额、出口额、进口额的年均增长率分别为21.72%，21.7%和21.75%，均明显超越了改革开放33年的年均增长速度。

表 1-1 2001—2011 年中国进出口贸易情况

年 份	进出口额/亿美元	进出口增长/%	出口额/亿美元	出口增长/%	进口额/亿美元	进口增长/%
2001	5 097.7	7.5	2 661.5	6.8	2 436.1	8.2
2002	6 208.0	21.8	3 256.0	22.3	2 952.0	21.2
2003	8 512.1	37.1	4 383.7	34.6	4 128.4	39.9
2004	11 547.4	35.7	5 933.6	35.4	5 613.8	36.0
2005	14 221.2	23.2	7 620.0	28.4	6 601.2	17.6
2006	17 606.9	23.8	9 690.8	27.2	7 916.1	20.0
2007	21 738.3	23.5	12 180.2	25.7	9 558.2	20.8
2008	25 616.3	17.8	14 285.5	17.2	11 330.9	18.5
2009	22 072.7	-13.9	12 016.6	-16.0	10 056.0	-11.2
2010	29 727.6	34.7	15 779.3	31.3	13 948.3	38.7
2011	36 420.6	22.5	18 986.0	20.3	17 434.6	24.9

数据来源:中华人民共和国海关统计。

推动中国对外贸易规模快速扩张的动力和原因是多方面的,归纳起来主要有:① 中国经济快速增长,始终保持着7%以上的高速度。② 利用外商直接投资规模的扩大,由外商投资企业完成的进出口贸易额都已占到当年进出口贸易总额的50%以上。③ 外经贸体制的改革大大激发了外经贸经营主体的积极性。④ 政府贸易规范、激励等服务体系的完善和加强,贸易促进效应较为明显。⑤ 入世后对外贸易环境的不断改善,赢得了对等的海外市场准入和公平贸易机会。

2. 加工贸易发展迅猛

改革开放30多年来,随着国际化生产以及本国利用外资规模和制造能力的日渐提升,加工贸易方式在中国得到了迅速发展。1997年中国加工贸易出口和进口分别达到996亿美元和702亿美元,分别是1986年的17.7倍和10.5倍,年均增长速度分别高达29.9%和23.8%,使加工贸易出口与进口在全部贸易额中的比重从1986年的18.2%和15.6%上升到1997年的54.5%和49.3%。2011年,加工贸易出口和进口分别为8 354亿美元和4 698亿美元,占当年出口和进口总额的44%和27%,分别是1997年的8.3倍和6.7倍,期间的年均递增速度分别为16.3%和14.5%(见表1-2)。

表 1-2 1997—2011 年中国加工贸易统计

年 份	贸易额/亿美元	环比增长/%	所占比重/%
1997	1 698	15.0	52.2
1998	1 730	1.9	53.4
1999	1 845	6.6	51.1
2000	2 303	24.8	48.5
2001	2 414	4.8	47.4
2002	3 022	25.0	48.8
2003	4 048	34.0	47.6
2004	5 497	35.8	47.6
2005	6 904	25.6	48.5

续表

年　份	贸易额/亿美元	环比增长/%	所占比重/%
2006	8 318	20.5	47.2
2007	9 861	18.6	45.4
2008	10 534	11.0	41.1
2009	9 093	-13.7	41.2
2010	11 577	27.3	38.9
2011	13 052	12.7	35.8

数据来源：中华人民共和国海关统计。

从加工贸易方式构成来看，来料加工装配贸易进出口和进料加工贸易进出口所占的比例均呈现出逐年降低之势：来料加工装配贸易出口和进料加工贸易出口所占比例分别从2006年的9.75%和42.92%下降到2011年的5.67%和38.33%，分别下降了4.08和4.59个百分点；来料加工装配贸易进口和进料加工贸易进口所占比例也分别从2006年的9.33%和31.29%下降到2011年的5.37%和21.58%，分别下降了3.96和9.71个百分点。

我国实现加工贸易快速发展的主要原因是：① 中国充分发挥沿海地区劳动与土地资源的优势，对加工贸易实行一系列的优惠政策，有力地促进了加工贸易的发展。② 外商投资大量增加且较多地集中于加工贸易项目，尤其是日本及“四小龙”的加工贸易项目大量转移到了中国。③ 经济全球化的推进和国际分工的深化，使得传统意义上的纯粹“本国产品出口”越来越少，相反，越来越多的产品制作需要经过多个国家和地区来合作完成。

3. 出口产品结构逐渐改善

通过国内产业结构和出口商品结构优化战略的大力实施，我国出口商品结构渐趋合理。1979年的初级产品出口比重为53.6%。到2011年，初级产品出口1 005亿美元，同比增长23%，占出口总额的比重为5%；工业制成品出口17 980.5亿美元，同比增长20.2%，占比为95%。而且，在制成品出口中，除了继续保持原有劳动密集型产品的比较优势外，机电产品和高新技术产品出口的比重不断提高。2003年，机电产品出口规模首次突破2 000亿美元，出口贸易达2 274.6亿美元，占当年总出口的51.9%；高新技术产品出口规模也首次突破千亿美元大关，达1 101.6亿美元，占当年总出口的25.1%。2004年，机电产品和高新技术产品出口总额为3 234亿美元，占年度出口总额的54.5%，同比增长42.3%，全年高新技术产品出口1 655.4亿美元，同比增长50.2%。2007年完成机电产品和高新技术产品出口7 011.7亿美元和3 675亿美元，分别占当年出口总额的57.57%和30.2%。令人欣喜的是，2010年中国机电产品出口以9 334亿美元位居全球第一，同比增长30.9%，占当年出口总额的14.6%。2011年，中国机电产品的出口贸易再创辉煌，出口总额为10 854.78亿美元，同比增长16.3%。其中，高新技术产品出口总额为5 487.88亿美元，同比增长11.5%。可见，机电产品和高新技术产品已经成为推动中国外贸出口增长的重要力量。

出口产品的结构改善，既是中国30多年来工业化水平提高的结果，同时也是各项战略实施和政策扶持的结果。

4. 出口市场的相对集中

多年来，我国一直在积极推进出口市场多元化战略的施行，即在巩固既有传统市场的基础上，致力于新兴市场的不断开拓。但从对外贸易实践来看，出口市场相对集中的情况依然较为突出。我国1997年出口至亚洲与北美地区的贸易额占到出口贸易总额的78.5%，主要的出口市场有：美国、日本、韩国、德国、新加坡、荷兰以及中国台湾和香港地区等。欧洲市场的开发一度相对滞后，直至2003年欧盟才超越日本成为中国第三大出口市场。2004年，中国与主要贸易伙伴双边贸易实现全面快速增长，欧盟成为中国第一大贸易伙伴，中欧双边贸易总额达1 772.8亿美元，增长了33.6%；美国居中国第二大贸易伙伴位置，日本位居第三。除上述三大贸易伙伴外，中国与中国香港地区、东盟双边贸易总额也首次突破千亿美元大关；2007年，中国与欧盟、美国、日本、东盟、香港地区、韩国、台湾地区之间的双边贸易均保持在千亿美元以上规模，分别占当年进出口贸易总额的16.4%，13.9%，10.9%，9.3%，9.1%，7.4%和5.7%。

2011年，受欧洲债务危机的影响，我国对欧美地区出口增长有较大幅度的放缓，增速分别为16.5%和14.5%，对亚洲、拉美、非洲和澳洲等国家和地区的出口稳定增长，增幅均在20%以上，对拉美出口增幅达到32.6%。近年来，我国同拉美、非洲、大洋洲和亚洲周边国家和地区区域经济一体化步伐加快，经贸合作关系的加强，出口市场过于集中的风险有所缓解。

5. 服务贸易也有较为明显的进展

除了商品贸易以外，中国的服务贸易也有了长足的发展，在国际服务贸易进出口总额所占比重逐年攀升。1997年，中国对外经济合作合同金额为113.56亿美元，而1979年仅为0.51亿美元；1997年国际旅游收汇金额为120.7亿美元，比1985年的12.5亿美元上升了8.7倍，服务贸易已经成为中国对外贸易中的重要组成部分。2003年中国服务贸易进出口总额1 020亿美元，首次突破千亿大关，成为全球第九大服务贸易国，首次进入世界前十位。其中服务贸易出口467亿美元，同比增长18%，占全球服务贸易出口的2.7%，成为服务贸易出口最大的发展中国家，列全球服务贸易出口国第九位；服务贸易进口553亿美元，同比增长19%，占全球服务贸易进口的3.2%，是服务贸易进口最大的发展中国家，列世界服务贸易进口国第八位。2007年，中国服务贸易（不含政府服务）进出口总额首次突破2 000亿美元，达2 509.1亿美元，与1982年的44亿美元相比，增长了56倍之多。其中，出口1 216.5亿美元，进口1 292.6亿美元，逆差76.1亿美元，比上年下降14.6%，比逆差最大的2004年下降20.3%。2011年，中国服务贸易进出口总额达4 191亿美元，居世界第四位，其中服务出口1 820.9亿美元，居世界第四，服务进口2 370亿美元，居世界第三（如表1-3所示）。而同期排名全球第一的美国服务贸易总额达9 600亿美元，中国尚不到美国的一半，相比之下差距明显，但发展空间也很大。

表1-3 2001—2011年中国服务贸易进出口情况

年份	中国出口/亿美元	中国出口占世界比重/%	世界出口/亿美元	中国进口/亿美元	中国进口占世界比重/%	世界进口/亿美元	中国进出口总额占世界比重/%
2001	329	2.2	14 945	390	2.6	14 941	2.4
2002	394	2.5	16 014	461	2.9	15 793	2.7
2003	464	2.5	18 340	549	3.0	18 023	2.8
2004	621	2.8	21 795	716	3.4	21 328	3.1
2005	739	3.1	24 147	832	3.5	23 613	3.3

续表

年份	中国出口/亿美元	中国出口占世界比重/%	世界出口/亿美元	中国进口/亿美元	中国进口占世界比重/%	世界进口/亿美元	中国进出口总额占世界比重/%
2006	914	3.4	27 108	1 003	3.7	26 196	3.6
2007	1 216	3.6	34 081	1 292	4.1	31 718	3.8
2008	1 464	3.8	38 424	1 580	4.4	36 221	4.1
2009	1 286	3.8	33 860	1 581	4.9	32 116	4.3
2010	1 702	4.6	36 925	1 922	5.5	35 112	5.0
2011	1 820.9	4.4	41 500	2 370	6.1	38 650	5.2

注:① 按 WTO 关于服务贸易的定义,政府服务不包括在内。② 数据来源:WTO 国际贸易统计数据库(International Trade Statistics Database),国家外汇管理局《国际收支平衡表》,中华人民共和国商务部网站(http://tradeinservices.mofcom.gov.cn)。

(二)中国的外资利用

1. 利用外商投资金额持续增长

在利用外资方面,中国坚持以利用外商直接投资为主,借用外资以官方和多边组织的长期贷款为主的原则。从 1992 年起,外商直接投资超过借用外资,成为我国利用外资的第一大方式。较长时期以来,中国一直成为国际资本最主要的投资东道国,外资利用额连续多年一直位居世界第二和发展中国家首位,并在 2002 年以 520 多亿美元的外资利用额首次超越美国而名列榜首。期间,除了个别年份和突发事件的影响外,我国利用外资增长趋势较为明显(见表 1-4)。截至 2010 年底(1979—2010 年),全国累计批准设立外商投资企业 445 244 家,累计合同利用外资达 712 324 亿美元,其中外商直接投资额 710 641 亿美元,累计实际利用外资 12 504.43 亿美元,其中外商直接投资额 10 483.81 亿美元。2011 年全国新批设立外商投资企业 27 712 家,同比增长 1.12%;实际使用外资金额 1 160.11 亿美元,同比增长 9.72%;与 1992 年的 192.03 亿美元相比,20 年间增长了 5 倍多,年均递增约 9.4%。

表 1-4 2003—2011 年中国利用外资情况

年份	新批外商投资企业数/个	同比增长/%	实际利用外资额/亿美元	同比增长/%
2003	41 081	20.30	535.00	1.40
2004	43 664	6.30	606.00	13.30
2005	44 001	0.80	603.00	0.50
2006	41 485	5.80	694.70	4.10
2007	37 888	8.69	826.58	13.80
2008	27 514	127.35	923.95	23.58
2009	23 435	-14.83	900.33	-2.56
2010	27 406	16.94	1 057.35	17.44
2011	27 712	1.12	1 160.11	9.72

数据来源:中华人民共和国统计局《国民经济和社会发展统计公报》。

2. 独资方式外资投资逐步上升

改革开放初期,由于外国(地区)投资者对中国的投资环境不甚了解,因此合资经营就成为外商最为普遍的一种投资方式。随着改革开放的不断深入,世界各国(地区)对中国的了解日益全面与深刻,加上中国投资环境的进一步改善,外商对中国的改革开放政策、战略以及在中国进行投资的信心大大提高，外商对中方合作者的依赖程度不断降低，独资经营方式的比重逐渐上升。从实际利用外资额中各类企业所占比重的比较来看，合资经营方式外资利用额的比重出现了下降态势，相反，独资方式外资利用额的比重却得到了相应的上升。2001—2010 年间合资经营利用外资比重下降了 12 个百分点，独资经营利用外资比重上升了近 16 个百分点（见表 1-5）。独资企业越来越成为外商直接投资落户的首选方式。

表 1-5 2001—2010 年外商直接投资各种方式所占比重

%

年度	外资独资企业	合资经营企业	合作经营企业	外商投资股份制企业	合作开发
2001	50.93	33.57	13.25	1.13	1.12
2002	60.15	28.42	9.59	1.31	0.52
2003	62.39	28.77	7.17	0.61	1.06
2004	66.34	27.03	5.13	1.28	0.22
2005	71.22	24.23	3.04	1.52	0.00
2006	73.44	22.81	3.08	0.67	0.00
2007	76.59	20.86	1.89	0.65	
2008	78.27	18.74	2.05	0.93	
2009	76.28	19.18	2.20	2.30	
2010	76.58	21.28	1.50	0.60	

数据来源：2002—2011 年《中国统计年鉴》。

3. 第二产业成为外商投资的主要领域，服务业利用外资增长快速

从外资的流向来看，第二产业成为外商投资的主要领域（见表 1-6），在全国每年外资利用总额中的占比一直保持在 50% 左右，有力地刺激了第二产业的规模扩张，扩大了制造业的生产和出口能力。更为重要的是，外资利用也带动了制造业领域先进设备、技术、管理等生产要素的引进，有效地利用了以国际资本为纽带的产业转移和技术外溢，所有这些都对提升我国产业结构水平起到了很大的促进作用。联合国《2001 年世界投资报告》中关于中国利用 FDI 的统计表明，FDI 在中国过去的 30 多年中不断演变：20 世纪 80 年代主要集中在劳动密集型产业，90 年代初转向资本密集型产业，90 年代后半期以来重心开始移至技术密集型产业。中国的技术引进已从成套先进设备进口为主转向 FDI 的引进为主，利用 FDI 已成为中国高技术产品出口增长的引擎。同时，我国服务业利用外资也呈现较快增长的势头，2005—2010 年服务业实际利用外资额分别为 149.1 亿美元、199.1 亿美元、309.8 亿美元、379.4 亿美元、285.3 亿美元和 499.6 亿美元；2011 年比 2005 年增长了 2.35 倍，6 年间年均递增 18.63%。

表 1-6 2005—2010 年我国实际利用外商直接投资的前十大行业分布

亿美元

2005 年		2006 年		2007 年		2008 年		2009 年		2010 年	
行业	金额	行业	金额	行业	金额	行业	金额	行业	金额	行业	金额
制造业	424.53	制造业	400.77	制造业	408.60	制造业	498.94	制造业	467.71	制造业	495.90
房产业	54.18	房产业	82.30	房产业	170.90	房产业	185.99	房产业	167.96	房产业	239.85

续表

2005 年		2006 年		2007 年		2008 年		2009 年		2010 年	
行业	金额	行业	金额	行业	金额	行业	金额	行业	金额	行业	金额
租赁商业服务	37.45	租赁商业服务	42.23	租赁商业服务	40.20	租赁商业服务	50.58	租赁商业服务	60.78	租赁商业服务	71.30
交运业	18.12	交运业	19.85	批零业	26.80	批零业	44.32	批零业	53.89	批零业	65.96
电力燃气业	13.94	批零业	17.89	交运业	20.10	交运业	28.51	交运业	25.27	信息软件业	24.87
批零业	10.39	电力燃气业	12.81	信息软件业	14.90	信息软件业	27.74	信息软件业	22.46	交运业	22.44
信息软件业	10.14	信息软件业	10.70	电力燃气业	10.70	电力燃气业	16.96	电力燃气业	21.12	电力燃气业	21.25
农林牧渔业	7.18	住宿餐饮业	8.28	住宿餐饮业	10.40	科技服务业	15.05	科技服务业	16.73	居民服务	20.53
住宿餐饮业	5.60	建筑业	6.88	农林牧渔业	9.20	农林牧渔业	11.91	居民服务	15.86	科技服务业	19.67
建筑业	4.90	农林牧渔业	5.99	科技服务业	9.20	建筑业	10.92	农林牧渔业	14.28	农林牧渔业	19.12

注:① 交运业包括交通运输、仓储和邮政业;电力燃气业包括电力、燃气及水的生产和供应业;信息软件业包括信息传输、计算机服务和软件业;科技服务业包括科学、技术和地质勘查业;居民服务包括居民服务和其他服务业;② 数据来源:2006—2011《中国统计年鉴》。

4. 外资来源地主要为东亚地区的一些国家和地区

较长时期以来,我国外资利用来源地相对集中且较为明显,以 2008—2011 年外资利用实践为例,这 4 年中,在我国投资列前十位的国家或地区实际投入外资金额占我国实际使用外资金额的比重分别为 2008 年 86.85%,2009 年 88.3%,2010 年 90.1% 和 2011 年 91.61%。尤其由于东亚地区经济发展具有“雁行模式”的特征,因而在由各个国家和地区产业结构调整而引发的对外产业转移过程中,呈现出梯度性和层次性,即日本、“四小龙”、中国的产业结构依次降低。同时,也由于东亚一些国家和地区与中国地缘接近,具有共同的历史文化背景,有许多居民还是华侨和港澳台同胞,且中国拥有投资环境方面的比较优势,因此,中国更是成为东亚一些国家和地区对外投资的首选之地。据统计,截至 2002 年,在来华投资的前十名国家和地区中,来自东亚的国家和地区占到 6 个席位:中国香港、日本、中国台湾、新加坡、韩国、中国澳门。它们的对华投资项目数占到外资投资总项目数的 78.38%,合同金额和实际利用金额则分别占到同期全国总数的 68.02% 和 70.49%。从 2006 年以来中国利用外资的十大来源地看,中国香港、中国台湾、日本、新加坡、韩国等东亚国家或地区在对华投资中扮演着极为重要的角色(见表 1-7),尤其以中国香港最为突出。当然也应注意到,近些年来,由于中国经贸的稳定持续增长和投资综合环境的进一步改善,许多欧美地区的国家和大型跨国公司竞相抢滩中国市场,开始了对中国的新一轮投资热潮。全球最大的 500 家跨国公司中已有 400 多家来华进行了各种项目的投资。

表 1-7 2006—2011 年部分年份我国利用外商直接投资来源国家(地区)前十位

亿美元

2006年		2008年		2009年		2010年		2011年	
国别/地区	金额	国别/地区	金额	国别/地区	金额	国别/地区	金额	国别/地区	金额
中国香港	202.33	中国香港	410.36	中国香港	539.93	中国香港	674.74	中国香港	770.11
维尔京群岛	112.48	维尔京群岛	149.54	中国台湾	65.63	中国台湾	67.01	中国台湾	67.27
日本	45.98	新加坡	44.35	日本	41.17	新加坡	56.57	日本	63.48
韩国	38.95	日本	36.52	新加坡	38.86	日本	42.42	新加坡	63.28
美国	28.65	开曼群岛	31.45	美国	35.76	美国	40.52	美国	29.95
新加坡	22.60	韩国	31.35	韩国	27.03	韩国	26.93	韩国	25.51
中国台湾	21.36	美国	29.44	英国	14.69	英国	16.42	英国	16.10
开曼群岛	20.95	萨摩亚	25.50	德国	12.27	法国	12.39	德国	11.36
德国	19.79	中国台湾	18.99	中国澳门	10.00	荷兰	9.53	法国	8.02
萨摩亚	15.38	毛里求斯	14.94	加拿大	9.59	德国	9.33	荷兰	7.67

注:① 上述国家(地区)2008—2010 年对华投资数据包括这些国家(地区)通过英属维尔京、开曼群岛、萨摩亚、毛里求斯和巴巴多斯等自由港对华进行的投资。②数据来源:中华人民共和国商务部利用外资统计。

(三)中国的对外投资

在中国利用外资和对外贸易快速发展的背景下成长起来的新一代中国企业家已开始把眼光投向国外。20 世纪 90 年代后期,我国开始实施“走出去”战略,并取得了初步成效。在对外投资方面,虽然比不上外资利用和对外贸易的成效,但也实现了较快的发展,贸易性投资和非贸易性投资齐头并进,涉及工农业生产、资源开发、工程承包和其他服务业,对外投资项目的规模和市场范围逐渐扩大,投资市场遍及亚、非、拉、欧、美五大洲。截至 2010 年末,中国在全球 178 个国家(地区)共有 1.6 万家境外企业,非金融类对外直接投资存量已达到 2 588 亿美元。其中,当年对外直接投资净额(流量)为 688.1 亿美元,同比增长 21.7%,连续 9 年保持增长势头。2011 年我国境内投资者共对全球 132 个国家和地区的 3 391 家境外企业进行了非金融类对外直接投资,累计实现直接投资 600.7 亿美元,同比增长 1.8%。其中股本投资和其他投资 456.7 亿美元,占 76%;利润再投资 144 亿美元,占 24%。与 2001 年的 18 亿美元相比,我国对外直接投资规模增长了 32 倍之多,年均递增速度高达 37.56%。

对于中国对外投资的快速发展,联合国贸易发展组织发布的《2011 年世界投资报告》也作了充分的肯定。报告显示,2010 年中国的对外直接投资达到创纪录的 680 亿美元,当年对外直接投资流量与存量分别占全球的 5.2% 和 1.6%,首次超过日本(562.6 亿美元)、英国(110.2 亿美元)等传统对外投资大国,投资流量位居世界第五,投资存量列全球第 17 位,吸引外资和对外投资比例上升至接近 2∶1。

我国对发达国家的直接投资活动大多为服务型、研发型等非生产性项目,对发展中国家的直接投资则主要为资源开发型与生产加工型的非贸易性项目,直接投资覆盖了国民经济所有行业类别。绝大部分投资流向商务服务、金融、批发和零售、采矿、交通运输和制造六大行业。对外直接投资的区域分布广泛,遍及 170 多个国家和地区,但主要集中于亚太地区,如中国香港、东盟、澳大利亚、美国、日本等。在对外直接投资方式上,也正由早期的“窗口”

发展到带动国产设备材料出口、跨国并购、股权置换、境外上市、创办工业园等多种形式，尤其是在境外设立研发中心、开展农业合作等方面也已起步并取得一定进展，以海外收购方式进行的投资比例也逐步上升。2010 年以收购方式进行的投资规模达到 238 亿美元，占当年总投资的 40% 多。对外直接投资的主体虽然仍以国有企业为主，但也开始趋向多元化。2010 年，国有企业完成对外直接投资额的 50% 左右，而民营企业也完成了约 20% 的对外直接投资额。据统计，在我国走出去的企业中，国有企业约占 80%，如中化集团、中油集团、中国银行、中信、海尔、康佳、TCL 等一批领军企业。民营企业也不甘落后，涌现了像新希望集团、万向集团、中兴、创维等一批知名企业。

但从总体上来看，我国对外直接投资仍处于发展初期，还存在诸多问题与困难。《2011 年世界投资报告》指出，目前中国的对外投资仅为量的剧增，尚未达到质的飞跃。2010 年中国对外直接投资总存量不到 3 000 亿美元，低于许多发达国家的国际化水平。多数跨国企业依然是“点式”和分散的对外投资，而非真正拥有全球一体化的生产体系和完整的全球产业链。

（四）中国的对外工程承包与劳务合作

我国在对外承包工程方面，无论是合同金额还是实际营业额都实现了快速的增长。至 2003 年底，我国对外承包工程合同额累计 1 324.5 亿美元，实际完成营业额 965.6 亿美元。在 50 多个国家和地区的 200 多个境外资源开发合作项目已取得初步成效，油气、矿产、林业、渔业等境外资源合作项目运作良好，不仅为当地资源开发作出了贡献，还部分满足了我国经济建设的资源要求，经济效益逐步显现；建成了一批境外投资设厂的加工装配项目，带动了我国与东道国双边贸易的发展。截至 2010 年底，我国对外承包工程累计签订合同额 6 994 亿美元，实际完成营业额 4 356 亿美元。与 2003 年末的累计合同金额和实际完成营业额相比，7 年间分别增长了 4.28 倍和 3.51 倍。2011 年，我国对外承包工程业务新签合同额 1 423.3 亿美元，同比增长 5.9%；完成营业额 1 034.2 亿美元，同比增长 12.2%。

我国在对外劳务合作方面，规模的扩张也十分明显和较为迅速。截至 2003 年，我国累计签订对外劳务合作合同额 326.07 亿美元，完成营业额 270.69 亿美元。而到 2010 年底，我国对外劳务合作累计签订合同额 760 亿美元，完成营业额 736 亿美元，累计派出各类劳务人员 543 万人。与 2003 年末的累计合同金额和实际完成营业额相比，7 年间分别增长了 1.33 倍和 1.71 倍。2011 年，我国对外劳务合作派出各类劳务人员 45.2 万人，较上年同期增加 4.1 万人，其中承包工程项下派出劳务 24.3 万人，劳务合作项下派出 20.9 万人。

综上可见，改革开放以来，中国对外经济贸易的规模成倍扩大，加快了中国开放型经济的形成，推动了中国经济结构的优化和国际竞争力的提升，促进了中国国民经济持续稳定地增长和国民经济效益不断地提高，有力地增强了中国的综合国力，也为维护整个世界和平与发展起到了积极的作用。中国已成为全球最大的开放经济体之一，中国经济的增长与发展已经与全球经济、世界市场密不可分。

阅读与思考

中国对外经贸发展前景

回顾中国对外经贸发展的历程可以看出，良好的国际综合环境、稳定增长的国内经济、外经贸体制改革的不断深化、政策法规的科学导向和协调支持等是支撑中国对外经贸增长的重要影响因素，由此出发，也可以对中国对外经贸的发展趋向作出一个初步的判断。

尽管危机之后的世界经济渐渐进入复苏阶段，但经历了后危机冲击的中国外经贸发展也正面临着日益严峻的挑战。在对外贸易领域，国内生产经营成本的快速上升正在逐步削弱“中国制造”的传统优势，世界格局的动荡变幻、国际竞争的不确定性、贸易摩擦的频发升级，让中国对外贸易发展的外部环境存在诸多变数。在国际投资领域，引进外资也面临着后起发展中国家的激烈竞争，对外投资则因各国经济困顿和时局动荡而风险剧增。在后危机时期，中国对外经贸发展承载着助推经济结构调整和发展方式转变的重任，也担负着促进国内经济稳定持续增长的使命。为此，需要清晰客观地分析和判断后危机时期中国对外经贸发展所面临的机遇和挑战，从而选择顺应新形势要求的应对策略，加快推进对外经贸领域的结构调整、转型升级和战略转换。

思考与练习

1. 国际贸易与对外贸易有什么区别？
2. 净出口、净进口与复出口、复进口以及贸易顺差、贸易逆差之间有何不同？
3. 国际分工的发展经历了哪些重要阶段？
4. 当代世界市场呈现出哪些主要特征？
5. 当今国际经贸实践中出现了哪些新的趋向？
6. 中国对外经贸发展取得了哪些主要成就？

第二章

国际经贸理论

国际经贸理论是各国制定对外经贸政策的依据,其产生和发展离不开一定的经济基础。因此,从各国的对外经贸实践来看,几乎没有一个国家坚持不变地遵从某一理论,而是通过与世界经济力量的对比,结合本国经济发展的目标和特点,运用最切合实际的理论,制定相应的对外经贸政策,以此发展对外经济与贸易。

第一节 国际贸易理论

一、自由贸易理论

(一) 绝对成本学说

亚当·斯密是资产阶级经济学古典学派的主要奠基人之一,也是国际分工和国际贸易理论的创始者。他处在从工场手工业向大机器工业过渡时期,在其代表著作《对国民财富性质和原因的研究》中,提出了国际分工与自由贸易的理论,并以此作为他反对重商主义的贸易差额论和保护贸易政策的重要武器,对国际分工和国际贸易理论作出了重要贡献。

斯密首先分析了分工的利益。他认为分工可以提高劳动生产率,原因是:① 分工能提高劳动的熟练程度;② 分工使每个人专门从事某项作业,可以节省与生产没有直接关系的时间;③ 分工有利于发明创造和改进工具。他还以制针业中手工工场的例子来说明分工可以提高劳动生产率。斯密认为根据当时的情况,在没有分工的情况下,一个粗工每天连一根针也制造不出来,而在分工的情况下,10 个人每天可制造 48 000 根针,每个工人的劳动生产率提高了几千倍。因此,他认为在生产要素不变的条件下,劳动生产率可以依靠分工得到提高。

在斯密看来,适用于一国内部的不同职业之间、不同工种之间的分工原则,也适用于各国(地区)之间。他主张如果外国(地区)产品比自己国(地区)内生产的便宜,那么最好是输出本国(地区)在有利生产条件下生产的产品去交换外国(地区)的产品,而不是自己生产。他举例说,在苏格兰,人们可以利用温室生产出很好的葡萄,并酿造出同国(地区)外进口的一样的葡萄酒,但要付高出 30 倍的代价。如果真这么做,那就是明显的愚蠢行为。斯密认为,每一个国家都有其适宜于生产的某些特定产品的绝对有利的生产条件去进行专业化生产,然后彼此进行交换,这样对所有交换国家都是有利的。因此,斯密的这个理论也称为绝对利益理论(Theory of Absolute Advantage)。

为了说明这个理论,斯密又举例说明。假定英国、葡萄牙两国都生产葡萄酒和毛呢两种产品,生产情况如表 2-1(a)所示。斯密认为在这种情况下进行国际分工、国际交换对两国都有利,并以表 2-1(b)加以说明。假定分工后,英国以 1 单位毛呢交换葡萄牙 1 单位酒,则两国拥有的产品状况如表 2-1(c)。

表 2-1(a)　绝对利益理论举例(分工前)

国家	酒产量/单位	所需劳动人数/(人/年)	毛呢产量/单位	所需劳动人数/(人/年)
英国	1	120	1	70
葡萄牙	1	80	1	110

表 2-1(b)　绝对利益理论举例(分工后)

国家	酒产量/单位	所需劳动人数/(人/年)	毛呢产量/单位	所需劳动人数/(人/年)
英国			2.7	190
葡萄牙	2.375	190		

表 2-1(c)　毛呢与葡萄酒交换结果

国家	酒产量/单位	毛呢产量/单位
英国	1	1.7
葡萄牙	1.375	1

从上述3个表格可见,英、葡两国在分工的情况下,产量比分工前都提高了。通过国际贸易,两国人民的消费都增加了。

斯密认为,自由贸易会引起国际分工,国际分工的基础是有利的自然禀赋或后天的有利生产条件。它们都可以使一国在生产上和对外贸易方面处于比其他国家有利的地位。如果各国都按照各自有利的生产条件进行分工和交换,将会使各国的资源、劳动力和资本得到最有效的利用,将会大大提高劳动生产率和增加物质财富。

由于这个理论是按各国绝对有利的生产条件进行国际分工的,所以,他的分工理论又叫地域分工说(Theory of Territorial Division of Labour)或绝对成本理论(Theory of Absolute Cost)。

人物介绍

亚当·斯密
(Adam Smith,1723—1790)

1723年,亚当·斯密诞生于苏格兰法夫郡(County Fife)克考第(Kirkcaldy)的一个海关职员家庭。斯密自小博览群书,在14岁时就进入了格拉斯哥大学(Glasgow University)学习。他选定了人文科学的方向,在逻辑、道德哲学、数学和天文学方面都成绩斐然。1740年,他又进入牛津大学深造,闭门苦读了6年。由于政治事件的原因,斯密不得不于1746年回到克考第。之后,他经常到爱丁堡作讲演,内容涵盖法学、政治学、社会学和经济学。这时,斯密开始对政治经济学表现出了特殊的兴趣。

1748年,他受聘于爱丁堡大学,讲授修辞学、文学。1751年,他受聘于格拉斯哥大学,先讲授逻辑学,后任道德哲学教授。1764年,他以私人教师身份跟随布克列公爵赴欧洲大陆旅行,结识了重农学派主要代表魁奈和杜尔哥等人，且深受影响。1776 年，发表代表作《对国民财富的性质和原因的研究》（《国富论》），首先对如何进行贸易才能有效地积累财富和发展经济提出了系统完整的命题。其政策代表了英国新兴的产业资产阶级的利益和要求，主张国内和国际实现贸易的自由。1778 年，他被任命为苏格兰海关税务司司长。他一生中的最后三年又被任命为格拉斯哥大学校长。

1790 年 7 月，斯密于爱丁堡逝世，享年 68 岁。

（二）比较成本说

大卫·李嘉图是英国工业革命深入发展时期的经济学家，是当时英国工业资产阶级的思想家，代表著作是《政治经济学及赋税原理》。

1815 年，英国政府为维护土地贵族阶级利益而修订实行了“谷物法”。“谷物法”颁布后，英国粮价上涨，地租猛增，昂贵的谷物使工人货币工资被迫提高，成本增加，利润减少，削弱了工业品的竞争能力。同时，昂贵的谷物使英国各阶层增加了吃粮开支，减少了对工业品的消费。“谷物法”还招致外国以高关税阻止英国工业品对他们的出口。总之，“谷物法”对地主贵族有利，却大大伤害了英国产业资产阶级的利益。出于发展资本、提高利润率的需要，英国产业资产阶级迫切要求废除“谷物法”，从而与土地贵族阶级展开了激烈的斗争。

为了废除“谷物法”，工业资产阶级在全国各地组织“反谷物法同盟”，广泛宣传“谷物法”的危害性，鼓吹谷物自由贸易的好处。而地主贵族阶级则千方百计维护“谷物法”。他们认为，既然英国能够自己生产粮食，根本不需要从国外进口，反对谷物自由贸易。

这时，工业资产阶级迫切需要找到谷物自由贸易的理论依据。李嘉图适时而应，他认为，英国不仅要从外国（地区）进口粮食，而且要大量进口，因为英国在纺织品生产上所占的优势比在粮食生产上优势还大。故英国应专门发展纺织品生产，以其出口换取粮食，取得比较利益，提高商品生产数量。为此，李嘉图在进行废除“谷物法”的论战中，提出了比较成本说（Theory of Comparative Cost）。

李嘉图的比较成本说是在亚当·斯密绝对成本理论的基础上发展起来的。根据斯密的观点，国际分工应按地域、自然条件及绝对的成本差异进行，即一个国家（地区）输出的商品一定是生产上具有绝对优势、生产成本绝对低于他国（地区）的商品。李嘉图进一步发展了这一观点。他认为每个国家不一定要生产各种商品，而应集中力量生产那些利益较大或不利较小的商品，然后通过国际贸易，在资本和劳动力不变的情况下，生产总量增加，如此形成的国际分工对贸易各国都有利。

为了说明这个理论，李嘉图沿用了英国和葡萄牙的例子，但对条件做了一些变化（见表 2-2）：

表 2-2　国际分工的利益

国家		酒产量/单位	所需劳动人数/（人/年）	毛呢产量/单位	所需劳动人数/（人/年）
英国	分工前	1	120	1	100
葡萄牙		1	80	1	90
合计		2	200	2	190

续表

国家		酒产量/单位	所需劳动人数/(人/年)	毛呢产量/单位	所需劳动人数/(人/年)
英国	分工后			2.2	220
葡萄牙		2.125	170		
合计		2.125	170	2.2	220
英国	国际交换	1		1.2	
葡萄牙		1.125		1	

从表2-2中可知,葡萄牙生产酒和毛呢所需劳动人数均少于英国,因而英国在这两种产品的生产上都处于不利地位。根据斯密的绝对成本理论,两国之间不会进行国际分工。而李嘉图认为,葡萄牙生产酒所需劳动人数比英国少40人,生产毛呢只少10人,即分别少1/3和1/10。显然,葡萄牙在酒的生产上优势更大一些,虽然它在毛呢生产上也具有优势;英国在两种产品生产上都处于劣势,但在毛呢生产上劣势较小一些。根据李嘉图的比较成本理论,应"两利取重,两害取轻"。即英国虽都处于绝对不利地位,但应取其不利较小的毛呢生产;葡萄牙虽都处于绝对有利地位,但应取有利较大的酒生产。按这种原则进行国际分工,两国产量都会增加,进行国际贸易,两国都会得利。从表2-2中可见,分工后投入的劳动人数虽没有变,但酒的产量却从2单位增加到2.125单位,毛呢从2单位增加到2.2单位。如果英国以1单位毛呢交换葡萄牙1单位酒,则两国都从这种国际分工和国际贸易中得利了。因此,这种国际分工和国际贸易对两国都是有利的。

人物介绍

大卫·李嘉图

(David Ricardo,1772—1823)

1772年,大卫·李嘉图出生于英国伦敦一个富有的交易所经纪人家庭。他所受的学校教育不多,14岁就开始跟随父亲在交易所做事。后来,因婚姻和宗教问题与父亲脱离关系,自己经营交易所,做得非常成功,10年之后就拥有了200万英镑的财产。功成名就后,他利用空闲时间学习了自然科学。1799年,李嘉图在巴思逗留期间偶然得到一本《国富论》,成为这本书的一个真正"赞赏者"。当时英国脱离金本位制的特定环境使李嘉图对政治经济学产生了很大的兴趣。最终,他在分析、批判前人经济理论的基础上,结合时代提出的问题,将经济理论推上了一个新的阶段。

终其一生,李嘉图都以严谨的思维、数学逻辑性和精确性著称。他是古典政治经济学的集大成者。他发展了斯密的工资、利润和地租观点,即社会3个主要阶层最初收入的观点。他认为,地租只是从利润中扣出的部分,因而利润被说成是收入的最初的基本形式,而资本是收入的基础,即利润实质上就是剩余价值。这也是他在科学上取得的光辉成就之一。1817年4月,他的名著《政治经济学及赋税原理》出版。该书包含了他丰富的经济思想,在经济史上有着很重要的地位。1819年,他成为一名议员,积极参与讨论银行改革、税收提议等问题,并成为伦敦政治经济俱乐部的奠基人。

(三) 生产要素禀赋学说

古典学派的国际分工和国际贸易理论在西方经济学界占支配地位达一个世纪之久,到了20世纪30年代,才受到两位瑞典经济学家的挑战。他们就是赫克歇尔和他的学生俄林。俄林的代表著作是《域际和国际贸易》,他曾于1977年获诺贝尔经济学奖。由于俄林的理论采用了赫克歇尔的主要观点,创立了较完整的要素禀赋学说(Factor Endowment Theory),因此又叫做赫克歇尔—俄林原理(The Heckschor-Ohlin Theorem),或简称赫—俄原理(H-O 原理)。

古典学派认为商品的价值是由生产商品所花费的劳动时间决定的。而以俄林为代表的新古典学派则反对这一学说。他们用在互相依赖的生产结构中的多种生产要素的理论代替了古典学派的单一生产要素的劳动价值理论。李嘉图认为国内价值的决定不能适用于国际贸易,俄林则把国内价值理论扩大到区际贸易和国际贸易上。

古典学派认为国际贸易发生的原因是各个国家(地区)在生产各种商品时劳动生产率的差异,而且各国劳动生产率及其差异都是固定不变的。俄林则在他的生产要素禀赋理论中,假定各个国家在生产商品时所使用的生产技术是一样的,因而排除了各国劳动生产率的差异。

1. 赫—俄学说的假定

(1) 在各个域际或国家内部,生产诸要素是完全自由流动的,但在区域和国家之间,它们是不能自由流动的;

(2) 假定货物流通中的一切限制都不存在;

(3) 假定只有商品贸易,贸易是平衡的,出口恰恰足以支付进口;

(4) 假定生产诸要素是完全可以分割的,单位生产成本不随着生产的增减而变化,因而没有规模经济的利益;

(5) 假定只有两个区域或两个国家;

(6) 假定两国技术水平相同,生产函数相同。

2. 要素禀赋说的主要内容

要素禀赋说有狭义和广义之分。所谓狭义的要素禀赋说是指生产要素供给比例说,它通过对相互依存的价格体系的分析,用不同国家的生产诸要素的丰缺解释国际分工和国际贸易产生的原因和一国进出口商品结构的特点。所谓广义的要素禀赋说,除了生产要素供给比例说之外,还包括要素价格均等化说。该学说研究国际贸易对要素价格的反作用,说明国际贸易不仅使国际商品价格趋于均等化,还会使各国生产要素的价格趋于均等化。现分述如下:

(1) 生产要素供给比例说

俄林的生产要素供给比例说是从商品价格的国际绝对差开始逐层展开的,其内容有以下7个方面:

① 价格的国际绝对差。俄林认为,各国(地区)所生产的同样产品的价格绝对差是国际贸易的直接基础或直接原因,即国际贸易之所以产生是由于价格的不同。当两国(地区)间的价格差别大于商品的各项运输费用时,则从价格较低的国家(地区)输出商品到价格较高的国家(地区)是有利的。在许多情况下,一些国家(地区)可以生产出与进口货物质量同样好的货物,但必须付出高昂的代价。例如,美国可以生产咖啡、香蕉,英国也可以种植葡萄,但它们的生产成本要比进口货物高得多。另一些情况是,有一些国家(地区)缺乏资源,如日本为发展工业必须进口石油。

② 成本的国际绝对差。俄林认为价格的国际绝对差来自成本的国际绝对差。同一种商品的价格的国家之间的差别,主要是成本的差别。所以,成本的国际绝对差是国际贸易发生的第一个原因。

③ 不同的成本比例。俄林认为国际贸易发生的第二个条件是在两国国内各种商品的成本比例不同。

举例说明,假定只有两个国家、两种商品,成本比例如表2-3(a)。其中,小麦和纺织品的成本比例,在美国是1∶2,在英国是3∶1。如果美国输出小麦,输入纺织品,英国输出纺织品,输入小麦,就有了相互有利的贸易关系。

表2-3(a) 成本比例

美元

	美国	英国
小麦单位成本	1	3
纺织品单位成本	2	1

④ 相同的成本比例。俄林认为,如果两国(地区)的成本比例是相同的,一国(地区)的两种商品成本都按同一比例低于另一国(地区),则两国(地区)间只能发生暂时的贸易关系,见表2-3(b)。

表2-3(b) 成本比例

美元

	美国	英国
小麦单位成本	1	2
纺织品单位成本	2	4

在这种情况下,只能是美国的小麦和纺织品都单方向英国输出,而英国没有任何产品可输出,因此美国对英国贸易出超,英国入超。英国需大量买入美元来补偿,则美元汇价就会上升,英镑就会下降。美元汇价的上升意味着以英镑计价的美国商品价格的上涨,就会抑制美国的出口。在汇率达到一定水平时,双方的进口值恰好等于出口值,这就建立了贸易平衡。但在两国成本比例相同时,两国间均衡汇价就会按美元(或英镑)计算,美国商品的单位成本完全等于英国的单位成本。因此,将不会再有贸易关系产生。此例中,美元汇价上涨一倍就会使两国两种商品的单位成本完全相等。由此可见,俄林认为比较成本差异是国际贸易的重要条件。

⑤ 生产诸要素的不同的价格比例。俄林认为不同国家(地区)有不同的成本比例是因为各国(地区)国内的生产诸要素的价格比例不同。不同的商品是由不同的生产要素组合生产出来的。在每一国(地区),商品的成本比例反映了它的生产诸要素的价格比例关系,也就是工资、地租、利息、利润之间的比例关系。由于各国(地区)的生产要素价格不同,就产生了成本比例的不同。

每种生产要素的价格是由供给和需求决定的。对一种要素的需求是来自对其产品的需求。因此,对汽车的需求增加,对工人、原料、资本的需求也会增加。既然每种生产要素的价格是由供求决定的,那么两国(地区)的生产要素的价格的不同比例关系,也就是两国(地区)诸生产要素的供给与需求存在着不同的比例关系。

⑥ 生产诸要素的不同的供求比例。各国(地区)在生产要素的供给方面是不相同的,即各国(地区)所拥有的各种要素的数量、种类和质量是不同的,国际贸易就建立在各个国家(地区)各种生产要素的多寡不同和价格的高低不同的基础上。另外,即使生产诸要素的供给比例是相同的,对这些生产要素不同的需求也会产生生产诸要素不同的价格比例,从而为国际贸易提供一个基础。

⑦ 国际分工和国际贸易的基础和利益。俄林从价格的国际绝对差出发,分析了成本的国际绝对差,又探讨了不同国家(地区)内不同的成本比例,进而探讨了生产诸要素不同的价格比例,最后分析了生产诸要素不同的供给和需求比例。

他认为,在这个链条中,供给比例是最重要的环节,但没有一个单一的环节是国际贸易最终的基础。各个环节之间互相依赖的关系决定了每一个国家的价格结构。而各个国家(地区)的价格结构决定了它们在国际分工和国际贸易体系中的比较利益,同时这也就构成了国际分工和国际贸易的基础。

国际分工和国际贸易最重要的利益是各国(地区)能更有效地利用各种生产要素。在国际分工条件下,各种生产要素的最有效的利用将会比在闭关自守的情况下得到更多的社会总产品。

俄林还认为,国际生产要素不能充分流动使生产达不到理想结果,但是商品的流动在一定程度上可以弥补国际生产要素缺少流动性的不足,即通过国际贸易可以部分解决国际要素分配不均的缺陷。

(2) 要素价格均等化说

赫克歇尔和俄林不仅认为不同国家(地区)的不同的要素禀赋是国际贸易发生的原因,而且还进一步论述了国际贸易将会导致各国(地区)生产要素的相对价格和绝对价格的均等化,即所谓要素价格均等化说(Factor-Price Equalization Theory)。美国经济学家萨缪尔森发展了这个理论。他认为,国际要素价格均等化不仅是一种趋势,而且是一种必然。由于他对赫—俄原理的引申,因此这个理论又称为赫—俄—萨原理(H-O-S Theorem)。

按照这种理论,虽然生产要素在国际上不能自由流动,但国际商品的自由流动将会导致这两个国家(地区)的工人取得同等的实际工资、资本获取同样的利息、土地获得同等的地租。这是因为两国(地区)在实行分工和发生贸易之后,各自经常大量使用本国(地区)丰裕要素进行商品生产,从而使这类要素价格日趋上涨;同时,由于各自不断进口本国(地区)稀缺要素生产的外国(地区)产品,将使本国(地区)这类要素价格不断下跌。这样,国际贸易导致了两国(地区)间的工资差异和利息差异的缩小,并使要素价格趋向均等化。

但是,俄林认为要素价格完全相同几乎是不可能的,要素价格均等只是一种趋势,其主要原因有以下几点:① 影响市场价格的因素复杂多变,而不同地区的市场又存在差别,价格水平难以一致;② 生产要素在国际上不能充分流动,即使在国(地区)内,生产要素从一个部门移向另一个部门也不是充分便利的;③ 产业对几个要素的需求往往是"联合需求",而且它们的结合不能任意改变,这种整体性和固定性的结合影响了要素价格的均等;④ 集中的大规模生产必然使有些地区要素价格相对高点,而另一些地区要素价格相对低点,从而阻碍了生产要素价格完全均等。

但是,萨缪尔森针对这个问题作了进一步推论。他认为国际贸易将使不同国家(地区)间生产要素相对价格和绝对价格均等化。这种均等化不是一种趋势,而是一种必然。

他认为,国际贸易会导致各种要素相对价格的完全均等化,是由于在多种要素相对价格有差异的情况下,贸易仍将持续扩大和发展,而贸易的扩大和发展将会减少两国(地区)间要素价格的差异,直到两国(地区)内各种商品的相对价格完全均等化为止,这时就意味着两国(地区)内的要素相对价格也完全均等化了。

他还进一步论证了两国(地区)要素的绝对价格均等化问题。在要素的相对价格均等化、商品市场和要素市场存在着完全的自由竞争以及两国(地区)使用同样的技术等条件下,国际贸易将会导致要素绝对价格完全均等化。

他的这一理论企图说明,国际贸易不仅可以合理配置资源,调整贸易的经济结构,而且还可以"改善"各国(地区)收入分配不均,缩小彼此经济差距。因此,这个理论又被称为要素报酬均等化理论。

3. 要素禀赋学说的 3 个主要结论

(1) 每个区域或国家(地区)利用它的相对丰富的生产诸要素(土地、劳动力、资本等)从事商品生产,就处于比较有利的地位,而利用它的相对稀少的生产诸要素从事商品生产,就处于比较不利的地位。因此,每个国家(地区)在国际分工和国际贸易体系中生产和输出前面那些种类的商品,输入后面那些种类的商品。

(2) 区域贸易或国际贸易的直接原因是价格差别,即各个地区间或国家间商品价格不同。

(3) 商品贸易一般趋向于(即使是部分的)消除工资、地租、利润等生产要素收入的国际差别,导致国际商品价格和要素价格趋于均等化。

人物介绍

赫克歇尔
(Eli F Heckscher,1879—1959)

赫克歇尔出生于瑞典斯德哥尔摩的一个犹太人家庭。1897 年起在乌普萨拉大学师从耶尔纳学习历史,师从戴维森学习经济,并于 1907 年获得博士学位。毕业后,他曾任斯德哥尔摩大学商学院的临时讲师,1909—1929 年任经济学和统计学教授。此后,学校任命他为新成立的经济史研究所所长。

他是瑞典学派的主要人物之一。他对经济学的贡献主要是在经济理论上的创新和在经济史研究方面引入了新的方法——定量研究方法。对经济理论方法最主要的贡献可以概括为他最著名的两篇论文。1919 年发表的《外贸对收入分配的影响》是现代赫克歇尔—俄林要素禀赋国际贸易理论的起源。论文中,他运用一般均衡的分析方法集中探讨了各国资源要素禀赋构成与商品贸易模式之间的关系。他认为,要素绝对价格的平均化是国际贸易的必然结果。这篇论文具有开拓性的意义,其后,这个理论由他的学生俄林进一步加以发展。1924 年发表的《间歇性免费商品》一文中提出的不完全竞争理论比琼·罗宾逊和爱德华·张伯伦早了 9 年。文章中还探讨了不由市场决定价格的集体财富(即所谓的公共财物)的问题。在经济史方面,赫克歇尔更负盛名。主要著作有:《大陆系统:一个经济学的解释》《重商主义》《古斯塔夫王朝以来的瑞典经济史》《历史的唯物主义解释及其他解释》《经济史研究》等。赫克歇尔通过对史料提出更广泛的问题或假定,进行深入的批判性研究,从而在经济史和经济理论之间架起了桥梁,并把两者有机地结合起来。

人物介绍

俄林

(Bertil Gotthard Ohlin, 1899—1979)

1899 年 4 月,俄林出生于瑞典南方的一个小村子。他早年就读于隆德大学和斯德哥尔摩大学,后来又赴英国剑桥大学和美国哈佛大学留学。1924 年任丹麦哥本哈根大学经济学教授,5 年后回瑞典任斯德哥尔摩大学商学院教授,并曾在美国弗吉尼亚和加利福尼亚大学任客座教授。1977 年获得诺贝尔经济学奖。1979 年 8 月于书桌前逝世。他的研究成果主要表现在国际贸易理论方面,相关著作有:《国际贸易理论》,美国哈佛大学出版的其名著《区间贸易和国际贸易论》,1936 年出版的《国际经济的复兴》《资本市场和利率政策》等。俄林的理论受他的老师赫克歇尔关于生产要素比例的国际贸易理论的影响,在美国哈佛大学教授威廉的指导下,他结合瓦尔拉斯和卡塞尔的一般均衡理论进行分析论证,在《区间贸易和国际贸易论》中最终形成。因此,俄林的国际贸易理论又被称为赫克歇尔—俄林理论。

(四) 列昂惕夫之谜

第二次世界大战后,在第三次科技革命的推动下,世界经济迅速发展,国际分工和国际贸易都发生了巨大变化,传统的国际分工和国际贸易理论更显得脱离实际。在这种形势下,一些西方经济学家力图用新的学说来解释国际分工和国际贸易中存在的某些问题,这个转折点就是列昂惕夫反论(The Leontief Paradox),或称列昂惕夫之谜。

列昂惕夫对赫—俄原理确信无疑。按照这个理论,一个国家(地区)拥有较多的资本,就应该生产和输出资本密集型产品,而输入在本国(地区)生产中需要较多使用国(地区)内比较稀缺的劳动力要素的劳动密集型产品。基于以上的认识,他利用投入—产出分析方法对美国的对外贸易商品结构进行具体计算,其目的是对赫—俄原理进行验证。他把生产要素分为资本和劳动力两种,对 200 种商品进行分析,计算出每百万美元的出口商品和进口替代商品所使用的资本和劳动量,从而得出美国出口商品和进口替代商品中所含的资本和劳动的密集程度。其计算结果见表 2-4。

表 2-4 对美国国内资本和劳动的需要量

	1947 年		1951 年	
	出口商品	进口替代商品	出口商品	进口替代商品
资本/美元	2 550 780	3 091 339	2 256 800	2 303 400
劳动/(人/年)	182.313	170.004	173.910	167.810
人平均年资本量/美元	13 991	18 184	12 977	13 726

从表 2-4 可以看出,1947 年平均每人进口替代商品的资本量与出口商品的资本量相比是 18 184 : 13 991 = 1.30,即高出 30%;而 1951 年比率为 1.06,即高出 6%。尽管这两年比率的具体数字不同,但结论基本相同,即这两个比率都说明美国出口商品与进口替代商品相

比，前者更为劳动密集型。据此显然可以认为美国出口商品具有劳动密集型特征，而进口替代商品更具有资本密集型特征。这个验证结论正好与赫—俄原理相反。正如列昂惕夫的结论所说："美国之参加国际分工是建立在劳动密集型生产专业化基础上，而不是建立在资本密集型生产专业化基础上。"

列昂惕夫发表其验证结论后，西方经济学界大为震惊，因而将这个不解之谜称为列昂惕夫之谜，并掀起了一个验证和探讨列昂惕夫之谜的热潮。一些经济学家仿效列昂惕夫的做法对一些发达国家的对外贸易状况进行验证发现，部分国家也存在着这个"谜"。

人物介绍

瓦西里·列昂惕夫
(Wassily Leontief, 1906—1999)

列昂惕夫出生于俄国彼得堡，1921 年进彼得格勒大学学习，1925 年毕业于该校经济系，获文学硕士学位，留校担任经济地理辅导员的工作。1925 年秋赴德国柏林大学学习，1928 年获哲学博士学位。1927—1928 年和 1930 年，在德国基尔大学世界经济研究所任研究助理，1928—1929 年到中国南京任国民党政府铁道部经济顾问。1931 年初，由德国柏林移居美国纽约，任美国全国经济研究局研究助理。1931—1975 年在哈佛大学经济系任教，1946—1952 年任教授。1953—1975 年任亨利·李氏政治经济学讲座教授。1973 年获诺贝尔经济学奖。1975 年在哈佛大学退休，转到纽约大学任经济学教授、经济分析研究所所长。1941 年起参加了美国政府部门的许多实际工作。发表论文 200 余篇，主要专著有：《美国经济结构 1919—1929》《美国经济结构研究：投入产出分析中理论和经验的探索》《投入产出经济学》等。

二、保护贸易理论

（一）重商主义

重商主义（Mercantilism）是"对现代生产方式的最早的理论探讨"，是资本主义生产方式准备时期建立起来的代表商业资产阶级利益的一种经济学说和政策体系。它产生于 15 世纪，全盛于 16 世纪和 17 世纪上半叶，从 17 世纪下半叶开始便盛极而衰。重商主义最初出现在意大利，后来流行于西班牙、葡萄牙、荷兰、英国和法国等国家。16 世纪末叶以后，在英国和法国得到了重大的发展。

重商主义的产生有着深刻的历史背景。15 世纪以后，西欧封建自然经济逐渐瓦解，商品货币经济关系急剧发展，封建主阶级力量不断削弱，商业资产阶级的力量不断增强，社会经济生活对商业资本的依赖日益加深。与此同时，社会财富的重心由土地转向了金银货币，货币成为全社会上至国王下至农民所追求的东西，并被认为是财富的代表形态和国家富强的象征。而当时金银货币主要来自商业资产阶级所经营的内外贸易，尤其是对外贸易。因此，对外贸易被认为是财富的源泉，重商主义应运而生。

重商主义所重的"商"是对外经商。重商主义学说实质上是重商主义对外贸易学说，重商主义的共同特点是:① 绝大多数人把货币看成财富的唯一形式,认为国内贸易只是一种货币转手活动,并不能增加国家财富,除了开采金银矿藏外,获取财富的唯一途径是发展国际贸易。② 大力主张国家干预经济活动,要求政府用法律手段保护国内工商业,为其提供各种便利条件,促其加速发展,壮大国际贸易。③ 主张实行少买多卖的原则,力争贸易顺差,以便吸收更多外国货币,增加国家财富和增强国力。④ 以流通领域为研究对象,认为利润或利益来自流通过程,而不是来自生产过程。

重商主义经历了从 15 世纪至 16 世纪中叶早期和 16 世纪下半叶至 17 世纪晚期两个发展阶段,其对外贸易学说也相应地分为早期和晚期。

早期的重商主义学说以英国人威廉·斯塔福为代表。早期重商主义者反对进口,认为一切进口都会减少货币,而货币的减少对本国(地区)是有害的。对外应该少买或根本不买。同时他们主张鼓励出口,应该多向国(地区)外销售,销售得越多越好。因为出口越多,从国(地区)外吸收的货币越多。他们还要求禁止货币出口,认为这是保留货币的一种手段。这样,他们就把增加国(地区)内货币的积累,防止货币外流视为对外贸易政策的指导原则。

晚期重商主义学说的最重要代表人物是托马斯·孟、约西·蔡尔德和查尔斯·达芬南。托马斯·孟的主要著作是 1644 年出版的《英国得自对外贸易的财富》,被认为是重商主义的"圣经"。3 人都把自己的理论认识应用于实践。孟和蔡尔德曾在东印度公司服务。蔡尔德临终时是东印度公司的巨富股东。

在《英国得自对外贸易的财富》一书中,孟认为增加英国财富的手段就是发展对外贸易。但是必须遵循一条原则,就是卖给外国人的商品总值应大于购买商品的总值,从每年的进出口贸易中取得顺差,增加货币流入量。他反对早期重商主义者禁止金银输出的思想,他把货币与商品联系起来,指出"货币产生贸易,贸易增多货币"。只有输出货物,才能输入更多的货币。为了保证有利的贸易差额,孟主张扩大农产品和工业品的出口,减少外国(地区)制品的进口,反对英国居民消费英国能够生产的外国(地区)产品。他还主张发展加工工业,发展转口贸易。

尽管重商主义的贸易思想有不少错误和局限性,但他们提出的许多重要概念为后人研究国际贸易理论与政策打下了基础,尤其是关于贸易的顺差、逆差进一步发展到后来的"贸易平衡""收支平衡"概念。重商主义关于进出口对国家财富的影响,对后来凯恩斯的国民收入决定模型亦有启发。更重要的是,重商主义已经开始把整个经济作为一个系统,而把对外贸易看作这一系统非常重要的一个组成部分。经济学家熊彼特对重商主义的评价是:"开始为 18 世纪末和 19 世纪初形成的国际贸易一般理论奠定基础。"

(二)保护幼稚工业学说

保护贸易的理论,就其影响而言,李斯特的保护幼稚工业理论具有代表性。

李斯特是德国历史学派的先驱者,早年在德国提倡自由主义。自 1825 年出使美国以后,他受到汉密尔顿的影响,并亲眼见到美国实施保护贸易政策的成效,于是转而提倡贸易保护主义。他在 1841 年出版的《政治经济学的国民体系》一书中,系统地提出了保护幼稚工业的学说。

1. 对古典学派自由贸易理论提出批评

(1) 指出"比较成本学说"不利于德国生产力的发展

李斯特认为,向外国(地区)购买廉价的商品,表面上看起来要合算一些,但是这样做,德国的工业就不可能得到发展,而会长期处于落后和从属于外国的地位。如果德国采取保护关税政策,一开始会使工业品的价格提高,但经过一段时期,德国工业得到充分发展,生产力将会提高,商品生产费用将会下跌,商品价格甚至会低于外国(地区)进口的商品价格。

(2) 批评古典学派自由贸易学说忽视了各国(地区)历史和经济上的特点

古典学派自由贸易理论认为,在自由贸易下,各国(地区)可以按地域条件、按比较成本形成和谐的国际分工。李斯特认为,这种学说是一种世界主义经济学,它抹杀了各国(地区)的经济发展与历史特点,错误地以“将来才能实现”的世界联盟作为研究的出发点。李斯特根据国民经济完成程度,把国民经济的发展分为5个阶段,即“原始未开化时期、畜牧时期、农业时期、农工业时期、农工商业时期”。各国经济发展阶段不同,采取的贸易政策也不应相同。处于农业阶段的国家(地区)应实行自由贸易政策,以利于农产品的自由输出,并自由输入外国(地区)的工业产品以促进本国(地区)农业的发展,培育工业化的基础。处于农工业阶段的国家(地区),由于本国已有工业发展,但并未发展到能与外国产品相竞争的程度,故必须实施保护关税制度,使它不受外国产品的打击。处于农工商业阶段的国家(地区),由于国内工业产品已具备国际竞争能力,国外产品的竞争威胁已不存在,故应实行自由贸易政策,以享受自由贸易的最大利益,刺激国内产业进一步发展。

李斯特认为英国已到达最后阶段(农工商业时期);法国在第四阶段与第五阶段之间;德国与美国均在第四阶段;葡萄牙与西班牙则在第三阶段。因此,李斯特根据其经济发展阶段说,主张当时德国应实行保护工业政策,促进德国工业化,以对抗英国工业产品的竞争。

(3) 主张国家(地区)干预对外贸易

自由贸易理论视国家(地区)为被动的警察,李斯特则把国家(地区)比喻为国民生活中如慈父般的有力指导者。他认为,国家的存在比个人的存在更为重要,国家的存在是个人与人类全体安全、福利、进步以及文化等发展的第一条件。因此,个人的经济利益应从属于国家财富的增进与维持。他认为,国家在必要时可限制国民经济活动的一部分,以保持其经济利益。他以风力和人力在森林成长中的作用比喻国家在经济发展中的重要作用。他说:“经验告诉我们,风力会把种子从这个地方带到那个地方,因此荒芜原野会变成稠密森林,但是要培养森林因此就静等着风力作用,让它在若干世纪的过程中来完成这样的转变,世界上岂有这样愚蠢的办法吗?如果一个植林者选择树苗,主动栽培,在几十年内达到了同样的目的,这难道不是一个可取的办法吗?历史告诉我们,有许多国家,就是由于采取了植林者的办法,胜利地实现了他们的目标。”因此,李斯特主张,在国家干预下实行保护贸易。

2. 保护的对象与时间

李斯特保护贸易政策的目的是促进生产力的发展。经过比较,李斯特认为应用动力与大规模机器的制造工业的生产力远远大于农业。他认为着重农业的国家,人民精神萎靡,一切习惯与方法偏于守旧,缺乏文化福利与自由;而着重工商业的国家则不然,人民充满增进身心与才能的精神。他提出保护对象的条件是:① 农业不需保护。只有那些刚从农业阶段跃进的国家,距离工业成熟时尚远,才适宜于保护。② 一国(地区)工业虽然幼稚,但在没有强有力的竞争者时,也不需要保护。③ 只有刚刚开始发展且有强有力的外国(地区)竞争者的幼稚工业才需要保护。李斯特提出的保护时间以30年为最高限期。

3. 保护幼稚工业的主要手段

通过禁止输入与征收高关税的办法来保护幼稚工业,以免税或征收轻微进口税方式鼓励复杂机器进口。

为保护幼稚工业,李斯特提出"对某些工业品可以实行禁止输入,或规定的税率事实上等于全部、或至少部分地禁止输入"。同时,对"凡是在专门技术与机器制造方面还没有获得高度发展的国家,对于一切复杂机器的输入应当允许免税,或只征收轻微的进口税"。

人物介绍

弗里德里克·李斯特
(Friedrich List, 1789—1846)

李斯特是德国经济学家和政治活动家,历史学派的鼻祖,传统贸易理论反对派的先驱。他的贸易理论被称为保护幼稚工业论。其代表作是1841年出版的《政治经济学的国民体系》一书。李斯特刻苦好学,曾任大学教授。热衷于政治活动,曾两次当选联邦议员,但遭到当局的迫害。国内无容身之地,他被迫携眷赴美,在美国仍继续参加保护贸易政策运动。后以美国驻德领事身份回德,回德国后继续抵制英国商品竞争。最后因经营实业破产,贫病交迫而自杀。

(三)对外贸易乘数学说

凯恩斯是英国资产阶级经济学家,是凯恩斯主义的创始人,代表作是1936年出版的《就业、利息和货币通论》(The General Theory of Employment, Interest and Money)。

凯恩斯没有一本全面系统地论述国际贸易的专门著作。但是,他和他的弟子们有关国际贸易方面的观点与论述却为对外贸易政策,尤其是超保护贸易主义提供了重要的理论根据。

在资本主义1929—1933年大危机以前,凯恩斯是一个自由贸易论者。当时,他否认保护贸易政策会有利于国内的经济繁荣与就业。大危机以后,凯恩斯改变立场,转而推崇重商主义。他认为重商主义保护贸易的政策确实能够保证经济繁荣,扩大就业。

古典派的贸易理论是建立在国内充分就业前提下的。他们认为,国与国之间的贸易应当是进出口平衡,以出口抵偿进口,即使由于一时的原因或由于人的力量使贸易出现顺差,也会由于贵重金属移动和由此产生的物价变动得以调整,进出口仍归于平衡。他们认为不要为贸易出现逆差而担忧,也不要为贸易出现顺差而高兴。主张自由贸易政策,反对人为的干预。

凯恩斯与其追随者认为古典学派自由贸易理论过时了。首先,20世纪30年代,大量失业存在,自由贸易理论"充分就业"的前提条件已不存在。其次,凯恩斯和其追随者认为,古典派自由贸易论者虽然以"国际收支自动调节说"说明贸易顺、逆差最终均衡的过程,但忽略了其在调节过程中对一国国民收入和就业所产生的影响。他们认为应当仔细分析贸易顺差与逆差对国民收入和就业的作用;认为贸易顺差能增加国民收入,扩大就业,而贸易逆差则会减少国民收入,加重失业。凯恩斯曾指出,总投资包括国内投资和国外投资。国内投资额由"资本边际效率"和"利息率"决定,对外投资量由贸易顺差大小决定。贸易顺差可为一国带来黄金,扩大支付手段,降低利息率,刺激物价上涨,扩大投资,有利于缓和国内危机和扩大就业。因此,他们赞成贸易顺差,反对贸易逆差。

对外贸易乘数理论是凯恩斯投资乘数在对外贸易方面的运用,这里先介绍投资乘数理论。

凯恩斯把反映投资增长和国民收入扩大之间的依存关系称为乘数或倍数理论。它的意思是说,新增加的投资引起对生产资料的需求增加,从而引起从事生产资料的人们(企业主和工人)的收入增加;他们收入的增加又引起对消费品需求的增加,从而又导致从事消费品生产的人们收入的增加。如此推演下去,增加的国民收入总量将等于原增加投资量的若干倍。凯恩斯认为,增加的倍数取决于"边际消费倾向"。如果"边际消费倾向"为0,就是说,人们将增加的收入全部用于储蓄,一点也不消费,那么,国民总收入就不会增加。如果"边际消费倾向"为1,即人们把增加的收入全部用于消费,一点也不储蓄,那么,国民收入增加的倍数将为1+1+1+1+…到无限大。如果"边际消费倾向"介于0与1之间,即人们将增加的收入以1/2或1/3或1/4用于消费,那么国民收入增加的倍数将在1和无限大之间(1<倍数<∞)。乘数K的计算公式是:

$$K=\frac{1}{1-\text{边际消费倾向}}。$$

则国民所得的增加(ΔY)=乘数(K)×投资的增加量(ΔI)。

举例说明如下:

如投资的增加量为1,"边际消费倾向"为0,则乘数$\left(\frac{1}{1-0}\right)$为1,国民所得的增加$=1\times1=1$。

如投资的增加量为1,"边际消费倾向"为1,则乘数$\left(\frac{1}{1-1}\right)$为∞,国民所得的增加$=\infty\times1=\infty$。

如投资的增加量为1,"边际消费倾向"为1/2,则乘数$\left(\frac{1}{1-\frac{1}{2}}\right)$为2,国民所得的增加$=2\times1=2$。

在国内投资乘数理论的基础上,凯恩斯的追随者们引申出对外贸易乘数理论。他们认为,一国的出口和国内投资一样,有增加国民收入的作用;一国的进口,则与国内储蓄一样,有减少国民收入的作用。当商品劳务出口时,从国外得到的货币收入会使出口产业部门收入增加,消费也增加,必然引起其他产业部门生产增加,就业增多,收入增加……如此发展下去,收入增加量将为出口增加量的若干倍。当商品劳务进口时,必然向国外支付货币,于是收入减少,消费随之下降,与储蓄一样,成为国民收入中的漏洞。他们得出结论,只有当贸易为出超或国际收支为顺差时,对外贸易才能增加一国就业量,提高国民的收入,此时,国民收入的增加量将为贸易顺差的若干倍。这就是对外贸易乘数理论的含义。

如何计算对外贸易顺差对国内就业和收入影响的倍数呢?凯恩斯的追随者们提出了许多公式,仅举一式说明。

设ΔY代表国民收入的增加额,ΔI代表投资的增加额,ΔX代表出口的增加额,ΔM代表进口增加额,K代表乘数。

则计算对外贸易顺差对国民收入的影响倍数公式为：

$\Delta Y = [\Delta I + (\Delta X - \Delta M)] \times K$。

在 ΔI 与 K 一定时，则贸易顺差（$\Delta X - \Delta M$）越大，ΔY 越大；反之，如贸易差额是逆差时，则 ΔY 要缩小。因此，一国越是扩大出口，减少进口，贸易顺差越大，对本国经济发展作用越大。由此，凯恩斯和他的追随者的对外贸易乘数理论为超保护贸易政策提供了理论根据。

人物介绍

梅纳德·凯恩斯
（Maynard Keynes，1883—1946）

20 世纪最有影响的经济学家之一，现代宏观经济学的奠基人。凯恩斯少年时代就读于伊顿公学。1902 年进入剑桥大学专攻数学，1905 年获数学学士学位。毕业后留校任教，留校期间向马歇尔和庇古学习经济学。1906 年底参加文官考试，被分配到财政部印度事务处工作。两年后经马歇尔的推荐，返回剑桥大学并讲授金融学。1909 年以一篇概率论的论文获得剑桥大学国王学院的院士资格。1913 年出版第一部专著《印度的通货与财政》。由于此书的影响，1913—1914 年间他被任命为皇家委员会调查印度通货和财政的委员，并于 1915—1919 年调任财政部担任顾问。1919 年以英国财政部首席代表的身份出席巴黎和会。会后，他写成了《和约的经济后果》一书，强烈反对向战败的德国索取过多的赔偿，认为让德国支付巨额赔款不利于欧洲经济的恢复。此书使他成为国际社会上颇有影响的政治经济问题评论家。此后，他一方面执教和著书立说，出版了《货币改革论》《货币论》和《就业、利息和货币通论》等一系列著作；另一方面参与各种社会经济活动。1941 年出任英格兰银行董事；1942 年被封为勋爵，随即被选为上议院议员；1944 年以英国代表团团长的身份出席布雷顿森林会议，积极参与建立国际货币基金组织的工作。

凯恩斯并未受过系统的经济学训练，然而，对现实问题的关心使他逐渐对经济学问题的探索发生兴趣。他早期的著作都是探讨从实践中的政策问题所产生的各种主题：德国战败赔款和支付问题、英国恢复金本位以及货币改革等问题。直到在 1930 年发表的《货币论》中，他才开始力图把其经济思想纳入一个理论体系中。并且，直到在 1936 年发表的经典著作《就业、利息和货币通论》中，他才最终创造出了一个新的理论结构，第一次以系统的形式阐述自己的经济学说。他一反新古典学派的竞争均衡、边际生产力、货币中性论等传统理论，提出了总需求不足、非充分就业均衡、不确定性、流动性偏好陷阱等新的理论概念，着重于对经济总量的分析，用以说明经济危机、长期萧条和失业的现象，进而反对新古典经济学的自由放任传统，提出了一套政府干预的经济政策主张。这些均被视为是对传统理论的重大突破和划时代的贡献，被后人誉为“凯恩斯革命”。

第二节 国际贸易政策与措施

当一种贸易理论被执政者采纳时,便可以运用国家权力制定和执行相应的对外贸易政策,这种政策又是通过具体的措施实现的。当某种理论根据经济发展的需要而发生变化和发展的时候,新的经济政策就会产生,而具体的措施也同样会发生变化。因而不同国家(地区)乃至同一国家(地区)的不同时期的对外贸易政策与措施都是不断变化的。我们把各国的政策与措施综合起来进行研究,就可以观察国际贸易的政策与措施的实施情况,从而取长补短,结合我国国情制定我国的对外贸易政策和具体措施。

一、国际贸易政策及其演变

(一) 国际贸易政策的定义及构成

对外贸易政策是指一个国家(地区)在一定时间内影响其进出口贸易活动的全部行为的总和。一国(地区)对外贸易活动总是在一定的对外贸易政策的指导下进行的。国家(地区)通过对外贸易政策影响其对外贸易的规模、结构、流向和利益分割,既体现该国(地区)的政治外交原则,又维护本国(地区)的经济贸易利益。

从具体内容上来讲,一国(地区)对外贸易政策由对外贸易总政策、进出口商品政策、对外贸易国别政策构成。

对外贸易总政策是一国(地区)根据一定时期内国际政治经济的基本发展态势和该国(地区)所处的地位,从有利于该国(地区)整个国民经济的总体发展出发,结合本国(地区)的资源禀赋、产业结构、经济发展水平制定的该国(地区)在较长时期内普遍适用的对外贸易的原则、方针、策略。

进出口商品政策是根据对外贸易总政策、经济结构和国内市场状况而分别制定的政策。

对外贸易国别政策是根据对外贸易总政策、对外政治、经济关系而制定的国别和地区政策。

(二) 国际贸易政策类型及其演变

从国际贸易产生与发展以来,基本上有两种类型的国际贸易政策,一种是自由贸易政策,一种是保护贸易政策。自由贸易政策的主要内容是:国家(地区)取消对进出口贸易和服务贸易等的限制和障碍,取消对本国(地区)进出口商品和服务贸易等的各种特权和优待,使商品自由进出口,服务贸易自由经营,在国(地区)内外市场上自由竞争。保护贸易政策的主要内容是:国家(地区)广泛利用各种限制进口和控制经营领域与范围的措施,保护本国(地区)产品和服务在本国(地区)市场上免受外国(地区)商品和服务等的竞争,并对本国(地区)出口商品和服务贸易给予优待和补贴。

自由贸易政策和保护贸易政策既相互对立、相互排斥,又相互统一、相互协调,形成一个对立统一的政策体系。它们赖以制定和实施的客观经济条件并没有必然的差异,因此,一个国家对外贸易政策往往都是这两种政策的组合,只不过在不同时期根据不同的经济条件和经济目标有所侧重而已。

从整个世界范围来看,自资本主义生产方式出现以来,自由贸易政策和保护贸易政策就像一对孪生姐妹,始终相伴随。但在不同的发展时期,贸易政策的侧重点不尽相同,有时以自由贸易政策为主,有时又会掀起保护贸易的浪潮。

在资本主义生产方式准备时期,为了促进资本的原始积累,西欧各国广泛实行重商主义下的强制性的贸易保护政策,通过限制货币(贵重金属)出口和扩大贸易顺差的办法扩大货币的积累,以英国实行得最为彻底。

在资本主义自由竞争时期,资本主义生产方式占据统治地位,世界经济进入了商品资本国际化的阶段。这个时期对外贸易政策的基调是自由贸易。英国是带头实行自由贸易政策的国家。但由于各国经济发展水平不同,一些经济发展起步较晚的国家如美国和德国采取了保护贸易政策。

在资本主义垄断时期的前期(19 世纪 90 年代到第二次世界大战前),垄断加强,资本输出占据统治地位。1929—1933 年资本主义经济大危机,使市场问题急剧恶化,出现了超保护贸易政策。第二次世界大战后,随着生产和资本的国际化,出现了世界范围的贸易自由化。走上政治独立的广大发展中国家则实行了贸易保护主义。新生的社会主义国家为了发展民族经济,也实行了国家统治下的贸易保护主义。

20 世纪 70 年代中期以后,在世界贸易自由化的同时,兴起了新贸易保护主义,在上述背景下出现了管理贸易政策。这种政策的主要内容是:国家(地区)对内制定各种对外经济贸易法规和条例,加强对本国(地区)进出口贸易有秩序地发展的管理;对外通过协商,签订各种对外经济贸易协定,以协调和发展缔约方之间的经济贸易关系。

阅读与思考

美国对外贸易政策的变化

美国并非一开始就是一个贸易大国,而是随着国民经济的快速发展,对外贸易总额也有了巨大的增长。1920 年,美国的出口比 1860 年增长了 24 倍,进口增长了 16 倍。同时,美国在世界贸易总额中所占的比重也迅速增加,由 1780 年的 2% 提升到 1880 年的 10%;到二战结束时,美国在世界贸易中的份额达到创纪录的 1/3;尽管 20 世纪 50 年代以后美国在世界贸易中的份额逐渐下降,但战后美国一直稳坐世界贸易大国的第一把交椅;进入 20 世纪 90 年代,美国在世界贸易中的份额又回升到 15% 左右。

各国在确定自己的贸易政策时,“大多从以下几方面的要求出发:或是保护本国市场,或是扩大出口市场;扩大本国对外开放的规模与范围;改善提高本国的产业结构,利用国际贸易带动经济发展;服务于本国的外交政策”。美国也不例外。由于美国当今的世界贸易超强国地位以及对外贸易在其国民经济中的重要作用,其对外贸易政策历来成为人们关注的焦点。毋庸置疑,“美国的贸易政策就是要促进美国在全球经济中的整体利益”。在美国独立后的 200 多年里,对外贸易政策随着美国国力和国际经济环境的变化而变化。从大范围来看,美国的对外贸易政策大致经历过以下 3 个主要阶段的变化:

1. 贸易保护主义政策阶段。美国是一个具有贸易保护主义传统的国家。从 1791 年到罗斯福“新政”之前的近一个半世纪里,美国政府实行的一直是贸易保护主义政策。在解释这一漫长的贸易保护主义历史过程时,专家们普遍认为,在进入 20 世纪之前的岁月里,贸易保护主义是美国发展战略成功的一个不可或缺的因素。因为从实际效果来看,在 19 世纪末,实施关税保护政策的国家如美、德两国,其经济增长率比完全采取自由贸易政策的英国要高。再者,19 世纪美国所奉行的高关税政策不仅是为了促进美国民族工业的发展，更是为了确保国家的独立，以免受到外来干涉，进而保护美国的国家利益。正如汉密尔顿在《制造业报告》中指出的那样，"如果国家首先实行的是自由放任政策，那么美国和其他发展中国家就可以放弃制造业的生产了"。保护关税政策在当时固然有利于美国工业资产阶级的资本积累和生产力的发展，但由此造成的高物价却要老百姓来承担，同时阻碍了美国出口导向行业和新兴产业在国外市场的发展。恩格斯早在1888年就认为美国的保护关税制度已经完成了它的历史使命，如果再不废除就要变成障碍了。但美国的垄断资本家及其政治代表并没有认识到转向自由贸易对美国的好处，因而国会在大危机前夕通过了美国历史上最具保护主义色彩、关税最高、同时也最具破坏性的《霍利—斯穆特法》。这一贸易法使美国的国际贸易进出口总额在1930年下降到只有29亿美元，不足1929年的1/3。

2. 自由贸易政策阶段。二战后至20世纪60年代末期，美国借助其在第二次世界大战中膨胀起来的经济和政治实力，竭力进行对外经济扩张，为其资本和商品寻找市场。因此，美国政府不断鼓吹并推行所谓的自由贸易政策。在自由贸易的口号下，迫使其他资本主义国家对美国的商品和资本敞开大门。这期间，美国政府制定外贸政策的主要法律依据有：1934年新政时期制定的、实行了28年之久的《互惠贸易法》，1962年的《扩大贸易法》。

3. "两面性"的贸易政策阶段。二战后一直到20世纪60年代结束，美国一直保持着相当的贸易顺差。但是，自60年代末以来，随着美国经济实力的相对削弱、日本和西欧经济实力的增强，美国在资本主义世界市场上受到竞争和排挤，对外贸易日益恶化。1971年，美国开始有23亿美元的贸易逆差，此后逐年拉大，到1999年出现创纪录的2 500多亿美元的贸易逆差。进入70年代以后，由于贸易逆差不断攀升，美国的贸易保护主义思想进一步抬头。具有"两面性"的《1974年贸易法》和更具贸易保护主义色彩的1988年《综合贸易法》就是这一思想的产物。进入20世纪90年代以后，美国的对外贸易政策更具"两面性"。一方面，美国的巨额外贸逆差使美国国内的贸易保护主义声浪日高，以致在1993年《北美自由贸易协定》(NAFTA)的批准过程中，克林顿行政当局不得不动员所有在世的前总统、41位州长、包括12位诺贝尔奖得主在内的284位经济学家来支持这一协定，以壮支持者的声势；而1999年底世贸组织在西雅图举办的为期4天的千年回合谈判期间，美国民众反对全球化的声浪更是让人深深感受到美国民间雄厚的贸易保护主义基础。另一方面，美国凭借其在"新经济"中的优势地位，又积极地主张自由贸易，为美国的知识密集型产品寻求海外市场。美国不仅最终批准了《北美自由贸易协定》，并且主导了关贸总协定的各轮多边谈判和倡议成立了世贸组织，以取代关贸总协定。

(廖光军：《美国对外贸易及其政策的变化》，《国际贸易问题》，2001年第12期。)

(三) 国际贸易政策的制定与执行

对外贸易政策属于上层建筑，它既反映了经济基础和当权阶级的利益与要求，同时又反过来维护和促进了经济基础的发展。各国(地区)在制定贸易政策的过程中，要考虑到以下因素：本国(地区)经济结构与比较优势；本国(地区)产品在国际市场上的竞争能力；本国(地区)与别国经济、投资的合作情况；本国(地区)国内物价、就业状况；本国(地区)与他国(地区)的政治关系；本国(地区)在世界经济、贸易组织中享受的权利与应尽的义务；各国(地区)政府领导人的经济思想与贸易理论。

各国(地区)对外贸易政策的制定与修改是由国家(地区)立法机构进行的。最高立法机关在制定和修改对外贸易政策及有关规章制度前，要征询各个经济集团的意见。如发达资本主义国家一般要征询大垄断集团的意见。各垄断集团的领导人通过企业主联合会、商会等机构协调、商定共同立场,向政府提出各种建议,直至派人参与制定或修改有关对外贸易政策的法律草案。

最高立法机关颁布的对外贸易各项政策既包括一国较长时期内对外贸易政策的总方针和基本原则,又规定某些重要措施以及给予行政机构的特定权限。例如,美国国会往往授予美国总统在一定的范围内制定某些对外贸易法令、进行对外贸易谈判、签订贸易协定、增减关税和确定数量限额等权利。

对外贸易政策一般通过海关对进出口贸易进行管理。海关是国家(地区)行政机关,是设置在对外开放口岸的进出口监督管理机关。它的主要职能是:对进出国境(边界)的货物和物品、运输工具进行实际的监督管理,稽征关税和代征法定的其他税费,查禁走私。一切进出国境(边界)的货物和物品、运输工具,除国家法律有特别规定的以外,都要在进出国境(边界)时向海关申报,接受海关检查(查验)。同时国家广泛设立各种机构,负责促进出口和管理进口,并由政府出面参与各种国际经济贸易等国际机构与组织,进行国际经济贸易等方面的协调工作。

二、关税措施

(一)关税的定义和特点

长期以来,关税一直是各国对外贸易政策的重要手段。

关税(Custom Duties; Tariff)是进出口商品经过一国关境时,由政府所设置的海关向其进出口商所征收的税收。

关税是国家财政收入的一个重要组成部分。它与其他税收一样,具有强制性、无偿性和预定性。强制性是指税收是凭借法律的规定强制征收的,而不是一种自愿献纳。凡要交税的,都要按照法律规定无条件地履行自己的义务,否则就要受到国家法律的制裁。无偿性是指征收的税收,除特殊例外,都是国家(地区)向纳税人无偿取得的国库收入,国家(地区)不需付出任何代价,也不必把税款直接归还给纳税人。预定性是指国家(地区)事先规定一个征税的比例或征税数额,征纳双方必须共同遵守执行,不得随意变化和减免。

关税属于间接税。因为关税主要是对进出口商品征税,其税负可以由进出口商垫付税款,然后把它作为成本的一部分加在货价上,在货物出售给买方时收回这笔垫款。这样,关税负担最后便转嫁给买方或消费者承担。

关税的税收主体和客体是进出口商人和进出口货物。按纳税人与课税货物的标准,税收可分为税收主体和税收客体。税收主体也称课税主体,是指在法律上根据税法规定负担纳税的自然人或法人,也称纳税人。税收客体也称课税客体或课税对象,如消费品等。关税与一些国内税不同,关税的税收主体是本国进出口商。当商品进出国境或关境时,进出口商根据海关法规定向当地海关交纳关税,他们是税收主体,即关税的纳税人。关税的税收客体是进出口货物。根据海关税法与有关规定,对各种进出口商品制定不同税目和税率,征收不同的税收。

(二)关税的作用

许多国家(地区)通过制定和调整关税税率来调节进出口贸易。在出口方面,通过低税、免税和退税来鼓励商品出口;在进口方面,通过税率的高低、减免来调节商品的进口。关税对进口商品的调节作用,主要表现在以下几方面:

1. 对于国(地区)内能大量生产或者暂时不能大量生产但将来可能发展的产品,规定较高的进口关税,以削弱进口商品的竞争能力,保护国(地区)内同类产品的生产和发展。

2. 对于非必需品或奢侈品的进口制定更高的关税,达到限制甚至禁止进口的目的。

3. 对于本国(地区)不能生产或生产不足的原料、半制成品、生活必需品或生产上的急需品的进口,制定较低税率或免税,鼓励进口,满足国(地区)内的生产和生活需要。

4. 通过关税调整贸易差额。当贸易逆差过大时,提高关税或征收进口附加税以限制商品进口,缩小贸易逆差。当贸易顺差过大时,通过减免关税、缩小贸易顺差,以减缓与有关国家(地区)的贸易摩擦与矛盾。

(三)关税的主要种类

关税种类繁多。按照不同的标准,主要可分为以下几类:

1. 按照征收的对象或商品流向分类

(1) 进口税

进口税(Import Duties)是进口国家(地区)的海关在外国(地区)商品输入时,根据海关税则对本国(地区)进口商所征收的关税。

进口税按照差别待遇和特定的实施情况又可以分为:

① 一般进口税。一般进口税有最惠国税和普通税两种,最惠国税适用于与该国(地区)签订有最惠国待遇条款的贸易协定的国家或地区所进口的商品。普通税适用于与该国(地区)没有签订这种贸易协定的国家或地区所进口的商品。最惠国税率比普通税率低,两者税率差幅往往很大。例如,美国对玩具的进口征收最惠国税率为6.8%,普通税率为70%。第二次世界大战后,大多数国家都加入关税与贸易总协定或者签订了双边的贸易条约或协定,相互提供最惠国待遇,享受最惠国税率,因此这种关税通常又被称为正常关税。

② 进口附加税。除了征收一般进口税外,根据某种目的可再加征进口税。这种对进口商品除征收一般关税以外,再加征额外的关税,就叫做进口附加税(Import Surtaxes)。

进口附加税通常是一种特定的临时性措施。其目的主要有:应付国际收支危机,维持进出口平衡;防止外国(地区)商品低价倾销;对某个国家(地区)实行歧视或报复等。因此,进口附加税又称特别关税。

进口附加税是限制商品进口的重要手段。1971 年上半年,美国出现了自 1893 年以来的首次贸易逆差,国际收支恶化。1971 年 8 月 15 日,美国尼克松总统为了应付国际收支危机,实行"新经济政策",宣布对外国商品的进口一律征收 10% 进口附加税,即在一般进口税上再加征 10% 附加税,以限制商品进口。

除了采用对所有进口商品征收进口附加税外,有时还针对个别国家和个别商品征收进口附加税。这种进口附加税主要有以下两种:

反补贴税(Counter-vailing Duty):又称抵消税或补偿税,是对于直接或间接地接受奖金或补贴的外国(地区)商品进口所征收的一种进口附加税。进口商品在生产、制造、加工、买卖、输出过程中接受了直接或间接的奖金或补贴,并使进口国(地区)生产的同类产品遭受重大损害是构成征收反补贴税的重要条件。反补贴税的税额一般按"补贴数额"征收。其目的在于增加进口商品的成本,抵消出口国(地区)对该项商品所做补贴的鼓励作用。

反倾销税(Anti-dumpling Duty):是对于实行商品倾销的进口商品所征收的一种进口附

加税。进口商品以低于正常价值的价格进行倾销，并对进口国（地区）的同类产品造成重大损害是构成征收反倾销税的重要条件。反倾销税的税额一般以倾销差额征收，其目的在于抵制商品倾销，保护本国的市场与工业。

2003 年，共有 19 个国家和地区对中国反倾销、保障措施及特保立案 59 起，涉案金额约 22 亿美元，涉案金额同 2002 年相比，增长了 178%。从案件数量看，美国立案 11 起，居首位；从涉案金额看，美国、欧盟、秘鲁、土耳其居前 4 位，其中美国最为突出，达 18.5 亿美元，占涉案总金额的 84.1%。

阅读与思考

反倾销的出现与发展简介

反倾销的概念产生于 19 世纪末。1904 年，加拿大颁布了世界第一部反倾销法。此后，新西兰于 1905 年、澳大利亚于 1906 年、美国于 1916 年先后颁布了反倾销法。但是，西方发达国家得益于高关税和严格的配额、进口许可证等壁垒，一直到 20 世纪 60 年代，很少使用反倾销法。

在 20 世纪 80 年代中期以前，反倾销可以说主要是发达国家的专利。国际上绝大多数反倾销案是由美国、欧共体、澳大利亚和加拿大发起的，他们是“反倾销的传统国家”，而反倾销的目标主要集中在发展中国家和日本。

到了 20 世纪 90 年代中后期，发展中国家的立案数量迅速增加。据 WTO 秘书处的统计，目前发达国家的反倾销立案占世界各国反倾销立案比重已经从 20 世纪 80 年代的 97% 下降到了 60% 左右，而发展中国家的反倾销立案比例由原来的不到 3% 快速上升到 40% 左右。

1995 年至 2003 年，印度发起的反倾销立案位居世界各国之首，达 379 起，年均 42 起；阿根廷位居第四，达 180 起，年均 20 起；南非位居第五，166 起；巴西位居第八，109 起；墨西哥位居第九，73 起；中国位居第十，72 起；土耳其第十一，61 起；韩国第十二，59 起：印尼第十三，54 起；秘鲁第十四，48 起。

同期，全世界投诉反倾销调查的前 20 位国家中，发达国家共占 930 起（美国位居第二，329 起；欧盟位居第三，274 起；澳大利亚位居第六，163 起；加拿大位居第七，122 起；新西兰位居第十五，42 起），占这 20 个国家反倾销立案总数 2 416 起的 38.5%。

据 WTO 秘书处统计，1985 年前，几乎没有几个发展中国家设有反倾销立法。但时至今日，世贸组织 147 个成员都已经出台了反倾销法律或条例。

WTO 秘书处的统计显示，20 世纪 80 年代世界各国反倾销立案 1 388 起，年均 139 起；20 世纪 90 年代立案 2 321 起，年均 232 起；2000—2003 年立案 1 138 起，年均 285 起。可以说，反倾销的发展势头越来越严峻。

阅读与思考

2003 年中国遭遇反倾销调查一览

美国:中国彩电倾销

2003 年 11 月 25 日,美国商务部初步裁定,中国部分电视机生产商向美国市场倾销其产品,四川长虹被认定的倾销幅度为 45.87%,TCL 和康佳分别为 31.35% 和 27.94%,厦华为 31.35%。

美国:中国部分家具倾销

2003 年 11 月初,美国 28 个家具制造商向美国商务部和国际贸易委员会提出正式申请,将以前的言辞变成了行动,从而掀起一层新的贸易争端波澜。美国一些家具商要求反倾销的主要是中国向美国出口的床、梳妆台等卧室家具,理由是这些东西价格过低,存在不公平贸易行为。

印度:中国帘子布倾销

2003 年 10 月 29 日,印度决定对我国出口的帘子布发起反倾销立案调查,这是印度对我国提起的第 72 起反倾销案件调查,也是今年的第 5 起案件。该案调查期为 2002 年 4 月 1 日至 2003 年 6 月 30 日。据中国海关统计,调查期内中国对印度出口该产品累计金额 1 861 万美元。

澳大利亚:中国热轧板材倾销

2003 年 8 月 20 日,澳大利亚海关通知我国驻澳使馆经商参处,应澳大利亚断山钢铁有限公司(BHP)申请,澳海关决定对从中国、印尼、日本和韩国进口的热轧板材进行反倾销调查。据我国海关统计,2002 年 7 月 1 日至 2003 年 6 月 30 日,中国对澳热轧板材出口金额共计 52.61 万美元。

澳大利亚:中国复印纸倾销

2003 年 8 月 11 日,澳大利亚海关通知中国驻澳使馆经商参处,应澳大利亚纸业有限公司申请,澳大利亚海关决定对从中国进口的 A4 复印纸进行反倾销调查。据中国海关统计,2002 年中国对澳大利亚 A4 复印纸出口金额计 1 348 万美元。

墨西哥:中国钢铁钉倾销

2003 年 7 月 24 日,墨西哥经济部发布公告,决定对从中国进口的钢铁钉进行反倾销立案调查。公告通知有关各方在公告发布后的 30 个工作日内到墨西哥国际贸易惯例总局索取调查问卷。中国商务部已经将有关情况通知中国五矿化工进出口商会,该商会将就此案开展企业应诉的协调工作。

南非:中国铝制餐具倾销

2003 年 1 月 31 日,南非政府发布公告,决定对原产地为中国和进口来源地为中国和中国香港的铝制餐具(不包括桶)继续征收 15.84 兰特/公斤的反倾销税。该案 1995 年 9 月 15 日立案调查,涉案金额 50 万美元,1997 年 2 月 6 日作出终裁,2002 年 2 月 5 日由南非政府提起并开始日落复审,我国企业无应诉。

埃及:中国瓷器餐具倾销

2003 年 2 月,埃及外贸部作出决定,对从中国进口的瓷器餐具采取反倾销措施,开始征收高达 305% 的关税。埃及外贸部下属的反倾销局经过调查证实,由于中国瓷器大量涌入埃及市场已经对本国的同类产品造成冲击,使当地瓷器加工厂生产大幅下降,库存积压严重。埃及反倾销局局长法兹称,反倾销局是在接到当地厂商的投诉,并经过调查证实后才作出上述决定的。

秘鲁:中国铁制铰链倾销

2003 年 7 月,秘鲁竞争和知识产权保护署(INDECOPI)收到秘鲁 Bisagras Peruanas S. A. C 公司的申诉,要求对原产于中国或从中国进口的以及从其他国家进口的铁制铰链进行反倾销调查。根据世界贸易组织的有关规定,INDECOPI 在正式进行反倾销立案调查之前应通知中国政府。

(《国际金融报》,2003 年 11 月 28 日。)

③ 差价税

差价税(Variable Levy)又称差额税。当某种本国生产的产品国内价格高于同类的进口商品价格时,为了削弱进口商品的竞争能力,保护国内生产和国内市场,按国内价格与进口价格之间的差额征收关税,就叫差价税。由于差价税是随着国内外价格差额的变动而变动的,因此它是一种滑动关税。对于征收差价税的商品,有的规定按价格差额征收,有的规定在征收一般关税以外另行征收,这种差价税实际上属于进口附加税。例如,欧盟对冻牛肉进口首先征收20%一般进口税,然后根据每周进口价格与欧盟的内部价格变动情况征收变动不定的差价税。

④ 特惠税

特惠税(Preferential Duties)是指对从某个国家或地区进口的全部商品或部分商品给予特别优惠的低关税或免税待遇。但它不适用于从非优惠国家或地区进口的商品。特惠税有的是互惠的特惠税(如1932年英联邦国家在渥太华会议上建立的英联邦特惠税),有的是非互惠的(如第二次世界大战后,西欧共同体市场与非洲、加勒比和太平洋地区一些发展中国家实行的洛美协定国家之间的特惠税。它是欧盟向参加协定的非洲、加勒比和太平洋地区的发展中国家单方面提供的特惠税)。

⑤ 普遍优惠制

普遍优惠制(Generalized System of Preferences, GSP)简称普惠制,是发展中国家在联合国贸易与发展会议上进行长期斗争,在1968年通过建立普惠制决议之后取得的。该决议规定,发达国家承诺对从发展中国家或地区输入的商品,特别是制成品和半制成品,给予普遍的、非歧视的和非互惠的关税优惠待遇。这种税称为普惠税。

普惠制的主要原则是普遍的、非歧视的、非互惠的。所谓普遍的,是指发达国家应对发展中国家或地区出口的制成品和半制成品给予普遍的优惠待遇。所谓非歧视的,是指应使所有发展中国家或地区都不受歧视、无例外地享受普惠制的待遇。所谓非互惠的,是指发达国家应单方面给予发展中国家或地区关税优惠,而不要求发展中国家或地区提供反向优惠。

普惠制的目的是:增加发展中国家或地区的外汇收入;促进发展中国家或地区工业化;加速发展中国家或地区的经济增长率。

(2) 出口税

出口税(Export Duties)是出口国家(地区)的海关对本国(地区)产品输往国(地区)外时,对出口商所征收的关税。目前大多数国家(地区)对绝大部分出口商品都不征收出口税。因为征收这种税势必提高本国(地区)商品在国(地区)外市场上的销售价格,降低商品的竞争能力,不利于扩大出口。第二次世界大战后,征收出口税的国家主要是发展中国家。征收出口税的目的,或者是为了增加财政收入,或者是为了保证本国(地区)的生产或本国(地区)市场的供应。

以增加财政收入为目的的出口税,税率一般不高。例如拉丁美洲的一些国家(地区)的出口税一般征收1% ~5%左右。

以保护本国(地区)生产为目的的出口税,通常对于出口的原料征税。其目的在于保障国(地区)内生产上的需要和增加国(地区)外产品的生产成本,以加强本国(地区)产品的竞争能力。例如瑞典、挪威对于木材出口征税,以保护其纸浆及造纸工业。以保障国(地区)内市场的供应为目的的出口税,除了对某些出口原料征收外,还对某些本国(地区)生产不足而需要量又较大的生活必需品征收,以抑制价格上涨。

(3) 过境税

过境税(Transit Duties)又称通过税。它是一国(地区)对于通过其关境的外国(地区)货物所征收的关税。在资本主义生产方式准备时期,这种税制开始产生并普遍流行于欧洲各国。在19世纪后半期,由于交通运输事业的发展,各国(地区)在货运方面发生了激烈的竞争。同时,过境货物对本国(地区)生产和市场没有影响,所征税率也很低,财政意义不大。因此,各国(地区)相继废止了过境税。在1850年以后,资本主义国家间所签订的贸易条约中多明文规定缔约国一方的货物通过缔约国对方的领土时,一律免征过境税。1921年,资本主义国家在巴塞罗那签订的自由过境公约上便包括有废除一切过境税的条款。

第二次世界大战后,大多数资本主义国家都不征收过境税。《关税与贸易总协定》第5条明文规定:"缔约国对通过其领土的过境运输……不应受到不必要的耽延或限制,并应对它免征关税、过境税或有关过境的其他费用。但运输费用以及相当于因过境而支出的行政费用或提供服务成本的费用,不在此限。"这项规定在世界贸易组织建立后继续有效。目前大多数国家(地区)在外国(地区)商品通过其领土时只征收少量的准许费、印花费、登记费和统计费等。

2. 按照征税的目的分类

(1) 财政关税

财政关税(Revenue Tariff)又称收入关税,是指以增加国家(地区)的财政收入为主要目的而征收的关税。为了达到财政收入的目的,对进口商品征收财政关税时,必须具备以下条件:征税的进口货物必须是国内不能生产或无代用品而必须从国外输入的商品;征税的进口货物,在国内必须有大量消费;关税税率要适中或较低,如税率过高,将阻碍进口,达不到增加财政收入的目的。

关税的征收,最初的目的多为获取财政收入。随着资本主义的发展,财政关税在财政收入中的重要性已相对降低,这一方面由于其他税源增加,关税收入在国家的财政收入中所占的比重相对下降;更主要的是因为资本主义国家广泛地利用高关税限制外国商品进口,保护国内生产和国内市场,于是财政关税就为保护关税所代替。

(2) 保护关税

保护关税(Protective Tariff)是指以保护本国(地区)工业或农业发展为主要目的而征收的关税。保护关税税率要高,越高越能达到保护之目的。有时税率高达100%以上,等于禁止进口,成为禁止关税。

保护关税又可分为工业保护关税和农业保护关税。工业保护关税是以保护国(地区)内工业发展所征收的关税。工业保护关税原以保护本国(地区)幼稚工业为主要目的。一些经济较落后的国家(地区),往往采用保护关税,以保护和促进本国(地区)幼稚工业的发展。农业保护关税是为保护本国(地区)内农业发展所征收的关税。

3. 按照征税的一般方法或征税标准分类

依此分类主要有从量税和从价税。在这两种主要征税方法的基础上,又有混合税和选择税。

(1) 从量税

从量税(Specific Duties)是以商品的重量、数量、容量、长度和面积等计量单位为标准计征的关税。例如美国对薄荷脑的进口征收从量税,普通税率每磅征 50 美分,最惠国税率每磅征 17 美分。

从量税额的计算公式为:从量税额 = 商品数量 × 每单位从量税。

在从量税确定的情况下,从量税额与商品数量的增减成正比关系,但与商品价格无直接关系。按从量税方法征收进口税时,在商品价格下降的情况下,加强了关税的保护作用。反之,在商品价格上涨的情况下,用从量税的方法征收进口税,则不能完全达到保护关税的目的。这是因为商品价格上涨,而进口税额不变,财政收入相对减少,保护作用也随之减弱。第二次世界大战以前,资本主义国家普遍采用从量税的方法计征关税。战后由于商品种类、规格日益繁杂和通货膨胀加剧,大多数资本主义国家普遍采用从价税的方法计征关税。

(2) 从价税

从价税(Ad Valorem Duties)是以进口商品的价格为标准计征一定比率的关税,其税率表现为货物价格的百分率。例如美国对羽毛制品的进口征收从价税,普通税率为 60%,最惠国税率为 4.7%。

从价税额的计算公式为:从价税额 = 商品总值 × 从价税率。

从价税额与商品价格有直接关系。它与商品价格的涨落呈正比关系,其税额随着商品价格的变动而变动,所以它的保护作用与价格有着密切的关系。如在价格下跌的情况下,其税率不变,从价税额相应减少,因而保护关税作用也有所下降。

一般说来,从价税有以下几个优点:① 从价税的征收比较简单,对于同种商品,可以不必因其品质的不同,再详加分类;② 税率明确,便于比较各国税率;③ 税收负担较为公平,因为从价税额随商品价格与品质的高低而增减,较符合税收的公平原则;④ 在税率不变时,税额随商品价格上涨而增加,既可增加财政收入,又可起到保护关税的作用。

但在征收从价税时,较为复杂的问题是确定进口商品的完税价格。完税价格是经海关审定作为计征关税的货物价格,是决定税额多少的重要因素。因此,如何确定完税价格是十分重要的。《关税与贸易总协定》第 7 条作了具体规定:"海关对进口商品的估价,应以进口商品或相同商品的实际价格,而不得以国内产品的价格或者以武断的或虚构的价格,作为计征关税的依据。""实际价格"是指"在进口国立法确定的某一时间和地点,在正常贸易过程中于充分竞争的条件下,某一商品或相同商品出售或兜售的价格"。当实际价格无法按上述的规定确定时,"海关估价应以可确定的最接近于实际价格的相当价格为依据"。

(3) 混合税

混合税(Mixed or Compound Duties)又称复合税,是对某种进口商品采用从量税和从价税同时征收的一种方法。混合税额的计算公式为:混合税额 = 从量税额 + 从价税额。

混合税可分为两种:一种是以从量税为主加征从价税。例如,美国对男式开司米羊绒衫(每磅价格在 18 美元以上者)征收混合税,每磅从量税征收 37.5 美分加征从价税 15.5%。另一种是以从价税为主加征从量税。例如日本对手表(每只价格在 6 000 日元以下)的进口,从价税 15%,加征每只 150 日元的从量税。

(4) 选择税

选择税(Alternative Duties)是对于一种进口商品同时订有从价税和从量税两种税率,在征税时选择其税额较高的一种征税。例如,日本对进口的坯布征收协定税率 7.5% 或每平方米 2.6 日元,择其高者征收。但有时为了鼓励某种商品进口,也会选择其中税额低者征收。

4. 按照关税保护的程度和有效性分类

（1）名义关税

名义关税（Nominal Tariff）是指某种进口商品进入该国（地区）关境时海关根据海关税则所征收的关税税率。在其他条件相同和不变的前提下，名义关税税率愈高，对本国（地区）同类产品的保护程度也愈高。

（2）有效关税

有效关税（Effective Tariff）是指对某个工业每单位产品“增值”部分的从价税率，其税率代表着关税对本国（地区）同类产品的真正有效的保护程度。其计算公式如下：

$$Te = \frac{V' - V}{V}。$$

其中：Te 为有效关税保护率；V'为关税保护后的加工增值；V 为自由贸易时的加工增值。

如果一个进口国（地区）由于本国原材料不足，而必须进口原材料进行加工制造成最终产品，在这种情况下，进口原材料的名义关税税率高低及其最终产品中所占比重也影响着有效关税保护率。这可以用以下的公式计算：

$$Te = \frac{T - \sum a_i t_i}{1 - \sum a_i}。$$

其中：Te 为有效关税保护率；T 为进口最终产品的名义关税税率；a_i 为各种进口原材料在最终产品中所占比重；t_i 为各种进口原材料的名义关税率。

根据上述公式计算，有效关税保护率将会出现以下的变化：① 当进口最终产品的名义关税税率高于所用的进口原材料的名义关税税率时，有效关税保护率超过最终产品的名义关税税率，即 $Te > T$；② 当进口最终产品的名义关税税率等于所用的进口原材料的名义关税税率时，有效关税保护率将等于最终产品的名义关税税率，即 $Te = T$；③ 当进口最终产品的名义关税税率小于所用的进口原材料的名义关税税率时，并且所用的原材料价值在最终产品中所占的比重很小时，有效关税保护率可能大大低于最终产品的名义关税税率，即 $Te < T$，甚至出现负有效关税保护率，即 $Te < 0$。

由此可见，有效关税保护率受到进口国最终产品的名义关税税率、进口原材料的名义关税税率和所用的原材料在最终产品中所占比重大小的影响。因此，各种进口商品的名义关税税率虽然相同，但这些进口商品的有效关税保护率则有所不同。

阅读与思考

名义税率和有效保护率

%

产品	美国		日本		欧盟	
	名义税率	有效保护率	名义税率	有效保护率	名义税率	有效保护率
农业、林业、渔业	1.8	1.9	18.4	21.4	4.8	4.1
食品、饮料、烟草	4.7	10.6	25.4	50.3	10.1	17.8
纺织	9.2	18.0	3.3	2.4	7.2	8.8
服饰	22.7	43.3	13.8	42.2	13.4	19.3
皮革制品	4.2	5.0	3.0	-14.8	2.0	-2.2
鞋	8.8	15.4	15.7	50.0	11.6	20.1
木材加工	1.6	1.7	0.3	-30.6	2.5	1.7
家具和设备	4.1	5.5	5.1	10.3	5.6	11.3
纸和纸制品	0.2	-0.9	2.1	1.8	5.4	8.3
印刷和出版	0.7	0.9	0.1	-1.5	2.1	-1.0

（罗伯特·J·凯伯：《国际经济学》，原毅军等译，机械工业出版社，2002 年。）

（四）关税的经济效应分析

关税政策的经济效应就是一国实行关税措施所带来的各种经济影响，特别是各相关国家以及国内各利益集团的利益得失及其差别。从不同的角度研究关税政策的经济效应有助于我们对这个问题有一个全面的理解。

首先，我们分析局部均衡条件下的关税效应。有两种情况：第一种情况是进口国的进口规模对国际市场价格没有影响，即研究贸易小国的关税效应。现在假定，贸易小国甲商品的国内供给曲线为 S，需求曲线为 D，国内供求均衡点为 E。在该国参与自由贸易的情况下，该国以 P_1 的国际价格水平进口甲商品，这样，甲商品的国内需求总量为 Q_1，其中国内供给为 Q_2，Q_1-Q_2 为进口数量。如图 2-1。

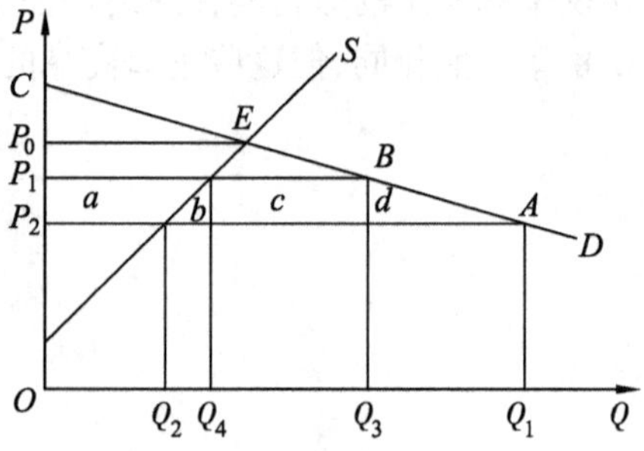

图 2-1　贸易小国的关税经济效应

现在又假定，该国对甲商品的进口征收关税 W。关税的经济效应主要有以下几种：

① 价格效应。由于贸易小国的进口几乎完全不能影响国际市场价格水平，这样，在该国征收关税 W 后，国内甲商品的价格从 P_1 上升到 $P_2(P_2=P_1+W)$。因此，贸易小国承担了几乎全部的关税负担。

② 消费效应。征收关税后,该国国内甲商品的消费数量从 Q_1 下降到 Q_3,降低了消费水平。消费水平的降低可以用消费者剩余的减少来表示。征收关税后,该国国内消费者剩余从 $\triangle AP_1C$ 面积减少到 $\triangle BP_2C$ 面积,损失梯形面积 ABP_2P_1。

③ 生产效应。征收关税后,进口数量减少,国内供给增加,保护了国内生产者的利益。如图 2-1,该国进口数量从 Q_1Q_2 减少到 Q_4Q_3,国内供给从 Q_2 增加到 Q_4,一些低效率的生产厂商能够以比过去多消耗相当于 b 面积的生产成本为代价在国内较高的商品价格水平上维持生存,而一些高效率的生产厂商却能够增加相当于 a 面积的生产者剩余。这部分生产者剩余是由消费者剩余转移而来的,因此实际上是收入再分配的结果。

④ 税收效应。征收关税后,政府增加了相当于 c 面积的关税收入。

从总体的国民利益来看,征收关税后,消费者剩余损失了相当于 $a+b+c+d$ 的面积。但其中 a 转化为生产者剩余,c 转化为政府关税收入,因此国民利益净损失为 $b+d$,其中 b 为国内低效率供给的生产净损失,d 为国内消费者增加额外支出的消费净损失。因此,国际经济学家普遍认为,征收关税将降低所有贸易国家包括关税征收国的国民福利,但对国内进口竞争性产品的生产来说是绝对有利的。反过来说,如果降低关税,则对消费者有利,但对生产者特别是进口竞争性产品的生产者却不利。

第二种情况是进口国的进口规模对国际市场价格有明显的影响,即研究贸易大国的关税效应。在进口国是贸易大国的情况下,关税效应有许多明显的变化,最突出的有两个方面:从价格效应来看,由于贸易大国能够影响国际市场价格,也就是说,出口国的出口产品有充分的供给弹性,因此,当贸易大国征收关税后,国内商品价格会因此而上升,但上升幅度肯定小于关税水平。这是由于征收关税必然减少进口数量,导致出口国该种商品价格下跌的缘故。因此,在这种情况下,关税负担由贸易大国和出口国共同承担。如图 2-2 所示,右边为贸易大国的国内均衡图,左边为出口国的国内均衡图。征收关税后,贸易大国价格水平上升幅度 P_1P_2,小于关税 $W=P_3P_2$,出口国价格水平下降 P_1P_3。进口国价格水平上升幅度与出口国价格水平下降幅度正好等于关税 $W=P_3P_2$。

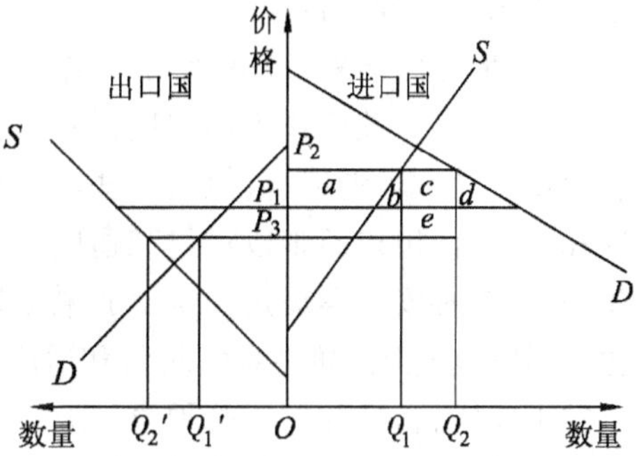

图 2-2 贸易大国的关税经济效应

从税收效应来看,征收关税使进口国商品价格水平上升,政府获得从消费者剩余转移而来的相当于 c 面积的关税收入。但和贸易小国不同的是,征收关税使出口国商品价格也下降,因而承担了一部分关税负担,其数量相当于 $Q_1'Q_2' \times P_3P_1 = e$。其中 $Q_1'Q_2'$ 为出口量,它等于进口量 Q_1Q_2。

因此,从总体的国民利益来看,贸易大国的关税净损失为 $(b+d)-e$,明显小于贸易小国。如果 $(b+d)-e<0$,贸易大国还可以从征收关税中获得净利益。

三、非关税壁垒措施

(一) 非关税壁垒的定义和特点

非关税壁垒(Non-Tariff Barriers, NTBs)是指关税以外的一切限制进口的各种措施。它是与关税壁垒相对而言的。

在20世纪30年代资本主义世界性经济危机时期，价格暴跌，仅仅通过大幅度提高关税税率，难以有效地限制商品进口。因此，各国开始广泛采用非关税壁垒措施。

非关税壁垒与关税壁垒都有限制进口的作用，但是，两者相比较，非关税壁垒具有以下特点：

1. 非关税壁垒比关税壁垒具有更大的灵活性和针对性

一般说来，各国制定关税税率必须通过立法程序，并像其他立法一样，要求具有一定的延续性。如要调整或更改税率，需通过较为繁琐的法律程序和手续。这种立法程序与手续往往迂回迟缓，在需要紧急限制进口时往往难以适应。同时，关税在同等条件下，还受到最惠国待遇条款的约束，从有协定的国家（地区）进口的同种商品适用同样的税率，因而较难在税率上作灵活的调整。但在制定和实施非关税壁垒措施上，通常采用行政程序，制定手续比较迅速。其制定的程序也较简便，能随时针对某国（地区）的某种商品采取或更换相应的限制进口措施，较快地达到限制进口的目的。

2. 非关税壁垒比关税壁垒更能直接达到限制进口的目的

关税壁垒是通过征收高额关税，提高进口商品成本和价格，削弱其竞争能力，间接地达到限制进口的目的。如果出口国（地区）采用出口贴补、商品倾销等办法降低出口商品成本和价格，关税往往较难以起到限制商品进口的作用。但进口配额等一些非关税措施预先规定进口的数量和金额，超过限额就直接地禁止进口，这样就能把超额的商品拒之门外，达到了关税未能达到的目的。

3. 非关税壁垒比关税壁垒更具有隐蔽性和歧视性

一般说来，关税税率确定后，往往以法律形式公布于众，依法执行。出口商通常比较容易获得有关税率的信息，但是一些非关税壁垒措施往往不公开，或者规定极为繁琐复杂的标准和手续，使出口商难以对付和适应。以技术标准而论，一些国家（地区）对某些商品质量、规格、性能和安全等规定了极为严格、繁琐和特殊的标准，检验手续繁琐复杂，而且经常变化，使外国（地区）商品难以对付和适应，因而往往由于某一个规定不符，使商品不能进入对方的市场销售。同时，一些国家（地区）往往针对某个国家（地区）采取相应的限制性的非关税壁垒措施，大大加强了非关税壁垒的差别性和歧视性。

（二）非关税壁垒的主要种类

从对进口限制的作用上，非关税壁垒可分为直接和间接两大类。前者指进口国（地区）直接对进口商品的数量和金额加以限制或迫使出口国（地区）直接按规定的出口数量或金额限制出口，如进口配额制、进口许可证制和“自动”出口限制等；后者指进口国（地区）未直接规定进口商品的数量或金额，而是对进口商品制定种种严格的条例，间接地影响和限制商品的进口，如进口押金制、最低限价制、海关估价制、繁苛的技术标准、安全卫生检疫和包装标签规定等。

从对进口不同的法令和实施上，非关税壁垒可以分为从直接限定进口数量和金额的实施上来限制进口的措施，例如进口配额制、“自动”出口配额制、进口许可证制等。从国家直接参与进出口经营上来限制进口的措施，例如进出口国家垄断、政府采购政策等。从外汇管制的实施上来限制进口的措施，例如数量性外汇管制和成本性外汇管制等。从海关通关程序上和对进口价格的实施上来限制进口的措施，例如海关估价制、繁琐的通关手续、征收国内税和进口最低限价等。从进口商品的技术性规定上来限制进口的措施，例如进口商品技术标准、卫生安全检疫规定、商品包装和标签规章等。

非关税措施名目繁多，现仅就几种重要的措施阐述如下：

1. 进口配额制

进口配额制（Import Quotas System）又称进口限额制，是一国（地区）政府在一定时期（如一季度、半年或一年）内，对某些商品的进口数量或金额加以直接的限制。在规定的期限内，配额以内的货物可以进口，超过配额不准进口，或者征收更高的关税或罚款后才能进口。它是世界各国（地区）实行进口数量限制的重要手段之一。

进口配额制主要有以下两种：

（1）绝对配额（Absolute Quotas）：在一定时期内，对某些商品的进口数量或金额规定一个最高额数，达到这个额数后，便不准进口。

（2）关税配额（Tariff Quotas）：对商品进口的绝对数额不加限制，而对在一定时期内，在规定配额以内的进口商品给予低税、减税或免税待遇；对超过配额的进口商品则征收较高的关税，或征收附加税或罚款。

2. "自动"出口配额制

"自动"出口配额制（"Voluntary" Export Quotas）又称"自动"限制出口，也是一种限制进口的手段。所谓"自动"出口配额制是出口国（地区）在进口国（地区）的要求或压力下，"自动"规定某一时期内（一般为 3 ~ 5 年）某些商品对该国（地区）的出口限制，在限定的配额内自行控制出口，超过配额即禁止出口。

"自动"出口配额制与绝对进口配额制在形式上略有不同。绝对进口配额制是由进口国（地区）直接控制进口配额来限制商品的进口，而"自动"出口限额是由出口国（地区）直接控制这些商品对指定进口国（地区）的出口。但是，就进口国（地区）来说，"自动"出口配额像绝对进口额一样，起到了限制商品进口的作用。

"自动"出口配额制带有明显的强制性。进口国往往以商品大量进口使其有关工业部门受到严重损害，造成所谓"市场混乱"为理由，要求有关国家（地区）的出口实行"有秩序地增长"，"自动"限制商品出口，否则就单方面强制限制进口。在这种情况下，一些出口国（地区）被迫实行"自动"出口限制。

3. 进口许可证制

进口许可证制（Import Licence System）是指进口国（地区）规定某些商品进口必须事先领取许可证，否则一律不准进口。

从进口许可证与进口配额的关系上看，进口许可证可以分为两种：一种为有定额的进口许可证，即国家有关机构预先规定有关商品的进口配额，然后在配额的限度内，根据进口商的申请对于每一笔进口货物发给进口商一定数量或金额的进口许可证。例如，原联邦德国对纺织品进口实行进口配额制，每年分 3 期公布配额数量，配额公布后进口商可提出申请，获得进口许可证后即可进口。进口配额一旦用完，原联邦德国政府有关当局不再发放进口许可证。一般说来，进口许可证是由进口国（地区）有关当局向提出申请的进口商颁发的，但也有将这种权限交给出口国（地区）自行分配使用的。另一种为无定额的进口许可证，即进口许可证不与进口配额相结合。资本主义国家有关政府机构预先不公布进口配额，颁发有关商品的进口许可证，只是在个别考虑的基础上进行。由于是个别考虑的，没有公开的标准，因而给正常贸易的进行造成了更大的困难，起到了更大的限制进口的作用。

从进口商品有无限制上看，进口许可证一般又可分为两种。一种为公开一般许可证，又称公开进口许可证或一般许可证。它对进口国别或地区没有限制，凡列明属于公开一般许可证的商品，进口商只要填写公开一般许可证后，即可获准进口。因此属于这类许可证的商品实际上是"自由进口"的商品。另一种为特种进口许可证，又称非自动进口许可证，进口商必须向政府有关当局提出申请，经政府有关当局逐笔审查批准后才能进口。这种进口许可证，多数都指定进口国别或地区。为了区分这两种许可证所进口的商品，有关当局通常定期分别公布有关的商品项目并根据需要随时进行调整。

4. 外汇管制

外汇管制（Foreign Exchange Control）是指一国（地区）政府通过法令对国际结算和外汇买卖实行限制来平衡国际收支和维持本国货币汇价的一种制度。

在外汇管制下，出口商必须把他们出口所得到的外汇收入按官方汇率卖给外汇管制机关；进口商也必须在外汇管制机关按官方汇价申请购买外汇，本国货币的携出入国境也受到严格的限制等。这样，国家（地区）的有关政府机构就可以通过确定官方汇价、集中外汇收入和批汇的办法，控制外汇供应数量，来达到限制进口商品品种、数量和进口国别（地区）的目的。

外汇管制的方式较为复杂，一般可分为以下几种：

（1）数量性外汇管制

所谓数量性外汇管制，是指国家（地区）外汇管理机构对外汇买卖的数量直接进行限制和分配，旨在集中外汇收入，控制外汇支出，实行外汇分配，以达到限制进口商品品种、数量和国别的目的。一些国家实行数量性外汇管制时，往往规定进口商必须获得进口许可证后，方可得到所需的外汇。

（2）成本性外汇管制

所谓成本性外汇管制，是指国家（地区）外汇管理机构对外汇买卖实行复汇率制度，利用外汇买卖成本的差异，间接影响不同商品的进出口。

所谓复汇率制，是指一国（地区）货币的对外汇率不只有一个，而是有两个以上的汇率。其目的是利用汇率的差别来限制和鼓励某些商品进口或出口。

（3）混合性外汇管制

所谓混合性外汇管制，是指同时采用数量性和成本性的外汇管制，对外汇实行更为严格的控制，以影响控制商品进出口。

5. 进口和出口国家垄断

进口和出口国家垄断（State Monopoly of Import and Export），是指在对外贸易中，对某些或全部商品的进出口规定由国家机构直接经营，或者是把某些商品的进出口的专营权给予某些垄断组织。

通常各国（地区）的进口和出口的国家（地区）垄断主要集中在3类商品上面。第一类是烟和酒。这些国家（地区）的政府机构从烟和酒的进出口垄断中，可以取得巨大的财政收入。第二类是农产品。这些国家（地区）把对农产品的对外垄断销售作为国（地区）内农业政策措施的一部分。如美国的农产品信贷公司，就是资本主义世界最大的农产品贸易垄断企业。它高价收购国内的"剩余"农产品，然后以低价向国外倾销，或按照所谓"外援"计划向缺粮国家(主要是发展中国家)大量出口。第三类是武器。武器贸易多数是由国家垄断。

6. 歧视性政府采购政策

歧视性政府采购政策(Discriminatory Government Procurement Policy)是指国家(地区)制定法令,规定政府机构在采购时要优先购买本国(地区)产品的做法。美国从1933年开始实行,并于1954年和1962年两次修改的《购买美国货法案》就是一例。它规定:凡是美国联邦政府所要采购的货物,应该是美国制造的,或是美国原料制造的。开始时,凡商品的成本有50%以上是在国外生产的,就称作外国货。接着又作了修改,即对在美国自己生产的数量不够,或者国内价格太高,或者不买外国货就会伤害美国利益的情况下,才可以购买外国货。优先采购美国商品的价格比国际市场价格约高出6% ~12%。但美国国防部和财政部常常采购比外国货贵50%的美国货。直到关贸总协定东京回合,美国签订了政府采购协议后才废除《购买美国货法案》。

许多国家都有类似的制度。英国限定通讯设备和电子计算机要向本国公司采购。日本有几个省规定,政府机构需用的办公设备、汽车、计算机、电缆、导线、机床等不得采购外国产品。

7. 国内税

国内税(Internal Taxes)是指在一国(地区)境内,对生产、销售、使用或消费的商品所应支付的捐税。一些国家(地区)往往采取国内税制度直接或间接地限制某些商品进口。这是一种比关税更灵活、更易于伪装的贸易政策手段。国内税通常是不受贸易条约或多边协定限制的。国内税的制定和执行是属于本国(地区)政府机构的权限,有时甚至是地方政权机构的权限。

一些国家(地区)利用征收国内税的办法来抵制进口商品。例如,法国曾对引擎为5匹马力的汽车每年征收养路税12.15美元,对于引擎为16匹马力的汽车每年征收养路税高达30美元,当时法国生产的最大型汽车为12匹马力。因此,实行这种税率的目的在于抵制进口汽车。

一些资本主义国家的消费税,对本国商品和进口商品也有区别。例如,美国、瑞士和日本进口酒精饮料的消费税都高于本国制品。

8. 进口最低限价制和禁止进口

有些国家(地区)采用所谓最低限价的办法来限制进口。最低限价(Minimum Price)就是一国(地区)政府规定某种进口商品的最低价格,凡进口货价低于规定的最低价格则征收进口附加税或禁止进口以达到限制低价商品进口的目的。例如,1985年智利对绸坯布进口规定每公斤的最低限价为52美元,低于此限价,将征收进口附加税。

当一些国家(地区)感到实行进口数量限制已不能走出经济与贸易困境时,往往颁布法令,公布禁止进口的货单以禁止这些商品的进口,这就是禁止进口(Prohibitive Import)。

9. 进口押金制

进口押金制(Advanced Deposit)又称进口存款制。在这种制度下,进口商在进口商品时,必须预先按进口金额的一定比率和规定的时间,在指定的银行无息存入一笔现金,才能进口。这样就增加了进口商的资金负担,影响了资金的流转,从而起到了限制进口的作用。例如,第二次世界大战后意大利政府曾规定某些进口商品无论从任何一国(地区)进口,必须先向中央银行交纳相当于进口货值半数的现款押金,无息冻结6个月。据估计,这项措施相当于征收5%以上的进口附加税。

芬兰、新西兰、巴西等国也实行这种措施。如巴西的进口押金制规定,进口商必须按进口商品船上交货价格交纳与合同金额相等的为期360天的存款,方能进口。

10. 专断的海关估价制

海关为了征收关税,确定进口商品价格的制度为海关估价制(Customs Valuation)。有些国家(地区)根据某些特殊规定,提高某些进口货的海关估价,来增加进口货的关税负担,阻碍商品的进口,就成为专断的海关估价。用专断的海关估价来限制商品的进口,以美国最为突出。

长期以来,美国海关是按照进口商品的外国(地区)价格(进口货在出口国国内销售市场的批发价)或出口价格(进口货在来源国(地区)市场供出口用的售价)两者之中较高的一种进行征税。这实际上提高了交纳关税的税额。

为防止外国(地区)商品与美国同类产品竞争,美国海关当局对煤焦油产品、胶底鞋类、蛤肉罐头、毛手套等商品,依“美国售价制”这种特殊估价标准进行征税。这4种商品都是国内售价很高的商品,按照这种标准征税,使这些商品的进口税率大幅度地提高。例如,某种煤焦油产品的进口税率为从价20%,它的进口价格为每磅0.50美元,应缴进口税每磅0.10美元。而这种商品的“美国售价”每磅为1.00美元,按同样税率,每磅应缴进口税为0.20美元,其结果是实际的进口税率不是20%,而是40%,即增加了一倍。这就有效地限制了该商品的进口。

“美国售价制”引起了其他国家的强烈反对,直到关贸总协定东京回合签订了《海关估价守则》后,美国才不得不废除这种制度。

11. 进口商品征税的归类

进口商品的税额取决于进口商品的价格大小与税率高低。在海关税率已定的情况下,税额大小除取决于海关估价外,还取决于征税产品的归类。海关将进口商品归在哪一税号下征收关税,具有一定的灵活性。进口商品的具体税号必须在海关现场决定,在税率上一般就高不就低。这就增加了进口商品的税收负担和不确定性,从而起到限制进口的作用。例如,美国对一般打字机不征收进口关税,但对玩具打字机,则要征收35%的进口关税。

12. 技术性贸易壁垒

所谓技术贸易壁垒(Technical Barriers to Trade),是指一国(地区)以维护国家(地区)安全或保护人类健康和安全、保护动植物的生命和健康、保护生态环境或防止欺诈行为、保证产品质量为由,采取一些强制性或非强制性的技术性措施,这些措施成为其他国家(地区)商品自由进入该国(地区)的障碍。

技术贸易壁垒的构成包括:技术标准与法规、合格评定程序、包装和标签要求、产品检疫检验制度、信息技术壁垒和绿色技术壁垒等。这些技术贸易壁垒具有包罗万象的鲜明特性。

(1) 广泛性。从产品角度看,不仅涉及资源环境与人类健康有关的初级产品,而且涉及所有的中间产品和工业制成品。产品的加工程度和技术水平越高,所受的制约和影响也越显著。从过程角度来看,包括研究开发、生产、加工、包装、运输、销售和消费整个产品的生命周期。从领域来看,已从有形商品扩展到金融、信息等服务贸易、投资、知识产权及环境保护等各个领域。技术贸易壁垒措施的表现形式也涉及法律、法令、规定、要求、程序、强制性或自愿性措施等各个方面。

（2）系统性。技术贸易壁垒是一个系统，不但包括世贸组织《贸易技术壁垒协议》规定的内容，而且还包括《卫生与植物检疫措施协议》《服务贸易总协定》等规定的措施；《建立世界贸易组织协议》《补贴和反补贴措施协定》《农业协定》《与贸易有关的知识产权协定》等都对环境问题进行了规定。除世贸组织以外的其他国际公约、国际组织等规定的许多对贸易产生影响的技术性措施，也都属于技术贸易壁垒体系的范畴。

（3）合法性。目前国际上已签订150多个多边环保协定。发达国家积极制定技术标准和技术法规，为技术贸易壁垒提供法律支持。比如美国职业安全与健康管理局、消费者产品安全委员会、环境保护局、联邦贸易委员会、商业部、能源效率标准局等都各自颁布有关法规，包括《联邦危险品法》《家庭冷藏法》《控制放射性的健康与安全法》《植物检疫法》《联邦植物虫害法》《动物福利法》等，其中有些条例是专门针对进口国家或商品而制定的。世贸组织也正在制定国际性的技术标准和技术法规，一旦通过，使技术贸易壁垒有了形式上的合法性将对发展中国家产生很大影响。

（4）双重性。实行技术贸易壁垒有其合理性，即真正为了实现规定的合法目标是可以采取合适的壁垒措施的。正常的技术贸易壁垒是指合法、合理地采取技术性措施以达到合理保护人类健康和安全及生态环境的目的，如禁止危险废物越境转移可以保护进口国的生态环境，强制规定产品的安全标准可以保护消费者的健康甚至生命，等等；但另一方面，一些国家，特别是美国、日本、欧盟等国凭借其自身的技术、经济优势，制定比国际标准更为苛刻的技术标准、技术法规和技术认证制度等，以技术贸易壁垒之名，行贸易保护主义之实。

（5）隐蔽性和灵活性。技术贸易壁垒与其他非关税壁垒如进口配额、许可证等相比，不仅隐蔽地回避了分配不合理、歧视性等分歧，而且各种技术标准极为复杂，往往使出口国（地区）难以应付和适应。技术贸易壁垒措施对国别没有限制，一视同仁，不存在配额问题。而且技术贸易壁垒措施是以高科技的技术标准为基础，科技水平不高的发展中国家难以做出判断。一些技术标准还具有不确定性，而且涉及面很广，令人无从谈起、无法把握，很难全面顾及。更何况把贸易保护的实现转移到人类健康保护上，有更大的隐蔽性和欺骗性。由于技术贸易壁垒措施具有不确定性和可塑性，因此，在具体实施和操作时很容易被发达国家用来对外国产品制定针对性的技术标准，对进口产品随心所欲地刁难和抵制，从而具备了实施灵活性的特点。

（6）争议性。各国（地区）采取的技术壁垒措施（特别是绿色技术壁垒措施）经常变化，且各国（地区）差异较大，使发展中国家的出口厂家难以适应。比如法国规定服装含毛率只需达到85%以上就可以算纯毛服装了；而比利时的规定含毛率必须达到97%；德国则要求更高，含毛率必须达到99%时，才能称为纯毛服装。

由于技术贸易壁垒涉及面非常广泛，有些还相当复杂，加上其形式上的合法性和实施过程中的隐蔽性，结果不同国家（地区）从不同角度有不同的评定标准，因而国（地区）与国（地区）之间相互较难协调，容易引起争议，并且解决争议的时滞较长。自20世纪70年代后，国际经济领域贸易战主要集中于一般商品贸易领域，现在国际贸易战主要集中于技术贸易壁垒方面。

13. 环境贸易壁垒

环境贸易壁垒（Environmental Trade Barriers）也称绿色贸易壁垒，是一些国家（地区）和国际组织通过制定环境标准和法规，对可能形成生态破坏和环境污染的一些国际贸易活动加以管制,从而对自由贸易形成障碍的一种非关税贸易措施。环境贸易壁垒通常分为两类:一类是政府引导型的绿色壁垒,它以保护自然资源、生态环境和人类健康为名,通过制定一系列的环保标准对来自其他国家和地区的产品设置关卡,限制其进口;另一类是非政府引导型的绿色壁垒,即一些国家(地区)环境保护意识较强的生产商或消费者,对其他国家(地区)不符合其环境标准的产品和服务的歧视。目前,绿色壁垒的表现形式多种多样,涉及法律、法规、标准、程序等各个方面,基本形成了一个比较完备的体系,主要包括:

(1) 环境标准和法规。一些国家(地区)凭借其经济和技术条件的垄断优势,通过立法手段,对环境中污染物水平及其排放源的限量阈值制定苛刻的强制性技术标准,通过行使境外管辖权来限制外国(地区)商品的进入;国际上为保护环境而制定的《环境公约》中的有关条款也常常形成对一些国际贸易活动的限制。ISO14000 就是国际标准化组织在汲取发达国家多年环境管理经验的基础上,制定并颁布的环境管理体系标准,并已得到世界各国(地区)政府、企业界的普遍重视和积极响应。现在国际上,采购商在要求有 ISO9000 质量证书的同时,还要看有无 ISO14000 环保证书,对于产品质量不相上下的企业,通常是优先挑选那些两证齐全者,因为这表明其产品符合国际环保要求,有利于达成国际贸易订单。不言而喻,没有通过 ISO14000 认证企业的产品将在市场竞争中处于劣势。

例如,1994 年美国环保署规定,在美国 9 大城市出售的汽油中硫、苯等有害物质含量必须低于一定标准。对此,美国产汽油可逐步达到,但进口汽油必须在 1995 年 1 月 1 日生效时达到。美国为保护汽车工业,出台了《防污染法》,要求所有进口汽车必须装有防污染装置,并制定了近乎苛刻的技术标准。上述内外有别、明显带有歧视性的规定引起了其他国家(地区),尤其是发展中国家的强烈反对。

又如欧盟新的环境保护标准要求,到 2008 年,欧洲市场销售的所有轿车,其二氧化碳排放量要比 1995 年下降 25%。德国则要求在 2005 年前就把二氧化碳排放量至少降低 25%,这些规定都有限制日本和韩国汽车进口的目的在内。因为在欧洲市场出售的日本轿车以高级休闲车和大型轿车为主,其平均的二氧化碳排放量比当地生产的车要高出 10% 以上。

还有节能问题。从 1999 年 4 月起,日本开始实施歧视性的"节能修正法"新法案,规定自 2010 年起,在日本市场上销售的各种类型的汽车都必须达到相应的节能标准,以减少废气的排放。由于日本在本国市场销售的主要是轻型和微型车,受节能的影响没有进口车那么大。

(2) 环境标志制度。环境标志是一种经权威机构认定的图形,它表明该产品不但质量符合环境标准,而且其生产、使用、消费、回收的过程也符合环保要求。1978 年,德国率先推出"蓝色天使"计划,以一种画着蓝色天使的标签作为产品达到一定生态环境标准的标志。发达国家纷纷仿效,如加拿大叫"环境选择",日本有"生态标志"。环境标志既是全球绿色消费浪潮的产物,又反过来引导绿色消费。它在西方国家消费人群中影响很大。调查表明,84% 的荷兰人、89% 的美国人、90% 的德国人在购物时会考虑消费品是否具有绿色标志,有人甚至愿意多花 10% 的费用来购买绿色产品。发展中国家出于自身条件的限制,要开展环境标志的国际认证存在着较大的困难,因而其出口的不少商品往往在国际市场上处于很不平等的竞争地位。

(3) 成本内在化要求与绿色补贴限制。成本内在化要求生产者将环境退化及其治理的费用计入产品成本,而发展中国家由于环境标准较低,暂时无力承担治理污染的所有费用,因而被认为给予了其出口商品以隐含的补贴。此外,发展中国家的政府有时为了扶持民族工业的成长,对环保产业或外贸企业给予一定的环境补贴。而西方国家认为,无论是隐含或公开的补贴均违反了世贸组织的有关原则,需要实施贸易制裁。美国就曾以环保补贴为由,对来自巴西的人造胶鞋和来自加拿大的速冻猪肉提出过反补贴诉讼。

(4) 包装的环保要求。包装对环境的负面影响主要是由于包装材料及其所形成的废弃物和包装容器结构而引起,如 PVC 塑料难以自然降解,焚烧处理时又污染环境。为此,许多国家颁布了不少有关包装的法律法规。如英国制定了包装材料重新使用的计划,要求 2000 年前使用的包装废弃物的 50% ~75% 重新使用。由于这些规定是按照西方国家国内资源禀赋、消费偏好等因素确定的,发展中国家或是难以适应,或是增加改装成本,从而起到了贸易限制的实际效果。

14. 社会壁垒

社会壁垒(Social Barriers)是指以劳动者劳动环境和生存权利为借口采取的贸易保护措施。社会壁垒由社会条款而来。社会条款并不是一个单独的法律文件,而是对国际公约中有关社会保障、劳动者待遇、劳工权利、劳动标准等方面规定的总称,它与公民权利和政治权利相辅相成。国际上对此关注由来已久,相关的国际公约有 100 多个,包括《男女同工同酬公约》《儿童权利公约》《经济、社会与文化权利国际公约》等。国际劳工组织(ILO)及其制定的上百个国际公约,也详尽地规定了劳动者权利和劳动标准问题。为削弱发展中国家企业因低廉劳动报酬、简陋工作条件所带来的产品低成本竞争优势,1993 年在新德里召开的第 13 届世界职业安全卫生大会上,欧盟国家代表、时任德国外长金克尔明确提出把人权、环境保护和劳动条件纳入国际贸易范畴,对违反者予以贸易制裁,促使其改善工人的经济和社会权利。这就是当时颇为轰动的"社会条款"事件。此后在北美和欧洲自由贸易区协议中也规定,只有采用同一劳动安全卫生标准的国家与地区才能参与贸易区的国际贸易活动。

目前,在社会壁垒方面颇为引人注目的标准是 SA8000(Social Accountability 8000 International Standard,简称 SA8000),社会责任国际标准体系是一种基于国际劳工组织宪章(ILO 宪章)、联合国儿童权利公约、世界人权宣言而制定的,以保护劳动环境和条件、劳工权利等为主要内容的管理标准体系。该标准从 ISO9000 系统演绎而来,用以规范企业员工职业健康管理。通过论证的公司会获得证书,并有权在公司介绍手册和公司函用纸张抬头处印上 SGS - ICS 论证标志和 CEPAA 标志。此外,它们还可得到 SA8000 证书的副本用于促销。欧洲在推行 SA8000 上走在前列,美国紧随其后。欧美地区的采购商对该标准已相当熟悉。目前全球大的采购集团非常青睐有 SA8000 认证企业的产品,这迫使很多企业投入巨大人力、物力和财力去申请与维护这一认证体系,这无疑会大大增加成本。特别是发展中国家,劳工成本是其最大的比较优势,社会壁垒将大大削弱发展中国家在劳动力成本方面的比较优势。

阅读与思考

2004 年中国银行业年度报告内容节选

近年来，在国际贸易中不断出现新的非关税贸易壁垒，这些形形色色的新贸易壁垒将成为国际贸易发展的最主要障碍。了解这些新贸易壁垒的内容及发展趋势，对于我国采取正确的防范措施，制定“破壁”策略，确保我国贸易可持续发展具有重大意义。

所谓国际贸易新壁垒是指以技术壁垒为核心，以保护人类健康和劳动者权利、保护自然环境、减少对动植物的危害为借口，以保护国内市场和削弱竞争对手产品的市场竞争力为目的而设置的所有阻碍国际商品自由流动的新型非关税壁垒。

国际贸易新壁垒与传统贸易壁垒的根本区别是：传统贸易壁垒是从商品数量和价格上限制，更多地体现在商业利益上，大多数是采取边境措施；新贸易壁垒则着眼于商品数量和价格以外的东西，更多的考虑商品对于人类健康安全以及环境的影响，体现的是社会利益，所采取的措施主要是国内政策和法规，更加难以突破。目前，国际上新出现的贸易壁垒主要有以下几种：

社会壁垒。社会贸易壁垒是指以劳动者劳动环境和生存权利为借口而采取的贸易保护措施。社会壁垒的核心是劳工标准问题，它由各种国际公约中的社会条款构成，而社会条款并不是单独的法律文件，而是由国际公约中各种有关社会保障、劳动者待遇、劳动权利、劳动技术标准等条款构成的，它与公民权利和政治权利相辅相成。发展中国家的产品因劳动报酬低廉，工作条件简陋，将是社会壁垒最大受害者。我国有些中小企业的生产条件很差，受社会壁垒影响很大，如农产品、纺织品、轻工产品等劳动密集型产品受影响更深。

道德壁垒。道德壁垒也称动物福利壁垒。动物福利是指为了使动物能够康乐而采取的一系列行为或措施，给动物提供各种舒适的外部条件。目前，许多发达国家已开始对动物福利进行立法，要求保证动物享有不受饥饿、生活舒适、避免肉体疼痛和精神恐惧以及享有表达天性等方面的自由权利。如 2003 年 1 月，欧盟理事会明确提出，欧盟成员在进口第三国动物产品之前，应将动物福利作为考虑的一个因素。由于 WTO 在规制技术性贸易壁垒方面发挥了很大作用，世界各国为了突破外国的技术壁垒，不断提高科技水平，提高产品的技术含量，使技术壁垒对国际贸易的限制作用有所减弱。道德壁垒具有成本低、操作容易的特点，可能成为未来限制农产品贸易特别是禽畜产品贸易的主要壁垒，如果进口动物不符合这些福利标准，就被拒绝进口。一个典型的例子是乌克兰向法国出口活猪受阻，几位乌克兰农场主根据合同，向法国出口活猪，经过 60 多个小时的长距离运输后，猪被法国有关部门拒之门外。原因是：乌克兰农场主在长途运输中没有考虑活猪的福利问题，即这批活猪没有按照法国有关动物福利法规在途中得到充分休息，因违反动物福利法而被拒绝入境。

物种壁垒。物种壁垒主要是来自 2004 年 4 月日本开始实施的《种苗法修正案》的一些规定。该《修正案》规定了种苗品种登记制度，即对于培育开发的新品种，在向日本政府“农林水产省水产局种苗课”申请登记，并经审查确认后，即可获得相当于工业产品专利权的“培育者权利”，并受到政府的保护。尽管日本的《种苗法修正案》不是直接针对从我国进口的农产品，但该法案对我国农产品出口日本影响极大。因为日本是我国农产品出口的主要市场，在我国出口的蔬菜中，不少种苗是从日本直接引进或由日本品种改良而来的。近几年来，日本不少企业向我国提供种子、资金、技术等，利用我国廉价的劳动力和土地生产各种蔬菜和食用菌，然后销往日本。《种苗法修正案》实质上是一种主要针对农产品的新贸易壁垒即物种壁垒，对农产品贸易造成很大影响。目前，世界上不少国家效仿日本的做法，以保护知识产权为借口，设置了更加复杂的新贸易壁垒。

舆论壁垒。舆论壁垒或传媒壁垒，也是近几年兴起的一种“软贸易壁垒”，是指由于信息的不对称或传媒有意的负面宣传报道，贬低竞争对手的产品，使竞争对手及其产品声誉受损或消费者对其产品误解，从而达到削弱竞争对手产品竞争力或阻拦外国产品流入和保护本国市场的目的。这种贸易壁垒对出口国的伤害甚至超过其他贸易壁垒，实际上技术壁垒、绿色壁垒和社会壁垒等都是可克服的贸易壁垒，如通过对产品采取一定技术措施，可以消除或减轻这些壁垒的影响。但舆论壁垒是一种难以消除的新贸易壁垒，它影响范围广、时间长，可造成竞争对手的产品完全失去市场，而且出口国往往"欲诉无门"。我国产品出口受其影响越来越大，造成严重损失，如2003年日本通过各种媒体大肆宣传中国蔬菜农药残留超标，结果日本主要超市宣布暂停对中国蔬菜乃至所有中国农产品的采购。又如2004年，越南河内市媒体有意在报纸宣传报道中国果菜产品药残留不合格，水果有"毒"，使我国果菜产品几乎无人问津，无法在越南市场立足。

（吴汉嵩：《国际贸易新壁垒及其应对》，《商业时代》，2006年第29期。）

（三）配额的经济效应分析

影响贸易按正常秩序进行的非关税措施的种类很多，但它们对进口国贸易的作用都可以归结为一点，即限制外国商品的进口数量规模，并抬高国内市场进口商品的价格。

下面分析进口配额的经济后果。在竞争条件下，进口配额的福利影响基本相当于关税条件下的福利影响。如图2-3，自由贸易条件下商品的世界价格为P。该国实行进口限额Q_1Q_3后，国内商品价格水平提高到P_1。国内供给量从Q_1增加到Q_2，但国内生产的高成本消耗使该国损失了相当于面积b的国民利益。同时，由于国内价格上升，消费者因此而损失的消费者剩余相当于面积d。因此，进口配额下的国民净损失是$(b+d)$。

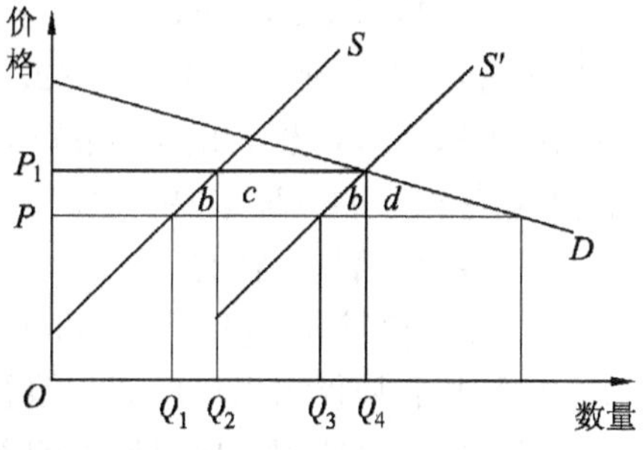

图2-3　进口配额的经济效应

但是，进口配额与关税相比又有不少特点：一是进口配额下导致国（地区）内价格上涨的部分[相当于图中的$(c+d)$]和征收关税条件下的关税收入相等，但前者归进口商所有，后者归政府所有。在进口配额下，它是进口商持有进口许可证而获得的垄断利润。二是进口配额下，国（地区）内市场调整的是商品价格，在关税条件下，国（地区）内市场调整的是商品进口数量。在短期内这一点更为突出。进口配额下，进口数量不能随国（地区）内需求的增加而增加，商品价格必然上升，其和国际市场价格水平的差距就越来越大。从理论上来说，这种差距是无限的。在关税条件下，进口数量能够随国（地区）内需求状况的变化而变化，因此国（地区）内商品价格水平可以看成既定的。三是进口配额比关税具有更大的保护作用。进口配额具有利用价格刺激国（地区）内生产的无限能力。在进口配额下，国（地区）内生产者是市场的主人，他们面临的进口竞争比征收关税时要小得多，他们可以根据配额和市场供求调整他们的生产规模，可以任意地获取高额的垄断利润。在关税条件下，生产者的利益受到限制。国（地区）内生产者销售商品的价格无法超过国际价格和关税之和，否则将促使消费者转而购买进口商品。四是进口配额保护比关税保护具有更大的稳定性和确定性。在进口配额下，国（地区）内生产者准确地知道进口数量，所以很容易确定最适当的增产指标。在关税条件下，国（地区）内生产者无法知晓关税的变动对进口数量的确切影响。因为进口数量除了受关税影响外，还受商品的供给和需求弹性等因素的制约。这样，国（地区）内商品价格的变动就具有不确定性，因而无法准确地制定最适当的增产指标。

由此可见，进口配额相对于实行关税来说，对国（地区）内生产者和进口商更有利。但是，对于进口国的整体国民利益来说，进口配额比关税更有害。

四、鼓励出口和出口管制措施

（一）鼓励出口的措施

许多国家（地区）除了利用关税和非关税措施限制与调节外国（地区）商品进口外，还采取各种鼓励出口的措施，扩大商品的出口。鼓励出口的措施是指出口国家（地区）的政府通过经济、行政和组织等方面的措施，促进本国（地区）商品的出口，开拓和扩大国（地区）外市场。各国（地区）鼓励出口的做法很多，涉及经济、政治、法律等方面，既有微观政策，又有宏观政策。在这里，主要从国家宏观经济政策方面论述鼓励出口的措施，其中主要有以下几种：

1. 出口信贷

（1）出口信贷的概念

出口信贷（Export Credit）是一个国家（地区）为了鼓励商品出口，增强商品的竞争能力，通过银行对本国（地区）出口厂商或国外进口厂商提供的贷款。它是一国（地区）的出口厂商利用本国（地区）银行的贷款扩大商品出口，特别是金额较大、期限较长的商品，如成套设备、船舶等出口的一种重要手段。

（2）出口信贷的种类

① 卖方信贷（Supplier's Credit）。它是出口方银行向本国出口厂商（即卖方）提供的贷款。这种贷款协议由出口厂商与银行之间签订。卖方信贷通常用于机器设备、船舶等商品的出口。由于这些商品出口所需的资金较大、时间较长，进口厂商一般都要求采用延期付款的办法。出口厂商为了加速资金周转，往往需要取得银行的贷款。出口厂商付给银行的利息、费用有的包括在货价内，有的在货价外另加，转嫁给进口厂商负担。因此，卖方信贷是银行直接资助本国出口厂商向外国进口厂商提供延期付款，以促进商品出口的一种方式。

在采用卖方信贷的条件下，通常在签订买卖合同后，进口厂商先支付货款的5% ~15%的订金作为履约的一种保证金，在分批交货、验收和保证期满时，再分期支付10% ~15%的货款，其余的货款在全部交货后若干年内分期摊还，并付给延期付款期间的利息。出口厂商把所得的款项与利息按贷款协议的规定偿还给本国（地区）的供款银行。所以，卖方信贷实际上是出口厂商从供款银行取得贷款后，再向进口厂商提供延期付款的一种商业信用。

② 买方信贷（Buyer's Credit）。它是出口方银行直接向外国（地区）的进口厂商（即买方）或进口方的银行提供的贷款。其附带条件就是贷款必须用于购买债权国的商品，因而起到促进商品出口的作用，这就是所谓约束性贷款。

在采用买方信贷的条件下，当出口方供款银行直接贷款给外国（地区）进口商时，进口厂商先用本身的资金，以即期付款方式向出口厂商交纳买卖合同金额15% ~20%的订金，其余货款以即期付款的方式将银行提供的贷款付给出口厂商，然后按贷款协议所规定的条件，向供款银行还本付息；当出口方供款银行贷款给进口方银行时，进口方银行也以即期付款的方式代进口厂商支付应付的货款，并按贷款协议规定的条件向供款银行归还贷款和利息等。

至于进口厂商与本国(地区)银行的债务关系,则按双方商定的办法在国内结算清偿。买方信贷不仅使出口厂商可以较快地得到货款和减少风险,而且使进口厂商对货价以外的费用比较清楚,便于其与出口厂商进行讨价还价。因此,这种方式在目前较为流行。

中国进出口银行于1994年4月成立,是直属国务院领导的、政府全资拥有的国家政策性金融机构,主要任务是执行国家产业政策和外经贸政策,为扩大中国机电产品、成套设备等资本性货物以及高新技术产品的出口提供政策性金融支持,其国际信用评级与国家主权级一致,为国内金融机构的最高级别。目前在国内设有5家营业性分支机构和8个代表处,在境外设有两个代表处,与140家银行建立了代理行关系。

进出口银行的主要业务范围包括:办理出口信贷(包括出口卖方信贷和出口买方信贷);办理对外承包工程和境外投资类贷款;办理中国政府对外优惠贷款;提供对外担保;转贷外国政府和金融机构提供的贷款;办理本行贷款项下的国际国内结算业务和企业存款业务;在境内外资本市场、货币市场筹集资金(不含发行股票);办理国际银行间的贷款,组织或参加国际、国内银团贷款;从事人民币同业拆借和债券回购;从事自营外汇资金交易和经批准的代客外汇资金交易;办理与本行业务相关的资信调查、咨询、评估和见证业务;经批准或受委托的其他业务。

阅读与思考

2004年中国银行业年度报告内容节选

中国进出口银行主要业务开展状况

1. 自营业务(略)

2. 支持机电产品出口(略)

3. 出口卖方信贷业务

贷款种类包括设备出口贷款、船舶出口贷款、对外工程承包贷款、境外投资贷款、一般机电产品出口卖方信贷和高新技术产品出口卖方信贷。如图2-4(a)所示,成立10年来,中国进出口银行出口卖方信贷业务的放款以年均45.7%的速度增长,大大高于同期全国机电产品和高新技术产品出口24.5%的增长速度,累计批准贷款2 906亿元,发放贷款2 630亿元,为我国机电产品出口额在出口总额中的比重从1993年末的24.7%提高到2003年末的51.9%,发挥了重要作用。截至2003年末,中国进出口银行累计提供贷款655亿元,支持出口的船舶达976艘,总吨位达2 515万吨;支持的对外承包工程项目已达441个,贷款金额776亿元;境外投资项目87个,贷款金额159亿元,有力地推动了"走出去"战略的实施。

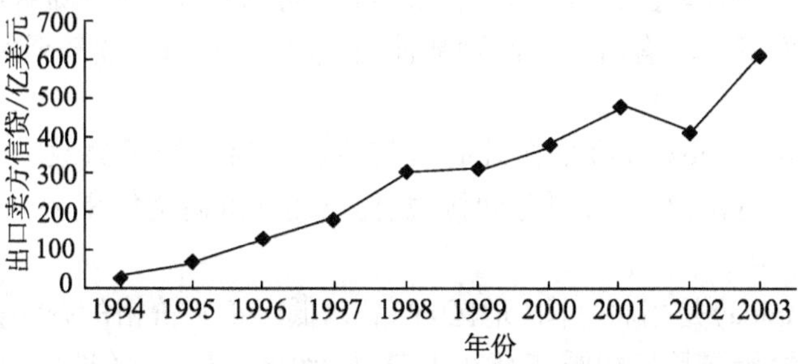

图2-4(a) 中国进出口银行出口卖方信贷批贷增长情况

4. 出口买方信贷业务

出口买方信贷业务贷款余额增长情况如图 2-4(b)所示。在重点落实政府间确定项目的同时,积极开展业务创新,先后开办了混合贷款、船舶融资及国际银团贷款等新业务品种,为我国大型成套设备和船舶出口提供了有力的金融支持。

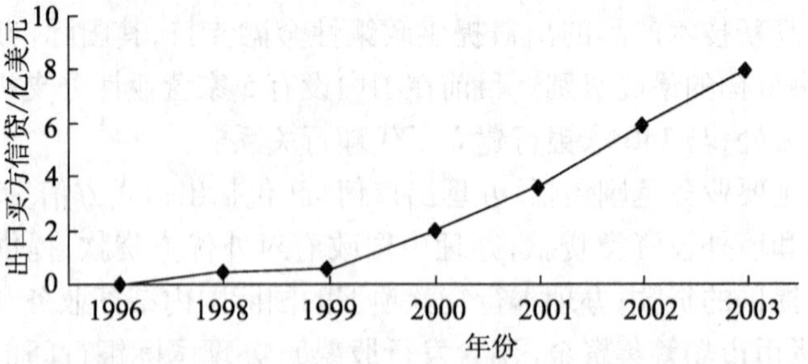

图 2-4(b)　中国进出口银行出口买方信贷贷款余额增长情况

(资料来源:中经网统计数据库。)

2. 出口信贷国家担保制

出口信贷国家担保制(Export Credit Guarantee System)就是国家(地区)为了扩大出口,对于本国(地区)出口厂商或商业银行向外国(地区)进口厂商或银行提供的信贷,由国家(地区)设立的专门机构出面担保,当外国(地区)债务人拒绝付款时,这个国家(地区)机构即按照承保的数额给予补偿。

3. 出口补贴

出口补贴(Export Subsidies)又称出口津贴,是一国(地区)政府为了降低出口商品的价格,加强其在国(地区)外市场上的竞争能力,在出口某种商品时给予出口厂商的现金补贴或财政上的优惠待遇。出口补贴的方式有两种:

(1) 直接补贴

直接补贴(Direct Subsidies)是指出口某种商品时,直接付给出口厂商的现金补贴。第二次世界大战后美国和一些西欧国家对某些农产品的出口就采取这种补贴方式。这些国家农产品的国内价格一般比国际市场价格高,按国际市场价格出口时就出现亏损,这种差价或亏损部分由该国政府给予补贴。出口补贴的幅度和时间的长短,往往随着国内市场与世界市场之间差价的变化而变化。有时为了鼓励某种商品出口,补贴金额甚至大大超过实际差价。

(2) 间接补贴

间接补贴(Indirect Subsidies)是指政府对某些出口商品给予财政上的优惠。如政府退还或减免出口商品的直接税、超额退还间接税、提供比在国内销售货物更优惠的运费等。

4. 商品倾销

商品倾销(Dumping)是指将一国(地区)产品以低于正常价格的办法挤入另一国(地区)市场内的行动。正常价格是指相同产品在出口国(地区)用于国(地区)内消费时在正常情况下的可比价格;如果没有这种国(地区)内价格,则是相同产品在正常贸易情况下向第三国(地区)出口的最高可比价格,或产品在原产国(地区)的生产成本加合理的费用和利润。

商品倾销通常由大企业进行,但是随着国家垄断资本主义的发展,一些国家设立专门机构直接对外进行商品倾销。例如美国政府设立商品信贷公司,以高价在国内收购农产品,而按照比国内价格低一半的价格在国外倾销农产品。

按照倾销的具体目的和时间的不同,商品倾销可分为以下几种:

(1) 偶然性倾销(Sporadic Dumping)。这种倾销通常是因为销售旺季已过,或因公司改营其他业务,在国(地区)内市场上不能售出"剩余货物",而以倾销方式在国外市场抛售。这种倾销对进口国的同类生产当然会造成不利的影响,但由于时间短暂,进口国家通常较少采用反倾销措施。

(2) 间歇性或掠夺性倾销(Intermittent or Predatory Dumping)。这种倾销的方法,是以低于国(地区)内价格甚至低于成本的价格,在某一国(地区)外市场上倾销商品,在打垮了或摧毁了所有或大部分竞争对手,垄断了这个市场之后,再提高价格。这种倾销的目的是占领、垄断和掠夺国(地区)外市场,获取高额利润。具体说来,有的是为了打垮竞争对手,以扩大和垄断其产品的销路;有的是为阻碍当地同类产品或类似产品的生产和发展,以继续在当地市场维持其垄断地位;有的是为了在国外建立和垄断新产品的销售市场;等等。这种倾销严重地损害了进口国家(地区)的利益,因而许多国家(地区)都采取反倾销税等措施进行抵制。

(3) 长期性倾销(Long-run Dumping)。这种倾销是长期以低于国(地区)内的价格,在国(地区)外市场出售商品。这种倾销具有长期性,其出口价格至少应高于边际成本,否则货物出口将长期亏损。因此,倾销者往往采用"规模经济",扩大生产以降低成本。有的出口厂商还可通过获取本国(地区)政府的出口补贴来进行这种倾销。

5. 外汇倾销

外汇倾销(Exchange Dumping)是出口企业利用本国(地区)货币对外贬值的机会,争夺国(地区)外市场的特殊手段。当一国(地区)货币贬值后,出口商品以外国(地区)货币表示的价格降低,提高了该商品的竞争能力,从而扩大了出口。而且,在货币贬值后,货币贬值的国家(地区)进口商品的价格却上涨了,从而削弱了进口商品的竞争力。因此,货币贬值起到了促进出口和限制进口的双重作用。

外汇倾销不能无限制和无条件地进行,只有具备以下两个条件才能起到扩大出口的作用。

(1) 货币贬值的程度大于国内物价上涨的程度

货币贬值必然引起一国(地区)内物价上涨的趋势。当国(地区)内物价上涨程度赶上或超过货币贬值的程度,对外贬值与对内贬值的差距也随之消失,外汇倾销的条件也不存在了。但是,国(地区)内价格与出口价格的上涨总要有一个过程,并不是本国(地区)货币一贬值,国(地区)内物价立即相应上涨。在一定时期内它总是落后于货币对外贬值的程度,因此垄断组织就可以获得外汇倾销的利益。

(2) 其他国家不同时实行同等程度的货币贬值和采取其他报复性措施

如果其他国家(地区)也实行同幅度的贬值,那么两国(地区)货币贬值幅度就相互抵消,汇价仍处于贬值前的水平,而得不到货币对外贬值的利益。如果外国(地区)采取提高关税等其他限制进口的报复性措施,也会起到抵消的作用。

6. 促进出口的行政组织措施

为了扩大出口，许多国家在行政组织方面采取了各种措施。

(1) 设立专门组织

为了研究与制定出口战略，扩大出口，美国在1960年成立了"扩大出口全国委员会"，其任务就是向美国总统和商务部长提供有关改进鼓励出口的各项措施的建议和资料。1978年又成立了出口委员会(Export Council)和跨部门的出口扩张委员会(Inter-Agency Committee on Export Expansion)，附属于总统国际政策委员会。为了进一步加强外贸机构的职能，集中统一领导，1979年5月成立了总统贸易委员会，负责领导美国对外贸易工作。此外，还成立了一个贸易政策委员会，专门定期讨论、制定对外贸易政策与措施。欧洲国家和日本为了扩大出口都成立了类似组织。

(2) 建立商业情报网

为加强商业情报的服务工作，许多国家(地区)都设立了官方的商业情报机构，在海外设立商情网，负责向出口厂商提供所需的情报。例如，英国设立出口情报服务处，装备有计算机情报收集与传递系统。情报由英国220个驻外商务机构提供，由计算机进行分析，分成近5 000种商品和200个地区或国别市场情况资料，供有关出口厂商使用，以促进商品出口。

(3) 组织贸易中心和贸易展览会

贸易中心是永久性的设施。在贸易中心内提供陈列展览场所、办公地点和咨询服务等。贸易展览会是流动性的展出，许多国家都十分重视这项工作。有些国家(地区)一年组织15～20次国外展出，费用由政府补贴。例如意大利对外贸易协会发起的展出支付80%的费用，对参加其他国际贸易展览会的公司也给予其费用30%～35%的补贴。

(4) 组织贸易代表团出访和接待来访

许多国家(地区)为了发展对外贸易，经常组织贸易代表团出访，其出国(地区)的费用大部分由政府补贴，例如加拿大政府组织的代表团出访，政府支付大部分费用。许多国家(地区)设立专门机构接待来访团体，例如英国海外贸易委员会设有接待处，专门接待官方代表团，并协助公司、社会团体接待来访工商界，从事贸易活动。

(5) 组织出口商的评奖活动

第二次世界大战后，许多国家(地区)对出口商给予精神奖励的做法日益盛行。对扩大出口成绩卓著的厂商，国家(地区)授予奖章、奖状，并通过授奖活动推广他们扩大出口的经验。例如美国设立了总统"优良"勋章和"优良"星字勋章，得奖厂商可以把奖章样式印在它们公司的文件、包装和广告上。日本政府把6月28日定为贸易纪念日，每年这一天，由通商产业大臣向出口贸易成绩卓著的厂商和出口商社颁发奖状。

7. 其他措施

(1) 外汇分红

外汇分红是指政府允许出口厂商从其所得的出口外汇收入中提取一定百分比的外汇用于进口，鼓励其出口积极性。

(2) 出口奖励证制

政府对出口商出口某种商品以后发给一种奖励证，持有该证的厂商可以进口一定数量的外国(地区)商品，或将该证在市场上自由转让或出售，从中获利。

(3) 复汇率制

政府规定不同的出口商品适用不同汇率,以促进某些商品的出口。

(4) 进出口连锁制

政府规定进出口商必须履行一定出口义务方可获得一定的输入的权利,或获得一定进口权利的进出口商必须承担一定的出口义务。通过进出口相联系的办法,达到有进有出,以进带出,或以出许进的方式,扩大出口。

必须指出,第二次世界大战后,发达资本主义国家的国家资本输出有了很大的增长。国家资本输出同样是鼓励商品出口的重要手段。

(二) 鼓励出口措施的经济效应分析

出口鼓励政策的目标在于刺激出口国扩大出口规模。但在众多的出口鼓励政策诸如出口补贴、倾销、出口信贷等作用的背后,也呈现出许多不同的经济影响。

我们先分析出口补贴。如图 2-5 所示,在自由贸易和没有出口补贴的情况下,进口国(地区)的进口均衡点为 A 点,进口数量为 Q_1,进口商品价格为 P_1。P_1代表了商品的边际生产成本。现在,出口国(地区)开始实行出口补贴。出口补贴使供给曲线降低到 P_2(这里假定供给曲线有充足的弹性)。这样,出口数量增加,即进口国的进口数量增加到 Q_2,均衡点移至 C 点。在 C 点,出口商的生产成本仍然是 P_1,但销售价格则为 P_2。可见,出口补贴的结果是使出口国(地区)以资源浪费的形式损失了相当于△ABC 的面积的利益,使进口国(地区)获得了相当于梯形 ACP_2P_1 面积的利益。实际上,出口国(地区)是以 P_1P_2CB 的代价换取了增加出口 Q_2Q_1 的数量。

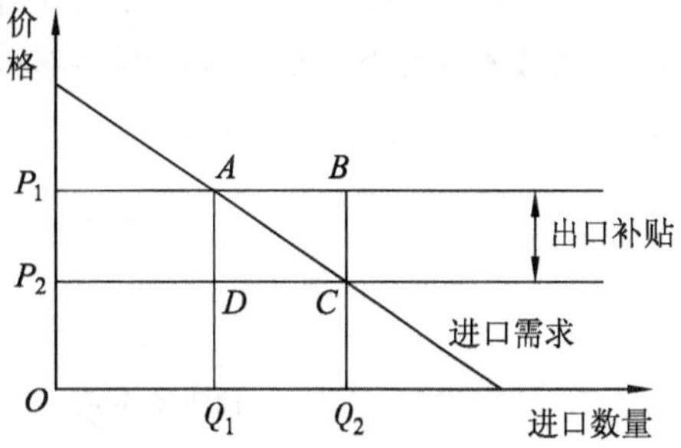

图 2-5 出口补贴的经济效应

不仅如此,出口补贴能否起到预期的效果,至少受到下列 3 个因素的制约:一是出口产品的国际需求和供给弹性的大小。如果这两种弹性较小,出口补贴难以起到明显地起到扩大本国(地区)产品出口的作用,甚至还可能由于补贴引起国(地区)内价格体系的紊乱,影响其他非出口产品的生产和供给。二是国际市场和国(地区)内市场的利润率的差别。如果国(地区)内市场的利润率明显高于国际市场利润率,则用于出口补贴的利润率将下降。即使出口补贴能够在一定程度上暂时改善国际收支状况,但是国民利益却存在着净损失。三是接受补助的出口产品的国际市场竞争能力的强弱。如果接受补贴的出口产品的国际市场竞争能力很差,则只有在出口补贴的数额大到一定程度时,这种出口产品的出口规模才会明显扩大。但是,巨额的出口补贴又容易遭到对方国家的反补贴制裁。如果出口补贴受到进口国(地区)的报复,比如征收抵消性的反补贴税,则贸易均衡点又从 C 点回到 A 点。进口国(地区)内商品价格上升到 P_1点,进口数量减少到 Q_1点。结果,出口国将消除△ABC 面积的损失。但是出口国(地区)对出口商进行的相当于 P_1P_2DA 面积的补贴却通过进口国(地区)对进口商的征税转移到了进口国(地区)的财政收入中。

我们再来分析倾销。出口国为了鼓励出口,通常采用商品倾销和外汇倾销两种倾销方式。

商品倾销表明出口商在国际市场的售价比国内市场的售价要低很多。那么究竟是什么原因才使出口商能够做到这一点的呢？一般认为，如果某一出口厂商在国（地区）内市场上比在国（地区）外市场上拥有更大的垄断权力，亦即国（地区）内的购买者不能从国（地区）外市场购买到同样的但更廉价的商品，出口厂商就能通过向国（地区）外购买者索要较低的价格来获取更大限度的利润。与此同时，出口厂商也能更多地通过较高的国（地区）内售价剥削国内购买者。

如图 2-6 所示，甲国的某一出口厂商面临甲国和乙国两个市场。假定存在上述的倾销条件，则意味着该出口厂商在甲国国内市场面临一条具有较小弹性的需求曲线，在乙国国内市场则由于存在比较激烈的竞争而面临一条具有相对较大弹性的需求曲线。如果假定该出口商的边际生产成本不变，由于两个市场上存在着不同的边际收入曲线，则由边际成本与边际收入决定的能够获得最大利润的销售量就不同，甲国为 Q_1'，乙国为 Q_1。与此相对应，在甲国的销售价格为 P_1'，在乙国的销售价格为 P_1，$P_1' > P_1$。一般来说，只要甲国出口商在甲国国内市场的销售价格不超过乙国国内市场售价加上甲国从乙国进口该出口商的同样产品的一切成本和费用，该出口商就能够采用价格歧视在两个市场都获得最大利润。

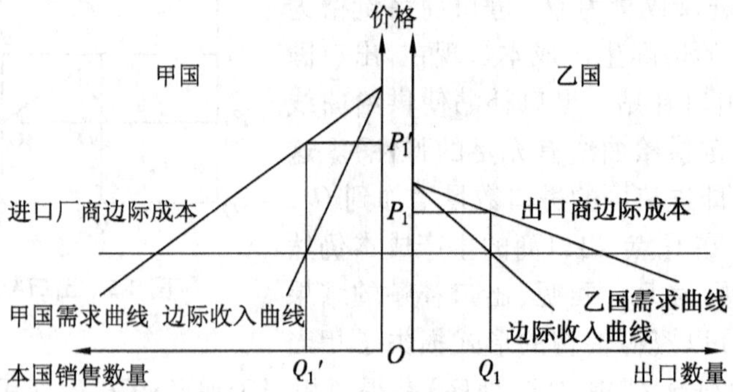

图 2-6 商品倾销的经济效应

如果乙国对进口产品征收反倾销税，则乙国国内市场上的需求曲线将下移，边际收入曲线也将发生变动。对出口商来说，它将不得不因进口国市场价格的提高而减少出口数量，并相应承担一部分关税负担即降低商品的出口价格。而对乙国消费者来说，他们必须承担其余的关税负担，即以高于征收反倾销税以前的商品价格的水平购买同样的外国商品。这样，对进口国来说，征收反倾销税获得了相当于阴影部分面积的由于出口国降价而转移来的利益，但也损失了相当于 d 面积的由于本国减少进口而失去的消费者剩余的利益。不过一般来说，进口国总是利益大于损失。然而，对整个世界来说，征收反倾销税却带来了利益的净损失 d。因为阴影部分的利益不过是出口国的损失。上述结果可用图 2-7 表示：

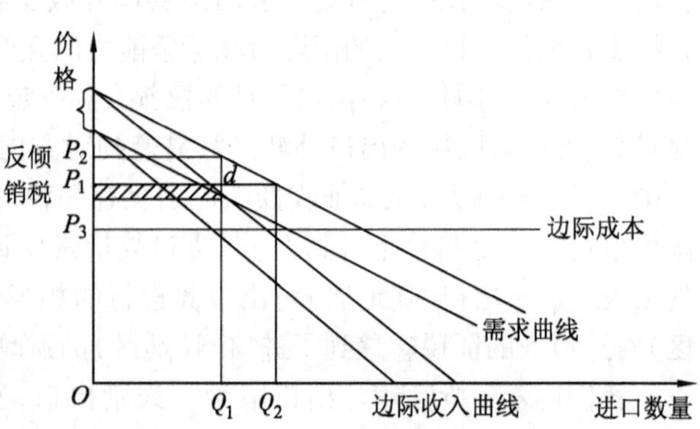

图 2-7 乙国征收反倾销税的经济效应

图 2-7 中 P_1 为征收反倾销税前的市场价格，P_2 为征税后的市场价格，P_3 为出口商在征税后的出口价格，Q_2 为

征税后的进口数量。阴影部分为出口商通过降价转移给乙国政府的利益，d 为进口国减少进口后的消费者剩余的损失。必须指出的是，反倾销税的影响并没有一个简单的对谁有利或对谁不利的肯定的结论，因为这在很大程度上取决于倾销者对反倾销税的实际反应。倾销者可以把产品搬到进口国（地区）去生产，也可以放弃这个存在麻烦的市场，或者取消价格歧视，等等。因此，反倾销税的实施后果变得十分复杂和具有很大的不确定性。

出口信贷作为一种出口鼓励政策，特别是通过国内金融机构向出口企业提供出口信贷，建立出口保障，将有助于出口商增强参与国际市场竞争的信心和能力，促进本国出口扩大，进而改善国际收支状况。在激烈的国际竞争中，出口信贷相比于出口补贴和倾销来说，不仅花费的代价较小，而且效果更好，同时也容易摆脱对方国家的贸易报复。但是，出口信贷也有弱点。一是出口信贷的出口促进作用往往见效较慢。这主要是出口信贷通常都是属于中长期的，其所带来的出口促进和改善国际收支的作用往往存在“时滞”，在出口信贷实施初期，出口促进作用一般都不很明显。二是出口信贷资金可能具有较高的“机会成本”。也就是说，信贷资金所投放的出口部门或企业，可能不是最有效率的，或者说不是成本最低的。只是为了扩大出口，改善国际收支状况，才选择了利润并不高或不是最高的出口部门或企业作为信贷对象。如果真是这样，出口信贷国家（地区）必然又存在着一定量的国民净损失。

（三）出口管制措施

一些国家（地区）为了达到一定的政治、军事和经济目的，对某些商品，特别是战略物资与先进技术实行限制出口或禁止出口，称为出口管制（Export Control）。

1. 出口管制商品的分类

（1）对战略物资及与其有关的先进技术资料的出口。如武器、军事设备、军用飞机、军舰、先进的电子计算机及有关技术资料等。大多数国家（地区）对这类商品与技术资料均严格控制出口。这些商品必须领取出口许可证，方能出口。

（2）对国（地区）内生产所需的原材料、半成品及国（地区）内市场供应不足的某些必需品，如英国的某些化学品、石油、药品、活牛、活猪；日本的矿产品、肥料、某些食品；瑞典的废金属、生铁等，都被控制出口。

（3）为了缓和与进口国（地区）在贸易上的摩擦，在进口国（地区）的要求或压力下，“自动”控制出口的商品，如发展中国家根据纺织品“自限协定”自行控制出口的商品。

（4）为了有计划安排生产和统一对外而实行出口许可证制的商品，如我国属于出口许可证制项下的某些商品，如玉米、原油、人参、电扇、轮胎、机床等。

（5）为了实行经济制裁而对某国或地区限制甚至禁止出口的商品。

（6）对某些重要的文物、艺术品、黄金、白银等特殊商品，大多数国家（地区）都规定需特许才能出口。

2. 资本主义国家出口管制形式的分类

（1）单方面出口管制

所谓单方面出口管制，是指一个国家（地区）根据本国（地区）的出口管制法案，设立专门的执行机构，对本国（地区）某些商品的出口实行管制。在这方面美国具有代表性。

早在1917年，美国国会就通过了《与敌对国家贸易法案》，禁止任何私人与美国敌人及其同盟者在战时或国家紧急时期进行财政金融和商业的往来。二战结束后,为了对当时的社会主义国家如前苏联实行禁运,又于 1949 年通过了《出口管制法案》,以禁止和削减经由贸易渠道出口的所有商品和技术资料。这个法案虽然后来作了几次修改,管制有所宽松,但主要规定未变。冷战结束后,美国继续对技术和设备实施严格的单方面出口管制。比如,美国仍对中国实行高技术控制,迫使英特尔公司、美国电报电话公司、国际商用机器公司等只能将它们最好的技术束之高阁。美国的这一举措大大损害了美国自身的贸易和经济利益。为此,美国国会在 1995 年推出了新的出口控制法案,以使美国国家安全和出口商的商业利益达到更好的平衡和协调。

在具体操作方面,美国出口管制由总统指令美国商务部执行,商务部设立贸易管理局具体办理出口管制工作。贸易管理局根据有关法案和规定,制定出口管制货单和输往国别分组制表。在管制货单内列有各种需要管制的商品名称、商品分类号码、商品单位及所需的出口许可证类别等,在输往国别分组管制表中,则把有关输往国家或地区分成 8 组,进行宽严程度不同的出口管制。

除美国以外的其他资本主义国家也有类似的法案。

(2) 多边出口管制

所谓多边出口管制,即指一些国家(地区)为协调彼此的出口管制政策和措施,通过达成共同管制出口的协议,建立国际性的多边出口管制机构,共同制订多边出口管制的具体措施,以期达到共同的政治和经济目的。冷战时期存在的巴黎统筹委员会就是一个典型的国际性多边出口管制机构。

巴黎统筹委员会本名为输出管制统筹委员会,成立于 1950 年 1 月,总部设在巴黎,故而得名巴黎统筹委员会,简称“巴统”。“巴统”由美国、英国、法国、意大利、加拿大、比利时、卢森堡、荷兰、丹麦、葡萄牙、挪威、德国、日本、希腊、土耳其、西班牙和澳大利亚 17 个国家组成。该组织的主要任务是:制定禁止、控制向社会主义国家出口的战略物资、高技术及其产品的标准和详细的禁运清单;审议可免除禁运面向社会主义国家出口的具体申请项目;协调和监督其禁运政策的执行和实施。1950 年初,该组织下设调查小组,主管对前苏联、东欧等国家的“禁运”。1952 年又增设了所谓“中国委员会”,以加强对中国的“经济封锁”和“禁运”。

在整个冷战时期,巴黎统筹委员会对封锁和禁止高技术及战略性物资向社会主义国家输出发挥了重要的作用。如 1987 年,日本东芝机械公司向前苏联出口了属于巴统管制货单中的特殊专用精密机床,使前苏联潜艇的制造技术有了很大改进,对美国和西方国家造成了威胁,美国国会便通过决议对日本东芝公司予以制裁,5 年内(后改为 3 年)禁止东芝公司对美国的出口,从而给东芝公司造成了巨大的经济损失。

随着冷战时代的结束,巴黎统筹委员会已于 1994 年宣告解散。虽然这种多边出口管制的组织机构已不复存在,但是其后续影响却仍是不可低估的。

阅读与思考

抱着冷战思维不放 对中国发展怀有戒心

小突破只是个案

2004 年 8 月 6 日，美国总统布什致函国会，称白宫已经批准向中国出口 7 项军民两用的敏感产品，其中包括可用于导弹和航天的设备及材料。不少媒体猜测："此举可能是布什政府为了平衡对台军售而作出的政策调整。"美国商务部官员却表示，这只是个案，并不代表此类产品以后就可以自由出口给中国了。记者采访的中美两国专家也认为，布什此举的时机虽然微妙，但并不意味着美对华出口管制政策发生了变化。

管制越来越紧

美国对华出口管制包含两点内容：一是对关键的军民两用技术实施控制；二是积极提高美国的技术竞争力，使美国厂商能畅通无阻地进入中国市场。

美国商务部通常根据 1979 年的《出口管理法》对军民两用品发放许可证，该法规重点提到 4 个领域：国家安全、核不扩散、导弹技术、化学及生物武器。这项带有浓厚冷战色彩的法规于 2001 年 8 月到期失效。此后，美国按照《国际紧急经济权力法》实施出口管制，但在某些方面仍然依据 1979 年的《出口管理法》行事。近十年来，美国政府和国会曾尝试对其出口管制体系进行改革，但由于牵扯到各方利益，未能取得进展。

美国从 1989 年后开始对华实施武器禁运，十多年来，管制越来越紧，框框越设越多。比如，1999 年的《国防授权法》要求加强对航天卫星技术的出口管制；2001 年 10 月，美国又以所谓宗教自由为借口，禁止对中国出口控制犯罪用的设备；美国商务部每年出台报告，总结管制情况，列出所有与美国的敌对国有贸易关系的国家；美国国会经常召开对华出口管制的听证会；美国政府也频繁处罚"违反规定"的美国和中国企业。

标准早已过时

"美国要在有战略意义的关键领域保持至少 30 年的领先地位"，这是当年美国实施对华出口管制的初衷。但是，这个目的达到没有，连美国有关部门也在怀疑。

美国商务部工业安全局依据以下两个标准来发放许可证：一是政治标准，即按出口目的地国与美国的关系，分成不同等级；二是技术标准，对一些产品设定技术指标。这两个标准有时是组合运用的。比如，在计算机和微处理器产品的出口管制中，中国处于第三组，出口上限是"每秒 1 900 亿次理论运算速度"。这就是说，凡是对中国出口超过此运算速度的计算机，就要申请出口许可。

随着中国经济的迅速发展和中美贸易的不断扩大，出口管制已经严重束缚中美经贸关系的发展，尤其是美国的强项——高科技的出口。旅美华裔计算机专家王小麓对记者说："美国计算机出口管制标准太荒唐了。"计算机的运算速度相当于汽车的马力，但远比马力重要，因为它体现了一个国家的科研实力。这些年来，随着网络技术的发展，计算机的"提速"可谓突飞猛进，每秒 1 900 亿次的运算速度早就算不了什么了。早在 2002 年 8 月 29 日，中国就有了自己的第一台万亿次超级计算机。联想研制成功的"深腾 6800"，最高运算速度可达每秒 5.324 万亿次，实际运算速度在去年公布的全球最新超级计算机 500 强排行榜中，位居第 14 位。

美国难以放弃冷战思维

由于美国企业界怨声载道，华盛顿被迫作出一些调整：美国参议院去年通过一项法案，准许政府制定计算机出口的新标准；根据 2004 年 4 月中美签署的《美国对华高科技出口最终用户访问换文》，美国商务部开始实地核查中国终端用户，以确保美国的高性能计算机不被转为军用；这一次，白宫则批准了部分敏感产品出口到中国。但是，评论人士指出："这些变化并不能说明美国在彻底检讨和改变对华出口管制政策。2004 年以来，美国多次公开阻挠欧盟取消对华武器禁运，说明美国仍然对中国的崛起怀有强烈的戒心。"

在制定出口管制政策时，美国政府要综合考虑国家安全、外交政策和经济利益 3 个方面的因素。同时，它也是美国国内政治斗争的体现。一名美国官员曾说："美国对华出口政策必须在保卫国家安全与确保美国公司的国际竞争力之间取得平衡。"

从美国对华出口管制的法规中，可以清晰地看出中国在美国外交和经贸战略中的地位。除了对军用产品实施禁运外，在化工产品、火箭技术等领域，美国对中国的"警惕"级别都仅次于美国的敌对国。美国众议员伯顿说过的一段话，在美国政界经常被引用："这会给他们(中国人)更多的钱去购买勒死我们的绳索。他们有世界上最庞大的军队，这支军队会变得更加庞大。我们将为此付出代价。"

研究美国对华出口管制的中国学者申良音认为："美国对华出口管制是中美关系的晴雨表。"他说，美国对华出口管制远远超出了军事遏制的范围。比如说，有些高精度的车床，美国不卖给我们，我们可以从其他国家买到。此时美国的管制在很大程度上只具有象征意义，代表美国对华关系的一种状况。美国政府有时宁可牺牲一些经济利益，也要维持这种状况。

(根据《抱着冷战思维不放　对我发展怀有戒心　美还在卡对华出口》整理，《环球时报》2004 年 8 月 13 日。)

3. 出口管制的经济效应

出口管制政策的目标在于限制本国(地区)商品的出口规模，以适应国民经济总体发展的需要。但是一国实行出口管制政策的经济影响也是复杂的。

我们来看征收出口关税的情况。如图 2-8 所示，出口国(地区)政府对出口商品征收相当于 P_1P_2 的出口关税。征收关税的结果是出口商将一部分出口商品留在国(地区)内市场，这样国(地区)内商品价格就从世界价格 P_1 下降到 P_2。国内消费者的消费量从 Q_1 增加到 Q_2。在这种情况下，出口关税给出口商带来的损失总量为相当于面积 $a+b+c+d$。其中：a 为消费者所获得，它是由于降低商品销售价格而从出口商那里转移过来的。c 为政府所得，它是由对在征税后继续出口的商品征收关税的收入。$(b+d)$ 为国民净损失，它是由于出口商减小出口数量而造成的额外损失。

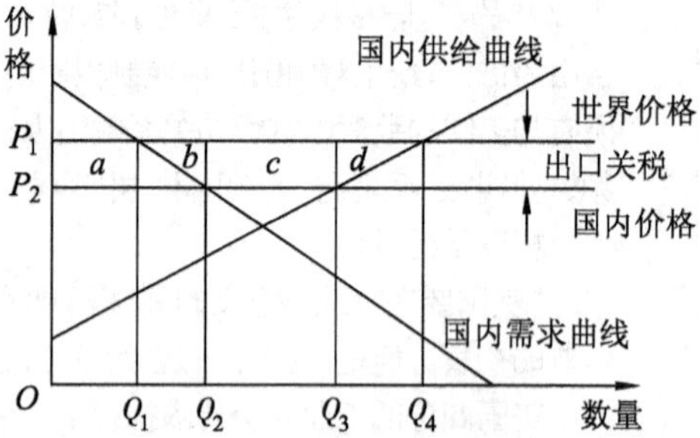

图 2-8　出口关税的经济效应

如果出口管制政策采取出口配额或出口许可证等措施，其经济影响也可从图 2-8 中得到说明。将该图作简单的修改，出口配额政策的经济影响就将很清楚地显示出来。和出口关税一样，等效的出口配额导致的国民净损失也是$(b+d)$。所不同的是，c 部分不再为政府所有，它直接表现为那些获得出口配额或出口许可证的出口商的利润。

第三节　国际直接投资理论

一、技术差距学说

技术差距说又称技术间隔说，是美国经济学家波斯纳提出、格鲁伯和弗农等人进一步论证的关于技术领先的国家具有较强开发新产品和新工艺的能力，形成或扩大了国际技术差距，而有可能暂时享有生产和出口某类高技术产品的比较优势的理论。

波斯纳于 1961 年在《牛津经济论丛》10 月号上发表了一篇题为《国际贸易和技术变化》的论文。他在论文中指出，实行技术革新的国家，在一定时期内由于拥有新技术而在某种商品生产上处于世界垄断地位，在这种情况下，世界其他国家与它之间存在一个技术差距，因而引起这种产品的国际贸易。由于这种技术会通过转让专利权、直接投资、国际贸易产生示范效应等流传到其他国家，随着时间的推移，新技术最终将使其他国家掌握使技术差距消失，这样，因技术差距而产生的国际贸易将逐渐缩小，并在其他国家能够生产出满足其全部需要的产品时完全终止。

波斯纳把从技术差距产生到技术差距引起的国际贸易完全终止之间的时间间隔称之为模仿滞后时期，全期又分为两个阶段：反应滞后阶段和掌握滞后阶段。反应滞后阶段初期则又称为需求滞后阶段。所谓反应滞后，是指技术革新国家开始生产新产品到其他国家模仿其技术开始生产这种新产品的时间间隔。掌握滞后指其他国家开始生产新产品到该国此新产品进口为零之间的时间间隔。至于需求滞后，则指新技术发明国家开始新产品生产到开始新产品出口之间的时间间隔。

在波斯纳看来，需求滞后一般短于反应滞后，反应滞后的长度则主要取决于企业家的决定意识和规模利益、关税、运输成本、国外市场容量及居民收入水平高低等因素。如果技术革新国（地区）在扩大新产品生产中能够获得较多的规模利益，运输成本较低，进口国（地区）的关税税率较低，进出口国（地区）市场容量或居民收入水平差距较小，就有利于保持其出口优势，延长反应滞后阶段，否则，这种优势就容易打破，反应滞后阶段将缩短。掌握滞后的长度则主要取决于模仿国（地区）吸收新技术能力的大小，吸收新技术能力大的长度较短。需求滞后的长度主要取决于两国（地区）的收入水平差距和市场容量差距，差距越小长度越短。

胡弗鲍尔用图形形象地描绘了波斯纳的学说，如图 2-9 所示，技术革新的 A 国的生产和出口量由 T 线上方的曲线表示，模仿技术的 B 国的生产和出口量由 T 线下方的曲线表示。在 t_0 点，A 国开始生产新产品，t_0 至 t_1 阶段为需求滞后阶段，这时 B 国对新产品没有需求，因而 A 国不能将新产品出口到 B 国。过了 T_1 点，B 国模仿 A 国消费开始对新产品有需求，且随着时间的推移需求量逐渐增加，A 国的出口量也开始从零逐渐扩大。到 T_2 点，B 国新产品市场扩大，企业家觉得生产新产品有利可图，加上这时新技术已通过各种途径扩散到 B 国，于是它也开始生产新产品，这时 A 国的生产和出口量达到极大点。随着 B 国产量的逐渐增加，A 国的出口量和生产量则不断下降。到 T_3 点，B 国生产规模进一步扩大，新产品成本进一步下降，其产品不但可以满足国内市场需求，而且可以用于出口，于是技术差距全部消失，模仿滞后阶段完全结束。

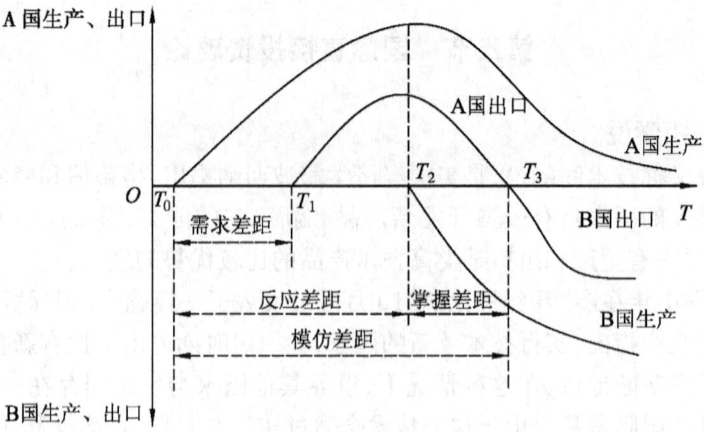

图 2-9　技术差距

波斯纳同时还认为,人力资本是过去对教育和培训进行投资的结果,因而可以将其作为一种资本或独立的生产要素,而技术是过去对研究与发展进行投资的结果,也可以作为一种资本或独立的生产要素。但是,由于各国对技术的投资和技术革新的进展不一致,因而存在着一定的技术差距。这样就使得技术资源相对丰裕的或者在技术发展中处于领先的国家(地区),有可能享有生产和出口技术密集型产品的比较优势。

为了论证这个理论,格鲁伯和弗农等人根据 1962 年美国 19 个产业的有关资料做了统计分析,其中 5 个具有高度技术水平的产业(运输、电器、工具、化学、机器制造)的科研和发展经费占 19 个产业全部科研和发展经费总数的 89.4%;5 个产业中的技术人员占 19 个产业总数的 85.3%;5 个产业的销售额占 19 个产业总销售额的 39.1%;5 个产业的出口量占 19 个产业总出口量的 72%。这种实证研究表明,美国在上述 5 个技术密集型产品的生产和出口方面,确实处于比较优势。因此可以认为,出口科研和技术密集型产品的国家也就是资本要素相对丰裕的国家。根据上述统计分析,美国就是这种国家。从这个意义上说,技术差距论是完全可以与赫—俄原理相衔接的。

二、产品生命周期理论

产品生命周期说由美国经济学家弗农提出,并由威尔士等人加以发展。它是关于产品生命不同阶段决定生产与出口该产品的国家转移理论。

弗农在论述技术差距说的基础上,将一种国内市场营销学的概念引入国际贸易理论,认为许多新产品的生命周期经历 3 个时期:

1. *产品创新时期*

少数在技术上领先的创新国家的创新企业首先开发新产品,新产品开发出来后便在国内投入生产,这是因为国内拥有开发新产品的技术条件和吸纳新产品的国内市场。该创新企业在生产和销售方面享有垄断权。新产品不仅满足了国内市场需求,而且出口到与创新国家收入水平相近的国家和地区。在这时期,创新企业几乎没有竞争对手,企业竞争的关键也不是生产成本,同时国外还没有生产该产品,当地对该新产品的需求完全靠该创新国家企业的出口来满足。

2. 产品成熟时期

随着技术的成熟,生产企业不断增加,企业之间的竞争性增强了,对企业来说,产品的成本和价格变得日益重要。与此同时,随着国外该产品的市场不断扩展,出现了大量仿制者。这样一来,创新国家企业的生产不仅面临着国内原材料供应相对或绝对紧张的局面,而且还面临着产品出口运输能力和费用的制约、进口国家的种种限制及进口国家企业仿制品的取代。在这种情况下,企业若想保持和扩大对国外市场的占领就必须选择对外直接投资,即到国外建立子公司,当地生产,当地销售,在不大量增加其他费用的同时,由于利用了当地各种廉价资源,减少了关税、运费、保险费用的支出,因而大大降低了产品成本,增强了企业产品的竞争力,巩固和扩大了市场。

3. 产品标准化时期

在这一时期,技术和产品都已实现标准化,参与此类产品生产的企业日益增多,竞争更加激烈,产品成本与价格在竞争中的作用十分突出。在这种情况下,企业通过对各国市场、资源、劳动力价格进行比较,选择生产成本最低的地区建立子公司或分公司从事产品的生产活动。此时往往由于发达国家劳动力价格较高,生产的最佳地点从发达国家转向发展中国家,创新国的技术优势已不复存在,国内对此类产品的需求转向从国外进口,创新企业若想继续保持优势,选择只有一个,即进行新的发明创新。

如果从产品的要素密集性上看,不同时期产品存在不同的特征。在产品创新时期,需要投入大量的科研与开发费用,这时期的产品要素表现为技术密集型。在产品的成熟时期,知识技术的投入减少,资本和管理要素投入增加,高级的熟练劳动投入越来越重要,这时期的产品要素表现为资本密集型。在产品的标准化时期,产品的技术趋于稳定,技术投入更是微乎其微,资本要素投入虽然仍很重要,但非熟练劳动投入大幅度增加,产品要素密集性也将随之改变。在产品生命周期的各个时期,由于要素密集性不同、产品所属类型的不同、技术先进程度的不同以及产品价格的不同,使得各种不同类型的国家在产品处于不同时期时所具有的比较利益不同,因而"比较利益也就从一个拥有大量熟练劳动力的国家转移到一个拥有大量非熟练劳动力的国家",产品的出口国也随之转移。

这种产品生命周期理论,目前已在产品开发和市场营销方面得到广泛的应用,但当初弗农等人提出这种理论,主要是用于解释美国的工业制成品生产和出口变化情况。因此,他们把产品生命周期分为4个阶段,建立一个产品周期4阶段模式,如图2-10所示:

(1) 美国垄断新产品的生产和出口阶段。新产品的生产技术为美国所垄断,美国生产全部的新产品,随着生产规模的扩大,新产品的供应增加,该种产品不仅在国内市场销售,而且出口到欧洲、日本等发达国家。

(2) 外国厂商开始生产并部分取代该产品进口阶段。欧洲、日本等发达国家开始生产该种新产品,美国仍控制新产品市场,并开始向发展中国家出口新产品。在这个阶段,该种新产品的技术差距在美国与欧、日等发达国家之间逐步缩短,欧、日等发达国家不断扩大该产品的自给率,因此,美国对这些发达国家出口会有所下降,但对世界市场的其他大部分国家即发展中国家的出口仍在增多。

(3) 美国以外的国家参与新产品出口市场的竞争阶段。随着新产品间技术差距进一步缩小,美国在该产品生产中的技术优势完全丧失,欧、日等发达国家开始成为新产品的主要出口国,在一些第三国市场上与美国产品进行竞争,并逐渐取代美国货占领这些市场。

(4) 外国产品在美国市场上与美国产品竞争阶段。在这个阶段，欧洲、日本等发达国家生产规模急剧扩大，竞争优势明显，成为新产品主要供应者，发展中国家也逐渐掌握新产品生产技术，开始生产和销售，欧、日等国家对美国大量出口该种产品，美国成为该种产品的净进口国。这一个产品在美国的整个生命周期，也就宣告终结。

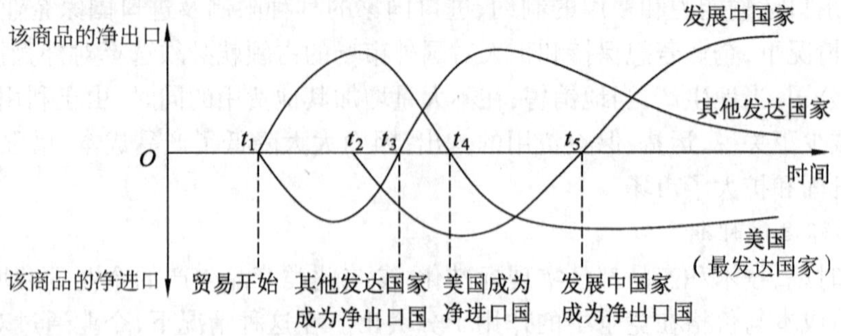

图 2-10 国际产品生命周期

事实上，在该种新产品处于第二、第三阶段时，美国又开始其他新产品的创新和生产了。也就是说，另一新产品周期又开始了。因此，制成品的生产和贸易表现为周期性运动。

总之，产品生命周期说是一种动态经济理论。从产品要素密集性的角度，在产品生命周期的不同时期，其生产要素比例会发生规律性变化。从不同国家的角度，在产品生命周期的各个时期，其比较利益将从某一国家转向另一国家，这就使得赫—俄静态的要素比例说变成一种动态要素比例说。

制成品贸易的特征如此，那么在国际贸易中占有重要地位的原料贸易的特征又是如何呢？1978 年，梅基和罗宾斯将产品生命周期理论运用于对原料贸易的分析，提出了原料贸易周期说。

梅基和罗宾斯将原料周期划分为 3 个阶段：第一阶段是"派生需求上涨"时期。某种产品的需求大量增加会引起该种产品生产所需要的原料需求的增加，原料价格将大幅度上升。第二阶段是"需求和供给来源的替代"时期。世界上天然原料的供给开辟了更多的可供选择的来源、产品的原有原料将被相对较便宜的替代品所取代。原料价格的上涨幅度缓慢下来，甚至出现实际下降的情况。第三阶段是"人工合成和研究与开发"时期。研究与开发最终引致人工代用品的发展，或者出现了节约使用原料的重要方法。原料进入生命末期。

从原料贸易的流向来看，其呈现出与工业制成品贸易流向正好相反的过程特征。在第一阶段，少数具有自然优势的发展中国家是世界原料的主要供给者，而发达国家则是主要进口者。在第二阶段，其他发展中国家加速开发原料生产，利用自己的劳动力优势逐渐取代原有的少数原料出口优势国家，成为国际市场原料的主要出口者。在第三阶段，发达国家的技术进步优势开始作用于原料，出现了合成原料，原料供应的优势从发展中国家转向了发达国家。这些发达国家还开始出口合成原料。

通过对原料贸易周期的分析，梅基还得出了一些重要结论：

第一，在原料贸易初期，发展中国家因为拥有对发达国家来说非常重要的原料而居主导地位；但在原料贸易末期，发达国家逐渐成为原料市场的控制者。

第二，技术突破既决定了在原料生命周期之初对天然原料需求的剧增，也决定了在其生命的晚期对天然原料需求的下降。

第三,全世界天然原料供给的最终耗竭并不意味着它的供应全部断绝。

第四,原料的贸易条件在原料周期的第一阶段随着需求的增加而改善;但在生命周期的后期,天然原料的贸易条件却随着人工合成原料和其他代用品的投产而下降。

第五,在处于导致原料贸易中断的非常时期,对原料的替代的研究和开发具有特别重大的意义。因此,技术进步是对天然原料贸易的一种替代。

近百年来,橡胶、锡、工业钻石等世界主要初级原料的国际贸易模式及其演变过程基本上验证了原料贸易周期说的正确性。但是,梅基也认为原料贸易周期说不能一概而论,对不同原料应具体分析。

三、垄断优势论理论

垄断优势理论是最早研究对外直接投资的独立理论,它产生于20世纪60年代初,在这以前基本上没有独立的对外直接投资理论。1960年,美国学者海默在他的博士论文中提出了以垄断优势来解释对外直接投资的理论,之后美国学者金德尔伯格以及其他学者又对这一理论进行了发展和补充。

海默研究了美国企业对外直接投资的工业部门构成,发现直接投资和垄断的工业部门结构有关,美国从事对外直接投资的企业主要集中在具有独特优势的少数部门。美国企业走向国际化的主要动机是为了充分利用自己独占性的生产要素优势,以谋取高额利润。所谓独占性的生产要素是指企业所具有的各种优势,这些优势具体表现在技术先进、规模经济、管理技能、资金实力、销售渠道等方面。海默认为,其他国家的对外直接投资也与部门的垄断程度较高有关。他还分析了产品和生产要素市场的不完全性对对外直接投资的影响。在市场完全的情况下,国际贸易是企业参与国际市场或对外扩张的唯一方式,企业将根据比较利益原则从事进出口活动。但在现实生活中,市场是不完全的,这种产品和生产要素市场的不完全性为对外直接投资打开大门。所谓市场的不完全性指的也就是市场上存在着不完全竞争,市场上存在着一些障碍和干扰,如:关税和非关税壁垒的存在,少数卖主或买主能够凭借控制产量或购买量来影响市场价格决定的现象的存在,政府对价格和利润的管制,等等。正是由于上述障碍和干扰的存在严重阻碍了国际贸易的顺利进行,减少了贸易带来的益处,从而导致企业利用自己所拥有的垄断优势通过对外直接投资参与国际市场。

四、内部化理论

内部化理论也称市场内部化理论,它是20世纪70年代以来西方跨国公司研究者为了建立所谓跨国公司一般理论时提出和形成的理论,是当前解释对外直接投资的一种比较流行的理论,有时也称其为对外直接投资的一般理论。这一理论主要是由英国学者巴克莱、卡森和加拿大学者拉格曼共同提出来的。

内部化是指企业内部建立市场的过程,以企业的内部市场代替外部市场,从而解决由于市场不完整而带来的不能保证供需交换正常进行的问题。内部化理论认为,由于市场存在不完整性和交易成本上升,因此企业通过内部市场的买卖关系不能保证企业获利,并导致许多附加成本。因此,建立企业内部市场即通过跨国公司内部形成的公司内市场,就能克服外部市场和市场不完整所造成的风险和损失。

内部化理论建立在 3 个假设的基础上:(1) 企业在不完全市场上从事经营的目的是追求利润的最大化;(2) 当生产要素特别是中间产品的市场不完全时,企业就有可能以内部市场取代外部市场,统一管理经营活动;(3) 内部化超越国界时就产生了多国公司。

市场内部化的过程取决于 4 个因素:(1) 产业特定因素,这与产品性质、外部市场的结构和规模经济有关;(2) 区位特定因素,如区位地理上的距离、文化差异和社会特点等;(3) 国家特定因素,如有关国家的政治和财政制度;(4) 公司特定因素,如不同企业组织内部市场的管理能力。在这几个因素中,产业特定因素是最关键的因素。因为如果某一产业的生产活动存在着多阶段生产的特点,那么就必然存在中间产品,若中间产品的供需在外部市场进行,则供需双方无论如何协调,也难以排除外部市场供需间的剧烈变动,于是为了克服中间产品的市场不完全性,就可能出现市场内部化。市场内部化会给企业带来多方面的收益。

五、边际产业扩张论

日本著名经济学家小岛清在对日本与其他发达国家(主要是美国)对外直接投资问题的比较研究时,运用国际贸易的比较优势理论,于 1977 年提出了著名的"日本式"的对外直接投资理论,即所谓的"边际产业扩张论"。这一理论,值得我们学习和借鉴。

小岛清的"边际产业扩张论"是在运用国际贸易理论中的赫克歇尔—俄林的资源禀赋差异导致比较成本差异的原理来分析日本对外直接投资的基础上所提出来的。其主要内容包括:

(1) 在对外直接投资的特点上,"边际产业扩张论"认为,对外直接投资不仅是货币资本的流动,而且是资本、技术、经营管理知识的综合体由投资国的特定产业部门的特定企业向东道国的同一产业部门的特定企业(子公司、合办企业)的转移,是投资国先进生产函数向东道国的转移和普及。

(2) 在投资主体上,该理论认为对外直接投资应该从本国的边际产业(或边际性企业、边际性生产部门,这里的"边际"包括边际以下)开始依次进行。所谓"边际产业"(也称为"比较劣势产业")是指在本国内已经或即将丧失比较优势,而在东道国具有显在或潜在比较优势的产业或领域。由于同大企业相比,中小企业更易趋于比较劣势,成为"边际性企业",因此中小企业更要进行对外直接投资。

(3) 在投资方式上,该理论主张应从与对方国家(即东道国)技术差距最小的产业或领域依次进行投资,不以技术优势为武器,不搞拥有全部股份的"飞地"式的子公司,而采取与东道国合办形式,或者采用像产品分享那样的非股权安排方式。

(4) 在投资的国别选择上,该理论积极主张向发展中国家工业投资,并要从差距小、容易转移的技术开始,按次序地进行。在小岛清看来,从比较成本的原理角度看,日本向发达国家(美国)的投资是不合理的。他认为,几乎找不出有什么正当理由来解释日本要直接投资美国小汽车等产业,如果说有,那也仅限于可以节省运费、关税及贸易障碍性费用以及其他交易费用等。与其这样,不如由美国企业向日本的小型汽车生产进行投资,日本企业向美国的大型汽车生产进行投资,即实行所谓"协议性的产业内部交互投资"。

(5) 在投资的目的和作用上,该理论认为对外投资的目的在于振兴并促进东道国的比较优势产业,特别是要适应发展中国家的需要,依次移植新工业、转让新技术,从而分阶段地促进其经济的发展。对外投资应起“教师的作用”:应当给当地企业带来积极的波及效果,使当地企业提高劳动生产率,教会并普及技术和经营技能,使当地企业家能够独立进行新的生产。在成功地完成了教师的作用之后,就应该分阶段地转让所有权。

(6) 在投资与贸易的关系上,“日本式”的对外直接投资所带来的不是取代贸易(替代关系),而是互补贸易、创造和扩大贸易。也就是说这种投资不会替代投资国国内同类产品的出口,反而会带动相关产品的出口,是一种顺贸易导向型的对外直接投资。为什么会这样呢?因为这种投资将投资国技术、管理等优势移植到东道国,使东道国生产效果得到改善,生产成本大大降低,创造出盈利更多的贸易机会。对比于投资发生之前,投资国可以以更低的成本从东道国进口产品,且扩大进口规模,给东道国留下更多的利益。

小岛清的“边际产业扩张论”是在当时的国际对外直接投资理论无法解释和指导日本的对外投资活动的背景下提出的。实践证明,它对日本的对外直接投资的确起到了积极的促进作用。甚至在今天的日本对一些发展中国家的投资中,很少出口高技术,可能就是受到“小岛理论”中的“从技术差距最小的产业依次进行移植”影响。

六、国际生产折衷理论

国际生产折衷理论又称国际生产综合理论,是20世纪70年代由英国著名跨国公司专家、英国里丁大学国际投资和国际企业教授邓宁提出的。

邓宁认为,自20世纪60年代以来,国际生产理论主要沿着3个方向发展:① 以垄断优势理论为代表的产业组织理论。② 以阿利伯的安全通货论和拉格曼的证券投资分散风险为代表的金融理论。③ 厂商理论即内部化理论。但上述3种理论对国际生产的解释是片面的,没有能够把国际生产与贸易或其他资源转让形式结合起来分析。国际生产折衷理论吸收了上述3种理论的主要观点,并结合区位理论解释跨国公司从事国际生产的能力和意愿,解释它们为什么在对外直接投资、出口或许可证安排这3种参与国际市场的方式中选择对外直接投资。这一理论目前已成为世界上在对外直接投资和跨国公司研究领域中最有影响的理论,并广泛被用来分析跨国公司对外直接投资的动机和优势。

国际生产折衷理论认为,一个企业要从事对外直接投资必须同时具有3个优势,即所有权优势、内部化优势和区位优势。

(1) 所有权优势主要是指企业所拥有的大于外国企业的优势。它主要包括技术优势、企业规模优势、组织管理优势、金融和货币优势以及市场销售优势等。

(2) 内部化优势是指企业在通过对外直接投资将其资产或所有权内部化过程中所拥有的优势。也就是说,企业将拥有的资产通过内部化转移给国外子公司,可以比通过市场交易转移获得更多的利益。企业到底是选择资产内部化还是资产外部化取决于理论的比较。

(3) 区位优势是指企业在具有上述两个优势以后,在进行投资区位要素选择上是否具有优势,也就是说可供投资地区是否在某些方面较国(地区)内有优势。区位优势包括:劳动成本、市场需求、自然资源、运输成本、关税和非关税壁垒、政府对外国投资的政策等方面的优势。

如果一家企业同时具有上述3个优势,那么它就可以进行对外直接投资。这3种优势的不同组合,还决定了对外直接投资的部门结构和国际生产类型。

第四节 国际竞争力理论

一、需求偏好相似理论

“需求偏好相似说”又称“偏好相似说”或“收入贸易说”，是由瑞典经济学家林德提出的用国家之间需求结构相似来解释工业制成品贸易发展的理论。他认为赫—俄原理只适用于工业制成品和初级产品之间的贸易，而不能适用工业制成品之间的贸易。这是因为前者的贸易发展主要是由供给方面决定的，而后者的贸易发展主要是由需求方面决定的。

林德认为，工业制成品的生产的初期是满足国内的需求，一旦国内市场大到可以使工业得到规模经济和竞争的单位成本时，才会想到扩大销售范围，将产品推向国际市场。由于该产品是为满足国内市场喜好和收入水平而生产的，故该产品较多的是出口到那些喜好相似的国家。这些国家的需求结构和需求偏好越相似，其贸易量就愈大，如果这些国家的需求结构和需求偏好完全一样，一国可能进出口的商品也就是另一国可能进出口的商品。

那么，影响一国的需求结构的因素是什么？林德认为主要因素是人均收入。一国的需求结构和人均收入是直接相关的。人均收入越相似的国家，其消费偏好和需求结构越相近，产品的相互适应性就越强，贸易交往也就越紧密。

林德认为，人均收入水平和消费品、资本品的需求类型有着紧密的联系。人均收入水平较低的国家，人们选择的消费品质量也较低，因为他们要让有限的收入满足多样化的需求；同时，为了实现充分就业和掌握生产技术，也只能选择通用的技术、简单的设备，这又导致了这些国家的消费品结构的低级化。人均收入水平较高的国家，人们选择的消费品质量与档次较高，而资本设备需求结构也必须更先进、更高级。因此，人均收入水平相同的国家之间的贸易范围可能是最大的，而人均收入水平的差异却是贸易发展的潜在障碍。这就是说，即使一个国家拥有比较优势产品，但由于其他国家的收入水平与其不同，而对其产品没有需求，这种比较优势的产品就不能成为贸易产品。

二、产业内贸易理论

产业内贸易理论是20世纪70年代中期以来兴起的国际经贸理论。从1967年起，国际经济学家格鲁贝尔以及其他一些西方学者，在一些论文中开始研究“同产业贸易”现象。1975年，格鲁贝尔和劳埃德合著了《产业内贸易》，较系统地论述了这一理论。以后，该理论又得到学术理论界的补充和深化。

该书首先把当代国际贸易分为两大类：一是产业间贸易，这是在具有完全不同类型的生产要素禀赋的国家之间进行的贸易。如发展中国家用初级产品来交换发达国家的工业制成品。这类贸易可以用传统的资源禀赋论加以解释。二是产业内贸易，这是具有相同相似生产要素的国家进行的贸易。如美国和日本之间进行的电子产品和小汽车的贸易。这类贸易就要用新的产业内贸易理论来解释。

产业内贸易理论由“国际产品异质性”“需求偏好相似”“规模经济优势”3个原理作为支柱。它们之间的关系是：产品异质性有可能满足不同层次、不同习惯的消费者的需求，因而是产业内贸易的动因；需求偏好相似使厂商有利于克服由于社会政治制度、政策、文化不同而造成的市场隔离，便于产品进入外国的市场，因而是产业内贸易的保证；规模经济优势能让可进行大规模生产的国家在产品成本方面有竞争优势，有条件占领国外市场而获利，因而是产业内贸易的利益来源。对这“三根支柱”，现分述如下：

（1）国际产品的异质性是产业内贸易的动因。同种产品在款式、质量、性能、售前售后服务以及商标和牌号都是有差异的。如小轿车，美国产品以华丽、耐用为特点，能满足消费者显示身份的偏好；日本产品以轻巧、节能、廉价为特色，其实用性很受一部分消费者的欢迎。于是同一种产品就会因这种异质性使两国同时出口又进口。一种商品的相异产品称为变体，生产技术越发展，有更多的变体可以潜在地生产出来。技术进步日新月异，导致产品种类多样化、产品的潜在系列不断发展。产品在国际竞争中取胜往往要以其产品某一方面的特色吸引消费者。各种相异产品都因受一些消费者喜好而有存在的价值。相异产品种类越多，消费者可选择余地越大，社会福利越高。于是推动两国互相进口对方的变体。

（2）需求偏好相似是产业内贸易的保证。这是林德尔理论的应用。用需求结构相似来说明国际贸易量的区域分布，随着科技革命的发展不断得到论证，科技发展使新产业、新产品不断涌现，也使生产国际化规模不断扩大，这就造成发展水平相近的发达国家之间贸易往来更加频繁。

（3）规模经济优势是产业内贸易的利益来源。提出规模经济在国际贸易中的作用，首先针对了这样一个问题：如果两国的资源禀赋基本相同或相近，贸易利益从何而来？产业内贸易理论认为贸易利益可以来自于规模经济收益。如图 2-11 所示，CC'为两国的成本曲线。随着产量的增加，成本不断下降。甲国的产量为 OA 时，成本为 OE；而乙国的产量为 OB 时，成本降为 OD。这样，乙国在国际贸易方面就产生了出口优势，尽管产品相同，仍可以出口到甲国，以价格低而占领市场。

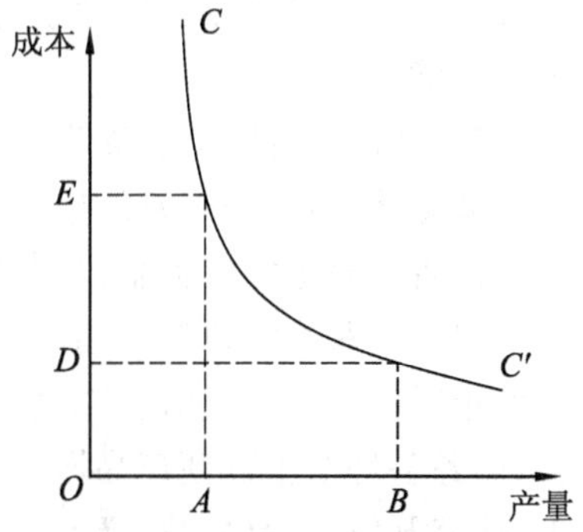

图 2-11 规模经济收益

大公司的规模经济产生了有竞争力的公司内部效应。例如在其他条件不变时，大公司能更好地克服生产的不可分割性使生产能力得到更充分地利用，或者说，能使用更专业化而更有效率的设备；同时，部分一般管理费并不随着生产规模而变化，每单位成本会随着生产增加而下降。在这种情况下，规模经济代替了“资源丰裕”而产生出口竞争优势，成为获得贸易利益的来源。

当然，规模经济优势要成为贸易利益来源还必须有 3 个前提：① 产业内的产品存在着广泛的有差异的产品系列。② 存在着不完全竞争市场，异质产品间具有垄断竞争性。③ 产品的生产收益可随着规模扩大而递增。

三、竞争优势理论

20 世纪 80 年代到 90 年代期间，哈佛大学商学院教授迈克尔·波特出版的《竞争战略》《竞争优势》《国家竞争优势》3 本书，引起了西方经济学界和企业界的高度重视。前两本著作主要针对产业如何在竞争中获得优势进行深入研究，而《国家竞争优势》则在此基础上提出：一国兴衰的根本在于能否在国际竞争中赢得优势。3 本书的着眼点都在竞争优势上。

这一理论的产生是以美国国际经济的地位变化为背景的。在二战后 20 年里，美国经济曾实力强盛，居世界领先地位。此后，由于其他西方国家经济的高速增长，美国各项经济指标在世界经济中的比重不断下降。20 世纪 70 年代以后，西欧共同市场的形成和势力壮大，日本的崛起，都构成对美国在国际经贸中地位的严重挑战。美国在国际市场上的竞争优势严重削弱，连新兴工业化国家都在夺取美国商品在世界市场上的份额。80 年代，世界经济贸易领域的竞争进一步严峻，美国的对外贸易逆差和国际收支赤字有不断增大之势。美国正像一个弱者一样不断乞灵于贸易保护主义。在这种情况下，怎样才能保持昔日的竞争优势，必然成为美国朝野都关注的问题，波特的理论正是适应这一客观要求应运而生的。

（一）优势及其决定因素

1. 竞争力和竞争优势

波特认为，一国在国际贸易中的竞争力取决于生产力发展水平。出口成本低的国家、有大量贸易顺差的国家以及在世界出口贸易总额中比重不断上升的国家，都不一定有很强的竞争力。有的国家实行货币贬值，一时扩大了出口；有的国家被动地采取低成本、低价出口方式，都不能说竞争力很强。中东国家靠出口原油及其制品获得贸易顺差，其国家竞争力并不强。中国出口贸易额自 20 世纪 80 年代以来增长较快，但出口商品的竞争力并不很强。而日本的贸易顺差则是靠竞争力强赢得的。因此，一国的竞争优势，实质上是生产力发展水平上的优势。

2. 创新机制的 3 个层面

波特认为：一国兴衰的根本在于赢得国际竞争的优势，而国家竞争优势取得的关键在于国家是否具有适宜的创新机制和充分的创新能力。创新机制可以分 3 个层面来分析。

（1）微观竞争机制。国家竞争优势的基础是企业内部活力，企业缺少活力不思进取，国家就难以树立整体优势。能使企业获得长期赢利能力的创新，应当是在研究、开发、生产、销售、服务各环节上都使产品增值的创新，企业要在整个经营过程的升级上下工夫，在强化管理、研究开发、提高质量、降低成本等方面实行全面改革。

（2）中观竞争机制。企业的创新不仅取决于企业内部要素，还取决于产业与区域。企业经营过程的升级有赖于企业的前向、后向和旁侧关联产业的辅助与支持。企业追求长远发展要有空间战略，把企业的研究开发部门、生产部门和销售服务部门按一定的方式组合与分割，分别置于最适当的地区。

（3）宏观竞争机制。个别企业、产业的竞争优势并不必然导致国家竞争优势。国家整体优势取决于 4 个基本因素和两个辅助因素的整合作用。

3. 宏观竞争机制的决定因素

（1）生产要素状况。波特将生产要素分为 5 类，即人力资源、（自然）物质资源、资本资源、基本设施、知识资源。从产生机制和所起作用看，又分为基本要素和推进要素。前者指一国先天拥有或不用太大代价就能得到的要素，如自然资源、非熟练劳动力及地理位置；后者指通过长期投资或培育才能创造出来的要素，如高质量人力资源、高技术等。一国若有两类要素的优势，在国际竞争中就一定是强者。但是，通过努力创造，而不是继承或购买所得到的推进要素更有价值，而创造新生产要素的速度与效率也比一定时点上既有要素的存量来得重要。在特定条件下，一国某些基本要素上的劣势反而有可能刺激创新。一国在推进要素方面的优势可以克服基本要素的不利造成的劣势。

(2) 需求状况。波特肯定发达国家收入水平高的共同性会造成各国需求结构的相似性。但他进一步指出两点:一是需求的细分结构,即一国在某一个市场细分部分的需求量大,这个国家在此细分部分将占优势。二是尖端又紧迫的需求,如果国内消费者特别挑剔,要求复杂而标准高,就会促使本国企业努力改进产品质量和服务。

(3) 相关的支撑产业。相互提供产品的产业之间,一种产业能提供高质量的产品将带动另一种产业的效率的质量提高,特别是作为生产工业原料和生产设备的上游产业,能为下游产业的发达提供支持品,上下游产业的企业之间还可以交流信息,交流创新思路。

(4) 企业的竞争条件。波特认为:良好的企业管理体制的选择,不仅与企业的内部条件以及所处产业的性质有关,而且取决于企业所面临的外部环境。强大的本地本国竞争对手是企业竞争优势产生并得以长久保持的最强有力的刺激。他提出必须摒弃由政府对国内少数几个企业提供特惠以扶持其成长的政策。他认为国内企业之间的竞争,虽然在短期内可能损失一些资源,但从长远看来则有很多好处。正是国内激烈的竞争,逼迫企业向外部扩张,力求具有国际竞争力。

除了上述4个基本因素之外,还有一国所面临的机遇和政府所起的作用两个辅助因素。前者以二战后世界形势的发展为日本的发展提供了资本、技术和市场支持为例,后者以日本政府的经济政策推动日本各阶段主导产业的形成和及时转换为例。

(二) 竞争优势的发展阶段

波特认为:一国经济地位上升的过程就是其竞争优势加强的过程。国家竞争优势的发展可以分4个阶段。第一阶段为要素推动阶段。在此阶段,基本要素上的优势是竞争优势的主要源泉。第二阶段是投资推动阶段。竞争优势的获得主要来源于资本要素。持续的资本投入可以扩大生产规模,大量更新设备,提高技术水平,增强企业的竞争性。第三阶段是创新推进阶段。这些阶段的竞争优势来自于创新。企业已具备各种条件,人员培训效果显著,引进技术吸收消化能力强,能自己进行研究生产和开发工作,创新意识和创新能力较强,于是,依靠将高科技成果转化为商品的努力,增强经济适应能力,就能持续地赢得竞争优势。第四阶段是财富推动阶段。处于这一阶段的国家主要靠过去长期积累的物质精神财富而维持经济的运行,产生了吃老本的机制,创新的意愿及能力均下降,面临失去竞争优势的危险。

波特分析了国家竞争优势的发展阶段后,通过研究德国、美国、意大利和日本等国经济实际发展状况,以实证经济学角度对其理论予以说明。他认为,目前,日本经济正处于创新阶段,经济发展后劲较强,而美国经济则处于财富推动的阶段,许多工业正在衰退,竞争处于寡占状况,经济缺乏推动力。

人物介绍

迈克尔·波特
(Michael Porter,1947—)

迈克尔·波特毕业于普林斯顿大学,后获哈佛大学商学院企业经济学博士学位。32 岁即获哈佛商学院终身教授之职。目前,他拥有瑞典、荷兰、法国等国 8 所大学的名誉博士学位。

迈克尔·波特不仅担任了世界很多知名公司的顾问,也在美国政府和国际组织的政策制定中扮演着重要角色。1983 年,他曾应邀出任美国里根总统的产业竞争委员会主席一职,帮助引发了 1980 年美国乃至世界的有关竞争力初始工作,带动了当时美国经济的复苏。

他先后获得过威尔兹经济学奖、亚当·斯密奖;三次获得麦肯锡奖。到目前为止,波特已有 17 本著作,其中最有影响的有《品牌间选择、战略及双边市场力量》《竞争战略》《竞争优势》《国家竞争力》等。其中,《竞争战略》一书已经再版了 53 次,并被译为 17 种文字;《竞争优势》至今也已再版 32 次。

思考与练习

1. 生产要素禀赋学说是如何解释国际贸易的产生的?
2. 通过学习比较成本学说和李斯特的保护贸易学说,怎样认识中国的对外开放?
3. 什么是关税的有效保护率,它和名义保护率有何关系?
4. 进口配额制和“自动”出口配额制是否是同一回事?
5. 什么是出口信贷? 它有几种主要形式?
6. 通常可用哪些主要的原因来解释外国直接投资?
7. 技术差距的存在是如何影响国际贸易的?
8. 产品生命周期与产品贸易周期的关系?

第三章

国际经贸环境

自二战后尤其是20世纪八九十年代以来，国际经贸格局和政策协调机制呈现出诸多新变化。WTO的正式运行强化了国际经贸的多边规范和协调，区域经济一体化发展如火如荼，有力地推进了国际经贸活动的自由化步伐。同时，多重因素助推下的经济全球化趋势进一步增强，跨国公司的地位和作用更加突出，电子商务也引发了国际经贸手段与内容的重要变革，国际经贸环境正在发生一系列新的变化。

第一节　世界贸易组织

一、WTO概述

（一）“关税与贸易总协定”回顾

1. “关税与贸易总协定”的产生

“关税与贸易总协定”（General Agreement on Tariffs and Trade，GATT）是一项协调和规范国际贸易准则的多边条约，简称“关贸总协定”。它自1948年1月1日起临时生效，至1995年1月1日为世界贸易组织所替代，历时长达47年之久。关贸总协定发起成立之初只有23个国家（即23个原始缔约方），至1986年乌拉圭回合发动时正式缔约方数量已扩大为117个，此外还拥有10多个观察员，其中除了20多个发达缔约方之外，绝大多数为发展中缔约方和最不发达缔约方。世界上几乎有4/5的国家和地区与关贸总协定发生联系，缔约方之间的贸易额在国际贸易总额中的比重也达到90%以上。由此，关贸总协定也被称作“经济联合国”，与世界银行（IBRD）和国际货币基金组织（IMF）一起成为国际经济体系的三大支柱。

关贸总协定的产生与当时的世界政治经济背景密切相关。20世纪30年代的世界性经济危机以及随之而来的第二次世界大战给整个世界带来了巨大灾难，除美国外的其他发达国家经济均遭受了毁灭性打击，战后恢复经济和重建国际经济秩序呼声日益高涨。美国凭借其强大的国内经济、军事、科技力量，以倡导者的身份游说各国推行自由化的世界贸易新秩序。

同时，由于在1944年布雷顿森林会议之后，以美元为中心的国际货币体系和世界银行（国际复兴开发银行）的建立使金本位制度破灭后的国际汇兑和长期国际投资这两个重大问题得以解决，于是，作为战后三大主要问题之一的国际贸易新秩序的重建显得更加急迫。

1946年，联合国经济与社会理事会决定召开“联合国贸易与就业会议”，旨在起草国际贸易组织的宪章，美国趁此机会制定出了一份“联合国国际贸易组织宪章拟议草案”，并提交“联合国贸易与就业会议”筹委会。1947年11月21日至1948年3月2日，世界贸易与就业发展大会正式召开，与会的23个国家代表经过4个月的艰苦努力，最后形成了囊括就业、经济发展与复兴、贸易政策、限制性商业惯例、政府间商品协定、投资、服务以及关于建立国际贸易组织等条款的《哈瓦那宪章》，又称《国际贸易组织宪章》。期间，与会23国代表还在

123 项双边减让关税协议的基础上，经多方磋商修订而形成了一项关于商品关税减让的多边协定即"关税和贸易总协定"，并共同签署了《关税与贸易总协定临时适用协议书》，宣布总协定于 1948 年 1 月 1 日起生效。"关税与贸易总协定"本拟作为《哈瓦那宪章》的一个附属协定，并在国际贸易组织正式成立后由其秘书处执行。但由于美国等国政府以《哈瓦那宪章》与其国内立法存在差异以及对投票权分配的不满而不予批准，导致作为母体的《哈瓦那宪章》破产以及成立国际贸易组织的计划流产，关贸总协定也因此临时生效。

2. 关贸总协定的宗旨和主要内容

经过历次多边贸易谈判，关贸总协定文本进行了多次修改和补充，除序言之外，共由 4 个部分组成，总计 38 个条款，涉及的内容非常广泛。

关贸总协定的序言阐明了自身的宗旨，即缔约各方"在处理它们的贸易和经济事业的关系方面，应以提高生活水平、保证充分就业、保证实际收入和有效需求的巨大增长，扩大世界资源的充分利用以及发展商品生产和交换为目的"。为实现上述目标，关贸总协定期望缔约各方通过"达成互惠互利协议，大幅度削减关税和其他贸易障碍，取得国际贸易中的非歧视待遇"。由此可以看出，关贸总协定在对其宗旨的表述中将追求的目标和实现的手段有机地联系和统一起来。

第一部分包括关贸总协定文本的第 1 条和第 2 条。它规定了缔约各方之间在关税和贸易方面相互提供无条件的最惠国待遇以及关税减让事项，是关贸总协定的核心部分。

第二部分从第 3 条到第 23 条。这部分条款主要规定了取消数量限制、取消出口补贴、反倾销、反补贴等各种贸易障碍以及国民待遇原则等，明确了协调各缔约方贸易政策和措施的依据。

第三部分从第 24 条到第 35 条。这部分条款主要对关贸总协定适用的领土范围、活动方式、加入与退出、关税减让表变更、谈判程序等问题作了规定。

第四部分从第 36 条到第 38 条。这一部分内容是 1965 年新增加的，也是发展中缔约方长期不懈努力的结果，它明确了给予发展中缔约方特别优惠待遇的有关规定。

此外，与关贸总协定文本内容相关的还有总协定的若干附件和注释等。它们是对总协定文本有关条款的进一步说明和补充，以避免各方对一些条款理解的分歧。根据 1947 年签定的《GATT 临时适用协议书》，所有缔约方必须适用总协定的第一和第三部分，对于第二部分则要求各缔约方在"与其现行国内立法不相抵触的范围内最大限度地予以适用"。

3. 关贸总协定历次多边贸易谈判

自关贸总协定形成并生效，至 1995 年 1 月 1 日世界贸易组织正式运行为止，期间共发动了 8 轮多边贸易谈判，其中第一轮至第六轮主要是关税减让的谈判。具体概况如表 3-1 所示。

表 3-1 关贸总协定历次多边贸易谈判基本情况①

谈判轮次	谈判期间	谈判地点	参加方数量	主要议题	主要成果
一	1947.4—1947.10	瑞士日内瓦	23	关税减让	关税减让涉及 45 000 项产品；占资本主义国家进口总值 54% 的产品平均降税 35%；关贸总协定临时生效。
二	1949.4—1949.10	法国安纳西	33	关税减让	关税减让涉及近 5 000 项产品；占应税进口总值 5.6% 的产品平均降税 35%。

① 贾建华，阚宏：《国际贸易理论与实务》（修订第四版），首都经济贸易大学出版社，2008 年。

续表

谈判轮次	谈判期间	谈判地点	参加方数量	主要议题	主要成果
三	1950.9—1951.4	英国托奎	39	关税减让	关税减让涉及近9 000项产品；占应税进口总值11.7%的产品平均降税26%。
四	1956.1—1956.5	瑞士日内瓦	28	关税减让	关税减让涉及近3 000项产品；占应税进口总值16%的产品平均降税15%。
五	1960.9—1962.7	瑞士日内瓦	45	关税减让	关税减让涉及近4 400项产品；占应税进口总值20%的产品平均降税20%。
六	1964.5—1967.6	瑞士日内瓦（肯尼迪回合）	54	关税统一减让	关税减让涉及约400亿美元产品；关税平均水平下降35%。
七	1973.9—1979.4	瑞士日内瓦（东京回合、尼克松回合）	99	①关税减让 ②非关税措施削减	一揽子关税减让方式涉及约3 000亿美元产品；关税平均水平下降35%；9个发达缔约方的工业制成品降税至4.7%；达成多项非关税壁垒协议和守则；通过了给予发展中缔约方优惠待遇的“授权条款”。
八	1986.9—1993.12	瑞士日内瓦（乌拉圭回合）	117	①关税减让 ②非关税措施削减 ③总协定规章 ④与贸易有关的投资和知识产权问题 ⑤服务贸易	达成45个协议；关税减让涉及约12 000亿美元产品；关税降幅近40%，近20个产品部门实现零关税；发达缔约方平均关税率由6.4%降至4%；农产品非关税措施关税化；10年内逐步取消纺织品歧视性配额；确立了服务贸易自由化原则；建立了世界贸易组织。

历次多边贸易谈判的历程总体上呈现出下列特点：

（1）多边贸易谈判规模日趋扩大。首先，从参与多边贸易谈判的缔约方数量来看，总协定成立之初仅有23个参与方，到1986年乌拉圭回合发动时已有117个缔约方参与。其次，从多边贸易谈判的主要议题来看，第一至第六轮多边贸易谈判所围绕的是单一议题即关税减让，但每轮关税谈判最终实现的关税减让范围和幅度都呈现出不断扩大的趋势。从第七轮多边贸易谈判开始，引入了削减非关税壁垒措施这一新议题，在第八轮多边贸易谈判中，除了关税和非关税措施的谈判之外，还增加了关贸总协定规章、与贸易有关的投资和知识产权问题、服务贸易问题等内容，使关贸总协定协调的范围从原来只局限于国际货物贸易领域进一步扩展至国际服务贸易领域、国际投资领域、知识产权保护领域等。

（2）多边贸易谈判耗时越来越长。表3-1表明，第一轮至第四轮多边贸易谈判只花费了几个月的时间，第五轮至第六轮多边贸易谈判时间则增加到两年左右，而第七轮多边贸易谈判时间猛增到近7年，第八轮谈判耗时则创下了关贸总协定历次多边贸易谈判的历史之最，长达 7 年多。造成多边贸易谈判历时越来越长的原因主要有两个方面：一方面，由于贸易谈判参与方数量不断增加，谈判的议题日益扩展；另一方面，由于历次多边贸易谈判中的各方立场和主张分歧扩大，利益平衡变得越来越困难。

(3) 发达缔约方主导多边贸易谈判的策动、进程。美国、欧共体、日本等发达缔约方始终是历次多边贸易谈判的主角，也是谈判的主要受益者。虽然自 20 世纪 60 年代以来，在发展中缔约方的大力呼吁和强烈要求下，关贸总协定增加了有关发展中缔约方特别优惠待遇的条款，发展中缔约方的利益要求得到了一定程度的体现，但在实践中，发展中缔约方并未从中获得多少实惠。如在肯尼迪回合之前，全部制成品的平均关税为 10.3%，对来自于发展中缔约方的制成品则征收 17.1% 的平均关税，在肯尼迪回合之后，这两项税率分别下降至 6.5% 和 11.3%，虽然总体平均关税水平都有下降，但差距并未因此而缩小。正如世界贸易组织总干事素帕猜所言，在利益的分配上，80% 的利益给了只有 20% 左右的少数发达缔约方，而约占 80% 的多数发展中缔约方只得到了 20% 的利益份额。

(4) 美国在关贸总协定中的作用受到抑制。美国是关贸总协定的积极倡导者和支持者，但自 20 世纪 70 年代以来，由于美国经济出现衰退，欧共体和日本等国迅速崛起，在总协定及其多边贸易谈判中，美国开始遭遇到来自欧共体和日本等国的有力抵制和挑战。如在农产品补贴问题的谈判方面，美国要求取消一切补贴的主张遭到了欧共体的强烈反对，使得农产品贸易谈判进程迟缓、一拖再拖，至今这一问题还是悬而未决。

（二）乌拉圭回合与 WTO 的产生

1. 乌拉圭回合的发动

20 世纪 70 年代中期之后，受 1974—1975 年的经济危机和第二次石油危机影响，世界经济陷入了滞胀的困境中。贸易保护主义开始重新抬头，贸易环境恶化，各国政府大量实施歧视性进口限制措施，对农产品或工业品实施补贴，或迫使竞争能力强的国家自愿限制对主要出口市场的出口数量，“灰色区域措施（Grey Area Measures）”进一步被滥用，单边和双边主义损害了总协定的基本原则，削弱了多边贸易体系的作用，对关贸总协定原有的国际贸易体制产生了直接威胁，并严重阻碍了各国经贸的发展。

此外，农产品、纺织品长期偏离关贸总协定基本原则，而与贸易相关的投资、知识产权保护、服务贸易发展等问题又十分引人注目，为了进一步拓宽贸易自由化的范围，提高贸易自由化的程度，必须将这些问题纳入到多边贸易体系之中。

1985 年 9 月 30 日至 10 月 2 日，关贸总协定召开了缔约国特别大会，讨论关于开始新一轮多边贸易谈判的问题。1986 年 9 月，关贸总协定缔约方在乌拉圭的埃斯特角城召开了部长级会议，并发表了《部长宣言》（也称《埃斯特角宣言》），决定发起新一轮多边贸易谈判，也称之为乌拉圭回合。

2. 乌拉圭回合的谈判及其成果

乌拉圭回合多边贸易谈判自 1986 年 9 月正式开始，最初预定在 4 年内结束，后又延长了 3 年，后期的谈判主要围绕农产品问题展开。这样，乌拉圭回合共历经 7 个年头，成为关贸总协定历史上费时最多的一次多边贸易谈判。就谈判的内容而言，本轮谈判涉及了两大贸易领域的 15 个议题，并通过相应的谈判组来进行，具体见表 3-2。

表 3-2 乌拉圭回合多边贸易谈判的 15 个议题

<table>
<tr><td rowspan="15">贸易谈判委员会</td><td rowspan="14">货物贸易谈判组</td><td rowspan="6">市场准入</td><td>1. 关税减让</td></tr>
<tr><td>2. 限制非关税措施</td></tr>
<tr><td>3. 农产品贸易</td></tr>
<tr><td>4. 纺织品和服装贸易</td></tr>
<tr><td>5. 热带产品(如茶叶、咖啡等)</td></tr>
<tr><td>6. 自然资源产品(如矿产品等初级产品)</td></tr>
<tr><td rowspan="6">总协定规章</td><td>7. 东京回合达成的多边贸易协议</td></tr>
<tr><td>8. 补贴与反补贴措施</td></tr>
<tr><td>9. 保障条款</td></tr>
<tr><td>10. 总协定体制的作用</td></tr>
<tr><td>11. 修改总协定条款</td></tr>
<tr><td>12. 贸易争端的解决</td></tr>
<tr><td rowspan="3">新议题</td><td>13. 与贸易有关的知识产权问题(包括冒牌货问题)</td></tr>
<tr><td>14. 与贸易有关的投资措施</td></tr>
<tr><td>服务贸易谈判组</td><td>15. 服务贸易(如银行业、海运业、旅游业等)</td></tr>
</table>

1993 年 12 月 15 日,随着欧美在农产品补贴问题上达成相互谅解,乌拉圭回合谈判终于在日内瓦国际会议中心落下帷幕。各方舆论普遍认为,本轮多边贸易谈判取得了丰硕成果,完成了甚至在个别方面超越了预定的目标:

(1) 达成了一系列进一步推进国际经贸自由化行动的措施和协议。《乌拉圭回合最终文件》作为本轮多边贸易谈判的成果,共由 45 个协议和协定组成,涉及领域十分广泛。1994 年 4 月 12 日至 15 日,乌拉圭回合的全体参加方在非洲摩洛哥的马拉卡什举行了部长级会议,并正式签署了《乌拉圭回合最终文件》。在 1995 年 1 月 1 日世界贸易组织生效后,这些最终成果也就构成了世贸组织的法律框架。该文件具体包括:

① 关于建立世界贸易组织的协定:这是一项关于建立一个世界性经济与贸易组织的条约,它的主要内容是明确组织机构方面的有关事项以及某些程序规则。

② 第一类附件为多边贸易协议,其中包括附件 1,2,3。

附件 1 中又包括 1A,1B 和 1C。

附件 1A 为多边货物贸易协议,包括下列 13 项协议或协定:1994 年关税与贸易总协定;农产品协定;实施动植物检疫措施协议;纺织品与服装协议;技术性贸易壁垒协议;与贸易有关的投资措施协议;关于实施 1994 年关贸总协定第六条的协议(反倾销守则);关于实施 1994 年关贸总协定第七条的协议(海关估价守则);装运前检验协议;原产地规则协议;进口许可程序协议;补贴与反补贴措施协议(反补贴守则);保障措施协议。附件 1B 为服务贸易总协定及附属文件。附件 1C 为与贸易有关的知识产权协定。

附件 2 为关于贸易纷争解决规则与程序的谅解。

附件 3 为贸易政策审议机制。

上述多边协议和协定是一个“一揽子文件”，要求所有缔约方一揽子签署接受，不允许选择性的加入或保留。协定的第二条第二款明确规定：附件 1 ~ 3 的“各项协议及其法律文件均为本协定的组成部分，约束所有缔约方”，这一规定是对过去可以自愿选择加入 1947 年总协定的有关附属协议的一项重大改革。

③ 第二类附件（即附件 4）为多边贸易协定的附加协定，也称诸边协定，包括 4 项协议：民用航空器贸易协议、政府采购协议、国际奶制品协议和国际牛肉协议。对于这 4 项附加协议，协定允许有选择性的加入。

（2）将国际贸易规则的适用范围扩大到农产品、纺织品以及投资措施、知识产权和服务贸易 3 个新领域，从而大大扩展了关贸总协定的管辖范围，进一步强化了关贸总协定的作用。

（3）决定建立世界贸易组织，用它取代临时运行了长达 47 年之久的关贸总协定体制。

3. 乌拉圭回合多边贸易谈判的主要特点

（1）谈判成员的广泛性。本轮谈判共有 117 个国家和地区参与，其中既有缔约方国家和地区，也有非缔约方国家和地区。此外还有 19 个观察员国家和地区、30 多个国际性组织也参与了谈判。中国作为观察员全程参与了乌拉圭回合各项议题的谈判。

（2）谈判议题的多样性。本轮谈判的内容包括了货物贸易和服务贸易两个方面的 15 个议题。其中，市场准入方面的议题有 6 个，即关税、非关税壁垒、热带产品、自然资源产品、农产品、纺织品和服装；强化总协定体制和作用的议题也有 6 个，即总协定条款、保障条款、多边贸易谈判协议和安排、补贴与反补贴措施、争端解决程序、总协定体制运行；还有 3 个为新增加的议题，即与贸易有关的投资措施、与贸易有关的知识产权问题以及服务贸易。

（3）谈判进程的技术性和错综复杂性。在本轮谈判组织方面，总协定在贸易谈判委员会之下设立了 3 个专题组：货物贸易谈判组、服务贸易谈判组和谈判监督组。但从实际的谈判进程来看，发达缔约方之间、发达缔约方与发展中缔约方之间依然存在众多分歧和重重矛盾。

（4）谈判权限的不平等性和谈判进展的不平衡性。在一些议题的谈判中，少数发达缔约方往往采取秘密磋商方式先达成初步共识，然后再进行公开的谈判。于是，发达缔约方所关心的服务贸易、投资措施、知识产权保护等议题的谈判自然进展较快，而发展中缔约方关心的农产品贸易、热带产品贸易等议题的谈判进展相对缓慢。

（5）谈判成果的显著性。如前所述，无论从世界贸易组织的成立还是从诸多多边协议的达成来看，乌拉圭回合多边贸易谈判着实取得了辉煌的成果。另外，从市场准入这一核心问题来看，根据对各参加方市场准入给价的初步估计，减税产品涉及的货物出口额高达 1.2 万亿美元，减税幅度近 40%，并在近 20 个产品部门实现了零关税。

4. 世界贸易组织的诞生

（1）成立世界贸易组织并非乌拉圭回合发动的预定目标

埃斯特角《部长宣言》并未预想通过建立一个新的国际贸易组织来贯彻乌拉圭回合的成果，《部长宣言》中只是决定，“当多边贸易谈判在各个领域达成结果时，部长们应借召开缔约方全体大会之际就各项结果的国际实施作出决定”，缔约方除少数特定项目谈判结果可以不接受之外，应全盘接受。

（2）一些缔约方的积极努力推动了世界贸易组织的产生

以建立世界贸易组织来强化关贸总协定功能的设想最初是由意大利外贸大臣于 1989

年提出的，其后，欧共体、加拿大也提出了类似的呼吁和提案。1990 年 7 月及 1991 年 7 月，西方国家首脑会议的《经济宣言》中也提出，为了使乌拉圭回合获得成功，必须要加强多边的贸易体制，同意在乌拉圭回合结束前讨论设立世界贸易组织的问题。与此同时，美国、瑞士也分别提出了加强总协定体制作用的建议。1991 年秋，以上述有关提案为基础开始具体讨论设立世界贸易组织的问题，并在 1991 年 12 月的“邓克尔文本”中提出了世界贸易组织设立协定。

1992 年 2 月以后，世界贸易组织协定被列入至第三部分（完善法律的谈判组）谈判内容。在 1993 年 2 月 15 日召开的贸易谈判委员会上，形成了一个关于建立世界贸易组织的多边协定，即《建立世界贸易组织协定》。根据这一协定，世界贸易组织（World Trade Organization，WTO）于 1995 年 1 月 1 日正式建立，并取代原来的关税与贸易总协定。

（三）多哈回合

多哈回合是世界贸易组织于 2001 年 11 月在卡塔尔首都多哈举行的第四次部长级会议中开始的新一轮多边贸易谈判。议程原定于 2005 年 1 月 1 日前全面结束谈判，但至今仍未能达成实质性的协议。

2001 年 11 月在卡塔尔多哈举行的第四届 WTO 部长级会议上，决定正式启动新一轮多边贸易谈判。多哈回合的目标旨在促进世贸组织成员削减贸易壁垒，通过更公平的贸易环境来促进全球特别是较贫穷国家的经济发展。谈判内容包括农业、非农产品市场准入、新加坡议题、服务贸易以及与贸易有关的知识产权、规则、争端解决、贸易与环境、贸易与发展等。与以往的多边谈判相比，这是包括议题范围最广、参加成员最多的一轮谈判。

多哈回合启动以来，谈判进程一波三折。因为涉及各方利益的进退取舍，谈判自始至终都显得十分艰难，导致 2003 年在墨西哥坎昆召开的 WTO 第五次部长级会议无果而终。此后，经广大成员共同努力，各方于 2004 年 7 月达成“多哈框架协议”。但这一协议只对农业出口补贴、国内支持的削减以及非农业产品市场的开放设定了指导原则和基本内容，不包含具体的减让计划安排。2005 年 12 月在中国香港举行了 WTO 第六届部长级会议，由于在主要谈判议题特别是农业议题上分歧巨大，谈判再次未果。

2006 年 6 月，WTO 在瑞士日内瓦紧急召开的部长级特别会议又以失败告终；同年 7 月 27 日，WTO 总理事会会议正式确认多哈回合谈判中止，意味着此轮多边贸易谈判进入“休眠期”。至今，多哈回合谈判已经断断续续进行了十年，早期也曾在一些领域取得过成果，包括给予最不发达国家 97% 税目产品零关税待遇的承诺框架、贸易便利化以及放宽公共健康领域的知识产权规定等，但自 2008 年以来，谈判一直被搁置，进展艰难。

二、WTO 的基本原则

（一）WTO 的宗旨

世贸组织的宗旨反映在《建立世界贸易组织协定》的前言部分。它重申了 1947 年关税与贸易总协定的宗旨，即缔约方在处理其贸易与经济关系上“应以提高生活水平，保证充分就业，保证实际收入和有效需求的大幅度的持续增长，扩大世界资源的充分利用及发展商品生产与交换为目的”，为此，要求各方大幅度削减关税及其他贸易障碍，取消国际贸易中的歧视性待遇。同时，还增加了以下内容：① 扩大服务贸易；② 采取措施保护并维护环境；③ 积极努力确保发展中国家、尤其是较不发达国家在国际贸易增长中获得与其经济发展相适应的份额。由此看出,世贸组织既是对关贸总协定的继承,更是对关贸总协定的延续、补充和发展,反映出世贸组织全面推进国际经贸自由化步伐和追求协调发展的强烈倾向。

(二) WTO 基本原则

世贸组织不止延续了关贸总协定的宗旨,还继承了其倡导的各项基本原则。具体来说,世贸组织的基本原则主要体现在以下几个方面:

1. 非歧视原则

非歧视原则(Rule of Non-Discrimination)是世贸组织倡导的最基本、最重要的一项原则,要求任何成员方不得对其他成员方实施某种歧视性限制或禁止措施。这一原则具体体现在最惠国待遇和国民待遇两个条款之中。

(1) 最惠国待遇原则

最惠国待遇原则(Principle of Most-Favored-Nation Treatment, MFNT)是指缔约国一方现在和将来给予任何第三方的一切利益优惠、特权和豁免,应当同样给予对方。按照优惠、特权和豁免的给予是否存在条件,最惠国待遇可区分为无条件的最惠国待遇和有条件的最惠国待遇;按照优惠、特权和豁免给予的范围将最惠国待遇区分为无限制的最惠国待遇和有限制的最惠国待遇。

最惠国待遇原则适用的范围十分广泛,适用情形主要包括:① 一切与进出口和过境商品有关的关税及费用;② 商品进出口、过境、存仓和换船方面的海关规则、手续和费用;③ 进出口许可证发放的行政手续;④ 船舶驶进驶出和停泊时的各种税收、手续和费用;⑤ 关于移民、投资、商标、专利及铁路运输方面的待遇等。

当然,最惠国待遇也有例外情形:① 一般例外;② 安全例外;③ 边境贸易、关税同盟区、自由贸易区例外;④ 普惠制、特惠制例外。

(2) 国民待遇原则

国民待遇原则(Principle of National Treatment, NT)是缔约国保证缔约对方的公民、企业、船舶在本国境内享有与本国公民、企业、船舶同等的待遇,也称作平等待遇原则,是对最惠国待遇原则的补充。国民待遇原则也有较广的适用范围,主要包括:① 不得以任何直接或间接的方式对进口产品征收高于对国内相同产品所征收的国内税和其他费用;② 对进口产品在国内销售、分销、购买、运输、分配或所适用的法令、规章和条例等方面的待遇,不能低于给予国内相同产品的待遇;③ 任何成员不能以直接或间接方式对产品的混合、加工或使用规定国内数量限制,或强制规定优先使用国内产品;④ 外国公民、企业、船舶在利用铁路运输和转口过境的条件、港口待遇、知识产权、服务贸易等方面享有同等优惠。国民待遇原则也并非要求将本国公民的一切权利都给予外国公民,它有一些例外规定,如沿海航行权、沿海捕鱼权、购买土地权等。

最惠国待遇和国民待遇原则都是非歧视性原则的集中体现,只不过二者的立足点和实施目的不同而已:最惠国待遇原则所强调的是一成员方不得对不同成员方的出口商品实施歧视待遇,而国民待遇原则强调的则是一成员方不得对来自于其他成员方的进口商品给予低于本国商品的待遇;最惠国待遇原则的目的是保证来自于不同成员方的产品在同一成员方国内市场上处于同等竞争地位,而国民待遇原则的目的是保证来自于其他成员方的产品与本方产品在本方市场上处于同等竞争地位。

案例分析

最惠国待遇和国民待遇原则的运用

为统一欧共体 12 个成员国的香蕉市场，1993 年 2 月欧共体颁布了 404/93 号规则，并于 1993 年 7 月 1 日正式生效。该规则主要确定了不同来源地的香蕉配额数量：欧共体配额 854 000 吨，免税；传统的“非加太（ACP）”香蕉出口国配额为 857 000 吨，免税；哥伦比亚、哥斯达黎加、尼加拉瓜、委内瑞拉的“美元香蕉”以及其他国家的总配额为 255 300 吨，配额内每吨关税 75 欧洲货币单位（ECU），配额外每吨关税为 750 欧洲货币单位。为了鼓励欧盟内的经营者从非“美元香蕉”地区进口香蕉，规则还特别规定了一套进口许可证制度。进口许可证分为三类：“A 类许可证”占总配额的 66.5%，分配给“美元香蕉”经营者；“B 类许可证”占 30%，在于确保非“美元香蕉”经营者拥有一定市场份额，并且唯有此类许可证可有偿转让；而“C 类许可证”则将剩余的 3.5% 配额保留给新加入共同市场组织的经营者。对此，厄瓜多尔、危地马拉、洪都拉斯、墨西哥、美国等国普遍认为 404/93 号规则违背了世贸组织的最惠国待遇原则，而最终的世贸组织争端解决专家组报告也认为，欧共体的 404/93 号规则超越了世贸组织的授权范围，并违背了最惠国待遇原则。

再如，美国环保局为确保燃油排放不超过 1990 年环保标准，于 1993 年 12 月 15 日发布《汽油与汽油添加剂规则——改良汽油和普通汽油标准》。其中有一项规定将改良汽油和普通汽油的衡量标准分为两种，一种是由企业自己提供质量数据的“企业单独基准”；另一种是代表 1990 年汽油平均质量的“法定基准”，而“法定基准”高于“企业单独基准”，对经营 6 个月以上的国内炼油商适用“企业单独标准”，对国外炼油商、进口商必须参照“法定标准”。显然，该规则形成了对国外同类产品的歧视。在 1995 年世贸组织生效后，委内瑞拉、巴西等国先后将这一纷争诉诸于争端调解机构，并由争端调解机构最终裁定美国修改其汽油政策，这也就是所谓的“WTO 第一案”。

提示：①“香蕉案”中的焦点问题在被纳入至特惠制的“非加太”可以作为最惠国待遇原则的例外情形，但在许可证制度这一具体运作过程中却超出了“洛美义务免除”的范围。②“汽油规则”一案的症结在于两种存在差异的标准被分别用于经营同样产品的不同类别企业，形成了对汽油进口商和国外炼油商的不公平待遇。

2. 互惠贸易原则

互惠贸易原则（Rule of Reciprocal）指的是世贸组织成员方之间利益、优惠、特权的相互给予，即互惠互利，它是成员方之间确立多边贸易关系的基础。互惠贸易原则主要表现在关税减让、非关税壁垒削除方面以及相应的多边贸易谈判中。当新成员加入时，申请加入方必须通过市场准入事项的谈判作出一定的互惠承诺，即支付一定的“入门费”作为享受其他成员方给予优惠的先决条件。

3. 关税保护原则

关税保护原则（Customs Duties as Means of Protection）强调的是各成员方应主要运用关税手段来保护国内工业，即关税是各成员方保护国内工业的唯一合法方式。相对于其他各种非关税措施，关税具有较高的透明度，能够清楚地反映出保护的水平，从而使贸易竞争建立在较明晰、较公平和可预见的基础上。然而，允许关税作为保护手段，并非意味着成员方可以随意地滥用这一手段，高关税同样是国际贸易的重要障碍。关税的减让是通过关税减让谈判和订立关税减让表来实施的，关税减让表中的税率是各成员方征收关税的依据和约束。一般来说，受到约束的关税只能递减，而不许提升。

案例分析

关税保护原则的运用

乌拉圭回合谈判结束之前，阿根廷对服装和纺织品征收最低特别关税，即先根据代表性国际价格计算出有关产品的平均进口价格，而后以这一平均价格的35%作为最低特别进口税。乌拉圭回合结束后，阿根廷将鞋类、纺织品和服装的约束关税率定为35%，同时仍保留对服装和纺织品的最低特别关税率，并将实施期限多次延长，直至1997年8月31日。1997年1月，美国向WTO贸易争端解决机构提出申诉，认为阿根廷对从美国进口的鞋类、纺织品和服装征收最低特别进口税，超过了阿根廷在1994年乌拉圭回合谈判中承诺的35%的约束关税率。最终，经过专家组和上诉机构的调查，作出如下裁定：阿根廷征收不同于其关税减让表所列的税种，使其实施结果高于35%的约束关税率，该措施不符合关税减让表的规定。

提示：关税减让是成员方的基本义务，关税减让表是约束成员方关税征收的依据，也是可以征收的最高水平，不可单方面作出修改。本案中当产品进口价格低于代表性国际价格时，则最低特别进口税就会高于35%的约束税率。

4. 一般禁止数量限制原则

一般禁止数量限制原则（Rule of General Crimination of Quantitative Restrictions）要求任何成员方不得设立或维持配额、进出口许可证或其他措施以限制或禁止其他成员方的产品输入，或向其他成员方输出或销售出口产品（GATT 第 11 条的规定），除非出现以下例外情形：① 产品例外，允许因粮食或其他必需品的严重缺乏而临时实施禁止或限制出口，因实施国际贸易的商品分类、分级等所必需的限制，在特定情况下对农渔产品的进口等实施数量限制；② 多种纤维协议（MFA）下有关成员方签订的双边配额限制；③ 为保障成员方的金融地位和在国际收支困难时临时实行进口限制，待国际收支恢复平衡后，进口限制应立即取消；④ 发展中成员方为保护本国国内工业或保持国际收支平衡而合理地实施数量限制。

案例分析

一般禁止数量限制原则的运用

美国国内有一整套关于捕鱼作业规范的法律规定，1990年10月，美国政府颁布了禁止从墨西哥进口金枪鱼（包括鲜鱼和鱼制品）的法令，原因是墨西哥没有实行保护海豚的作业规范。墨西哥在申辩中指出，自己有保护海豚的措施，且与被国际上普遍接受的做法是一致的，只不过低于美国的作业规范要求而已。专家组在处理这一纷争时认为，如果美国使用的是一项卫生标准，达不到标准的食品对人体或动物有害，那么它的标准就不违反一般禁止数量限制原则；但现在美国的标准要约束的是一个生产过程，而这个过程完全发生在美国境外，因此这一标准违反了一般禁止数量限制原则的要求。此外，美国借口自己的做法符合 GATT 第20条的例外即采取为保障人类、动植物的生命或健康所必需的措施也是不能成立的。

提示:美进口禁令明显背离了 GATT 第 11 条的规定。而援引一般例外也有 4 个基本条件:① 满足一般例外中列举的一种或多种例外;② 实施的措施能达到例外规定的目的;③ 实施的措施不得构成歧视和变相限制;④ 采取的措施是“必需的”。

5. 公平贸易原则

根据公平贸易原则(Rule of Fair Trade),进口成员方可采取措施来抵消倾销和出口补贴行为对本国造成的损害,因为倾销和出口补贴均是不公平的贸易手段。倾销与补贴都有可能对进口成员方的国内工业造成重大损害或产生重大威胁,或对某一国内工业的新建产生严重阻碍,进口成员方运用反倾销税和反补贴税措施可以抵制这种不公平贸易竞争行为(参见第二章)。为防止成员方滥用这一公平贸易原则,达到贸易保护的目的,世贸组织的《反倾销守则》和《补贴与反补贴协议》明确规定反倾销税或反补贴税的征收税额不得超过倾销幅度或补贴数额。

6. 豁免和紧急行动原则

豁免和紧急行动原则(Rule of Waiver and Emergency Action)是指当一成员方所享受的利益正在丧失或受到损害时,该成员方可按照世贸组织的规定暂停实施关税减让义务,也称作为合理保障原则。如当某种产品进口大量增加,国内同类工业受到严重损害或造成严重威胁时,进口国可以采取临时性的紧急行动,全部或部分地免除关税减让义务或实施数量限制,这一条又称“保障措施条款”。但一成员方采取豁免和紧急行动必须以所有成员方投票数的 2/3 多数通过为前提,而且,所有成员方投票数应达到全体成员方的半数以上。豁免和紧急行动一般应是临时性的、非歧视性的,采取措施前应书面通知秘书处,并与重大利害关系方进行磋商。

案例分析

豁免和紧急行动原则的运用

2001 年 4 月 23 日,日本政府决定对来自于中国的大葱、椎茸香菇以及编织日本“榻榻米”草席用的特别稻草启动临时保障措施,征收高额关税。因为根据日本发布的资料,2000 年日本的椎茸香菇进口量为 42 057 吨,比 1996 年的 24 394 吨增加了 72.4%;同期的大葱也由 1 504 吨增加至 37 375 吨,达 25 倍;草席材料也倍增至可制成 2 030 万张“榻榻米”的历史最高水平。由于日本对 3 种农产品的进口 80% 来自中国,中方以为日本在未经充分协商前提下动用此举有针对中国产品之嫌,但日本的做法是在世贸组织允许的范围内打了一个擦边球。

提示:表面上看,日本的这项决定符合世界贸易组织的规定,不存在歧视的做法。但考虑到涉案产品中有 80% 来自中国,这项决定事实上主要针对中国出口至日本的农产品,因此,日本的这一作法尽管是世界贸易组织所允许的,但却存在着世界贸易组织规则层面上的一视同仁和事实上的不平等的两面性。

7. 关税同盟和自由贸易区例外原则

关税同盟和自由贸易区例外原则(Rule of Exceptions of Customs Unions & Free Trade Areas)指的是世贸组织允许成员方之间建立关税同盟或自由贸易区,并将同盟或贸易区内的优惠安排作为最惠国待遇原则的例外。但关税同盟或自由贸易区的组建必须遵守世贸组织的原则:① 同盟或贸易区内的优惠不得导致对非成员国的贸易壁垒;② 影响贸易的关税和贸易法规不得高于或严于建立关税同盟或自由贸易区之前的水平。这一原则也表明,世贸组织对区域经济一体化在扩大贸易自由化方面的作用持肯定态度。

8. 磋商调解原则

磋商调解原则(Rule of Consultation and Mediation)是世贸组织针对成员方之间的贸易争端所确立的一种协调和解决机制,以争端调解机制最具代表性。根据这一机制,首先由争端当事双方进行协商解决,在协商未果时,可向世贸组织理事会提出书面申诉,理事会根据情况成立专家小组来处理。磋商调解原则所强调的是通过协商使双方自愿达成谅解协议并谋求相互之间的贸易利益平衡,而非简单地对任何一方进行制裁或惩罚。

9. 发展中成员方的特殊优惠待遇原则

发展中国家的特殊优惠待遇原则(Rule of Special and Differential Treatment Towards Developing Country Members)是指世贸组织赋予发展中国家成员方的一种差异性待遇条款。1979 年的东京回合对发展中国家的优惠待遇制定了新的原则,取代和补充了以临时性例外的形式对发展中国家提供优惠待遇,使发展中成员方的贸易优惠更加明确和合法化,这也称为“授权条款”。根据这一条款,发达成员方在以下几个方面对发展中成员方提供优惠:① 普惠制给予的优惠关税;② 在非关税措施方面的差别和优惠;③ 关税和非关税措施的区域性或全球性安排视为例外;④ 对最不发达成员方的特殊待遇。此外,在一些多边协议的具体条款中,还为发展中成员方明确了有关的差别待遇和优惠。

10. 透明度原则

透明度原则(Rule of Transparency)要求各成员方提前公布正在有效实施的有关关税、其他税费和有关进出口贸易措施的所有法令、条例和普遍采用的司法判例以及行业规定,使各国政府及贸易商熟知,成员方之间缔结的影响国际贸易的协定也须公布。透明度原则几乎涉及了世贸组织的所有领域,其目的是为了增强各成员方经济政策法规和经济管理行为的可预见性和相对稳定性,保持多边体系在开放、公平、有序的基础上发展。

三、WTO 的功能、运行机制及决策规则

(一) WTO 的三大功能

1. 制定和规范国际多边贸易规则

在 WTO 生效后,乌拉圭回合达成的多边贸易协议和协定成了 WTO 多边贸易体制的法律框架。WTO 制定和实施的一整套多边贸易规则涵盖面非常广泛,几乎涉及当今世界经济贸易的各个方面,从原先纯粹的货物贸易,到后来的服务贸易、与贸易有关的知识产权、投资措施,一直延伸到新一轮多边贸易谈判可能要讨论的一系列新议题。从 2001 年多哈会议《部长宣言》来看,关于非贸易争端尤其是农产品贸易分歧、投资、竞争规则、政府采购透明度和贸易简化以及反倾销条款的制定和实施都将列入新一轮多边贸易谈判作并进一步的商讨。

2. 组织多边贸易谈判

WTO 的前身 GATT 通过 8 轮回合的多边谈判,各成员方大幅度削减了关税和非关税壁垒,极大地促进了国际贸易的发展。WTO 生效后也在多边贸易谈判的组织方面进行了不懈的努力,1999 年,WTO 在美国西雅图准备发起"千年回合",但终因各方对谈判议题分歧过大而被迫放弃。尽管"西雅图风暴"卷走了"千年回合",但自多哈会议确定了拟将发动新一轮多边贸易谈判的方案以来,WTO 一直在积极为之筹划和努力。

3. 解决成员方之间的贸易争端

WTO 的争端解决机制统一了争端处理程序,设立了专门的争端强制管辖机构(DSB),规定了争端解决的时限,确立了新的否决一致原则,增设了上诉评审程序和上诉机构,在保障 WTO 各协议有效实施以及解决成员间贸易争端方面发挥着极为重要的作用。自 1995 年 1 月至 2010 年 7 月,WTO 共接受并处理了 411 件贸易争端案件。

以上 3 项主要功能为 WTO 的内部功能。此外,WTO 还拥有一项重要的外部功能,即与其他国际或区域性经济组织如国际货币基金组织、世界银行等加强联系和协作。

(二)WTO 的三大运行机制

1. 多边贸易谈判机制

WTO 不仅为各成员方提供了贸易谈判的场所,同时也明确了贸易谈判的规范。WTO 积极倡导以互惠互利作为多边贸易谈判的原则,市场准入的谈判主要围绕关税的减让和非关税措施的削减。其中,关税减让的谈判基于双边谈判多边适用、产品对产品和主要供应者利益几个基本原则,对市场准入谈判的结果通过各成员方的关税减让表和其他市场开放措施的承诺来约束;多边贸易规则的谈判主要立足于已有规则的修订完善以及将更多的领域纳入到多边体制下,并通过各成员方签署多边协议和贸易政策评审等方式来约束。

2. 贸易政策评审机制

对各成员方贸易政策的评审以其经济背景、发展需要、政策和目标以及外部环境为立足点和出发点,通过全面评审各方的贸易政策及其实施,使所有的成员都能获得每一方的贸易政策及其实施状况。同时,为了尽可能达到最大的透明度,要求各成员方在评审周期内经常性地递交报告,全面描述有关贸易政策和实施情况。鉴于贸易政策评审工作的广泛性、复杂性和繁重性,评审程序中采取了定期评审和临时评审相结合的制度。

3. 贸易争端调解机制

世贸组织确立的争端解决基本程序包括:① 协商:这是 WTO 积极建议的程序;② 斡旋、调停和调解:争端方在任何时候都可以提出这种要求;③ 专家小组程序:若无成员方一致反对,专家小组一经请求便可成立,专家组在调查、审理后形成评价报告;④ 上诉程序:这一程序为 WTO 的新增要求,上诉机构形成的上诉报告最终需经争端解决机构通过,通过的报告具有最终的法律约束力;⑤ 仲裁:这是一项非必需的附加程序,与一般的国际仲裁并无大的区别;⑥ 对执行争端机构的建议或裁决的监督:在上诉报告通过后,有关争端方应向争端解决机构通知其履行裁决的意愿;⑦ 制裁:即贸易补偿和报复。

(三)WTO 的主要组织机构简介

1. 部长会议

部长会议是世贸组织的最高权力机构,至少每两年举行一次。部长会议拥有立法权、准司法权、对某个成员方特定情况下的义务豁免、批准新成员方加入等广泛权力。

2. 总理事会

由全体成员代表组成的总理事会在部长会议休会期间代行部长会议职能。总理事会下设货物贸易理事会、服务贸易理事会、知识产权理事会,下设理事会可视情况自行拟订议事规则,经总理事会批准后执行。

3. 各专门委员会

部长会议下设专门委员会,以处理特定的贸易及其他有关事宜,包括贸易与发展委员会、国际收支限制委员会、预算财务与行政委员会、贸易与环境委员会等10多个专门委员会。

4. 秘书处与总干事

世贸组织成立由一位总干事领导下的秘书处,总部设在瑞士日内瓦,秘书处工作人员由总干事指派,并按部长会议通过的规则决定他们的职责和服务条件。总干事由部长会议选定,并明确其权力、职责、服务条件及任期规则。

(四) WTO的议事决策规则

(1) 意思一致规则。当有关机构就提交的事项需要作出决定时,如果出席会议的成员方并未正式提出反对意见,则表明该机构已在意思一致的基础上作出了决定。意思一致规则适用的情形包括(特殊规定除外):① 对世贸组织协定以及多边贸易协定的修改;② 对某一成员方在WTO协定附件1各协定及附加协定中规定的义务豁免;③ 对争端解决程序规则谅解协定的修改;④ 争端解决机构依据谅解协定作决定;⑤ WTO多边协定的附加协定即复边协定的增加;⑥ 对国际奶制品和牛肉理事会协议的决定。

(2) 简单多数规则。鉴于意思一致原则在各方意见不一的情况下会严重阻碍WTO作出决定,WTO协定还规定:"若某一决定无法取得意思一致时,则由投票决定。在部长会议和总理事会上,WTO的每一成员方拥有一票投票权……决定应以多数表决通过。"

(3) 三分之二多数通过规则。当WTO的决定不能以意思一致和简单多数通过时,就必须采用三分之二多数通过的办法。该规则适用的情形包括:① 对《多边货物贸易协定》和《与贸易有关的知识产权协定》的修改建议;② 对《服务贸易总协定》1~3部分及其附件的修改建议;③ 将某些对WTO协定和多边贸易协定的修改递交成员方接受的决定;④ 成员方加入WTO;⑤WTO财务规则和年度预算。

(4) 四分之三多数通过规则。当WTO对某些涉及成员方利益或重大事项作出决定时,必须以四分之三的多数通过。这一规则适用的情形包括:① 条文解释;② 协定修改;③ 豁免义务。

(5) 所有成员方接受规则。按照这一规则,WTO所作出的决定必须在所有成员方普遍接受的前提下方为有效,只要任何一方拒绝接受,决定便不能作出。这一规则适用的情形包括:① 对WTO协定第9条关于决策制度的修改;② 对GATT1994最惠国待遇和关税减让的规定;③ 对服务贸易总协定最惠国待遇条款的修改;④ 对《与贸易有关的知识产权保护协定(TRIPS)》关于最惠国待遇条款的规定。

(6) 反向一致规则。这一规则是为了防止少数成员方阻挠WTO作出决定而确立的一项新规则,即在所有成员方并未一致反对的情况下,WTO便可作出决定。该规则的运用主要体现在《贸易争端处理规则和程序的谅解协定》第6条第1款、第16条第4款、第22条的规定之中。

阅读与思考

WTO 前景展望

与 GATT 相比,WTO 多边贸易体制的作用正在不断扩大和加强。WTO 生效后随即开始一系列积极的行动:落实乌拉圭回合谈判达成的协议内容;就一些框架协定继续谈判并达成协议;举行高级会议帮助解决 49 个最不发达国家(其中 30 个为 WTO 成员)贸易发展问题;促进发展中成员方的贸易发展;加大 WTO 成员方的参与权;积极推动更多的国家和地区融入多边贸易体制;加快解决成员方之间的贸易争端,积极启动新一轮多边贸易谈判;等等。所有这些事实表明,WTO 正在不断努力扩大范围、完善体制、强化作用,它必将成为未来国际经贸发展过程中一支最为重要的驱动力量。

然而,WTO 多边贸易体制也面临着诸多严峻挑战,突出地表现在:① WTO 在实施乌拉圭回合所达成的贸易协议与协定时出现了不平衡。发达成员方对发展中成员方贸易利益密切的协议(如纺织品和服装协议)采取拖延的态度,关税仍然过高、取消进口配额进展太慢;而对自身感兴趣领域的自由化则超前实施。② 法律平等与事实上平等存在反差。发展中成员方因经贸实力甚微而享受权利不够,WTO 中 27 个发达成员方是世界贸易的主要对象,WTO 决策权仍掌握在他们手里,在一定程度上左右 WTO 谈判的议题与进程。③ 区域主义的加强或经贸集团的涌现对多边贸易体制构成严重的挑战。现存并运行的优惠性地区协议中,四分之三以上是在最近几年中生效的,这些协议在促进内部经贸自由化的同时,有可能将多边贸易体制中的贸易谈判变成地区经贸集团之间的谈判,因此,二者之间的关系有待于进一步协调和理顺。④ 经济全球化过程中出现的问题对多边贸易体制的发展构成了潜在性的威胁。经济全球化过程中的不平衡发展正在加剧,多边贸易体制下的规则与 WTO 各成员方自身的经济政策之间也存在一定的隔阂和冲突,一些非政府组织的影响也在不断加大,这些都会对 WTO 的发展带来一定的影响和冲击。⑤ 国际经贸领域中出现的新现象和新问题也困扰着多边贸易体制。电子商务是否征收关税及其规范,WTO 成员方环保的管理,WTO 成员内部的竞争政策,基因转换农产品的自由化,多边投资自由化,贸易便利等问题,它们将会影响到 WTO 多边贸易体制的进一步发展。⑥ 各成员方在自由化范围、措施等方面还存在很大分歧。在 WTO 多边贸易体系中,制造业的产品贸易规则已取得很大进展,但在农产品贸易方面没有取得什么实质性进展,而且事实表明这是一个非常棘手和困难的过程。服务贸易虽已确立了自由化的基本框架,但由于服务贸易领域比货物贸易领域要广泛得多,性质差异也更大,WTO 体制和 GATS 对服务贸易全面协调的难度可想而知,服务贸易迈向自由化的道路必将比货物贸易自由化的道路更加漫长。

四、WTO 与中国

(一) 中国"复关"与"入世"回顾

1947 年 4 月到 10 月,应联合国经济与社会理事会的邀请,中国派代表团参加了在日内瓦举行的国际贸易与就业会议筹备委员会第二次会议,并参与了期间的多边关税减让谈判。1948 年 4 月 21 日,中国签署了《关贸总协定临时适用议定书》,从 1948 年 5 月 21 日起,中国成为关贸总协定的原始缔约国,但由于 1950 年 5 月 5 日台湾地区国民党政府退出,从此就失去了与关贸总协定的联系。1971 年 10 月,中国恢复了在联合国的合法席位,成为联合国贸易与发展会议和总协定下属机构"国际贸易中心"的成员,开始恢复与关贸总协定的接触和联系,并于 1986 年 7 月 11 日启动了"复关"的征程。自 1991 年 1 月之后,中国为"复关"

作了许多积极的行动和重大努力。但由于美国和欧共体等主要缔约方坚持无理要价,从而使中国坚持在1994年内结束实质性谈判的目标无法实现。

1995年1月1日世界贸易组织取代了关贸总协定,中国的“复关”也变成了“入世”。1995年7月11日,中国政府正式向世贸组织提出“加入”申请。此后,相继与WTO的一些成员方展开了双边会谈并达成了“入世”的双边协议。2001年9月17日下午,世贸组织中国工作组第18次会议在日内瓦世贸组织总部举行,通过了中国加入WTO的所有法律文件,表明中国入世的谈判全部结束。2001年11月在卡塔尔首都多哈举行的世贸组织第4次部长会议上通过表决接纳中国为世贸组织正式成员。至此,长达15年的“复关”“入世”的艰辛路途终告结束。

(二)中国“入世”的主要承诺

1. 非关税壁垒:2005年取消进口许可证要求及招标要求,所有的进口配额在2005年以前逐步被取消。

2. 关税减让:到2004年,工业产品的平均关税降至8.9%,农业产品的平均关税降至15%,农产品进口和销售无须通过国有企业和中介机构,中国国内农业补贴上限为8.5%。取消对大麦、大豆、油菜籽、花生油、葵花籽油、玉米油和棉花籽油的进口关税配额体制。最迟于2005年取消信息技术产品关税。

3. 贸易权:入世后的第1年,外资占少数股权的合资企业全部获得进出口权;在加入WTO后头两年内进一步扩展至外资占多数股权的合资企业;入世后3年内,所有中国境内企业都能获得贸易权。

4. 流通领域:入世两年内允许外资在合资批发公司内拥有多数所有权,地域或数量限制也不复存在。除了图书、报纸、杂志、药品、杀虫剂和农用薄膜商品的分销在3年内放开,化肥、成品油和原油的分销在5年之内放开之外,合资企业在1年之内可分销一切进口产品及国内生产的产品。外国投资的企业可以分销其在中国生产的产品,并针对其分销的产品提供包括售后服务在内的相关配套服务。所有的省会以及重庆市、宁波市在2年内向合资零售企业开放,3年之内取消地域、数量限制和企业股权比例的限制。除了药品、杀虫剂、农用薄膜和成品油的零售在3年后放开、化肥在5年后放开之外,所有产品的零售(除了图书、报纸和杂志)在入世后1年内放开。

5. 特许经营:入世3年后无限制。

6. 交通运输仓储:对于公路运输,分别在入世1年和3年后允许外资占合资企业多数股份和全资拥有子公司;对于铁路运输,分别在3年和6年后允许外资占合资企业多数股份和全资拥有子公司。仓储分别在入世1年和3年后允许外资占合资企业多数股份和全资拥有子公司。货运代理分别在1年和4年后允许外资占合资企业多数股份和全资拥有子公司,合资企业经营1年以后可以建立分支机构,外资货运代理公司在其第一家合资公司经营满5年后可以建立第二家合资公司。入世两年后,此项时间要求被减至两年。允许外资开展国际海上货运和客运业务(如航班、散货和不定航线货船),外资占少数的合资企业还可以中国国旗作为国籍旗进行经营注册。

7. 邮递服务:允许外资占合资企业多数股份和全资拥有的子公司分别在入世1年和4年之后涉足国内一种或多种运输方式的邮递服务,但邮政部门专营的服务除外。

8. 通信和互联网:在增值服务(含互联网服务)与寻呼业务方面,入世后,上海、广州及北京允许合资企业中外资占30%股权，入世后1年内推广至成都、重庆、大连、福州、杭州、南京、宁波、青岛、沈阳、深圳、厦门、西安、太原、武汉（以下称"其他城市"），外资所占股份可增至49%；入世2年内取消地域限制，外资所占股份可增至50%。在移动话音与数据业务方面，入世后外资占少数（25%）股权的合资企业可以在上海、广州、北京及这些城市之间开展业务；入世后1年内推广至"其他城市"，外资所占股份可增至35%；入世3年后，外资可占49%；入世5年后取消地域限制。在国内与国际业务方面，入世3年内外资占少数（25%）的合资企业可以在上海、广州、北京及其之间提供服务；入世5年内推广至"其他城市"，外资所占股份可增至35%；入世后6年内取消地域限制，外资可占49%。

9. 银行金融：所有地域与客户限制将于入世后5年内取消，只根据审慎标准颁发许可证，取消一切现有的限制外国银行所有权、经营及法律形式的非审慎措施，包括有关内部分支机构和许可证的限制；开放金融租赁业务和汽车信贷业务；入世后取消外汇业务的地域及客户限制。入世时，人民币业务仅限于上海、深圳、大连、天津，1年内推广至广州、珠海、青岛、南京和武汉，2年内推广至济南、福州、成都和重庆，3年内推广至昆明、北京和厦门，4年内推广至汕头、宁波、沈阳和西安；入世5年内取消地域限制，入世2年内外资银行可以对国内公司开展人民币业务，5年内外国银行可以为国内个人客户开展人民币业务。

10. 保险：入世时，外国保险公司可以在上海、广州、大连、深圳和佛山开展业务，2年内扩展到北京、成都、重庆、福州、苏州、厦门、宁波、沈阳、武汉和天津，3年内取消地域限制；入世后允许成立外资占51%的非寿险公司分支机构或合资公司，2年内允许建立独资子公司；入世后外资可以占寿险合资公司50%的股份；入世后，作为分支机构、合资公司或外国独资子公司的外资保险公司可为人寿保险和非人寿保险提供再保险服务，而不受地域或数量的限制；入世后4年内逐步取消中国保险公司再保险20%的要求。

11. 证券：入世3年内，外资证券公司可以建立合资公司（外资占1/3），承销A股、承销并交易B股和H股以及政府与公司债券；入世后外资证券公司还可以直接跨国界交易B股。

12. 资产管理：入世后外资占少数股权（33%）的合资企业可以从事国内证券投资基金管理业务；入世后3年内外资股权上限可提高至49%。

13. 专业服务：在法律服务方面，入世1年内取消外资律师事务所经营地域与数量上的限制。在会计服务方面，入世后通过中国注册会计师资格考试的外国人可获得国民待遇，即可以合伙或合并成立会计师事务所，已有的合资公司不只限于雇佣持有中国注册会计师证的会计师。

14. 企业服务：在管理咨询方面，入世后允许外方在合资公司中占多数股权，6年内允许建立全资子公司。在广告服务方面，分别在2年后和4年后允许在合资公司中占多数股权及建立全资子公司。在音像方面，每年引进20部大片，收入分成，允许通过合资公司的形式发行音像视像产品（不包括电影），电影院继续允许外方最多占49%股权。建筑业方面，入世后允许外资在合资企业中占多数股权，3年内允许成立外国独资企业。旅游业方面，入世后外资可在饭店经营上占多数股权，4年内准入不受限制，且可有外资独资。入世3年内允许外资在旅行社合资企业中占多数股权，6年内允许成立外国独资企业，并取消地域限制和对成立分支机构的限制。在教育方面，外资占多数股权的合资学校可以提供小学、初中、高中、成人教育及其他教育服务。

阅读与思考

入世带给中国影响的评估

对于入世产生的"双刃型"影响,可以从多个方面去进行分析判断,其中包括:

1. 入世与中国经济增长。国际投资银行的一份报告说,入世后的中国在2005年以前GDP可多增长0.5%。另有中国国务院发展研究中心李善同等人的研究认为,从1998年到2010年,加入WTO后使中国GDP平均增长率提高约一个百分点。入世还有利于经济增长方式的转变,增加技术进步、管理、制度创新对经济发展的贡献率。

2. 入世与中国对外经贸关系。中国和美国、欧盟之间多次因经济问题政治化而影响了正常贸易,入世后的中国只要没有违反世贸组织的义务,就不会改变与任何成员的经贸条件,不管政治上有没有争吵。对于经贸领域的摩擦,也可以求助于贸易争端解决机制。而且,中国也可以通过自己的发言权和表决权,对世界贸易进程产生影响,表达发展中成员方的愿望和要求。

3. 入世与国内就业。入世给出口和进口同时提供了机遇,因此必然带来中国就业结构的变化。尽管入世后的关税降低也有一个过渡期,但降幅较为可观,故以关税来抑制进口、保护国内产业是极其有限的,由此,就业形势也不容乐观,不过也未必是失业人口持续扩大的那种情形。事实上,随着科学技术的飞速发展,工业自动化程度的不断提高,失业问题早已经是一个全球性的问题。

4. 入世与国内产业发展。入世后的中国产品能够更广泛地参与世界市场的竞争,国内企业也可以在更广阔的市场上寻找到更多的发展机会。但就具体的产业而言,面临的处境还存在较为明显的差距,其中受影响最大的将是农业、汽车业、电信业以及半导体、电脑、电脑产品、电信设备等信息技术产业,此外,以往那些严重重复建设的行业和企业在市场开放后将会受到市场竞争机制的挑战,有一部分企业将面临资产重组和破产的危险。

5. 入世与公平竞争。WTO是人类"开放促进进步""公平竞争""自由贸易""权利与义务平衡"等思想的组织化和制度化,尽管目前确实存在着强国、大国有着更大发言权的问题,但总的来说,WTO规则所反映的是公平、有序竞争的理念。入世不仅促进了垄断的进一步打破和放权经营范围的进一步扩大,而且WTO这种公平、有序竞争的观念将一定会从国际贸易领域延伸到其他经济活动和社会领域中,为中国各项事业的发展带来活力。

第二节　区域经济一体化

自20世纪五六十年代开始,区域经济一体化组织的出现和深入发展成为世界经济全球化的重要体现。尤其是20世纪80年代中期以后,区域经济一体化日益高涨,越来越为人们所关注。区域经济一体化的发展并不是一种偶然现象,究其原因,主要是社会生产力发展和各国间国际分工日益加深、世界经济发展不平衡的加剧以及国家加强对经济生活的干预所致。

一、区域经济一体化形式

区域经济一体化(Regional Economic Integration)是指两个或两个以上的国家(地区)之间通过订立协议实行某种形式的经济联合,或组成的区域性经济组织。在一般情况下,参与区域经济一体化的国家和地区地理位置和经济发展水平都比较接近，常常建有超国家（地区）的决策和管理机构，实施某种共同的政策措施或行为准则，拥有共同或相近的目标。区域经济一体化可以划分成以下几种形式。

（一）按贸易壁垒取消程度的高低划分

1. 优惠贸易安排（Preferential Trade Arrangement）。这是区域经济一体化的最低级和最松散的形式，它是指成员方之间通过协定或其他的形式对全部商品或部分商品实施较为优惠的关税。如1932年建立的英帝国特惠制。

2. 自由贸易区（Free Trade Area）。由签订自由贸易协定的国家和地区组成的贸易区。区内的各成员方之间取消了关税和非关税壁垒，各成员方的商品可以在区域内完全自由流动，但各个成员方依旧保持着独立的对区外非成员方的贸易壁垒。如1960年成立的欧洲自由贸易联盟和1994年1月1日建成的北美自由贸易区等。

3. 关税同盟（Customs Union）。指成员方之间完全取消关税和其他贸易壁垒，并对非成员方实行统一的关税税率而缔结的同盟。即在自由贸易区的基础上统一了成员方对同盟外国家的关税政策。如东非共同市场。

4. 共同市场（Common Market）。指成员方之间完全取消贸易壁垒，对非成员方实施统一的关税政策，而且成员方之间的生产要素可以完全自由流动，即在关税同盟基础上实现了生产要素的自由流动。如欧洲经济共同体在1970年时已接近共同市场。

5. 经济同盟（Economic Union）。指成员方之间商品和生产要素完全自由流动，统一了对外关税政策，制定和执行一些共同的经济、社会政策，并形成一个庞大的超国家的经济实体。如1991年已解散的经济互助委员会。

6. 完全经济一体化（Complete Economic Integration）。这是一种区域经济一体化的最高级形式。成员方在经济、金融、财政政策上已经实现完全统一化。如1993年11月1日之后的欧洲联盟。

上述区域经济一体化的6种形式，也可以看成是一体化发展的6个阶段，但并非一定要按序经过这6个阶段的发展。

（二）按成员国经济发展水平的差异划分

1. 水平一体化（Horizontal Integration）。又称横向一体化，由经济发展水平相同或相近的国家和地区组成。实践中，这一形式较为多见。如东扩前的欧洲联盟、东盟自由贸易区等。

2. 垂直一体化（Vertical Integration）。又称纵向一体化，由经济发展水平不同的国家和地区组成。如北美自由贸易区。

（三）按一体化范围的大小划分

1. 部门一体化（Sectional Integration）。由成员国一种或几种产业（或商品）组成的一体化。如欧洲煤钢共同体、欧洲原子能共同体。

2. 全面一体化（Overall Integration）。对成员国的所有经济部门加以一体化。如欧洲联盟和1991年解散的经济互助委员会。

二、区域经济一体化理论

关税同盟是区域经济一体化的典型形式，因此有关区域经济一体化的理论源于关税同盟理论,也以关税同盟理论最具代表性。这一理论由美国经济学家雅各布·维纳在1950年出版的《关税同盟问题》一书中提出,重点阐述了在经济资源总量不变、技术条件没有改进的情况下,关税同盟对集团内外国家经济发展以及物质福利的影响。之后,英国经济学家李普西在《关税同盟理论的综合考察》一文中引用例子对关税同盟效应作了具体的分析说明。关税同盟理论着重分析了一体化所引发的静态效应和动态效应。此外,区域经济一体化的代表性理论还包括由西托夫斯基和德纽提出的大市场理论、小岛清提出的协议分工理论等。

(一) 关税同盟的静态效应

维纳和李普西在关税同盟理论中所进行的一体化静态效应分析,具体包括贸易创造效应与贸易转向效应两个方面。

1. 贸易创造效应(Trade Creation Effect),是指关税同盟内部取消关税,产品生产转向同盟内最有效率的供应者所产生的经济福利。

例如:假定汇率既定,甲、乙、丙三国均生产X商品,提供价格分别为35,26,20美元。关税同盟组建以前,甲、乙两国对外关税率分别为100%和40%,这样,作为提供价格最低的丙国,X商品进入到甲、乙两国市场的税后价格分别为40美元和28美元,均高出甲、乙两国自身的提供价格;而乙国X商品进入到甲国市场的税后价格为52美元,也高出甲国自身的提供价格。显然,三国间不可能产生X商品的贸易。甲乙两国间组建关税同盟后(设对外统一的关税率为100%),丙国面临的情形不变,乙国X商品进入到甲国市场价格为26美元,低于甲国自身的提供价格,甲、乙两国间X商品的贸易也就被创造出来。贸易后,甲、乙两国的福利水平都得到了提高,而丙国并无利益也无损害。

2. 贸易转向效应(Trade Diversion Effect),是指由于关税同盟对外设置统一的关税壁垒,一些成员国(地区)的消费者无法购买到非成员国(地区)生产的更为廉价的商品,而只能转向同盟内的价格较高的成员国(地区)商品及由此产生的经济损失。

例如:沿用贸易创造效应分析时的汇率和三国X商品提供价格假定,另设关税同盟组建前甲乙两国对外关税率分别为20%和40%。这样,甲国不会生产X商品,而是从世界上生产效率最高、提供价格最低的丙国进口(进口的税后价格为24美元)。当甲乙两国建立关税同盟后(设对外统一的关税率为40%),这时甲国从乙国进口X商品的价格为26美元,低于从丙国进口时的28美元,甲丙两国间的贸易也就转变成为甲乙两国间的贸易。贸易发生转向后,整个世界的经济福利水平随之降低。

以上两种效应的比较及其结果决定了关税同盟最终的福利水平变化,贸易创造效应占主导的关税同盟为成员国带来净福利水平的提高,相反,贸易转向效应较为突出的关税同盟会造成成员国净福利的下降。此外,基于两种基本效应的产生,还会进一步引发贸易扩大、减少海关行政支出、抑制走私和提高谈判能力等效应。

(二) 关税同盟的动态效应

1. 规模经济效应。建立关税同盟可使成员国市场融合于一体,实现自由市场规模和产品生产规模的扩大,使产品成本趋于下降,获得规模经济的利益,包括内部规模经济利益和外部规模经济利益。

2. 竞争增强效应。关税同盟的建立摧毁了原来各国保护市场的盾牌,有力地促进了市场竞争,使成员方的生产专业化程度提高,资源配置更趋合理,配置效率提高。但也有些学者认为,由于区域经济一体化发展易于企业获取生产的规模经济,从而有可能产生独占,导致效率和福利下降。

3. 投资刺激效应。关税同盟的组建不仅实现了市场规模的扩大，而且风险与不稳定性大大降低，从而增强了对外来投资的诱惑；而成员方企业为了提高竞争能力也会主动增加投资，改进产品质量，降低生产成本；非成员方企业为绕过贸易壁垒也会积极对一体化市场进行投资。但也有一些学者认为，受贸易创造效应影响的产业会出现投资减少，且外部资本进入也会减少成员方投资机会。

4. 生产要素自由流动的经济效应。关税同盟的建立推动了区域内商品和要素的自由流动，驱动资本和劳动力等要素流向边际生产力较高的地区和领域，使生产要素配置更加合理，要素利用率提高，降低了要素闲置的可能性，有利于产量和效益的提高。

5. 加速经济增长效应。这是由上述 4 种效应汇聚成的一种综合经济效应，即区域经济一体化促进了商品和生产要素的自由流动，刺激了投资增加，更加激烈的竞争驱使企业追求规模经济和致力于更多的创新活动，从而促进区域内各成员方的经济加速成长。

三、区域经济一体化迅速发展的原因

自二战以来，随着合作与发展成为当今世界的主流，世界各国、各地区之间的相互依存、相互融合、相互影响愈加突出，区域经济合作也出现了良好的发展势头。尤其自 20 世纪 90 年代之后，区域经济一体化步伐进一步加快，主要表现在：区域经济一体化内容广泛深入，形式与机制灵活多样，跨洲、跨区域经济合作的兴起和发展。究其原因，主要有以下几个方面：

1. 社会生产力的高度发展

第三次科技革命推动了生产力的极大提高，生产的国际化专业分工与协作日益加强，使世界各国之间的经济联系更为密切，相互依存日渐加深，从而促动了相关国家致力于经济一体化安排的构想与实施。同时，科技革命的迅速发展也使新技术和新产品的研发设计需要通过跨国性的集体力量来完成。可见，经济生活的国际化就成为世界各国趋向联合、走向经济一体化的客观基础。

2. 贸易保护主义的伺机盛行

二次大战以来，全球经济发展的不平衡导致贸易自由化与贸易保护主义矛盾的不断加剧，贸易保护主义伺机发难。而区域经济一体化的形成可以促使区域内部自由贸易程度的提高，使各成员国都能充分发挥其自身比较优势，促进资源合理配置，实现各国经济增长。从这一角度看，区域经济一体化也是各国规避贸易保护主义危害的一种选择。

3. 经济联合下的竞争力提升

随着经济全球化的迅速发展，国家之间的竞争越来越激烈，一些国家和地区通过紧密联合，构成一个更为庞大的经济体，以此来提高参与全球竞争的力量。因此，建立区域经济一体化就是实现经济总量扩大，实现在全球经济中处于更有利地位的重要行动方略。

4. 地理位置相邻的便利

交通和通讯的日益发达可使"经济距离"超越"地理距离"，但是地理位置相邻，可节省交易成本，容易开展国与国之间商品、服务、资本、人员交流，并有助于确立和扩大共同的政治和经济利益。此外，地理位置相邻基于相似或相同的文化和共同的宗教影响，也有利于区域经济一体化的深入发展。

5. WTO 前行中的困难

虽然世贸组织是推动贸易自由化和经济全球化的主要力量，但由于自身庞大，运作程序复杂，“一揽子接受”方式下所有成员达成共识和消除矛盾并非易事，多边贸易谈判前景也具有不可预测性，所有这些都为区域经济一体化提供了发展空间与机遇，也为参与全球竞争增加了一种选择。

除了上述经济方面的原因外，谋求政治修好，缓解矛盾冲突，稳定地区局势，推动国内体制改革，寻求区域层面的政治保护，传播主体政治价值理念等是推动区域经济一体化快速发展的政治原因。

四、区域经济一体化实践

经过 20 世纪八九十年代以来的发展，当前区域经济一体化趋势呈现出以下特点：欧盟等已有的一体化组织正在吸收更多的成员国，不断扩展一体化规模，范围更趋广泛，目标更高；美国、加拿大通过发展区域经济一体化，实现了工业发达国家与发展中国家之间市场一体化的融合；发展中国家之间的区域经济一体化正在迸发新的活力，并逐步从内向型战略向外向型战略转变。

（一）欧洲联盟一体化进程

欧洲联盟（European Union，简称欧盟）是目前世界上最大的区域经济一体化组织，同时也是生产国际化、经济贸易一体化程度最高的一体化组织。它的前身是欧洲共同体（European Community，缩写为 EC，简称欧共体），而欧洲共同体是 1965 年 4 月由法国、联邦德国、意大利、比利时、荷兰、卢森堡 6 个国家通过签订《布鲁塞尔条约》，将原来的欧洲煤钢共同体、欧洲经济共同体和欧洲原子能共同体合并而来的，并于 1967 年 7 月 1 日正式生效。之后，又有英国、爱尔兰、丹麦、希腊、葡萄牙、西班牙 6 个国家相继加入，欧洲共同体的成员国达到 12 个。欧共体总部设在布鲁塞尔，它是西欧国家间的区域性经济一体化组织。

1. 欧洲共同体的经济一体化进程

欧共体经济一体化进程分以下几个步骤：① 建立关税同盟，取消内部关税。从 1959 年 1 月 1 日起分 3 个阶段减税，1970 年 1 月 1 日完成。② 实施共同农业政策。实行统一的农业产品价格管理制度，确保价格的波动在“目标价格”和“干预价格”之间；实施农产品进口的差价关税和出口补贴制度；设立“欧洲农业指导和保证基金”，促进农业的机械化和现代化。③ 建立欧洲货币体系。1979 年 3 月正式成立货币联盟，即设立欧洲货币单位（European Currency Unit，ECU），实行固定汇率并对外联合浮动，建立欧洲货币基金，向成员国提供中短期贷款，并以此来干预外汇市场、调节汇率和国际收支。④ 1991 年 10 月 22 日通过签订“洛美协定”与欧洲自由贸易联盟国家达成了建立欧洲经济区的协议。⑤ 欧共体统一内部大市场的建立。1985 年 6 月由欧洲经济共同体委员会提出了建立统一内部大市场的目标，1987 年 7 月《欧洲一体化文件》生效，以推动统一内部大市场，实现商品、人员、劳务和资本的自由流动。1993 年 1 月 1 日起，内部大市场正式运行。

2. 欧洲联盟的一体化进程

1992 年 2 月 7 日，欧共体 12 国政府代表签署《欧洲联盟条约》，并于 1993 年 11 月 1 日正式生效，从而为建立欧洲经济与货币联盟确定了时间表和步骤。1995 年 1 月 1 日，芬兰、瑞典、奥地利 3 国正式加入欧洲联盟，使成员国扩大为 15 个。1999 年 1 月 1 日，划时代的欧洲单一货币即欧元(EURO)诞生,并于2002年正式流通,除英国、瑞典、丹麦尚未接受外,欧盟12国形成使用单一货币的欧元区。

之后,欧盟继续寻求一体化规模的扩大和程度的提升。一方面致力于一体化内容的进一步深入,如改革农业方案、实行统一的医疗卡等,同时进一步扩大一体化的范围。在2000年的尼斯会议上正式决定实施欧盟的东扩计划,2001年选择了第一批加入欧盟的国家。经过几年的艰苦谈判,自2004年5月1日起,爱沙尼亚、拉脱维亚、立陶宛、波兰、匈牙利、捷克、斯洛伐克、斯洛文尼亚、塞浦路斯和马耳他10国正式加入欧盟。2007年1月1日,罗马尼亚和保加利亚正式成为欧盟成员国。这是欧盟历史上第6次扩大。欧盟目前已成为一个拥有27个成员国、人口超过4.8亿的大型区域一体化组织。

欧盟是目前世界上一体化程度最高的一个区域集团,但政治方面的一体化进程仍明显滞后于经济领域。它的目标是朝着类似于欧洲合众国形式的方向发展,即从单一经济一体化组织走向包括政治、外交、防务等多方面联合的国家联合体。

(二)北美自由贸易区一体化进程

北美自由贸易区(North American Free Trade Area,NAFTA)是在原美加自由贸易区(US-Canada Free Trade Area)基础上延伸和发展而来的,是由发达国家和发展中国家组成垂直一体化组织形式的典型代表,也是南北合作的一种新尝试。

1. 美加自由贸易区

1988年2月,美国和加拿大政府签署了《美加自由贸易协定》,并于1989年1月1日生效。为消除区内商品贸易、服务贸易和投资、商业、旅行方面的一切障碍,协调政府和私人企业的行为准则,《美加自由贸易协定》涉及了关税减免、非关税壁垒、原产地规则、农产品贸易、能源、倾销与补贴、政府采购、劳务、金融、投资、知识产权以及纠纷的解决等一系列问题。其中的核心内容是从1989年起到1998年的10年内,对3类不同的征税商品分期削减关税,到1998年全部取消。

2. 北美自由贸易区

1992年8月12日,美国、加拿大、墨西哥三国政府代表签订了《北美自由贸易协定》,并于1994年1月1日生效,北美自由贸易区同期宣告成立。与《美加自由贸易协定》相比,内容基本类似,但要求更为严格,并就如何解决反倾销手续等问题对《美加自由贸易协定》作了修改。其核心内容包括:三国在15年内分阶段逐步取消9 000多种商品的关税和非关税壁垒,取消进口配额和进口许可证;开放墨西哥的电讯、金融和保险业,允许美国和加拿大企业进入竞争和投资,包括建立独资子公司,对北美地区的金融公司实施国民待遇;确立更为严格的原产地规则、保护知识产权的规定以及有关劳工和环境保护问题的补充规定等。

与欧盟一体化进程相比,北美自由贸易区的一体化进程显得步伐较小、程度较低。不过,美国也在积极地实施其南进战略,授权美国总统与拉美一些国家进行谈判。但这些拉美国家始终存在着矛盾的态度,有热情但也有戒心,并且在建立美洲自由贸易区时间表及其进程中所采取的方式等方面还存在分歧,南方共同市场内部一些国家的金融困境和经济动荡也成为美洲自由贸易区前行的重大障碍。

(三)亚太经济合作组织的一体化进程

继欧洲、北美地区先后启动经济一体化之后,加强亚太地区各国经济合作问题变得更为迫切。经与有关国家磋商,1989年11月5日至7日,澳大利亚、美国、加拿大、日本、韩国、新西兰和东盟6国在澳大利亚首都堪培拉举行亚太经济合作会议首届部长级会议，这标志着亚太经济合作会议机制得以正式确立。1993年6月更名为亚太经济合作组织（Asia-Pacific Economic Cooperation，APEC），简称亚太经合组织，是亚太地区的一个主要经济合作组织，其基本宗旨是加强经济合作、促进共同繁荣。目前，该组织已拥有环太平洋地区的21个成员国和地区：澳大利亚、文莱、加拿大、智利、中国、中国香港、印度尼西亚、日本、韩国、墨西哥、马来西亚、新西兰、巴布亚新几内亚、秘鲁、菲律宾、俄罗斯、新加坡、中国台湾、泰国、美国和越南，它们分布在美洲、亚洲和大洋洲，成员国贸易额约占了世界的一半。亚太经济合作圈内水平分工和垂直分工相互交叉，有着很强的互补性。同时，21个成员国和地区间的差异性非常明显。它们的历史、文化、宗教不同，政治和经济制度以及价值观各异，特别是经济体制、经济发展水平、贸易和投资自由化程度差别很大，而且有的成员又分别属于亚太地区的不同次区域贸易集团。

自1989年起，亚太经合组织每年举行一次由各成员国外交和经贸部长参加的年会。1991年11月韩国汉城举行的APEC第3届部长级会议通过了《汉城宣言》，正式确定了APEC的宗旨和目标，即相互依存、共同受益、坚持开放性多边贸易体制和减少区域内贸易壁垒。而1993年APEC西雅图首次领导人非正式会议标志着亚太经济合作进入行动阶段，并基本确立了开放、渐进、自愿、协商、发展、互利与共同利益行动方针。领导人非正式会议机制也由此正式确立，每年召开一次，在各成员间轮流举行。1994年在印度尼西亚茂物举行第2次领导人非正式会议，制定了未来10～15年区域贸易自由化的时间表。1995年在日本大阪举行第3次领导人非正式会议，将经济技术合作与贸易投资自由化摆到了同等地位。1996年在菲律宾苏比克湾举行的第4次领导人非正式会议更是确定了各成员实现可持续性和均衡性发展的义务，制定了成员单边和集体行动计划。此后，亚太经合组织继续发挥其论坛作用，每次会议都重申以开放的区域主义信念来实现贸易投资自由化，且不断地协调并继续改进和完善单边行动计划和集体行动计划，鼓励各成员采取具体的措施落实《大阪行动计划》提出的各项措施，争取在更多的领域消除贸易的关税和非关税壁垒，建立更加开放、透明和稳定的投资环境，加快推进贸易投资自由化的进程。此外，亚太经合组织还积极拓展合作范围，在维护地区金融稳定，加强人力资源开发、卫生协作、联合反恐、中小企业技术合作，电子商务条件下的关税征收等诸多方面达成共识，并于2005年对茂物会议以来的全面进展情况进行中期评审。2006年11月，亚太经合组织第18届部长级会议在越南河内举行，来自21个成员的部长级官员就贸易、安全等问题进行了讨论，并就推动世界贸易组织多哈回合谈判、削减农业补贴等作出承诺，但没能就亚太自由贸易区计划达成具体协议。2008年5月31日至6月1日，APEC贸易部长会议在秘鲁南部阿雷基帕举行，会议发表的联合声明突出了进一步研究亚太区域自由贸易区（FTAAP）可行性的重要性。2009年11月第21次部长级会议上重申努力推动经济可持续和包容性增长以及致力于加快区域经济一体化进程。2011年11月第19次APEC领导人非正式会议上，围绕加快转变经济发展方式，各方就提高经济增长质量、努力推动经济平衡、包容、可持续、创新、安全增长以及实现亚太地区经济长期平稳较快发展与社会和谐稳定等方面达成了共识。

就总体而言，APEC成立之初是一个一般性的区域经济论坛和磋商机构，经过20多年的发展，已逐渐演变为亚太地区最高级别的政府间经济合作机制、联系太平洋两岸的重要纽带和各成员开展合作的舞台。目前，亚太经合组织21个成员拥有全球40%左右的人口，GDP

总值约占全球的54%,对外贸易总额占世界贸易的53%,成为当今世界上最重要的区域经济组织之一。由于现有成员的特殊性和差异性,因而APEC在推动本区域经济一体化方面有着较为独特的地方,合作的灵活性、开放性和方式的多样性特征突出,在行动步伐上也明显表现出渐进性的特点。

五、中国参与区域经济一体化的进程

(一)中国与亚太经济合作组织

1990年7月,新加坡举行的亚太经合组织(APEC)第二届部长级会议通过《联合声明》,欢迎中国、中国台北和中国香港三方尽早同时加入这一组织。1991年11月,在"一个中国"和"区别主权国家和地区经济"原则的基础上,中国、中国台北和香港(1997年7月1日起改为"中国香港")正式加入亚太经合组织。中国的加入不仅为中国了解世界和世界了解中国提供了一个重要窗口,还为我们提供了一个讨论制订国际经贸政策的重要论坛,使我们通过与其他成员的交流与合作,取长补短。

中国始终本着积极参与、求同存异、推动合作的精神,全面参与APEC各项活动,积极贯彻"承认多样性,强调灵活性、渐进性和开放性,相互尊重、平等互利、协商一致、自主自愿以及单边行动与集体行动相结合"的原则,努力推动经济技术合作和贸易投资自由化两个轮子一起运转,对亚太经合组织近年的合作进程发挥了积极的影响,作出了重要贡献,主要表现为:① 从发展中国家的立场出发,参与APEC基本原则的讨论和制定;② 促进APEC的贸易投资自由化行动;③ 积极推动APEC的经济技术合作;④ 努力维护和稳定地区经济增长。同时,亚太经合组织也为我国提供了一个进行国际化热身和演练的舞台,使我国有了一个充分参与经济区域化全球化的机会,成为中国对外经济贸易发展的重要依托。

近年来,中国对外贸易伙伴约有1/2为亚太经合组织成员,每年与这些成员之间的贸易额约占中国当年贸易总额的70%左右,来自于亚太经合组织成员国的外资利用比重也达到中国当年利用外资总额的4/5以上。随着中国经济的进一步增长和市场的逐步开放,与亚太地区各成员的合作领域将继续扩大,合作空间将不断拓展,这无疑会给中国及亚太其他国家和地区带来"双赢"和"共赢"的局面,对中国、亚太地区乃至世界的经济繁荣、稳定和发展将产生积极的推动作用。

(二)中国与东南亚国家联盟

东南亚国家联盟(Association of Southeast Asian Nations, ASEAN,简称东盟)最初创建于1967年8月,其创始成员国为印度尼西亚、马来西亚、菲律宾、泰国和新加坡5国。随着新成员国的陆续加入,东盟不断发展壮大。至1999年4月30日,以柬埔寨正式加入为标志,东盟最终发展成为覆盖东南亚所有10个国家的区域性组织。

1992年1月27日,在新加坡召开的东盟第4次首脑会议上,与会各国共同签署了《新加坡宣言》和《东盟加强经济合作的框架协定》,宣布从1996年1月1日起的15年内建成东盟自由贸易区(CAFTA),关税最终降至0~15%,基本实现成员国之间免除关税,同时各国经济部长批准了作为建立东盟自由贸易区主要运行机制的《共同有效优惠关税协定》,标志着东盟自由贸易区计划正式出台。东盟自由贸易区以原有的东盟6国为基础,扩展后的成员国已达到10个:文莱、印度尼西亚、马来西亚、菲律宾、新加坡、泰国(以上为东盟6国)、柬埔寨、老挝、缅甸、越南。

东盟在经历亚洲金融危机和美国“9·11”事件后，经济发展严重受阻，而中国强劲增长的经济地位凸显，加强与中国的合作是东盟的一项明智选择。而对中国来说，东盟是第5大贸易伙伴，中国与东盟每年的贸易额大约为550亿美元，大约为中美贸易额的一半；东盟对中国的投资占中国吸收外资的8%左右。因此，二者之间加强合作完全是一种“双赢”战略。

2001年11月，中国和东盟双方领导人达成了在10年内建立中国—东盟自由贸易区的意向。在之后的一年内，经过6次贸易谈判，基本扫清了双方签署正式框架协议的障碍。作为“中国—东盟自由贸易区”启动的第一步，双方自2004年开始逐步废除600项产品的关税，并在2006年完成第一批废除关税计划。在自由贸易区计划下，双方共有6 000项产品的关税有待废除，而第一批相当于总数1/10的产品中，主要以农产品为主，也包括牲畜产品和水产品，其余90%产品的关税废除通过后续谈判来确定。2005年7月20日，“中国—东盟自由贸易区”《货物贸易协议》降税计划开始实施，中国与东盟的7 000种贸易产品的关税大幅降低。2007年1月14日和2009年8月15日，“中国—东盟自由贸易区”《服务贸易协议》《投资协议》相继签署，标志着构建自由贸易区的主要谈判告一段落。

经过自由贸易区各项建设工作的逐步推进，2008年的双边贸易额已达到2 311.2亿美元，约为2002年600亿美元的4倍，中国已成为东盟第三大贸易伙伴，而东盟则成为中国第四大贸易伙伴。在双边投资方面，2008年东盟国家对华直接投资520亿美元，占当年中国吸引外资的6%，中国对东盟直接投资也达到了21.8亿美元。

“中国—东盟自由贸易区”于2010年1月1日全面建成并正式启动，形成了一个涵盖11个国家、19亿人口、GDP达6万亿美元、占世界贸易13%的巨大经济体，是目前世界上人口最多的自由贸易区，也是发展中国家间最大的自由贸易区。中国与东盟将更好地分享区域经济一体化带来的利益。全面启动后的“中国—东盟自由贸易区”约有7 000种产品(占双边贸易额的90%)享受零关税待遇，实现货物贸易的自由化。在服务贸易方面，中国与东盟将实质性地彼此开放市场。在投资领域，自贸区的全面建成将使双方相互投资更加自由、便利、透明和公平。

第三节　经济全球化与跨国公司的发展

一、经济全球化

(一) 经济全球化的含义

尽管目前对经济全球化的理解和表述尚未统一，但基本含义逐步趋向一致。经济全球化一般指经济的全过程在全球范围内展开和运行，包括生产过程、流通过程和消费过程。它是世界各国经济相互开放、相互依存、相互联系，使生产要素不断走向世界范围的优化配置、经济利益相互交错和各国的经济运行机制走向一致的一种趋势。

经济全球化的主要表现可概括为市场全球化和生产全球化。市场全球化是指越来越多国家的市场经济取向和新的国际贸易体制的建立，商品、技术、资本、信息、劳务等越来越多地趋向于全球范围内自由配置，特别表现在世界贸易增加迅猛、国际金融和资本市场迅速扩大。生产全球化是指随着社会生产力的高度发展，尤其是以信息技术为中心的新技术革命的推动，国际分工日益深化，各个国家的生产活动密切联系、相互依赖，在世界范围内结成一个整体，使整个地球俨然形成一个“大工厂”，生产越来越多的“全球产品”。这种生产国际化的主要动力和主体力量是跨国公司。

(二)经济全球化的前行动力

现代意义上的经济全球化是在第二次世界大战后,随着新的科技革命的兴起和跨国公司的迅速扩张才蓬勃发展起来的,而经济全球化取得显著进展则在20世纪80年代末到90年代初。从经济全球化不断演进的历程来看,主要的推动因素有以下4个方面:

1. 推动经济全球化大潮的关键性因素是生产力

生产力的发展促使人类社会的生产与流通逐渐突破了民族和国家的限制,各国古老的、独成一体的民族工业慢慢被侵蚀、被整合,从而使每一个国家的生产都逐渐变成了世界性的,自觉或不自觉地都加入到了经济全球化的大潮之中。

生产力的发展还为经济全球化的深化创造了必需的条件。一方面,生产力的发展为国际分工的深化不断创造着新的部门和领域,为各国参与国际分工创造着新的机会与条件。科技革命使电子工业、宇航工业、高分子合成工业等新兴工业部门不断涌现,并引致国际技术合作、资金合作、劳务合作的不断深化。另一方面,随着生产力的发展,国际分工形式也更加细化和复杂。国际分工已越出了部门经济的分工,发展到了企业内部、工种、工艺之间的分工。此外,生产力的发展使交通运输和通讯事业的进步日新月异,大大缩短了世界各国之间在空间和时间上的距离,整个世界正在变为一个"地球村"。生产力的发展也使各国的消费水平得到普遍提高,引起了跨国消费品采购品种和数量的日益增多,推动了经济全球化的深化。

2. 跨国公司的发展是推动经济全球化大潮的另一重要因素

第二次世界大战结束以来,跨国公司从数量到质量都有了较大发展,使资本的国际流动从规模到速度都有了明显的增加。据联合国贸发会议发布的2008年度《世界投资报告》,截至2007年底,全球共有跨国公司7.1万家,它们拥有90万家海外分支机构,这些海外机构的全球销售额高达45万亿美元。至2010年,全球跨国公司总数已超过8万家,跨国公司的全球生产带来了约16万亿美元的增值,约占当年全球GDP的1/4,跨国公司国外子公司的产值约占全球GDP的10%和世界出口总额的1/3。跨国公司通过国际资本移动和各分公司之间的内部贸易,正在把世界各国紧紧连接成一个相互不可分离的经济统一体。

3. 贸易与投资自由化是推动经济全球化的直接原因

经济全球化客观上要求逐渐消除阻碍货物、服务、要素移动的障碍,而贸易与投资的自由化不仅促进了世界各国要素的优化配置和经济增长,使国际化生产成为不可逆转的大趋势,也加快了世界各国市场的融合步伐,有力地推动了经济全球化的进程。

4. 经济全球化的发展也离不开世界性经济组织的协调和推动

作为世界经济三大支柱的国际货币基金组织(IMF)、世界银行(IBRD)和世界贸易组织(WTO),运行机制日益完善,协调能力不断增强,其政策与实践同经济全球化的发展具有内在的一致性,推动着经济全球化的深入发展。如,国际货币基金组织在各国汇率政策上的协调以及在解决成员国参加国际经贸活动而缺乏外汇时的努力;世界银行在帮助各成员国经济的复兴与开发以及在发展外向型经济中的优惠贷款和政策协调;世界贸易组织在制定统一规则、削减贸易壁垒、建立统一大市场方面所做的努力;等等。各类区域性经济组织在推动经济全球化方面也起着不可忽视的积极作用。

（三）经济全球化的积极作用

1. 经济全球化有利于资源的优化配置

一般地说，资源和生产要素在国际流动会遇到很多障碍，而商品在国际的流动则要容易得多。于是，人们便通过生产过程把各种不同的生产要素转化为商品，然后在国与国之间进行商品交换，出口生产要素充裕的商品，进口生产要素稀缺的商品。这样做的结果是使各国各不相同的生产要素都得到了充分开发和利用。

2. 经济全球化使贸易和投资自由化得到迅速发展

贸易与投资自由化的加速发展推进了经济全球化的进程，反过来，经济全球化的发展又要求贸易与投资自由化的进一步发展来与之相适应，目前呈现在世人面前的正是二者互相推动、互相促进的景象。总的说来，贸易自由化在很大程度上缩短了大多数国家进入现代化的进程。亚太经合组织经过测算认为，1992—2005 年，没有乌拉圭回合协议推动的贸易自由化成果，世界工业生产年增长率为 2.9%，世界贸易年增长率为 4.1%；实施了乌拉圭回合协议，世界工业生产增长率为 3.5%，世界贸易增长率为 5%，国际经贸发展的实践已充分证明了上述测算的合理性。

3. 经济全球化加速技术转让和产业结构调整的进程

当前，跨国公司的技术创新和技术流动已经呈现全球化的趋势，诸如跨国公司纷纷在境外设立研究开发机构；加强跨国公司间的研究与开发控制；加强国际技术联盟等。跨国公司的技术转让不仅延长了其技术生命周期，扩大了其技术效用，而且在客观上也有利于发展中国家的技术进步，使它们有更多的机会来选择先进的技术和适用的技术，有利于加快产业结构升级和工业化进程，加快从传统经济向现代经济转变。如“亚洲四小龙”、东盟国家以及欧洲和拉美的一些国家和地区利用发达国家向全球梯度转移产业的机会，加速自己工业化的进程，使自己的产业结构不断得到升级和完善。

4. 经济全球化强化了国际协调和合作

经济全球化首先是一种市场行为，由于市场机制本身是有缺陷的，而且市场也不能解决“外部不经济”问题，所以，政府干预是必要的。但在全球范围内并不存在“世界政府”，于是，对世界市场机制的调节主要依靠各种软约束机制和制度化的硬约束机制来实现。所谓软约束机制，是指通过国际机构和国际会议对市场和其他经济活动进行协调的机制，它们包括联合国大会、联大特别会议、联大所属的有关经济的专门委员会和机构等。所谓制度化的硬约束机制是相对软约束机制而言的，大体上可分为 3 个层面：行业层面、区域层面和国际层面。行业层面的有石油输出国组织等；区域层面的有各种区域经济一体化组织，如欧盟、北美自由贸易区、亚太经济合作组织等；国际层面的有世贸组织、世界银行、国际货币基金组织等国际组织的协调。

总而言之，经济全球化无论对世界经济的整体发展还是对各国的发展都有极大的好处，但经济全球化的利益在各国的分配是不平衡的。

（四）经济全球化的负面影响

1. 国内经济发展易受全球性经济衰退的影响

经济全球化的不断演进使世界各国经济活动过程紧密地联系在了一起，然而，这种环环相扣经济链条中的某个局部一旦发生问题，其影响面将是十分广泛的，各种传导机制会将破坏作用传向经济链条的每一个环节。无论是周期性的全球经济危机，还是像 20 世纪 90 年代的亚洲金融危机以及2007年由美国次贷危机引发的全球性金融危机，都有力地证明了经济全球化的这种负面影响。

经济全球化对中小国家经济发展的影响尤其明显，因为这类国家市场狭小、资源有限，经济发展对外部的依赖程度更大。

2. 过分追求比较利益不利于本国重要工业部门的发展

经济全球化强调各国间的经济协作与合理分工，以便使每个参加协作分工的国家都能获得比较利益。然而，对于工业相对落后的发展中国家来说，如果过分强调参与国际分工获取眼前比较利益的重要性，就有可能在工业布局中和优惠政策上将着力点较多地放在扶植本国出口竞争力强、比较成本低、盈利大、创汇多的传统工业上，导致发展中国家工业发展长期处于落后和受制约的状态。

3. 发展中国家在不公平的国际分工体系中获益甚少

各种资料表明，国际分工体系对生产和出口初级产品的发展中国家是不利的，具体表现为这类国家的贸易条件处于一种长期恶化的趋势。这种趋势在二战后更为明显，著名的阿根廷经济学家劳尔·普莱维什对这个问题曾作过详细的论述。

4. 外国资本控制了落后国家若干重要经济部门的发展

在经济全球化过程中各国纷纷实施较为自由的金融政策和鼓励性的利用外资政策，其后果之一是发展中国家的一些重要经济部门，既包括高新技术型工业部门，也包括部分服务性部门，如金融、保险、运输、咨询等部门逐渐地被外资企业所控制。发展中国家本来在某些部门和行业已经发展起来了自己有优势的企业和较著名的商品，但在外商独资或合资企业的强力冲击下，原有的民族企业或被挤垮或被兼并，原有品牌的民族商品或销声匿迹，或被外资换上了新的包装。

5. 经济运行易受债务危机困扰

从长期的封闭和落后状态中走出来的发展中国家，在对外开放中首先感到发展资金的短缺，于是，从借外债进行负债经营起步开始了振兴民族经济的长途跋涉。负债经营是资金短缺的发展中国家摆脱贫困、走向富裕的一条捷径，然而，稍有不慎就会陷入债务危机，如巴西、墨西哥等国家，20世纪70年代大举外债，20世纪80年代相继陷入了债务危机的泥坑难以自拔。

6. 国际经贸摩擦加重

经济全球化中既存在着全球总体利益，也存在着局部利益和国别利益，尽管世界贸易组织等国际性机构通过规则、条款等约束性手段努力维护着总体利益并协调着局部利益，但在激烈的国际市场竞争中，各国为了维护自身利益而引发的争端仍然大量存在着。诸多国家之间既存在着战略伙伴关系，同时也是贸易对手关系。

二、跨国公司

（一）跨国公司的概念与特征

1. 跨国公司的定义

跨国公司（Transnational Corporation）又常称跨国企业（Transnational Enterprise）、多国公司（企业）（Multinational Corporation/ Enterprise）、国际公司（企业）（International Corporation/ Enterprise）、世界公司（企业）（World Corporation/ Enterprise）等。虽然联合国经济社会理事

会于1974年决定在此以后的联合国正式文献中，统一采用“跨国公司”这一名称，但由于不同的认识和习惯，至今仍有不同的名称见诸于各种文献。

跨国公司是一种复杂的国际企业组织形式，其活动涉及不同国家的经济、法律乃至文化等多个方面，在不同的环境下呈现出不同的特征要求，以致至今在国际范围内尚没有一个被普遍接受的定义。通常情况下，跨国公司是指通过对外直接投资方式，在国外设立子公司、分公司或控制东道国当地企业，从事生产、销售和其他经营活动的国际性企业。

2. 跨国公司的特征

（1）生产经营规模庞大、经济实力雄厚

跨国公司一般都是巨型公司。美国《幸福》杂志每年公布的全球500家最大工业公司名单，无论从哪个角度来判断，这些公司都是名符其实的跨国公司。一些巨型跨国公司的销售额相当于一些中等国家的国民生产总值。随着跨国公司经营规模的日益庞大，其经济实力也在不断增强，对世界经济的影响力也在不断加强。以现在的主权国家与跨国公司的经济实力进行比较，可以发现大多数发展中国家的经济实力要比一些大型跨国公司弱。如，日本三菱公司的经济实力比有一亿多人口的印度尼西亚强，沃尔玛公司的经济实力甚至超过中东富国以色列。

（2）战略目标全球化

跨国公司是以整个国际市场为追逐目标，在世界范围内有效配置生产要素，充分利用各国和各地区的优势，以实现总公司利润的最大化。其具体表现为：跨国公司总公司（母公司）在制定每一项重大决策时，总是从全局出发，而不考虑某一子公司一时一地的得失；总公司在评价子公司的业绩时，主要考察其对总公司的贡献程度，而不一定是其自身盈利的多寡。这种战略目标是跨国公司区别于国内企业和其他经济组织的重要特征。

（3）要素转让内部化

为了避免由于外部市场的不确定性而导致公司经营成本的增加和生产效率的降低，跨国公司往往具有较强烈的以内部化市场取代外部市场的倾向。这表现在研究与开发活动及科技成果转让的内部化，以及商品贸易、资本转移等多方面的内部化上。有关资料表明，跨国公司转移到国外的技术，主要是流向其拥有多数或全部股权的国外子公司。以在华跨国公司子公司为例，2002年我国共签订技术引进合同6 072份，合同总金额为173.89亿美元，约有45%的技术引进项目属于跨国公司的内部技术转让。其中仅摩托罗拉（中国）电子有限公司一家就签订了高达40多亿美元的技术许可证协议，这一技术合同的金额占当年我国技术引进总金额的近1/4。

（4）科技开发先导化

技术开发在跨国公司经营战略中具有特殊地位，并逐步形成了以科技为先导的经营战略，即以现代先进科技与公司生产相结合作为经营方向，自觉依靠科技进步和技术革新，不断推出新产品和提高技术密集度，保持技术优势，增强国际竞争力。这就要求跨国公司在研究开发上有巨大投入。目前发达国家大型工业企业的研究开发费用占销售额的5%左右，仅美国IBM公司一年的研究开发费用就已经超过50亿美元。

（5）经营方式多角化

多角经营是指母子公司生产各种不同种类的产品，形成多种产品的综合经营体系。多角化经营可以增强公司总体经济潜力，确保公司内部流通渠道的畅通，防止“过剩”资本形成;有利于公司全球目标的实现;有利于资金的合理分配与流动,从而提高各种生产要素及副产品的利用率;有利于分散公司的风险,从而稳定企业的利润;有利于充分发挥生产余力,延长产品的生命周期,从而增加公司的利润;有利于节约共同费用,增强公司的机动性。从目前来看,多角化企业的增长速度和多角化程度的提升速度都很快,绝大多数跨国公司几乎都实现了经营多角化。

（6）营销管理现代化

跨国公司常常把营销管理置于公司管理的重要位置,并致力于实现营销管理现代化,主要表现为:营销决策一体化,即充分利用公司的营销资源,为实现公司全球战略目标服务;营销策略组合化,即综合运用各种营销策略,选择最有利的营销组合方式;营销手段灵活化,即针对不同的营销对象,灵活选择营销方式和手段;营销范围全球化,即在全球范围内寻找最佳营销机会。

（7）内部管理一体化

为了实现全球战略目标,跨国公司需要实行内部一体化管理模式,即跨国公司在世界各地的子公司的重大决策都在总公司的统一控制之下,根据集中与分散相结合的原则,实行统筹安排。根据业务性质、产品结构、地区分布、风险程度等因素来确定集中与分散的程度。跨国公司的内部一体化主要包括:生产一体化、新技术和新产品一体化、营销一体化、采购一体化、技术人才一体化、财务一体化等。

（二）跨国公司的形成与发展

跨国公司是垄断资本主义高度发展的产物,是生产资本国际化的结果。19 世纪末 20 世纪初,资本主义进入垄断阶段,资本输出迅速扩张,真正意义上的跨国公司便产生了。

1. 跨国公司的起源

早期的跨国公司起源于 19 世纪 60 年代中期。当时的跨国公司规模相对较小,地理分布也较为狭窄,经营目标单一,主要是为了避免贸易保护限制,发挥技术优势,巩固和扩大产品销售,一般达不到全球战略的程度;业务活动的中心比较集中,海外基地一般设在有出口市场或原料供应市场的国家;对外直接投资主要是为进出口贸易服务。

2. 二次大战后跨国公司的迅速发展

（1）跨国公司的数量急剧增长

据联合国调查资料,发达国家跨国公司母公司 1968 年有 7 276 家,1973 年发展到 9 481 家,1978 年发展到 10 727 家。加上发展中国家的跨国公司,到 20 世纪 80 年代中期,跨国公司的母公司数已达 20 000 家左右。

（2）跨国公司对外直接投资总量迅速增加

二战后,西方发达国家包括直接投资和间接投资在内的对外投资总额从 1945 年的 510 亿美元增加到 1978 年的 6 000 亿美元。其中,对外直接投资从 200 亿美元增加到 3 693 亿美元,1945 年对外直接投资占全部对外投资的 39. 2% ,到 1978 年占 61. 6% 。可见,对外直接投资增长速度很快。

（3）跨国公司的母国地位发生了重大变化

二战后,世界跨国公司大致经历了美国跨国公司占主导地位,逐步演变成美国、西欧、日本的“三极化”局面。1960 年,美国和英国两个国家的对外直接投资占总额的 88. 8% ;1970 年,美国、英国和原联邦德国三个投资国合计达 81% ;1985 年,美国、英国、原联邦德国、日本、法国五大投资国合计达 66.7%；到 1992 年，上述五大投资国合计占到 67%。由此可见，跨国公司母公司来源集中于美、欧、日等发达国家和地区。

(4) 跨国公司投资区域分布越来越广

二战前，西方发达国家对外投资区域主要是亚、非、拉殖民地和经济落后国家，二战后其投资地区大有扩展。到 20 世纪 80 年代初，发达国家跨国公司子公司的分布已超过 160 多个国家和地区，现在已遍及全球各个角落，重心也逐步转向发达国家和地区。

(5) 跨国公司投资范围扩大，行业转移越来越高级化

跨国公司投资总的变化趋势是：投资行业重点从矿产、开采等原料性初级行业逐步转向制造业，并于 20 世纪 80 年代逐步转向服务业。目前，对服务业的直接投资占世界对外直接投资总额的 50%。

3. *战后跨国公司迅速发展的原因*

(1) 世界科技革命的发展

第三次科技革命带来了许多新材料、新能源、新工艺、新通讯手段和新的产业部门，引起了国际分工的巨大变化，导致一系列新兴工业部门出现，发达国家的经济发展日益受到资源和市场的约束。企业为保证资源供应，维持和开拓市场，大举向外投资。以日本为例，受国内资源匮乏和市场有限的制约，战后经济的飞速发展使得资源和市场问题更加突出，由此引发了日本企业为获取海外资源的几次投资浪潮。

(2) 国际市场上竞争的日益尖锐化

各国（地区）为了扩大销售市场，提高市场份额，一方面竭力扩大海外销售，另一方面又设置各种关税和非关税壁垒限制其他国家（地区）商品的进入，以保护本国市场。在这种情况下，发达国家的跨国公司通过扩大对外直接投资，在原先商品输出受阻的市场上就地生产、就地销售，避开或绕开贸易壁垒，实现对市场的占领。

(3) 国家垄断资本主义的支持和鼓励

二战后，各国政府制定了各种政策措施，为跨国公司的海外投资活动提供了有利条件。首先，政府通过与他国签订避免双重课税协定、投资安全保证协定来减轻跨国公司的纳税负担，保证跨国公司海外投资的安全；通过与他国缔结贸易条约，使本国企业在缔约国尽可能享受国民待遇。其次，政府通过设立专门银行向跨国公司提供各种优惠贷款，为公司海外扩张提供资金；为跨国公司提供财政和税收优惠，资助其研究与开发活动，以提高其产品的竞争力。再次，政府还动用自身的力量为跨国公司的海外投资创造条件。其中最为突出的是美国。二战后，美国执行帮助欧洲经济复兴的马歇尔计划，其附加条件就是要求受援国实行资产非国有化，允许外资自由进入。

(4) "过剩"资本的形成要求寻找海外市场

二战后，主要资本主义国家出现过多次大规模的企业兼并高潮，使其生产和资本的集中达到更高的程度，大的垄断企业迅速增加。以美国为例，1948 年拥有 10 亿美元以上资产的工矿企业仅 12 家，1980 年、1984 年分别上升到 244 家和 287 家。1981 年，美国最大的 200 家制造业公司拥有的资产在制造业资产总额中的比重高达 60%。1998 年，美国花旗银行和旅行者集团合并组建花旗集团，合并交易额达 800 多亿美元。在积聚了巨额的资本和相对于国内市场"过剩"后，势必引发大规模对外直接投资，从而促进了跨国公司及其子公司、分支机构数量的扩张。此外，二战后跨国银行的发展，各国放宽对外资的限制，跨国公司自身

优势的不断加强等,都促进了跨国公司在战后的迅速发展。

4. 20 世纪 90 年代以来跨国公司发展的新特点

(1) 发达国家内部相互直接投资仍在外国直接投资中居主导地位

虽然发展中国家之间的水平投资以及向发达国家的逆向投资均得到了较快发展,但发达国家拥有全球绝大多数的跨国公司,以其为资本来源国和东道国的基本格局没有根本改变。2000—2003 年间,发达国家占国际投资的比重保持在 90% 左右,流入比重保持在 70% 左右。虽然此后发达国家资本流出与流入的比例有所下降,但 2005 年依然达到了 83% 和 59%。2012 年《世界投资报告》显示,2011 年全球 1.5 万亿外商直接投资流量中,流入发达国家的资本达 7 480 亿美元,流入发展中国家资本为 6 840 亿美元,流入转型期经济体的资本为 920 亿美元。可见,发达国家在国际投资中居前的格局依然未变。

(2) 跨国公司跨国化指数呈上升趋势

联合国贸发会议用"跨国化指数"(Transnationality Index,TNI)来衡量一家跨国公司的跨国经营程度。该指数系海外资产/总资产、海外销售额/总销售额、海外雇员/雇员总数的平均值。根据《2001 年世界投资报告》,在 20 世纪 90 年代,全球最大的 100 家跨国公司的平均指数,从 1990 年的 51% 上升到 1997 年的 55%,2011 年达到 60.78%,其中发展中国家 100 家跨国公司的跨国化平均指数也达到了 40.13%。

(3) 跨国公司行业构成有较大变化

1990 年,全球 100 家最大的跨国公司的行业构成是:电子、电气设备、计算机,为 14 家;汽车及配件、石油开发、提炼、分销、采矿并列其次,均为 13 家;化工再次,为 12 家;食品、饮料、烟草名列第 4,为 9 家。到 1999 年,电子、电气设备、计算机仍然最多,为 18 家;汽车及配件其次,为 14 家;石油开发、提炼、分销、采矿名列第 3,为 13 家;食品、饮料、烟草位居第 4,为 10 家;化工第 5,为 7 家。2011 年《财富》排行榜显示,在全球 500 强中,能源类跨国公司(75 家)的绝对数量居首位,其次分别为贸易零售(60 家)、保险(55 家)、金融(53 家)行业。与 2000 年相比,上榜企业数量增长较快的行业依次为 IT 行业、金融行业、贸易零售业,其中 IT 行业上榜企业增加了 16 家,增长率为 99%,金融行业上榜企业增加了 18 家,增长率为 58%,贸易、商业、零售上榜企业增加了 13 家,增长率为 27%,企业数减少的行业大多属于传统产业。可见,跨国公司越来越集中于高附加值、高技术含量的产业。

(4) 跨国并购发展迅猛

跨国兼并和收购(并购)在全球外商直接投资流入量中一直占很高比例,如 2005 年的全球跨国并购交易额占全球 FDI 流入量的比重为 75.7%,2006 年该比重为 67.4%。可见,跨国并购交易量的涨跌是影响全球外商直接投资流量的核心因素。1995—2000 年,金额超过 10 亿美元的跨国并购案分别为 35 宗、45 宗、58 宗、89 宗、109 宗和 175 宗。跨国并购主要发生在电信以及汽车行业和金融业。跨国并购成为推动外国直接投资的主要动力。2004 年以来,全球跨国并购活动继续高涨,2004、2005、2006 年度全球跨国并购案件总数分别为 5 113 宗、6 134 宗、6 974 宗,并购额分别高达 3 805.98 亿美元、7 163.02 亿美元、8 804.57 亿美元。其中,2006 年发生的金额超过 10 亿美元的跨国并购案共计 172 宗。2011 年,跨国并购总金额达 5 260 亿美元,同比上涨 53%,交易额超过 30 亿美元的并购数目从 2010 年的 44 宗上升至 2011 年的 62 宗。其中,制造业并购活动增幅最大,交易金额超过 5 000 万美元的共 161 起,同比增长了 19%。

(5) 跨国公司的经营策略发生变化

跨国公司经营方式从混合经营走向专业化经营，更加注重公司之间的战略联盟(诸如合并式联盟、互补式联盟、项目式联盟)构建，共同进行新技术、新产品、新能源的研究与开发，以及分享成果、分担费用与风险。基于跨国经营风险的控制与规避，利润再投资成为主要筹资手段，非股权安排作为跨国公司进入市场方式的重要性不断提高，2010 年全球跨境非股权安排下共产生了超过 2 万亿美元的销售额。此外，着眼于缓解冲突和提高效率，“全球本土化经营策略”即“全球化战略，本土化行动”也得到广泛体现。

(三) 跨国公司的内部贸易与转移价格

1. 跨国公司的内部贸易

跨国公司的内部贸易是指跨国公司与海外子公司之间，以及子公司与子公司之间商品和劳务的交易。跨国公司的内部贸易不但在跨国公司的全球经营战略中起着重要的作用，而且对国际贸易也产生了重大的影响。

跨国公司的内部贸易在世界贸易中占有重要地位。1987 年，美国的出口贸易中有 40% 是内部贸易，进口贸易中有 38.9% 是内部贸易，瑞典、德国、英国、日本各国内部贸易占出口贸易的比重分别为 36.1%，34.6%，29.6% 和 17%。据联合国有关资料统计，到 20 世纪 90 年代初，跨国公司内部贸易已占世界贸易总额的 1/3 以上，一些制造业中的跨国公司内部贸易比例更是达到了 3/4。

跨国公司内部贸易的重要性不仅表现在其占有的国际贸易额比重上，还表现在其贸易结构特征上。跨国公司内部贸易一般在高技术产业中比例较高。跨国公司为保护其高新技术的独占性和垄断性，大都在母公司与子公司之间以公司内部交易方式转移技术成果和高技术产品。

跨国公司内部贸易产生的原因可归纳为以下几方面：

(1) 克服世界市场的不完全性

现实中的世界市场是不完全竞争市场，一方面存在市场结构性缺陷，即少数大公司对市场的垄断和由于政府干预，各种贸易壁垒造成的贸易障碍；另一方面存在市场交易性缺陷，即市场交易的额外成本及其引起的利润损失。跨国公司通过内部贸易可以克服世界市场不完全性带来的风险，绕开贸易障碍，降低成本，增加收益，扩大自己的市场份额，加强公司的海外扩张能力。

(2) 维持对技术优势的垄断

跨国公司一般拥有技术方面的优势，为保持对技术优势的垄断，它们一般不愿进行外部贸易。因为一旦跨国公司的技术产品和中间投入置于外部贸易中，那么它拥有的技术优势就会扩散，技术和产品就会被仿制，其技术优势便不再拥有。

(3) 满足跨国公司对中间产品的需求

在跨国公司的国际生产过程中，一些中间产品的投入往往是高档次的，即在质量、性能或规格上都有特殊的要求。要从外部市场获得这类中间产品不仅相当困难，而且交易成本极高。为保证中间产品投入的供给在质量、规格、性能上符合要求，并保持稳定的供给，同时降低交易成本，就要求把这部分产品的生产纳入跨国公司的生产体系，通过内部贸易来获取。

(4) 利用转移价格达到特定目标

跨国公司利用转移价格可以回避价格管制，逃避征税和外汇管制，占领市场，利用币值变动从中牟利，以获得全球利益的最大化。譬如，当跨国公司子公司所在国的外汇管制和利润汇出限制严格，营业利润征税较高时，母公司就可以抬高供应给子公司的机器设备、原材料和劳务的价格，从而使子公司生产成本增加，盈利减少，降低应纳税额。而当子公司产品面临当地产品竞争时，母公司可以大幅度降低转移价格，从而降低子公司产品的生产成本，增强其产品竞争能力，以较低的价格打垮竞争对手，占领当地市场，然后再抬高价格。

2. 跨国公司的内部转移价格

所谓内部转移价格是指跨国公司根据全球战略目标，在母公司与子公司、子公司与子公司之间交换商品和劳务的交易价格。这种价格不是按照生产成本和正常的营业利润或国际市场价格水平来定价，而是按照子公司所在国的具体情况和母公司全球性经营战略，人为地加以确定。跨国公司内部转移价格已成为跨国公司弥补外部市场结构性和交易性缺陷的重要措施。

实行内部转移价格对跨国公司有很多好处。第一，可以降低公司总税负。在母子公司所在地税率不同的情况下，采用转移价格可以逃避或降低税负。第二，提高国际竞争力。通过较低的内部转移价供给子公司产品，降低其生产成本，提高其产品的竞争能力。第三，避免汇率风险。利用转让价格推迟或提前付款，规避汇率风险，通过抬高转移价格，转移利润，逃避外汇管制。第四，加速资金周转。通过内部转移价格使资金迅速在公司之间流动，实现资金的自由调拨，提高资金使用效率。

（四）跨国公司的发展对国际贸易的影响

1. 跨国公司的发展促进了国际贸易的增长

随着跨国公司的发展，跨国公司在国际贸易中的地位日益提高，对国际贸易起着越来越举足轻重的作用。据联合国统计，到20世纪90年代初，跨国公司已控制了80%以上的国际贸易额，跨国公司内部贸易额也已占世界贸易总额的1/3以上。联合国贸发会议2011年《世界投资报告》表示，2008—2010年跨国公司子公司的出口额分别为6.6万亿美元、5.26万亿美元、6.24万亿美元；2010年的出口额约占全球的1/3。

2. 跨国公司控制了国际技术贸易

经济合作与发展组织（OECD）从发展中国家得到的以专利权使用费、劳务费和技术服务报酬的形式支付的收入在20世纪70年代平均增长率为15.6%。到90年代，发展中国家向德国和美国作出的技术付款有80%～90%是利用跨国公司的子公司向母公司付款的方式进行的。

跨国公司对技术转让的操纵主要采取3种形式。一是由母公司向国外子公司进行技术转让。母公司通常只是将部分技术转移给国外的子公司，关键技术仍由自己控制。二是通过技术许可贸易向外转让技术。技术许可贸易包括技术专利使用权的转移、技术诀窍的转移、商标使用权的许可等。三是向合资合作企业转让技术。

3. 跨国公司的发展加剧了国际贸易中的垄断和竞争

跨国公司的发展使得国际贸易领域的垄断和竞争更加激烈。跨国公司实力雄厚，规模巨大，往往几个大的跨国公司就形成对某一行业的垄断，它们之间可以形成某种协议价格，共同瓜分市场份额。如世界汽车市场、飞机市场、电脑市场等基本上是被几个大的跨国公司瓜分了。

4. 跨国公司的内部贸易使传统的国际贸易受到冲击

跨国公司对内部贸易的垄断和计划性使得内部贸易价格受人为因素左右，这在一定程度上削弱了自由竞争赖以生存的供求调节价格的价格机制，破坏了国际市场价格与供求关系之间的联系，减弱了价格作为市场信号的作用，在一定程度上干扰了原来的贸易秩序。

此外，内部贸易完全与跨国公司的跨国经营战略相适应，如建立内部市场网络，维护对技术和产品的垄断；为中间产品的供应及转移定价；等等。这与传统的以比较利益为基础的国际贸易有很大区别。

第四节 国际电子商务及其发展

一、电子商务概述

（一）电子商务的产生

1. 电子商务的内涵

电子商务（Electronic Business）是运用因特网（Internet）进行各种经营管理活动的总称，是一种全新的商务模式，是网络、电子、数据处理等技术在商务领域中应用的产物，被称作继蒸汽机、发电机之后的第三次工业革命。有关电子商务这一范畴的解释，至今还没有一个较为全面、具有权威性的、能够为大多数人接受的电子商务的定义，国际组织、各国政府、企业对电子商务的解释各有侧重点。

世界贸易组织电子商务报告中将电子商务（E-Commerce；E-Business）描述为：通过电信网络进行的生产、营销、销售和流通活动。它不仅指基于 Internet 上的交易，而且指所有利用电子信息技术来解决问题、降低成本、增加价值和创造商机的商务活动，包括通过网络实现从原材料查询、采购、产品展示、定购到出品、储运以及电子支付等一系列的贸易活动。

联合国经济合作和发展组织（OECD）关于电子商务的定义：电子商务是发生在开放网络上的包含了企业之间（Business to Business）、企业和消费者之间（Business to Consumer）的商业交易。

欧洲议会关于电子商务的定义：电子商务是通过电子方式进行的商务活动。它通过电子方式处理和传递数据，包括文本、声音和图像。它涉及许多方面的活动，包括货物电子贸易和服务、在线数据传递、电子资金划拨、电子证券交易、电子货运单证、商业拍卖、合作设计和工程、在线资料、公共产品获得。它包括产品（如消费品、专门设备）和服务（如信息服务、金融和法律服务）、传统活动（如健身、体育）和新型活动（如虚拟购物、虚拟训练）。

美国政府关于电子商务的定义：通过 Internet 进行的各项商务活动，包括广告、交易、支付、服务等活动，全球电子商务将会涉及世界各国。

此外，还有一些跨国公司和理论界学者对电子商务的定义也作了相应的表述，如 IBM 公司关于电子商务的定义包括 3 个部分：企业内部网、企业外部网、电子商务；HP 公司在区分了电子商务与电子业务（E-Business）、电子消费（E-Consumer）和电子化世界（E-World）之后，将电子商务定义为通过电子化手段来完成商业贸易活动的一种方式；GE 公司则将电子商务表述为通过电子方式进行商业交易；美国学者瑞维 · 卡拉科塔和安德鲁 · B · 惠斯顿在其专著《电子商务的前沿》提出，从广义角度来看，电子商务是一种现代商业方法；等等。

尽管已有观点各不相同，但都是将电子商务与网络联系在一起，也有人将各种观点归纳在一起,将电子商务的含义概括为:商事主体通过数字化通信网络和计算机设备实施的商品交易行为和与交易有关的基础设施建设行为、管理行为等。由此也可以将人们对电子商务的认识和定义大致划分为广义和狭义两个层次。广义的电子商务是指利用整个 IT 技术对整个商务活动实现电子化,将利用 Internet,Extranet 和 Intranet 等各种不同形式网络在内的一切计算机网络以及其他信息技术进行的所有的企业活动都归属于电子商务。狭义的电子商务特指运用互联网开展的交易或与交易直接相关的活动,它仅仅将基于 Internet 进行的交易活动归属于电子商务,通常称之为 EC(Electronic Commerce)。

2. 电子商务产生的条件

在人类发明电报和电话之后,经济活动中就已经开始利用电子技术进行互通交易信息、传递交易凭证和文件等一些商务活动,但由于未成为商务活动的主流,故而没有人认为这是电子商务。一般认为,电子商务最早产生于 20 世纪 60 年代,其产生的重要条件包括:

(1) 计算机的广泛应用。自 1946 年 2 月 14 日世界上第一台通用电子数字计算机埃尼阿克(ENIAC)在美国研制成功以来,计算机的发展至今已经历 4 代:1946—1958 年,晶体管计算机;1958—1964 年,电子管计算机;1964—1975 年,集成电路计算机;1975 年之后,大规模和超大规模集成电路计算机。进入 20 世纪 90 年代以来,伴随着采用并行矢量方式的超级电子计算机相继问世,计算机的处理速度越来越快,处理能力越来越强,价格越来越低,应用越来越广泛,这为电子商务的广泛应用提供了基础。

(2) 网络的普及和成熟。1986 年,美国国家科学基金会(National Science Foundation, NSF)建立了自己的计算机通信网络。NSF net 将美国各地的科研人员连接到分布在美国不同地区的超级计算机中心,并将按地区划分的计算机广域网与超级计算机中心相连接。随着 NSF net 的建设和开放,以美国为中心的 Internet 网络互联也迅速向全球发展,许多国家纷纷接入到 Internet,网络节点数和用户数迅速增长,网络通信量急剧增大。尤其自 20 世纪 90 年代以来,由欧洲原子核研究组织 CERN 开发的万维网 WWW 被广泛使用在 Internet 上,大大方便了广大非网络专业人员对网络的使用,促使 Internet 发展呈指数级增长。由于 Internet 逐渐成为全球通信与交易的媒体,全球上网用户也呈级数增长趋势,快捷、安全、低成本的特点为电子商务的发展提供了应用条件。

(3) 信用卡的普及应用。信用卡是电子货币的主要类型之一,由于其方便、快捷、安全等优点而成为人们消费支付的重要手段。越来越多的人使用信用卡,信用卡支付手段也得到了广泛应用,是目前世界范围普及率最高的一种电子货币,由此也形成了完善的全球性信用卡计算机网络支付与结算系统,使"一卡在手、走遍全球"成为可能,同时也为电子商务中的网上支付提供了重要的媒介。

(4) 电子安全交易协议的制定。1997 年 5 月 31 日,由美国 VISA 和 Mastercard 国际组织等联合制定的电子安全交易协议(Secure Electronic Transfer Protocol,SET)出台。该协议得到大多数厂商的认可和支持,它是由 VISA 国际组织和万事达组织共同制定的一个能保证通过开放网络进行安全资金支付的技术标准。SET 在保留对客户信用卡认证的前提下,又增加了对商家身份的认证,向基于信用卡进行电子化交易的应用提供了实现安全措施的规则,为在开放网络上的电子商务提供了一个关键的安全环境。

(5) 政府的支持与国际组织机构的推动。自电子商务诞生以来,普遍受到世界各国政府的高度重视。1997 年,欧盟发布了《欧洲电子商务协议》,美国随后发布了《全球电子商务纲要》，许多国家的政府开始尝试“网上采购”。国际组织机构对电子商务的应用也起到了积极的推动作用，1996 年 12 月，联合国国际贸易委员会提出了《电子商务示范法》，为各国电子商务立法提供了一个范本。1996 年底，世贸组织达成了便于电子商务发展的第一个国际协议——《信息技术协议》。国际经济合作与发展组织于 1998 年 10 月在加拿大渥太华召开了第一次以电子商务为主题的部长级会议，并正式通过了《OECD 电子商务行动计划》。这些都为电子商务的实践提供了有力的支持和保障。

（二）电子商务的发展

20 世纪 70 年代以来，电子计算机技术、网络通信技术及其相关技术不断发展，并在社会生活各个领域得以广泛应用，电子商务正是在与这些技术及其应用互动发展中不断完善和快速提升。尤其自 20 世纪 90 年代之后，电子商务的发展呈现出加快之势。到目前为止，电子商务的发展大致可划分为两个阶段。

1. 基于 EDI 的电子商务：20 世纪 60—90 年代

从技术的角度来看，人类利用电子通讯的方式进行贸易活动已有几十年的历史了。早在 20 世纪 60 年代，人们就较为广泛地运用电报报文发送商务文件；70 年代人们又普遍采用方便、快捷的传真机来替代电报。但是由于传真文件是通过纸面打印来传递和管理信息的，不能将信息直接转入到信息系统中，因此人们开始采用电子数据交换（Electronic Data Interchange，EDI）作为企业间电子商务的应用技术，这就是电子商务的雏形。

EDI 产生于 20 世纪 60 年代末期的美国。当时的贸易商们在使用计算机处理各类商务文件时发现，人工输入到一台计算机中的数据 70% 是来源于另一台计算机输出的文件，由于过多的人为因素，影响了数据的准确性和工作效率的提高，人们开始尝试在贸易伙伴之间通过计算机实现数据的自动交换，EDI 便应运而生。由于 EDI 大大减少了纸张票据，因此，人们也形象地称之为“无纸贸易”。

从技术层面看，EDI 包括硬件与软件两大部分。硬件主要是计算机网络，软件包括计算机软件和 EDI 标准。在硬件方面，大多数 EDI 在 20 世纪 90 年代之前都不通过 Internet，而是通过专用网络 VAN（Value-Addle Network，增值网）。随着 Internet 安全性的日益提高，作为一个费用更低、覆盖面更广、服务更好的系统，已明显表现出替代 VAN 而成为 EDI 硬件载体的优势，有人把借助 Internet 实现的 EDI 直接叫做 Internet EDI。在软件方面，为了将用户数据库系统中的信息翻译成 EDI 的标准格式以供传输交换，这就需要相关的 EDI 软件加以支撑，具体包括计算机软件（转换软件、翻译软件、通信软件）和 EDI 标准。

2. 基于国际互联网的电子商务：20 世纪 90 年代以来

由于使用 VAN 的费用很高，仅适合那些大型企业，由此限制了基于 EDI 的电子商务应用范围的扩大。20 世纪 90 年代中期后，国际互联网（Internet）迅速走向普及化，逐步地从大学、科研机构走向企业和百姓家庭，其功能也从信息共享演变为一种大众化的信息传播工具。从 1991 年起，一直被排斥在互联网之外的商业贸易活动正式进入到这个王国，电子商务成为互联网应用的最大热点，并给企业带来了巨大的利益增长点，以亚马逊网上书店为例，电子商务的应用使其营业收入从 1996 年的 1 580 万美元猛增到 1998 年的 4 亿美元。

随着世界各国对电子商务关注程度的增强，加之良好的政策环境、自然环境影响，全球电子商务发展迅速。根据《2010—2011 年度全球电子商务研究报告》，2004 年，在全球电子商务市场中占据重要地位的 B2B 市场规模已经达到了 2.5 万亿美元；2006 年达到了 5.8 万亿美元,在此期间全球电子商务交易规模以50%左右的速度增长。

基于国际互联网的电子商务之所以能够实现更为快速的发展,是因为与基于EDI的电子商务相比,它对企业具有更大的吸引力。

(1) 费用低廉。由于互联网是国际的开放性网络,使用费用很便宜,一般来说,其费用不到VAN的1/4,这一优势引起了许多企业尤其是中小企业的浓厚兴趣。

(2) 覆盖面广。互联网几乎遍及全球的各个角落,用户通过普通电话线就可以方便地与贸易伙伴传递商业信息和文件。

(3) 功能更全面。互联网可以全面支持不同类型的用户实现不同层次的商务目标,如发布电子商情、在线洽谈、建立虚拟商场或网上银行等。

(4) 使用更灵活。基于互联网的电子商务可以不受特殊数据交换协议的限制,任何商业文件或单证可以直接通过填写与现行的纸面单证格式一致的屏幕单证来完成,不需要再进行翻译,任何人都能看懂或直接使用。

随着电子商务的深入发展,衍生出了移动电子商务(M-Commerce)这一新形式。移动电子商务就是利用手机、PDA等无线设备进行B2B或B2C的电子商务,以前这些业务是在有线的Web系统上进行的。由于移动通信技术迅猛发展和计算机的快速更新,移动电子商务的发展至今已历经了3代。其中第一代移动商务系统是以短讯为基础的访问技术,第二代移动商务系统采用基于WAP技术的方式,第三代移动商务系统采用了基于SOA架构的Webservice、智能移动终端和移动VPN技术相结合的移动访问和处理技术。

与通过电脑(台式PC、笔记本电脑)平台开展的电子商务相比,移动电子商务拥有更为广泛的用户基础,具有更为广阔的市场前景。为此,有专家预言,移动商务将决定21世纪新企业的风貌,也将改变生活与旧商业的地形地貌。

二、电子商务的运作模式与特点

(一) 电子商务的运作模式

根据《2010—2011年度全球电子商务研究报告》,目前电子商务模式主要分为B2B,B2C,C2C,C2B,B2M,M2C,G2C,G2E,SNS-EC等。

1. B2B

B2B是英文Business to Business的缩写,是商家(泛指企业)对商家的电子商务模式,即企业与企业之间通过互联网进行产品、服务及信息的交换。这些过程包括:发布供求信息,订货及确认订货,支付过程及票据的签发、传送和接收,确定配送方案并监控配送过程等。国内目前比较知名的B2B网站中,综合类如“阿里巴巴”“慧聪网”“网盛生意宝”“环球资源网”“中国制造网”“中国网库”“敦煌网”等;垂直类如“中国化工网”等。

2. B2C

B2C是英文Business to Consumer(商家对消费者)的缩写。这种形式的电子商务一般以网络零售业为主,主要借助于Internet开展在线销售活动,即直接面向消费者销售产品和提供服务。B2C模式是我国最早产生的电子商务模式,以8848网上商城正式运营为标志。国内目前比较知名的B2C网站中,综合类如“京东商城”“当当网”“卓越亚马逊”“易迅网”“一号店”等;垂直类如“新蛋”“好乐买”“凡客诚品”“酷运动”“左岸女人”等。

3. C2C

C2C 是英文 Consumer to Consumer(消费者对消费者)的缩写,同 B2B,B2C 相比,C2C 商务平台就是通过为买卖双方提供一个在线交易系统,使卖方可以主动提供商品上网拍卖,而买方可以自行选择商品进行竞价。如一个消费者有一台旧电脑,他可以通过网上拍卖,把它卖给另外一个消费者。国内目前比较知名的 C2C 网站有:"淘宝网""易趣网""拍拍网""乐酷天"等。

4. C2B

C2B 是 Customer to Business(消费者对企业)的缩写。最先流行于美国。C2B 模式的核心,是通过聚合为数庞大的用户形成一个强大的采购集团,以此来改变 B2C 模式中用户一对一出价的弱势地位,使之享受到以大批发商的价格买单件商品的利益。Groupon 模式就是 C2B 的一种典型代表,通过网站的团购模式产生巨大的订单,从而让商家能够让利,使得消费者获得更好的折扣价。国内目前比较知名的网站如:"美团""拉手""F 团""糯米""满座"等。

5. B2M

B2M 是 Business to Marketing(企业对市场销售者)的缩写。在这一模式下,企业以客户需求为核心而建立起营销型站点,并通过线上和线下多种渠道对站点进行广泛的推广和规范化的导购管理,从而使得站点成为企业的重要营销渠道。相对于拥有站点的简单电子商务模式,B2M 注重的是企业网络营销渠道的建立,它是针对网络市场营销而建立的电子商务平台,通过接触市场、选择市场、开发市场,不断地扩大对目标市场的影响力,从而实现销售增长、市场占有。相对于 B2B,B2C,C2C 的目标客户群为一般消费者而言,B2M 的客户群为该企业或其产品、服务的销售者。

6. M2C

M2C 即 Manufacturers to Consumer(生产厂家对消费者)的缩写。它是 B2M 电子商务模式的延伸概念。B2M 模式下,企业通过网络平台发布该企业的产品或者服务,职业经理人通过网络获取该企业的产品或者服务信息,并且为该企业提供产品销售或者提供企业服务,企业通过经理人达到销售产品或者提供服务的目的。M2C 是 B2M 模式不可缺少的一个后续环节,即经理人最终还需将产品销售给最终消费者。赛购网便是 M2C 电子商务运营模式的代表。

7. G2C

G2C 即 Government to Citizen(政府对公众)的缩写。G2C 是政府通过电子网络系统为社会公众或公民个人提供各种服务的电子商务模式,借助政府与公众之间的互动,实现网上交易全面管理,为政府解决电子采购及招投标、网上福利支付、物品拍卖、电子资料库、电子税务、网上申报、电子身份认证等提供了保障。中科汇联的 Easy Gov 电子政务系统就是该模式的代表。

8. G2E

G2E 即 Government to Employee(政府对雇员)的缩写,也有学者把它称之为内部效率效能(IEE)电子政务模式。G2E 电子政务主要是利用 Intranet 建立起有效的行政办公和员工管理体系,为提高政府工作效率和公务员管理水平服务。

9. B2G

B2G 是 Business to Government(商家对政府)的缩写,即企业与政府之间通过网络所进行的交易活动的运作模式,如电子通关、电子报税等。B2G 也可能包括电子采购服务以及在线应用软件和数据库设计的租赁,B2G 有时也被称为电子政府。

10. SNS-EC

SNS-EC 即 Social Networking Service E-Commerce(社交电子商务)的缩写,是电子商务一种新的衍生模式。它借助社交媒介、网络媒介的传播途径,通过社交互动、用户自生内容等手段来辅助商品的购买和销售行为。在 Web2.0 时代,越来越多的内容和行为是由终端用户来产生和主导的,比如博客、微博。一般可以分为两类。一类是专注于商品信息的传统模式,如 Kaboodle、Thisnext 以及国内的美丽说、辣妈说、葡萄网等,主要是通过用户在社交平台上分享个人购物体验、在社交圈推荐商品的应用。另一类是比较新的模式,通过社交平台直接介入商品的销售过程,如社交团购网站中的 Groupon 等,社交网店中法国的 Zlio、中国的辣椒网 Lajoy 等。

11. BMC

BMC 即 Business Medium Consumer 的缩写,其中 M 指媒介,为第三方监管。它通过打造和整合商品渠道、金融渠道、诚信渠道,让第三方有效地帮助消费者对商家进行专业化的监管,包括商品质量、评判诚信以及双方的交易金额。它集量贩式经营、连锁经营、人际网络、金融、传统电子商务等传统电子商务模式优点于一身,解决了传统电子商务模式的发展瓶颈。该模式由精彩生活投资发展有限公司独创。

12. ABC

ABC 即 Agents Business Consumer 的缩写。ABC 模式是新型电子商务模式的一种,是由代理商(Agents)、商家(Business)和消费者(Consumer)共同搭建,集生产、经营、消费为一体的电子商务平台。生产者、消费者、经营者、合作者、管理者大家相互服务、相互支持,形成一个利益共同体,资源共享,共产共销。"淘福啦"便是全球首创的一种 ABC 模式。

(二)现代电子商务特点

电子商务作为一种新型的交易方式,将生产企业、流通企业以及消费者和政府带入了一个网络经济、数字化生存的新世界。与传统交易方式相比,从不同角度看,电子商务具有多种特点。

1. 从电子商务运行的网络载体看,电子商务的特点表现为:① 数字化:商务以及与商务活动相关的各种信息都以数字形式被采集、存储、处理和传输,易于存储、查询、处理、修改等;② 交互性:数字化信息在计算机网络中具有双向沟通的功能,可以轻松实现商务交易主体之间的信息交互;③ 高效率:电子商务的信息传递基于电磁波传输原理,互联网的传输信道能够以每秒 30 万公里的速度将信息向前传递,传统物理世界的时间限制和空间限制被彻底打破。

2. 从电子商务运行中的卖方主体看,电子商务的特点表现为:① 个性化:企业可以充分利用数据库进行一对一的个性化营销、一对一的个性化设计和生产,实现企业和消费者之间全程的一对一个性化跟踪服务,最终实现企业的差异化经营战略;② 专业化:面对互联网络环境下全球庞大的市场,依据供应链管理理论和核心竞争力理论,企业不可能在其所涉及的所有方面都做得很成功,因此必须摒弃大而全的经营思路,走专业化的道路;③ 低成本:在有效利用电子商务各种手段的情况下,企业将能够明显降低其采购成本、生产成本、物流成本、营销成本、人员工资等。

3. 从电子商务运行中的买方主体看，电子商务的特点表现为：① 节约性：生产性和销售性购买的节约主要体现在大大降低了原材料、半成品和成品的采购成本、物流成本等；消费性购买的节约主要体现在消费者获得高额的消费者剩余。② 便利性：消费者的商务活动可以轻松突破时间和空间的限制，无疑给消费者的商务活动带来了极大的方便。

4. 从电子商务自身系统角度看，电子商务的特点表现为：① 协同性：电子商务模式中，几乎所有的信息交互都在瞬间完成，这就需要所有提供商务服务的主体都相互协调并适应电子商务运行的规则；② 集成性：按照尽可能为消费者提供"一站式"商务服务的要求，电子商务服务提供商所在的整个供应链必须被集合成一个整体，否则，电子商务的协同性和高效性无法得到保证；③ 扩展性：由于电子商务所面对的是极为广泛的全球性市场，电子商务服务系统必须适应新增用户的消费需求。

三、国际电子商务发展的基本现状

1. 电子商务市场规模日益扩大

20 世纪 90 年代以来，随着网络、通信和信息技术的突破性进展，Internet 在全球迅速普及并实现了爆炸性增长。根据联合国贸易和发展会议《信息经济报告 2007—2008》，截至 2006 年底，世界互联网用户总人数达到 11.31 亿人。互联网用户规模的不断膨胀促进了电子商务的迅速发展，销售额成倍增长。据有关数据统计，1994 年全球电子商务销售额仅为 12 亿美元，1997 年达到 26 亿美元，2000 年达到 3 000 亿美元，2011 年全球电子商务市场总规模达到 6 800 亿美元。

2. 以美国为代表的发达国家引领全球电子商务发展

目前，世界范围内已经形成了以美国为首，欧洲和亚洲发达国家紧随其后的国际电子商务发展格局。《2010—2011 年度全球电子商务研究报告》指出，从世界范围来看，美国是电子商务起步最早的国家，在技术、市场和社会法律等方面一直保持着世界领先地位。目前全球 90% 的电子商务网站都在美国，其每年的电子商务交易额也超过了全球电子商务交易总额的 50%。欧洲国家尽管其电子商务起步稍晚，但近年来电子商务开展的也是如火如荼，即使在 2009 年经济危机的情况下，其年网上销售额依旧攀升至 1 437 亿欧元，同比增长达 22%，其中英国、德国和法国网上销售占欧洲在线交易的 70%，芬兰、瑞典、丹麦等国企业网上采购的比例也已经达到 60% 以上。而亚太地区新兴的电子商务市场主要集中在日本、新加坡、韩国、中国等国家以及中国台湾与香港地区。

3. 电子支付产业有力地支撑了电子商务的发展

与电子商务运行密切相关的电子支付产业也正处于高速发展期，根据支付系统供应商 ACI 与金融分析公司 Global Insight 合作的研究报告指出，2004—2009 年，全球各种类型电子支付交易复合增长率达到 12.9%，同期 79 个国家平均 GDP 增长率为 3.2%。2008 年全球电子支付年交易量达到 2 100 亿美元，2010 年达到 4 200 亿美元，复合增长率是各地区 GDP 增长率的 4 倍。在电子支付工具中，除了银行卡之外，各种新的电子支付工具如手机支付、储值卡、EBT 卡、预授权支付、远程支付等纷纷涌现，并取得迅速发展。

4. 网络团购电子商务模式日益盛行

网络团购是近年来电子商务发展的新趋势，其盈利模式清晰，具有较大的市场应用潜力。淘宝、58 同城、美团网、拉手网、F 团、24 券、糯米网、满座网、团宝网、阿丫团、爱帮团、大众点评团等垂直网站纷纷开始角逐这一市场。社会化团购作为传统 B2C 领域一个新型分支应用,整合了电子商务、线下消费、web2.0、互联网广告等因素,其商业模式极具创新性,市场前景广阔,激烈竞争的局面逐步形成。全球网络团购正在由地方性团购、垂直化团购向综合性、平台化团购发展。

四、电子商务在国际经贸领域中的应用

与传统的业务运作方式相比,电子商务在国际经贸活动中的应用显现出了明显的优势,主要表现在:

1. 降低国际经贸活动的交易成本

由于国际经贸活动需对地域空间、市场环境、政策边界等进行更大范围和更高程度的跨越,业务程序及其信息交互的繁杂性较为突出。与国内贸易相比,国际经贸业务中的单证种类复杂、数量繁多,处理费用较高,耗时较多。通过电子商务开展国际经贸活动,既可节省大约 90% 左右的文件处理费用,又可缩短交单、结汇时间,加快资金周转,还可节省利息开支,降低业务中的差错率和营运成本。根据美国“福布斯”的统计,电子商务可为企业节省5% ~ 10% 的交易成本。

2. 提高国际经贸活动的交易效率

基于电子商务平台开展国际经贸活动,交易各方可采用标准化、电子化的格式合同、单据,使各种相关单证在网上即可实现瞬间传递,大大节省了单证的传输时间,而且还能有效地减少因纸面单证中数据重复录入导致的各种错误,对提高交易效率的作用十分明显。

3. 保证国际经贸业务的全天候运作

由于世界各地存在时差,进行国际经贸谈判会面临诸多不便。电子商务全天候、不间断运作可使全球范围内的客户随时得到所需的信息,为国际经贸企业带来更多的订单,并且可大大提高交易的成功率,提高客户满意度。

4. 减轻国际经贸活动对实物基础设施的依赖

与开展国内经贸相比,进行国际经贸对实物基础设施的依赖程度要高得多。传统企业开展国际经贸业务都必须拥有相应的基础设施,利用电子商务开展国际经贸活动可以显著减少在实物基础设施方面的投入。如基于电子商务的零库存管理可以大大减少仓储设施的建设和设备的购置;电子商务中的网上市场则可避免产品展示厅、销售店铺的建设。

此外,对于应用电子商务平台的广大厂商而言,还可以建立自己的网站介绍产品、劳务和宣传企业形象,有利于提升企业知名度。可见,电子商务对众多国际经贸企业产生了巨大的吸引力,在国际经贸领域中具有十分广阔的应用前景。

五、电子商务对国际经贸发展的影响

电子商务作为一种新兴的商务运作平台,拓展了国际经贸行为的空间和场所,缩短了国际经贸活动的距离和时间,简化了国际经贸业务的程序和过程,使国际经贸活动全球化、智能化、无纸化和简易化,对国际经贸的发展产生了重要影响,主要表现在以下几个方面:

1. 实现了交易手段的革新

电子商务将合同、订单、信用证、发票、提货单、海关申报单、进出口许可证等日常往来的单证文件和经济信息,按一定的电子数据格式进行准确、快捷、便利的网络传输;通过电子商

务网络定向的信息发布部分地代替了电视、报刊等日常新闻媒介中的广告宣传；电子商务平台中的虚拟洽谈、网上市场促进了商务磋商和营销活动。电子商务实现了电子货币对纸质货币的替代，电脑软件、电子书刊、电子音像制品等服务产品则直接借助电子商务网络完成交易。

2. 推动跨国公司生产的全球化

电子商务实现了企业与市场之间的双向信息流动，使跨国企业可以根据不同市场的差异化需求及时做出反应提高客户满意度。企业可借助网络根据订单要求直接面向全球市场组织生产，一方面可以缩短产品的生产周期，减少库存；另一方面则有利于跨国公司在全球范围内配置资源，安排生产。此外，电子商务平台也有力地推进了跨国公司系统内部各种经贸活动的开展。

3. 产生了"虚拟公司"

电子商务实现了由众多企业相互联合而成的信息网络系统，可以完成单个企业不能承担的市场功能，可以更加有效地向市场提供商品和服务，跨国公司战略联盟便是这种"虚拟公司"的主要表现形式。在电子商务平台下，通过开放性的动态网络寻找资源和联盟，借助企业外部的信息、资源等，通过"虚拟公司"的生产经营以适应瞬息万变的经济竞争环境和消费需求个性化、多样化的趋势，并有利于国际经贸企业实现分工合作、优势互补、资源互用、利益共享的目标。如美国福特汽车公司在 1998 年 3 月将分布在全世界的 12 万个电脑工作站与公司的内部网连接起来，并将全世界的 1.5 万个经销商纳入内部网，最终实现了根据用户的不同要求供应汽车。

4. 增进了各国之间的经贸合作

电子商务在国际经贸领域中的应用实现了网上"虚拟"的经贸信息交换，开辟了一个开放、多维、立体的市场空间，突破了传统市场的地域界限，在全球形成了一个以信息网络为纽带、以 Internet 为载体的"无国界"全球化大市场。在这种电子商务网络环境中，各国间的经贸联系变得更为便捷、更加经济，也更趋频繁，国际经贸合作也必将得到了进一步加强。

5. 增加了国际经贸活动的风险

在电子商务中，交易者、交易方式、交易意向和交易标的的表达都被虚拟化，交易参与者的知觉线索被部分遮掩，交易过程与结果的不确定性有所增加，加上网络黑客侵扰及经济犯罪威胁的存在，商品和服务提供中的质量风险以及货款支付中的技术风险、信用风险都会随之出现。

当然，电子商务对国际经贸的影响还体现在国际经贸政策层面，传统的国际经贸法规、惯例都将面临电子商务运行的挑战，这些都有待于在今后的经贸实践发展中做出相应的研究、调整和变更。总而言之，电子商务作为一种新型的商务活动，将对国际经贸发展带来一场史无前例的革命。

思考与练习

1．WTO 的宗旨和基本原则是什么？

2．WTO 的三大功能及其运行机制分别是什么？

3．区域经济一体化的组织形式有哪些？各自有什么特点？

4．贸易创造效应和贸易转移效应有何不同？

5．跨国公司有哪些基本特征？20 世纪 90 年代以来跨国公司的发展呈现出哪些特点？

6．何为跨国公司的内部贸易和转移价格？它们对跨国公司经营战略目标的实现起到了什么作用？

7．什么是全球化？经济全球化对各国经济带来哪些影响？

8．电子商务有哪些运作模式？现代电子商务有哪些特点？

9．电子商务在国际经贸领域中有哪些优势？电子商务对国际经贸发展产生了哪些影响？

第四章

国际货物贸易(上)

国际货物贸易是指世界各国(地区)之间所进行的有形商品的交换活动,是国家(地区)间最传统、最直接的经济联系方式。尽管20世纪70年代以来,国际贸易已经呈现出货物贸易、技术贸易和服务贸易三位一体、并驾齐驱的发展趋势,但国际货物贸易仍是当前国际贸易和我国对外贸易最主要、最基本的组成部分,国际货物贸易的许多做法也被应用到国际技术贸易和服务贸易的实践中。因此,有关国际货物贸易的基本理论和业务做法,仍是每个从事国际经贸研究和实际工作的人员必须掌握的基本知识。本章和第五章将主要介绍国际货物贸易有关的业务知识和操作技能。

第一节　国际货物贸易合同的磋商和订立

一、国际货物贸易合同的概述

(一) 国际货物贸易合同的含义

国际货物贸易合同是营业地在不同国家(地区)的当事人之间就货物贸易的各项交易条件达成一致的协议。狭义的国际货物贸易合同是指在一般的进出口贸易中签订的货物贸易合同,而广义的国际货物贸易合同还包括易货、租赁、加工贸易等各种贸易方式下订立的贸易合同。本章所述的"国际货物贸易合同"是指狭义的,即由贸易双方达成的以买卖货物为目的的协议,也称国际货物销售合同。

根据《联合国国际货物销售公约》(后文简称《公约》)的规定,国际货物贸易合同具有3个特点:① 国际性,即国际货物贸易合同是营业地处于不同国家(地区)的当事人之间订立的贸易合同;② 合同的标的物为货物,不包括劳力和其他服务,供私人、家属或家庭使用而进行的购买,经由拍卖的销售,公债、股票等有价证券,船舶或飞机,电力等6项也被《公约》排除在"货物"之外;③ 合同的性质是买卖,卖方要将货物的所有权转移给买方,而买方必须以货币支付货款。

国际货物贸易合同明确了买卖双方的权利和义务,是联系双方的纽带,对双方具有相同的法律约束力。

(二) 国际货物贸易合同的形式

对于国际货物贸易合同的形式,各国(地区)法律有不同的要求。目前,绝大多数国家(地区)法律上对货物贸易合同基本上都采取所谓"不要式原则",即不规定任何特定的形式要求,当事人不论是采用口头方式还是书面方式,或是以某种行为来订立合同,都被认为是合法和有效的。

我国于1999年10月1日起正式实施的新《合同法》对国际货物贸易合同的形式做出了与《公约》相同的规定,标志着我国在国际货物贸易合同的形式方面最终与国际通行做法达成了一致,但在业务中仍以书面形式的合同为主。

国际货物贸易的书面合同形式包括正式合同(Contract)、确认书(Confirmation)、协议(Agreement)、备忘录(Memorandum)等多种形式。在我国的进出口业务中,主要采用正式合同和确认书两种形式。正式合同分进口合同(Import Contract)或称购买合同(Purchase Contract)和出口合同(Export Contract)或称销售合同(Sales Contract)。确认书也有销售确认书(Sales Confirmation)和购买确认书(Purchase Confirmation)两种。它是一种简式合同。正式合同和确认书虽然在格式及条款项目和内容的繁简上有所不同,但在法律上具有同等效力,对买卖双方均具有约束力。

(三)书面合同的内容

正式的书面合同一般由3部分组成,即约首、正文和约尾。

1. 约首

约首是合同的序言部分,包括合同名称、编号、订约日期和订约地点、各方当事人的名称和地址、电报挂号、电传号码、传真号码、买卖双方订立合同的意愿和执行合同的保证等。

2. 正文

正文是合同的主体,具体规定了双方的权利和义务,包括合同的各项交易条款,如商品的名称、品质规格、数量、包装、单价和总值,交货期限、支付条款、保险条款、检验条款、异议索赔条款、不可抗力和仲裁条款等,以及根据不同商品和不同交易情况加列的其他条款,如保值条款、溢短装条款和合同适用的法律等。各交易条款的具体内容本章将进一步阐述。

3. 约尾

约尾是指合同的结尾部分,主要有合同使用的文字及其效力、合同正本份数、副本效力、买卖双方的签字、订约的时间与地点等项内容。

国际货物贸易合同一般用两种文字来表示,合同中应明确以何种文字为依据,或明确规定两种文字具有同等效力。在一般情况下,合同要有两份正本,交易双方当事人各执一份,并据以执行。

销售(购买)确认书的内容比较简单,一般只包括商品名称、规格、数量、单价、总值、装运期、付款条件、包装等几项主要交易条件,也不像正式合同那样明确地由3部分组成。确认书一般没有约尾,有的也没有约首。

(四)国际货物贸易合同适用的法律规范

订立和履行国际货物贸易合同不仅是一种经济行为,而且是一种法律行为。依法成立的合同不仅体现了双方当事人的经济关系,还体现了他们之间的法律关系。由于国际货物贸易合同的当事人分处于不同的国家,其法律适用的问题要比国内购销合同复杂。在具体业务中适用的法律规范主要包括以下几个方面:

1. 合同有关国国内的相关法律

各国法律一般都对国际货物贸易合同的法律适用原则作出具体规定,我国也按照国际通行的法律与惯例规定,合同当事人可选择处理合同争议所使用的法律。当事人没有选择的,适用与合同有最密切联系的国家的法律。

2. 国际贸易惯例

国际贸易惯例是在国际交往中逐渐形成的一种较为明确、固定的贸易习惯和一般做法,其中包括成文的与不成文的原则、准则和规则。惯例与国内法和国际法的区别在于它不具有绝对的法律约束力，而是遵从当事人“意愿自治”的原则。若双方当事人在合同中采用了某项惯例来确定他们之间的权利与义务，或者某项惯例被纳入国内法，或者当事人在合同中未约定也未排除使用某项惯例，而法庭或仲裁庭引用了该惯例作为判决或裁决的依据，那么，在此类情况下，国际贸易惯例就具有法律约束力。

3. 双边或多边国际公约

在对外订立和履行货物贸易合同时，应符合我国政府与对方当事人所在国政府之间缔结的条约以及双方共同参加的与合同有关的多边国际条约，主要包括我国政府与某些国家（地区）缔结的贸易协定、支付协定、年度议定书、共同交货条件，以及我国参加的部分国际公约。其中与我国对外贸易关系最密切、最为重要的就是《联合国国际货物销售合同公约》（以下简称《公约》）。

《公约》于1980年3月在联合国于维也纳召开的外交会议上通过，并于1988年1月1日起生效。我国政府派代表参加了1980年的维也纳会议，并于1986年12月向联合国秘书长递交了对《公约》的核准书，成为《公约》的首批参加国之一。我国在核准《公约》时，根据我国当时的具体情况提出了两点保留：一是关于合同形式的保留，我国提出国际货物贸易合同必须采用书面形式，虽然我国新的《合同法》已对这部分内容作出调整，但我国迄今为止尚未以书面形式通知《公约》取消该项保留。二是对根据国际私法规则导致《公约》的适用提出的保留。《公约》规定，若合同当事人的营业地所在国是《公约》的非缔约国，但根据国际私法规则导致适用某一缔约国的法律，则《公约》对该合同也适用。对此，我国认为《公约》仅适用于营业地处于不同的缔约国的当事人所订立的合同；当事人在合同中对这个问题另有规定者除外。

二、国际货物贸易合同的磋商

贸易合同作为确定双方权利和义务的依据，一经有效成立，双方即有共同履行合同规定的权利和义务的责任。所以，进出口贸易以贸易合同为中心，一般要经历合同磋商、合同签订和合同履行等阶段。

（一）合同磋商的含义及形式

合同磋商（Contract Negotiation）又称交易磋商（Business Negotiation），是买卖双方就买卖某种货物的各项交易条件进行洽商，以求达成协议、签订合同的过程。一旦交易双方通过磋商对各项交易条件达成一致意见，合同即告成立，对双方都具有约束力。

交易磋商分为3种形式：一是口头形式，即贸易双方面对面进行洽商或通过电话进行洽商；二是书面形式，即贸易双方通过来往的信函、电报、电传、传真或被称之为无纸贸易的电子数据交换方式进行洽商。从表面上看，无纸贸易并未采用书面形式，但是，它能够根据需要转换成书面形式；三是行为方式，即通过行为进行交易磋商，最典型的例子就是在市场上进行拍卖或者购买。

（二）合同磋商的内容

合同磋商的内容，即贸易合同条款的内容，又称交易条件，通常分为个别交易条件和一般交易条件。个别交易条件是主要的交易条件，其变动性大，即每一笔交易都可能发生变化，如品质、数量、包装、价格、交货的时间与地点以及货款支付方式等。与之相反，一般交易条件的变动性小，相对较为固定，如商品检验的时间、地点与方法、索赔、仲裁和不可抗力等。在实际业务谈判中，对上述条款并非逐条进行协商，只就主要条款磋商即可。因为对某些商品和某些客户来说，长期形成的贸易习惯节约了时间和费用，对一般性的交易条件没有必要一一列出。

（三）合同磋商的程序

每一笔交易磋商的程序不完全相同，总体上看，可包括询盘、发盘、还盘、接受4个环节。

1. 询盘

询盘（Inquiry；Enquiry）是交易的一方为购买或销售货物而向对方提出的有关交易条件的询问。询盘通常由买方发出，一般称为“邀请发盘”；它也可以由卖方发出，习惯上将其称为“邀请递盘”。询盘以对价格的询问为主要内容，有时也会涉及商品的品质、数量（重量）、包装、装运条件等内容。询盘并非交易磋商的必经阶段，但往往是每笔交易的起点。

2. 发盘

发盘（Offer）又称发价、报盘、报价（Quotation），是交易的一方向另一方提出买卖一定货物的各项交易条件，并表示愿意受这些条件的约束与对方订立贸易合同。发出发盘的一方就是发盘人，收到发盘的一方则被称为受盘人。

发盘既是商业行为，又是法律行为，在合同法中称之为要约。在发盘有效期内，发盘人不得随意撤销或修改其内容。若受盘人在有效期内对该发盘表示无条件接受，发盘人就必须按发盘条件与其成交、签订合同，否则即为违约，要承担相应的法律责任。

（1）发盘的构成条件

一项有效的发盘应具备以下条件：

① 发盘必须向一个或一个以上特定的人提出。在发盘中必须指定一个或多个可以对发盘表示接受的人，只有这些特定的人才可以对发盘表示接受并与发盘人签订合同。若发盘中没有指定受盘人，它便不能构成有法律约束力的发盘，而只能视为邀请发盘，如向国外客户广为分发的商品目录、价格表等都属于这种情况。

② 发盘中必须明确表示发盘人受其约束。发盘人应表明自己有责任在受盘人对发盘作出有效接受时与其订立合同。发盘人是否在发盘中表明了这种意旨，并不能仅看发盘中是否有“实盘”“订购”或“订货”之类的字样，更重要的是取决于发盘整个内容是否确定。若受盘人对发盘是否表示了承诺约束的意旨不能肯定，则应向对方提出，不能随意猜测。

③ 发盘的内容必须十分确定。发盘内容的确定表现为发盘中的交易条件必须是明确的、完整的和终局性的。所谓明确，是指发盘中的交易条件应是确定的，不能有含糊不清、模棱两可的词句，如“大约”“大概”“参考价”等。所谓完整，是指发盘中的交易条件应该是完整的，应包括商品的品名、品质、数量、包装、价格、交货期和货款支付等主要条件。但在实际业务中，一项发盘往往并不包括上述所有交易条件。发盘表面上所缺少的某些交易条件，在一定情况下可以沿用长期贸易往来的习惯做法、或援引过去的往来函电或合同予以确定。所谓终局性，即没有任何保留条件或限制性条件，如“以我方的最终确认为准”“以商品未售出为准”。如果一项发盘不具备肯定或明确、完整、终局性的特点，则称为“虚盘”（Offer Without Engagement）。

④ 发盘必须送达受盘人。发盘于送达受盘人时生效，在此之前，即使受盘人已通过其他途径知道了发盘的内容，也不能在收到发盘前主动对该发盘表示接受。

（2）发盘的有效期

发盘都有一个有效期，只有在有效期内，受盘人对发盘的接受才有效，发盘人才承担按发盘条件与受盘人成交的责任。发盘有效期的规定有以下几种情况：

① 明确规定有效期。常见的方法有两种：一是规定最迟接受的期限。发盘人既要在发盘中规定最后期限的具体日期，还要说明发盘人的接受是在这一时期前发出，还是在这一日期前送达发盘人，并要说明该日期是以何处的时间为准，如“本发盘限 3 月 2 日复到，以我方时间为准”。二是规定一段有效期，如“本发盘有效期 3 天”等。若该发盘是以电报或信函方式发出的，有效期从电报拍发或信函寄出时起算；若该电报是以电传等快速通讯方式发出，则有效期从发盘送达受盘人起算。在所规定的一段时期内，受盘人所在地如遇假日或非营业日，也应包括在内。但如果该有效期的最后一天恰逢发盘人所在地的假日或非营业日，受盘人的接受不能送达发盘人的地址时，则有效期顺延至下一个营业日。

② 不明确规定有效期。由于有效期不是有效发盘的必要条件，发盘可以不对有效期作明确规定。此种表示方法被称为在合理时间内有效，而合理时间究竟有多长，各国法律并无明确规定，要依据发盘的方式、货物的行情等因素去掌握。

③ 若发盘采用的是口头表达方式，则除非交易双方另有约定，收盘人必须立即表示接受才有效。

（3）发盘的撤回和撤销

根据《公约》的规定，一项发盘在送达受盘人时才生效，在此之前，它对发盘人没有约束力。若发盘人在发出发盘后发现发盘有误，或是由于其他原因想取消发盘，则他可以在发盘生效前将其撤回，但撤回的通知应在发盘送达受盘人之前或与发盘同时到达受盘人。

发盘的撤销与撤回不同，它是指发盘人在发盘生效后，通知受盘人取消发盘，解除自己在发盘项下所应承担的责任的行为。《公约》规定，若发盘人撤销发盘的通知于受盘人发出接受通知前送达受盘人，则发盘得以撤销；但若在发盘中规定了有效期，或通过其他方式表明该发盘是不可撤销的，或受盘人有理由信赖该发盘是不可撤销的，并已本着对该发盘的信赖行事，则该发盘不可撤销。

（4）发盘的失效

除被撤销外，发盘在以下情况下也告失效，发盘人不再受发盘内容的约束。

① 过期。若受盘人未在发盘规定的有效期或合理时间内接受发盘，则该发盘自动失效。

② 拒绝。发盘在发盘人收到受盘人的拒绝通知时失效。若受盘人在对发盘表示拒绝后又表示接受，即使原发盘有效期仍未届满，发盘人也将不受约束，除非他愿意对该项接受予以确认。另外，若受盘人在收到发盘后长时间不表态，也将被视为对该发盘的拒绝。在交易磋商中常见的还盘，实际上也是对原发盘的拒绝，也会使原发盘失效。

③ 不可抗力。非当事人所能控制的意外事故可以使发盘失效。例如，政府突然颁布出口或进口禁令、突然实施对某国的封锁、突然爆发战争等，都会使得发盘人在受盘人对该发盘表示有效接受时无法与其签约，发盘失效。

④ 若发盘人或受盘人在发盘被接受前丧失行为能力，或死亡、或破产，则该发盘失效。

案例分析

我国某公司于2005年8月6日收到日本客户的询盘寻购柠檬酸，当日下午即用电子邮件发盘给客户，并限8月12日前回复有效。8月7日收到客户发来的邮件："We accept if your price is decreased by USD 10/M."我方正在犹豫是否接受客户的还盘并认为当初的报价偏低，而没有及时回复客户。到了8月11日，日本方面又来电称："OK, We accept your offer dated Aug. 06, 2005. Please send your S/C to us to sign."而此时由于国内、国际市场的原因，我方已经非常不愿意卖出这批货物。请问：从合同成立的国际惯例来说合同是否已经成立？

提示：发盘在发盘人收到受盘人的还盘或拒绝通知时即告失效，发盘人将不受约束。

3．还盘

还盘（Counter-Offer）又称还价，是指贸易的一方对另一方的发盘的内容不同意或不完全同意而作出的拒绝或修改或变更的答复。还盘对作出还盘的一方具有约束力，法律上称为反要约。因为，还盘既是对原发盘的拒绝，同时又是一项新的发盘。还盘的内容较一般的发盘简单，只是对发盘中不同意的内容提出修改或变更，而愿意接受的条件不必再列出。此外，还盘必须是对交易条件的实质性变更，某些在交易细节问题上的修改或添加属于非实质性变更，不构成还盘。

还盘不是交易磋商的必经阶段。有时交易双方无需还盘即可成交，有时则要经过多次还盘才能对各项交易条件达成一致，或因双方分歧太大而不能成交。

4．接受

接受（Acceptance）是指交易的一方无条件地同意对方在发盘或还盘中所提出的交易条件，并以声明或行为表示愿按这些条件与对方成交、签订合同。一般情况下，发盘一经接受，合同即告成立，对买卖双方都将产生约束力。

（1）构成一项有效接受的条件

① 接受必须由特定的受盘人作出。这个条件实际上是与构成发盘的第一个条件相对应的。只有发盘中指定的受盘人才能对发盘表示接受，任何第三者对发盘的接受对发盘人都没有约束力。

② 接受必须表示出来。接受必须由特定的受盘人表示出来，缄默或不采取任何行动不能构成接受。表示的方式大都采用口头或书面声明的方式，但也可以根据发盘人的要求或双方当事人之间已经确立的习惯做法作出，例如发运货物或支付货款，就能算接受。

③ 接受必须在发盘的有效期内表示并送达发盘人。发盘中往往规定发盘的有效期，发盘人只在这个期限内承担按发盘条件与受盘人成交的责任。若接受通知未能在发盘有效期或合理时间内送达发盘人，则该接受成为一项逾期接受，原则上对发盘人没有约束力。除非发盘人认为逾期接受是可以接受的，并毫不延迟地以口头或书面形式通知受盘人，则该逾期接受有效；但要注意的是，如果所使用的信件或其他书面文件表明，该接受在正常的传递情况下本应及时送达受盘人，但由于出现传递不正常的情况而造成延误，这种逾期接受被认为仍然有效。除非发盘人在收到该逾期接受时毫不延迟地向受盘人发出通知，否认该逾期接

受的有效性。

案例分析

我国某出口公司于5月5日以电报对德商发盘,限8日复到有效。对方于7日以电报发出接受通知,由于电讯部门的延误,出口公司于9日才收到德商的接受通知,事后该公司亦未表态。合同是否成立?

提示:非正常传递情况下的逾期接受一般情况下有效,除非当事人否认其效力。

④ 接受的内容必须与发盘相一致。受盘人必须无条件地同意发盘的全部内容才能与发盘人成交。如果受盘人在对发盘表示接受的同时对发盘的内容进行了添加或更改,即为拒绝该发盘而构成还盘。

但是应注意,对发盘条件的添加或更改有实质性与非实质性之分。《公约》规定:有关货物价格、付款、货物质量和数量、交货地点和时间,赔偿责任范围或解决争端等的添加或修改,均视为在实质上变更原发盘的条件,发盘人可不予确认,合同不成立。至于非实质性变更,例如:要求增加提供重量单、装箱单、商检证书和原产地单据,或要求增加单据份数,或要求分批装运等,不应视为实质性变更,不影响接受的有效性。假如发盘人不同意这些变更,则应毫不延迟地向受盘人提出异议,否则,合同将按添加或修改后的发盘条件成立。

案例分析

我国某外贸公司在2005年6月24日应美国商人的询盘要求就某一农产品以电子邮件的方式向其报盘,在发盘中详细列明各项成交条件,其中包装条款为"Packing in new PP woven bags about 50kg each"。在发盘的有效期内,美国商人复电:"Refer to your offer dated Jun. 24th, 2005, we accept your offer, but packing changed to new gunny bags."我公司收到上述复电后即着手备货,准备于双方约定的9月份装船,两周后,该农产品国际市场价格猛跌,美商于7月10日来电称:"You didn't confirm our change of the packing, so the contract hasn't been concluded."而我方坚持合同已有效成立,双方发生争执。请问合同是否成立?

提示:对包装条款的变更不属于实质性变更,不影响接受的有效性。如果发盘人不同意变更,应毫不延迟地向受盘人提出异议。否则,合同成立。

(2) 接受的撤回

按《公约》的规定,接受于送达发盘人时生效。因此,若撤回或修改的通知先于接受或与接受同时到达发盘人,受盘人就可以在接受生效前将其撤回或对其进行修改。但是,已经生效的接受是不得撤销或修改的。

在接受的撤回问题上,《公约》的规定与遵循“到达规则”的大陆法系国家(地区)的法律规定一致,但英美法系国家(地区)依据“投邮原则”认为接受在发出时即生效,因此接受不能撤回。我们应注意到法律规定上的这种差别,以免在实际业务中产生误解或争议。

(3) 对综合盘和复合盘的接受

综合盘也被称为联合发盘或一揽子发盘,它是将两个或两个以上的发盘搭配在一起,作为一个发盘对外发出。对综合盘,受盘人只能全部接受或全部拒绝,若接受其中的一部分而拒绝另一部分,就构成了受盘人的还盘。

复合盘是发盘人向受盘人同时发出的两个或两个以上的各自独立的发盘,受盘人可以接受其中一部分发盘而拒绝另一部分发盘。

总之,接受是交易磋商过程中不可缺少的一环。有效的接受使合同成立,并对交易双方都产生约束力。进出口双方从此时起,就开始进入合同的签订或具体履行阶段。

三、国际货物贸易合同的签订

尽管根据《公约》和我国《合同法》规定,在国际货物贸易中买卖双方可以以书面、口头或其他任何方式订立合同,但由于国际货物买卖经过的环节多、过程复杂,在具体业务中,买卖双方所订立的合同仍主要采取书面形式。

(一) 签订书面合同的意义

书面合同有狭义和广义之分。狭义的书面合同,是指买卖双方签署的有一定格式的书面合同。广义的书面合同则指由一定的书面文件形成的合同,它既可以是由买卖双方签署的一定格式的书面合同,也可以是买卖双方为磋商订立合同往来的信件、电报和电传。这里所述的“书面合同”系指狭义的,即有一定格式的书面合同。

合同磋商的方式不一,签订书面合同的意义也不一样,但不论采用哪种方式进行交易磋商,签订书面合同都有一定的实际意义。

1. *签订书面合同是合同成立的依据*

贸易合同表明了买卖双方之间的经济关系,同时也体现着双方的法律关系。当一方违约或拒不履约,另一方却依法要求违约方继续履约或赔偿损失时,必须提供双方具有法律关系的证据,倘若没有正规的书面合同,就难以提供合同成立的证据,就无法得到法律的保护。

2. *签订书面合同是合同生效的条件*

一般情况下,合同生效以接受的生效为条件。但在某些情况下,签订书面合同却成为合同生效的条件。如我国《合同法》规定:“中华人民共和国法律、行政法规规定应由国家批准的合同,获得批准时,方为合同成立。”凡经政府批准的合同,必须是具有一定格式的正式书面合同。在具体业务中,有的书面合同还必须经双方当事人签字才具有法律效力。

3. *签订书面合同是履行合同的依据*

在国际贸易中,进出口合同的履行涉及企业内外众多部门,过程也很复杂。如是口头合同,几乎无法履行。即使是通过信件、电报达成的交易,如不将分散于多份函电中的双方协商一致的条件,集中归纳到一份书面合同上来,将难以得到准确的履行。所以,不论是通过口头还是通过书面磋商达成的交易,必须把协商一致的交易条件综合起来,全面、清楚地列在一定格式的书面合同上,这对于进一步明确双方的权利和义务,为合同的准确履行提供依据具有重要意义。

（二）合同的签署

在国际上，对书面合同的具体形式没有限制，买卖双方可以采用合同书、确认书、协议、订单、备忘录等多种形式。在我国主要采用前两种形式，各进出口公司都印有固定格式的进出口合同或成交确认书，若当面成交，即由买卖双方共同签署；若通过往来函电成交，先由我方签署，然后将合同正本一式两份送交国外客户签署并退回一份，以备存查，作为履行合同的依据。

（三）合同有效成立的条件

合同是否具有法律效力，还要视其是否具备了一定的条件，不具有法律效力的合同是不受法律保护的。合同有效成立的条件包括：① 当事人必须具有法律行为的资格和能力。② 当事人必须在自愿和真实的基础上达成协议。如果一方用诈骗、威胁或暴力行为迫使另一方接受而订立合同，则该合同没有法律效力。③ 合同必须互为有偿。有偿交换是由国际货物贸易合同的性质所决定的，卖方要按合同规定交货，而买方则要按合同规定付款。④ 合同的标的物必须合法，即货物、货款必须合法。⑤双方当事人所订立的合同的形式必须合法。如一些国家规定国际货物贸易合同必须符合法律规定的形式和审批手续。

第二节　国际货物贸易的标的

国际货物贸易的标的是有形的商品，而成交的商品有其具体的名称，并表现为一定的质量；每笔交易的标的，都有一定的数量，且大多标的物需要有适当的包装。因此，买卖双方在达成交易时，应明确成交商品的名称、质量、数量与包装条件，并在买卖合同中订立具体条款。

一、合同的标的

（一）国际货物贸易商品的名称

商品的名称（Name of Commodity）又称品名，是指能使某种商品区别于其他商品的一种称呼或概念，在一定程度上体现了商品的自然属性、用途以及主要的性能特征。品名条款是贸易合同不可缺少的一项主要交易条件。对成交商品名称的描述，是买卖双方交接货物的一项基本依据，直接关系到买卖双方的权利和义务。若卖方交付的货物不符合约定的品名和说明，买方有权提出损害赔偿要求，甚至可以拒收货物或撤销合同。而从业务的角度看，品名的规定也是交易的物质基础和前提，只有确定了商品的名称，肯定了双方交易的物质基础，才能在此基础上对其他条款进行磋商。

品名条款虽然简单，但也要引起足够的重视。品名的误差不仅会给报关、检验等环节带来麻烦，还会出现退货索赔等贸易纠纷。因此，在确定品名时应注意商品名称必须明确、具体，尽可能使用国际上通用的名称，在不违背进口国（地区）有关政策的前提下，选择有利于减低关税或方便进口的名称。

案例分析

我国某生产企业向马来西亚客户出口汽车配件，合同中约定的品名为 YZ-8303R/L，但生产企业提供的是 YZ-8301R/L。两种型号的产品在外形上非常相似，但用在不同的车型上，因此客户不能接受，要求我方调换产品或降低价格。请问我方应该如何处理？

提示：品名条款是合同的基本条款之一，卖方生产或供应的商品必须与合同条款规定的品名一致，否则买方有权拒收货物或撤销合同。我方只能同意对方的要求，调换产品或适当降价。

（二）国际货物贸易商品的品质

商品品质，亦称商品质量。商品品质是商品内在素质（如化学成分、物理和机械性能、生物学特征等）和外观形态（如商品的形态、造型、结构、色泽、味觉等）的综合，是决定商品使用效能和价格高低的基本因素，也是贸易双方签订和履行合同的重要依据。

1. *表示品质的方法*

由于商品的种类繁多且品质各异，贸易合同中需要用不同的方法表示其内在品质。主要有凭样品买卖、凭规格等级或标准买卖、凭商标或牌号买卖、凭说明书买卖、凭产地买卖等 5 种表示方法。

（1）凭样品买卖，又称看样品买卖（Sale by Sample），即买卖双方以约定标准样品作为交货品质依据的交易。适用于质量难以标准化、规格化的手工艺品、服装、矿产品和农副土特产品。按样品提供者的不同，凭样品买卖可分为凭卖方样品买卖和凭买方样品买卖这两种形式。在凭买方样品买卖时，为避免交货时发生争议，或客户故意挑剔，卖方应按买方来样复制一份或几份样品，作为“回样”或“对等样品（Counter Sample）”，寄交买方确认后，作为交货的依据。

（2）凭规格、等级或标准买卖（Sale by Specification, Grade or Standard）。商品的规格是用以反映商品品质的某些技术指标，如成分、含量、纯度、性能、强度、大小等。商品的等级是指同一种商品按其规格上的差异，分为品质各不相同的若干等级。标准是由一国（地区）或数国（地区）政府部门及商业团体制定的关于某种商品不同等级、不同规格的品质标准，包括国际通用 ISO9000 系列标准，各国（地区）政府或商业团体制定的国家标准以及部门或地方标准。

凭商品的规格、等级或标准签订的贸易合同应用范围比较广泛，其最大优点是方便、准确。在签订品质条款时需注意根据交易商品的特点及范围的不同，选择适宜的技术标准签订合同。一般来讲，农副产品质量多受自然条件的影响且难以规定统一标准，往往采用“良好平均品质”（Fair Average Quality, F. A. Q.）作为技术标准，即一定时期内某地出口货物的平均品质水平作为标准；国际上买卖木材和冷冻鱼虾等水产品时，往往采用“上好可销品质”（Good Merchantable Quality, G. M. Q.）作为技术标准；工业制成品，尤其是高科技产品，则应尽可能采用国际通用的商品标准签订合同。此外，由于商品标准有各式各样的版本，同一版本在不同年代会因生产技术的发展而发生变化。因此，凭标准签订合同一定要注明所依据标准的具体名称以及版本、年份，以免因标准的名称、版本、年份不同而发生纠纷。

(3) 凭商标或品牌买卖(Sale by Trade Mark or Brand)。商标是指生产者或商号用来识别其所生产或出售的商品的标志,它可由一个或几个具有特色的单词、字母、数字、图形或图片等组成。品牌是指工商企业给其制造或销售的产品所冠以的名称,以便与其他企业的同类产品区别开来。一个品牌可用于一种产品,也可用于一个企业的所有产品。

在国际市场上,一些名牌商品的品质比较稳定,并且在市场上树立了良好的信誉,买卖双方在交易时,可采用这些商品的商标或品牌来表示其品质。比如:劳力士手表、奔驰轿车、可口可乐、雀巢咖啡、金华火腿等。

(4) 凭说明书和图样买卖(Sale by Descriptions and Illustration)。在国际货物贸易中,有些机器、电器和仪表等技术密集型产品,因其结构复杂,对材料和设计的要求严格,用以说明其性能的数据较多,很难用几个简单的指标来表明其品质全貌,对这类商品的品质,通常以说明书并附以图样、照片、设计图纸、分析表及各种数据来说明其具体性能和结构特点,按这种表示品质的方法成交时,卖方所交货物必须符合说明书和图样的要求。

(5) 凭产地名称买卖(Sale by Name of Origin)。由于受自然环境、传统加工工艺或其他因素的影响,某些农副产品、工矿产品具有其他地区产品所不具有的独特风格或特色。如"龙井绿茶""祁山红茶""景德镇瓷器"等。对于这类商品,买卖双方可以用产地的名称来说明其品质要求,并据此签订合同。

2. *品质条款的基本内容*

合同中的品质条款主要列明商品的品名、规格或品牌等项内容,如果是凭样品买卖,则要列明样品的编号或寄送日期。

在订立品质条款时,应根据不同产品的特点,合理选择和确定表示品质的方法。凡是能用一种方法表示品质的,就不适宜用两种或两种以上的方法来表示。如同时采用凭样品与凭规格买卖,则要求卖方交货时,既要与样品一致,又要与规格相符。

案例分析

我国某公司向德国出口一批蓖麻,合同规定水分最高为15%,杂质不得超过3%。在成交前我方曾向买方寄过样品,签约后我方又电告对方所交货物与样品相似。货到德国后,买方提出货物的质量比样品低7%的检验证明,并据此要求我方赔偿15 000英镑的损失。请分析我公司从此案例中能获得什么教训?

提示:同时采用凭样品与凭规格买卖对卖方商品的质量要求较高,卖方所交货物既要与样品一致,又要与规格相符。

3. *品质机动幅度与品质公差*

订立品质条款时,一般要求明确、具体、切合实际,以防止产生不必要的争议,但也不能订得过死,因此要注意条款的科学性和灵活性,要有一定的回旋余地。例如:将某农产品的杂质率在合同中定为1%,就已经肯定了卖方违约的必然性,因为卖方所交货物的杂质率只能等于1%,上下偏差0.001%都是不允许的。为防止上述情况的发生,在合同中可采用订立品质机动幅度和品质公差的方法。

品质机动幅度是指允许卖方所交货物的品质指标在一定幅度范围内存在差异，只要卖方所交货物的品质没有超出机动幅度的范围，买方就无权拒收货物。这一方法主要适用于初级产品。品质机动幅度的规定可以采取对某项品质指标规定一定的差异范围、规定上下差异或规定上下极限的方法。在品质机动幅度内，一般不另行计算增减价，即按照合同价格计收价款。但有些货物，如果经买卖双方协商同意，也可以在合同中规定按交货的品质情况加价或减价，这就是所谓的品质增减价条款。例如，出口花生，杂质率上下波动1%，价格也降低或提高1%。

对于工业制成品贸易，往往通过订立品质公差来掌握交货的品质。品质公差是指工业制成品在加工过程中所产生的误差。这种误差的存在是绝对的，它的大小是由科学技术发展程度所决定的。品质公差的允许值可由买卖双方商定，也可按国际同行业所公认的幅度掌握。在品质公差范围内买方无权拒收货物，也不得要求调整价格。例如，出口手表，允许每48小时误差1秒；出口棉布，允许每匹误差0.1米。

（三）国际货物贸易商品的数量

确定货物数量是国际货物贸易合同的主要条款之一。商品数量的多少，直接关系到合同金额的大小以及卖方交货的最后依据，没有数量条款，合同就无法履行。

1. 计量单位和计量方法

贸易合同中的数量条款由数量和计量单位两部分内容组成。表示商品数量的计量单位由商品的性质决定。目前国际上常用的度量衡制度有国际单位制、公制、英制和美制等，不同度量衡制度使用的计量单位不尽相同。例如，以重量单位计量时，实行公制的国家（地区）以公吨为单位，即1公吨=1 000公斤；实行英制的国家（地区）以长吨为单位，即1长吨=1 016公斤；实行美制的国家（地区）以短吨为单位，即1短吨=907公斤。如果数量条款中只写“吨”，双方可能会对实际交货的数量有不同的观点，从而引起争议。因此，订立合同时必须具体写明使用哪一种计量单位或度量衡制度。在我国的进出口业务中，对进口的仪器和机械设备一律要求采用法定计量单位；对出口的商品，除照顾对方国家（地区）的贸易习惯而约定采用公制、英制或美制计量单位外，都应使用我国的法定计量单位。

国际货物贸易中，许多商品都是按重量计量的。由于商品的性质、商业习惯及计量目的的不同，计算重量的方法也有很多种。常见的有：

（1）毛重（Gross Weight）。即货物本身的重量加上内、外包装重量之和。毛重一般是运输部门按重量吨计算运费的依据。

（2）净重（Net Weight）。即除去包装皮重后的商品本身的实际重量。在国际贸易中，大部分商品是按净重计算其重量的。但也有一些单位价值较低的商品，如粮食、饲料等农副产品，其包装价值与商品价值相差不大，有时也以毛重作为计算商品总价的基础，通常将此种方法称为“以毛作净（Gross for Net）”。计算皮重的方法，有实际皮重、平均皮重、习惯皮重、约定皮重等4种方法。

（3）公量（Conditioned Weight）。公量是使用科学方法除去商品所含水分，再另加标准水分所求得的重量。这种计量方法，适于经济价值较高，而含水分极不稳定的商品，如生丝、羊毛等。

（4）理论重量（Theoretical Weight）。理论重量是通过计算求出的货物重量。如马口铁、钢板等商品，其规格、尺寸、比重基本相同而且固定，故可以其件数推算出全部货物的总重量。

（5）法定重量（Legal Weight）。法定重量是货物重量加上直接接触货物的销售包装物料的重量。一些国家的海关在征收重量税时，以法定重量作为计算其重量的依据。

2. 数量条款的基本内容

买卖双方在数量条款中，一般都订明交易的具体数量和计量单位，按重量计量的商品还包括重量的计算方法。按合同规定数量交货是卖方的主要义务。如果卖方交货的数量大于约定的数量，买方可以拒收多交部分，也可以收下多交部分中的一部分或全部。但如果卖方短交，可允许卖方在规定交货期届满之前补交，但不得使买方遭受不合理的不便或承担不合理的开支。

3. 数量机动幅度的有关规定

有些出口商品由于其本身特性，或因自然条件的影响或受包装和运输工具的限制，实际交货量往往不易符合原定的交货数量。为避免争议，可以在数量条款中规定一定的数量机动幅度，即约定卖方所交货物的实际数量可以多于或少于合同中规定数量的一定幅度。数量机动幅度一般有两种规定方式。

（1）在合同的数量条款中加"约"字，以此来表示卖方交货的数量可以有一定的灵活性。不同国家、不同行业对"约"字的解释存在差异，有的解释为2%，有的解释为5%，等等。根据《跟单信用证统一惯例》（国际商会第600号出版物）的规定，如果信用证上的交易数量前有"约"字，则应解释为允许有不超过10%的增减幅度。因此，这种规定方式在具体执行时易引起纠纷，所以双方最好事先明确允许增减的百分比。

（2）合同中明确规定数量机动幅度，即采用"溢短装条款"（More or Less Clause）。它是指在合同中明确规定卖方可以多交或少交若干，但以不超过合同规定的百分之几为限。例如：数量5 000公吨，卖方交货时可溢装或短装5%（5 000 metric tons, 5% more or less at seller's option）。合同也可以规定由买方决定交货数量（at buyer's option）。

对于溢短装部分的计价方法最好在合同中明确规定，否则按合同价格计算多交或少交部分的货款。对于价格波动大的商品，一般按装运时的市场价计算，这样可以有效防止卖方在市场价上涨或下跌时故意少装或多装从中获利。

案例分析

某粮油食品进出口公司出口一批驴肉到日本。合同规定，该批货物共25公吨，装1 500箱，每箱净重16.6千克。如按规定装货，则总重量应为24.9公吨，余下100千克可以不再补交。当货物运抵日本港口后，日本海关人员在抽查该批货物时，发现每箱净重不是16.6千克而是20千克，即每箱多装了3.4千克。因此，该批货物实际装了30公吨。但在所有单据上都注明了24.9公吨。议付货款时也按24.9公吨计算，白送5.1公吨驴肉给客户。此外，由于货物单据上的净重与实际重量不符，日本海关还认为我方少报重量有帮助客户逃税的嫌疑，向我方提出意见。经中方解释，才未予深究。但多装的5.1公吨驴肉，不再退还，也不补付货款。该公司从此案例中能获得什么教训？

提示：进出口货物的数量必须与合同规定的数量一致。世界上许多国家的海关均对货物进口实行严格的监管，如进口商申报进口货物的数量与到货数量不符，进口商必然受到询查，如属到货数量超过报关数量，就有走私舞弊之嫌，海关不仅可以扣留或没收货物，还可追究进口商的刑事责任。

（四）国际货物贸易商品的包装

商品包装是使用适当的材料、容器对商品进行包封、捆扎和装潢的活动，具有维护商品质量、保证商品安全、便于储运和装卸、便于计量和点验商品、节省物流和降低物流成本等项功能。国际货物贸易中，除少数散装或裸装商品，大部分商品都需要包装。

包装条款也是合同的主要条款之一。按照有些国家（地区）的法律规定，合同中有关包装的规定是商品说明的组成部分，如果卖方未按合同规定的包装方式向买方提供货物，则属于违约，买方可以要求损失赔偿。

1. 包装条款的基本内容

包装条款主要包括包装材料、包装方式、包装费用和运输标志4部分内容。

（1）包装材料即包装所用材料，如木箱、纸箱、铁桶、麻袋等。

（2）包装方式一般指包装尺寸、数量、重量、填充物和加固条件等。如“木箱装，每箱50公斤净重”。

（3）包装费用一般都包括在货价之内，不另计价。但如果买方提出特殊包装要求时，卖方可要求另计包装费用。

（4）运输标志也称唛头，是书写、压印或刷制在外包装上的由几何图形、文字和数字组成的符号，通常包括收货人或发货人的名称缩写或代号、目的地的名称、件号或批号、体积和重量、原产地名称、许可证号码和合同号码，等等。

随着国际贸易的发展，为适应国际货物流量的增加和国际多式联运的开展以及电子计算机在运输和单证流转方面的应用，国际标准化组织（ISO）研究制定了一套“标准运输标志”。它由4行组成，每行不超过17个英文字码。例如：

SMCO——收货人代号

NEW YORK——目的港（地）

95/C NO. 345789——参考号（合同号、订单号或发票号等）

NO. 100 - 2 or 10/100——批件号（分母表示整批的数量）

运输标志一般由卖方设计确定。但在买方要求指定运输标志的情况下，包装条款应对买方提供运输标志的时间作出具体规定。若买方到期尚未指定，则卖方可自行决定。另外，一些国家（地区）对进口商品运输包装所使用的唛头的标记有严格规定，卖方应向买方取得详细指示，以保证合同的顺利履行。

2. 包装条款的订立

（1）要考虑商品特点和不同运输方式的要求。商品的特性、形状和使用的运输方式不同，对包装的要求也不相同。因此，在约定包装材料、包装方式、包装规格和包装标志时，必须从商品储运和销售实际需要出发，使约定的包装科学、合理，以达到安全、适用和适销的要求。

案例分析

某年我国某出口公司出口到加拿大一批货物,计值人民币 128 万元。合同规定用塑料袋包装,每件要使用英法两种文字的贴头(粘纸)。但该公司实际交货时改用其他包装代替,并使用只有英文的贴头,国外商人为了适应当地市场的销售要求,不得不雇人重新更换包装和粘头,后向我方提出索赔,我方只好认赔。

提示:包装条款是买卖合同中的重要交易条件,按照某些国家的法律规定,如卖方交付的货物未按约定的条件包装,或者货物的包装与行业习惯不符,买方有权拒收货物。

(2) 对包装的规定要明确具体。约定包装时,规定应明确具体,不宜笼统。例如:一般不宜采用"海运包装"(Seaworthy Packing)和"习惯包装"(Customary Packing)之类的术语。因为,此类术语含义模糊,无统一解释,容易引起争议。

(3) 要考虑进口国(地区)与包装相关的法规。例如:日本、加拿大以及欧美各国(地区),都禁止使用稻草、干草和报纸作为包装衬垫物;埃及禁止使用原棉、旧材料和易于生寄生害虫的植物材料作为包装衬垫物。有些国家(地区)对某些商品单件净重有限制,有些国家(地区)对不同商品的单件包装重量规定不同的税率。

(4) 谨慎使用中性包装。中性包装是指在商品的内外包装不显示生产国别(地区)和厂家的一种特殊的包装,可以分为定牌中性和无牌中性两种。定牌中性包装,是在商品包装上使用买方指定的商标牌名,但不注明生产国别(地区);无牌中性包装,是在商品包装上既不使用任何商标、牌名,也不注明生产国别(地区)的包装。中性包装是出口商加强对外产、销,扩大出口的手段,但近年来在国际上屡遭非议。在我国的出口贸易中,如外商订货量大,且需求稳定,在不违反国际贸易中配额限制和普惠制规定的原产地证明原则下,可适当采用。同时,要注意不得违反有关商标的法律及专利保护法律。采用定牌时,一般应标明"某国(地区)制造"字样。

案例分析

1993 年底,一家阿根廷公司向我国某外贸公司订购 80 000 件无领 T 恤衫,要求服装以红色为底色,印上黑色的"可口可乐"英文标识,在世界杯外围赛期间与"可口可乐"饮料一起免费发放给观看比赛的球迷。该公司组织生产后,在合同规定的时间内将货物按质按量出运。然而此时,阿根廷国家足球队意外被淘汰,球迷们无心观看下一轮比赛。为避免自身积压损失,买方拒绝付款和接受货物。双方协商未果,该公司只能委托在阿根廷的兄弟公司将货物运回,希望在国内市场销售来尽量减少损失。

但是，货物在途经香港时，香港海关作为转运港口海关认为，美国可口可乐公司已经在世界各地就“可口可乐”商标及其英文标识申请了国际注册，受《保护工业产权巴黎公约》对于驰名商标的保护。由于该外贸公司提交了不真实的商标使用权证明文件，香港海关以其侵犯知识产权为由查扣了这批服装。该外贸公司虽多次辩解，但终因不能出具有效证明文件而导致抗辩无效。结果，全部服装在香港被销毁。该公司从此案例应该获得什么教训？

提示：企业对所接受的定牌加工合同，在组织生产前应该确认该定牌商标是否侵犯他人的商标专用权。

第三节　国际贸易术语

一、贸易术语的含义及作用

在国际货物贸易中，进出口商分处于不同的国家（地区），相距遥远。货物在交接的过程中，需要办理进出口清关手续，安排运输与保险，支付各种捐税和运杂费用；货物在运输、装卸过程中还可能遭受各种自然灾害和意外事故等风险。上述手续由谁办理、费用由谁承担、风险如何划分是买卖双方在洽商交易、订立合同时必须予以明确的问题。贸易术语正是为了解决这些问题，在长期贸易实践中逐渐产生和发展起来的。在国际贸易中，确定一种商品的成交价，不仅取决于其本身的价值，还要考虑到商品从产地运至最终目的地的过程中，有关的手续由谁办理以及风险如何划分等一系列问题。由此可见，贸易术语具有双重性，一方面它是用来确定交货条件，即说明买卖双方在交接货物时各自承担的风险、责任和费用；另一方面，又用来表示该商品的价格构成因素，即卖方承担的责任、费用、风险越大，其售价就高；反之，其售价就低。所以，贸易术语也被称为价格术语。

综上，贸易术语是在长期的国际贸易实践中产生的，用来表明商品的价格构成，说明货物交接过程中的风险、责任和费用划分问题的专门术语。

贸易术语在国际贸易中的作用可以归纳为以下几点：

（1）每种术语都有其特定的含义，一些国际惯例对各种贸易术语也作了统一的解释和规定。这些解释与规定在国际上被广泛接受，成为从事国际贸易的行为准则。买卖双方只要商定按何种贸易术语成交，即可明确批次在货物交接方面所应承担的风险、责任和费用。这就大大简化了交易手续，缩短了洽商时间，节省了交易费用。

（2）由于贸易术语可以表示商品的价格构成，买卖双方在确定成交价格时必然要考虑采用的贸易术语中共包含哪些从属费用，如运费、保险费、装卸费、关税、增值税和其他费用，这样有利于交易双方进行比价和加强成本核算。

（3）买卖双方签订合同时，可能对某些权利和义务问题规定得不明确，致使履约中产生的争议不能依据合同的规定解决。这种情况下，可以援引有关贸易术语的一般解释来处理。所以，熟练掌握国际贸易中的各种贸易术语，有利于妥善解决贸易争端。

二、有关贸易术语的国际贸易惯例

贸易术语是在国际贸易实践中逐渐形成的。在较长的时间内，国际上没有形成对各种贸易术语的统一解释。不同国家和地区在使用贸易术语和规定交货条件时，有着各种不同的解释和做法，容易导致贸易双方之间的误解、争议和诉讼，既浪费了各自的时间和金钱，也影响了国际贸易的发展。为了解决这一问题，国际商会、国际法协会等国际组织以及美国一些商业团体经过长期努力，分别制定了解释国际贸易术语规则。这些规则在国际上被广泛使用，逐步形成具有普遍指导意义的国际贸易惯例。

有关国际贸易术语的国际贸易惯例主要有以下 3 种：

（一）《1932 年华沙—牛津规则》（Warsaw-Oxford Rules 1932）

1928 年，国际法协会在波兰华沙召开会议，制定了有关 CIF 贸易合同的统一规则，称为《1928 年华沙规则》，后经 1930 年的纽约会议、1931 年的巴黎会议和 1932 年的牛津会议，对华沙规则进行修订，定名为《1932 年华沙—牛津规则》。该规则主要说明了 CIF 贸易合同的性质和特点，并具体规定了采用 CIF 贸易术语时，买卖双方所承担的风险、责任和费用的划分以及所有权的转移方式。

（二）《1990 年美国对外贸易定义修订本》（Revised American Foreign Trade Definitions 1990）

该惯例由美国 9 个商业团体于 1919 年首次制定，后来于 1941 年在美国第 27 届全国对外贸易会议上进行修订。这一修订本经美国商会、美国进口商协会和全国对外贸易协会所组成的联合委员会通过，由全国对外贸易协会予以公布；1990 年，根据形势发展的需要，该《定义》被再次修订，并被命名为《1990 年美国对外贸易定义修订本》。

该修订本共解释了 6 种贸易术语，分别为：（1）EXW（Ex Works）产地交货；（2）FOB（Free on Board）在运输工具上交货；（3）FAS（Free Along Side）在运输工具旁边交货；（4）CFR（Cost and Freight）（成本加运费）；（5）CIF（Cost，Insurance，Freight）成本、保险费、运费；（6）DEQ（Delivered Ex Quay）目的港码头交货。《1990 年美国对外贸易定义（修订本）》在美洲国家（地区）有较大影响，由于它对贸易术语的解释，特别是对 FOB 和 FAS 术语的解释与《国际贸易术语解释通则》（以下简称《通则》）有明显的差异，所以，在同美洲国家（地区）进行交易时应特别注意。

（三）《2010 年国际贸易术语解释通则》（INCOTERMS 2010）

《国际贸易术语解释通则》英文名为 *International Rules for the Interpretation of Trade Terms*，简称 INCOTERMS，是国际商会为了统一对各种贸易术语的解释而制定的。最早的《通则》产生于 1936 年，后来进行过多次修订。现行的《2010 通则》于 2010 年 10 月修订完成，并于 2011 年 1 月 1 日起生效。这次修订的主要目的之一是扩大《通则》的适用范围。国际商会注意到近年来贸易发展的一个重要趋势，即许多国家（地区）的企业将原本只适用于国际贸易的贸易术语在国内贸易中大量运用。国际商会决定接受这一现实，在修订时对术语的适用作了相应的调整。新的《通则》还根据各国代表的意见，对原《2000 通则》中的贸易术语的种类进行了整合，对术语的内容进一步完善，使之更方便使用。修订时掌握的主要原则是为了稳定贸易制度环境，可改可不改的不予以修改；语言表述上更符合业务习惯，更加明确，易于理解；另外，尽量保持与《联合国国际货物销售合同公约》的协调。

《2010 通则》对《2000 通则》在形式上进行了以下几个方面的调整：

1. 部分贸易术语的删改

《2000 通则》中包含有 13 种术语，它们分别是 EXW（工厂交货）、FCA（货交承运人）、

FAS（装运港船边交货）、FOB（装运港船上交货）、CFR（成本加运费）、CIF（成本、保险费加运费）、CPT（运费付至指定目的地）、CIP（运费、保险费付至指定目的地）、DAF（边境交货）、DES（目的港船上交货）、DEQ（目的港码头交货）、DUU（未完税交货）和DDP（完税后交货）。《2010通则》删去了DAF、DES和DDU代之以新增加的DAP（目的地交货）。另外，删去了DEQ代之以DAT（运输终端交货）。这样一来，《2010通则》中包含的术语由原来的13种减少为11种。

2. 贸易术语分类标准的调整

《2000通则》将其包含的13种术语，按照起始字母的不同分为E，F，C，D共4个组。E组只包括一种贸易术语EXW，这是在商品产地交货的贸易术语。F组包含有FCA、FAS和FOB共3种术语，按这些术语成交，卖方须将货物交给买方指定的承运人，从交货地至目的地的运费由买方负担。C组包括CFR，CIF，CPT和CIP共4种术语。采用这些术语时，卖方要订立运输合同，但不承担从装运地启运后所发生的货物损坏或灭失的风险及额外费用。D组中包括5种术语，它们是DAF，DES，DEQ，DDU和DDP。按照这些术语达成交易，卖方必须负担将货物运往指定的进口国（地区）交货地点的一切风险、责任和费用。

《2010通则》不再按E，F，C，D分组，而是根据它们适用的运输方式分为两类，即适用于各种运输方式的术语和仅适用于水上运输方式的术语。按照新的分类，适用于各种运输方式的术语包括：EXW，FCA，CPT，CIP，DAT，DAP和DDP等7种；仅仅适用于水上运输方式的术语包括：FAS，FOB，CFR和CIF等4种。

3. 术语义务项目上的变化

《2010年通则》中每种术语项下，卖方在每一项目中的具体义务不再“对应”买方在同一项目中相应的义务，而是改为分别描述，并且各项目内容也有所调整。其中，第一项和第十项改动较大，尤其是第十项要求卖方和买方分别要帮助对方提供包括与安全有关的信息和单据，并可以向受助方索偿因此发生的费用。

《2010通则》规定的买卖双方的义务如下：

A 卖方义务（THE SELLER'S OBLIGATIONS）

B 买方义务（THE BUYER'S OBLIGATIONS）

A1 卖方一般义务	B1 买方一般义务
A2 许可证、授权、安检通关和其他手续	B2 许可证、授权、安检通关和其他手续
A3 运输合同与保险合同	B3 运输合同与保险合同
A4 交货	B4 收取货物
A5 风险转移	B5 风险转移
A6 费用划分	B6 费用划分
A7 通知买方	B7 通知卖方
A8 交货凭证	B8 交货证据
A9 查对—包装—标记	B9 货物检验
A10 协助提供信息及相关费用	B10 协助提供信息及相关费用

4. 使用说明或者指导意见的增加

《2010通则》在具体解释每种贸易术语的开篇部分，增加了一个指导性说明，用以解释该种术语适用什么样的运输方式、卖方在什么情况下完成交货、风险何时转移、费用如何划分等基本问题。这部分内容不构成术语实际规则的组成部分，目的是为了帮助使用者根据具体的交易情况准确、高效地选择恰当的贸易术语。

5. 术语的内外贸适用的兼容性

考虑到对于一些大的区域贸易集团，如欧洲单一市场而言，国与国之间的边界手续已不那么重要了，《2010 年通则》首次正式明确这些术语不仅适用于国际销售合同，也适用于国内销售合同。具体到义务时，《2010 年通则》在几处明确进出口商仅在需要时才办理出口/进口报关手续和支付相应费用。

此外，国际商会此次还将 INCOTERMS 注册成商标，并提出如果当事人愿意采纳《2010 通则》，应在合同中特别注明本合同受《2010 通则》的管辖。例如，在合同的相关条款中规定："FOB TIANJIN，CHINA. INCOTERMS @ 2010"。

在进行国际贸易时，当事人除了订立买卖合同外，还有可能签订运输合同、保险合同、融资合同等。这些合同相互关联、互相影响，但《2010 通则》只限于对货物买卖合同中交易双方权利义务的规定。作为买卖合同的卖方，其基本义务可概括为交货、交单和转移货物的所有权，但《2010 通则》仅涉及前两项内容，并不涉及货物价格、所有权转移、违约以及违约后果等问题。对于这些问题，当事人可以在合同中作出明确具体的规定。另外，要注意《2010 通则》实施之后并非《2000 通则》就自动废止，当事人在订立贸易合同时仍可以选择适用《2000 通则》甚至《1990 通则》。

在有关贸易术语的国际贸易惯例中，《通则》包含的内容最多，使用范围最广，是国际上最为通行的贸易术语解释惯例。因此，本节在后面内容中只介绍《2010 通则》中包含的 11 种贸易术语，不再涉及其他有关贸易术语的国际惯例。

三、适用于水上运输方式的贸易术语

根据《2010 通则》的解释，FAS，FOB，CFR，CIF 这 4 种术语仅适用于水上运输方式，即适用于海运和内河水运方式。在当代国际贸易和国内贸易业务中，这组术语使用比较普遍，尤其是后 3 种术语被各国（地区）的贸易界人士广泛采用，被称为常用贸易术语。

（一）FAS 术语

1. FAS 术语的含义

FAS 的英文全称是 Free Along Bide Ship（insert named port of shipment），中文意思是船边交货（插入指定装运港），其后应注明 Incoterms@ 2010。FAS 术语通常称作装运港船边交货。在 FAS 项下，卖方要在合同中约定的日期或期限内，将货物运到合同规定的装运港口，并交到买方指派的船只的旁边，即完成其交货义务。另外，卖方要提交商业发票以及合同要求的其他单证。

2. 买卖双方义务的规定

（1）风险转移问题

卖方在装运港将货物交到买方所派船只的旁边时，货物损坏或灭失的风险由卖方转移给买方。

（2）通关手续问题

卖方自负风险和费用，取得出口许可证或其他官方批准证件，并且办理货物出口所需的一切海关手续；买方自负风险和费用，取得进口许可证或其他官方批准证件，并且办理货物进口和从第三国（地区）过境运输所需的一切海关手续。

（3）运输合同和保险合同

卖方对买方无订立运输合同的义务，但如果买方有要求，或按照商业习惯，在买方承担风险和费用的情况下，卖方也可以按照通常条件订立运输合同；卖方对买方无订立保险合同的义务，但应买方的要求，并在买方承担风险和费用的情况下，卖方必须向买方提供其办理保险所需的信息。

（4）主要费用的划分

卖方承担交货之前的一切费用，包括办理货物出口所应交纳的关税和其他费用；买方承担受领货物之后所发生的一切费用，包括装船费用，将货物从装运港运往目的港的运输、保险和其他各种费用，以及办理货物进口所需缴纳的关税和其他费用。

（5）适用的运输方式

FAS 术语仅适用于海运和内河水上运输方式。

3．使用 FAS 术语应注意的问题

（1）不同惯例对 FAS 的不同解释

根据《2010 通则》的解释，FAS 术语只适用于包括海运在内的水上运输方式，交货地点只能是装运港。但是，按照《1990 年美国对外贸易定义（修订本）》的解释，FAS 是 Free Along Side 的缩写，即指交到运转工具的旁边，并不一定是在装运港的船边。因此，在与北美国家（地区）进行贸易时，如需使用 FAS 术语，应在 FAS 后面加上 Vessel 字样，以明确表示“船边交货”。

（2）具体的运输包装方式

在选择 FAS 术语时，当事人应考虑到具体交易采用的运输包装方式。按照《2010 通则》的解释，如果采用集装箱运输方式，通常是由卖方将该货物运到集装箱货运站，交给买方指定的承运人，而不是交到装运港船边。所以，在采用集装箱运输的情况下，不适宜选用 FAS 术语，而应选用后文将介绍的 FCA 术语。

（3）船货的衔接

在 FAS 条件下，从装运港至目的港的运输合同要由买方负责订立，买方要及时将船名和要求装货的具体时间、地点通知卖方，以便卖方按时做好备货出运工作。卖方也应将货物交至船边的情况及时通知买方，以利于买方办理装船事项。如果买方指派的船只未按时到港接受货物，或者比规定的时间提前停止装货，或者买方未能及时发出派船通知，只要货物已被清楚地列出，或以其他方式确定为本合同项下的货物，由此产生的风险和损失均由买方承担。另外，如果买方所派的船只不能靠岸，卖方则要负责用驳船把货物运至船边，仍在船边交货，装船的责任和费用由买方负担。

（二）FOB 术语

1．FOB 术语的含义

FOB 的英文全称是 Free on Board（insert named port of shipment），中文意思是船上交货（插入指定装运港），其后应注明 Incoterms® 2010。FOB 习惯称为装运港船上交货，是国际贸易中常用的贸易术语之一。在 FOB 项下，卖方要在合同中约定的日期或期限内，将货物运到合同规定的装运港口，并交到买方指派船只的船上，即完成其交货义务。另外，卖方要提交商业发票以及合同要求的其他单证。

2. 买卖双方义务的规定

（1）风险转移问题

卖方在装运港将货物交到买方所派船只的船上时，货物损坏或灭失的风险由卖方转移给买方。

（2）通关手续问题

卖方自负风险和费用，取得出口许可证或其他官方批准证件，并且办理货物出口所需的一切海关手续；买方自负风险和费用，取得进口许可证或其他官方批准证件，并且办理货物进口和从第三国（地区）过境运输所需的一切海关手续。

（3）运输合同和保险合同

卖方对买方无订立运输合同的义务，但如果买方有要求，或按照商业习惯，在买方承担风险和费用的情况下，卖方也可以按照通常条件订立运输合同。卖方对买方无订立保险合同的义务。但应买方的要求，并在买方承担风险和费用的情况下，卖方必须向买方提供其办理保险所需的信息。

（4）主要费用的划分

卖方承担交货前所涉及的各项费用，包括办理货物出口所应交纳的关税和其他费用；买方承担交货后所涉及的各项费用，包括从装运港到目的港的运费，以及办理进口手续时所应交纳的关税和其他费用。

（5）适用的运输方式

FOB 适用于水上运输方式。

FOB 与 FAS 相比较，二者都是在装运港交货，都只适用于水上运输方式。主要区别在于 FAS 是在装运港船边完成交货，FOB 则是在船上完成交货。

3. 使用 FOB 术语应注意的问题

（1）风险的划分界限

在《2000 通则》及以前的《通则》中都规定，FOB 是以装运港船舷作为划分风险的界限。"船舷为界"表明货物在装船时越过船舷之前的风险，包括在装船时货物跌落码头或海中所造成的损失，均由卖方承担。货物越过船舷装上船之后，包括在起航前和在运输过程中所发生的损坏或灭失，由买方承担。但考虑到在现代的装运作业中，货物由起重机械吊装上船的比例逐渐减少，以及"链式销售"的不断增加，即卖方出售的是业已装上船或在途运输的货物，《2010 通则》中关于 FOB 术语风险划分的界限问题则不再规定以"船舷为界"，而规定以货物装到船上，风险才由卖方转移给买方。

案例分析

某公司出售一级大米 300 公吨，按 FOB 条件成交。装船时货物经公证人检验，符合合同规定的品质条件。卖方在装船后及时发出装船通知，但运输途中由于海浪过大，大米被海水浸泡，品质受到影响。货物到达目的港后，只能按三级大米的价格出售，因而买方要求卖方赔偿差价损失。卖方是否应对该项损失负责？

提示:按照 FOB 术语成交的合同属于装运合同,卖方的责任是提供符合合同规定的货物,在规定的时间和地点完成装运并履行通知义务,至于货物在装运港装船后产生的一切风险损失,卖方不负任何责任。

(2)船货的衔接

按照 FOB 术语成交的合同属于装运合同,卖方的基本义务是按照规定的时间和地点完成装运。但由于 FOB 条件下买方负责安排运输工具,即买方负责租船订舱,因而存在船货衔接的问题。如果处理不当,会影响到合同的顺利执行。根据有关法律和惯例,如果买方未能按时派船,包括未经对方同意提前将船派到或延迟派到装运港,卖方都有权拒绝交货,而且由此产生的各种损失,如空舱费(Dead Freight)、滞期费(Demurrage)及卖方增加的仓储费等,均由买方负担。如果买方指派的船只按时到达装运港,而卖方却未能备妥货物,那么,由此产生的上述费用则由卖方承担。因此,按 FOB 术语成交,对于装运期和装运港要慎重规定,签约之后,有关备货和派船事宜要加强联系、密切配合,从而保证船货的衔接。

(3)不同惯例对 FOB 的不同解释

不同的国家(地区)和不同的惯例对 FOB 的解释并不完全统一。它们之间的差异体现在有关交货的地点、风险划分界限以及卖方承担的责任义务等方面。如《1990 年美国对外贸易定义(修订本)》将 FOB 分为 6 种,其中只有"指定装运港船上交货(FOB Vessel Named Port of Shipment)"与《2010 通则》解释的 FOB 的术语相近。另外,在办理出口手续问题上也存在分歧。按照《2010 通则》的解释,FOB 条件下,卖方义务之一是"自负风险及费用,取得出口许可证或其他官方批准证件,并办理货物出口所必需的一切海关手续"。但是,按照《1990 年美国对外贸易定义(修订本)》的解释,卖方只是"在买方请求并由其负担费用的情况下,协助买方取得由原产地及/或装运地国家签发的,为货物出口或在目的地进口所需的各种证件"。

案例分析

我国一家公司按每公吨 242 美元 FOB Vessel New York 条件与美商签订进口 200 公吨钢材的合同,我方公司如期开出了金额为 48 400 美元的信用证,但美商收到信用证后,来函要求增加信用证金额至 50 000 美元,不然有关出口捐税及签证费用应由我方承担。

提示:《1990 年美国对外贸易定义(修订本)》与《2010 通则》对 FOB 的解释有所区别,采用该贸易术语进口时应与北美地区的出口商就出口清关手续的办理和费用的分担予以明确。

(4)装船费用的负担

按照 FOB 术语成交时,有关装船费用的负担问题,各国(地区)的惯例或习惯做法并不完全一致。为了明确责任、避免争执,在实际业务中,通常在贸易术语之后加列装货费或卸货费由何方负担的附加条件，即以贸易术语的变形来解决这一问题。FOB 的变形主要包括以下几种：

① FOB Liner Terms（FOB 班轮条件）。这一变形是指装船费用按照班轮的做法处理，即由船方或买方承担。所以，采用这一变形，卖方不负担装船的有关费用。

② FOB Under Tackle（FOB 吊钩下交货）。这一变形是指卖方负担费用将货物交到买方指定船只的吊钩所及之处，而吊装入舱以及其他各项费用，概由买方负担。

③ FOB Stowed（FOB 理舱费在内）。这一变形是指卖方负责将货物装入船舱并承担包括理舱费在内的装船费用。理舱费是指货物入舱后进行安置和整理的费用。

④ FOB Trimmed（FOB 平舱费在内）。这一变形是指卖方负责将货物装入船舱并承担包括平舱费在内的装船费用。平舱费是指对装入船舱的散装货物进行平整所需的费用。

FOB 术语的变形是为了解决装货费用的负担问题而产生的，至于这些变形会不会影响到风险划分的问题，传统的说法是，贸易术语的变形只是用以解决装货或卸货费用的负担问题，并不改变交货地点和风险划分的界限。但实际业务中，由于一些当事人理解和掌握上的偏差，往往为此产生争执，所以，国际商会在《2010 通则》的引言中指出，在签订买卖合同时，有必要明确规定，贸易术语的变形是仅限于费用的划分，还是包括了风险在内。

（三）CFR 术语

1. CFR 术语的含义

CFR 的英文全称是 Cost and Freight（insert named port of destination），中文意思是成本加运费（插入指定目的港），其后应注明 Incoterms® 2010。CFR 通常称作成本加运费，又称运费在内价，也是国际贸易中常用的贸易术语之一。在 CFR 项下，卖方要在合同中约定的日期或期限内，将货物运到合同规定的装运港口，并交到自己安排的船只上，或者以取得货物已装船证明的方式完成其交货义务。另外，卖方要提交商业发票以及合同要求的其他单证。

2. 买卖双方义务的规定

（1）风险转移问题

卖方在装运港完成其交货义务时，货物损坏或灭失的风险由卖方转移给买方。

（2）通关手续问题

卖方自负风险和费用，取得出口许可证或其他官方批准证件，并且办理货物出口所需的一切海关手续；买方自负风险和费用，取得进口许可证或其他官方批准证件，并且办理货物进口和从第三国（地区）过境运输所需的一切海关手续。

（3）运输合同和保险合同

卖方必须按照通常条件订立或取得运输合同，将货物运到合同约定的目的港；卖方对买方无订立保险合同的义务。但应买方的要求，并在买方承担风险和费用的情况下，卖方必须向买方提供其办理保险所需的信息。

（4）主要费用的划分

卖方承担交货前所涉及的各项费用，包括需要办理出口手续时应交纳的关税和其他费用，卖方还要支付从装运港到目的港的运费和相关费用；买方承担交货后所涉及的各项费用，包括办理进口手续时应交纳的关税和其他费用。

（5）适用的运输方式

CFR 术语适合于水上运输方式。

3. 使用 CFR 术语应注意的问题

(1) 了解 CFR 与 FOB 的异同点

CFR 与 FOB 术语相比，它们都是在装运港交货，风险划分均以货物在装运港装上船为界，都适用于水上运输方式，都是由卖方负责办理出口手续，买方负责办理进口手续。它们的主要区别在于办理从装运港至目的港的运输责任和费用的承担方不同。FOB 条件下，由买方订立运输合同并承担相关费用；而在 CFR 条件下，则由卖方订立运输合同并承担相关费用。

(2) 卖方的装运义务

采用 CFR 贸易术语成交时，卖方要承担将货物由装运港运往目的港的义务。为了保证能按时完成在装运港交货的义务，卖方应根据货源和船源的实际情况合理地规定装运期。装运期一经确定，卖方就应及时租船订舱和备货，并按规定的期限发运货物。按照《联合国国际货物销售合同公约》的规定，卖方延迟装运或者提前装运都是违反合同的行为，要承担违约的责任。买方有权根据具体情况拒收货物或提出索赔。

(3) 装船通知的重要作用

按照 CFR 条件达成的交易，卖方需要特别注意货物装船后必须及时向买方发出装船通知，以便买方收取货物和办理投保手续。根据一般的国际贸易惯例以及有些国家（地区）的法律，如英国《1893 年货物买卖法》（1979 年修订）中规定："如果卖方未向买方发出装船通知，致使买方未能办理货物保险，那么，货物在海运途中的风险被视为卖方负担。"这就是说，如果货物在运输途中遭受损失或灭失，由于卖方未发出通知而使买方漏保，那么卖方就不能以风险在装运港船上转移为由免除责任。由此可见，尽管在 FOB 和 CIF 条件下，卖方装船后也应向买方发出通知，但 CFR 条件下的装船通知，具有更为重要的意义。

案例分析

我国某外贸公司按 CFR 贸易术语与德国汉堡一家贸易公司签订了一笔石墨的出口合同，价值 4 万马克，支付方式为 D/P 即期。货物于 2001 年 3 月 13 日上午装"胜利号"货轮。当天装运完毕，因该业务的经办人员工作繁忙，没有及时向买方发出装船通知，而在第二天才向德国买方发出通知。德商在接到我方通知向当地保险公司投保时，该保险公司获悉"胜利号"货轮已于 13 日晚在海上遇难而拒绝投保。于是德商致电我方公司，声明由于是我方没有及时发出装船通知，以致在货轮遇难的情况下德商无法投保，该批货物的损失应由我方公司负担并要求索赔。不久，德商拒不赎单，我方通过托收行寄去的全部运输单据也被代收行退回，结果，我方不仅钱货两空，还不得不向德商赔偿 8 000 马克。

提示：按 CFR 术语成交，由卖方安排运输，买方承担运输过程中的风险，办理货运保险。为了避免出口装船后出现损失而没有及时投保，卖方在装船后及时发出装船通知尤为重要。

(4) 卸货费用的负担

为了解决大宗货物租船运输中卸货费用的负担问题，CFR 术语在业务中的常见变形有以下几种：

① CFR Liner Terms（CFR 班轮条件）。这一变形是指卸货费按班轮做法办理，即买方不负担卸货费。

② CFR Landed（CFR 卸至码头）。这一变形是指由卖方承担卸货费，包括可能涉及的驳船费在内。

③ CFR Ex Tackle（CFR 吊钩下交接）。这一变形是指卖方负责将货物从船舱吊起一直卸到吊钩所及之处（码头上或驳船上）的费用，船舶不能靠岸时，驳船费用由买方负担。

④ CFR Ex Ship's Hold（CFR 舱底交接）。按此条件成交，船到目的港在船上办理交接后，由买方自行启舱，并负担货物由舱底卸至码头的费用。

上述变形是否涉及风险和其他费用的变化，应在合同中加以具体说明，以避免误解。

（四）CIF 术语

1. CIF 术语的含义

CIF 的英文全称是 Cost Insurance and Freight（insert named port of destination），中文意思是成本加保险费、运费（插入指定目的港），其后应注明 Incoterms® 2010。CIF 又称运费保险费在内价，也是国际贸易中常用的贸易术语之一。在 CIF 项下，卖方要在合同中约定的日期或期限内，将货物运到合同规定的装运港口，并交到自己安排的船只上，或者以取得货物已装船证明的方式完成其交货义务。另外，卖方还要为买方办理海运货物保险，并提交商业发票以及合同要求的其他单证。

2. 买卖双方义务的规定

（1）风险转移问题

卖方在装运港完成其交货义务时，货物损坏或灭失的风险由卖方转移给买方。

（2）通关手续问题

卖方自负风险和费用，取得出口许可证或其他官方批准证件，并且办理货物出口所需的一切海关手续；买方自负风险和费用，取得进口许可证或其他官方批准证件，并且办理货物进口和从第三国（地区）过境运输所需的一切海关手续。

（3）运输合同和保险合同

卖方必须按照通常条件订立或取得运输合同，将货物运到合同约定的目的港。卖方有义务签订保险合同。保险合同应与信誉良好的保险公司订立，使买方或其他对货物有可保利益者有权直接向保险人索赔。

（4）主要费用的划分

卖方承担交货前所涉及的各项费用，包括需要办理出口手续时所应交纳的关税和其他费用。卖方还要支付从装运港到目的港的运费和相关费用，并且承担办理水上运输保险的费用。买方承担交货后所涉及的各项费用，包括办理进口手续时应交纳的关税和其他费用。

（5）适用的运输方式

CIF 术语适合于水上运输方式。

3. 使用 CIF 术语应注意的问题

（1）保险险别的确定

CIF 术语项下，卖方负责办理货运保险。从价格构成来讲，CIF 价格也包括了保险费。办理保险须明确保险险别，不同险别，保险承保的责任范围不同，收取的保险费率也不同。

按 CIF 术语成交，在合同的保险条款中应明确规定投保险别、保险金额等内容。如果合同中未就保险险别等问题做出具体规定，那就根据有关惯例来处理。按照《2010 通则》的解释，“该保险需至少符合《协会货物保险条款》的 C 款（Clause C）或类似条款的最低险别”。但在买方要求时，并由买方承担费用的情况下，可加保任何附加险别。

（2）租船订舱的问题

采用 CIF 术语成交，卖方的基本义务之一是租船订舱，办理从装运港至目的港的运输事项。关于运输问题，各个惯例的规定也不尽相同。《2010 通则》的解释是，卖方“按照通常条件自行负担费用订立运输合同，将货物按惯常路线用通常可供运输合同所指货物类型的海上航行船只（或适当的内河运输船只）装运至指定目的港。”因此，如果没有相反的约定，卖方只是负责按通常条件和惯驶航线，租用适当船舶将货物运往目的港。对于在业务中有时买方提出的关于限制船舶的国籍、船型、船龄、船级以及指定装载某班轮公司的船只等要求，卖方均有权拒绝接受。但卖方也可放弃这一权利，根据具体情况给予通融，即对于买方提出的要求，卖方如果能办到又不会增加额外开支，也可以接受。一旦合同中作出明确规定，卖方就必须严格照办。

（3）象征性交货

从交货方式来看，CIF 是一种典型的象征性交货（Symbolic Delivery）。所谓象征性交货是针对实际交货（Physical Delivery）而言。前者指卖方只要按期在约定地点完成装运，并向买方提交合同规定的包括物权凭证在内的有关单证，就算完成了交货义务，而无须保证到货。后者则是指卖方要在规定的时间和地点，将符合合同规定的货物提交给买方或其指定人，而不能以交单代替交货。可见，在象征性交货方式下，卖方是凭单交货，买方是凭单付款，只要卖方如期向买方提交了合同规定的全套合格单据（名称、内容和份数相符的单据），即使货物在运输途中损坏或灭失，买方也必须履行付款义务。反之，如果卖方提交的单据不符合要求，即使货物完好无损地运达目的地，买方仍有权拒绝付款。但必须指出，按 CIF 术语成交，卖方履行其交单义务，只是得到买方付款的前提条件，除此之外，卖方还必须履行交货义务。如果卖方提交的货物不符合要求，买方即使已经付款，仍然可以根据合同的规定向卖方提出索赔。

案例分析

法国某公司按照 CIF 条件向英国某买方出口一批货物，装运港为法国的加莱，目的港在英国的多佛尔。卖方在合同规定的装运期备妥了货物并安排好了船只。但在办理装运时，卖方考虑到装运港到目的港距离很近，风平浪静，估计不会发生什么意外，就没有办理保险。载货船舶起航后也很快平安抵达目的港。当卖方通过银行向买方提示单据，要求买方付款赎单时，买方发现其中缺少保险单，就以此为由拒绝接受单据和支付货款。卖方则以货物完全合格，且安全抵达，保险单已失去效用为由进行抗辩。卖方的抗辩有无道理？

提示：CIF 贸易合同属于象征性交货合同，卖方凭单交货，买方凭单付款。卖方必须向买方提交合同规定的全套合格单据，否则即使货物完好无损地运达目的港，买方仍有权拒绝付款。

(4) 卸货费用的负担

为了解决大宗货物租船运输中卸货费的负担问题,CIF 术语也具有一些与 CFR 相同的变形,即 CIF Liner Terms,CIF Landed,CIF Ex Tackle,CIF Ex Ship's Hold这4种。具体含义与 CFR 的变形相同,不再重复。同样,变形是否涉及风险和其他费用的变化,最好在合同中具体说明,以避免误解。

四、适用于各种运输方式的贸易术语

按照国际商会《2010 通则》的新解释,在 11 种贸易方式中,适用于各种运输方式的术语有 7 种,它们分别为:EXW,FCA,CPT,CIP,DAT,DAP 和 DDP。这些术语在风险、责任和费用划分方面,各有不同的特点。

(一) EXW 术语

1. EXW 术语的含义

EXW 的英文全称为 Ex Works(insert named place of delivery),中文意思是工厂交货(插入指定交货地点),其后应注明 Incoterms® 2010。这一贸易术语表示在商品的产地或所在地的交货条件。当卖方在合同约定的交货时间内在其所在地或其他指定地点,如工厂、矿山或仓库等,将合同规定的货物置于买方的处置之下时,完成交货。此外,卖方要提交商业发票以及合同要求的其他单证。

2. 买卖双方义务的规定

按照 EXW 术语成交,有关风险转移、主要责任和费用划分等问题可归纳如下:

(1) 风险转移问题

卖方承担将货物交给买方控制之前的风险,买方承担货物交给其控制之后的风险。也就是说以买方在交货地点控制货物作为风险转移的界限。

(2) 通关手续问题

买方自负风险和费用,取得出口和进口许可证或其他官方批准证件,并且办理货物出口和进口所需的一切海关手续。卖方根据买方的要求,并由其承担风险和费用的前提下,必须协助买方取得出口许可证或出口相关货物所需的其他官方授权。

(3) 运输合同和保险合同

卖方对于买方无订立运输合同的义务。同样,买方对卖方也无订立运输合同的义务。卖方对买方无订立保险合同的义务。但应买方的要求,并由其承担风险和费用的情况下,卖方必须向买方提供其办理保险所需的信息。

(4) 主要费用的划分

卖方承担交货之前与货物相关的一切费用;买方承担接受货物后所发生的一切费用,包括将货物从交货地点运往目的地的运输、保险等其他各种费用,以及办理货物出口和进口的一切海关手续所涉及的关税和其他费用。

(5) 适用的运输方式

适用于各种运输方式,包括公路、铁路、江河、海洋、航空运输以及多式联运。

从上述规定来看,按这一贸易术语达成的交易,可以是国内贸易,也可以是国际贸易。因为卖方一般是在本国的内地完成交货,其所承担的风险、责任和费用也仅局限于出口国之内,即使是在国际贸易中,卖方也不必过问货物出境、入境、运输及保险等事项,由买方自己安排车辆或其他运输工具到约定的交货地点接运货物。而且，除非合同中有相关规定，卖方一般无义务提供出口包装，也不负责将货物装上买方安排的运输工具。由此可见，按 EXW 术语成交时，卖方承担的风险、责任以及费用都是最小的。

3. 使用 EXW 术语时应注意的问题

EXW 不是国际贸易中的常用术语，但由于按这一术语成交时价格最低，因而对于买方有一定的吸引力。在业务中选用该术语时，应注意明确交货的时间和地点，以便做好货物的交接。卖方在货物备妥后，应就货物将在什么具体时间和地点交给买方支配问题，向买方发出通知；如双方约定，买方有权确定在一个规定的时间和/或地点受领货物时，买方应及时通知卖方。如果买方没有能够在规定的时间、地点受领货物，或者在他有权确定受领货物的时间、地点时，没有及时给予适当通知，那么，只要货物已被特定化为本合同项下的货物，买方就要承担由此产生的费用和风险。

此外，在成交之前，买方应了解出口国（地区）政府的有关规定，例如是否允许在该国（地区）无常驻机构的当事人在该国（地区）办理出口清关手续。当买方无法做到直接或间接办理货物的出境手续时，应考虑采用 FCA 术语。

（二）FCA 术语

1. FCA 术语的含义

FCA 的英文全称为 Free Carrier（insert named place of delivery），中文意思是货交承运人（插入指定交货地点），其后应注明 Incoterms® 2010。根据《2010 通则》的解释，按 FCA 条件成交时，卖方是在合同中约定的日期或期限内在其所在地或其他约定地点把货物交给买方指定的承运人完成其交货义务。此外，卖方要提交商业发票以及合同要求的其他单证。

2. 买卖双方主要义务的规定

采用 FCA 术语时，双方承担的主要义务可概括如下：

（1）风险转移问题

卖方承担将货物交给承运人控制之前的风险，买方承担将货物交给承运人控制之后的风险。

（2）通关手续问题

卖方自负风险和费用，取得出口许可证或其他官方批准证件，并且办理货物出口所需的一切海关手续；买方自负风险和费用，取得进口许可证或其他官方批准证件，并且办理货物进口以及通过第三国（地区）过境所需的一切海关手续。

（3）运输合同和保险合同

卖方对买方无订立运输合同的义务。但如果买方有要求，并在由买方承担风险和费用的情况下，卖方可以按照通常条件订立运输合同。卖方对买方无订立保险合同的义务。但应买方的要求，并在由其承担风险和费用的情况下，卖方必须向买方提供其办理保险所需的信息。

（4）主要费用的划分

卖方承担在交货地点交货前所涉及的各项费用，包括办理货物出口所应交纳的关税和其他费用；买方承担在交货地点交货后所涉及的各项费用，包括办理货物进口所涉及的关税和其他费用。此外，买方要负责签订从指定地点承运货物的合同，支付相关运费。

（5）适用的运输方式

FCA 适用于各种运输方式，包括公路、铁路、江河、海洋、航空运输以及多式联运。

3. 使用 FCA 术语时应注意的问题

(1)关于承运人和交货地点

FCA 术语下,通常由买方安排承运人,与其订立运输合同,并将承运人的情况通知卖方。这里所说的承运人可以是拥有运输工具的实际承运人,也可以是运输代理人或其他人。按照《2010 通则》的解释,如果双方约定的交货地点是在卖方所在地,卖方要负责把货物装上买方安排的承运人提供的运输工具;如果交货地点是在其他地方,卖方只需将处于送货运输工具上的货物(尚未卸下)交由承运人处置,即完成了交货义务。

《2010 通则》特别建议交易双方应尽可能写明指定交货地内的交付点。如果在约定地点没有明确具体的交货点,或者有几个交货点可供选择,卖方可以从中选择完成交货义务最适宜的交货点。

(2) 风险转移的界限

在采用 FCA 术语成交时,买卖双方的风险划分是以货交承运人为界,而该承运人通常是由买方指定的。因此,买方将承运人名称及有关事项及时通知卖方,卖方才能如约完成交货义务,并实现风险的转移。如果买方没有及时给予卖方上述通知,或者他所指定的承运人在约定的时间未能接受货物,其后的风险将由买方承担,但以货物已被划归本合同项下为前提条件。

(3) 有关责任和费用的划分

FCA 适用于包括多式联运在内的各种运输方式,卖方交货的地点也因采用的运输方式不同而异。有时,卖方须在出口国(地区)的内陆,如车站、机场或内河港口,办理交货。不论在何处交货,根据《2010 通则》的解释,卖方都要自负风险和费用,取得出口许可证或其他官方批准证件,并办理货物出口所需的一切海关手续。这一规定十分适合于内陆出口企业在当地交货和交单结汇。

案例分析

位于铁路交通干线的我国某内地外贸公司,于 2001 年 8 月向法国出口 60 公吨石墨电极。由于该公司在上海设有办事处,便以 FOB 上海成交,装运期为 2001 年 5 月 28 日之前。货物于 2001 年 5 月 20 日运到上海,由上海办事处负责订箱装货。不料,货物到达上海的第 5 天,仓库失火,抢救不及,全部货物受损,无法出售。办事处立即通知内地的公司总部要求尽快补发 60 公吨货物,否则无法按期装船。但恰逢该外贸公司货源紧张,只好要求法商将信用证有效期和装运期各延长 15 天,所有损失只能由该公司负担。如果采取 FCA 上海成交,该公司能否避免损失?

提示:FOB 贸易术语在应用于内陆地区的出口业务时,存在着风险转移滞后于货物实际控制权转移的缺陷;FCA 术语更适合内陆出口业务,出口方将货物交付承运人就算完成交货义务,风险与货物的实际控制权同步转移,责任可以及早减轻。

（三）CPT 术语

1. CPT 术语的含义

CPT 的英文全称是 Carriage Paid To(insert named place of destination)，中文意思是运费付至(插入指定目的地)，其后应注明 Incoterms® 2010。根据《2010 通则》的解释，按 CPT 条件成交时，卖方要在合同中约定的日期或期限内，将合同中规定的货物交给卖方自己指定的承运人或第一承运人，完成其交货义务。此外，卖方要提交商业发票以及合同要求的其他单证。

2. 买卖双方义务的规定

采用 CPT 术语时，双方承担的主要义务可概括如下：

(1) 风险转移问题

卖方承担将货物交给承运人控制之前的风险，买方承担将货物交给承运人控制之后的风险。

(2) 通关手续问题

卖方自负风险和费用，取得出口许可证或其他官方批准证件，并且办理货物出口所需的一切海关手续；买方自负风险和费用，取得进口许可证或其他官方批准证件，并且办理货物进口及通过第三国过境所需的一切海关手续。

(3) 运输合同和保险合同

卖方有义务按照通常条件订立运输合同，将货物从交货地点运送到约定的目的地。卖方对买方无订立保险合同的义务。但应买方的要求，并在其承担风险和费用的情况下，卖方必须向买方提供其办理保险所需的信息。

(4)主要费用的划分

卖方承担在交货地点交货前所涉及的各项费用，包括需要办理出口手续时所应交纳的关税和其他费用。此外，卖方要支付将货物运至指定地点的运费以及根据合同规定由卖方支付的装货费和在目的地的卸货费。买方承担在交货地点交货后与货物相关除运费之外的各项费用，包括办理进口手续时所应交纳的关税和其他费用。

(5)适用的运输方式

CPT 适用于各种运输方式，包括公路、铁路、江河、海洋、航空运输以及多式联运。

3. 使用 CPT 术语时应注意的问题

(1) 风险划分的界限

按照 CPT 术语成交，虽然卖方要负责订立从启运地到指定目的地的运输合同，并支付运费，但卖方承担的风险并没有延伸至目的地。按照《2010 通则》的解释，CPT 条件下，存在两个关键点，即风险转移点和费用转移点。风险转移点在先，而费用转移点在后。所以，货物自交货地点至目的地的运输途中的风险由买方承担，卖方只承担货物交给承运人控制之前的风险。在多式联运情况下，卖方承担的风险自货物交给第一承运人控制时即转移给买方。

(2) 责任和费用的划分

采用 CPT 术语时，买卖双方要在合同中规定装运期和目的地，以便卖方选定承运人，自费订立运输合同，将货物由通常路线和惯常方式运往指定的目的地，如果买方有权决定发货时间或决定目的地时，买方要及时通知卖方，以便卖方交货。卖方将货物交给承运人之后，应向买方发出货已交付的通知，以便买方办理保险和在目的地受领货物。按 CPT 术语成交，卖方只承担从交货地点到指定目的地的正常运费。正常运费之外的其他有关费用，一般由买方负担。货物的装卸费可以包括在运费中，由卖方负担，也可以由双方在合同中另行规定。

(3) CPT 与 FCA 的异同点

按这两种术语成交，卖方的交货地点是相同的，都是在约定地点将货物交给承运人处置即完成交货。风险的转移也是相同的，卖方承担的风险都是在交货地点随着交货义务的完成而转移给买方。另外，这两种术语都适用于各种运输方式。

CPT 与 FCA 的主要区别在于责任和费用的划分不同。采用 FCA 术语成交时，从交货地点至目的地的运输合同由买方订立，运费也由买方负担。而在采用 CPT 术语时，订立运输合同的责任改由卖方承担，运费也由卖方负担。在保险方面的规定，二者相同，如果需要办理保险也是由买方自负风险和费用办理，与卖方无关。

（四）CIP 术语

1. CIP 术语的含义

CIP 的英文全称为 Carriage and Insurance Paid to(insert named place of destination)，中文意思是运费保险费付至(插入指定目的地)，其后应注明 Incoterms® 2010。根据《2010 通则》的解释，按 CIP 条件成交时，卖方要在合同中约定的日期或期限内，将合同中规定的货物交给卖方自己指定的承运人或第一承运人，完成其交货义务。除此之外，卖方还须订立货物运输的保险合同，并提交商业发票以及合同要求的其他单证。

2. 买卖双方义务的规定

(1) 风险转移问题

卖方承担将货物交给承运人控制之前的风险，买方承担将货物交给承运人控制之后的风险。

(2) 通关手续问题

卖方自负风险和费用，取得出口许可证或其他官方批准证件，并且办理货物出口所需的一切海关手续；买方自负风险和费用，取得进口许可证或其他官方批准证件，并且办理货物进口及通过第三国(地区)过境所需的一切海关手续。

(3) 运输合同和保险合同

卖方有义务按照通常条件订立运输合同，将货物从交货地点运送到约定的目的地，并为买方订立有关货物运输的保险合同。

(4) 主要费用的划分

卖方承担在交货地点交货前所涉及的各项费用，包括办理出口手续时所应交纳的关税和其他费用。此外，卖方要负责签订从指定地点承运货物的合同和办理货运保险，并支付有关的运费和保险费。买方承担在交货地点交货后所涉及的各项费用，包括办理进口手续时所应交纳的关税和其他费用。

(5) 适用的运输方式

适用于各种运输方式，包括公路、铁路、江河、海洋、航空运输以及多式联运。

3. 使用 CIP 术语应注意的问题

(1) 正确理解风险和保险的关系

按 CIP 术语成交的合同，卖方要负责办理货运保险，并支付保险费，但货物从交货地运往目的地的运输途中的风险由买方承担；所以，卖方的投保属于代办性质。根据《2010通则》的解释，一般情况下，卖方要按双方协商确定的险别投保。但如果双方未在合同中规定投保险别，则由卖方按惯例投保最低的险别，保险金额一般是在合同价格的基础上加成10%，并采用合同货币投保。如果买方要求并且能够提供卖方所需信息时，卖方应获取并向买方提供额外的保险保障，额外费用由买方承担。

（2）合理确定价格

与FCA相比，CIP条件下卖方承担了较多的责任和费用，需要负责办理从交货地至目的地的运输，承担有关运费；办理货运保险，并支付保险费。这些均要体现在货价之中。所以，卖方对外报价时，要认真核算成本和价格，并要预计运价和保险费的变动趋势。买方也要对卖方的报价进行认真分析，做好比价工作，避免接受不合理的报价。

（3）了解CIP与FCA、CPT的异同

CIP与FCA和CPT之间有许多相同之处，在交货地点、风险划分界限以及适用的运输方式方面是一致的，它们之间的区别主要在于买卖双方承担的责任和费用方面。按照从FCA、CPT到CIP的顺序排列，卖方所承担的责任和费用是由小到大。与FCA相比，采用CPT术语成交时，卖方增加了办理运输的责任和费用；而采用CIP时，卖方又增加了办理保险的责任和费用，提交的单据中应包括保险单据。

（五）DAT术语

1. DAT术语的含义

DAT的英文全称为Delivered at Terminal(insert named terminal at port or place of destination)，中文意思是“运输终端交货”（插入指定港口或目的地的运输终端），其后应注明Incoterms® 2010。在DAT术语项下，卖方在合同中约定的日期或期限内将货物运到合同规定的目的港口或目的地的运输终端，并将货物从抵达的载货运输工具上卸下，交给买方处置时即完成交货。另外，卖方要提交商业发票以及合同要求的其他单证。

2. 买卖双方义务的规定

（1）风险转移问题

卖方承担将货物交给买方控制之前的风险，买方承担货物交给其控制之后的风险，即以买方在交货地点控制货物作为风险转移的界限。

（2）通关手续问题

卖方自负风险和费用，取得出口许可证或其他官方批准证件，并且办理货物出口以及交货前通过第三国（地区）过境运输所需的一切海关手续；买方自负风险和费用，取得进口许可证或其他官方批准证件，并且办理货物进口所需的一切海关手续。

（3）运输合同和保险合同

卖方负责订立运输合同，将货物运至约定港口或目的地的指定运输终端，如对运输终端未作具体规定，卖方可选择在约定港口或目的地最合适的运输终端。卖方对买方无订立保险合同的义务。但应买方的要求，并由其承担风险和费用的情况下，卖方必须向买方提供其办理保险所需的信息。

（4）主要费用的划分

卖方承担在交货地点交货前所涉及的各项费用，如需要办理出口手续时所应交纳的关税和其他费用，包括经由第三国（地区）过境所涉及的费用等。此外，卖方要支付有关的运费和相关费用，如装货费以及合同中约定由卖方支付的与卸货有关的费用。买方承担在交货地点交货后所涉及的各项费用，包括在目的地办理进口手续时所应交纳的关税和其他费用。

(5) 适用的运输方式

适用于各种运输方式，包括公路、铁路、江河、海洋、航空运输以及多式联运。

3. 使用 DAT 术语应注意的问题

(1) 正确理解"运输终端"的含义

根据《2010 通则》的解释，"运输终端"意味着任何地点，而不论该地点是否有遮盖，例如码头、仓库、集装箱堆场或公路、铁路、空运货站。它的范围比较宽泛。为了避免不必要的纠纷，《2010 通则》建议当事双方在订立买卖合同时应尽可能地约定运输终端的名称和具体位置，并且在运输合同中作相应的规定。

(2) 注意卖方责任的限度

DAT 的产生旨在替代《2000 通则》中 DEQ 术语。DEQ 术语是在目的港码头交货，卖方承担的责任仅限于将货物运至目的港，并卸至码头，而不负责再将货物由码头搬运到其他地方。DAT 的交货地点不再受码头的限制，但卖方承担的责任仍只是将货物交到合同规定的运输终端。如果双方希望由卖方再将货物从运输终端搬运到另外的地点，并承担其间的风险和费用，则应当使用 DAP 或 DDP 术语。

（六）DAP 术语

1. DAP 术语的含义

DAP 的英文全称为 Delivered at Place(insert named place of destination)，中文意思是在目的地交货(插入指定目的地)，其后应注明 Incoterms® 2010。在 DAP 项下，卖方要在合同中约定的日期或期限内，将货物运到合同规定的目的地的约定地点，并将货物置于买方的控制之下，在卸货之前即完成交货。另外，卖方要提交商业发票以及合同要求的其他单证。

2. 买卖双方义务的规定

(1) 风险转移问题

卖方承担将货物交给买方控制之前的风险，买方承担货物交给其控制之后的风险。

(2) 通关手续问题

卖方自负风险和费用，取得出口许可证或其他官方批准证件，并且办理货物出口以及交货前通过第三国(地区)过境运输所需的一切海关手续；买方自负风险和费用，取得进口许可证或其他官方批准证件，并且办理货物进口所需的一切海关手续。

(3) 运输合同和保险合同

卖方负责订立运输合同，将货物运至合同约定的目的地的特定交货地点，如对特定交货地点未作具体规定，卖方可在指定目的地内选择最合适的交货地点。卖方对买方无订立保险合同的义务。但应买方的要求，并由其承担风险和费用的情况下，卖方必须向买方提供其办理保险所需的信息。

(4) 主要费用的划分

卖方承担在交货地点交货前所涉及的各项费用，如需要办理出口手续时所应交纳的关税和其他费用，包括经由第三国(地区)过境所涉及的费用等。此外，卖方要负责签订从指定地点承运货物的合同，并支付有关的运费和相关费用，如装货费以及合同中约定由卖方支付的与卸货有关的费用。买方承担在交货地点交货后所涉及的各项费用，包括在目的地的卸货费用以及办理进口手续时所应交纳的关税和其他费用。

（5）适用的运输方式

适用于各种运输方式，包括公路、铁路、江河、海洋、航空运输以及多式联运。

3. 使用 DAP 术语应注意的问题

DAP 是《2010 通则》新推出的贸易术语，它旨在替代《2000 通则》中的 DAF、DES 和 DDU 术语。这就是说，DAP 的交货地点既可以是在两国（地区）的边境指定地点，也可以是在目的港的船上，还可以是在进口国（地区）内的某一地点。所以，它的应用范围很宽。但要注意的是，即使是在进口国的目的港或最终目的地交货，没有相反的规定，卖方也不负担卸货费用和进口通关的费用及关税。为了避免纠纷，《2010 通则》建议在采用 DAP 术语成交时，“卖方订立的运输合同应能与所做选择确切吻合。如果卖方按照运输合同在目的地发生了卸货费用，除非双方另有约定，卖方无权向买方要求偿付”。

另外，采用 DAP 时，卖方的交货地点即在目的地约定地点，卖方承担的风险也是在该地点实际交货时才转移给买方。因此，货运途中的风险是由卖方自己承担，保险也是为了自己的利益，卖方并不对买方承担必须办理保险的义务。

案例分析

我国 A 公司出口一批货物，DAP 术语成交，不可撤销信用证付款，2 月 20 日交货。1 月下旬，A 公司的货物装船驶向目的港。此时买方要求货装船后卖方将全套提单航空邮寄给卖方，以便买方及时凭提单办理进口通关手续，我方照办。由于海上风浪过大，船舶迟到几天才到达目的港，遭到买方降价要挟，经过争取对方才未予以追究。货物到达目的港后，对卸货费用由谁负担的问题双方发生了争议。最后，由我方负担卸货费用，遭受了不小的损失。A 公司应从中吸取什么样的教训？

提示：D 组术语的费用、风险、责任最大，业务环节最多，贸易情况最为复杂，交货时间难以掌控，面临进口方的不合作以及失去货物控制的可能。如果要选用 D 组术语，就必须充分了解这组术语的风险，并采取相应的措施将风险降到最低限度 。

（七）DDP 术语

1. DDP 术语的含义

DDP 的英文全称为 Delivered Duty Paid（insert named place of destination），中文意思是完税后交货（插入指定目的地），其后应注明 Incoterms@ 2010。在 DDP 项下，卖方要在合同中约定的日期或期限内，将货物运到合同规定的目的地约定地点，并且完成进口清关手续后，在运输工具上将货物置于买方的控制之下，即完成交货。另外，卖方要提交商业发票以及合同要求的其他单证。

2. 买卖双方义务的规定

（1）风险转移问题

卖方在进口国内的交货地点完成交货时，风险转移。

(2) 通关手续问题

卖方自负风险和费用,取得出口和进口许可证或其他官方批准证件,并且办理货物出口和进口以及交货前通过第三国(地区)过境运输所需的一切海关手续。

(3) 运输合同和保险合同

卖方负责订立运输合同,将货物运至合同约定的目的地的特定交货地点,如对特定交货地点未作具体规定,卖方可在指定目的地内选择最合适的交货地点。卖方对买方无订立保险合同的义务。

(4) 主要费用的划分

卖方承担在进口国(地区)内的指定地点完成交货之前的一切费用,包括办理货物出口和进口所涉及的关税和其他费用;买方承担受领货物之后所发生的各种费用。

(5) 适用的运输方式

DDP 术语适合于各种运输方式,包括公路、铁路、江河、海洋、航空运输以及多式联运。

3. 使用 DDP 术语应注意的问题

DDP 是《2010 年通则》中包含的 11 条贸易术语中卖方承担风险、责任和费用最大的一种术语。按照这一术语成交,卖方要负责将货物从启运地一直运到合同规定的进口国(地区)国内的指定目的地,把货物实际交到买方手中,才算完成交货。根据国际贸易惯例,按照 DDP 术语成交时,卖方对买方并无订立保险合同的义务,但由于卖方要承担较大的风险,为了能在货物受损或灭失时得到经济补偿,一般情况下,卖方应办理货运保险。

另外,在 DDP 交货条件下,卖方是在办理了进口清关手续后在指定目的地交货的,这实际上是卖方已将货物运进了进口方的国内市场。如果卖方直接办理进口手续有困难,也可要求买方协助办理。如果卖方不能直接或间接地取得进口许可证,则不应使用 DDP 术语。如果双方当事人同意在卖方承担的义务中排除货物进口时应支付的某些费用(如增值税),应写明"Delivered Duty Paid, VAT Unpaid",即"完税后交货,增值税未付"。否则,任何增值税或其他应付的进口税款都由卖方承担。

五、贸易术语的选择与使用

在国际贸易中,贸易术语是确定合同性质、决定交货条件的重要因素,正确选择和使用贸易术语对促进合同的订立和履行,提高企业的经济效益具有重要的意义。

作为交易的当事人,在选择和使用贸易术语时应注意以下问题:

(一) 根据货源和运输条件选择合适的贸易术语

国际贸易中货物品种很多,不同类别的货物具有不同的特点,它们在运输方面各有不同要求,故安排运输的难易程度不同,运费开支大小也有差异。这是选用贸易术语应考虑的因素。在卖方有足够运输能力或安排运输无困难,而且经济上又合算的情况下,可以按由卖方安排运输的条件成交(如按 FCA 或 FOB 进口,按 CFR, CIF, CPT 或 CIP 出口);反之,则应酌情争取按由对方安排运输的条件成交(如按 FCA 或 FOB 出口,按 CFR, CIF, CPT 或 CIP 进口)。此外,成交量的大小,也直接涉及安排运输是否有困难和经济上是否合算的问题。当成交量太小,又无班轮通航的情况下,负责安排运输的一方势必会增加运输成本,故选用贸易术语时也应考虑由对方安排运输。

(二)贸易术语选择与业务主动权的掌握

选择某种贸易术语,不仅是运费或保险费由谁支付的问题,更深层含义是谁能掌握执行合同的主动权问题和风险大小问题。在出口业务中,如果选择了 FOB 或 FCA 术语,出口商就会失去业务操作的主动权,如果行情变化,进口商不愿意接受货物,不派船或不指定承运人,出口商就无法继续执行合同,已备好的货或生产出的产品只能另找销路,合同成为一张废纸。如果选择 CFR,CIF,CPT 或 CIP 术语,出口商就能掌握主动权,可以在合同规定的装船期内装船,取得相应单据后到银行结汇。

(三)贸易术语与合同性质的关系

贸易术语是确定买卖合同性质的一个重要因素。一般说来,采用何种贸易术语成交,买卖合同的性质也就相应确定。如按 EXW 术语成交,卖方在产地交货,故其签订的合同为产地交货合同。按 FAS,FOB,CFR,CIF,FCA,CPT 和 CIP 术语成交时,卖方都是在启运国(地区)履行交货义务,因此,按这些术语签订的买卖合同,其性质都属于装运合同。而以 D 字母开头的术语成交时,卖方必须承担货物运至目的地的所有费用和风险,即在到达地点履行其交货义务,故按这些术语签订的买卖合同属于到达合同的类别。

贸易术语在很大程度上决定了买卖合同的性质,但它并非决定合同性质的唯一因素。如果交易双方在签订合同时使用了 FOB,CFR,CIF,FCA,CPT 和 CIP 等象征性交货的贸易术语,但同时又约定"以货物到达目的港或目的地作为支付货款的前提条件"。此时,支付条件成为决定合同性质的主要因素。按此条件签订的合同,不再是装运合同,而是到达合同。由此可见,确定买卖合同的性质,不能单纯看采用何种贸易术语,还应看买卖合同中的其他条件是如何规定的。

案例分析

某年,我国某外贸公司出售一批核桃给英国客户,采用 CIF 术语,凭不可撤销即期信用证付款。由于核桃的销售季节性很强,到货的迟早会直接影响货物的价格。因此,在合同中对到货时间做了以下规定:"10 月份自中国装运港装运,卖方保证载货轮船于 12 月 2 日抵达英国的目的港。如果载货轮船迟于 12 月 2 日抵达目的港,在买方要求下,卖方必须同意取消合同,如货款已经收妥,则须退还买方"。合同订立后,我外贸公司于 10 月中旬将货物装船出口,凭信用证规定的装运单据(发票、提单、保险单)向银行收妥货款。不料,轮船在航行途中主要机件损坏,无法继续航行。为保证如期到达目的港,我外贸公司以重金租用大马力拖轮拖带该轮继续前进,但因途中又遇大风浪,致使该轮抵达目的港的时间较合同规定的最后日期晚了数小时。恰遇核桃市价下跌,英国客户要求取消合同。

提示:合同条款中规定卖方须保证货物抵达目的港的时间,这一规定与 CIF 术语的风险划分相矛盾,改变了 CIF 贸易术语装运合同的性质;合同中规定付款后卖方在货物不能及时抵达目的港的情况下,应买方要求须退款,与凭不可撤销即期信用证付款的规定相矛盾,卖方承担了很大风险。

第四节　国际货物贸易商品的定价

在国际货物贸易中，如何确定成交价格和约定合同中的价格条款，是买卖双方都极为关心的一个重要问题。成交价格的高低和作价方法的差异，直接关系买卖双方的经济利益。价值、价格条款及使用的贸易术语与合同中的其他交易条件密切相关，有着不可分割的内在联系。价格条款是合同中的核心条款。在约定价格条件时，要同时考虑与价格有关的其他交易条件，而约定合同的其他交易条件，也往往会涉及与价格有关的问题。由此可见，正确掌握价格和订好合同中的价格条款，具有十分重要的意义。

一、成交价格的掌握

在进出口业务中对进出口商品作价，应在贯彻平等互利的原则下，根据国际市场价格水平，结合购销意图来确定适当的价格。由于成交商品价格的构成因素不同，影响价格变化的因素也很多，所以在确定进出口商品价格时，除考虑上述作价原则外，还应考虑商品质量的优劣、运输距离的远近、成交数量的大小、交货地点与交货条件不同、季节性需求的变化以及支付条件与汇率变动的风险。此外，交货期的远近、贸易对象不同、市场销售习惯等因素对价格的确定也有不同程度的影响。

在实际业务中，除了区别不同情况，掌握好上述品质差价、数量差价、地区差价、季节性差价等外，还应加强成本核算，做好比价工作。在出口业务中，这一点更为重要。进出口业务中进行成本核算一般考虑以下 3 个指标，来比较各种商品出口的盈亏状况，分析定价是否合理。

$$\text{出口商品盈亏率} = \frac{\text{出口盈亏}}{\text{出口总成本}} \times 100\% = \frac{\text{出口人民币净收入} - \text{出口总成本}}{\text{出口总成本}} \times 100\%。\tag{4-1}$$

其中，出口总成本是指出口商品的进货成本加上出口前的一切费用和税金；出口销售人民币净收入是指出口商品销售收入除去境外运费、保险费后折成的 FOB 价，按外汇牌价折成的人民币净收入。根据公式计算出的出口盈亏率为正值表示盈利，为负值表示亏损。

$$\text{出口商品换汇成本} = \frac{\text{出口总成本（人民币）}}{\text{出口销售外汇净收入}}。\tag{4-2}$$

其中，出口销售外汇净收入是指出口商品按 FOB 价出售所得的净收入。这一指标反映用多少人民币换回 1 美元。如得出的换汇成本高于银行当时的外汇牌价，出口为亏损；反之为盈利。

$$\text{出口创汇率} = \frac{\text{出口商品外汇净收入} - \text{原料外汇成本}}{\text{原料外汇成本}} \times 100\%。\tag{4-3}$$

式(4-3)中，如果原料是进口的，其外汇成本按进口商品价值加上境外运费、保险费后的 CIF 价计算；如果是本国（地区）产品，则按原料的 FOB 出口价计算。通过这一指标可以分析商品出口的创汇情况，确定出口是否有利。尤其在进料加工的情况下，这一指标更为重要。

在出口商品作价上，还要防止盲目坚持高价，或者随意削价竞争，以免影响出口额或导致反倾销诉讼。

二、进出口商品的定价方法

在国际货物贸易中，定价方法多种多样，由交易双方当事人磋商确定。实务中，通常采用的定价办法可归纳为下列几种：

（一）固定价格

固定价格是指交易双方在协商一致的基础上，对合同价格予以明确、具体的规定。按照《联合国国际货物销售合同公约》的有关规定，合同中的价格可以由当事人用明示的方法规定，也可用默示的方法规定。只要当事人根据合同或事先约定，可以将价格明确、具体地确定下来，即可称为固定价格。按各国法律规定，合同价格一经确定，就必须严格执行，任何一方都不得擅自更改。例如"每公吨 500 欧元，CIF 鹿特丹"，如合同中无其他规定，则被认为是固定价格。

采用固定价格，是国际市场上较常见的做法。在我国进出口业务中，一般多采用这种定价方法。这种规定价格的办法既明确、具体，也便于核算和执行。但是，由于国际商品市场受各种因素的影响，商品市场行情瞬息万变，价格涨落不定，因此，在国际货物买卖合同中规定固定价格，就意味着买卖双方要承担从订约到交货付款以至转售时价格变动的风险。况且，如行市变动过于剧烈，这种做法还可能影响合同的顺利执行。一些不守信用的商人很可能为逃避巨额利益损失，而寻找各种借口撕毁合同。为了减少风险，在采用固定价格时，必须注意对客户的资信情况、影响商品供需的各种因素进行仔细研究，审慎选择合适的成交对象，对价格的前景做出正确的判断，以此作为确定合同价格的依据。对属远期交货、大量成交或市场价格起伏不定的商品，则不宜轻易采用固定价格的做法，以减少价格变动的风险。

（二）非固定价格

在国际货物贸易中，为了减少价格变动的风险、促成交易和提高履约率，在合同价格的规定方面，往往采用一些灵活变通的做法，即按非固定价格成交，这类定价方法又可分为以下几种形式。

1. 待定价格

待定价格是买卖双方在签订合同时对商品价格不作出具体规定，而是规定在将来某个时间按照某种原则来协商议定价格。主要适用于某些市场价格变动频繁、变动幅度较大的商品，或交货期限长、市场价格变动趋势难测的商品。

2. 暂定价格

暂定价格是买卖双方在签订合同时先确定一个价格，在交货期前某一时间再按当时国际市场价格商定最后的价格。适用于与信用可靠、业务关系密切的客户洽商大宗货物的远期交易。

3. 部分固定价格，部分非固定价格

为了照顾双方的利益，解决双方在采用固定价格或非固定价格方面的分歧，也可采用部分固定价格、部分非固定价格的做法，或是分批定价的办法。交货期近的价格，在订约时确定下来，余者在交货前一定期限内定价。

非固定价格是一种变通做法，在行情变动剧烈或双方未能就全部货物的价格取得一致意见时，采用这种作价办法有助于暂时解决双方在价格方面的分歧，先就其他条款达成协议；有助于解除客户对价格风险的顾虑，使之敢于签订交货期长的合同。非固定价格虽不能完全排除价格风险，但对卖方来说，可以不失时机地做成生意，对买方来说，可以保证一定的转售利润。

但是,也应当看到,由于非固定价格的做法是先签约后定价,合同的关键条款即价格条款,是在签约之后由双方按一定的方式来确定的。这就不可避免地给合同带来较大的不稳定性,存在着双方在定价时不能取得一致意见而使合同无法执行的可能,以及由于合同定价条款规定不当而使合同失去法律效力的危险。

三、计价货币的选择

计价货币(Money of Account)是指买卖双方约定用来计算价格的货币。如果合同中的价格是用一种双方当事人约定的货币(如美元)来表示的,且没有约定用其他货币支付,则合同中规定的货币(美元),既是计价货币,又是支付货币(Money of Payment)。如在计价货币之外,还约定了用其他货币(如欧元)支付,则这种指定的货币(欧元)就是支付货币。

在一般的国际货物买卖合同中,价格都表现为一定量的特定货币(如每公吨为 300 美元),通常不再规定支付货币。在国际货物贸易实际业务中,用来计价的货币可以是出口国家(地区)的货币,也可以是进口国家(地区)的货币或交易双方同意的第三国(地区)货币,还可以是某一种记账单位,由双方当事人协商确定。目前,世界各国(地区)普遍实行浮动汇率制度,常用来计价的各主要货币的币值经常波动、变化,加之国际货物买卖的交货期一般都比较长,从订约到履约往往需要一段时间,在此期间计价货币的币值可能会发生变化、甚至会出现大幅度的起伏,其结果必然直接影响进出口双方的经济利益。因此,如何选择合同的计价货币是买卖双方确定价格时必须注意的问题。

在国际货物贸易中,如果交易双方所在国(地区)之间订有贸易协定和支付协定,且其交易本身又属于上述协定项下的交易,则必须按协定规定的货币进行清算。除此之外,一般进出口合同都是采用可兑换的、国际上通用的或双方同意的货币进行计价和支付。但是,由于目前各种货币在国际市场上的地位和发展趋势不同,有的走向疲软,有的日益坚挺,因此,任何一笔交易,都必须在深入调查研究的基础上,尽可能争取发展趋势于己有利的货币作为计价货币。从理论上说,在出口交易中采用硬币计价对卖方有利;而在进口交易中,采用软币计价对买方比较合算(硬币是指在实行浮动汇率的情况下具有上浮趋势的货币,软币则是指具有下浮趋势的货币)。但是,在实际业务中,以什么货币作为计价货币,还应视双方的交易习惯、经营意图和具体价格而定。

四、佣金和折扣的运用

(一) 佣金

1. 佣金的含义及作用

在国际货物贸易中,有些交易是通过中间代理商进行的。中间代理商因介绍生意或代买代卖而需收取一定的酬金,此项酬金叫佣金(Commission),它具有劳务费的性质。佣金直接关系到商品的价格,货价中是否包括佣金和佣金比例的大小,都影响着商品的价格。显然,含佣价比净价要高。

佣金是市场经济发展的必然产物,随着国际货物贸易的日益发展,中间代理商的作用也更加明显。正确运用佣金制度,有利于调动中间代理商的积极性和扩大交易。因此,物色中间代理商、合理确定佣金额度和商订好进出口合同中佣金条款,具有重要的意义。

2. 佣金的规定方法

在价格条款中，对于佣金的规定，有下列几种方法：

（1）凡价格中包括佣金的，即为"含佣价"。例如：每公吨 1 000 美元，CIF 香港，包括佣金 3%。

（2）用英文字母"C"代表佣金，并注明佣金的百分比。例如：每公吨 1 000 美元，CIF C3%，香港。

（3）佣金也可以用绝对数表示。例如：每公吨支付佣金 50 美元。

买卖双方在洽谈交易时，如果将佣金明确表示出来并写入价格条款中，称为"明佣"。如果交易双方对佣金虽然已经达成协议，但却不在合同中表示出来，约定的佣金由一方当事人另行支付，则称为"暗佣"。国外中间商为了赚取"双头佣"（即中间商从买卖双方都获取佣金），或为了达到避汇、避税的目的，往往要求采取"暗佣"的做法。

3. 佣金的计算与支付方法

计算佣金有不同的方法，最常见的是以买卖双方的成交额或发票金额为基础计算佣金。佣金额与净价的计算公式为：

单位货物佣金额 = 含佣价 × 佣金率，

净价 = 含佣价 - 单位货物佣金额。

佣金的支付方法有两种：一种是在交易达成时向中间商支付佣金，另一种是卖方在收到全部货款后，另行支付佣金。后者对卖方更为有利，可以通过中间商督促买方履行付款义务。

（二）折扣

1. 折扣的含义及作用

折扣（Discount；Rebate；Allowance）是指卖方给予买方一定的价格减让。从性质上看，它是一种价格上的优惠。在我国对外贸易中，使用折扣主要是为了照顾老客户、确保销售渠道与扩大销售等。在实际业务中，应根据具体情况，针对不同客户，灵活运用各种折扣方法：为了扩大销售，使用数量折扣（Quantity Discount）；为发展同客户的关系或为实现某种特殊目的而给予特别折扣（Special Discount）以及年终回扣（Turinlver Bonus）等。折扣直接关系到商品的价格，在货价中是否包括折扣和折扣率的大小，都影响商品价格。折扣率越高，则价格越低。折扣如同佣金一样，都是市场经济的必然产物，正确运用折扣，有利于调动采购商的积极性和扩大销路。在国际货物贸易中，它是出口厂商加强对外竞销的一种手段。

2. 折扣的规定办法

在国际货物贸易中，折扣通常在约定价格条款时用文字明确表示出来。折扣有"明扣"和"暗扣"之分。凡在价格条款中明确规定折扣率的，称为"明扣"；凡交易双方就折扣问题已达成协议，而在价格条款中却不明示折扣率的，称为"暗扣"。关于明示的折扣，可酌情采取适当的规定办法。例如：CIF 伦敦每公吨 200 美元，减 3% 折扣。此外，折扣也可以用绝对数来表示，例如：每公吨折扣 6 美元。

3. 折扣的计算与支付方法

折扣通常是以成交额或发票金额为基础计算出来的。折扣额与卖方实际净收入的计算公式为：

单位货物折扣额 = 原价 × 折扣率，

卖方实际净收入 = 原价 - 单位货物折扣额。

折扣一般是在买方支付货款时预先予以扣除。也有的折扣金额不直接从货价中扣除，而按双方当事人暗中达成的协议，由卖方以给“暗扣”或“回扣”的方式另行支付给买方。

五、价格条款的约定

(一) 价格条款的基本内容

在国际货物买卖中，商品价格的表述与国内贸易不同。进出口商品的单价通常包括下列4个组成部分：一是计量单位，如每公吨或每件等；二是单位价格金额，如100或1 000等；三是计价货币名称，如美元或欧元等；四是贸易术语，如FOB上海或CIF伦敦等。现将这4部分内容组成的商品单价举例表述如下：

例如：每公吨100美元FOB上海(USD 100 per metric ton FOB Shanghai)。

又如：每件200英镑CIF伦敦(£ 200 per piece CIF London)。

上述单价一经买卖双方约定，履约时即按此价格结算货款，即使订约后价格发生变动，任何一方都不得要求变更原定的价格。由于各种因素的影响，有些商品的价格容易发生波动。为确保合同的顺利履行，有时买卖双方订约时即在合同中明确规定：“合同成立后，不得提高价格或调整价格。”

商品单价与成交商品数量的乘积，即为商品的总值，它是指一笔交易的货款总金额。进出口合同价格条款中的总值与单价所使用的货币，应当是一致的。

(二) 约定价格条款的注意事项

为了约定好合同中的价格条款，外贸从业人员对外洽商价格和约定价格条款时，必须注意下列事项：

1. 应在充分调查研究的基础上，根据国际市场供求状况和价格走势，并遵循我国进出口商品作价原则和每笔交易的经营意图，合理约定成交价格，防止盲目定价而导致成交价格偏离国际市场价格的情况出现。

2. 争取选择于己有利的计价货币，以免遭受币值变动带来的风险与损失。如果因当时市场情况和自身的经营意图，不得已采用于己不利的计价货币成交时，应当加订保值条款，以维护自身的经济利益；或者，把币值可能变动的风险考虑到成交价格中去。

3. 根据成交商品的品种、数量、交货期限和市场行情变化等因素，灵活运用各种不同的作价办法，力争择优选用，以免承担价格变动的风险。

4. 参照国际贸易的习惯做法，注意佣金与折扣的合理运用，从而有效地利用中间代理商的购销渠道扩大交易。

5. 若在买卖合同中，对交货品质、数量规定了机动幅度，即约定了品质增减价条款、数量增减条款(或称溢短装条款)，应一并标明机动部分的作价方法，以利于合同的履行。

6. 若交易双方商定商品的包装材料和包装费另行计价，则其计价办法，也应一并在买卖合同中具体订明，以便依约行事。

鉴于合同中的价格条款是一项核心条款，它与其他条款有着内在联系，故价格条款的内容与其他相关条款的规定，应当彼此衔接，不能互相矛盾，以利于合同的履行。

阅读与思考

1. 关于合同是否成立的案例

2009 年 6 月 27 日，中国 A 公司应荷兰 B 公司的请求，报出 C514 某产品 200 公吨，每公吨人民币 1 950 元 CIF 鹿特丹，不可撤销，即期信用证付款，即期装运的实盘，对方接到中方报盘，未作还盘，只是一再请求中方增加数量，降低价格，并延长还盘有效期。中方曾将数量增至 300 公吨，价格每公吨减至人民币 1 900CIF 鹿特丹，有效期经两次延长，最后期限为 7 月 25 日。荷兰 B 公司于 7 月 22 日来电，接受该盘，并提出"不可撤销，即期信用证付款，即期装船，按装船量计算。除提供通常装船单据外，需提供卫生检疫证书、产地证、磅码单、及良好合适海洋运输的袋装"。但中方接到该电报时，发现该产品的国际市场价格猛涨，于是中方 A 公司拒绝成交，并复电称："由于世界市场的变化，货物在收到电报前已售出。"可是荷兰 B 公司不同意中方的说法，认为他是在发盘有效期内接受发盘，坚持要按发盘的条件执行合同，否则要中方赔偿差价损失人民币 23 万元，接受仲裁裁决。

试分析：

（1）中方 A 公司 6 月 27 日的发盘是实盘是虚盘？

（2）中方在荷兰未作还盘但一再请求增加数量和降低价格，延长有效期的情况下，复电称"将 C514 增加至 300 公吨，每公吨人民币 1 900 元 CIF 鹿特丹，有效期延至 7 月 25 日"的报盘是实盘还是虚盘？

（3）荷方于 7 月 22 日来电内容，是否可以作为承诺的意思来表示认可？为什么？

（4）中方在接到荷方 7 月 22 日来电后，发出拒绝成交的复电，是否符合国际贸易规则和惯例？为什么？

（5）本案应如何解决？

提示：

（1）中方 A 公司 6 月 27 日的发盘内容明确，主要条款齐备，并规定了有效期限，符合实盘成立的条件。

（2）中方 A 公司重新报盘，内容明确，主要条款齐备，并规定有效期限，也属于实盘。

（3）荷方于 7 月 22 日来电内容对中方提出的交易条件表示接受，补充的单据和包装要求不属于实质性变更原发盘的条件。除非中方及时对此提出异议，该有条件的接受仍然有效。合同已经成立。

（4）中方给荷方发出的拒绝成交的理由是"货物已经售出"，违反了国际贸易中的"约定信守原则"。中方发盘有效期延至 7 月 25 日，荷兰公司的接受承诺是在发盘有效期内做出并送达中方。此时，除非中方就有关的单据和包装提出异议，否则荷方的接受生效，合同已成立，中方应按合同的约定履行自己报价中规定的义务。

（5）为了合理有效地解决纠纷，中方可以适当地给予经济补偿或给予撤销拒绝成交的表示，双方执行已经成立的合同。

2. 船名、船期通知错误及货物质量引起的争议

中国 A 公司（申请人、买方）与澳大利亚 B 公司（被申请人、卖方）于 1992 年 3 月 20 日订立了 5 000 公斤羊毛的买卖合同，单价为 314 美元/KG，CFR 张家港，规格为型号 T56FNF，信用证付款，装运期为 1992 年 6 月，申请人于 5 月 31 日开出信用证。7 月 9 日被申请人传真申请人称，货已装船，但要在香港转船，香港的船名为 Safety，预计到达张家港的时间为 8 月 10 日。但直到 8 月

18 日 Safety 轮才抵达张家港港口，申请人在办理提货手续时发现船上根本没有合同项下的货物，后经多方查找，才发现合同项下的货物已于 7 月 20 日由另一条船运抵张家港。但此时已造成申请人迟报关和迟提货，被海关征收滞报金人民币 16 000 元。

申请人接受货物后又发现羊毛有质量及短重问题。根据申请人提供的国家商检局 1992 年 10 月 30 日出具的第一份商检报告和 1993 年 1 月 5 日出具的第二份商检报告：有 3 017 公斤原毛霉烂变质，5 包原毛的细度与合同规定不符，原毛长度不足 3.5 英寸，还有 567 公斤弱节毛，净毛重量短重 931.4 公斤。卖方据此提出索赔 34 694.40 美元；

被申请人则声称，根据合同规定的商检期限，买方应在货物到达目的口岸及 60 日内进行商检，由于申请人没有能够在规定的商检期内进行商检，为此提交的两份报告都是无效的。另外，申请人计算索赔金额有误，因原毛细度、长度不符及弱节毛问题的差价分别应为 499.20 美元、654.37 美元和 85.05 美元，合计 1 238.62 美元。至于短重问题，被申请人称该批货物在装船前检验时重量符合合同规定，即使短重属实，该亏短也没有超过合同规定的溢短装幅度，故短少部分的货款应不予以退回。

试分析：

(1) 船名、船期通知错误应由谁负责？

(2) 两份商检证书是否有效？

(3) 被申请人是否应该退回短重部分的货款？

提示：

(1) 根据《Incoterms 2010》的规定，卖方有义务将船名、船期或转船的变化情况及时通知买方，以便买方能采取通常必要的措施来提取货物；如果卖方没有这么做，使得买方不得不设法打听货物下落产生的额外费用由卖方承担。

(2) 由于卖方错误地通知了船名和船期，致使买方延迟提货，致使买方 1992 年 9 月 8 日才提到货，因此把买方进行商检起算时间确定为 1992 年 9 月上旬是合理的。第一份商检报告是有效的，第二份商检报告由于超过了合同规定的期限而无效。

(3) 关于羊毛质量及短重的问题，买方计算的因羊毛品质不符合合同规定而发生的差价是正确的，但对于货物短重的理解是错误的。所谓 2% 的溢短装条款，是指卖方在交货时可以在合同规定的数量上多装或少装 2%，买方不得以此作为拒收货物的理由，但卖方多收的 2% 货物款仍应退给买方。

思考与练习

1. 在进出口合同中列明成交商品名称的意义何在？在约定品名条款时应注意哪些事项？

2. 品质条款在合同中的法律地位如何？约定品质条款应注意哪些事项？

3. 如何掌握进出口商品的成交数量？在大宗商品交易中约定品质条款应注意哪些事项？

4. 出口商品包装条款包含哪些内容？为什么在运输包装上要刷写有关标志？

5. 什么是贸易术语？贸易术语在国际货物贸易中的作用是什么？

6. FCA，FAS 和 FOB 这 3 种贸易术语有何共同特点？

7. 举例说明风险的提前转移和货物特定化问题。

8. 什么是到达合同，它与装运合同有何区别？

9. 在国际贸易中如何确定合同的性质？确定合同性质的意义何在？

10. 我国进出口商品的作价原则是什么？在确定进出口商品价格时应考虑哪些因素？

11. 在国际货物买卖中，有哪些定价办法？在选用这些定价办法时应注意哪些事项？

12. 在国际货物贸易中如何正确运用佣金与折扣？

13. 为什么价格条款是进出口合同的核心条款？规定此条款时应注意哪些问题？

14. 交易磋商的基本环节有哪些？一笔交易的达成必须经过哪些环节？

15. 何谓发盘？构成发盘需具备哪些条件？《联合国国际货物销售合同公约》关于发盘的撤销问题是怎样规定的？

16. 何谓接受？构成接受应具备哪些条件？《联合国国际货物销售合同公约》对逾期接受以及接受的撤回与修改问题分别有何规定？

17. 什么是逾期接受？逾期接受能否成为有效接受？

18. 签订合同时应该注意哪些问题？

19. 一项有法律约束力的合同应具备哪些条件？

20. 我国某企业向新加坡 A 公司出售一批货物，出口总价为 10 万美元 CIF 新加坡，其中从大连港运至新加坡的海运运费为 4 000 美元，保险费为 1 100 美元。这批货物的出口总成本为人民币 72 万元。结汇时银行外汇买入价为 1 美元折合人民币 8.3 元。试计算这笔交易的换汇成本和盈亏额。

21. 我国某出口商品报价 CFR C3% New York 为：USD300 Per Set。试计算 CFR 净价和佣金各为多少？如对方要求将佣金增加到 5%，我方同意，但出口净收入不变。试问 CFR C5% 应如何报价？

第五章

国际货物贸易(下)

国际货物贸易是通过货物的交付和价款的支付进行的。在国际货物买卖过程中,卖方最基本的义务是按合同规定的时间和地点提交符合合同规定的货物,而买最基本的义务是按合同规定支付货物价款。由于商品资金的单证化,贸易的最终完成还需要通过相关单证的流转来实现。本章主要对国际货物贸易中货物的交付、货款的结算以及单证的制作等问题在合同中的规定方法、具体实务和有关国际惯例进行扼要介绍。此外,随着国际货物贸易的发展,贸易方式也日趋多样化。本章还论述了我国外贸业务中较常使用的除逐笔售定以外的国际贸易方式。

第一节　国际贸易货物的交付

货物的交付,简称交货(Delivery),是指卖方自愿将其对货物的所有权转移给买方的行为。在国际货物贸易中,卖方的义务是按买卖合同的规定交付货物、移交与货物有关的单据以及把货物的所有权转移给买方。其中,交付货物是卖方最基本的义务,涉及交货的时间、地点和方式、运输方式、运输单据、商品检验,以及货物的运输保险等问题。这些问题直接关系到双方当事人的权利和义务,需要在买卖合同中作具体的规定。

一、交货的时间和地点

在国际货物贸易中,存在着“交货”和“装运”两种不同的用语。但是,在使用FOB,CFR,CIF,FCA,CPT,CIP术语达成的交易中,卖方在装运港或装运地将货物装到船上或者交付给承运人处置就算完成了交货义务。因此,在使用上述6种术语的合同下,“交货”和“装运”实际上是一致的,合同在规定卖方应于何时、何地交货时,通常使用“装运时间”“装运地点”。但在使用“D”组术语达成交易时,“装运”和“交货”则是两个完全不同的概念,不能相互替代。

(一) 交货时间

交货时间(Time of Delivery)又称交货期。在FOB,CFR,CIF,FCA,CPT,CIP术语订立的合同中,也称作装运时间或装运期(Time of Shipment)。在合同中,对于装运时间,必须进行具体、准确的规定,任何含糊的、不确定的规定都可能导致异议或纠纷。

装运时间有以下几种规定方法:

(1) 具体规定装运期限。装运时间一般不确定在某一具体日期上,而是确定在一段时间上,如某年某月装运,或于某年某月某日前装运。这种方法含义明确,在国际贸易中被普遍采用。

(2) 规定在收到信用证后若干天装运。在以信用证方式支付的贸易合同下,卖方只有在收到符合合同规定的信用证后才发货，否则会有较高的收款风险。对于某些外汇管制比较严格的国家和地区，或资信欠佳的进口商，或专为买方制造的特定商品，为防止买方不按时履行开证义务而造成损失，卖方往往规定收到信用证后一定时间内装运。

（3）收到信汇、票汇或电汇后若干天内装运。卖方可以采用这种规定方法来督促和约束买方及时付款。

（4）采用笼统方法规定。这种方法不规定具体期限，采用如“立即装运”“尽快装运”“即刻装运”等术语来表示，但由于买卖双方对其解释不一，易造成分歧，一般不宜使用。

（二）交货地点

在采用 FOB，CFR，CIF，FCA，CPT 和 CIP 术语签订的合同中，交货地点也即装运地点，通常包括装运港（地）和目的港（地）两方面内容。装运港（地）是指货物起始装运的港口或地点；目的港（地）是指最终卸货的港口或地点。装运港（地）和目的港（地）不仅关系到卖方于何地履行交货义务，货物风险何时转移至买方，而且关系到运输的安排，运输费用与保险费用的计算等问题，因此在装运条款中必须作明确具体的规定。

在国际贸易实践中，装运港（地）一般由卖方提出，经买方同意后确定；目的港（地）一般由买方提出，经卖方同意后确定。根据需要，装运港（地）和目的港（地）均可拟定 2 ~ 3 个，但必须明确规定由何方选择，以及做出最终选择的时限。买卖双方在确定装运港（地）和目的港（地）时，通常都是从自身利益出发，选择就近、安全、设施先进、装卸货率高的地点和港口。

对装运港（地）和目的港（地）的规定，应力求明确具体。一般不要使用“中国港口”（China Ports）、“欧洲主要港口”（European Main Ports，EMP）之类笼统的规定方法。因为国际上对此并无统一的解释；而且，不同港口、不同地点的装卸运输条件、运杂费用也可能有极大差别；有的港口可能不是班轮经常停靠的港口，专门派船可能也有困难，或者在经济上不合算。此外，世界各国港口和地名重名的很多，例如，维多利亚港（Victoria）全世界就有 12 个；的黎波里（Tripoli）在地中海沿岸的利比亚和黎巴嫩两个国家都各有一个；波特兰（Portland）、波士顿（Boston）、悉尼（Sydney）也不止一个。为防止发生差错，在规定装运港（地）和目的港（地）时，贸易双方最好在合同中注明装运港（地）和目的港（地）所在国家或地区的名称。

二、分批装运和转运

分批装运（Partial Shipments）又称分期装运，是指一笔成交的货物先后分若干期或若干批装运。但一笔成交的货物，在不同时间和地点分别装在同一航次、同一条船上，即使分别签发了若干不同的提单，也不能按分批装运论处，因为该笔成交的货物是同时到达目的港。

在国际贸易中，有些交易数量较大，但由于备货、运输条件、市场销售或资金限制等，有必要分期分批交货、到货，买卖双方需订立允许分装条款。规定的方法有两种：一种是原则上规定“允许分批装运”，而对于分批的具体时间、批次和数量均不作规定。这种情况对卖方来说较为主动，其完全可以根据货源条件和运输条件，在合同规定的装运期内灵活掌握；另一种是具体规定每批装运的时间和数量。这种做法通常是根据买方对货物的使用或转售需要而确定的，对卖方限制较严，稍有不慎就可能因未按时、按量装运而违反合同。

由于各国（地区）对分批装运条款的理解不一，因此为了避免不必要的争议，除非另有约定,否则应在合同中订明是否允许分装条款。

转运(Transshipment)是指从装运港(地)至目的港(地)的运输过程中,货物从一种运输工具转至同种另一运输工具,或由一种运输方式转为另一种运输方式的行为。转运条款只有在货物没有直达运输工具,或一时无适合的运输工具,而需要通过中途转运的情况下才被采用。为明确责任和便于安排装运,交易双方是否同意转运以及转运的方法和转运费用的负担等问题,都应在买卖合同中具体订明。

货物中途转运,不仅延误时间和增加费用开支,而且还有可能出现货损货差,所以买方对其进口的货物,一般不愿转运,因此在商订合同时,可以提出订立"限制转运"的条款。

三、运输方式

国际贸易货物的交付,涉及的运输方式很多,诸如海上运输、铁路运输、航空运输、河流运输、公路运输、邮政运输、管道运输、集装箱运输、大陆桥运输以及各种运输方式组合的国际多式联运等。在实际业务中,应根据进出口货物的特点、货运量大小、距离远近、运费高低、风险程度、自然条件和装卸港口的具体情况,选择合理的运输方式。

(一)海洋运输

海洋运输是指利用商船在国内外港口之间通过一定的航区和航线运输货物的方式。与其他运输方式相比,海洋运输不受轨道、道路限制,通过能力大、运力大、运费低,因此其运量在国际货物运输总量中占到2/3以上,是国际货物贸易的最重要的运输方式。海洋运输按照船舶营运方式的不同,可分为班轮运输(Liner Transport)与租船运输(Charter)。

1. 班轮运输

班轮运输又称定期船运输。它是在固定的航线运行、固定的港口停靠,并按事先公布的航期表营运,事先公布的运价表收费的运输方式。班轮运输具有下列特点:(1)"四固定",即航线、停靠港口、船期均固定,运费率也相对固定;(2)除非另有协议或规定,一般在货种、货量上不作限制;(3)货物由承运人负责配载并负担装卸费用,承运人和托运人双方不计算速遣费和滞期费;(4)承运人的责任以签发的班轮提单为依据。

班轮运输的运费由基本运费和附加费两部分构成。基本运费是指货物从装运港到卸货港所应收班轮运费的主体部分。附加费是指对一些需要特殊处理的货物,或为应付突发事件和客观情况变化另外加收的费用。附加费名目繁多,常见的有超重附加费、超长附加费、直航附加费、转船附加费、港口附加费、港口拥挤附加费、选卸附加费、燃油附加费等。

班轮运费通常是按规定计收。运价表不仅包括在不同航线上不同种类货物运输的单位费率,而且包括计算运费的规则和规定。根据运价表的制定人不同,可分为班轮工会运价表、班轮公司运价表、货方运价表和船方运价表4种,其收费标准是有差异的。一般来说,前两种的收费率较高,而货方运价表的运费率一般较低。

班轮基本运费的计算标准(Basis)。通常有下列5种:

(1)按货物的重量。即以重量吨为计算单位计收,在班轮运价表内标示"W"。

(2)按货物的体积。即以尺码吨为计算单位计收,在班轮运价表内标示"M"。

(3)按重量或体积。即在运费吨中选择收费较高的作为计算单位计收,在班轮运价表内标示"W/M"。

(4)按商品价格计收。习惯称作从价费,在班轮运价表内标示"A. V."或"Ad. Val"。

从价运费一般按 FOB 价格的百分率计收。

（5）按货物的件数计收。如车辆按“每辆”（per unit）。

在实际业务中，有些情况下还按货物重量、体积或价值三者较高的一种计收，如“W/M or Ad. val”；或按货物重量或体积选择其最高者，再加上从价运费计收，如“W/M plus Ad. Val”。对于一些运价较低、装卸容易的大宗货物，还可由货主和船公司临时议价。

班轮运费的具体计算方法是：先根据货物的英文名称从货物分级表中查出有关货物的计费等级和计算标准；然后再从航线费率表中查出有关货物的基本费率；最后加上各项附加费，所得总和就是有关货物的单位运费率，再乘以计费重量吨或尺码吨即得出该批货物的运费总额。从价运费则按规定的百分率乘以 FOB 货值即可。

班轮运船舶承运货物的品种、数量比较灵活，适用于零星成交、批次较少、到港分散的货物的运输；班轮船舶负责办理货物的装卸及中途转运，且定期公布船期表，为货主提供了极大的方便。因而班轮运输深受货主的欢迎，成为国际海洋货物运输中不可缺少的运输方式。

2. 租船运输

租船运输，是指租船人向船东租赁船舶来完成特定的货运任务。租船有租赁整船和租赁部分舱位两种，一般以租赁整船为多。租船运输与班轮运输有很大区别。在租船业务中，船舶航运的时间、行驶的航线、停靠的港口和船方收取的运费或租金以及装卸费用等均由租方与租船人临时议定，并签订租船合同。

（二）铁路运输

铁路运输（Rail Transport）是指利用铁路进行国际贸易货物运输。它负担着进出口货物的集散和运进运出的繁重任务，是仅次于海洋运输的一种运输方式。它不受气候条件影响，可以保证常年的正常运输，而且速度较快，运量较大，又有高度的连续性、风险小、手续简单等优势。铁路运输可分为国际铁路货物联运和国内铁路运输。国内铁路运输是指进出口货物在口岸和内地之间的集散。国际铁路货物联运是指使用统一的国际联运单据，由铁路部门负责两国或两国以上的铁路全程运输，并由一国铁路向另一国铁路移交货物。铁路联运过程中的移交货物无需收发货人参加。

（三）航空运输

航空运输（Air Transport）是一种现代化的运输方式，具有交货迅速、安全、节省（包装费用、保险费用、存储费用等）、不受地面条件限制等特点。航空运输适宜于那些体轻贵重、量少急需的物品，以及某些有较高价值的易腐、易烂的鲜活商品的运输。

（四）公路、内河、邮政和管道运输

在国际贸易中，除了使用海运，铁路、航空运输外，还使用公路、内河、邮政、管道等运输方式。

公路运输（Road Transport）是陆上运输的基本方式之一。公路运输机动灵活、简捷方便，可以深入到可通公路的各个角落。它不仅可以直接运进或运出货物，而且也是港口、车站、机场集散进出口货物的重要手段。但公路运输载货有限、运输成本高、运输风险也较大。

内河运输（Inland Water Transport）是水上运输的重要组成部分。它是联结内陆腹地和沿海地区，边疆地区与邻国界河的纽带，在进出口货物的运输和集散方面起着重要作用。内河运输投资少、运量大、成本低。

邮政运输（Parcel Post Transport）是一种较为简便的运输方式。各国邮政部门之间订有

协定和公约，使得各国邮件可以互相传递，从而形成一个全球性的国际邮政运输网。由于国际邮政运输具有国际多式联运和“门到门”运输的性质，同时手续简便，费用不高，因而被广为采用。

管道运输（Pipeline Transport）是借助于管道内高压气泵的压力将货物输往目的地的一种运输方式，适用于液体和气体货物。管道运输建设投资大，但营运成本低。

（五）集装箱运输和国际多式联运

集装箱运输（Container Transport）是以集装箱为单位进行货物运输的一种先进的运输方式。根据货物装箱的数量和方式，集装箱运输分为整箱（FCL）和拼箱（LCL）两种装箱方式。在交接方式上，分为整箱交、整箱接；拼箱交、拆箱接；整箱交、拆箱接；拼箱交、整箱接等 4 种方式。在交接地点上，又分为门到门、门到场站、场站到门和场站到场站等方式。集装箱运输，一般通过公路、铁路、海洋运输的联合运输方式来完成。因此，要有船舶、港口、堆场、货箱、装卸搬运等专门设施，以及配套的内陆运输系统，使集装箱能从一个运输方式迅速地转到另一个运输方式，实现“门对门”运输。

国际多式联运（International Combined Transport）是指使用两种或两种以上运输方式，以完成运输任务的综合运输方式。如陆空联运、陆海联运、海空联运等。多式联运一般以集装箱为媒介，把海洋运输、铁路运输、航空运输和内河运输等一系列传统的单一运输方式有机结合起来，构成一种连续的运输方式，以完成国际间的货物运输。多式联运综合了各种运输方式的特点，组成连贯运输，达到简化货运环节，加速货运周转、减少货损货差，降低运输成本的目的，目前在国际上被广为采用。

四、运输单据

运输单据是承运人收到承运货物后签发给出口商的证明文件，是交接货物及出口结汇的重要单据。在进出口业务中涉及的运输单据主要有以下几种：

（一）海运提单

海运提单（Ocean Bill of Lading）简称提单（B/L），是船方或其代理人在收到承运货物时签发给托运人的证明文件。

海运提单的性质和作用，可以归纳为 4 个方面：

（1）承运人或其代理人应托运人的要求所签发的承运货物收据，证明承运人已按提单所列内容收到货物。根据货物装运时的表面状况是否良好，轮船公司将签发清洁提单（Clean B/L）或不清洁提单（Unclean B/L）。不清洁提单是指承运人所签发的提单上注有货损、包装不牢固、轻微渗漏等批注。这种提单所载明的货物如在运输途中受损，承运人概不负责。

（2）卖方凭之证明已经履行交货责任的主要依据。提单上的日期，即货物的实际装船日期必须早于合同约定的装运期限，否则即构成卖方违约。如果货物的实际装船期迟于信用证的规定，但承运人仍按信用证规定的日期签署提单，这种倒签提单的行为属于违法行为，承运人需承担由此产生的风险，尤其当货价下跌时，收货人可以伪造提单为由，拒绝提货并向法院起诉。

（3）一种物权凭证。提单就是货物的象征，提单合法持有人可以凭单请求承运人无条件交付货物。同时提单的持有人还可以将提单进行背书转让从而转移货物所有权，也可凭提单向银行办理抵押贷款。

（4）承运人与托运人之间运输契约的证明。提单条款明确规定了承运人与托运人或提单持有人双方之间的权利与义务、责任与豁免，是处理货运纠纷的法律依据。

案例分析

我国某公司与瑞士某公司签订出售某农产品 3 500 公吨的合同，每公吨 CIF 鹿特丹 24 英镑，共 84 000 英镑。装船日期为当年 12 月至次年 1 月，对方以不可撤销的即期信用证进行支付。我国某公司在租船装运时，因原订货船临时损坏，在国外修理，不能在预定时间到达我国口岸装货，临时改派香港某公司期租船装运，但又因连日风雪，到 2 月 11 日才装完货，2 月 13 日开航。我某公司为了取得符合信用证规定的装船日期（即 2001 年 12 月 1 日至 2002 年 1 月 31 日）的提单，要求外轮代理公司按 2001 年 12 月 31 日签发提单，并以此提单向我银行办理议付。货物到达鹿特丹，买方聘请律师上船查阅航行日志，查实提单的签发日期是伪造的，立即凭证向当地法院起诉，并由法院发出扣船通知。船由外轮公司以 30 000 英镑担保放行。我方经过 4 个月的谈判，共赔偿 20 600 英镑，买方才撤回上诉而结案。我方既损失了外汇，又对外造成了不良影响。

提示：货物装船日期迟于信用证的规定，但仍按信用证规定的日期签署的提单称作倒签提单。签发倒签提单属于违法行为，承运人须承担由此产生的风险。

（二）铁路运输单据

铁路运输单据分为两种：一种是国际铁路货物联运运单，另一种是国内铁路货物运单。通过铁路向港澳地区出口货物，由于国内铁路运单不能作为结汇的凭证，因而使用“承运货物收据”这种特定性质和格式的单据。

（1）国际铁路联运运单（International Through Rail Waybill）和运单副本，是铁路与货主之间的运输契约。同海运提单不同，铁路联运运单随同货物全程附送，最后交给收货人。它既是铁路承运货物出具的凭证，也是铁路同货主交接货物、核收运杂费用和处理索赔与理赔的依据。运单副本在铁路加盖戳记证明货物的承运和承运日期后发还发货人，是卖方凭以向银行结算货款的重要证件之一。应明确，铁路运单不是物权凭证。

（2）承运货物收据（Cargo Receipt）是在港澳地区联运中所使用的一种运输单据。中国内地通过铁路运往港澳地区的出口货物，一般由中国对外贸易运输公司以承运人身份签发经深圳中转至香港货物的承运收据，交由出口企业据以向银行或通过银行向收货人收汇。它既是承运人出具的货物收据，也是承运人与托运人签订的运输合同。承运货物收据的格式和内容与海运提单基本相同，主要区别是它只有第一联为正本。在该正本的反面印有“承运简章”，载明承运人的责任范围。

（三）航空运单

航空运单（Air Waybill）是航空承运人与托运人之间缔结的运输合同，也是承运人或其代理人签发的接受货物的收据。航空运单不是货物所有权的凭证，因而也不能进行背书转让。收货人不能凭航空运单提货，而是凭航空公司的提货通知单才能提货。航空运单收货人一栏不能做成指示性抬头，必须详细填写收货人的全称和地址。

（四）邮包收据

邮包收据（Parcel Post Receipt）是邮包运输的主要单据，它既是邮局收到寄件人的邮包后所签发的收据，也是收件人凭以提取邮件的凭证。当邮包发生损坏或灭失时，邮包收据还可作为索赔和理赔的依据。但邮包收据不是物权凭证。

（五）多式联运单据

多式联运单据（Combined Transport Documents，CTD）是为了适应集装箱运输的需要而出现的一种运输单据，是证明多式联运合同以及证明多式联运经营人已收到指定货物并负责按合同条款运送货物到目的地的单据。它还是货物所有权的凭证，可以凭单据提取货物，也可以凭单据进行转让、流通或抵押。

五、商品检验

国际货物贸易中，交货的过程分为货物交付、货物检验和货物最后交接 3 个环节。商品检验合格是货物最终交接的必备条件。一般来说，货物到达买方手中，并不意味着买方一定要接受。买方可以接受，也可以拒绝，或部分接受，部分拒绝，这一切都视检验结果而定。商品检验（Commodity Inspection）是指商品检验机构（以下简称商检机构）对商品的品质、数量（重量）、包装、安全性能、卫生指标、残损情况、货物装运技术条件等进行检验和鉴定，从而确定货物的品质、数量（重量）和包装等是否与合同相符，是否符合交易双方国家有关法律和法规的规定。

在国际货物贸易中，买卖双方分处于不同的国家和地区，很难在成交时当面验看货物，因此经常会在交货的品质或数量（重量）等问题上产生争议。加之国际货物贸易要经过许多环节，执行合同期间可能会受到各种人为或自然因素的影响，致使商品的品质、数量（重量）、包装等发生变化，这又容易引发交易双方在责任归属问题上的争议。针对这种情况，商检机构以公正的第三方的身份对货物进行检验或鉴定，并出具检验证书，作为买卖双方交接货物、结算货款和向有关方面进行索赔的依据，从而达到使交易顺利进行的目的。

（一）商品检验的形式

商品检验分为法定检验、买方检验和公证检验等 3 种形式。

1. 法定检验是由国家授权的检验机构依法对法律规定必须检验的商品，按照法律规定的程序进行的检验。法定检验由国家强制实施，贸易双方不得拒绝。

2. 买方检验是指买方对购入商品的数量、质量和包装等方面的检验，以确保卖方所交货物符合合同的规定。买方验收货物，可以自行组织人员对商品质量进行检查验收，也可委托商检机构检验，以确定所购商品的质量。

3. 公证检验是由买卖双方协商一致，委托商检机构作为公正的第三方对商品进行各方面的检验和鉴定，并出具真实、公正、具有权威性的检验证书，作为办理商品交接、结算、保管、纳税和处理争议索赔的依据。进出口商品检验通常采用公证检验的形式，由买卖双方在贸易合同中对检验的内容、检验机构、检验时间和地点、检验标准和检验方法、提供的商检证书等内容作出具体的规定。

（二）贸易合同中的检验条款

检验条款是买卖双方权利与义务的具体体现，是处理双方货物交接、货款支付和索赔、理赔的重要依据。买卖双方应在合同中订立相关的检验条款，以明确检验的内容、检验机构、检验的时间和地点、检验的标准和方法以及商检证书的类别。

1. 检验的内容

进出口商品检验的内容主要包括品质检验、数量（重量）检验、包装检验、残损检验等方面。此外，还包括船舱检验、监视装载、签封样品、签发产地证书和价值证书、委托检验等项内容。进出口双方可以根据实际需要在合同中具体约定检验的内容，或要求提交相关内容的检验证书。

2. 检验机构

国际上的检验机构按经营的性质来分：有官方经营的，有行业公会经营的，也有私人经营的。按其经营的范围来分：有综合性的，有专业性的，也有仅检验单一商品的。检验机构的名称一般为公证行，公证鉴定人、实验室等。贸易合同中一般规定由公认的、信誉好的商检机构进行检验。

目前，国际上比较著名的商检机构有：美国食品药物管理局、美国粮谷检验署、法国国家实验室检测中心、日本通商产业检验所等官方检验机构，以及瑞士日内瓦通用鉴定公司、美国担保人实验室、英国劳合氏公证行、日本海事鉴定协会、香港天祥公证化验行等民间或社团检验机构。

在我国，进出口商品的检验工作由国家质量监督检验检疫总局（以下简称质检总局），主管，质检总设在各地的出入境检验检疫局负责和管理验实施其所辖地区内的进出口商检验。根据我国2002年实施的《商检法》，我国商检机构的基本任务有3项：对进出口商品实施法定检验；办理进出口商品检验鉴定业务；对进出口商品的质量和检验工作实施监督管理。其中，法定检验是国家强制性检验，对列入《必须实施检验的进出口商品目录》的商品，未经检验合格，不准进出口。与法定检验不同，进出口商品检验鉴定业务的范围较广，且不是强制性的。对外贸易关系人，如买卖合同的当事人、运输合同或保险合同的关系人等，可以委托经国家质检总局许可的检验机构办理进出口商品的检验鉴定业务，并要求提供各种检验鉴定证明。

3. 检验时间和地点

检验时间与地点不仅涉及交易当事人在何时、何地对货物进行检验，还决定了何方享有对货物的最终检验权，即谁拥有对货物的品质、数量（重量）、包装等诸方面内容进行最后评判的权利。在实际业务中，对检验时间与地点的规定主要有以下几种：

（1）在出口国检验

在出口国检验属于货物在装运前的检验，包括在产地（工厂）检验和在装运港（地）检验。在产地（工厂）检验是指货物在产地启运或出厂前，由产地或工厂的检验部门，有时还要会同买方的验收人员对货物进行检验和验收，由合同规定的检验机构出具检验证书，作为卖方交货的品质、数量（重量）等内容的最后依据。在装运港（地）检验是指货物在装运港或装运地装运前，由双方约定的商检机构对商品的品质和重量进行检验，并出具相应的检验证书。

采取在出口国检验的方法时，即使买方在货到目的港（地）经检验发现货物的品质或数量（重量）、包装等方面不符合合同规定，也不能就此向卖方提出异议，除非买方能证明这种不符是由于卖方违约或是由于货物存在的内在缺陷造成的。可见，这类规定方法否定了买方对货物的复验权利，对买方极为不利。

（2）在进口国检验

在进口国检验是指货物在目的港（地）卸载后进行检验，也包括在目的港（地）检验和在进口方营业处所或最终用户所在地检验等两种情况。在目的港(地)检验是指货到目的港(地)卸货后,由双方约定的目的港(地)商检机构对货物的品质、重量(数量)、包装等进行检验,并出具相应的检验证书。而当有些货物不便拆开密封包装,或因需要一定的检验条件和设备而无法在进口目的港(地)卸货后进行检验时,可在进口方营业处所或最终用户所在地由合同规定的检验机构对这类货物进行检验,并以该机构出具的检验证书作为判断卖方交货的品质、数量(重量)是否符合合同规定的最终依据。

采取在进口国检验的方法,卖方必须保证货物到达目的港(地)时的品质、数量(重量)、包装等与合同的规定相符。即使不是由于卖方的责任而导致货到时出现品质、数量(重量)、包装等与合同不符,进口方仍可以凭双方约定的商检机构出具的检验证书,向卖方索赔。这种规定方法显然对买方有利,而对卖方不利。

(3) 出口国检验,进口国复验

在这种规定方法下,卖方凭出口国装运港(地)的商检机构检验货物后出具的检验证书,作为向当地银行议付货款的单据之一,但不作为卖方交货品质和数量(重量)的最后依据。待货到目的港(地)后,再由双方约定的目的港(地)商检机构对货物进行复验,如果发现货物的品质或数量(重量)与合同不符,并确属卖方责任时,买方可凭复验机构出具的检验证书向卖方提出异议。这种规定方法比较公正合理,在国际货物贸易中广泛运用。

(4) 装运港(地)检验重量,目的港(地)检验品质

在大宗商品的交易中,为协调买卖双方在商品检验时间与地点问题上的矛盾,有时也规定出口国检验重量,进口国检验品质。这种做法是以装运港(地)检验机构验货后出具的重量证书作为最后依据,以目的港(地)商检机构出具的品质检验证书为卖方交货品质的最后依据。

应注意的是,对进出口商品检验时间与地点的规定,与交易中所采用的贸易术语有密切关系。如采用 EXW 或以 D 字开头的组贸易术语,卖方要将货物实际交付买方,这时商品检验应在卖方对买方交货的地点、双方交接货物时进行。如采用 FOB,CFR,CIF 组或 FCA,CPT,CIP 组贸易术语,卖方的交货属于象征性交货,货物风险转移给买方时,买方并未收到货物,也就无法对货物进行检验。在这种情况下,“出口国检验、进口国复验”便是对双方最合理的规定方法。

4. 检验标准和方法

检验标准是指判断进出口商品的某些指标是否合格所依据的标准。凡贸易合同对品质、包装条件有具体规定的商品,以合同的规定为检验标准。凡合同规定按某项标准检验的商品,即以该项标准为检验依据。若合同中未规定检验标准或规定不明确的,以国家标准为检验标准;无国家标准的,以专业标准为检验标准;无专业标准的,以企业标准作为检验标准;目前尚无标准的,一般参照同类商品的标准,或由国内生产部门与商检机构共同研究后决定。此外,卖方提交的品质证明书、使用说明书也可作为检验标准。在实际业务中还应注意,合同规定的作为检验依据的各种标准,应符合有关国家法律、行政法规的规定。

对于进出口商品的检验方法也应在合同中具体约定。同一种商品如果采用不同的方法检验,其检验结果可能相差较大,为避免日后双方因此产生纠纷,最好在合同中规定检验方法。合同中没有规定检验方法的,出口商品通常按我国商检部门规定的方法检验,进口商品通常按国际贸易通用的方法检验。

5. 检验证书

检验证书是商检机构对商品进行检验、鉴定后，根据不同的检验结果或鉴定项目签发的各种证明文件。在国际货物贸易中，检验证书发挥着如下重要的作用：① 证明卖方所交货物的品质、数量（重量）、包装以及卫生条件是否符合合同的规定；② 作为通关验放货物的有效证件；③ 作为买方对品质、数量（重量）、包装等条件提出异议、拒收货款、要求索赔、解决争议的依据等；④ 在使用信用证结算方式的情况下，检验证书通常也是银行议付货款和出口收汇的依据。

商检证书的种类由商品检验的内容决定。根据商品检验的内容不同，常见的商检证书主要有品质检验证书、重量检验证书、数量证明书、卫生证明书、兽医证明书、消毒检验证书、熏蒸检验证书、原产地检验证书、价值检验证书、残损检验证书、验舱证书、货载衡量证书等。在实际业务中，买卖双方应该根据成交货物的种类、性质、有关国家的法律和行政法规、政府的涉外经济贸易政策和贸易惯例等来确定应该提交的检验证书的类别，并在合同中做出具体规定。

六、货运保险

在国际货物贸易中，买卖双方往往远隔重洋，商品从卖方转向买方，通常需要长时间、远距离的运输，并且在整个运输途中，要经过多次的装卸、存储、搬运，商品难免会遇到这样或那样的风险。为了保障货物遭到损失后能得到一定的经济补偿，买方或卖方一般都在货物装运之前向保险公司投保货物运输保险。国际货物运输保险是以运输过程中的各种货物作为标的，保险人（即保险公司）对保险标的在运输过程中所发生的在约定范围内的损失给予被保险人以经济补偿的一种经济业务，属于财产保险的一种。

实际业务中，采用不同的贸易术语不仅确定了保险责任的划分，也明确了保险利益的归属。保险责任与保险利益有时是统一的，有时则是脱节的。当两者统一时，如在 FOB，CFR，FCA 和 CPT 贸易术语下，由买方负责办理保险，保险的利益也属于买方。此时，进口方根据被保险货物的实际情况自行选择适当的险别加以投保，双方无需在合同中具体规定投保金额和投保险别。而当两者脱节时，如在 CIF 和 CIP 贸易术语下，由卖方负责办理保险并支付保险费，但运输途中的风险却由买方承担。此时，卖方的投保属于代办性质，卖方可按惯例投保最低险别。如果买方要求投保更高险别或加保其他险别，则要在合同的保险条款中明确规定投保的金额和保险险别，卖方必须按照合同的规定办理投保。因此，在保险责任与保险利益分离的情况下，具体订明合同中的保险条款尤为重要。

（一）国际货物运输保险的类型

国际货物运输保险的种类取决于货物运输方式。根据运输方式，运输保险分为海洋货物运输保险、陆上货物运输保险（公路或铁路）、航空运输保险和邮包运输保险。其中，海洋货物运输保险起源最早，应用得最多，其他货物运输保险是以它为基础发展起来的。

（二）国际货物运输保险险别

世界上主要国家都有自己的保险条款，其中影响最大的是英国伦敦保险协会制定的《协会货物条款》（Institute Cargo Clause，ICC）。目前，世界上约有 2/3 国家在海运保险方面参考了该条款。中国人民保险公司制定的《中国保险条款》（China Insurance Clause，CIC）就是以 ICC1981 的旧条款为蓝本修订的，自 1982 年开始实施。

1. 海洋货物运输保险的险别

保险险别是保险人对风险和损失的承保责任范围，又是承保人责任义务大小及被保险人缴付保费的依据。中国海洋货物运输保险险别分为基本险与附加险两大类。

(1) 基本险

基本险也称主险,分为3种:

第一,平安险(Free from Particular Average, FPA)。其承担责任范围是:① 货物在运输途中由于自然灾害或意外事故造成整批货物的实际全损或推定全损。② 由于运输工具发生意外事故而造成的货物全部或部分损失。③ 在运输工具发生搁浅、触礁、沉没、社会等意外事故之前或之后,又在海上遭受恶劣气候、雷击、海啸等自然灾害而使货物造成的部分损失。④ 在装卸和转运过程中的一件或数件货物落海所造成的全部或部分损失。⑤ 发生共同海损造成的牺牲、分摊和救助费用。所谓共同海损,是指在海运途中载货船舶遇到危险,威胁到船货各方的共同利益,为了维护船、货各方的共同安全或使航程得以继续完成,船长有意识并且合理地做出某些特殊牺牲或支付的额外费用。⑥ 发生承保责任范围内的危险,被保险人对货物采取抢救,防止和减少货损的措施而支付的合理费用,但以不超过该批货物的保险金额为限。⑦ 运输工具遭遇自然灾害或意外事故,在中途港或避难港停靠而引起的装卸、存仓等特别费用损失。⑧ 运输契约中订有"船舶互撞责任"条款,根据该条款规定应由货方偿还船方的损失。

第二,水渍险(With Particular Average, WPA)。其承保责任范围除包括平安险的各项责任外,还负责被保险货物由于恶劣天气、雷电、海啸、地震、洪水等自然灾害所造成的部分损失。平安险仅对由于自然灾害造成的全部损失负责赔偿,而水渍险不仅对自然灾害所造成的全部损失负责赔偿,而且对其所造成的部分损失也负责赔偿。

第三,一切险(All Risks)。其承保责任范围除包括平安险和水渍险的各项责任外,还对被保险货物在海运途中由于一般外来原因造成的全部或部分损失负赔偿责任。

基本险的责任起讫期限通常采用"仓至仓"条款,即保险人承担保险责任的有效时间从承保货物运离保单所载明的发货人仓库开始,直至该项货物被运抵保险单所载明的目的地收货人仓库时为止。如果被保险货物从海轮卸下后放在码头仓库、货场或海关仓库,而未到达收货人仓库或储存处,保险责任继续有效,但最长保险期限以货物卸离海轮后60天为限。

(2) 附加险

附加险是对基本险的补充和扩大,只能在投保某一种基本险的基础上才可投保。附加险分为两类:

① 一般附加险(General Additional Risks)。一般附加险的承保责任范围包括一般外来原因造成的全部和部分损失。一般附加险共有偷窃、提货不着险,淡水雨淋险,短量险,混杂、玷污险,渗漏险,碰损、破碎险,串味险,受热受潮险,钩损险,包装破裂险,锈损险等11种险别。投保人既可以对其全部投保,也可选择其中某几种投保。由于一切险的承保责任范围包括了一般附加险,为此,基本险中如果投保了一切险,无需再投保一般附加险。

② 特别附加险(Special Additional Risks)。特别附加险承保由于特殊外来风险所造成的全部或部分损失。中国人民保险公司承保的特别附加险,有战争险、罢工险、交货不到险、舱面险、进口关税险、黄曲霉素险、拒收险、货物出口到香港(包括九龙在内)或澳门地区存货火险责任扩展条款等8种。

此外,针对某些特殊货物或具有特殊要求的货物,中国人民保险公司还分别制定了专门的保险险别,如海洋运输冷藏货物保险、海洋运输散装桐油保险等。

2．陆上货物运输保险险别

陆运保险的基本险别有陆运险和陆运一切险。附加险与海运货物保险一样分为一般附加险、特别附加险。

陆运险与海运保险中的“水渍险”相似。保险公司负责赔偿被保险货物在运输途中遭受自然灾害或由于陆上交通工具（仅限于火车和汽车）遭受碰撞、倾覆或出轨以及驳船在驳运过程中因遭受搁浅、触礁、沉没、碰撞或由于遭受隧道坍塌、崖崩或失火、爆炸等意外事故所造成的全部或部分损失。此外，被保险人对遭受承保责任范围内风险的货物采取抢救，防止或减少货损而支付的合理费用，在不超过该批被救助货物保险金额的条件下，保险公司也负责赔偿。陆运险的承保范围不包括附加险。

陆运一切险的承保责任范围与海运保险中的“一切险”相似。保险公司除承担上述陆运险的赔偿责任外，还负责货物在运输途中由于一般外来原因造成的全部或部分损失，即包括了一般附加险。

此外，冷藏货物险也具有基本险的性质，其责任范围除包括陆运险责任外，还负责赔偿由于冷藏设备在运输途中损坏而导致货物变质的损失。

3．航空运输货物保险

根据中国人民保险公司的规定，航空货物运输险也包括两种基本险别，即航空运输险和航空运输一切险及各种附加险。其承保范围分别类似于海运保险的“水渍险”和“一切险”。

4．邮包保险

邮包险也包括邮包险和邮包一切险两种基本险，其承保范围与前述两种货运保险相同。

（三）贸易合同中的保险条款及保险合同的形式

1．出口合同中的保险条款

签订出口合同时，如果按 CIF 或 CIP 成交，应由出口方投保。双方除约定险别、保险金额等内容外，还应订明适用的保险条款。如合同中写明“由卖方按发票金额 110% 投保水渍险，按 1981 年 1 月 1 日中国人民保险公司海运货物保险条款投保”；或按照外商的要求按协会货物条款投保。如果按 FOB 或 CFR 出口，保险条款可规定为“由买方自行办理保险”。如果买方委托卖方代办，可订为“由买方委托卖方按发票金额 110% 代为投保××险，保险费由买方负担”。

根据国际惯例，出口业务通常按 CIF 或 CIP 总值加成 10% 计算。如果买方要求以较高的加成率计算投保金额进行投保，在保险公司同意承保的前提下出口方可以接受，但额外的保险费应由买方负担。投保金额是保险公司所承担的最高赔偿金额，也是保险费的计算基础。

一般来讲，无论以何种术语成交，保险金额与保险费的计算公式均为：

出口货物保险金额 = CIF 货价 ×（1 + 加成率），

保险费 = 保险金额 × 保险费率。

2．进口合同中的保险条款

我国进口一般采用 FOB，FCA，CFR 或 CPT 术语，由买方自行办理保险。因此，进口合同中，保险条款一般只规定“装船后保险由买方负责”。为了简化投保手续和防止来不及投保或漏保，我国进口一般采用预约保险的做法。各外贸公司与中国人民保险公司签订有各种运输方式下的预约保险公司，对每批进口货物，无需填制投保单，仅以国外的装运通知单代替投保单。

以 FOB 或 CFR 条件进口，在投保时，均按 CIF 价作为保险金额而不必加成，其中运费率和保险费率均采用平均值计算。保险金额与保险费的计算公式为：

$$FOB进口保险金额 = \frac{FOB货价 \times (1 + 平均运费率)}{1 - 平均保险费率},$$

$$CFR进口保险金额 = \frac{CFR货价}{1 - 平均保险费率};$$

保险费 = 保险金额 × 平均保险费率。

3. 保险合同的形式

保险合同的形式一般以保险单据来表示。保险单是保险人与被保险人之间订立的有关权利和义务关系的法律文件,也是保险人的承保证明。一旦发生承保范围内的损失,它是被保险人凭以向保险公司索赔的依据,可以转让。目前,我国进出口业务中使用的主要有 4 种保险单据:

(1) 保险单(Insurance Policy),俗称大保单或正式保险单。保险单除载明投保单各项内容外,还列有保险公司的责任范围及双方的权利义务。

(2) 保险凭证(Insurance Certificate),俗称小保单,是简化了的保险单。除了背面没有载明保险人与被保险人双方的权利与义务等保险条款外,保险凭证与保险单的内容相同,并且具有同等的法律效力。

(3) 预约保险单(Open Policy)。在我国,预约保险单用于按 FOB 或 CFR 条件进口的货物和出口展卖的展卖品。

(4) 联合凭证(Combined Certificate),是比保险凭证更简化的保险单据,即在进口货物发票上由保险公司加注承保险别、保险金额及编号。联合凭证目前只用于对港澳地区部分华裔和新加坡、马来西亚地区的少数出口业务。

第二节　国际贸易货款的结算

贸易活动是通过货物的交付和货款的支付最终完成的。在国际货物贸易中,按合同规定交付货物是卖方的主要责任,同时收到货款是卖方的主要权利;而支付货款则是买方的义务。何时、何地以及采取何种支付方式支付货款,是买卖双方共同关心的问题。

在国际贸易结算中,围绕着资金的融通、收付的风险和费用的负担 3 个方面的问题,逐步产生了各种支付工具和支付方式,以及信用业务、票据业务。目前,国际贸易货款的支付主要是通过银行利用各种票据进行。

一、支付工具

随着信用工具的发展,现代国际贸易很少采用现金结算货款,货币在结算中仅充当计价手段,其流通手段和支付手段为各种信用工具所代替。目前,在国际贸易结算中采用的支付工具主要是汇票,有时也使用本票和支票。

(一) 汇票

汇票(Bill of Exchange)是指出票人向付款人签发的,要求其在见票时或在未来一定期限内,向受益人或其指定人或持票人无条件支付一定金额的书面命令。其本质是由债权人在提供信用时所开出的债权凭证。汇票是最重要、最常用的一种信用工具。当今各国(地区)间的贸易,基本采用汇票这种工具进行结算。

汇票可分为如下几种：

1. 按出票人不同，分为银行汇票（Banker's Draft）和商业汇票（Commercial Draft）。银行汇票的出票人是银行，受票人也是银行，主要用于银行的票汇业务；商业汇票的出票人是工商企业或个人，付款人可以是工商企业或个人，也可以是银行，常用于托收和信用证业务。

2. 按照有无随附商业单据，分为光票（Clean Bill）和跟单汇票（Documentary Bill）。光票是指不附带任何单据的汇票，光票的流通完全依靠信用，即依靠出票人、付款人或背书人的资信，通常用于佣金、欠账等款项的结算。跟单汇票是指附带货运单据的汇票，进出口业务的货款结算多采用此类汇票。当出口商发出货物，取得提单、发票、保险单或其他单据后，就可将这些单据与所签发的汇票一起拿到银行进行押汇和托收。

3. 按付款时间的不同，汇票可分为即期汇票（Sight Draft；Demand Draft）和远期汇票（Time Draft；Issuance Draft）。即期汇票是指付款人见票后需立即付款的汇票。通常的惯例是银行给予受票人 3 天的期限，即承兑后 3 天内付款。远期汇票是经付款人承兑后于一个指定的日期或将来一个可确定的日期付款的汇票。远期汇票的偿付期限通常是从见票日起算的。

4. 按承兑人不同，分为商业承兑汇票（Commercial Acceptance Draft）和银行承兑汇票（Banker's Acceptance Draft）。商业承兑汇票是建立在商业信用基础上的由工商企业或个人承兑的远期汇票。银行承兑汇票是指建立在银行信用基础上的由银行承兑的远期汇票。

一份汇票通常同时具备多种属性，如一份商业汇票，可以是即期跟单汇票也可以是远期的银行承兑跟单汇票。

汇票的使用因其属性的不同而不同。即期汇票只需经过出票、提示和付款程序。远期汇票还必须经过承兑。汇票如需流通转让，通常要经过背书。汇票遭到拒付时，还要涉及办理拒绝证书，依法行使追索权等法律问题。

（二）本票

本票（Promissory Note）是出票人对受票人承诺无条件支付一定金额的票据，分为商业本票和银行本票。由工商企业或个人签发的称为商业本票或一般本票，有远期和即期之分。由银行签发的称为银行本票，均属即期。在国际贸易结算中多为银行本票。有的银行发行不记载收款人或来人抬头的本票，见票即付，其流通性极强。

（三）支票

支票（Cheque）是银行存款户签发的，要求银行见票时立即从其账户无条件地支付一定金额给指定收款人或持票人的书面支付命令，是以银行为付款人的即期汇票。支票的主债务人是出票人，他一方面要保证收款人可以凭支票收到特定的金额，另一方面也要保证自己在付款银行的存款足以支付票面金额。一旦他在银行的存款余额不足，支票便成为空头支票，出票人要为此承担相应法律责任。

二、支付方式

目前，国际货物贸易中所使用的支付方式主要有汇付、托收和信用证。除此之外，还可采用银行保函、备用信用证等。

（一）汇付

汇付（Remittance），又称汇款。它是买方根据合同规定，通过银行直接将货款汇给卖方的一种结算方式。汇付因资金的流动方向与支付工具的传递方向相同，是由付款人主动汇出，所以被称为顺汇法。

1. 汇付的当事人

在汇付方式中，通常有4个当事人：(1) 汇款人(Remitter)，即付款人，通常就是进口商。(2) 汇出行(Remitting Bank)，是接受汇款人的委托或申请汇出款项的银行，通常是进口商所在地的银行。(3) 汇入行(Receiving Bank)，又称解付行(Paying Bank)。即接受汇出行的委托、解付汇款的银行。汇入行通常是汇出行在出口商所在地的代理行。(4) 收款人(Payee；Beneficiary)，有时也被称为受益人，通常就是出口商。

2. 汇付的种类

汇付方式可分为电汇、信汇和票汇3种。

(1) 电汇(Telegraphic Transfer，T/T)是由汇款人委托汇出行用电报、电传等电讯手段发出付款委托通知书给收款人所在地的汇入行，委托其将款项解付给指定的收款人。

(2) 信汇(Mail Transfer，M/T)是汇款人委托本地银行，开具付款委托书，通过信件邮寄给收款人所在地的汇入行，并解付款项给指定收款人。

(3) 票汇(Remittance by Banker's Demand Draft，D/D)是汇款人向汇出行申请开立以其分行或代理行为解付行的银行即期汇票，并由汇款人自行交给或寄给收款人，收款人凭票在解付行取款的一种结算方式。

3. 汇付的应用

汇款人委托汇出行办理汇款时，通常要出具汇款申请书，写明收款人的名称和地址，汇款金额，采用的汇款方式等内容交给汇出行，汇出行接受委托后即有义务按申请书的指示通知汇入行将汇款解付给收款人。汇款人在申请时除应交付所汇全部金额外，还应向汇出行缴付规定比率的费用。

在贸易活动中，使用汇付方式结算货款，银行只提供服务而不提供信用，货款能否顺利结算，完全取决买卖双方的商业信用。一般而言，这种方式只在下列两种情况下使用：一种是用于本企业的联号或分支机构或关系密切企业之间的债权债务结算。如预付货款、交货后付款、随订单付现、赊销；另一种是用于定金、货款尾数、佣金以及大宗交易的分期付款。

(二) 托收

托收(Collection)是指出口商在货物装运出口取得货运单据后，根据发票金额开具汇票，与货运单据一起交给出口地银行向进口商收取货款的一种结算方式。

1. 托收的当事人

托收方式通常有6个当事人：

(1) 委托人(Principal)，是指委托银行办理托收业务的客户，通常是出口商。

(2) 托收行(Remitting Bank)，是指接受委托人的委托，办理托收业务的银行，通常是出口地银行。

(3) 代收行(Collecting Bank)，是指接受托收行的委托向付款人收取票款的银行，通常是进口地银行，同时也是托收行在进口国的分行或代理行。

(4) 提示行(Presenting Bank)，是指向付款人提示汇票和单据的银行。提示行可以是代收行委托的与付款人有往来账户关系的银行，也可以由代收行兼任。

(5) 付款人(Payer)，通常是进口商，即汇票的受票人。

(6) 需时代理人(Principal's Representative in Case of Need)，是委托人指定的在付款地

代为照料货物存仓、转售、运回或改变交单条件事宜的代理人。按《托收统一规则》，委托人如需要指定需时代理人，必须在托收申请书和托收委托书中写明此代理人的权限，否则银行对需时代理人的任何指示不予受理。

托收银行在接受委托人的托收申请书后，双方之间就构成了委托代理关系。同样，代收行接受了托收行的托收委托后，双方之间也构成委托代理关系，从而托收申请书和托收委托书也就成为委托代理合同。被委托人有义务按委托的指示办理，若有越权行为，致使委托方受到损失，被委托人要负全部责任。

2. 托收的种类

托收可根据所使用的汇票不同，分为光票托收和跟单托收。国际贸易结算大多采用跟单托收。按交单条件不同，跟单托收分为付款交单和承兑交单。

（1）付款交单（Documents against Payment，D/P），是指买方的交单须以卖方的付款为条件，即出口商将汇票连同货运单据交给银行托收时，指示银行只有在进口商付清货款时才能交出货运单据。如果进口商拒付，就不能从银行取得货运单据，也无法提取单据项下的货物。按付款时间不同，付款交单还可分为即期付款交单和远期付款交单。

在远期付款交单的条件下，由于货物和单据同时到达买方所在地，这样就可能出现进口商利用信托收据（Trust Receipt，T/R）借单提货的可能性。所谓信托收据，是指进口方借单时提供的一种书面担保文件，用来表示进口商愿意以代收行的身份代为报关、提货、出售等，并承认货物的所有权仍属银行。借单提货的行为是导致远期付款交单风险增加的重要原因，因为在进口业务中，要由允许借单提货的一方负责承担该风险造成的损失。

（2）承兑交单（Documents against Acceptance，D/A），是指出口商的交单以进口商的承兑为条件。进口商承兑汇票后，即可向银行取得全部货运单据，待汇票到期时才付款。承兑交单只适用于远期汇票的托收。

案例分析

我国某公司向一日本客户以即期付款交单的支付方式推销某种商品，而日商提出，如果我方同意采用见票后90天付款交单的支付方式，并以日商指定的A银行为代收行，则日商愿意接受我方提出的其他交易条件，与我方达成交易。日商提出这种要求的原因是什么？

提示：日商要求采取远期付款交单的支付方式，并由其指定代收行，表明日商很可能会通过信托收据向银行借单。

3. 托收的应用

在托收业务中，银行只是按照委托人的指示办事，并不提供任何信用和担保。如果进口商破产或丧失偿还债务的能力，出口商则可能收不回或晚收到货款。如进口商拒不付款赎单时，除非事先约定，银行没有义务代为保管货物。如货物已到达，出口商还要承担在进口地办理提货、交纳关税、存仓、保险、转售的费用，以及被低价拍卖或被运回国（地区）内的损失。在承兑交单的情况下,进口商只要在汇票上办理承兑手续,即可取得货运单据,凭以提取货物。一旦进口商到期不付款,出口商便会“钱货两空”。可见,完全建立在买卖双方信用基础上的托收方式,其性质属于商业信用。这种方式对出口商有一定风险,但对进口商却有利。因此,许多出口业务中采用托收作为推销货物和加强竞争的手段。出口商可以同时使用国际保理或出口信用保险等来规避风险或减少收汇风险。

案例分析

我国某外贸公司与某美国客商以预付货款的方式做了几笔顺利的小额交易后,客户称销路已经打开,要求增加数量,但由于金额较大,资金一时周转不开,要求将付款方式改为 D/P at Sight。当时我方考虑到在 D/P at Sight 的情况下,如果对方不付款赎单就拿不到单据,货物的所有权仍归我方所有。因此,未对客户的资信进行全面调查,就发出了一个 40 英尺货柜的货物,金额 3 万美元。货物到达目的港后,客户借口资金紧张,迟迟不去赎单。10 天后,各种费用相继发生。考虑到这批货物的花色品种为客户特别指定,拉回来也是库存,便应客户的要求改为 D/A 30 天。可是,客户将货提出后,就杳无音信。考虑到涉外官司费用极高,外贸公司只好作罢。请问我方从此案中应吸取哪些教训?

提示:在采用商业信用付款方式时,出口商应加强风险意识,做好客户的资信调查;对于按订单生产的商品,需要预收一定的押金;做好各种事前控制风险或事后补偿的措施;谨慎使用 D/P 远期或 D/A 等风险较大的支付方式。

(三)信用证

前面提到的汇付和托收,都属于商业信用。在这两种情况下,进出口双方谁也不愿意在没有可靠保证的条件下交货或付款。这种以商业信用为基础,由一方承担风险的支付方式已不能完全适应贸易发展的需要,在银行成为“万能垄断者”的条件下,出现了银行为交易双方提供资金融通和信用担保的信用证结算方式。

1. 信用证定义及当事人

信用证(Letter of Credit, L/C)是进口商所在地银行应进口商的请求,向出口商开立的、有条件的保证付款的凭证。信用证所涉及的当事人较复杂,主要包括:

(1) 开证申请人(Applicant),通常称为开证人,是向银行申请开立信用证的人,一般是贸易中的进口商或实际买主。

(2) 开证行(Issuing Bank),是接受开证申请人的委托,为其开出信用证的银行。

(3) 受益人(Beneficiary),是指信用证上指定的有权使用该信用证的人,一般是交易中的出口商或实际供货人。

(4) 通知行(Advising Bank),是指受开证行的委托,将信用证通知(或转递)给受益人的银行。通知行一般是出口地的银行,而且通常是开证行的代理行。通知行只证明信用证的表面真实性,并不承担其他义务。

(5) 议付行(Negotiating Bank),又称押汇银行,是根据开证行的授权买入或贴现受益人开立和提交的符合信用证规定的汇票及/或单据的银行。在信用证业务中，议付行通常又是以受益人的指定人和汇票的善意持票人的身份出现。

（6）付款行（Paying Bank），是信用证上规定的汇票付款人，在多数情况下就是开证行，也可以是开证行委托代为付款的其他银行，通常由信用证条款来规定。

（7）保兑行（Confirming Bank），是应开证行的要求，对其所开立的信用证予以保兑的银行。保兑行在信用证上加具保兑后，即对信用证承担与开证行相同的付款或议付的责任。

2. 信用证的内容

信用证的格式随不同的开证银行各不相同，其内容也随不同的交易需要而定，但基本内容大致相同，具体包括下述几个方面：

（1）对信用证本身的说明，如信用证编号、开证日期、到期日和到期地点、交单期限等。

（2）信用证的性质与种类，如可撤销或不可撤销、保兑或不保兑、可转让或不可转让、即期或远期付款、承兑或议付信用证等。

（3）信用证当事人，如开证人、开证行、受益人、通知行以及指定付款行、偿付行、议付行等。

（4）支付货币和信用证金额，支付货币的名称、信用证金额及其上下浮动的比率等。

（5）有关汇票事项，包括汇票的种类，出票人、受票人、付款期限、出票日期、付款金额等。

（6）有关货物事项，包括货物的名称、品种规格、数量、包装、价格、装运地、目的地、装运期限、装运方式等。

（7）有关货运单据事项，包括商业发票、提单、保险单、产地证书、检验证书等。

（8）其他事项，如有关押汇银行的注意事项，有关通知行、保兑行的条款，有关开证行的承诺条款等。

3. 信用证支付的流程

信用证支付的业务流程根据信用证的种类和具体规定的不同而各不相同，一般有以下几个基本环节：

（1）进口商根据贸易合同规定，填写开证申请书，向开证行申请开立信用证。

（2）开证行接受进口方开证申请，待收到开证押金后，依据开证申请书的内容开出信用证，寄往出口商所在地的通知行。

（3）通知行鉴定信用证表面真实性后通知受益人（出口商）。

（4）出口商审核信用证与合同相符后，按信用证的规定装运货物，备齐各种货运单据并开立汇票，在信用证规定的交单期和有效期内送交议付行议付。

（5）议付行按信用证条款审核“单证一致”“单单一致”后，按汇票金额扣除贴息和手续费，将余额垫付给出口商。议付后，议付行应在信用证背面作有关议付事项的必要记录，称为“背批”，其作用是防止超额和重复议付。

（6）议付行将汇票和货运单据分次寄往开证行或付款行要求偿付，以防邮递过程中单据发生遗失现象。

（7）开证行或付款行核对单据无误后，付款给议付行。

（8）开证行向开证申请人（进口商）发出通知，进口商审单无误后向开证行付款，取得全套单据。

4. 信用证支付的特点和作用

信用证支付方式具有下列特点：

(1) 开证行负首要的、确定的付款责任。在信用证付款条件下，开证行以自己的信用向受益人，以及其所指定授权的所有当事人（议付行、付款行）保证，凭表面与信用证条款相符的单据办理付款，承兑汇票或偿付。因此，开证行是第一付款人，对受益人承担独立的责任，即使进口方失去偿付能力，只要受益人提交符合信用证条款规定的单据，开证行对受益人的付款责任也不受影响。另外，自信用证开立之日起，开证行即不可撤销地受到其条款和承诺的约束。如信用证需要进行修改，在受益人向通知修改的银行表示接受该修改之前，原信用证的条款对受益人依然有效。

案例分析

中方某公司与加拿大商人在2002年10月份按CIF条件签订了一份出口10万码法兰绒的合同，支付方式为不可撤销即期信用证。加拿大商人于5月通过银行开来信用证，经审核与合同相符，其中保险金额为发票金额的110%。我方正在备货期间，加拿大商人通过银行传递给我方一份信用证修改书，内容为将保险金额改为发票金额的120%。我方没有理睬，按原证规定投保、发货，并于货物装运后在信用证有效期内，向议付行议付货款。议付行议付货款后将全套单据寄开证行，开证行以保险单与信用证修改书不符为由拒付。开证行拒付是否有道理？

提示：信用证修改须取得各方当事人的同意后才能生效。在受益人向通知修改的银行表示接受修改之前，原信用证的条款对受益人仍然有效。

(2) 信用证是一种自足性文件。信用证是买方根据贸易合同要求银行开立的，信用证一经开出，就成为独立于贸易合同的另一种契约，不受贸易合同的约束。即使信用证提及该合同，银行也不受其约束。出口商提交的单据即使符合买卖合同的要求，但若与信用证不一致，仍会遭到银行的拒付。

案例分析

大连某电子进出口公司向泰国某公司出口一批电风扇的微型电机，合同规定2003年3月发货，采用L/C at Sight的收汇方式。大连公司于2月10日才收到泰国公司开来的信用证，其中规定的信用证到期日为2月29日。考虑到已经备好货，该公司于2003年2月28日发货，3月1日拿到提单，当天到银行交单时，被银行拒绝。后来在同意罚款的条件下以托收方式收回货款。

提示：在审核信用证时，如发现影响合同履行和收汇安全的问题，必须要求国外客户通过开证行修改，并在收到银行修改信用证通知书后安排装运。

(3) 信用证是一种单据的买卖。在信用证业务中，各有关当事人处理的只是单据，而不是单据所涉及的货物、服务或其他行为。银行只负责核对单据表面是否符合信用证条款的规定，对卖方所交货物是否与贸易合同规定相符，是否按规定履行其交货的义务概不负责。银行保证付款的前提条件是单据符合信用证的规定。只要单据相符，银行保证付款，单据不符，银行有权拒付。因此，信用证使用的原则是“单单一致”“单证一致”的“单据严格相符”原则。

案例分析

1999 年 3 月 10 日，我国某进出口公司（以下简称我公司）与美国 M 公司签订了一份化工产品购销合同。合同的总金额为 50 万美元，信用证付款。1999 年 4 月 1 日，买方 M 公司通过美国 S 银行开出了一份总金额为 50 万美元的不可撤销信用证。该信用证有下列条款：“Credit amount USD 500 000, according to invoice value. 75% to be paid at sight, the remaining 25% to be paid at 45 days after shipment arrival.”（信用证总额为 50 万美元，以发票数额为准结算，出口方交单时支付 75% 的货款，其余 25% 的货款货到后 45 天内付清）。我公司在信用证有效期内，通过议付行向开证行提交了信用证项下的所有单据。经检验，单证相符，开证行便付了 75% 的货款，计 37.5 万美元。但是货到 45 天后，开证行以开证人声称我方出口的货物品质欠佳为由拒付其余 25% 的货款。由此引发诉讼，S 银行拒付有没有道理？

提示：在信用证业务中，银行及各方面处理的是纯粹的单据买卖，银行及受益人均受信用证条款的约束，银行对于不符合信用证条款的单据可以拒付。但当单证相符时，银行就应兑现其开证时的承诺，向受益人履行其付款义务。

信用证结算以银行信用为基础，相比建立在商业信用基础上的结算方式具有一定的优越性。采用信用证结算方式，在实际业务中有两大作用：

① 安全保证作用。信用证结算方式可以缓解买卖双方互不信任的矛盾。对受益人（出口商）而言，只要按信用证规定发运货物，向指定银行提交符合信用证规定的单据，收取货款就有了保障。对进口商而言，通过信用证所列条款可以控制出口商交货的质量和数量，以及按规定的方式交付货物和提供所需的单据和证件。因此，信用证结算方式可以使彼此不熟悉、不了解的买卖双方顺利进行交易。

② 资金融通作用。对出口商而言，由于银行信用一般优于商业信用，出口商在货物装物装运之前，还可以凭信用证向银行申请打包贷款，在货物装运后将汇票和单据交议付行议付，通过押汇可及时收取货款，有利于资金周转；对进口商而言，申请开证时只需缴纳少量押金，有些国家对信誉良好的企业还可免收押金。大部分或全部货款要等单据到达后再支付，从而减少了资金占用。如果采用远期信用证，进口商还可以凭信托收据（Trust Receipt）向银行借单，先行提货、转售，到期再付款，这就为进口商提供了资金融通的便利。

综上所述，信用证结算方式对买卖双方的风险都相对较小，有利于国际贸易的顺利进行。但它也并非十全十美，仍然存在风险。例如，买方不按时开证、不按合同规定的条件开证，导致卖方无法履行合同；卖方履行交货、交单后因不符合信用证的规定而遭拒付；卖方伪造文件甚至是假单据使之与信用证表面相符，使进口商成为欺诈的受害者；等等。此外，使用信用证方式较之汇付和托收方式不仅费用多，成本高，而且手续繁琐，技术性强，稍有疏忽就会造成损失。

5.《跟单信用证统一惯例》

信用证在国际贸易中的广泛应用需要有一套能够约束信用证有关当事人并能为各方共同遵守的明确规则，以便国际结算的顺利进行。国际商会制定的《跟单信用证统一惯例》(Uniform Customs and Practice for Documentary Credits)是确保信用证在世界范围内作为可靠支付手段的统一规则，第一版发表于 1929 年，分别于 1933、1951、1962、1975、1983、1993、2006 年进行了 7 次修订。现行版本为国际商会 2006 年 10 月颁布、并于 2007 年 7 月 1 日起正式实施的《跟单信用证统一惯例》(国际商会第 600 号出版物，简称 UCP600)。与以往任何一个版本相比，UCP600 更加清晰和简洁，既确保了自身条款的严谨和准确，也促进了在实践中的使用便利；同时更加坚定了信用证的独立性和不可撤销性，明晰了各当事人的权利和义务，从而维护了信用证作为付款及融资工具的主导地位。

由于 UCP600 对有关当事人的权利和义务、有关业务和术语作了统一的解释，协调和解决了有关当事人之间的矛盾，有利于国际贸易的发展和国际结算的推行，至今已为世界上绝大多数国家和地区的银行所接受，成为处理信用证业务的国际惯例。在国际货物贸易的实践中，如果发生信用证业务的纠纷和争议，均按此惯例进行处理。

(四) 银行保证书

在国际贸易中，当一笔交易时间长、金额大，不宜采用信用证方式进行结算，而交易的一方对另一方所作的履约承诺又感到不够安全时，可要求对方通过银行开立银行保证书。

银行保证书(Banker's Letter of Guarantee, L/G)又称银行保函，是银行应委托人申请向受益人开立的保证付款文件。银行以担保人的身份保证如委托人未向受益人履行某项义务时，由担保银行承担保证书中所规定的付款责任。银行保证书属于银行信用，银行对自己所作的担保承诺，承担绝对付款的责任。

银行保证书通常有 3 位当事人：① 委托人(Principal)，又称申请人，是要求银行开立保证书的人。委托人在投标保证业务项下为投标人；在出口保证业务项下为出口商；在进口保证业务项下为进口商；在还款保证业务项下，为预付款的受益人。② 保证人(Guarantor)，又称担保人，是开立保证书的银行。保证人根据委托人的申请向受益人开立保证书。③ 受益人(Beneficiary)，是与委托人之间订立合同的债权人，当委托人未履行合同时可通过保证书取得货款或赔款的人。

用于国际贸易中的银行保证书主要有两种：① 进口保证书，是保证人(银行)应委托人(进口商)的申请开给受益人(出口商)的信用文件，保证在出口商按贸易合同交货后进口商一定付款，否则由担保银行负责偿付一定金额的款项。② 出口保证书，是指保证人(银行)应委托人(出口商)的申请开给受益人(进口商)的信用文件，并明确保证，如出口商未能交货，银行负责赔偿进口商一定金额。

(五) 备用信用证

备用信用证是指开证行根据申请人的请求，向受益人开立的保证在申请人未能履行其应履行的义务时，承担有条件偿付责任的一种特殊的信用证，并适用 UCP600。从定义上看，备用信用证实质上也起着保函的作用，是在开证申请人违约时才使用，因此也有人称之为“担保信用证”。

备用信用证与跟单信用证存在下列区别：

（1）在跟单信用证下，受益人只要履行信用证所规定的条件，即可向开证银行要求付款。在备用信用证下，受益人只有在开证申请人未履行义务时，才能行使信用证规定的权利。如果开证申请人履行了约定的义务，则备用信用证就成为备而不用的文件。

（2）跟单信用证一般只适用于货物的买卖，而备用信用证可适用于货物以外的多方面的交易。例如，在投标业务中，可保证投标人履行其职责；在借款、垫款中，可保证借款人到期还款；在赊销交易中，可保证赊款人到期付款等。

（3）跟单信用证一般以符合信用证规定的代表货物的货运单据为付款依据；而备用信用证一般只以受益人出具的说明开证申请人未能履约的证明文件为付款依据。

总之，不同支付方式各有其利弊和适用条件。实际业务中，无论是出口商还是进口商，都必须正确和灵活地选择各种支付方式，要从保障外汇资金安全、加速资金周转、简化操作手续和降低银行费用等方面来考虑。此外，支付方式的选择不是孤立的，也不能一厢情愿，它还要结合资金状况、客户的资信、销售意图等因素综合考虑。

三、支付条款的基本内容

贸易合同中的支付条款主要规定了贸易采用的支付方式、支付的时间和地点等付款条件。不同支付方式下，支付条款的具体内容也各不相同。

（一）汇付条款

合同中汇付条款的基本内容是：“买方应于某年某月某日将全部货款用电汇（信汇、票汇）方式付给卖方。”

（二）托收条款

合同中的常见托收条款有：

（1）即期付款交单。如“买方凭卖方开具的即期跟单汇票，于第一次见票时立即付款，付款后交单”。

（2）远期付款交单。如“买方对卖方开具的见票后某某天付款的跟单汇票，于第一次提示即时予以承兑，并应于汇票到期日即予以付款，付款后交单”。

（3）承兑交单。如“买方对卖方开具的见票后某某天付款的跟单汇票，于第一次提示即予以承兑，并应于汇票到期日即予以付款，承兑后交单”。

（三）信用证支付条款

在国际货物贸易合同中，如采用信用证方式支付，买卖双方应对信用证支付条款的一些主要内容作出规定，具体包括以下几点：

1. 开证时间

按照国际贸易惯例和有关国家（地区）的法律规定，在信用证方式支付条件下，按时开立信用证是买方履约的一项主要义务，也是卖方履约的前提条件。因此双方在合同中必须明确规定开证时间，如“签订合同后某某天内开证”。

2. 信用证种类

买卖双方应根据具体交易情况，在合同中明确规定使用信用证的类别。在出口贸易中，通常只接受不可撤销信用证。其他种类的信用证,则应视具体情况而定。如对开证行偿付能力不确信,可在合同中规定由买方开立不可撤销保兑信用证;如是长期供货,分批交货合同,为避免重复开证、节省费用,可允许买方开立循环信用证等。

3. 汇票付款日期

汇票的付款日期决定着出口商的收汇时间。因此在合同中应明确规定,出口商提供的汇票是即期汇票还是远期汇票,并针对汇票的种类,确定利息计收的办法。

4. 金额

信用证金额一般规定为发票价值的100%。但如果预计在履约时会发生额外费用,必须在合同和信用证中明确规定一定的幅度。

5. 有效期和到期地点

信用证有效期是银行承担议付、承兑或付款责任的期限。信用证的到期地点,是指信用证有效期在何地终止,一般为出口商所在地。买卖双方在合同中必须明确规定信用证的有效期和到期地点。

第三节　国际货物贸易的单证

国际贸易作为商业行为通常表现为资金和商品的双向交流,而由于商品资金的单证化,在实务中,贸易的最终完成往往是以单证交流的形式来实现的。从贸易合同的签订,直至装运货物、进口提货的整个过程,每个环节都需要相应的单证缮制、处理、交接和传递,以满足企业、运输部门、银行、保险公司、商检、海关以及政府部门管理对外贸易等多方面的需要。单证既是买卖双方凭以收付货款的依据,又是进行进出口贸易不可缺少的手段。

一、单证的含义和作用

单证(Documents)是指在进出口贸易流程中应用的各种单据、文件和证书,主要用于处理国际货物的交付、运输、保险、商检和结汇等,在发生纠纷时又常常是处理争议的依据。目前,进出口贸易流程涉及的单证大致可以分为两类。一类具有商品的属性。有的代表商品,有的表示商品的交换值,有的说明商品的包装内容,或为商品输入国提供必要证明。另一类具有货币的属性。有的直接代表货币,有的为货币的支付做出承诺或有条件的保证。各种单证都有其特定的功能,它们的签发、组合、流转、交换和应用反映了合同履行的进程,也反映了买卖双方权责的发生、转移和终止。因此,单证是完成国际贸易程序不可缺少的手段之一。

单证作为贸易文件,其流转的环节构成贸易程序。单证工作贯穿于企业的外销、进货、运输、收汇的全过程,工作量大,时间性强,涉及面广,除了需要企业内部各部门之间的协作和配合外,还必须与银行、海关、交通运输部门、保险公司、商检机构以及有关的行政管理机关发生多方面的联系,环环相扣,互为影响,也互为条件。单证管理工作的加强,单证质量的提高,不仅可以有效制止差错事故的发生,便于安全迅速收汇和接货,还能节约各种费用,加速对外交易,提高对外贸易的经济效益。

二、单证的分类

国际贸易业务中涉及的单证很多，根据不同的分类标准可以产生不同的类别。

（1）根据贸易商品的流向，单证可分为进口单证和出口单证。

进口单证是指进口国的企业及有关部门处理的单证，包括进口许可证、信用证、进口报关单、成交合同，还有保险单等。

出口单证是指出口国的企业及有关部门处理的单证，包括出口许可证、出口报关单、包装单据、出口货运单据、商业发票、保险单、汇票、检验检疫证、产地证等。

（2）根据单证的性质可分为金融单据和商业单据。

金融单据包括汇票、本票、支票或其他类似用于取得款项的凭证。

商业单据包括发票、运输单据、物权凭证或其他类似单据以及任何非金融单据。

这是《托收统一规则》（国际商会第522号出版物）的分类方式，比较简明扼要，除了金融单据以外，统统归为商业单据，这就使商业单据的种类相当广泛。

（3）根据单证的用途可分为资金单据、商业单据、货运单据、官方单据、附属单据。

资金单据包括汇票、支票、本票等信用工具。

商业单据包括出口商出具的单据，有很多种类，如：商业发票、形式发票、装箱单、重量单等。

货运单据是各种方式运输单据的统称。UCP600将运输单据分为七大类：海运提单，不可转让海运单，租船合约提单，空运单、公路铁路、内河运输单据、专递和邮政收据，报关单，报检单，托运单等。

保险单据主要是指国际货物运输保险单据，有保险单、预保单、保险证明、投保单等。

官方单据是指官方机构出具的单据和证明，如海关发票、领事发票、原产地证明书、检验检疫证等。

附属单据包括寄单证明、寄样证明、装运通知、船舱证明等。

（4）根据进出口贸易环节可分为托运单证、结汇单证和进口单证等。托运单证主要是为保证货物安全出运的单证，结汇单证是保证能安全取得货款的单证。

三、单证缮制的原则

国际贸易单证的正确制作，不仅关系到能否安全迅速收汇和接货，也从一个侧面反映出一个国家的发展水平和企业的业务素质。所以，单证不能随意缮制，必须符合商业的相关惯例和法令规定以及实际需要。各种进出口单证，原则上应该做到“正确、完整、及时、简洁、清晰”。

（一）正确

在制单工作的各项要求中，正确是最重要的前提。不管是在托收还是信用证项下，单据不正确，买方都有拒付货款的权利，出口商便不能安全结汇。这里所说的正确，至少包括两方面的内容。

第一，要求各种单据“三相符”，即单据与信用证相符、单据与单据相符、单据与贸易合同相符。从银行的的角度看，只需控制“单证相符”“单单相符”；而从贸易商履行交易的角度看，还需要严格控制“单货相符”，即单据的内容应该与实际的交货相符，亦即与合同相符。从严格相符的要求来看，“单证相符”占首要地位，“单单相符”“单货相符”都是以“单证相符”为前提的。离开了这个前提，单据与单据之间、单据与贸易合同即使相符，也会遭到银行的拒付。在信用证业务中,单证的正确性要求精确到不能有一字之差,同时还要求受益人出具的各种单据的种类、份数和签署等必须与信用证的规定相符。所以,出口商一定要仔细审核信用证,清楚信用证的各项规定,严格按照信用证的要求出具各种单据。

第二,要求单据必须与有关惯例和法令规定相符。目前,各国开来的信用证,绝大多数都注明按照国际商会《跟单信用证统一惯例》(UCP600)的解释。银行在审单时,除信用证另有特殊规定外,都是以 UCP600 为依据。因此,在缮制单据时,应与 UCP600 的规定相符合。否则,会被银行视作出单不符而退还或拒付。此外,在缮制单据时,还应注意进口国对单据或进口货物有无特殊规定。目前,有不少国家(地区)对进口的单据都有特殊的规定,如果出单时疏忽了进口国的这些规定,就很有可能遭到进口国当局的拒绝。

(二)完整

单证完整也有两种含义,其一是指成套单证的群体的完整性。单证在通过银行议付或托收时,一般都是成套、齐全而不是单一的。例如在 CIF 交易中,卖方向买方提供的单证至少应有发票、提单和保险单。在以信用证支付方式的情况下,出口商只有按照规定备齐所需的单证,银行才能履行议付、付款或承兑的责任。一些国家或地区开来的信用证所需单证类别甚多,除发票、提单、保险单等主要单据外,还有各种附属证明,如检验证书、重量单、装箱单、产地证、邮政收据等。这些单证都需要经过一定手续和事先申请才能取得。在单证制作和审核过程中,必须密切注意,及时催办,防止遗漏和误期。

其二是要求每一种单据所填的内容必须完备齐全。任何单证都有特定的作用,是通过单证本身的特定内容即格式、项目、文字、签章等来体现的。如果格式使用不当,项目漏填,文理不通,签章不全,就不能构成有效文件,也就不能为银行所接受。例如,签署和背书一般只需盖一个章即可,但如果漏盖了章,该单据便属于“未签署”的单据而无效;背书是使单据的转移得以实现的手段,不同的背书形式直接影响到单据的流通价值和作用;普惠制原产地证书的“原产地标准”栏,仅需填写一个字母再加上税则号码或进口成分,但如果漏填或填写不正确,证书将没有效力。所以,单证的齐全和完整是构成单证合法性的重要条件之一,必须十分重视。

此外,单证完整性还要求进出口商所提供的各种单据的份数要完备,不能短缺。尤其是提单的份数,应注意按要求提供,避免不符。

(三)及时

进出口单证工作的时间性很强,各种单证都要有一个适当的出单日期。及时出单是指各种单据的出单日期必须合理、可行,也就是说,每一种单据的出单提起不能超过信用证规定的有效期限或按商业习惯的合理日期。例如,保险单的日期必须早于提单的签发日期或统一时期,提单日期不得迟于装运期限,装运通知书必须在货物装运后立即发出。这些日期如果搞错了同样会造成出单不符。

及时出单还反映在交单议付上。这主要是向银行交单的日期不能超过信用证规定交单有效期。有些信用证除了规定有效期外,还另外规定了交单期限。按照 UCP600 的规定,“除交单到期日以外,每个要求运输单据的信用证还应该规定一个运输单据出单日期后必须交单付款、承兑或议付的特定期限,如未定该期限,银行将拒收迟于运输单据出单日期 21 天后提交的单据,但无论如何,单据也不得迟于信用证到期日提交”。过期交单将会遭到拒付或造成利息损失。因此,在信用证允许的前提下应尽量提早交出单据,有利于尽早收汇。

（四）简明

单证的内容应力求简单明了，按照信用证和 UCP600 的有关规定以及该惯例所反映的国际标准银行实务填写，切勿加列不必要的内容，以免弄巧成拙。UCP600 中指出："为了防止混淆和误解，银行应劝阻在信用证或其任何修改书中加注过多细节的内容。"其目的就是避免单证的复杂化。

简化单证不仅可以减少工作量和提高工作效率，而且也有利于提高单证的质量和减少单证的差错。

（五）整洁

单证的外观质量在一定程度上反映一个国家（地区）、一个企业的业务和技术水平。如果说正确和完整是单证的内在质量，那么整洁则是单证的外观质量。所谓整洁，主要是指单证的表面清洁、美观、大方，单据中的各项内容清楚、易认，各项内容的记载简洁、明了。

单据是否整洁，不但反映了制单人制单技术的熟练程度和工作态度，而且还会直接影响出单效果。单证的整洁要求单证格式的设计和缮制力求标准化和规范化，单证内容的排列要行次整齐、字迹清晰，重点项目要突出醒目。有时即便单证相符和正确无误，而单据却涂改累累，不但不雅观，还给人一种印象——单据可能不真实。所以，清晰的单证应该尽量减少甚至不应该出现差错涂改的现象。各种单证的更改都要有一个限制点，不允许在一份单证上作多次涂改。若有更改处一定要盖校对章或简签。如涂改过多，最好重新缮制。

单证的清楚、易认，要求单证各项内容布局合理、层次分明、清楚简洁，切不可将各项内容互相混合。同时，对单证内的各项内容也应该按照其主次顺序安排好，不要喧宾夺主。

单证的简洁、明了，要求各种单证在论述各项内容时，造句流畅、语法规范，用词应力求简明扼要，恰如其分，尽量避免繁琐冗长。

四、常用贸易单据的缮制

进出口贸易涉及的单据种类繁多，根据业务环节可以分为托运单证、结汇单证和进口单证。其中，结汇单证是能够保证安全取得货款的涉外法律性文件，对单据的内容、份数和制作方法要求较高。尤其在以信用证方式结算货款的交易中，提交的单据必须与信用证条款的规定严格相符。本节主要以履行 CIF 出口合同、使用班轮运输情况为例，对出口主要涉及单据的用途及其制作要点作出说明。

（一）商业发票

商业发票（Commercial Invoice）简称发票（Invoice），是出口商对进口商开立的发货价目清单，是装运货物的总说明。其主要作用是便于进口商核对已装运的货物是否符合买卖合同的规定，以及银行核对所显示的货物是否与信用证条款的规定相一致。此外，发票也是供进口商凭此收货、支付货款和作为进出口商记账、报关、纳税的重要依据，在即期信用证或即期托收业务中不要求提供汇票的情况下，常以发票替代汇票作为付款的依据。发票全面反映了交付货物的状况，是各种单据的中心单据，也是出口商必须提供的主要单据之一。

在信用证业务中，当信用证要求"发票"，而未作进一步的定义时，则提交任何形式的发票都可以接受。但是，"临时发票"或类似的发票是不可接受的。当信用证要求提交商业汇票时，标为"发票"的单据是可以接受的。

发票并无统一格式，但其内容大致相同。主要包括出具人名称、发票字样、抬头人名称、发票号码、合同号码、信用证号码、开票日期、装运地点、目的港或目的地、唛头、货物的名称、规格、数量、包装方法、单价、总值等。有的发票在下端还印有"有错当查"(E. &O. E.[①])的字句。这样,一旦发生错误或遗漏时可以进行更正或更换,并非必要项目。

发票内容必须符合买卖合同规定。在采用信用证支付方式时,还应与信用证的规定严格相符,不能有丝毫差异。在缮制发票时,应注意以下内容:

(1) 出具人名称。发票出具人一般为出口商。发票的顶端通常印有出口商的名称及详细地址。在信用证方式下,上述出口商的名称及地址必须与信用证所规定的受益人的名称与地址相一致。UCP600 规定,除可转让信用证外,一般信用证项下的发票必须由信用证的受益人出具。

(2) 发票抬头人名称。在信用证方式下,除非信用证另有约定,商业发票的抬头必须做成开证申请人(可转让信用证除外)。在托收方式下,商业发票的抬头一般为国外进口商。

(3) 发票号码、合同号码、信用证号码及开票日期。发票号码由出口商统一编制,一般采用顺序号,以便查对;合同号码应如实填列;信用证号码依照信用证中列明的填制。发票的开立日期不要与运输单据的日期相距过远,且必须在信用证的交单有效期内,也不应晚于交单日。

(4) 装运港(地)和目的港(地)。在符合信用证规定的前提下,应明确具体,不能含糊笼统。如遇在世界上有重名的港口或城市,应加列国名或地区名称。

(5) 运输标志。凡是信用证有指定唛头的,必须依照规定制唛。如信用证未指定,出口商可自行设计。发票的唛头及件号应与运输单据和其他单据所表示的相一致。

(6) 货物的名称、规格、数量与包装方法。发票上的货物名称、规格、数量与包装方法等有关货物的描述,必须与信用证要求完全相符,不能有任何差异。UCP600 第 18 条 c 款规定:"商业发票中对货物服务或履约的描述必须与信用证中的描述相符合。"

(7) 单价与总值。单价和总值是发票的重要项目,必须准确计算,正确制作,并应做到单价、数量、总值三者之间不能相互矛盾。商业发票的总金额不得超过信用证规定的金额,并且与信用证的货币种类相同。

(8) 各种说明。国外开来的信用证,有时要求在发票上加注特定费用金额等说明、有关文件号码与证明文句等。在缮制发票时,可将上述内容打在发票的商品描述栏内。在实际业务中,常见的要求有:分别列明货物的 FOB 金额、运费及保险费;进口许可证号、布鲁塞尔税则号码等有关号码;注明货物的原产地是中国等。若要求在发票上加注"证明所列内容真实无误"或类似文句,即要求出具"证实发票"或"签证发票"(Certified Invoice)时,则需将发票下端的"E. &O. E."字样删去。

(9) 签发人的签字或盖章。商业发票习惯上均有出具人的正式签字。但依照 UCP600 第 18 条 a. iv 款规定,商业发票"无须签署"。

(二) 汇票

在出口贸易中,通常使用的是随附单据的"跟单汇票"。在缮制汇票时应注意以下几个方面的内容:

(1) 出票条款,又称出票根据,在信用证业务中一般包含 3 个内容:开证行名称、信用证

---

① "E. &O. E."为英文 Errors and Omission Expected 的缩写,指错误与遗漏不在此限。

号码和开证日期。上述3个内容应分别填入汇票相应的项目。例如:“凭”(draw under)项下应填开证行名称和信用证号码(L/C No);“日期”(date)一栏应填开证日期,采取托收方式时,则应注明有关买卖合同的号码。

(2) 汇票金额和币别。在填制汇票金额和币别时,应注意以下几点:第一,除非信用证另有规定,汇票金额应与发票金额一致。托收项下汇票的金额和发票金额一般也应一致。第二,如信用证规定汇票金额为发票金额的百分之几。例如98%,那么发票金额应为100%,汇票金额为98%,其差额2%一般为应付的佣金。这种做法通常适用于中间商代开信用证的场合。第三,如信用证规定部分信用证付款,部分托收,则应分做两套汇票:信用证下支款的汇票按信用证允许的金额填制,其余部分为托收项下汇票的金额,两者之和等于发票金额。第四,汇票上的金额大小写必须一致,采用信用证规定的币种。汇票金额不得涂改,不允许更改后加盖校对章。

(3) 付款人,又称受票人。在信用证方式下,应按照信用证的规定,以开证行或其指定的付款行为付款人。倘若信用证中未指定付款人,应填写开证行,付款人名称必须填制完整。按UCP600第6条c款规定:“信用证不得开立成凭以申请人为付款人的汇票兑付。”在托收方式下使用的汇票,其汇票的付款人一般为国外进口商。为便于代收行收款,制作时必须填写完整的地址。

(4) 汇票的受款人,又称收款人或汇票抬头人。汇票的受款人应为银行。在信用证方式下,汇票的受款人通常为议付行或出口商的往来银行,在托收方式下,汇票的受款人应为托收行。在我国出口业务中,无论以信用证方式还是以托收方式结算,对外签发的汇票均应作成指示式抬头,例如“付中国银行或其指定人”(pay to the order of Bank of China)。

(5) 汇票的出票人。信用证方式下,汇票的出票人必须为信用证的受益人,在可转让信用证情况下,也有可能为信用证的第二受益人。在托收方式下,一般为买卖合同的出口商。出票人应署企业全称和负责人的签字或盖章。

(三) 运输单据

运输单据随不同的运输方式而各异。海洋运输时大都使用海运提单(Ocean Bill of Lading,B/L)。在我国,海运提单通常由运输代理制作,在货物装船后由船公司签署后交出口企业。下面介绍我国海运提单的缮制及有关的事项。

(1) 海运提单的名称。在实际业务中,运输单据与其他单据一样,通常都标明单据的名称。依照UCP600的第20条a款规定,银行可接受海运提单,而不论其名称如何。例如,来证中规定为“Ocean B/L”,但提交银行的为“Marine B/L”,甚至是“Combined Transport B/L”,只要其内容符合信用证的要求,银行均可予以接受。

(2) 托运人(Shipper)。托运人(即发货人)一般为信用证的受益人。除非信用证另有规定,银行亦接受以信用证受益人以外的一方为托运人的海运提单,此种提单称之为第三者提单(third party B/L),例如以货运代理机构作为托运人。

(3) 收货人(Consignee)。提单中收货人栏目的缮制方法应严格依照信用证的规定。在实际业务中,提单大都依照信用证的规定做成“凭指定”(to order)或“凭托运人指示”(to order of shipper)抬头。这种提单必须经托运人背书,才可流通转让。有时信用证中规定提单应做成“凭××银行指定”(to order of ×× Bank),例如凭开证行指定。这种提单须经该银行背书后方可转让或提货。

(4) 被通知人(Notify party)。提单上列被通知人的目的,是便于船公司在船货抵港前能及时通知实际购货人作好提货准备。所以提单中的被通知人通常是货物的进口人或其代理。信用证有具体规定时,应按信用证规定填制。被通知人的名称、地址必须详细,有的还要加上邮政信箱号。如是记名提单,则被通知人一栏可以不填。

(5) 提单号码(B/L NO.)。为便于查核和工作联系,提单号码通常按船公司签发的装货单所用号码填制,并与大副收据或场站收据号码相一致。

(6) 船名及航次(Name of Vessel)。应填列货物实际所装船舶的船名及航次。

(7) 装货港、卸货港(Port of Loading, Port of Discharge)。装货港和卸货港必须具体填制,如"装货港:上海;卸货港:伦敦"。如需转船,且由第一程船公司出具转运提单,则卸货港填最后目的港,提单上列明第一程和第二程的船名。如第二程船名尚未确定,但转船港已确定,则卸货港填最后目的港,同时注明"在××港转船"(with transhipment at...)。如集装箱运输使用多式运输单据时,提单上除列明装货港、卸货港外,还需列明"交货地"(place of delivery)和"收货地"(place of receipt)以及"第一程运输工具"(precarriage by)和"海运船名和航次"(ocean vessel Voy. No.)。如果目的港为选择港时,应在所列的选择港前或后加注"选择"(optional)字样。如卸货港有同名港时,则需加注国名或地区名称。

(8) 唛头(Shipping Marks)。按实际使用填列。信用证有规定的,应按信用证的规定,并与发票上所列相一致。

(9) 包装件数、种类与货物的描述(Number and Kind of Packages, Description of Goods)。包装件数、种类应按实际情况填列,托盘及集装箱也可作为包装填列。集装箱货物,应注明集装箱的号码和封志号。货物的名称,可用货物的统称,但不得与信用证中货物名称有抵触。如系危险品必须写明化学名称,注明国际海上危险品运输规则号码(IM CO CODF PAGF)、联合国危险品规则号码(UN CODE NO.)与危险品等级(Class No.),冷藏货物则需注明所要求的温度。

(10) 毛重和尺码(Gross Weight & Measurement)。一般以公吨作为重量单位,以立方米作为体积单位,小数点后要保留两位。信用证另有规定的,按信用证规定。

(11) 运费和费用(Freight & Charges)。运费和费用一栏一般只填运费的支付情况,按CFR或CIF条件达成的交易,应填运费已预付(Freight Prepaid),若以FOB术语成交的出口交易,除非发货人代为支付运费,应填运费到付(freight to collect; freight payable at destination)。在提单的承租船项下,一般只列明"按商定"(as arranged)。

(12) 正本提单份数。按信用证中规定填制,并用大写数字,如"壹份""贰份""叁份"。如信用证中仅规定"全套"。可按习惯填制为一式两份或三份,即请船公司或其代理人签发一式两份或三份正本提单。全套提单是指承运人在签发的提单上所注明的全部正本份数,包括单份正本提单。

(13) 提单日期及签发地点。已装船提单的签发日期为装船完毕日期,由船公司按实际装运日期填列。提单日期应不迟于信用证规定的最迟装运日。提单的签发地点应接装运地点填列。倘若货物实际装船完毕的日期迟于信用证规定的最迟装运日,为使提单日期符合信用证规定,托运人有时凭保函(Letter of Indemnity)要求船方在提单上倒填装船日期,依此签发的提单习称"倒签提单"(Antedated B/L)。倘若货物尚未装上船,而信用证规定的装运期已到,托运人为赶在信用证规定期限内向银行提交符合信用证规定的单据收汇,出具保函要求船公司预先借出“已装船提单”，依此而签发的提单习称“预借提单”（advanced B/L）。“倒签提单”和“预借提单”是托运人和承运人串通弄虚作假的行为，一旦被揭露，后果严重。在我国的出口业务中，原则上不应采用。

（14）签署。依照 UCP600 规定，海运提单表面上须注明承运人名称，并由承运人或其具名代理、船长或其具名代理签署。签署人亦须表明其身份，若为代理签署，尚须表明被代理一方的名称和身份。除以上主要内容外，按照信用证规定，提单有时还需加列进口许可证号、信用证号码、目的港船公司代理的名称和地址等内容。

（四）保险单据

在 CIF 合同中，出口商在向银行或进口商收款时，提交符合买卖合同及/或信用证规定的保险单据是其重要义务。

当出口商办妥投保手续后，保险公司即根据投保人提供的投保单缮制保险单。保险单主要有以下内容：

（1）保险公司名称。

（2）单据名称。

（3）保险单编号。

（4）被保险人名称。通常是信用证的受益人，并加空白背书，便于办理保险单转让。

（5）唛头。保险公司在本栏目常采取仅打上“同××号发票”（as per invoice No.）方式。这是因为发生保险索赔时，索赔方必须提供发票，便于两种单据互相参照。

（6）包装及数量由保险公司按投保单填列。按惯例，保险单据的货物包装和数量应与发票内容相一致。

（7）保险货物名称。可使用货物的统称，但须与提单等单据相一致，并不得与信用证中货物的描述相抵触。

（8）保险金额。UCP600 第 28 条 f. i 款规定，保险单据必须以与信用证同样的货币表示，并按信用证规定的金额投保，如信用证未规定时，保险金额不应低于货物的 CIF 或 CIP 价值的 110%，如不能确定 CIF 或 CIP 货值的，则不能低于银行付款、承兑或议付金额或发票金额的 110%，以金额较大者为最低保险金额，金额大小写应一致。

（9）保费及费率。除非信用证另有规定，一般采用“按商定”（as arranged）方式填制。

（10）装载运输工具。参照提单，注上承运货物的船舶名称与航次。如投保时已明确要在中途转船，须在第一程船名后加注第二程船名，如第二程船名未能预知，则在第一程船名后加注“and/or steamers”。

（11）开航日期。海运时，一般填写为“按提单”（as per B/L）即可，其他运输方式类同。

（12）运输起讫地点。一般参照提单填写。如中途须转船，应列明“转运”（with transshipment）字样。

（13）承保险别。按照投保单填制，并应与信用证规定相一致。如信用证未作规定，按 UCP600 第 28 条规定，银行将接受所提交的保险单据，而对任何险别未予投保，不承担责任。保险单据须表明承保的风险至少涵盖从信用证规定的货物接受监管地或发运地开始到卸货地或最终目的地为止。此外，保险单据可以援引任何除外条款，也可注明免赔率或受免赔率的约束。

（14）保险公司在目的地或就近地区的代理人。一般填写保险赔付代理人的名称、地址及联系方式,便于收货人在货物出险后与其联系办理保险索赔。

(15) 赔款偿付地点。一般为保险公司在目的地或就近地区的代理人所在地。

(16) 保险单出单日期与地点。按 UCP600 第 28 条 e 款规定,保险单出单日期必须不迟于运输单据上注明的货物装船或发运或接受监管的日期,除非保险单显示承保责任生效日期不迟于装运日期。保险公司通常以投保单日期作为保险单的出单日期。

(17) 保险公司签章。按 UCP600 第 28 条 a 款规定,保险单据表面上必须由保险公司或其代理人或它们的代表出具和签署。除非信用证另有授权,保险经纪人出具的暂保单(Cover Notes)银行不予接受。

在国际货物贸易中,货物运输保险单据如同海运提单一样,也可由被保险人背书随物权的转移而转让保险权利。

(五) 包装单据

包装单据是指一切记载或描述商品包装情况的单据,也是商业发票的补充单据。在向银行交单要求付款、承兑或议付时,除散装货外,一般均要求提供包装单据。

不同商品有不同的包装单据,常用的有装箱单(Packing List; Packing Slip)、重量单(Weight List)和尺码单(Measurement List)、磅码单(Weight Memo)等。

装箱单又称包装单,是表明出口货物的包装形式、包装内容、数量、重量、体积或件数的单据。其主要用途是作为海关验货、公证行核对和进口商提货点数的凭据。装箱单还可作为商业发票的补充文件,用以补充说明各种不同规格货物所装之箱号及各箱的重量、体积、尺寸等内容。装箱单并无固定的格式和内容,只能由出口商根据货物的种类和进口商的要求而仿照商业发票的大体格式来制作。但在一般情况下,装箱单除有合同编号、发票号码外,还应包括商品名称、唛头、装箱编号、包装类型、花色搭配、货物数量、包装数量、重量、体积等。若进口商要求提供详细包装单,则必须提供尽可能详细的装箱内容,描述每件包装的细节,包括商品的货号、色号、不同规格搭配、毛净重及包装尺码等。

重量单,又称磅码单、码单,是用于以重量计量、计价的商品清单。一般列明每件包装商品的毛重和净重、整批货物的总毛重和总净重,有的还须增列皮重。按公量计量、计价的商品,则需列明公量及计算公量的有关数据。凡是提供重量单的商品,一般不需提供其他包装单据。

尺码单,又称体积单,是着重记载货物的包装件的长、宽、高及总体积的清单。供买方及承运人了解货物的尺码,以便合理运输、储存及计算运费。

(六) 产地证明书

产地证明书(Certificate of Origin)是一种证明货物原产地或制造地的文件,也是进口国海关核定进口货物应征税率的依据。产地证一般分为普通产地证和普惠制产地证以及政府间协议规定的特殊原产地证等,使用范围和格式有所不同。

(1) 普通产地证,又称原产地证。我国出口业务中使用的原产地证是指中华人民共和国出口货物原产地证明书(Certificate of Origin of the People's Republic of China),是证明出口货物符合《中华人民共和国货物原产地规则》,确系中华人民共和国原产地的证明文件。这种文件是进口国海关对该进口货物按何种税率征收进口税的依据。

依照签发者的不同,原产地证可分为出口商自己出具的产地证、生产厂商出具的产地证、出入境检验检疫局签发的产地证明书和中国国际贸易促进委员会签发的产地证明书。

在实际业务中,应根据买卖合同或信用证规定,提交相应的产地证。一般情况下,以使用出入境检验检疫局或中国国际贸易促进委员会签发的产地证居多。在缮制原产地证书时,应按《中华人民共和国原产地规则》及其他有关规定办理。

(2) 普惠制产地证。普惠制产地证(Generalized System of Preference Certificate of Origin)是受惠国有关机构就本国出口商向给惠国出口受惠商品而签发一种证明货物原产地的文件。凡是对给予我国以普惠制关税优惠待遇的国家出口的受惠商品,须提供这种产地证,作为进口国海关减免关税的依据。其书面格式名称为"格式 A"(Form A)。但对新西兰除使用格式 A 外,还需提供格式 59A 证书(Form 59A);对澳大利亚则不用任何格式,只需在商业发票上加注有关声明文句即可。在我国,普惠制产地证书由出口商填制后连同普惠制产地证申请书和商业发票一份,送交出入境检验检疫局签发。

(3) 欧洲经济共同体纺织品产地证明书(European Economic Community Certificate of Origin Textile Products),简称 EEC 纺织品产地证。对欧洲联盟国家出口纺织品时,信用证通常都需要提供这种特殊的原产地证明书。此种产地证在我国是由出口地省级外经贸委(厅)签发的。

除上述几种产地证外,在对美国的出口中,一般使用原产地声明书(Declaration of Country of Origin)。原产地声明书有 3 种格式:第一种格式,也称格式 A,是单一国家声明书(Single Country Declaration),声明商品的原产地只有一个国家;第二种格式,也称格式 B,是多国家产地声明书(Multiple Country Declaration),声明商品的原材料是由几个国家生产的;第三种格式,也称格式 C,是非多种纤维纺织品的声明书,亦称否定式声明(Negative Declaration),适用于主要价值或主要重量是属于麻或丝的原料,或其中所含羊毛量不超过 17% 的纺织品。

(七) 检验证书

检验证书(Inspection Certificate)是出入境检验检疫机构对出口商品实施检验或检疫后,根据检验检疫结果结合出口合同和信用证要求,对外签发的证书。检验证书是出入境检验检疫机构对外签发的具有法律效力的凭证,直接关系到对外贸易有关各方的合法权益和争议各方的利益。其作用是多方面的,包括凭以向银行或进口商收取货款。检验证书一般由国家质检总局指定的出入境检验检疫机构,包括设在各省、市、自治区的出入境检验检疫局与其他专业检验机构出具,也可以根据不同情况和不同要求,由外贸企业或生产企业出具。证件的名称视检验检疫的内容而定。但应注意证件名称及所列项目和检验检疫结果须与出口合同和信用证规定相符。此外,还须注意检验检疫证书是否在规定的有效期内,如果超过规定期限,应当重新报检。

(八) 海关发票

海关发票(Customs Invoice)是非洲、美洲和大洋洲等某些国家(地区)海关特定的格式,由出口商填制,供进口商凭以向进口国(地区)海关报关时用的一种特别的发票。各国(地区)海关发票各有专用的固定格式,不能相互替代;其主要作用是作为进口国海关估价定税,核定原产地征收差别关税,审核出口商有否低价倾销,或接受其政府补贴,以确定是否征收反倾销税或反补贴税,也可供进口国(地区)海关编制统计资料使用。

填制海关发票时,应注意下列事项:

(1) 海关发票须注明货物成分,以便进口国(地区)海关分类征税。

(2) 海关发票与商业发票中的同一项目,如唛头、品名、数量、金额等的内容必须相符。

（3）海关发票的抬头人一般应填写目的港（地）的收货人。

（4）海关发票中"出口国国内价格"一栏，应以出口国的货币填写，且不能高于 FOB，FCA 价值，即 FOB，FCA 价值应略高于国内市场价，否则可能成为进口国海关征收反倾销的借口。

（5）如成交价格为 CIF，CIP 条件，应分别列明 FOB，FCA 价以及运费、保险费，三者之和与 CIF，CIP 价相等。

（6）海关发票上的签字，必须以个人名义手签。如要求另加证明文句，证明的签字式样不得与发票、汇票或其他单据的签字相同。

值得注意的是，各国使用的海关发票格式各不相同，不能混同使用。

（九）其他单证

其他单证是根据信用证条款规定而提供的。这些单证有的是出口商自己制作的，有的是其他单位应出口商要求而出具的，其内容及签发人均应符合信用证规定。常见的其他单证有：

（1）寄单证明（Beneficiary's certificate for despatch of documents）。

（2）寄船样证明（Beneficiary's certificate for despatch of shipment samples）。

（3）装运通知副本（Copy of Shipping Advice）。

上述 3 种单据，均由出口商缮制，并无固定格式。

（4）邮局收据（Post receipt）或快递收据（Courier Receipt）。该单据需由受益人在以邮寄或快递方式对外寄出货物、样品或单据时，向邮局或快递机构索取。

（5）有关运输方面的证明，如船籍或航程证明、船龄证明、船级证明等。受益人可向船公司或其代理索取。

此外，有必要指出，按照 UCP600 第 14 条 g 款规定，非信用证要求的单据，银行将不予置理。如银行收到此类单据，可将它们退回交单人或转递而无需承担责任。

案例分析

2001 年 4 月广交会上，我国某公司 A 与科威特某一老客户 B 签订合同，客人欲购买 A 公司的玻璃餐具（名：GLASS WARES），我方报价 FOB WENZHOU，温州出运到科威特，海运费到付。合同金额达 USD25 064.24，共 1 × 40 英尺高柜，支付条件为全额信用证，客人回国后开信用证到 A 公司，要求 6 月份出运货物。A 公司按照合同与信用证的规定在 6 月份按期发货，并向银行交单议付，但在审核过程发现 2 个不符点：（1）发票上：GLASS WARES 错写成 GLASSWARES，即没有空格；（2）提单上：提货人一栏 TO THE ORDER OF BURGAN BANK，KUWAIT 错写成了 TO THE ORDER OF BURGAN BANK，漏写 KUWAIT。A 公司认为这两个是极小的不符点，根本不影响提货，就不符点担保出单了。但 A 公司很快就接到由议付行转来的拒付通知，银行以述两个不符点作为理由拒绝付款。A 公司立即与客户取得联系，原因是客户认为到付的运费太贵（原来 A 公司报给客户的是 5 月份的海运费，到付价大约是 USD1 950.00，后 6 月份海运费价格上涨，到付运费共 USD2 275.00，但客户并不知晓），拒绝到付运费，因而拒绝支付运费货物滞留在码头，A 公司也无法收到货款。

后来A公司人员进行各方面的协调后，与船公司联系要求降低海运费，船公司将运费降到USD2 100.00，客户才勉强接受，到银行付款赎单，A公司被扣了不符点费用。整个解决纠纷过程使得A公司推迟收汇大约20天。

提示："不符点"没有大小之分。本案中，A公司事先知道单据存在"不符点"的情况下还是出单，存在潜在的风险，FOB贸易条件下运费上涨，与A公司并无关系，客户主要是借"不符点"进行讨价还价。

第四节　国际货物贸易的方式

国际贸易方式是指营业地在不同国家或地区的当事人之间进行货物买卖所采取的做法和商品流通渠道。在国际市场上，同一种商品以不同的贸易方式买卖，价格也有很大的不同。所以，选择适当的国际贸易方式，是企业对外贸易的重要决策之一。

国际贸易方式有逐笔售定、经销、代理、招标与投标、寄售、拍卖、期货合同交易、来料加工与来件装配、对等贸易等。随着国际贸易的日益发展，贸易方式也在不断发生变化。为了促进进出口贸易的发展、增强出口商品的竞销能力和以优惠条件进口货物，需要灵活运用各种不同的贸易方式，并注意各种贸易方式的结合使用。本节论述的是在我国对外贸易中较常使用的除逐笔售定以外的国际贸易方式。

一、经销和代理

经销和代理是我国外贸企业销售货物时采用的重要贸易方式。商品出口，必须通过适当的渠道，才能及时有效地送到国外消费者的手中。通过国外经销商和代理商，就是销售商品的较可靠而有效的渠道。采用经销、代理方式，能够建立有秩序的销售网络，防止客户之间相互倾轧竞争，抵消力量。

（一）经销方式

1．经销的含义

经销（Distribution）是出口企业与国（地区）外经销商达成书面协议，主要规定经销商品的种类、经销期限和地区范围，利用国（地区）外经销商就地推销商品的一种方式。出口企业和国（地区）外经销商订立经销协议，确立了经销业务关系，就可以凭借双方的密切合作，达到推销约定商品的目的。

经销有一般经销和独家经销之分。在一般经销方式下，出口企业根据经销协议向国外经销商提供在一定地区、一定时期内经营某项（或某几项）商品的销售权，经销商则有义务维护出口企业的利益，必要时，还要对经销商品组织技术服务、进行宣传推广，而出口企业也需向经销商提供各种帮助。经销商虽享有经销权，在购货上能得到一些优惠，但没有专营权利，出口企业可以在同一地区指定几个经销商。

凡出口企业授予经销商在约定期限、约定地区对约定商品有独家经销专营权的，就是独家经销。独家经销也称包销，即由经销商向出口企业承包在一定期限和地区内销售其产品，独家经销商与出口企业之间的关系是买卖关系，独家经销商从出口企业处购进货物后，自行销售，自负盈亏，承担货价跌落及库存积压的风险。

2. 采用经销方式的利弊

在出口贸易中，采用经销方式，胜过一般的逐笔售定。逐笔分散交易的双方在履行合同后彼此就不再承担任何义务。由于没有长期的共同目标和利益，买方就不愿多承担销售前的宣传推广工作及销售后的服务工作，卖方也不愿多花力量帮助和培养买方。逐笔售定的单边进口或出口的做法还容易产生在同一市场上因多头经营而导致的自相竞争、力量相互抵消的弊端。经销方式通过协议，确定了双方在一定期限内稳定的关系，这种关系既是互相协作的，又是互相制约的。在规定的期限内，在规定地区的经营和市场开发上，双方有着共同的目标，一致的利益，从而能在平等互利的基础上同舟共济。而独家经销更是给予经销商独家专营的权利，能充分调动经销商的经营积极性，促使对方专心销售约定的商品，并向用户提供必需的售后服务。

采用经销方式既有有利的一面，但同时也存在一定的风险。如果经销商还经销其他企业的商品，就不能专心经营约定的商品；又若经销商的经营能力较差，虽然努力，仍不能完成，甚至远远不能完成协议规定的最低限额，这都会影响出口企业销售商品。此外，独家经销商还可能凭借专营权压低价格或包而不销，使出口企业受到限制，不能向其他商人销售，从而蒙受损失。

3. 对经销商的选择、使用和管理

对经销商，重在选择，贵在使用。不重视选择而贸然签订协议并授予经营权或专营权，势将给出口企业带来后患。然而，即使慎重选择到适当的、满意的对象，也要加强管理，慎于使用。

选择、使用和管理经销商，因商品、市场、双方的实力地位和经营意图等的不同，在掌握上往往也有所不同。一般说来，可以从往来客户中挑选对象，经过适当的考察和评价，再签订正式协议。然后，不仅要逐笔检查每笔交易的执行情况，还需定期检查协议的执行情况，以便根据不同情况采取必要的适当措施。对于经销商反馈的信息，特别是对对方提出的关于改进、提高品质、包装以及扩大销售的合理化建议，应认真、及时地予以考虑、研究，凡是可行的，应在可能的范围内积极付诸实施。而经销商按协议、合同的规定履行其义务也是不容置疑的。

4. 经销协议

经销协议是出口企业与其所授权的经销商规定双方的权利和义务，并从法律上确立双方关系的契约。

独家经销协议的主要内容有：① 经销商的委任、经销权的授予和双方的关系；② 经销权及其对等条件；③ 经销的商品种类、名称、规格及经销的地区和期限；④ 最低的购买金额；⑤ 个别销售合同及其与协议和协议所附格式条款的关系；⑥ 信息沟通和宣传推广。值得注意的是，在与有些国家的经销商签订独家经销协议时，有关专营权的规定可能会触犯其所在国的禁止独占法。因此，在与这些国家的经销商订立独家经销协议前，应先作调查，研究其禁止独占法的内容，以免引起不必要的法律纠纷。

（二）代理方式

代理（Agency）是指代理人（Agent）按照委托人（Principal）的授权，代表委托人与第三人订立合同或实施其他法律行为，而由委托人直接负责由此而产生的权利与义务。《中华人民共和国民法通则》第63条也规定："代理人在代理权限内，以被代理人的名义实施民事法律行为。被代理人对代理人的代理行为，承担民事责任。"

在国际贸易中有多种多样的代理，如银行代理、运输代理、保险代理、商业代理等，出口企业在国外指定的代理为商业代理中的销售代理，是指出口企业与国外代理商达成协议，规定代为推销的商品、期限和地区范围，对方负责代为推销商品的最低金额或数量以及反馈市场信息等义务。

商业代理方式还有独家和非独家之分。凡出口企业授予对方独家代理约定商品专营权的，就是独家代理方式；不授予专营权的代理，就是一般代理，也有称作佣金代理的。下面介绍独家代理方式。

1. 独家代理的含义

独家代理是指出口企业与国外的独家代理商签订书面协议，在约定的期限和地区范围内，给予对方独家推销约定商品的权利——专营权。在独家代理方式下，出口企业是委托人，独家代理商是代理人，出口企业和独家代理商之间的关系是委托代理关系。在代理商和进出口企业之间，没有货物所有权的转移，代理商不承担经营风险，也不负担盈亏，只收取协议规定的佣金。但如果代理商是以自己的名义与购货人订立合同，则其应向第三者承担法律后果。如果由于第三者不履行义务致使委托人受损时，独家代理商应对委托人承担责任。

2. 独家代理协议

独家代理协议是规定出口企业和独家代理商之间的权利和义务的协议。我国现阶段一般使用的独家代理协议的内容主要有：① 协议名称及当事人；② 独家代理的权限及其对等义务；③ 独家代理推销的商品、地区和期限；④ 最低代销额；⑤ 代理佣金；⑥ 宣传推广和商情报告；⑦ 例外规定。此外，独家代理协议还应规定代理商应负责进行产品的售后服务及保护委托人的知识产权等条款。

案例分析

甲公司与乙公司签订代理出口协议一份，约定由乙公司代理甲公司出口花生果1 000公吨，出口单价随市价而定，结算方式为信用证，协议总金额约为720万元人民币。甲公司的主要义务是组织货源，并负责装船前的一切工作。乙公司的主要任务是对外签订出口合同；办理有关的出口手续；货物装船后，及时向银行提交有关单据，办理结汇手续，并根据当日银行汇率折算成人民币（扣除代理费及可能出现的有关费用）划拨甲公司账户。

在代理出口过程中，双方实际出口花生果554.485吨，乙公司先后共付给甲公司货款12.5万美元和18万元人民币，余款一直未付，甲公司遂于1999年将乙公司告上法庭。在审理过程中，甲公司向法庭提交了乙公司报检时先后向商检提交的出口合同，证明其已全部履行了义务。乙公司则辩称，此笔代理出口业务的销售方式为寄售，并向法庭提交了一份其与荷兰某进出口公司签订的寄售协议。但乙公司无法证实其曾将协议送交甲公司确认，也无法证实在代理协议履行的过程中甲公司曾授权其以寄售方式来销售货物。在审理过程中，一审法庭根据乙公司提交的海运提单依法从海关调取了乙公司出口报关时提交的外销合同，证实甲公司委托乙公司代理的

554.485 公吨花生果已全部出口，并且在结汇问题上不存在任何障碍。法院经审理认为，甲乙两公司所签订的代理出口协议合法有效，甲公司如约履行了代理出口协议约定的全部义务，即应享有收取货款的权利。乙公司所述为甲公司代理的该批货物系寄售的主张，依据不足，不予支持，乙公司应按照代理出口协议和外销合同原定的货款支付方式和价款，在扣除代理费和有关的费用后，还应支付甲公司货款 170 多万元，并承担逾期付款违约金及案件诉讼费等，共计 200 余万元。

提示：代理方式下，代理商与出口商之间是委托与被委托关系。代理人应该在委托人授权范围内行事，并应对委托人诚信忠实。

二、招标与投标

招标(Invitation to Tender)是指不经过一般交易磋商程序，只由一方按照规定条件，公开征求应征人递盘竞争，最后由招标人选定交易对象订立合同的一种交易方式。通常是由招标人(买方，即招包方)发出招标通告或招标单，提出准备购买的商品的品种、规格、数量和有关的交易条件，或提出招包工程项目及其要求和条件，邀请一些卖方或承包商，在指定的时间和地点投标，以便选定对其最有利的投标人达成交易。

投标(Submission of Tender)是投标人(卖方或承包商)应招标通告的邀请，根据招标人规定的要求和条件，在规定的期限和地点，以填投标单的形式，向招标人发盘，争取中标以达成交易。投标是针对招标而来的后续行动，有招标才有投标，因此，招标与投标是一种贸易方式的两个方面。

招标一般是买方(或招标人)组织卖方(或承包商)竞卖的一种形式。由于它是通过许多投标人参加竞争而进行买卖的交易方式，所以对招标人来说，就能选择最有利的条件达成交易或兴建工程。随着国际分工的加深和各国(地区)经济联系的相互密切，越来越多的国家将国际招标和投标看做是改善本国进出口贸易的有效手段。许多发展中国家对发展民族经济而需要兴建的工程项目和物资采购，均规定要以招标方式进行。在发达国家，政府和公用事业部门以招标方式购买的货物数量也占有相当大的比重。此外，国际上的政府贷款项目和国际金融组织的贷款项目，贷款一方为了使贷款用途更加经济有效，一般都规定借款一方应采用国际公开招标方式采购商品和发包工程。如世界银行和日本海外经济协力基金给我国的贷款就都有此项规定，这就促使招标投标方式获得十分广泛的应用。

世界各国进行的招标程序和条件基本相同，但由于各国(地区)的招标法令或传统习惯的不同，各国(地区)的招标程序和条件存在差异。通常招标是在招标人的所在国(地区)，按该国(地区)的有关法令和传统习惯进行的。但招标人也可在其他国家(地区)进行招标，这样就得遵照该国(地区)的有关法令习惯办理。组织一次招标，需要有一个专门的招标机构，对招标的全过程进行全权管理。招标可以委托专业招标机构代办，也可以自行抽调一些人员，组织一个固定的或临时的机构，专责处理招标事务。一次具体的招标通常要经历招标、投标、评标、签订协议 4 个阶段。

(一) 招标

所谓招标是指一次招标与投标业务的第一阶段——招标包括 3 项基本工作：发布招标通告、制定招标文件和对投标人进行资格预审。

1. 招标通告

按进行方法的不同，招标可分为公开招标和非公开招标两种。正式的国际公开招标通常是在招标人所在国普遍发行的、带有权威性的报刊及其他宣传媒介上（有时需同时使用本国文字和英文两种文字）刊登招标通告。有的招标通告还要根据规定在国外指定的刊物上刊登，并向驻在国外的商务机构或驻在本国的有关外国的商务机构发出招标通告的副本，以使国内外更多的厂商有机会参加投标。在进行非公开招标时，则只有少数在这一行业享有盛誉并殷实可靠的公司或在过去业务交往中建立了良好关系的厂商得到招标通知。

2. 制定招标文件

招标必须事先制定好招标文件（Bidding Documents）或称标书。招标文件概括地说就是招标的贸易条件和技术条件，它是投标人编制投标书的依据，也是招标人与中标的投标人日后订约的基础。招标条件可由招标人独立制定，也可吸收专业化的咨询公司或工程建筑公司参加制定并汇编成册，投标人支付一定款项后即可索取。

3. 投标人资格预审

投标人的资信和能力是投标人能否胜任招标任务的基础，也是投资效益和安全的保证，因此，即使是公开招标也并不是任何企业单位均可参加投标的。特别是国际公开招标和一些国家的较大项目的招标，都要对投标人进行资格预审。即投标人必须按照招标人的要求，在限期内提供能够反映其能力和资信的证明文件和资料。预审不合格者就不准参加投标，使用外国政府贷款和国际金融组织贷款的项目，一般还有合格货源国的限制。

（二）投标

投标是指由卖方或承包人在指定的时间内，按照招标的要求和条件，报出价格和必要的其他条件，争取中标，达成交易的行为。参加投标的一方称为投标人。参加投标时必须做好以下工作：

1. 研究招标文件

投标人参加投标的前提是承认全部招标条件，所以投标人首先应当认真研究招标文件，针对招标人提出标购的商品、成套设备的规格质量要求、运输条件、保证金条款以及其他限制性条款，衡量自己的生产能力、技术条件以及生产管理经验能否胜任，是否能达到招标要求。投标人只有在确信有充分把握时方可进行投标。

2. 确定适当的价格

投标作价既要有竞争性，又要留有余地。现代招标要从质量、技术、交货期、服务、资信等多方面来衡量，标价并非是决定中标与否的唯一因素，但仍不失为一个重要条件。因此标价必须具有竞争性，除特殊情况外，也应有一定的利润。所以在决定标价前，投标人一定要掌握国际市场的价格水平，并估计其趋势，注意竞争者的情况并精确计算有关项目的成本费用。同时，必须注意投标是一个有效期较长的发盘，所以订定标价要留有余地。一旦报出，就不能随意撤回或撤销。

3. 提供投标保证金

为了防止投标人在投标后撤销投标，或中标后拒不签订合同，招标人通常都要求投标人在投标时提供投标保证金。投标保证金可以缴纳现金，也可以提供银行出具的保证书（L/G）或备用信用证（Standby L/C）。保证金一般为总价的3% ~10%，未中标的可以在评标后退回。

4. 制作投标文件

投标人在决定投标后,就要根据招标文件的要求和规定填报有关表格,编写技术说明和绘制图纸等。凡招标文件所规定的贸易条件和技术条件都不得更改或修正,所采用的术语要前后一致,投标文件必须按规定打印清楚。不管是独家投标,还是几家联合投标,投标名义人只能有一个。

5. 正确及时递送投标文件

投标文件必须在规定期限内送达招标人所规定的地址。凡是在规定期限以后收到的均属无效。投标文件可以密封挂号邮寄,也可派专人送达或经由当地代理人递交。

(三) 开标与评标

在投标期截止后,招标人即可将收到的投标文件进行启封和评估,从而选定对他最为有利的投标人,作为供货人或承包商。被选中的投标人就是这一招标活动的中标人。

1. 开标

开标(Opening of Tender)有公开开标和秘密开标之分。公开开标是按照招标人规定的时间地点,在投标人或其代理出席的情况下,当众拆开密封的投标文件,宣读文件内容。秘密开标是指没有投标人参加,由招标人自行选定中标人。招标人可根据本身的需要和招标的内容,选择不同的开标方式。一般情况下,物资和劳务采购由于除所报的价格条件外,其他交易条件一般差别不大,而价格是区别投标优劣的主要标志,所以大多采用公开开标的方式。承包工程等的招标除价格以外,其他交易条件往往对整个报价产生实质性影响,需要招标人对照条件逐项分析比较。所以对一些较复杂的大型工程的承包项目的招标,往往采用秘密的开标方式。

2. 评标

评标或审评标书就是招标人对投标书的贸易条件、技术条件及法律条件进行评审、比较,选出最佳投标人作为中标人。评标的基本原则是公正性、准确性和保密性,所以,一切投标的评议程序都是保密的。具体地说,评标要做以下3项工作:

(1) 审核投标文件内容是否符合招标条件的要求,包括招标文件的贸易条件和技术条件。

(2) 比较各投标人投标内容的优劣利弊,包括价格、质量、交货期等。招包大、中型工程项目或采购机器设备时,还必须对大量的技术指标、施工安装、培训技术人员等条件以及其他服务项目进行逐项比较。

(3) 审查中标候选人的履约能力。为了确保选定的中标人是具有履行招标合同条款能力的最优投标人,在选定中标人时,有时会有多个候选人,分别为第一中标候选人、第二中标候选人等。对初步选定的中标候选人还必须进行最后的资格补审,审定其生产能力、信贷能力。如经审核,第一中标候选人确实可信,即为该次招标的中标人。否则依次以第二、第三中标候选人替补。

此外,评标时还要参考国家的立法条例或行政命令,对民族企业或早有联系的大公司实行倾斜,有的要看提供的信贷条件,不一定完全按照最低标价评定。此外,评标时也要防止投标人之间在表面竞争掩盖下的实际相互勾结。如果出现所有标价都大大超过国际市场的平均水平;或是全部投标与招标文件要求不符;或是只有个别厂商投标,缺乏竞争性等情况,评标结果也可能是招标人拒绝全部投标。

（四）签订协议

签订协议是一项招标与投标活动的最后阶段，即在得出评标结果后，招标人以书面形式通知中标人，在规定的时间内到招标人所在地与招标人签订买卖协议或承包项目协议，并按规定缴付履约保证金。这些协议条款实际上与普通的商品买卖协议或承包项目的协议很少有或者完全没有区别。但有时也涉及运输方式或使用本国商船、本国劳工及工程项目的某些特殊条款。

在贷款项目下，协议签订后并不意味着交易最后达成。协议需递交贷款人审批。因此，协议中须加签协议生效条款。这样，在协议签订后，招标人需填写协议批准申报单及招标评估报告，连同协议一并报送贷款人，经贷款人审批同意后，协议方告成立。

三、拍卖和寄售

（一）拍卖

拍卖（Auction）是由专营拍卖业务的拍卖行接受货主的委托，在一定的地点和时间，按照一定的章程和规则，以由买主公开叫价竞购的方法，最后由拍卖行把货物卖给出价最高的买主的一种现货交易方式。

通过拍卖进行交易的商品，大多是一些品质不易标准化，或难以久存的，或习惯采用拍卖方式销售的商品。国际市场上采用拍卖方式出售的商品，主要有艺术品、烟叶、木材、羊毛、毛皮、纸张、水果、蔬菜、鱼类等。参与拍卖的买主，通常须向拍卖行交存一定数额的履约保证金。

1. 拍卖的形式

（1）增价拍卖。这种方式也称“买主叫价拍卖”，是由拍卖人宣布预定的最低价格，然后由买主竞相加价，直至出价最高时，由拍卖人接受并以击槌动作宣告达成交易。

（2）减价拍卖。这种方式也称“卖方叫价拍卖”，或称“荷兰式拍卖”，是由拍卖人先开出最高价格，然后由拍卖人逐渐减低叫价，直到有人表示接受而达成交易。减价拍卖经常用于拍卖鲜活商品和水果、蔬菜等。

（3）密封递价拍卖。这种方式也称“招标式拍卖”，是由拍卖人事先公布每批商品的具体情况和拍卖条件，然后竞买者在规定的时间内将密封标书递交拍卖人，由拍卖人选择条件最合适的表示接受而达成交易。

2. 拍卖的基本程序

（1）准备阶段。货主事先把商品运到拍卖人指定的仓库，由拍卖人进行挑选、整理、分类、分批编号。拍卖人还要印发拍卖目录，并刊登广告。

（2）查看货物。由于拍卖是看货成交的现货交易，买主必须事先对拍卖货物进行查看。买主既可查看拍卖人提供的样品，也可去仓库查看整批货物并在其中抽取一定数量的样品，以供分析和试用。

（3）正式拍卖。正式拍卖是在规定的时间和地点，按照一定的拍卖规则和章程，逐批喊价成交。当拍卖人认为无人再出高价时，就以击槌来表示接受买主的喊价，拍卖人击槌后，就表示竞买停止，交易达成，买主就在标准合同上签字。

（4）付款和提货。拍卖成交后，买主按规定付款和提货。

拍卖是公开竞买的方式，对卖方来说，看货出价，可以卖得好价；对买方来说，可以按照自己愿出的价格，购买符合自己需要的货物。

(二) 寄售

寄售(Consignment)是寄售人(Consignor)先将准备销售的货物运往寄售地，委托当地代销商(Consignee)按照寄售协议规定的条件和办法代为销售的方式。

寄售是一种先出运后出售商品的委托代售的贸易方式。寄售人是卖方，也可称为委托人或货主，代销商也可称为受托人。通过寄售出售的商品，要待货物售出后才由代销商将货款交付寄售人。

1. 寄售的主要特点

在国际贸易中，寄售是寄售人为开拓商品的销路，委托国外代销商，扩大出口而采用的一种贸易方式。寄售的特点是：① 寄售是由寄售人先将货物运至目的地市场，再经代销商向买主销售，是凭实物进行的现货买卖。② 商品售出前所有权属寄售人。在代销商未将商品售出前，商品的所有权仍属寄售人所有。如果代销商破产，寄售人可以收回寄售商品。③ 寄售人与代销商之间是委托代售关系，代销商只能根据寄售人的指示代为处置货物。但是，代销商在委托人授权范围内可以以自己的名义出售货物，收取货款并负责执行与买主订立的合同。④ 代销商不承担市价涨落与销售畅滞的风险和费用，只收取佣金作为报酬。

寄售方式的优点是：① 采用寄售方式可以在当地市场出售现货，有利于卖方根据市场的供求情况，掌握销售时机，提高商品的竞争能力并使商品卖得好价。② 货物与买主直接见面，买主可以看货成交，即时采购，对开辟新市场、推销新产品有一定作用。③ 代销商一般不需垫付资金，除在售出前要负责保管外，无需承担风险，多销多得，有利于促进其经营积极性。

采用寄售方式销售出口商品的主要缺点是：出口商资金周转期长、费用增加、风险较大、收汇很不安全，特别是货物到达目的地后，如遇市场不景气，货物一时不能售出，或代销商有意压低价格，就比较被动。

2. 寄售协议的主要内容

寄售协议是寄售人和代销商之间为了执行寄售业务就双方的权利、义务、有关寄售的条件和具体做法而签订的书面协议。寄售协议中特别应该处理好寄售商品的价格确定、各种费用的负担和安全收汇 3 个方面的问题。

寄售协议一般包括下列内容：

(1) 协议名称及双方的义务与责任。一般应明确列明“寄售协议”(agreement of consignment)，以表示协议的性质。在协议中，应明确规定双方的义务、责任以及在售出前货物的所有权仍属寄售人，风险和费用一般也由寄售人承担；并规定寄售货物售出时，所有权由寄售人直接转移给买方。

(2) 寄售区域及寄售商品。寄售协议必须规定委托代销的商品及销售的指定地区。

(3) 定价方法。寄售商品的定价，一般有 3 种方法：① 由寄售人限价，即寄售人在寄售时规定最低售价，代销商只能以此价格或高于此价的价格出售，否则，必须事先征得寄售人同意；② 随行就市，即由代销商按市价自行定价出售，寄售人不作限价；③ 在销售前逐笔征求寄售人的同意。这种作价方法弹性较大，实践中使用较多，代销商在找到买主并得到其出价后，立即征求寄售人意见，经接受或确认后才出售。

(4) 佣金。寄售业务中，代销商是以收取委托人付给的佣金作为报酬的。因此，佣金率的高低直接关系到双方的利益和代销商的经营积极性。

(5) 付款。寄售货物售出后收到的货款，一般由代销商扣除佣金及代垫费用后汇付给寄售人。因此，为保证及时收汇，以利资金周转，在寄售协议中应规定汇付货款的方式和时间。

此外，寄售协议中还应规定货物的保险、各种费用的负担等预防性条款，以避免发生纠纷。为减少风险，必要时还可规定由代销人提供银行保证函或备用信用证，如代销人不履行协议规定义务时，由银行承担偿付一定金额的责任。

四、对等贸易

对等贸易(Counter Trade)又称返销贸易、互抵贸易或反向贸易。对等贸易的形成，经历了一个漫长的历程，至今尚没有一个统一的解释。但可以肯定的是，对等贸易是一种既买又卖、买卖互为条件的国际贸易方式。其主要目的是以进带出，开辟各自的出口市场，求得每宗交易的外汇收支平衡或基本平衡。对等贸易买卖的标的除有形的财产货物以外，还包括劳务、专有技术和工业产权等无形财产。

(一) 对等贸易的形式

对等贸易可以运用在各种交易中，其基本形式可以归纳为以下几种：易货贸易(Barter)、互购(Counter Purchase)、回购(Buy-back)和抵销(Offset)。

1. 易货贸易

易货贸易是在买卖双方之间进行的货物或劳务等值或基本等值的直接交换，不涉及现金的收付。通过易货贸易，交易双方可以在不增加外汇支出的情况下，以商品或劳务换回本国所需的各种物资，从而促进本国经济的发展和改善本国的贸易平衡状态。在采用易货贸易方式交易时，买卖双方当事人以一份易货合同，确定交易商品的价值，以及作为交换的商品或劳务的种类、规格、数量等内容。为了减少交易商品以及用于交换的商品和劳务的价格可能的波动所造成的影响，一般的易货贸易均为一次性交易，并且合同履约期较短。

二战后，易货贸易方式为发展中国家政府间的双边清算协定所采用。参加清算协定的国家按照协定，在规定的时间内(通常为一年)彼此交换各自所需要的商品、物资或劳务，在每个年度末，协定国家对各自所交付货物的价值进行比较，差额部分以下一年度某一方向另一方提交更多的货物或根据规定支付现汇抵偿。双边清算协定的签约方出于减少交易风险的考虑，往往在银行融资手段的支持下，委托第三方(贸易公司)在市场上公开销售或处理交换所得物品。

2. 互购

互购也被称为对购或平行交易，是最简单、最常用的对等贸易形式。互购是一种现汇交易，是指一方向另一方出口商品和/或劳务的同时，承担以所得款项的一部分或全部向对方购买一定数量或金额商品和/或劳务的义务，在互购协定下，交易双方一般要订两份相互独立的合同。第一份合同，也就是基础合同或主合同，规定出口方出口商品的质量、数量等有关内容。第二份合同则主要规定出口方购买对等贸易商品的义务。这两份合同由互购协定书联结起来。互购协定往往作为一揽子协定的一部分，并且常常与贷款协定、援助计划和部分现金支付方式相结合使用。

3. 回购

回购在我国又称为补偿贸易,是在信贷基础上进行的,是指提供机器设备或交钥匙工厂的出口方,接受进口方以该机器设备或工厂所生产的产品支付部分或全部价款的做法。有时双方也可通过协议,由机器或设备的出口方购买进口方提供的其他产品。回购方式做法比较简单,而且有利于企业的成本核算,使用较为广泛所回购的商品一般在卖方所在市场销售或用于制成品的生产,卖方对回购产品的质量也较为关心和重视。但是,由于回购商品要等进口的机器设备安装投产后才能进行,交易期限往往较长,有时长达5~10年,甚至更长。

4. 抵销

抵销是指一方在进口诸如国防、航空或宇航、计算机、信息交流等设备时,以先期向另一方或出口方提供的某种商品和/或劳务、资金等抵销一定比例进口价款的做法。抵销的方式可以是为生产该设备而提供的零部件、投入的资金、所转让的技术以及技术培训、项目研究开发等。抵销贸易自20世纪80年代以来开始盛行,在发达国家之间以及发达国家与发展中国家的军火交易或大型设备交易中常被采用。

(二) 对等贸易合同

对等贸易谈判一般分3步进行:首先由准备签订对等贸易协议的谈判双方签订意向书;然后双方进一步订立谅解备忘录,确定,开展对等贸易的必要条件、方法以及谈判规则等重要内容,为正式签订对等贸易协议作好必要的准备;最后,谈判双方订立包含各项交易条件的对等贸易合同。对等贸易合同内容的谈判一般与主销售合同的谈判同时进行,销售合同与对等贸易合同一般也在同一时间签订。相对于主销售合同内容的谈判,对等贸易合同的谈判所花费的时间较少。谈判双方也可能签订有关对等贸易商品,包括特殊商品、半制成品及制成品等的较为详细的购货协定。因此,对等贸易方式下,存在两种主要的合同形式:① 主合同形式或销售合同;② 附属合同形式或对等贸易合同。通常这两个合同由对等贸易协定相衔接。

对等贸易合同的基本条款如下:

1. 对等贸易额度

所谓对等贸易额度是指对等贸易合同价值的一定百分比,交易双方在此基础上确定必须提交的对等商品数量。对等贸易产品的质量、构成、市场竞争能力,以及谈判双方讨价还价实力等因素影响着对等贸易额度的确定。

2. 对等贸易商品

对等贸易商品的来源和质量是对等贸易合同中的重要内容。买主可以向卖主提供特定的对等商品,也可以向卖主提交若干种对等商品供其挑选。在此基础上,对等贸易的交易双方必须明确对等贸易商品的质量、价格、交货期限及地点、质量保证及质量控制等条款。

3. 联环条款

对等贸易的实质是某种商品与另一种商品的交换,只有当买主能够提供对等贸易商品时,对等交易才能够最终达成。如果买主无法向卖主提供对等贸易商品,或者买主不得不依赖于其他企业提供对等贸易商品,则对等贸易就会产生许多难以克服的问题。因此,对等贸易的交易双方应在合同中明确对等贸易商品与卖方提供商品之间的联环条款,以减少此类风险。

4. 对等贸易商品的销售区域

对等贸易双方一般都在不损害原有的分销渠道、避免干扰原有的营销策略的基础上，在合同中明确对等贸易商品的销售区域。对等贸易的买主一般都坚持对等商品应当在卖方所在国销售，而卖主通常要求拥有在其国内市场和其他市场上销售对等贸易商品的权力。

5. 对等贸易义务的转让条款

对等贸易中的卖主有时要求在对等贸易合同中规定其可以将对等贸易的义务转让给第三方的条款。该第三方（如贸易公司）一般对特定对等贸易商品、对等贸易业务程序较为熟悉，对有效地在国际市场上销售对等贸易商品经验丰富，借助该第三方的力量，对等贸易中的卖主可以减少本身的经营风险及成本，保证顺利履行本身的合同义务。

6. 罚金条款

对等贸易合同中的罚金条款主要是为了维护对等贸易合同的法律严肃性而制定的。例如，在合同中规定，如果买主未能及时交付对等贸易商品或所提交的对等贸易商品质量不符合合同规定时，买方应当承担的责任和卖方应当享有的权利等，在规定罚金条款的同时，对等贸易合同中还应规定一些规避条款。例如，在合同中规定，在对等合同签订以后，如果卖主向买主提出无法接受的有关对等贸易商品及市场的附加要求时，买方的不履约免责。

7. 合同的履行期限

对等贸易合同履行期的长短取决于对等贸易商品的种类、数量、加工制造所需的时间以及该对等商品的市场经营情况、主销售合同的履行期、卖主吸纳对等贸易商品的能力等因素。高质量的对等商品，合同的履行期较短，风险也较少。

8. 合同义务完成确认条款

对等贸易合同中应当包括确认对等贸易义务完成的条款。在允许有第三方参与的对等贸易中，最好在合同中规定卖方义务的转让原则及办法等。

9. 有条件转让账户条款

在采用互购方式时，在合同中订立有条件转让账户条款有利于保证互购协定的最终履行。比如，在合同中规定，销售对等贸易商品所得收入必须存放于某一国际银行的有条件转让账户，以待日后用于支付主销售合同金额，为了避免使有条件转让账户中的金额被用于其他用途，最好由卖方、买方及账户银行之间各签订一个协定，详细规定凭单支取货款的方法。

10. 仲裁条款

对等贸易合同应当明确交易双方必须遵守的有关合同的法律规范，以及预防和解决纠纷的方法，订好仲裁条款。

（三）补偿贸易的基本业务做法

补偿贸易方式是我国企业采用的最为常见的对等贸易方式之一。进行补偿贸易业务的基本过程大致可以分为3个阶段。

1. 准备阶段

从引进设备、技术和劳务的一方来说，首先要做好可行性研究，其中最主要的是，引进项目的建设条件是否具备。例如，所需的土地、劳动力、资金、生产与管理技术必须能够落实；对项目的投资效果要进行估算，应保证有相当的经济效益；产品主要销往国外市场的，销路要有保证等。在进行可行性研究的基础上，才能确定引进项目，然后按规定报请主管部门审批，获准后再进行具体的前期工作安排。

2. 对外磋商阶段

双方就补偿贸易合同的主要条款进行具体磋商，明确双方的权利和义务，这是补偿贸易的关键阶段。

3. 签订书面合同阶段

根据磋商达成的一致意见，签订书面合同，以便有关双方据以执行。补偿贸易签订的书面合同有补偿贸易协议、设备(或/和技术、劳务)进口合同、补偿产品出口合同3种。

补偿贸易协议是具体交易的基础及连接进口机器设备(或/和技术、劳务)和出口补偿产品两个合同的纽带。它规定了进行补偿贸易的总原则和一般条件。具体的进出口商品的规格、数量和价格、交货时间等内容则在进出口合同中分别做出安排。简单的补偿贸易也有只签订补偿贸易协议，而不再另签进出口合同的。此外，有的在双方开始磋商时或在磋商过程中，先签订补偿贸易意向书。但在一般情况下，这不是正式合同，对双方不具有约束力。如果使用银行信贷，还要与银行签订贷款协议。

五、加工贸易

加工贸易是随着国际产业分工以及产业转移的发展而形成的一种国际贸易方式，目前为各国普遍采用。广义的加工贸易是指国外企业以投资的方式把某些生产能力转移到东道国或者利用东道国已有的生产能力及技术为其加工装配产品，复运出东道国境外销售的商务经营活动。狭义的加工贸易则仅指一国以获得外汇体现的附加值为目的，通过一定方式，进口原材料或零部件，利用本国的生产能力和技术，加工成成品后再出口的一种贸易形式。

(一) 加工贸易的基本形式

加工贸易的形式多种多样，常见的基本形式主要有进料加工、来料加工、来件装配等。

进料加工，在我国又被称为“以进养出”，指本国企业与国外原材料、零部件供应商订立进口合同，以自有外汇在国际市场上购入国外的原材料、辅料、元器件或零部件，利用本国的技术、设备和劳力，按照自己的设计加工成成品后，再行销往国外市场的经营活动。进料加工业务中，本国的经营企业既要与国外客户订立原材料、零部件进口合同，又要与国外客户签订成品出口合同。两个合同均以货物所有权的转移为特征，是两笔不同的货物买卖。在实际操作时，由于原材料采购和成品出口是分别进行的，其具体做法和单边进口、单边出口无异。进料加工贸易中，本国的经营企业自由性强，回旋余地大，只要经营得法，利润和创汇率就会提高，但要自担原材料采购市场和成品销售市场的风险。

来料加工，是一种委托加工的贸易方式，通常是指国外客户作为委托方，提供材料、辅料及/或包装物料，委托本国生产企业即加工业务承接方，以其厂房设备、技术和劳动力，按委托方要求的质量、规格、款式等，加工成成品后运交委托方，由委托方在国外销售的经营活动。来料加工业务中，委托方对其所提供的材料、辅料或包装物料，以及加工成的成品具有所有权，承担原材料市场和成品销售市场的风险，承接方则按约定收取工缴费(加工费)。来料加工业务体现了加工成本高昂的国家利用人工成本低廉国家的生产能力，以降低成本、提高利润为目的，为其商务经营活动服务的经营策略。

来件装配是指由国外委托方提供零部件、元器件,有的还提供包装材料,委托本国承接方按其工艺设计要求进行装配,成品交还委托方处置,承接方按约定收取工缴费(装配费)的经营活动。实际业务中,根据需要,委托方也可提供一些加工装配所需的机器设备,由承接方以工缴费补偿,这种做法属于对外加工装配结合补偿贸易的交易。在我国,来料加工和来件装配常常混合使用,统称为对外加工装配业务。

(二)加工贸易与 OEM,ODM

OEM 是"Original Equipment Manufacturing"的缩写,在我国俗称"定牌生产""贴牌生产"或"代工生产"。一般是指本国生产厂商按国外委托方设计好的或确认的商品图样、规格、零件、半成品或成品,以及国外委托方规定的加工程序、方法和质量标准,加工生产产品,然后将生产的产品贴上委托方的品牌或商标,在国际市场上销售的做法。

ODM 是"Original Design Manufacturing"的缩写,在我国俗称"设计代工"或"原厂委托设计",意指本国生产厂商自行设计、开发并生产产品,经国外品牌商的同意,以原样或经修改后,贴上其品牌或商标,并由国外品牌商买断销售国外市场的业务做法。

OEM,ODM 方式是跨国制造企业充分利用其品牌和营销渠道优势,减少生产投入和降低生产成本的重要战略之一,国内学者一般将 OEM,ODM 视为加工贸易升级的方式,认为由于采用此类做法的国外厂商一般为跨国企业,具有强大的品牌和渠道优势,信用度高,而且在其通过契约方式外包全部和部分生产制造业务的过程中,一般均在向本国生产加工企业提供生产技术的同时,对本国生产企业的生产能力和质量管理有严格要求,使用 OEM、ODM 方式不仅能够帮助本国生产加工企业尽快熟悉国际市场,快速拓展海外市场,而且能够使本国企业扩大生产规模,提高生产能力和水平,从而带动本国的产业升级。

应当注意的是,OEM、ODM 方式下,国外生产商与国内生产厂商之间的法律关系表面看起来是一种委托加工方式,实质上却是一种有关特定商品依约生产和交付的买卖关系,产品生产加工过程中所需的原材料、零部件,一般由本国生产厂商依据国外生产厂商要求的质量标准,或者在本国市场,或者在国外市场上采购获得。因此,与上文所述的加工贸易的基本形式存在一定的差异。

(三)对外来料加工、来件装配的基本做法

对外来料加工、来件装配业务的具体做法比较灵活多样。就承接业务的机构而言,主要有以下 3 种形式:一是外贸企业直接对外承接业务,然后交由本企业加工装配生产;二是外贸企业对外承接来料、来件加工装配业务,对内提供料、件委托工厂加工装配;三是接受加工装配的工厂参加对外谈判,对外交流技术,与外贸公司一起对外签订合同,工厂承担生产和交货方面的主要责任,外贸公司则负责办理相关出口手续,并收取一定的手续费。

从用料的比重看,有全部来料来件的纯加工装配业务;有部分来料来件,部分采用国产料件的加工装配业务,国产料件按实际价值收取外汇。

在来料来件如何作价方面有两种不同做法:一种是来料来件和加工成品均不作价,只收取加工装配的工缴费;另一种是来料来件和加工成品分别作价。即外商提供的料、件和我方交付的成品分别作价写入加工、装配合同;也可以由双方根据料、件和成品的价值分别订立进出口合同,其间的差额就是工缴费。

（四）对外加工装配合同

接受外商委托承接加工装配业务，需要订立一份加工或装配合同。加工装配合同是明确规定委托方和承接方之间的权利、义务和责任的法律文件。对外加工、装配合同的订立程序与一般的买卖合同相同，其条款与一般的进出口合同有相似之处，但也有其不同的内容。根据《中华人民共和国海关关于对外加工装配业务的管理规定》，签订的对外加工装配合同必须具体列明以下内容：外商提供的料、件、设备；我方加工成品的名称、规格、数量、包装、价格；进订料、件、设备和加工成品的交货日期、进出口岸、运输方式、支付方式、用料定额与损耗率；工缴费标准与支付方式；合同有效期限和违约、撤约、索赔、仲裁等办法。此外，外商在我境内用外汇采购的料、件应按规定报经贸主管部门批准并在合同中注明。

六、商品期货交易与套期保值

商品期货交易是在专门的商品交易场所，由特定人员进行的集中买卖某种期货合同的交易活动。商品期货交易市场与现货市场既相互联系又相互区别。期货交易与现货交易的标的物相同，现货市场的交易价格是期货市场交易价格的基础，但期货市场的交易方法和内容又与现货市场不同。商品期货交易已经存在了一百多年，是当今国际市场的重要组成部分。国际商品期货市场一般都为世界贸易的中心，市场上的交易者来自各国（地区），交易信息繁多，为交易者发现交易对手提供了极为便利的条件，加之在期货市场上可以随时随意地转卖或补回期货合同，也使经营者利用期货市场与现货市场价格运动方向趋同的特点转移价格风险成为可能。国际商品期货交易所公布的商品成交价格，虽然包含一定的主观成分，但也在一定程度上反映出实际的供求关系，是公认的国际市场价格，常常成为现货交易价格的重要参考数据。

（一）商品期货交易的含义和特征

商品期货交易是一种在特定类型的固定市场，即期货市场（Futures Market）或称商品交易所（Commodity Exchange），按照严格的程序和规则，通过公开喊价的方式，买进或卖出某种商品期货合同的交易。期货交易存在以下基本特征：

1. 以标准合同交易为主

期货交易市场不是买卖实际货物的市场，而是买卖品质、规格、数量、包装、交货地点和方式、检验、支付、解决争议等条款及内容都已经标准化了的期货合同的市场，买卖双方只需协商确定价格和交货期两项条款，以及合同份数。据此，人们常把在商品期货交易所中进行的标准合同交易称为“买空卖空”，买进期货合同的一方称为“多头”，而卖出期货合同的一方则被称为“空头”。在进行期货合同交易时，买卖双方并不直接见面，而是通过经纪人来进行。

2. 特殊的清算制度

从理论上讲，当期货合同所规定的交货期限届满时，必须收交实际货物。但是，许多商品期货市场都设立了清算制度或财力雄厚的清算所，负责处理在商品交易所内达成的所有交易的结算和合同的履行。在期货市场上，买卖双方达成交易后，均需立即在清算所进行登记。登记后，买卖双方即不再存在合同责任关系，而是与清算所建立合同关系，清算所成为期货合同的卖方和买方。

期货市场上的清算办法主要有对冲和实物清算两种。所谓对冲是指当期限即将到达时，原来卖出货物的一方可以通过伺机买进同一时期交货的期货合同来抵冲卖出的货物，而本来买进货物的一方则可以选择恰当的时机卖出同一交货期的期货合同来抵冲买进的货物。通过对冲，从而使买卖双方只与价格发生关系，而不必牵涉到实际货物的买卖。所谓实物清算是指当期货经营者只买不卖（“多头”）或只卖不买（“空头”），而规定的交割期到达时，处于空头地位的经营者根据规定向清算所交付提货仓单，收取约定的货款，再由清算所将收到的仓单交给处于多头地位的经营者并向其收取价款的做法。

3. 严格的履约保证金制度

为了防止因交易一方丧失偿付能力逃避合同义务，而使交易的另一方蒙受损失，确保期货交易合同的履行以及清算制度的正常运行，各个商品期货交易市场中的清算所都实行严格的履约保证金制度。该制度一般包括原始押金交纳制度和亏损时补交押金制度。原始押金制度是指每笔交易达成时，买卖双方均需向清算所交纳合同金额的一定百分比作为押金，一般为5% ~10%。亏损时向清算所补交押金制度是指清算所在每个交易日结束时，对每位会员进行盈亏测算，即对所有会员的每笔交易进行名义上的结算，然后将该名义结算价格与会员在当日收市前的最后一个成交价进行比较，一旦发现会员名义亏损已经超出规定的百分比（占押金的比例），清算所便会立即向该会员发出补交一定金额押金的通知，会员在接到通知后，必须在次日期货交易所开市前按规定补交押金，否则，清算所有权终止该会员的交易，并按结算价对其交易进行清算。

（二）套期保值

根据买卖双方交易目的的不同，期货市场上的交易分为性质不同的两种交易形式，即投机性交易和套期保值交易。下面主要介绍套期保值交易。

套期保值（Hedging）又称对冲交易。它的基本做法是在买进（或卖出）实货的同时或前后，在期货交易所卖出（或买进）相等数量的期货合同作为保值。由于期货市场和实货市场的价格趋势一般来说是一致的，涨时同涨，跌时俱跌，所以实货市场的亏（盈），可从期货市场的盈（亏）得到弥补或抵消。套期保值分为卖期保值和买期保值两种。卖期保值是一些手头持有实货的个人或企业或丰收在望的农场主和拥有大量库存的经销商，担心新货登场而价格可能下跌而蒙受损失，便可在期货市场卖出期货合同以达到保值的目的。由于从事保值者处于卖方地位，所以称为“卖期保值”。买期保值是一些将来持有某种实货商品的个人或企业，在他们出售将来交付的实际货物时，担心日后价格上涨而受到损失，因而在期货市场上买进期货合同以达到保值的目的。由于从事保值者处于买方地位，所以称为“买期保值”。

套期保值既适用于商品市场的保值，也适用于金融市场的保值，其做法基本相同，当然，市场的变化并不总是尽随人意的。由于现货市场与期货市场的发展和变化的趋势从长期看基本一致，所以，套期保值可以在一定程度上转移和减少风险，但不一定能达到全部转移风险或弥补、抵消实货交易的全部损失。如果处理不当，还有可能得不偿失。

阅读与思考

信用证与合同的关系及损害赔偿

案情：

申请人中国 A 公司(买方)与被申请人加拿大 B 公司(卖方)于 1995 年 1 月 15 日签订了 098 号 5 万吨白糖销售合同，单价为每公吨 USD311 CIF 中国广西防城港，总金额 1 555 万美元。

合同付款条件规定：自合同签字之日起 2 个工作日内，买方银行向卖方银行开出货物价值 100% 的不可撤销、可转让一次的即期信用证副本。卖方在 5 天内按总金额的 2% 电汇到买方中国银行某保证金账户上，如果卖方(即被申请人)违约导致信用证失效的情况下，应当承担相当于合同总金额 2% 的赔偿责任。买方在收到卖方保证金后 2 个工作日内开出即期信用证正本。如果卖方在收到信用证 7 日内未能将“装运单据”“船名”“起运港”“目的港”“数量”“重量”等信息传真至买方，则卖方按货物总值的 2% 赔偿给买方，同时 L/C 失效。

合同中的仲裁条款规定，凡因执行本合同或与本合同有关的一切争议均提交中国国际经济贸易仲裁委员会，按照该会申请仲裁时的仲裁规则进行仲裁，仲裁裁决是终局的，对双方均有约束力。

合同签订的第二天，申请人即按合同开具了信用证，而被申请人却未能在 5 天内将 2% 的保证金汇到中国银行。1995 年 1 月 21 日，被申请人称申请人开出的信用证不能接受，要求按被申请人的“信用证与合同样本”进行交易。被申请人收到申请人开出的信用证后，没有正式致函申请人具体指出该信用证的哪些内容与合同规定不符，而是提出超过合同约定的额外要求，这些要求包括：

(1) 申请人应按照被申请人提出的信用证样本重新开立信用证。

(2) 被申请人将保证金交给加拿大银行的信托户口，而非电汇到中国某银行账户上。

(3) 双方按照被申请人草拟的“补充协议书”另签协议，提高糖价，将每公吨糖的价格由 311 美元提高到 325 美元。

申请人不同意被申请人的要求，双方几次协商未能解决争议，被申请人遂不再履行合同。双方将争议提交仲裁。

申请人认为其已根据合同开立了信用证副本并为此投入 1 000 万元人民币做开证保证金，而被申请人置签订的合同于不顾，不履行合同，已构成根本性违约。因此申请人要求被申请人：

(1) 承担开证保证金 1 000 万元人民币的利息损失，计人民币 57 万元；

(2) 根据合同付款条件的有关规定，按货物总值 2% 计，赔偿申请人 31.1 万美元。

试分析：

1. 信用证的受益人能否在合同之外要求修改信用证？
2. 申请人要求被申请人支付利息人民币 57 万元的请求能否得到支持？
3. 被申请人是否应该向申请人支付违约金 31.1 万美元？

提示：信用证的开立应以合同为依据，但一经开出就独立于合同而存在。信用证的受益人在合同以外要求修改信用证必须经得申请人同意。在国际贸易中，损害赔偿是最重要的，也是常用的违约补救措施；根据有关法律和国际贸易实践，确定损害赔偿的基本原则是赔偿金额应与因违约而遭受的包括利润在内的损失额相等，应以违约方在订立合同时可预料到的合理损失为限。

思考与练习

1. 国际货物运输的方式有哪几种？在实际业务中，应如何选择使用？

2. 班轮提单的性质和作用表现在哪些方面？

3. 什么叫分批装运和转运？为什么在买卖合同中会出现有关分批装运和转运的条款？《跟单信用证统一惯例》对此有何规定？

4. 货物保险在国际贸易中的作用是什么？

5. 如何投保我国海洋运输货物保险条款中基本险别和附加险别？

6. 买卖合同中的保险条款主要包括哪些内容？规定此条款应注意什么问题？

7. 在国际货物贸易合同中，对于货物检验时间和地点有哪几种规定方法？哪一种使用得较多？为什么？

8. 什么是汇票？汇票有哪些种类？汇票在市场上是怎样流转使用的？

9. 汇付和托收的性质怎样？采取这两种方式应注意哪些事项？

10. 信用证业务的特点有哪些？信用证业务中，买卖双方面临的主要风险是什么？

11. 出口结汇主要涉及哪些单据？制作和审核相关单据的主要依据是什么？

12. 什么是海关发票？其主要作用是什么？

13. 原产地证书的主要作用是什么？包括哪些类型？

14. 什么是经销与代理？主要区别是什么？

15. 什么是招标投标？一次具体的招标通常要经历哪些阶段？

16. 采取拍卖和寄售方式，对卖方有何利弊？应注意哪些问题？

17. 对等贸易有哪些主要形式？

18. 什么是期货交易与套期保值？各自的功能有哪些？

19. 我方出口商品共100箱，每箱的体积为30 cm × 60 cm × 50 cm，毛重为40千克，查运费表得知该货物所属等级为9级，计费标准为W/M，基本运费为每吨109港元，另收燃油附加费20%，港口拥挤费20%，货币贬值附加费10%。试计算：该批货物的运费是多少港元？

20. 某货主在货物装船前，按发票金额的110%办理了货物投保手续，投保一切险加保战争险。该批货物以CIF成交的总价值为20.75万美元，一切险和战争险的保险费率合计为0.6%。问：该货主成交的保险费是多少？若发生了保险公司承保范围内的风险，导致该批货物全部灭失，保险公司的最高赔偿金额是多少？

第六章

国际技术贸易

国际技术贸易是国际技术转让的重要组成部分。国际技术转让一般分为非商业性技术转让和商业性技术转让。前者指以政府援助、交换技术情报、学术交流、技术考察等形式进行的技术转让,这种转让通常是无偿的,或转让条件极为优惠;后者是按一定商业条件,以不同国家(地区)的企业作为交易主体进行的技术转让,是有偿的技术转让,即国际技术贸易。

第一节 国际技术贸易及其特征

一、国际技术贸易的概念与特点

(一) 技术的含义、特点及分类

1. 技术的含义及特点

技术贸易是以技术为对象进行的商品交易活动,而"技术"一词虽然在许多方面都被广泛使用,但是不同的学科领域对"技术"有不同的理解。世界知识产权组织(WIPO)给"技术"下的定义是:"技术是指制造一种产品的系列知识,所采用的一种工艺,或提供的一项服务,不论这种知识是反映在一项发明、一项外形设计、一项实用新型式或者一种植物新品种上,还是反映在技术情报或技能中,或者反映在专家为设计、安装、开办或维修一个工厂或为管理一个工商业企业或活动而提供的服务或协助等方面。"这个定义把技术的含义阐述得较为完整和全面,但文字较长。联合国的《国际技术转让行动守则》中则将"技术"简单定义为:"技术是指人们制造某种产品、应用某种工艺或提供某种服务的系统知识。"从技术贸易研究和实践的角度看,可以从狭义和广义两个角度来理解技术的含义。狭义的技术是指人们在生产活动中制造某种产品、应用某种方法或提供某种服务的系统知识,它能够以语言、文字、图表、公式等有形形态表现出来,也能够以经验、技能、观念等无形形态体现出来。广义的技术除了指上述的系统知识外,还包括应用这种系统知识的手段和工具,它们常以样机、仪器等实物形态表现出来。

技术作为贸易的对象,具有以下几方面的特点:

一是具有知识性。技术是人类脑力劳动的结晶,是人类智力活动的成果,是人们在长期生产实践和科学实验的基础上不断积累起来的一整套系统知识和经验总结,它包含着从构思到产品概念,从设计到生产实施,从生产领域到销售领域的全部知识、技艺和经验,具有很强的知识性。

二是具有商品的属性。技术可供发明者使用,也可以通过交换供他人使用。用以交换的技术就如同一般商品一样,具有价值、使用价值和交换价值。技术的价值反映在技术商品生产和研究开发过程中所耗费的活劳动和物化劳动;技术的使用价值表现为技术商品中的技术知识对社会生产的实用性,通过使用技术可以实现技术进步、提高劳动生产率和增加社

会的经济效益;技术的交换价值体现在技术供方在传授和转让技术的过程中可以获取相应的报酬。

三是具有可传授性。技术不论是以文字、图表、公式、配方等有形形态,还是以实际生产经验、个人技能或头脑中的观念等无形形态存在,都能通过一定的方式进行传授和传播。

2. 技术的分类

技术可以从不同的角度来进行分类:

按技术的形态划分,可分为软件技术和硬件技术。软件技术是一种无形的技术知识,它包含人们所掌握的知识和技能,如专利、商标、专有技术等。这些知识和技能可以是通过教育和自学所得,可以是经过长期生产实践和科学实验所累积的,也可以是通过技术贸易获得的。硬件技术是指在生产过程中以物质形态出现的技术,如机器设备、测试仪器等技术装备等,往往是实施一项软件技术必不可少的手段。

按技术的公开程度划分,可分为公开技术、半公开技术和秘密技术。公开技术,是指公开发表的科学技术理论或研究成果。如在报刊上发表的学术论文,在各种学术会议上宣读的学术报告等。这些科研成果可以不受限制地自由传播和无偿利用。半公开技术是指受法律保护的专利等技术。按有关法律规定,专利技术的内容应该公开,在法律规定的有效期内受法律保护。但发明人往往仅公开一部分内容,而对不影响其申请专利的某些核心内容加以保密,因此称为半公开技术。而秘密技术则是指主要靠保密手段加以保护的、处于秘密状态的技术,它未经法定申请程序批准,不受法律保护,主要指专有技术。

按技术是否具有工业产权划分,可分为具有工业产权的技术和不具有工业产权的技术。具有工业产权的技术主要指专利技术和商标权,两者均通过法律程序批准,经审查批准而授予所有者财产独占权;不具有工业产权的技术主要指专有技术、提供服务的技能等,它们未经法定程序批准,所有者的技术不受法律保护,只要为公众所了解和掌握,便可以不受限制地传播和利用。

按技术的功能划分,可分为产品技术、生产技术和管理技术。产品技术是指技术被用来改变某一产品的性能。这种技术可能是一个全新产品的发明;也可能是局部产品设计上的改进,如增加一部分功能,提高产品的使用功能;还可能是扩大产品的使用范围,提高产品的质量或降低产品的生产成本等。产品技术的概念也可以延伸到设计或改进一项服务。生产技术是指技术被用于产品的制造过程。如一项新的工艺、新的流程、新的测试手段、新的加工设备和手段。研究或引进生产技术的目的是提高生产效率和经济效益,改进产品质量,提高生产效率或降低生产成本。管理技术是指整个研究、开发、生产、销售和服务活动的组织。在相同的生产条件下,不同的生产和服务的组织方式、不同的管理水平,生产相同产品的经济效益会大不相同。引进先进的管理技术对某些公司来说要比引进产品和生产技术更为重要。

另外,按技术的发展阶段和水平划分,技术又可分为尖端技术、成熟技术、过时技术或落后技术等。

(二)国际技术贸易的概念

国际技术贸易(International Technology Transaction)是指不同国家(地区)的企业、个人或经济组织之间以技术为对象进行的商品交易活动。与国际技术贸易密切相关的另一个概念是技术转让。技术转让是指技术的所有者通过各种方式将其拥有的技术转让给他人的行为，跨越国境的技术转让行为就是国际技术转让(International Technology Transfer)。国际技术转让包括了非商业性的技术转让和商业性的技术转让。前者是指以政府援助、技术情报交换、学术交流、技术考察等形式进行的技术转让，这种转让通常是无偿的，或转让条件极为优惠；后者是指按一般的商业条件，通过一定的方式以不同国家的法人或自然人作为交易主体进行的技术转让，即有偿的技术转让，我国通常称之为国际技术贸易，它包括技术引进和技术出口两方面。

根据各国学者对国际技术转让的相关研究和解释，技术转让的标的应是技术知识或随同技术一起转让的机器设备。技术转让不仅指技术知识以及随同技术一起转让的机器设备在空间上的移动，而且包括技术在新环境中被获得、被吸收和被掌握的有机统一的完整过程，即技术转让不单指技术的传递，还包括对技术的消化和吸收。

（三）国际技术贸易与国际商品贸易的区别

1. 贸易的标的不同

一般商品贸易的对象是“物质产品”，是看得见、摸得着的有形商品。而技术贸易的对象是“知识产品”，主要指专利、商标、专有技术，是无形的系统知识。尽管技术在很多情况下必须依附于某种有形的物质产品而存在，例如记录技术资料的稿件、图纸、磁盘以及承载技术的设备等，这些都使技术交易中包含了一部分物质产品，但必须明确，这些有形商品只是作为技术的载体而存在，真正的交易主体是包含于上述物质产品中的无形知识。

2. 所有权的转变不同

在一般商品贸易中，商品经过买卖，买方就占有该商品的所有权和使用权，卖方则同时失去所有权和使用权。在技术贸易中，技术贸易一般只转让技术的使用权，不转让技术的所有权，技术的出让方仍拥有所有权，例如产品的制造权、销售权。如果无特殊约定，技术仍可自己使用或转让，而技术的受让方通常不取得所有权，只是取得使用权，因此不能擅自将技术转让给第三方。

3. 贸易双方的关系不同

在一般商品贸易中，买卖双方签订了合同和办理了交接货物与交付货款，就代表合同履行完毕，交易双方的关系也就结束了，一般时间不会很长。而技术贸易是一种长期的交易，技术商品的特点决定了在技术贸易中，洽谈交易和履行合同的时间一般比较长，因为技术知识和经验的传授、对引进技术的吸收和消化等都需要较长的时间。因此，技术贸易双方一般会建立和保持一定的合作关系。同时，技术贸易双方往往处于同一行业，具有相同的目标市场和顾客，这也导致双方存在一定的竞争关系。

4. 贸易对象的定价不同

一般商品贸易中，价格通常由加工成本加合理的费用和利润，并结合供求关系确定。在技术贸易中，技术价格的确定主要考虑技术受让方可能获得的经济效益，受让方的经济效益越大，技术价格就越高，而研制开发费用的分摊仅在一定程度上影响价格。

5. 贸易磋商条件不同

一般商品贸易主要涉及商品的数量、质量、品种等。贸易双方的权利、义务及涉及的法律相对比较稳定。而技术贸易则根据不同的技术内容各有不同，确定与技术相关的权利和义务更为复杂。技术贸易涉及许多技术问题，如技术项目的选定、工业产权保护、技术风险等；也涉及许多贸易问题，如贸易政策、贸易条件、支付方式等；还涉及限制与反限制等特殊问题。技术贸易涉及的法律也较多,一般商品贸易主要涉及合同法,而技术贸易涉及的法律除合同法外,还有专利法、商标法、外国企业所得税法、个人所得税法等。

6. 政府的干预不同

一是干预的深度不同,技术贸易受政府干预程度更大。一般商品贸易受贸易壁垒限制,而技术贸易除贸易壁垒外,往往受政府干预较多,管理较严。如,许多发展中国家(地区)都在有关技术转让的法律中规定,凡重大的技术引进协议,都必须经政府主管部门审查、批准后才能生效;又如,输出技术的发达国家,为了控制尖端技术的外流和某种政治目的,对输出技术进行严格审查,加以限制。二是干预的方向不同,对一般商品贸易的干预主要是鼓励出口、限制进口;而对技术贸易的干预则主要是控制输出、鼓励引进。

(四) 国际技术贸易与国际商品贸易的联系

1. 从发展的过程看

在一个国家(地区)的对外经济往来中,大多是先发展有形商品贸易,然后才逐步发展技术贸易。国际技术贸易是国际商品贸易发展到一定阶段才产生和发展起来的。而且,国际技术贸易一旦展开,则可以以国际技术贸易为契机,进一步推动国际商品贸易的发展。

2. 从贸易的方式看

国际技术贸易的产生和发展使得国际商品贸易与合作方式更加多样化,如商品贸易与技术转让相结合、国际投资与技术转让相结合、补偿贸易与技术转让相结合、国际工程承包与技术转让相结合等,国际技术贸易的开展为国际商品贸易与国际合作的发展提供了更多的贸易方式和市场机会。

3. 从所起的作用看

由于国际技术贸易的迅速发展,在技术先进、科学技术正在迅速发展的国家(地区),技术贸易额已经并将继续在国际贸易收支中占有重要地位。技术贸易成为疏通商品贸易的手段。技术的拥有者一方面可以通过输出技术获得稳定、可靠的原材料来源,另一方面还可以绕过贸易壁垒,通过技术输出打开进口国的市场。这两方面都促进了商品贸易的发展。

4. 从发展的趋势看

科学技术不断向着高、精、尖的方向发展,进一步推动了国际贸易的发展;同时,科学技术的迅速发展加速了产品的更新换代,也改变着并将继续改变国际贸易的商品结构。

二、国际技术贸易的发展概况

(一) 国际技术贸易的产生与发展

虽然国家或地区间的技术转让与贸易已有悠久的历史,但现代意义上的国际技术贸易的迅速发展则是在第二次世界大战之后,其发展历程大致可分为 3 个阶段:

17 世纪以前属于无意识的技术转移阶段。如我国古代的造纸、火药、印刷术在 10—15 世纪相继传到了欧洲,对西方的进步起到了重要的作用;我国的陶瓷、丝绸也作为先进的技术传到了西方;与此同时,古希腊文化和伊斯兰文化在漫长的时间里相继传播到世界其他地方;在 16 世纪,意大利的眼镜技术传到了日本,德国的机械表技术相继传到了中国和日本。由于当时交通工具落后,语言、文字较单一,技术主要是在人员往来和商品交换中自发地、无意识地进行扩散。因此,技术转移速度非常缓慢,数量也较少,并且大多是无偿的。

从17世纪到第二次世界大战是现代技术贸易的起步阶段。17—18世纪，英、法等国相继发生工业革命，资本主义的大机器生产逐步代替了封建社会的小农经济，为科学技术的发展提供了广阔的场所，使资本主义的商品经济高速发展。这时，以鼓励发明创造和保护发明创造者权利为宗旨的专利制度也就应运而生了。1870年、1871年、1877年和1885年，美国、法国、德国和日本先后建立了各自的第一个专利法。专利制度对技术发明的保护，使技术在一定时期内成为专利拥有者独占的权利，从而确立了以技术贸易形式转让科技成果的权利基础，开始了商业性的有偿的技术贸易。19世纪末20世纪初，资本主义从自由竞争阶段过渡到垄断阶段，资本主义国家的资本输出也推动了国际技术转让的发展。国际技术传播和转让是世界各国科学技术水平发展不平衡的产物，它对促进世界各国的技术进步和经济发展起着重要的作用。

二战后是国际技术贸易空前发展的阶段，整个世界政治、经济形势发生了巨大的变化。在这种情况下，国际技术转让不论其内涵或方式，都有了巨大的变化。国际政治、军事的因素开始影响技术的转让。作为特殊商品的技术，成了政治、军事以及经济竞争中的重要筹码，世界经济经过动荡和危机的考验，更加发达了。"国际化经营"的兴起，使直接投资、技术转让自然而然地成为当代企业经营战略上可供选择的经济活动内容。跨国公司在国际经济活动中举足轻重的地位，以及它们所拥有的庞大资本、先进技术，使它们成为当代国际技术转让的重要实体。

（二）当代国际技术贸易发展的主要特征

随着世界经济一体化的发展和科技全球化的加速推进，国际技术贸易的发展呈现出新的格局和发展趋势。

1. 国际技术贸易规模迅速扩大，地位不断提升

20世纪50年代中期，全世界技术贸易总额仅为5亿~6亿美元，60年代中期达到25亿美元，70年代中期达120亿美元，80年代中期为500亿美元，90年代中期为2 600亿美元，2005年已超过1万亿美元，平均每5年翻一番，增长速度远超过同期的商品贸易增长速度。此外，国际技术贸易在整个世界经济增长和国际贸易中的地位也不断提升，国际技术贸易额在国际贸易总额中的比重持续增高，20世纪70年代约为2%~3%，而目前这一比重则超过了5%。

2. 国际技术贸易主要在发达国家和地区之间进行，但多元化格局有所加强

发达国家（地区）一直是国际技术贸易的主要参与者和推动者，美国、日本、欧盟是国际技术贸易的主要市场，它们占世界技术贸易总额的80%。通常工业化水平越高，输出的技术就越多。20世纪70年代后，发展中国家间也日益加强技术贸易，特别是以新加坡、韩国等为主的东南亚新型工业化国家在国际技术市场上日益活跃，其贸易额在世界技术贸易总额中所占比重也不断提高，成为国际技术贸易的重要参与者。

3. 跨国公司控制了绝大部分国际技术贸易

发达国家（地区）的资本与技术输出大多靠跨国公司实现，跨国公司经济实力雄厚，科技力量强大，在国外建立子公司和合营公司，在发达国家之间的技术输出以及发达国家向发展中国家进行的技术输出中起主导作用，成为国际技术贸易中最活跃、最有影响力的力量。

4. 国际技术贸易方式不断创新

国际技术贸易的传统方式主要是许可证贸易、特许专营、咨询服务、技术服务与协助、承

包工程等。近年来，随着科学技术的进步，特别是信息技术的广泛应用，一些新的交易方式如电子商务等逐渐成熟，极大地促进了技术贸易方式的多样化发展。企业兼并也成为国际技术贸易的一种新方式。随着以知识为基础的国际竞争的加强，技术先进企业间“强强联合”的国际兼并现象越来越普遍，客观上促进了国际技术转让或贸易的发展，使得企业国际兼并事实上已成为直接获取国外先进技术的特殊贸易方式。

三、国际技术贸易的主要方式

（一）许可贸易

许可贸易是技术贸易最基本、最重要的方式。它是一种交易双方以签订许可合同的形式进行技术使用权让渡的交易方式，拥有技术的一方称为许可方或供方，引进技术的一方称为被许可方或受方。许可贸易就是技术的许可方允许被许可方取得其拥有的专利、商标或专有技术的使用权以及制造、销售该技术项下产品的权利，并由被许可方支付一定数额的报酬。

许可贸易有 3 种基本类型：专利许可、商标许可和专有技术许可。随着计算机及其软件技术的开发与应用，计算机软件的许可也逐渐成为一种重要的许可方式。这几种方式有时单独出现，但更多的是其中两种或两种以上技术混合起来进行一揽子转移。

（二）技术咨询与服务

技术咨询与服务是指一方利用自己掌握的技术、经验和技术条件（包括雇佣的工程技术人员和技术资料等），协助另一方完成某项特定的技术经济任务，达到双方商定的目标。为此，双方要签订技术咨询与服务协议。一般情况下是由一些具有较高知识水平的专家组成的咨询公司就委托人所提出的技术课题，提供建议或解决方案。

技术咨询与服务内容广泛，涉及政治、经济、技术、法律、财务等多方面的内容，灵活性很大。大范围的可以是项目的可行性研究、技术方案的设计和审核、招标任务书的拟定、生产工艺或产品的改进、设备的购买等，小范围的可以是工程项目的监督指导或质量监督等。

（三）关键或成套设备项目

在国际贸易实务中，购买设备，特别是关键设备时，有时也会含有知识产权或专有技术的转让内容。这种设备买卖也属于技术贸易的一种方式，具体有以下两种做法：

一是在引进某项专利技术或专有技术的同时，进口若干关键设备或测试仪器。在引进方本身技术力量不太强的情况下，单纯的技术知识的引进不能有效地消化吸收和形成新的生产能力，而采用这种方式既可以尽快使用新技术，又可以以进口设备为筹码，要求对方输出先进技术，减少技术引进费用。

二是成套设备项目，指购买或出售生产某种产品的全套设备或生产线，通常包括提供技术、工程设计、成套设备等，有时还包括生产管理、产品销售以及培训技术人员等服务性项目。因其见效快、风险小，可以在较短时间内形成生产能力，发展中国家（地区）在技术引进时常采用这种方式，但这种方式花费外汇多，且易形成对供方的技术依赖。

（四）合作生产

从国际技术贸易的角度来看，合作生产是指分属于不同国家（地区）的企业根据签订的合同，由一方提供有关生产技术或各方提供不同的相关生产技术，共同生产某种合同产品，并在生产过程中实现国际技术转让的一种经济合作方式。合作生产中的一方或各方拥有生产某种合同产品的特别技术，在合作生产过程中通过单向许可或双向的交叉许可的方式，可能再辅以一定的技术服务咨询，从而实现国际技术转让。这种技术贸易的目的与单纯的技术贸易不同，它是为各方的合作生产服务的。

（五）工程承包

工程承包也称“交钥匙”项目，是指工程所有人委托工程承包人承诺按规定条件包干完成某项工程任务，完工后交付所有人。工程承包的内容很广泛复杂，包括工程设计、土建施工、提供机器设备、负责安装、提供原材料、提供技术、培训人员、投产试车、质量管理等全过程，最后把一个能随时开工的工厂或车间交给工程所有人进行生产，所以被称为“交钥匙”工程。工程承包是一种综合性的国际经济合作方式，其中往往包含大量技术转让内容，因而成为国际技术贸易的一种形式。就项目本身而言，这种方式对技术引进方比较省事，而承包人承担的责任大，代价和风险也大，因而引进方需要付出的费用也高。

（六）特许经营

特许经营是指由一家已经取得成功经验的企业，将其商标、商号名称、服务标志、专利、专有技术以及经营管理的方式或经验等全盘地转让给另一家企业使用，由后一企业（被特许人）向前一企业（特许人）支付一定金额的特许费的技术贸易行为。特许经营的受方与供方经营的行业、生产和出售的产品、提供的服务、使用的商号名称和商标（或服务标志）都完全相同，甚至商店的门面装潢、用具、职工的工作服、产品的制作方法、提供服务的方式也都完全一样。例如，美国的肯德基快餐店在世界各地几乎都有被特许人，他们所提供的服务同美国的一样，所生产和销售的汉堡包的味道也完全一样。特许专营合同是一种长期合同，它可以适用于商业和服务业，也可以适用于工业。特许经营是发达国家（地区）的厂商进入发展中国家（地区）的一种非常有用的形式。由于风险小，发展中国家（地区）的厂商也乐于接受。

（七）利用外资引进技术

利用外资引进技术是将利用外资与引进技术结合起来，在利用外资的同时，又能引进国外的先进技术和设备。这是国际经济领域中的一个新的潮流，它对一国经济的发展起着重要的作用。目前，国际上利用外资引进技术的方式主要有以下几种：

1. 合资经营

合资经营是指由两个或两个以上不同国家（地区）的公司、企业、其他经济组织或个人依据东道国的法律，在东道国共同投资、共同经营某一企业，并由双方共担风险和共享利润的经营方式。合资企业包括两种形式，即股权式合资企业和契约式合资企业。

2. 外汇贷款

外汇贷款是指一国银行为支持本国企业从国外引进技术和进口设备而从国外借贷的款项。这一方式的好处在于：本国企业有在国际市场上自由选择技术和设备的主动权，从而可以保证引进的技术和进口的设备先进、适用、可靠；同时可以扩大本国产品的出口，增强本国商品的出口竞争能力。

3. 补偿贸易

补偿贸易是指交易的一方向另一方提供技术、设备，而引进技术或设备的一方在约定的时间内以其产品或双方商定的其他商品偿还技术、设备价款本息的做法，主要有直接补偿和间接补偿两种形式。补偿贸易主要用于对现有老企业进行技术改造和技术革新，从而提高现有企业的生产能力和改进产品质量。

4. 国际 BOT 方式

BOT 是英文 Build - Operate - Transfer 的缩写，即“建设—经营—转让”。它的含义是：建设方承担一个既定的工业项目或基础设施的建设，包括建设、经营、维修和转让，在一个固定的期限内运营设施，并被允许在该期限内收回对该项目的投资、运营与维修费用以及一些合理的服务费用、租金等。在规定的期限届满后，将该项目转让给项目方的政府。BOT 方式一般适用于公共部门和基础设施方面的大型项目，期限一般为 15 年到 20 年。

第二节　国际技术贸易的标的

国际技术贸易以无形的技术知识作为交易标的，主要包括：专利、商标、专有技术及计算机软件。商标虽不属于技术，但它与技术密切相关，所以习惯上将它作为国际技术贸易的标的之一。

一、专利

（一）专利的概念

专利是指政府主管部门根据发明人的申请，认为该项发明符合法律规定的条件，而在一定时期内授予发明人或其合法承受者的一种独占的权利。可见，一项技术成果经向国家有关部门申请、审查批准后，该项获得专利的技术成果本身称为专利或专利技术，受国家专利法保护；该专利技术的所有者可以获得一种法律上的地位，即对该专利技术的专有权，通称为专利权，专利技术所有者本人称为专利权人。专利权人对所取得的专利有独占的实施权，即专利人在专利有效期内有制造、使用、销售、进口专利产品或使用专利方法以及使用、销售、进口依照该专利方法直接获得的产品的权利。其他任何人要实施其发明专利，都必须事先征得专利权人的许可，并要支付一定的报酬。如果未经专利权人的同意擅自使用其专利，就构成专利侵权行为，专利权人有权向有关当局提出控告，要求给予制止，并可请求赔偿损失，在有些国家甚至还可以追究其法律责任。

专利权是一种具有财产性质的权利，是受到专利法保护的一种工业产权。《中华人民共和国专利法》（简称《专利法》）规定，一项技术发明要获得专利权，必须符合专利性，专利性包括新颖性、创造性、实用性。

新颖性是指一项发明在申请人提出专利申请时，必须是从未公开发表、公开使用或以其他形式为公众所知的。已经公开、公用或公知的技术被视为已有技术，如一项发明是已有技术的一部分，它就丧失新颖性，不能获得专利。

创造性又称先进性，指申请专利的发明必须比已有技术先进。美、德、英、法等国对于一项发明是否具有创造性，是根据该技术领域中的普通人员是否能轻易作出这项发明来判断的，故也将创造性称为非显而易见性。我国《专利法》规定创造性是指同申请日以前已有的技术相比，该发明有突出的实质性特点和显著的进步。

实用性是指申请专利的发明必须在产业上能够实际制造和使用，并能产生积极的效果。所谓产业，应从广义上理解，包括工业、农业、矿业、林业、渔业、畜牧业、水产业、交通运输业以及一部分服务业（如广告业）。

在各国专利申请中，普遍实行的重要原则是“一发明一申请”原则，即对于同一发明，只能授予一个专利权，而不能授予几个专利权。当出现两个以上的人就同一个发明分别提出专利申请时，国际上有两种处理原则：一是按先发明原则处理，是指两个或两个以上发明人就同一内容分别提出专利申请时，专利权将授予能够证明其发明的完成时间先于他人的发明人。先发明原则保护最先发明者，但确定谁是最先发明人在技术上比较困难且程序复杂，而且也不利于促进发明人尽早公开其发明内容。二是先申请原则，这是指两个以上发明人就同一内容分别提出专利申请时，专利授予最先申请的人。先申请原则鼓励发明人尽早向社会公布其专利，以利于发明创造的推广，同时也便于简化专利机关的工作程序。目前，世界上大多数国家都采用这一原则。

（二）专利的保护对象

专利的保护对象，就是专利法的客体，泛指发明创造。我国《专利法》将发明、实用新型和外观设计 3 种技术知识作为保护对象。在有些国家，专利主要是指发明专利，实用新型和外观设计则作为独立的工业产权受到保护。

1. 发明

发明不同于发现，发明是指对产品、方法或其改进所提出的新的技术方案，这种新技术方案是人类在认识世界、掌握自然规律的基础上，利用自然规律改造世界的产物。而发现则是揭示自然界已存在但尚未被人们所认识的事物。发明分为：① 物的发明，如全新的产品、机器、设备、物质组成等，它们是经过人类加工制造，具有特定性质的有形物体，因此又称为产品发明；② 方法的发明，主要是指生产、操作应用上的方法发明，如一种全新的制造方法、测试方法、使用方法等。

2. 实用新型

实用新型是指对产品的形状、构造及其结合提出实用的新设计方案。获得专利权的实用新型专利实质上是发明专利的一部分，但在技术水平上比产品发明专利要低，它与现有技术相比，只要求有实用性和进步性，在实用价值上体现的创造水平较低，故俗称“小专利”。实用新型专利保护的只是具有一定形状、构造的产品发明。

3. 外观设计

外观设计是指对产品的形状、图案、色彩及其结合提出富有美感并适于工业上应用的新设计。获得专利权的外观设计专利，只要求与已公开产品的外观不相同或不相近似即可，保护的只是产品的外观，不涉及制造技术。

（三）专利权的特性

专利权是指国家专利机关，依照法律授予发明创造申请人对其发明创造在法定的有效期内享有制造、使用和销售的专有权利。专利权是重要的工业产权之一。从法律上看，专利权有 3 个特点：

一是独占性，又称垄断性。独占性是指同一发明在一定的地域范围内，其专利权只能授予一个发明者，专利权的所有者拥有该专利的独占权，有权自己占有和使用其专利发明，也有权将其转让给他人，或将其使用权授予他人。除了专利权人以外，其他任何人未经专利权人的同意，都不得擅自使用其专利，否则即构成对专利权人的侵权。

二是地域性。专利权是一种有地域范围限制的权利。除有些情况下依据保护知识产权的国际公约，以及个别国家承认另一国批准的专利权以外，一国授予的专利权只在专利授予国的范围内有效,对其他国家不具有法律约束力。但是,同一发明可以同时在两个或两个以上的国家申请专利。如果发明人要使其发明在其他国家受到法律保护,就必须根据其他国家的相关法律申请在该国获得专利。

三是时间性。时间性是指专利权享有的法律保护是有期限的。在法定期限届满后,发明人所享有的专利权便自动丧失(一般不能续展,即延长注册商标的有效期),发明便成为社会公有的财富,任何人都可以自由使用。各国专利法对专利的保护期限一般为15~20年,我国专利法规定发明专利的保护期限是20年,实用新型和外观设计专利的保护期限是10年。

(四)专利制度与专利的侵权处理

专利制度是指以专利法为中心而形成的保障发明人的利益、促进发明成果应用的制度。其作用在于通过给予发明人在一定时期内利用其发明的专利权,以换取发明创造对社会的公开,从而鼓励和保护发明创造,避免重复研究造成的人力、物力、财力的浪费,促进科学技术的交流与发展。世界上第一部《专利法》是1474年在欧洲威尼斯共和国颁布的,当时商品经济兴起,迫切要求对发明创造给予保护。随后英国于1624年颁布了《垄断法》。美国于1790年、法国于1791年、荷兰于1809年、奥地利于1810年、加拿大于1861年、日本于1885年制定了《专利法》,其他许多国家和地区也都先后制定了《专利法》。现在全世界约有170多个国家和地区建立了专利制度。我国的《专利法》及其《实施细则》于1985年4月1日正式实施。

专利侵权行为是指未经专利权人许可,为生产经营目的而制造、使用、许诺销售、销售、进口其专利产品,使用该专利方法或使用、制造、许诺销售、销售、进口依照该专利方法直接获得的产品。此外,假冒他人专利或者将非专利产品(或方法)冒充专利产品(或方法)的,均构成侵权行为。与此同时,各国专利法都规定了不视为侵权行为的若干例外情况,在这些情况下,虽未经专利权人的同意或许可而实施了专利行为,法律并不视其为专利侵权行为。

专利权人发现他人有侵权行为时,首先应进行调查分析,确定侵权事实是否存在,如存在,可通过以下几种途径进行处理:

一是行政制裁。对未经专利人许可实施其专利的侵权行为,专利权人或利害关系人可以请求专利管理机关进行处理。专利管理机关是指国务院有关主管部门和省、自治区、直辖市、沿海开放城市和经济特区人民政府设立的专利管理机关。专利管理机关可以要求侵权人停止侵权行为、赔偿损失以及通过刊登致歉广告等以正视听、消除影响。

二是民事制裁。侵权行为引起的诉讼属于民事诉讼的范畴,对于侵权人的侵权行为,被侵权人可以直接向人民法院提起诉讼,请求赔偿损失。

三是刑事制裁。假冒他人专利是指在与专利产品类似的产品或者它的包装上加上他人的专利标志和专利号,使人认为该产品是他人的专利产品,以假充真、以次充好,这种行为不但败坏了他人专利产品的信誉,也损害了消费者的利益。对于假冒他人专利的行为,情节严重的,对直接责任人员比照《刑法》的有关规定追究刑事责任。

阅读与思考

中国企业别当专利战的看客

苹果与三星的专利诉讼案近日在美国开审。两大巨头针对双方旗下的产品在外观设计、使用方式和实用技术等多方面的专利争夺战,已经在全球范围内持续一年多了。在移动通信领域,借助专利得到法律保护,并通过法律手段将对手“逐出”市场,已经成为企业间竞争的常用方式。三星与苹果为专利“大打出手”,看重的不仅是数十亿美元的巨额赔偿,更是为了巩固自己在全球市场的霸主地位。

新兴产业的重要专利诉讼往往决定着未来的市场规则乃至科技走向。移动通信领域亦是如此。今年第二季度,三星与苹果智能手机的出货量约占全球总出货量的半壁江山,任何有关两家的风吹草动都牵动着市场神经。有硅谷专家表示,一旦法院确定谁是真正的创新者,拥有哪些产品技术的专利,整个移动通信市场将会重新洗牌。

面对这场专利战,中国企业目前好像还仅仅是一个“看客”。在平板电脑和智能手机领域,中国企业起步较晚,在知识产权储备方面处于弱势。虽然近年来国内几家大型通信企业拥有的专利申请数有很大增长,但拥有的国际专利申请数与核心专利申请数与国外行业巨头相比还有很大差距。在拓展海外市场的过程中,中国企业还是频频遭遇知识产权构筑的贸易壁垒,如:2011年7月,技术专利公司InterDigital向美国国际贸易委员会(ITC)提交诉状,指控华为和中兴侵犯了该公司7项技术专利;2011年12月,ITC判决宏达国际电子股份有限公司侵犯苹果iPhone一项专利,并从2012年4月起对宏达国际电子股份有限公司旗下的智能手机实施进口禁令;更早之前,主要拓展海外市场的基伍在印度市场因专利问题被诺基亚起诉,致使其在当地占有率迅速下降。更多尚只在国内市场发展的通信企业,专利储备更是匮乏。

笔者认为,面对专利战,中国企业不应仅是“看客”。2012年第二季度,中国市场智能手机出货量已占全球总出货量的27%,远超过同期美国市场的16%。如此潜力巨大的中国通信市场,必然会是全球巨头们争夺的焦点。苹果与三星等巨头们在专利战中划分好自己的“地盘”后,这股专利战的“战火”迟早会“烧”到中国。届时,如果没有足够的知识产权储备,最先“出局”的恐怕会是中国企业。

笔者建议,除了增加对专利研发的投入,中国企业还可以学习海外企业在专利战中“抱团取暖”的做法,加强合作,形成技术联盟、建立专利池,提前为专利大战做好准备。

(资料来源:《解放日报》,2012年8月16日。)

二、商标

(一)商标的含义、作用、分类

商标是指商品生产者或经营者在自己生产或经营的商品或提供的服务上标明的特定的标记,以表示与其他人生产或经营的同类商品的区别。商标一般由文字、图形或文字和图形的组合构成,置于商品的表面或包装物上。

商标的主要作用是:作为区别同类商品的标志,表示商品的质量和商品生产者或经营者的信誉,保护消费者的利益和商标所有人的合法权益,同时便于经营者进行广告宣传。

按商标使用者的不同,商标可分为:

1. 制造商标,指商品生产者在其生产的产品上使用的标记。

2. 销售商标,指商品销售者在其经销的商品上使用的标记。加这种标记的一般为大型百货公司或连锁店,用以树立企业形象和进行广告宣传。

3. 服务商标,也称服务标记,是服务业者,如旅游、民航、运输、保险、金融、维修等所使用的商标。

(二) 商标权的含义、内容、特点

商标要取得法律保护,必须向有关部门进行注册登记,并取得商标的专用权。商标权是商标的使用者向主管部门申请,主管部门核准注册后授予的商标使用权,它受法律保护。商标权是重要的工业产权之一。经核准注册的商标是商标所有人的财产,因此,商标权是一种财产性质的权利。

商标权的内容包括:① 使用权。只有商标注册人才有在核定的商品上使用注册商标的权利。② 禁止权。商标所有人可以依法禁止他人侵犯注册的商标,有权向商标主管部门或司法机关提出对侵犯注册商标的人的控告,要求其停止侵权行为,赔偿经济损失;情节恶劣的,司法机关可追究其刑事责任。③ 转让权。商标所有人有权将自己注册的商标有偿或无偿转让给其他人使用,自己完全放弃对注册商标拥有的一切权利。转让注册商标必须向商标主管部门申请,经批准后,予以公告。④ 许可使用权。商标所有人有权将自己注册的商标有偿或无偿许可给其他人使用,自己仍保留法律授予的一切权利。

商标权的法律特点:① 独占性。商标权是法律授予商标注册人对其注册的商标享有独占的权利,他人未经许可使用相同或相似的商标即构成侵权行为。② 时间性。商标所有人享有的法律保护是有期限的,商标注册人对其注册商标可以续展,提出的申请经核准后,可继续保持商标权。各国商标法一般均不限制续展的次数。③ 地域性。商标所有人只有在商标注册的国家或地区内,才受该国家或地区法律的保护;在商标未注册的国家和地区,不受该国家或地区法律的保护。所以,如果要想把注册商标的商品出口到未注册的国家或地区,必须在当地办理注册手续,这样才能得到当地法律的保护。

(三) 取得商标权的原则

各国对取得商标权,大致有 3 种原则:

1. 使用在先原则。指商标的最先使用人有权取得商标权,即使该商标被其他人抢先注册,最先使用人仍可对已注册的商标提出异议,请求撤销。

2. 注册在先原则。指商标的最先注册人有权取得商标权,其他人即使最先使用,也不能取得商标权。目前大多数国家采用这种原则。

3. 无争议原则。指商标权原则上授予先注册的人,但先使用的人可以在规定期限内提出异议,请求撤销。如异议成立,已经授予商标先注册人的商标权即被撤销,而授予先使用人。如超过规定期限无人提出异议,则商标权属于先注册人。

(四) 商标权的法律保护

《中华人民共和国商标法》(简称《商标法》)规定了侵犯商标权的表现形式及处理办法。侵犯商标权的表现形式包括:未经注册商标所有人的许可,在同一种商品或类似商品上使用与其注册商标相同或者近似的商标;销售假冒注册商标的商品;伪造、擅自制造他人商标标识或者销售伪造、擅自制造的注册商标标识;在同一种或者类似商品上使用与注册商标标识近似的文字、图形或装饰,足以造成混淆或误认;故意为侵犯注册商标专用权行为提供仓储、运输、邮寄、隐匿等便利条件;给他人的注册商标专用权造成其他损害,如在商业活动中贬低

或诋毁他人注册商标,损害注册商标的信誉。

对侵犯注册商标专用权的行为人,工商行政管理机关和人民法院可以采取制止侵权行为、罚款、责令赔偿损失等措施追究其行政责任和民事责任。对于情节严重、已构成犯罪的商标侵权行为,司法机关依法处理,追究单位、直接责任人员和其他有关人员的刑事责任。

(五)商标的注册、商标权的转让和使用许可

商标所有人向商标局提出商标注册的申请,商标局经过统一审查后若认为申请注册的商标符合注册商标的要求,即通过初步审定,予以公告。对初步审定的商标,自公告之日起3个月内,任何人都可提出异议。在无异议或经裁定异议不成立的情况下,给予核准注册,发放商标注册证,并予以公告。

商标权的转让是指商标权所有人放弃对已注册商标拥有的一切权利,使商标及商标权归他人所有。转让注册商标须符合《商标法》的有关规定。首先,商标注册人对其在同一种或类似商品上注册的相同或近似的商标,必须一并办理转让注册,以防止发生商品出处混淆;其次,注册商标所有人如果已许可他人使用其注册商标,必须征得被许可人的同意,才能将注册商标转让给第三者,否则不能申请转让注册;最后,为了保护消费者的利益,注册商标的受让人必须承担保证商品质量的责任。

注册商标所有人通过签订使用许可合同,许可他人使用其注册商标。被许可人得到的只是注册商标的使用权,而不是其所有权。被许可人必须接受许可人的监督,保证使用许可人注册商标的商品质量;未经许可人的书面授权,不得将使用权转让给第三人;必须在商品或者商品包装上标明被许可人的名称和商品产地。

三、专有技术

(一)专有技术的含义与特征

专有技术一词译自英文“Know - How”,即知道怎样做的意思,也称技术诀窍、技术秘密、专门知识等。迄今为止,国际上对专有技术还没有一致公认的定义。世界知识产权组织认为,“所谓专有技术,是指有关使用和运用工业技术的制造方法和知识”。国际商会认为,专有技术是“实施某种为达到工业生产目的所必需的具有秘密性质的技术知识、经验或其积累”。保护工业产权国际协会认为,“专有技术是为实际应用一项技术而取得的,并能使一个企业在工业、商业、管理和财务等方面运用于经营的知识和经验”。上述定义不完全一致,但从中可以看出,专有技术的一般含义是指制造产品、管理和财务等方面的知识和经验,它包括加工工艺、产品设计、图纸、配方、技术资料、技术规范等秘密的技术知识,以及有关管理、财务等方面的知识和经验。

从国际技术贸易的角度,对世界上绝大多数国家中存在的专有技术可定义为:非公开的、具有工业上实用价值的、可以转让与传授,并且不受工业产权保护的技术知识。

(二)专有技术的特点

1. 专有技术是一种技术知识,是人类创造性思维活动的产物,具有非物质的属性。它可以以文字、图表、公式等有形形式表现,也可以以构思、经验、技能等无形形式表现。

2. 专有技术具有实用性。专有技术是指能够应用于生产实践并能够产生经济效益的技术知识。

3. 专有技术具有可传授性。专有技术能以言传身教或文字形式传授给他人,而不依附于个人的天赋条件而存在。

4. 专有技术具有秘密性。它是没有被公开的秘密技术，是公众所不知或不易得知的技术内容，专有技术一旦被公开，就会丧失其价值。因此，专有技术持有人总是千方百计保守其技术内容的秘密，以求保存其价值。

5. 专有技术具有不断变化的特性。专有技术是经过多年生产实践、研究和总结出来的技术成果，其内容随着生产实践的增加而不断丰富，或者随着更先进技术成果的出现而被淘汰。

阅读与思考

专有技术与专利的关系

专有技术与专利之间既有共性、联系，又有差异。二者之间的共性、联系主要表现在：① 它们都是非物质形态的知识，都是人类创造性思维活动的产物，并能创造经济效益。② 在实施一项技术时，不仅有专利技术，而且有专有技术。③ 在技术贸易中，一项技术转让合同往往同时包括专利和专有技术两项内容，它们相互依存，共同完成一项技术转让贸易。

二者的区别主要表现在：① 专利是公开的，而专有技术是秘密的。② 专利权受专利法等工业产权法规的保护，而专有技术不受工业产权法规的保护，但它可以援引合同法、反不正当竞争法等其他法律中有关侵犯工商秘密的条款来保护专有技术所有者的利益。③ 专利的保护有严格的时间限制，保护期满就失去了专利权；而专有技术与保护期限无关，只要处于保密状态，就有专有性。④ 专利的保护有严格的地域性，只有在申请到专利的国家才受法律保护；专有技术的秘密性则决定了它不受地域限制，不论在哪个国家，只要该专有技术处于保密状态，就不会失去该专有技术的独占权。⑤ 专利的技术水平必须要达到一定的标准，具备一定的创造性、新颖性与实用性，否则不会被授予专利权；而专有技术的水平高低不一。⑥ 专利必须通过书面说明来体现，其范围仅限于取得专利权的发明创造等；而专有技术既可以用文字来体现，也可以是人们头脑中掌握的知识技能，且涉及范围广泛，包括未申请专利的生产、管理、销售等方面的技术。

（三）专有技术的法律保护

专有技术不属于工业产权，不受专利法等工业产权法的保护，但是，由于它是国际技术贸易的重要组成部分，世界上许多国家根据本国的特点，可以通过援引合同法、侵权行为法、反不正当竞争法以及刑法等法律中的有关规定对专有技术实施间接保护。

1. 通过合同法加以保护

订立合同是保护专有技术作为合同当事人的一项义务，这是目前对专有技术所采用的最为普遍的一种方式。以合同法保护专有技术主要采用以下两种形式：一是雇佣合同，在合同中明确规定雇员在受雇佣期间或解雇后的一定时间内，对其因职务上的原因所接触到的一切技术秘密，承担保密义务，如有违反，应承担违约责任；二是专有技术转让合同，在此类合同中，一般都订有保密条款，明确合同双方的保密责任，如有违反，也应承担违约责任。

2. 通过民法中的侵权行为规则加以保护

侵权行为规则是各国民法的一部分。一些国家规定，凡以诈骗、盗窃或其他不正当手段获得专有技术及其他工商秘密情报的，构成侵权行为。根据侵权行为规则的规定，受害人可以得到补偿或损失赔偿。当专有技术所有人认为其权利受到他人的非法侵害时，可以援引民法中的侵权原则，提起侵权诉讼。然而，专有技术不具有法律所赋予的排他性权利，其范围不像专利权那样明确，其核心内容仍处于保密状态，因此，在提出侵权诉讼时，权利人不仅要证明自己拥有此种技术，还要证明侵权方非法侵害了自己的权利，这在很多情况下是很难做到的。

3. 通过反不正当竞争法加以保护

为了防止不正当竞争和非法垄断，维持正常的经济秩序，许多国家（地区）先后制定了反不正当竞争法，以此直接涉及专有技术的保护。我国于 1993 年 12 月 1 日开始实施《中华人民共和国反不正当竞争法》。按照反不正当竞争法的规定，对于他人为了竞争或谋私利的目的非法侵害其专有技术的行为，专有技术所有人有权援引反不正当竞争法对侵害者提出指控，一旦指控成立，侵害者除了要赔偿经济损失外，还可能承担刑事责任。

4. 通过刑法加以保护

由于专有技术在经济发展和市场竞争中的地位日益重要，一些国家（地区）为维护该国企业在国际竞争中的地位，从保护公共利益及稳定社会秩序的原则出发，在刑事法典或判例中列入了对专有技术的保护内容。

需要说明的是，各国对专有技术的法律保护以民事保护为主，刑法只是作为一种补充性的保护手段。因为刑法对专有技术的保护并不像对一般财产权的保护那样明确，只有当法律列明属于刑法制裁的侵犯专有技术的行为，才能得到刑法的制裁。

我国关于专有技术的保护，没有专门的立法，而是通过其他几个途径来实现的。除了前文提到的反不正当竞争法规定得较具体外，其他的在我国的民法、涉外经济法以及专门的《技术进出口管理条例》中都有涉及。虽然一般在条文上都明确规定要给予专有技术保护，但保护措施通常并不具体。

四、计算机软件

（一）计算机软件的概念

1. 计算机软件的含义

计算机软件是计算机系统中与硬件相互依存的另一部分。根据世界知识产权组织（WIPO）1978 年公布的《计算机软件保护标准条款》中对计算机软件的定义，计算机软件是包括程序、程序描述及其相关文档的集合。其中，“程序”是指以文字、代码、图形或其他任何形式表达的能够按事先设计的功能和性能要求执行的指令集合；“程序描述”是指用文字、图解或其他方式，对计算机程序中的指令所做的足够详细、完整的说明和解释；文档是与程序开发、维护和使用有关的程序规格书、操作手册、使用手册等辅助材料。

计算机程序是软件的核心，是软件版权的基本保护对象。但因计算机程序内容的表现形式是一个用数字、文字及符号表现的指令序列或语句序列，在识别上，各国软件版权学者普遍认为，构成计算机程序必须具备两个要件：一是必须能够使计算机运行，二是程序运行后必须产生一定的结果。一个完整的程序能够产生一定的结果，程序的一个组成部分有时候也能产生一定的结果，如子程序、功能模块，本身也可以看成单独的程序，享受版权的保护。

根据 2002 年 1 月 1 日起我国施行的《计算机软件保护条例》，计算机软件是指计算机程序及其有关文档。“计算机程序”是指为了得到某种结果而可以由计算机等具有信息处理能力的装置执行的代码化指令序列，或者可以被自动转换成代码化指令序列的符号化指令序列或者符号化语句序列。同一计算机程序的源程序和目标程序为同一作品。文档是指用来描述程序的内容、组成、设计、功能、规格、开发情况、测试结果及使用方法的文字资料和图表等，如“程序设计说明书”“流程图”《用户手册》等。

2. 计算机软件的种类

计算机软件一般分为两大类：一类为系统软件，一类为应用软件。

系统软件主要是通过操作系统控制计算机的内部功能，同时也控制如监视器、打印机和存储设备等外部设备，以实现计算机系统的管理、调度、监视和服务功能。通常将系统软件分为以下6类：

（1）操作系统；

（2）语言处理程序，如汇编程序、编译程序、解释程序等；

（3）标准库程序；

（4）各种服务性程序，如诊断程序、排错程序、练习程序等；

（5）数据库管理系统；

（6）计算机网络软件。

应用软件是用户为了解决某些应用问题而编制的一些程序，如科学计算程序、自动控制程序、工程设计程序、数据处理程序、情报检索程序等。随着计算机的广泛应用，应用软件的种类越来越多，数量越来越庞大。

3. 计算机软件的特点

（1）计算机软件是一种逻辑实体

计算机软件不是具体的物理实体，具有抽象性，与计算机硬件和其他工程对象有着明显的差别。人们可以把它记录在纸面上或者保存在计算机的存储器内部，也可以保存在磁盘、磁带和光盘上，但却无法看到软件本身的形态，而必须通过专业人士的观察、分析、思考、判断，才能够了解其功能、性能和其他特性。

（2）兼具“作品性”与工具性

计算机软件是由一些文字、数字、符号等组成的集合，能用磁带、磁盘、光盘、纸张等存储介质加以固定，并通过不同的语言、代码、符号表达出来，具有“作品性”。不同于一般作品的是其原件与复制件没有明显区别。此外，计算机软件也是一种技术方案，可以作为完成一定工作的工具，安装在计算机或其他装置中运行，实现一定的逻辑运算来解决特定问题，具有“工具性”。一般作品是传播思想、艺术的载体，其威胁主要来自篡改、抄袭，对软件权利人的威胁主要来自非法使用及减少权利人的经济利益。

（3）易复制、易改编

软件是通过人的智力活动，把知识与技术转化成信息产品。某一软件项目一旦研制成功，即可大量复制或改编，且在复制改编过程中不会被磨损、消耗。此外，由于对其进行复制和改编所需的投入极少，基本不需要特殊设备，轻点鼠标即可完成，所以侵权就成了轻而易举的事情，维权就变得异常困难。

（4）更新快、商业周期短

现代计算机技术的发展，使软件的更新变得很快。一般软件的寿命大致为3~5年，较短的为1~2年甚至更短。由于技术升级和开发速度的加快,大量软件几年内就会被全新的、功能更全面、更强大的软件代替,可利用的商业周期便会缩短。

(二) 计算机软件的著作权

1. 著作权的含义

著作权又称版权,是指文学、艺术和科学作品的作者及其他著作权人依法对这些作品所享有的人身权利和财产权利的总称。所谓人身权,又称精神权利,具体包括:发表权、署名权、修改权、保护作品完整权等。所谓财产权,又称经济权利,指著作权人可以依靠其作品的使用获得经济利益,可以允许他人使用或依法利用其作品,并给予自己一定经济利益的权利。他人在未经著作权人许可的情况下使用其作品,则构成侵权。财产权具体包括:复制权、发行权、出租权、展览权、表演权、放映权、广播权、信息网络传播权、摄制权、改编权、翻译权、汇编权以及应当由著作权人享有的其他权利。

由此可见,著作权是指文学、艺术、科学作品的作者依法对自己的作品享有的一系列专有权。它表现为:第一,享有著作权的作者可以决定是否对他的作品进行著作权意义上的使用;第二,他可以决定是否就他的作品实施某些涉及他的人格利益的行为;第三,他可以在必要时请求有关国家机关以强制性的协助来保护或实现他的权利。

我国《著作权法》予以保护的作品包括:① 文字作品;② 口述作品;③ 音乐、戏剧、曲艺、舞蹈、杂技作品;④ 美术、建筑作品;⑤ 摄影作品;⑥ 电影和以类似摄制电影的方法创作的作品;⑦ 工程设计、产品设计、地图、示意图等图形作品和模型作品;⑧ 计算机软件;⑨ 民间文学艺术作品。

2. 计算机软件著作权的内容

计算机软件的著作权同样包括人身权和财产权两个方面。所谓人身权,包括发表权、开发者身份权(即署名权)、修改权;所谓财产权,是指软件著作权人拥有该软件的使用权、转让权、使用许可权和获得报酬权等权利。

根据我国的《计算机软件保护条例》,软件著作权人享有的权利包括:

(1) 发表权,即决定软件是否公之于众的权利;

(2) 开发者身份权,即表明开发者身份的权利以及在其软件上署名的权利;

(3) 使用权,即在不损害社会公共利益的前提下,以复制、展示、发行、修改、翻译、注释等方式使用其软件的权利;

(4) 使用许可和获酬权,即许可他人全部或部分使用其软件的权利和由此而获得报酬的权利;

(5) 转让权,即向他人转让使用权和使用许可权的权利。

软件开发者的开发者身份权保护期不受限制。自然人的软件著作权,保护期为自然人终生及其死亡后50年,截止于自然人死亡后第50年的12月31日;软件是合作开发的,截止于最后死亡的自然人死亡后第50年的12月31日。

3. 计算机软件的侵权行为

按照我国《计算机软件保护条例》的相关规定,下列行为构成计算机软件的侵权行为:

(1) 未经软件著作权人许可,发表或者登记其软件的;

(2) 将他人软件作为自己的软件发表或者登记的;

(3) 未经合作者许可,将与他人合作开发的软件作为自己单独完成的软件发表或者登记的；

（4）在他人软件上署名或者更改他人软件上的署名的；

（5）未经软件著作权人许可，修改、翻译其软件的；

（6）其他侵犯软件著作权的行为；

（7）复制或者部分复制著作权人的软件的；

（8）向公众发行、出租、通过信息网络传播著作权人的软件的；

（9）故意避开或者破坏著作权人为保护其软件著作权而采取的技术措施的；

（10）故意删除或者改变软件权利管理电子信息的；

（11）转让或者许可他人行使著作权人的软件著作权的。

上述(1)~(6)项侵权行为的行为人应承担停止侵害、消除影响、赔礼道歉、赔偿损失等民事责任；(7)~(11)项侵权行为的行为人除了要承担民事责任外，同时损害社会公共利益的，还要被处以罚款，情节严重的，要被依法追究刑事责任。

（三）计算机软件的法律保护

1. 计算机软件的保护条件

计算机软件作为一种知识产品，必须具备以下条件，才能获得法律保护：

（1）原创性。受保护的软件必须由开发者独立开发，即软件应该是开发者独立设计、独立编制的编码组合。凡是抄袭、复制他人的软件均不能受法律保护，构成侵权时，行为人还必须承担相应的法律责任。这里的软件开发者，是指实际组织开发、直接进行开发，并对开发完成的软件承担责任的法人或者其他组织，或者依靠自己具有的条件独立完成软件开发，并对软件承担责任的自然人。

（2）固定性。受保护的软件须固定在某种有形物体上。这里所说的有形物体是指一定的存储介质，如纸带、卡片、磁盘、磁带、图表、手册等。存在于软件开发者头脑中的软件设计思想并不受法律保护，只有当这种程序设计通过客观手段表达出来并为人所知悉时才能受法律保护。

2. 计算机软件保护的适用法律

随着计算机应用的便利化和普及化，计算机软件的法律保护问题成为亟待研究和解决的问题。由于计算机软件具有实用性，包括美国在内的不少国家都曾尝试用《专利法》保护计算机软件。由于软件是人的智力成果，软件研制是把人的智力表现为电脑可执行的形式，因此，计算机软件的内容总是鲜明地表现为智力活动的规则和方法。所以，绝大多数国家都规定对计算机软件不授予专利。此外，专利公告制度、专利审查制度难以应用于计算机软件的评估与审查。因此，用《专利法》保护计算机软件困难重重，一些发达国家逐步放弃了该措施。

使用《著作权法》保护计算机软件成为主要趋势。1972 年，菲律宾在世界上第一次用《著作权法》对软件实行专门保护。美国于 1976 年、1980 年两次修订《著作权法》，确认了《著作权法》对软件的著作权保护。迄今为止，世界上已有 40 多个国家和地区对计算机软件采取著作权保护，1993 年通过的《与贸易有关的知识产权协定》也明确要求缔约方将计算机程序作为文字作品予以保护。

以《著作权法》保护计算机程序具有以下特点：① 该保护在国际上已达成共识，有助于在世界范围内获得有效保护；② 在保护方式上，由于著作权的取得比较方便、简捷，所以计算机程序能迅速及时地获得保护;③ 在诉讼中,权利人可根据《著作权法》迅速有效地采取控制盗版的措施。因此,将计算机程序作为文字作品保护,成为《著作权法》发展的一个方向。

我国《著作权法》第3条第8款将计算机软件作为著作权法所保护的一类作品,但鉴于其特殊性,该法附则第58条又注明其保护办法由国务院另行规定。据此,国务院于1991年6月4日发布了《计算机软件保护条例》,后又进行了修订,并于2001年12月20日公布了新的《计算机软件保护条例》。

3. 计算机软件的刑法保护

计算机软件权利人的权利在世界范围内主要表现为著作权(版权),归属于民事权利范畴。当软件著作权人的权利受到侵犯时,侵权人主要承担停止侵害、消除影响、公开赔礼道歉、赔偿损失等民事责任。但是,当民事责任不足以抵偿权利人所遭受损失,或不能有效威慑和防止侵权行为再度发生时,则必须以刑法保护软件著作权人的权利。我国于1997年修订的《中华人民共和国刑法》专节规定了"侵犯知识产权罪",在中国首次以法典的形式规定了侵犯计算机软件著作权罪(第217条)和故意销售侵犯计算机软件著作权复制品罪(第218条)。此外,新刑法还规定了侵入计算机信息系统罪(第285条),破坏计算机信息系统功能罪(第286条),破坏计算机数据、程序罪及制作、传播计算机病毒罪(第286条)等与计算机软件著作权有关的犯罪类型,对计算机软件权利人的权利给予了较全面的刑法保护。

4. 计算机软件的行政法保护

计算机软件的著作权受相应著作权行政管理部门的管理,当其遭受侵犯时,可依法受到行政法保护,由国家软件著作权行政管理部门制裁、处罚侵权人。软件行政处罚针对的行为是违反行政法规的行为,目的是以实施处罚使相关责任人受到一定的精神痛苦或物质损失,防止违法者重新实施违法行为,并警示一般社会成员。对于未经软件著作权人同意而发表其软件作品、将他人开发的软件当做自己的作品发表、在他人开发的软件上署名或者涂改他人开发软件的署名等行为,国家计算机软件著作权行政管理部门可以根据情节轻重,对侵权人给予没收非法所得、罚款等行政处罚。

第三节　国际技术贸易的价格与税费

一、技术贸易的价格与支付

(一) 技术价格的含义和特点

技术的价格是指技术受让方为取得技术使用权所愿支付的、供应方可以接受的使用费的货币表现。也可以从供、受双方所处的不同立场和所提供的技术内容出发,把技术的价格称为补偿、酬金、收入、收益、提成费、使用费、服务费等。技术价格的高低是以利用该技术所能带来的经济效益大小为转移的,利用该技术所产生的经济效益越大,技术受方愿意支付的费用就越多,其价格也就越高;相反,所产生的经济效益越小,其价格也就越低。

由于技术是一种特殊商品,因此技术的价格具有一些不同于其他商品的特点:

1. 从价格的内容来看,技术价格不是技术所有权的转让费,而是技术使用权的转让费;
2. 从价格的形成来看,技术价格形成的基础取决于技术本身的特殊价值;
3. 从价格的构成来看,技术价格构成的主要部分在于盈利,而不在于成本。

(二) 技术价格的构成及其影响因素

技术价格基本上是由三部分构成:进行技术转让交易所发生的直接费用(人员往来、准备资料等)、分摊的部分技术研制费和期望得到的利润。

在具体确定技术的使用费时,要综合考虑各种因素,主要有以下几方面:

1. 直接费用,即供方为达成技术转让交易和完成技术转让过程所实际支出的费用。其内容包括:合同签订之前进行准备工作的费用、派遣谈判人员的费用、资料费、接待技术考察人员的费用等。直接费用在技术价格的构成中所占比重是相对有限的。

2. 技术研制费用,即开发技术的成本花费。由于一项技术通常是研制开发者首先使用,并且可以多次转让,在一项具体的技术贸易中,引进方只是按一定比例承担研究开发费用。因此,技术研制费用在整个技术价格中所占比重较小,甚至有时由于技术研制费用已全部回收,转让技术的价格中已经不包含这部分费用了。

3. 利润补偿或利润分享。前者指由于转让技术使供方在受方市场或第三国市场失去推销技术产品份额所蒙受利润损失的补偿。因为在国际市场上,谁掌握新技术,谁就能在竞争中处于有利地位,从而保证获得高额利润。把一项新技术转让给别人使用,这就意味着让别人分享自己的利益,而自己相应地蒙受损失。因此,供方就要求从受方使用该技术所取得的收益中分享部分好处,以补偿自己的损失。后者指一项转让技术的采用有时可以节约大量原材料、能源,成倍或数十倍地提高劳动生产率。技术使用范围越广,经济效益越高,受方得益越大,因此,供方要求从受方的得益中分享利润。

利润补偿或利润分享是确定技术价格的最主要的因素,因此,技术价格的高低是随利用该技术所能带来的经济效益大小而转移的。

国际上公认的确定技术价格的原则是利润分享原则,在国际上被称为 LSLP(即 Licensor's Share of Licensee's Profit 的缩写)原则。其含义为许可方取得的技术使用费占引进方利润的份额。这个份额也称利润分成率。用公式表示:

$LSLP(\%)$ = (技术使用费即技术价格或提成费 ÷ 被许可方的利润) × 100% 。

亦即:

技术价格 = 被许可方的利润 × $LSLP(\%)$。

可见,要计算技术的价格,应确定利润分成率与引进方利润这两个构成价格的基本因素。利润分成率多大才合适,国际上没有统一的标准。联合国工业发展组织在对印度等发展中国家引进技术的价格进行分析后,认为利润分成率一般在 16% ~27% 较为合理。当然,对于利润分成率的合理确定,要根据该项技术实施后所产生的利润率以及其他相关因素进行综合考虑。对于引进方利润率高的技术,利润分成率可适当降低;而对于技术水平高、社会效益好或转让条件优惠的技术,利润分成率可适当提高。在正常情况下,将利润分成率控制在 15% ~30% 均属合理。

技术价格总是确定在供受双方所能接受的最低额和最高额之间。供方能够接受的转让技术最低价格等于直接费用加机会成本(由于转让技术所造成的利润损失),再加适当利润。受方能够接受的最高技术价格为自己开发同类技术的成本、购买替代技术的价格、预期新增利润三者中的最低数值。

4. 影响技术价格的其他因素:

(1) 技术的生命周期。技术使用费高低受技术生命周期长短和技术所处生命周期阶段的影响。对生命周期短的技术,技术供方索取的使用费高,反之索取的使用费低。在技术的生命周期内,技术经过3个不同阶段,即发展阶段、成熟阶段和衰退阶段。发展阶段和衰退阶段的技术,其技术价值低,索取使用费也低。成熟阶段的技术,其技术价值高,索取使用费也相对较高。

(2) 需要技术供方提供技术协助的工作量。

(3) 技术用于何种目的及其运用范围。技术供方对仅将技术用于某一种特定目的,或拟将技术用于两种不同的目的,索取不同的使用费。一般来说,后者的技术使用费将高于前者。

(4) 技术受方对使用技术独占性的要求程度。如要求独占使用,即排除第三者及技术供方本身利用该技术制造和销售产品的权利,技术供方要求的使用费高;如仅排除第三者,仍允许技术供方利用该技术制造和销售产品,使用费亦相应低些;如允许技术供方把该技术同时转让给第三者,且其自身仍保留制造和销售的权利,使用费最低。

(5) 技术供方承担的担保责任与技术受方对技术的吸收能力。

(6) 技术供方之间的竞争。

(7) 技术受方国家(地区)的政治情况和法律保护是技术转让顺利进行的前提,也是技术供方所担心的主要问题之一。

(三) 技术转让费用的支付方式

技术转让费用的支付方式基本分为两类:对具有工业产权或不具有工业产权的专有技术,通常使用总付或提成费支付或入门费与提成费结合的方式;对于技术专家的服务或技术协助,通常按提供服务的每人或每一单元时间支付固定的金额。但是各种支付方式可以单独使用,也可以适当结合。

1. 总付

总付又称一次总算,是指技术供应方与技术受让方谈妥一笔固定的金额,由技术受让方一次或分期付清。总付金额不随技术受方收益多少而变动,不论其利用引进技术的效果如何,规定的金额都得照付。因此,技术受方承担了引进技术是否适用的全部风险,同时还可能会有技术许可方提供技术协助不积极等问题。对于技术供方来说,其收益有较确定的保证。

一般来说,转让的不是尖端的技术,不需要技术许可方不断提供有关的技术服务,同时许可技术可以在短时间内全部转移给被许可方,并且被许可方全部接受,在这种情况下才采用总付方式。

2. 提成支付

提成支付方式是指技术受让方利用引进技术开始生产之后,以所取得经济成果(如产量、销售额、利润等)作为计算基数,按期连续支付给供方作为转让技术的代价。这种支付方式的特点是:双方在签订技术转让合同时,只规定提成的比例和提成的基础,不固定合同期间技术受让方应支付的技术使用费总额;只有当技术受让方利用供方技术取得实际经济效益时,才根据合同规定计算提成费,并按期支付。

其计算公式为:提成费 = 提成基价 × 提成率。

因此,采用提成支付方式,涉及提成基价、提成率、提成年限等几个因素。

(1) 提成基价:用以计算提成费的基础,可以按产品产量、产品的销售价格或利润作为提成的基础。一般以合同产品的销售价格计算。

(2) 提成率:技术贸易中,供方在受方的产值、销售额或利润额中应得的份额,通常以一个百分比来表示。提成率有固定提成率和滑动提成率两种。固定提成率是指整个协议期间提成固定不变,但提成费仍将随合同产品的销售额或利润额的变动而增减。滑动提成率是指在合同偿付期内提成率随着产量或销售额的增加和时间的推移而递减,产销数量越大,提成率越小,国际上又称之为递减提成率。滑动提成率是对合同双方都较为有利的一种提成方式,受方可以不必因生产或销售的增加支付过多的提成费,又可享有因增加生产和扩大销售部分的好处。对供方来说,提成率固然降低了,但由于技术受方生产或销售量增加,其提成金额的绝对值仍然是上升的。

提成率以多少为合适,目前国际上没有统一的标准,它与技术的复杂度、产品的销售量以及具体的行业相关。根据联合国工业发展组织的统计,提成率大致为净销售价的0.5% ~10%。大多数国家按2% ~6%提成。其中,石油化学工业0.5% ~2%;机械制造业1.5% ~3%;制药工业2% ~3.5%;木材加工工业3.5% ~5%;汽车工业4.5% ~6%;日用消费品工业1% ~2.5%;化学工业2% ~3.5%;电气工业2.5% ~4%;精密仪器工业4% ~5.5%;光学和电子产品制造业7% ~10%。

(3) 提成年限:提成年限是指许可方收取提成费的期限。在提成基价和提成率确定以后,提成年限的长短直接影响受方支付提成费的多少。提成年限越长,支付费用就越多。一般有3种考虑,即提成期限较合同期短、与合同期限相等、长于合同期限。实际中,多数采用较合同有效期短的提成期限。

3. 入门费与提成费结合

入门费与提成费结合的方式是指许可方和被许可方订约后若干天内或被许可方收到第一批资料后若干天内先支付一笔约定的金额,这笔金额称为入门费或初付费,以后再按规定的办法支付提成费。入门费与总付是完全不同的概念,总付是支付技术使用费的全部金额,而入门费仅为技术使用费的一小部分。

许可方要求被许可方先支付入门费主要是为了尽快收回技术转让交易支出的费用,以及补偿需要提供的专门技术协助的费用等。同时,入门费还能起定金的作用,以督促引进方履行技术引进合同的义务。

二、国际技术贸易中的税费

(一) 税收的含义及意义

税收是国家为实现其职能,按照法律规定,向经济单位或个人无偿征收实物或货币以取得财政收入的一种方式,具有强制性、无偿性、固定性的特点。税收在组织财政收入、调控经济运行、维护国家政权和国家利益等方面发挥着重要作用。在我国,根据课税对象的属性,税收可分为流转税类、所得税类、财产税类以及行为税类4大类。

在国际技术贸易中,无论是技术引进还是技术输出,都存在征税的问题。由于国际技术贸易发生在两个或两个以上的主权国家之间,各国的税法不同,导致国际技术贸易中的税收问题更加复杂。了解技术贸易中的税收对签订技术合同、遵循国际税法和惯例、避免不必要的损失、争取最大效益等有直接的帮助。在国际技术贸易活动中,由于主要涉及技术服务、专家指导和许可贸易形式或跨国投资形式的技术转让等,故主要涉及对企业或个人的所得进行征税的问题,有时也涉及生产或流通中的征税问题。相关的主要税种包括所得税、财产税、关税、增值税、印花税等。

(二)双重征税问题及其影响

所谓双重征税,是指两个或两个以上的国家政府,依据各自的税收管辖权,在同一时期、对同一跨国纳税人就同一笔跨国交易所得按同一税种征税。依据其性质不同,可分为3类:税制性重复征税、法律性重复征税、经济性重复征税。国际技术贸易中涉及的双重征税主要属于法律性重复征税,即因不同国家的税收管辖权不同,同一纳税人的同一所得可能被重复征税。税收管辖权是国家主权在税收领域的体现,包括居民税收管辖权和地域税收管辖权。居民税收管辖权是依据属人原则确立的税收管辖权,是指一国对其本国的居民来源于本国和外国的所得进行征税的权力。地域管辖权也叫收入来源管辖权,它是依据属地原则确定的税收管辖权,是指国家对所有来源于该国的收入均征税,而对纳税人来源于国外的收入免予征税。目前,大多数国家都同时实施这两种管辖权,即对本国居民行使居民管辖权,对非本国居民行使地域管辖权。在国际技术贸易中,技术供方从跨国技术转让活动中取得技术使用费,根据地域管辖权,他必须向收入来源国,即受方国家缴纳所得税,而当他将技术转让所得汇回国内时,根据居民管辖权,他还应向自己所在的国家缴纳所得税,这样就产生了双重征税的问题。

双重征税使得技术供方和受方的利益都受到损害,对技术贸易产生了不利影响。首先,双重征税使技术供方的转让成本增加,使用费收入降低,使其在技术市场上的竞争力降低;其次,为弥补税收增加带来的损失,供方提高技术转让费,这样就会增加受方的生产成本,降低引进技术带来的利润;再次,双重征税对技术供受双方的国家来说也弊多利少。对供方国家来说,双重征税降低了本国技术出口的竞争力,影响了技术出口及其连带的商品出口,丧失了期得利益;对受方国家来说,由于供方提高了使用费,将税负转嫁给受方,受方国家的外汇流出增加,经济负担加重。

(三)避免双重征税的具体做法

避免双重征税的基本途径是通过国家间谈判,缔结《避免双重征税协定》。它是协调国家间税制差异和税收利益冲突、调整国际税收分配关系、实现国际税务合作的有效办法。各国目前采用的避免双重征税的方法主要有3种:免税法、扣除法和抵免法。

1. 免税法。免税法有两种情况:一种是一国政府对其居民在国外所得由外国政府征税后,完全放弃居民税收管辖权,不再征收居民所得税;另一种是一国居民在国外所得,由外国政府放弃来源地税收管辖权,给予免税待遇,由居民所在国对其征税。

2. 扣除法。扣除法是指一国政府允许该国居民把在国外所得中的已在收入来源国缴纳的税款加以扣除,剩余部分再按本国税率纳税。

如美国一公司向我国转让技术,假设使用费为100万美元,我国征收20%的预提所得税,即20万美元,假设美国采用扣除法,扣除税金后,所得80万美元按美国税率48%计征所得税,应征税金为38.4万美元,美国公司税后所得41.6万美元。这样,该公司纳税总额达58.4万美元,实际总税率为58.4%,税后所得率仅为41.6%。这一结果虽比双重征税总税率的68%有所下降,但下降幅度不大,对纳税人来说,税费仍然很高。因而采用此法的国家也不多。

3. 抵免法。抵免法是指在承认收入来源国税收管辖权优先的同时,居民所在国并不放弃对居民的征税管辖权，但允许居民在应缴纳的所得税中，全部或部分减除其在国外已缴纳的税额。抵免法分自然抵免、申请抵免和税收饶让抵免3种。自然抵免又称直接抵免，是指一国政府允许本国居民在缴纳所得税时，将已向收入来源国缴纳的所得税额直接从应纳税额中扣除。申请抵免又称间接抵免，指纳税人需向税务当局提出书面申请并附国外完税证明，经税务当局批准后办理抵免。一般抵免限额不能超过按该国相应税率计算出来的应纳税总额。因此，申请抵免时，通常要根据税务当局所规定的公式，计算抵免最大限额，超出限额部分由纳税人自己负担。这两种抵免办法的主要区别在于：在国外税率高于国内税率的情况下，如果用申请抵免的办法，纳税人在国外的纳税款不能获得全部抵免，而如果采用自然抵免法，则可以获得全部抵免。税收饶让抵免是指将纳税人国外享受的税收减免优惠，视为已纳税，并抵免已纳税款，从而使纳税人真正享受到税收优惠的实惠。

目前绝大多数国家都实行抵免法，因为抵免法既承认了地域税收管辖权的优先地位，又行使了居民税收管辖权，因而不仅可以有效地避免国际重复征税，还能使国际所得与国内所得的税负均等，有利于公平竞争。

（四）国际技术贸易合同中的税收条款

1. 税收条款的拟定

目前，我国与技术引进有关的涉外税法主要有《中华人民共和国外商投资企业和外国企业所得税法》以及《中华人民共和国个人所得税法》。在技术转让中常常涉及预提所得税的问题。所谓预提所得税，是指技术受方国家对技术转让费即软件费用要征收一定的所得税。征收办法是由技术引进方从技术转让费中事先将税款扣下来并代为上缴，将余额支付给技术供方，所以叫做预提。这是世界通行的做法，我国也采取同样的办法。我国预提所得税的税率为20%。

在我国技术引进合同中，一般可参照以下方式拟定税收条款：中国政府根据其现行税法对引进方征收的有关执行本合同的一切税费，由引进方负担；中国政府根据其现行税法对许可方征收的有关执行本合同的一切税费，由许可方负担；上述外国企业所得税将由引进方从本合同第×章的支付中予以扣除，并代向中国税务当局缴纳；引进方应向许可方提供中国税务当局出具的税款收据正本一份。在中国境外征收的有关执行本合同所发生的一切税费，将由许可方支付。

2. 拟定税收条款时要注意的问题

（1）在合同中不得规定“包税条款”。所谓“包税条款”，就是在合同中规定凡是在中国境内发生的与合同有关的税费一律由引进方负担。

（2）不得同意外商加价。有的引进项目，外商坚持要把按我国税法中有关规定的税费增加到报价金额中，如在合同中规定：许可方在履行合同期间仅支付中华人民共和国以外所征收的有关税费。在中华人民共和国征收税费的情况下，许可方应交付的所有税费将加进合同价格。

在技术引进合同中，之所以不得有上述两种写法，其根本原因在于它们违反了我国的税法。根据我国税法，除了有的给予税收减免优惠外，均须征收外国企业所得税和个人所得税。而前述合同条款实际是由我方代替许可方缴纳所得税，代替许可方承担了纳税义务，这不但损害了国家经济利益，而且不符合国家主权原则，破坏了国家法律尊严。

第四节　国际许可贸易合同

一、许可贸易合同的含义及种类

国际许可贸易是一项专业性、法律性很强的贸易活动，它目前已成为国际技术贸易中最主要的方式。而许可贸易是通过许可合同的订立与履行来完成的，当事人事先能否签订好一个双方所能接受的、符合国际惯例和国家有关法律规定的、公平合理的国际许可贸易合同是国际许可贸易能否成功完成的关键。

许可合同又称许可协议，它是指交易双方为共同实现专利、商标、专有技术使用权转让的特定目标而规定双方权利和义务的法律性文件。许可方以订立合同的方式，允许技术的引进方使用其技术。许可合同可以按不同的标准进行分类，通常根据授权性质和使用地域范围，划分为以下几种类型：

（一）普通许可

普通许可（Simple License）指在合同规定的有效期限和地域内，许可方允许被许可方使用合同中规定的转让技术，同时自己保留继续使用这项技术以及将这项技术转让给第三方的权利。普通许可是许可方授予被许可方权限最小的一种授权，许可方在许可区域内仍拥有各项权利。因此，这种许可的费用最低。按照国际许可贸易惯例，如果许可合同中未特别指明是什么性质的许可，则一般视为普通许可。

（二）排他许可

排他许可（Sole License）又称独家许可，指在规定的有效期限和地域内，在被许可方对合同中规定的转让技术拥有使用权的同时，许可方仍保留对该技术的使用权，但不得将其转让给任何第三方。排他许可实际上排除了第三方在合同规定的期限及地域内使用被转让技术的可能，但不限制许可方自己使用这项技术。在技术转让实践中排他许可并不常用。

（三）独占许可

独占许可（Exclusive License）指在规定的有效期限和地域内，被许可方对合同中规定的转让技术拥有独占使用权，许可方和任何第三方均不能使用这项技术。当然，专利或专有技术的所有权仍属于许可方。独占许可中被许可人取得了该地区内的独占经营权，不仅排斥第三方，同时也排斥技术的所有者，即使有人向许可人本人订购货物，只要涉及其已经转让的技术，许可人就无权经营，必须将订单转向被许可人。因此，独占许可技术转让费通常较高，并且许可人享有较高比例的提成。

（四）分许可

分许可（Sub-License）又称再许可或从属许可，是指在合同规定的时间和地域范围内，许可方允许引进方将其从许可方得到的权利部分或全部转让给第三方。出让这种分许可的企业多为跨国公司或垄断集团的子公司或其驻海外的机构。这些跨国公司或垄断集团由于某种原因不能直接出让许可给第三者时，就将技术先出让给其子公司或海外机构，然后再由他们与第三方签订这种分许可合同进行技术的出让。分许可一般要求在原许可合同中有相应的授权条款，且原许可方享受分许可费用。

（五）交叉许可

交叉许可（Cross License）指合同双方在互利基础上各自相互交换拥有的专利或商标或

专有技术的使用权。交叉许可可以是独占的,也可以是排他的或普通的,一般要求各方权利对等。如技术价值相当,通常不收取使用费。交叉许可合同通常应用于合作生产等特殊情况。

上述5种许可形式反映了被许可方对技术使用权占有程度的不同,所付出的代价也不同。一般说来,独占许可代价最大,排他许可次之,普通许可最低。在国际技术贸易中,双方签订哪种许可合同,主要取决于双方的意图和当时的实际情况。以普通许可和独占许可较为普遍。

二、许可贸易合同的基本条款

在许可贸易中,当事人的权利和义务是靠许可合同的具体条款来确定的,交易的开展是靠合同条款来实现的,交易过程中产生分歧和争议,也要依靠合同条款的有关规定来解决。因此,把握好合同条款是技术贸易顺利有效进行直至完成的关键。许可贸易的标的以及方式不同,使得许可合同的内容不完全相同。下面介绍许可合同中的一些共同性的内容或条款。

(一) 前言

前言是合同的重要组成部分,主要包括合同的名称、合同号、签约时间、签字地点、双方当事人和鉴于条款。"鉴于条款"英文以"whereas"开头,用以说明当事人双方的背景,解释签约的理由,表明双方的目的、意图和愿望,陈述所转让技术的合法性。前言是许可合同的重要内容,不可忽视。

(二) 主体部分

1. 关键词语的定义

在国际技术贸易中,交易双方所在的国家不同,既有语言上的障碍,又有法律上的差异,各国对同一名词的解释也不完全一样。为便于合同明确、清楚地表达双方达成的一致意见,避免日后在执行合同中产生分歧或争议,许可合同一般均列专门条款,对于合同中反复使用、容易混淆或关键性的名词、术语做出符合合同标的的定义。例如,什么是许可方、引进方、第三方、设备、材料、净销售价、提成率、入门费、改进技术、合同生效等。合同中对名词、术语的定义与国际惯例和各国有关法律对这类名词、术语的定义有着本质区别,它们仅适用于该合同,不具有普遍的适用性。

2. 转让技术的内容和范围

转让技术的内容和范围是许可合同的核心内容和标的,是合同中所确定的当事人双方各项责任、权利和义务的基础。它主要对转让技术的具体内容以及技术受方对该项技术享有使用权、制造权和销售权的权利范围作出规定。其主要内容一般包括以下5个方面:

(1) 基本技术说明。包括技术的名称、规格和型号、生产的规模、产品的种类和质量、主要的技术经济指标、原材料的消耗定额等。

(2) 技术转让的方式。主要包括技术资料的提供、技术服务和技术培训3种方式。

(3) 引进方可以制造和销售合同产品的地区和范围。引进方应争取产品出口的权利。

(4) 其他技术说明。即说明除了基本技术外,是否还有其他技术转让。

(5) 关于实施该项技术本身的原材料和设备的提供问题。

3. 技术的修改、改进和发展

在合同期限内,供方或受方都有可能对原转让的技术加以修改、改进和发展。因此,对技术的修改,合同中应写明许可方应允许引进方根据自己的实际情况对引进技术作适当的修改,并同意给予引进方必要的协助。在合同中一般还规定在合同有效期内,双方均应承担技术的改进和发展的义务。供方应向受方无偿提供改进了的新技术,这种做法称为"继续援助"。而受方在利用引进技术过程中取得的改进和发展,也应对等地无偿转让给供方,这通常称为"技术反馈"(回授)。这样规定对双方来说是对等的。此外,有的合同还规定,相互提供技术的改进或发展是有偿的,应相互支付一定的使用费。但是,不论哪种情况,改进或发展的技术的所有权属于作出改进或发展的一方。只有作出改进和发展技术的一方才有权向有关部门申请专利。

4. 技术的价格与支付

价格和支付问题是合同双方必须明确规定的最重要和最复杂的问题。其概念影响因素及支付方式的确定在上节已经讨论,此处不再赘述。

5. 技术资料的交付

许可方出让技术,要靠技术资料来表达、说明和体现,引进方获得技术,也要靠消化、理解和运用技术资料来实现。所以,技术资料的交付是技术贸易中非常重要的环节,是实施技术转移的重要手段。该条款主要内容包括技术资料交付的时间、地点、方式,技术资料的包装、使用的文字和技术参数的度量衡制度,以及技术资料短缺的补救方法等。

6. 考核和验收

该条款主要内容包括考核验收的内容、时间、地点、条件、方法及其组织工作。

7. 保证和索赔

该条款主要是为了维护技术受方的利益,加强技术供方的责任,从而使技术供方更加认真地执行合同,进而确保该项技术贸易的顺利完成。许可方承担的保证包括技术保证和权利保证。技术保证包括技术资料的保证、合同产品性能的保证以及技术服务的保证;权利的保证是指许可方应保证其提供的技术具有有效性和合法权利,并保证这些权利不受第三方的控告。如果这些保证未能履行,在法律上就构成违约行为,受到损害的一方有权要求对方承担赔偿责任。在许可合同中,索赔包括以下3种:技术资料迟交的罚款;合同产品达不到性能指标的罚款;资料错误或许可方专家指导错误,致使产品或零部件翻修或报废的损失补偿。

8. 税收

在许可贸易合同中,为了明确国内外涉及的各种税费究竟由哪一方负担,一般都必须规定税费条款。具体内容在本章第三节已经阐述。

9. 其他

其他条款,如不可抗力、适用法律、索赔、仲裁,合同的生效、期限、终止以及文字、双方的签字等条款,大致和一般买卖合同类似,本书就不再一一介绍。

(三)合同附件

所有附件应按前后顺序与合同正文提到的附件相对应,同时,应明确合同附件为合同不可分割的组成部分,与合同正文具有同等法律效力。

三、许可合同的特殊条款

专利、商标和专有技术各有自己的特点，作为技术贸易的标的，它们在技术贸易过程中涉及的问题也有所不同。因此，在许可合同中，除了前面介绍的共同性条款外，还应针对合同中具体转让标的加入一些特殊条款。

（一）专利许可合同的特殊条款

1. 专利条款

许可方应将项目中所包含的专利内容一一列出，并标明专利号、专利申请国别、申请的时间和有效期，从而使引进方得以识别专利的真伪，有利于引进方识别实用技术，并且准确地计算应支付的专利使用费。

2. 专利的保持有效条款

许可方应该按期向专利主管部门缴纳年费，以保持专利在合同期内的有效性。

3. 侵权的处理

如果第三方指控侵权，由许可方负责与第三方交涉，并承担由此产生的法律和经济上的全部责任。

（二）商标许可合同的特殊条款

1. 商标的内容和特征

合同中要明确写明商标名称、图样以及使用该商标的商品。

2. 商标权的合法性和有效性

合同中必须明确规定商标注册的国别、时间、有效期限和适用的区域范围。

3. 引进方使用商标的形式

引进方使用商标有 4 种形式：直接使用、联合使用、联结使用和许可方商标与制造地点联系起来使用。具体采用哪种形式要在合同中作具体规定。

4. 商标许可的备案或注册

商标许可合同或包含有商标转让的许可合同，均应根据具体情况向引进方国家商标管理机关办理备案或注册手续，从而使转让的商标在引进方国家受到保护。

5. 关于产品的质量监督权

通常情况下，许可方为了维护商标的信誉，均要求对引进方生产产品的质量进行监督，即享有产品的质量监督权。应该在合同中规定实行监督的具体办法，也应防止许可方利用其享有的质量监督权给引进方强加一些不合理的规定。

（三）专有技术许可合同的特殊条款

1. 保密条款

由于专有技术具有保密性，所以专有技术的保密条款极其重要。保密条款一般包括保密的内容、保密的地域范围、保密的方式、保密的期限和泄密的责任。

2. 初期保密协议

指许可方在合同正式谈判前要求引进方签订一个初期保密协议，并以此约束引进方，维护自身利益。具体内容通常包括：未经许可方同意，引进方不得利用和扩散从对方获得的一切技术情报，否则要承担经济上和法律上的责任；规定一定的协议保密期限；要求引进方支付一定的保密保证金等。

四、国际许可合同中的限制性商业惯例

在技术贸易中，人们经常遇到"限制性商业惯例"问题，有些具体的交易也往往由于在某些限制性条款上达不成协议而导致谈判破裂。这是因为在技术转让交易中，许可方拥有技术，往往处于优势，而引进方想获得这些技术，相对处于劣势。因此，许可合同中的限制性条款一般都是许可方强加给引进方的。引进方为了维护自己的利益，总是极力反对许可方施加的这些不合理的限制条款。但是，许可方却把这些限制性条款解释成国际贸易中的习惯做法，这样，人们就习惯地把这些条款称为"限制性商业惯例"。

（一）限制性商业惯例的含义

关于限制性商业惯例[亦称限制性贸易做法，合同中称为限制性条款（Restrictive Business Practice or Restrictive Clause）]，目前国际上尚无一个统一、明确的定义。1980 年 12 月 5 日，联合国第 35 届大会通过的《关于限制性贸易做法的多边协议的公平原则和规则》中对其作出如下定义："凡是通过滥用或者谋取滥用市场力量的支配地位，限制进入市场或以其他方式不适当地限制竞争，对国际贸易，特别是对发展中国家的国际贸易及其经济发展造成或可能造成不利影响，或者是通过企业间的正式或非正式的、书面或非书面的协议及其他安排造成了同样影响的一切行动或行为都叫做限制性贸易做法。"可见，限制性商业惯例的实质是许可方以保护行使专利、商标等合法独占权为借口，以最大限度获取高额垄断利润为目的，不合理地利用自己在谈判中的优越地位，向其潜在的竞争对手提出的一种单向的权力限制。

（二）限制性商业惯例的内容

虽然各国对限制性条款的规定不尽相同，但这并不妨碍我们对其基本内容的认识。在实践中，限制性条款的表现形式多种多样，随着科学技术的不断发展，国际技术贸易的方式也在不断地发展和变化。许可方为了维护其技术的垄断地位，总是想尽办法从不同的角度向引进方提出各种形式的限制性条款。在联合国国际技术转让行动守则会议上，广大的发展中国家举出他们在引进技术时许可方强加在合同中的大量不合理的限制性条款，他们把其中带普遍性的 20 种限制性条款提交大会进行了审议，这 20 种限制性条款是：

1. 回授。即在合同中规定，引进方在对引进技术作出改进后，有义务通知许可方，并将该改进部分及其所有权转让或回授给许可方或许可方指定的任何企业，而许可方无须给予补偿和承担互惠义务。

2. 对效力的异议。许可方在合同中要求技术引进方不得对被许可使用的专利或其他工业产权的有效性，或对许可方取得的其他权利的效力提出异议或控告。

3. 独家经营。限制引进方与他人就类似的或者有竞争性的技术或产品签订销售协议、代理协定的自由，而这类限制并非为确保许可方取得合法利益所需，也不是为确保所转让技术的机密性所需。

4. 对研究和发展的限制。许可方限制引进方对许可的技术从事研究和发展工作，或者限制引进方从事新产品、新工艺及新设备方面的研究和发展工作。

5. 对技术人员使用方面的限制。许可方要求引进方在一些关键生产部门必须使用许可方指定的技术人员。有的许可方甚至要求不但在合同履行期间，而且在合同期满后相当长一段时间内仍必须继续使用许可方指定的人员。

6. 对产品价格的限制。许可方要求对引进方用引进技术所生产的产品或提供的有关

服务的价格进行管制。

7. 对技术修改的限制。许可方禁止引进方按照当地实际需要修改或革新引进的技术，而这种修改和革新是引进方自行负责的，而且也不影响许可方的名称、商标、服务标志等，但这种修改和革新影响到许可方的质量保证或性能保证责任的除外。

8. 包销和独家代理权。要求引进方把产品的包销权或独家代理权授予许可方或许可方指定的代理人，而不得授予他人。

9. 搭售。许可方强迫引进方从许可方或其指定处购买不需要的技术、设备、产品或服务，并以此作为引进方取得所需技术的条件。

10. 出口限制。许可方对引进方产品出口的限制。这种限制又分为直接和间接的两种。前者是指全面禁止产品在引进方所在国以外的任何国家出口。后者包括以下几种情况：禁止向某些特定国家出口，限制产品出口的数量、价格或者销售渠道。

但国际上普遍认为，限制出口到下列国家（地区）是合理的：在这些国家（地区）许可方已获得专利权保护；许可方已与第三方签订有独占许可协议；许可方签订有独家销售协议。

11. 共同专利引起的限制。某些专利持有人不是一个而是几个，这些专利持有人之间的协议导致对引进方产品的出口地区、数量、价格和市场的一些限制，影响到技术的转让。

12. 对广告宣传的限制。许可方限制引进方对其产品和服务进行广告宣传，或者要求引进方的广告宣传要事先征得许可方的同意。

13. 工业产权期满后的限制。尽管工业产权已到期，但许可方仍要求引进方对已经期满或失效的工业产权继续承担付款义务，或者禁止引进方继续使用这种技术。

14. 合同期满后的限制。规定在合同期满时，或者该项技术因引进方以外的原因已经泄露时，引进方仍必须停止使用已转让的技术。若继续使用，必须重新签订合同，支付使用费。

15. 对生产能力的限制。许可方将引进方企业的生产能力限制在一定的数量之内，不准超过。

16. 质量控制方法使用的限制。许可方要求对引进方的质量控制方法进行管制，或者强迫引进方采用某些质量控制方法和标准。

17. 对引进方使用商标的限制。许可方要求引进方的产品必须使用许可方指定的商标、服务标记或厂商名称，或者要求引进方在其产品上标明许可方的名称等。

18. 要求合股经营或参与管理。许可方迫使引进方同意其提供合股资本，与引进方共同经营，并且还要引进方同意许可方参与引进方的管理工作，以此作为转让技术的先决条件。

19. 在合同期限方面的限制。许可方要求许可合同的有效期相当长，如 15 年到 20 年，有的甚至不在合同中规定确切时间，以图长期有效。

20. 限制使用范围的扩大。许可方要求引进方不得扩散和传播转让的技术，同时也不准扩大该项技术的使用范围。

上述 20 种限制性商业惯例是在国际技术贸易范围内经常出现的一些限制性条款。但不是每一个引进技术的国家都会遇到，它们也不是在每一个合同中都会出现。随着国际技术贸易的发展，以及许可方与引进方双方力量对比的变化，还可能出现新的限制性商业惯例或条款，而有些旧的则可能逐渐消失。

长期以来，在国际技术贸易中，各种限制性条款仍然大量存在，它们仍是合同谈判中双方分歧最大的方面之一。这给国际技术贸易带来了极大的不便，也严重妨碍了有关国家在这方面的协调一致和相互合作，给从事国际技术贸易的企业增加很多困难和风险。

（三）我国关于限制性商业惯例的法律调整和实践

对于限制性商业惯例，各国由于历史背景、发展水平和政策的不同，都有不同的处理原则和规定。总的来说，国际上有两种不同的确定限制性商业惯例条款的原则。

一类是市场经济发达的国家以反托拉斯法或反垄断法来控制限制性商业条款，其主要目的是保护自由竞争，防止过度垄断，以促进经济技术的发展。凡对国内市场贸易和竞争产生不利影响，能造成垄断倾向的做法和条款，均属限制性条款。另一类是发展中国家针对本国要求大量引进技术的需要，以是否阻止和妨碍国家和企业正常发展为原则而制定专门法规。其主要目的是控制外国企业、公司在输出技术时进行种种不合理的商业限制，从而保证本国企业能自力更生、不受限制地发展经济和技术。那么，我国在引进技术时，如果国外技术许可方提出限制性条款要求，我方该采取怎样的对策呢？

1. 通过国家立法对商业性惯例加以管制

2001 年 12 月 10 日，我国国务院颁布的《中华人民共和国技术进出口管理条例》第 29 条规定，技术进口合同中，不得含有下列限制性条款：

（1）要求受让人接受并非技术进口必不可少的附带条件，包括购买非必需的技术、原材料、产品、设备或者服务；

（2）要求受让人为专利权有效期限届满或者专利权被宣布无效的技术支付使用费或者承担相关义务；

（3）限制受让人改进让与人提供的技术或者限制受让人使用所改进的技术；

（4）限制受让人从其他来源获得与让与人提供的技术类似的技术或者与其竞争的技术；

（5）不合理地限制受让人购买原材料、零部件、产品或者设备的渠道或者来源；

（6）不合理地限制受让人产品的生产数量、品种或者销售价格；

（7）不合理地限制受让人利用进口的技术生产产品的出口渠道。

在技术引进的谈判中，外商如提出上述限制性条款，我们应根据我国《技术进出口管理条例》中关于管制限制性条款的规定据理力争，尽量迫使技术供方放弃或放松限制性条款的要求。

2. 援引国际组织及各国管制限制性商业惯例的法规

我们可以根据联合国的有关决议，如《关于控制限制性商业惯例的多边协议的公平原则和规则》《国际技术转让行动守则（草案）》以及其他国家的有关立法作为依据，通过摆事实、讲道理，以彼之矛，攻彼之盾，有理、有利、有节地批驳外商提出的一些不合理的要求，迫使对方放弃苛刻的限制性条款。

3. 具体分析、区别对待

然而，对于限制性条款也不能一概拒绝。技术贸易合同的谈判，常常是在双方相互妥协的基础上达成协议，进行签约的。如果技术受方对技术供方的要求一概拒绝，双方互不相让，就可能达不成协议，也就无法获得所需要的技术。因此，在技术引进谈判中，对外商提出的限制性条款，应该进行具体分析、区别对待。一般说来，限制性条款按其性质来划分可归为两类：一类是直接有损于技术受方国家的主权和经济利益的，技术受方国家的法律往往采取强制性规定，禁止任何企业接受，凡引进合同中接受这类限制性条款的，将不予批准。这类规定被称为强制性规定或“刚性条款”。另一类是技术受方国家的法律未作强制性规定，视这种技术引进后的情况而定。从宏观上看，如弊大于利，就禁止接受；如利大于弊，则同意接受。这类规定一般被称为非强制性规定或“弹性条款”。我国技术进出口管理条例也是同样的精神，在既能维护国家的根本利益，又不违反国家法律和政策的前提下，为了及时引进我们所需要的技术，对某些限制性条款，经过分析和比较，如果认为接受后对受方利大弊小，我们可以作适当的让步，并报国家有关审批机关，经特殊批准后，可以将此条款写入合同中。不过在合同谈判时，对某些限制性条款作出让步的同时，还应力争在其他条款上增强我方的地位，以求在平等互利的基础上达成技术转让协议。

总之，在技术引进工作中，我们既要遵守我国的有关规定，对技术许可方的不合理的条款予以拒绝，减少我方的不合理负担，维护我国的整体利益；又要根据实际情况，具体问题具体分析，区别对待，灵活处理，在必要时作出适当让步，以吸引国外先进技术，加快我国经济建设的步伐。

思考与练习

1. 国际技术贸易的主要方式有哪些？各有何特点？
2. 技术贸易的主要标的有哪些？理解各自的内涵。
3. 许可合同包括哪些主要内容？
4. 技术价格的内涵及其影响因素是什么？其支付方式有哪些？
5. 理解双重征税及其解决途径。
6. 什么是限制性商业惯例？我们应如何对待技术引进谈判中的限制性条款？

第七章

国际服务贸易

伴随着世界产业结构升级和国际产业转移，服务贸易作为服务经济发展的标志之一，已经成为国际贸易和投资中越来越重要的组成部分。服务贸易在整个国际贸易中的比例，在20世纪70年代和80年代约为20%，21世纪初则上升到33%。2011年，世界服务进出口继续保持稳定增长态势，在同期货物贸易增速下滑的背景下，服务进出口增速仍略有提高。2011年，世界服务进出口总额为80 150亿美元，比2010年增长10.6%。服务业将代替制造业成为推动经济发展的主要力量。

第一节　服务与服务业

一、服务

经济学把满足人类欲望的物品分为自由物品和经济物品，前者是指那些不需要付出任何代价就能够得到的有用物品，如阳光、空气等；后者又叫稀缺物品，是指人类必须付出相应代价才能够得到的有用物品，在经济活动中有实物形态和非实物形态两种，这里的“服务”就属于非实物形态。

（一）服务的含义

服务在满足人们需求上与实物形态的经济物品无异，但是至今尚没有形成一个大家普遍接受的定义。

法国古典经济学家让·巴蒂斯特·萨伊最早定义了服务的内涵和外延，他在1803年出版的《政治经济学概论》中指出，无形产品（服务）同样是人类劳动的果实，是资本的产物。

对服务经济理论做出重要贡献的另一位法国古典经济学家是克洛德·弗雷德里克·巴斯夏，他在其著作《和谐经济论》中认为，“这（劳务）是一种努力，对于甲来说，劳务是他付出的努力，对于乙来说，劳务则是需要和满足。”“劳务必须含有转让的意思，因为劳务不被人接受也就不可能提供。而且劳务同样包含努力的意思，但不去判断价值同努力是否成比例。”

服务经济理论是政治经济学的重要组成部分，马克思对服务的定义是：服务不过是指这种劳动所提供的特殊使用价值，就像其他一切商品也提供自己的特殊使用价值一样；但是这种劳动的特殊使用价值在这里取得了“服务”这个特殊名称，是因为劳动不是作为物，而是作为活劳动提供服务的。

二战后，特别是20世纪六七十年代，服务经济的迅速发展引起世人的关注，对服务概念的理解也越来越多样化。现在被经济学家广泛采用的定义来自希尔于1977年发表的*On Goods and Service*，他指出：“一项服务生产活动是这样一种活动，即生产者的活动会改善其他一些经济单位的状况。这种改善可以采取消费单位所拥有的一种商品或一些商品的物质变化形式，另一方面，改善也可以关系到某个人或一批人的肉体或精神状态。随便在哪一种情形下，服务生产的显著特点是，生产者不是对其商品或本人增加价值，而是对其他某一经济单位的商品或个人增加价值。”可见，希尔是从服务生产入手来解释什么是服务的。

综上所述，服务是对其他经济单位的个人、商品或服务增加价值，并主要以活动形式表现的使用价值或效用。

（二）服务的特征

服务作为非实物的经济物品，和一般有形商品相比，具有以下特征：

1. 服务的无形性

有形商品是看得见、摸得着的，消费者在购买时凭实物感知。而服务产品一般是无形的，消费者往往在购买时无法考察其实际形态，而且享用服务后其效用也无法立即感知。随着科学技术的发展，出现了“物化服务”，例如唱片、光盘等作为服务的载体是有形的，但外在形态本身的价值相对于其提供的整个价值来说，可以忽略，所以其价值的主体仍然是服务。

2. 服务生产和消费过程的同步性

有形商品的生产和消费在空间和时间上是分离的，而服务的生产和消费在时空上是不可分离的，服务生产者提供的产品，例如，医疗、美容等，必须要有受众，所以服务在其提供者生产的过程，就是购买者在消费的过程。

3. 服务的不可储存性

有形商品在生产领域进入消费领域前可以处于库存状态，而且不一定会给其所有者造成损失，例如，有些房屋开发商会“捂盘”惜售。而服务生产出来，一般不能处于库存状态，如上所述，如果服务没有受众，会造成服务提供者劳动的浪费，服务机会的丧失，服务功效的消失。

4. 服务的异质性

有形商品的品质通常是均质的、稳定的，而服务的核心生产要素是人，所以同一种服务产生的效用往往有很大差别，这种差别一方面来自服务提供者自身的素质、技能等差异，另一方面来自消费者自身的兴趣、偏好等，所以服务的功效是由提供者和消费者共同决定的。

二、服务业

（一）服务业的含义

服务业概念在理论界尚有争议。一般认为服务业即指生产和销售服务商品的生产部门和企业的集合。服务业是现代经济的一个重要产业。其发展水平是衡量生产社会化和经济市场化程度的重要标志。在我国国民经济核算实际工作中，将服务业视同为第三产业，即将服务业定义为除农业、工业、建筑业之外的其他所有 15 个产业部门。即：

1. 交通运输、仓储和邮政业；
2. 信息传输、计算机服务和软件业；
3. 批发和零售业；
4. 住宿和餐饮业；
5. 金融业；
6. 房地产业；

7. 租赁和商务服务业;

8. 科学研究、技术服务和地质勘查业;

9. 水利、环境和公共设施管理业;

10. 居民服务和其他服务业;

11. 教育;

12. 卫生、社会保障和社会福利业;

13. 文化、体育和娱乐业;

14. 公共管理和社会组织;

15. 国际组织。

(二) 服务业的分类

1. 按服务对象分类

按照服务对象可以分为3类:一是生产性服务业,指交通运输、批发、信息传输、金融、租赁和商务服务、科研等,具有较高的人力资本和技术知识含量;二是生活(消费)性服务业,指零售、餐饮、房地产、文体娱乐、居民服务等,属劳动密集型,与居民生活相关;三是公益性服务业,主要是卫生、教育、水利和公共管理组织等。

2. 按发展历程分类

按服务业的发展历程可以分为传统服务业和现代服务业。所谓传统服务业,一是指需求是“传统”的,即其需求在工业化以前就广泛存在;二是指生产方式是“传统”的,即是指“前资本主义生产方式”家仆服务和传统商业是这类服务的代表部门。传统服务业大多历史悠久,主要是指商业、修理、理发、餐饮和其他能增进和改善人体体能的服务。

现代服务业伴随着信息技术和知识经济的发展产生,用现代化的新技术、新业态和新服务方式改造传统服务业,创造需求,引导消费,向社会提供高附加值、高层次、知识型的生产服务和生活服务。世贸组织的服务业分类标准界定了现代服务业的九大分类,即:商业服务、电讯服务、建筑及有关工程服务、教育服务、环境服务、金融服务、健康与社会服务、与旅游有关的服务、娱乐、文化与体育服务。

(三) 服务业的发展趋势

在信息技术等新技术革命的推动下,服务业出现了一些非常鲜明的特色和新趋势。

1. 服务业由传统的以生活消费为主转向以生产服务为主。按照人们的传统观念,服务业就是百货、餐饮、旅馆,但现在主要为工业生产服务的金融、保险、通讯、运输、租赁、技术服务、设备安装维修等行业成为服务业的主体。

2. 服务业中的知识密集型行业的地位日益重要,其占整个服务业产出的比重也越来越大。这与服务业从以生活消费为主转向以生产服务为主有关。为生活消费服务,主要体现在为商品交换提供劳务;为生产服务,则主要体现在为物质生产提供投入。这种投入不是具体的物质,而是专门的知识和技术。这类服务业包括工程设计、项目评估和可行性研究、生产设备保修及租赁、产品广告宣传等。

3. 服务业的运作手段发生了极大的变化,服务业的技术密集程度正在迅速提高。

第二节　国际服务贸易及其发展

在国际经济学的文献中出现“国际服务贸易”的概念只是最近20多年的事情。有关“无形贸易项目”的观念也只是到了20世纪60年代才开始引起人们的重视。所以,国际服务贸易在国际经贸关系中的地位迅速提升应该说就是最近二三十年的事情。到70年代末80年代初,国际经贸关系中这一迅速崛起的领域才开始真正引起人们的高度重视,从而推动学术界对这个新的国际经济领域的问题进行探讨。

一、国际服务贸易的概念

服务贸易的概念最早出现在1972年9月经济合作与发展组织(OECD)提出的《高级专家对贸易和有关问题报告》中。美国在其《1974年贸易法》第301条款中首次使用了“世界服务贸易”的概念。当前,世界经济正在向服务型经济转移,服务贸易是世界经济发展的制高点,也是新形势下各国竞争的焦点。

(一) 国际服务贸易的定义

西方学者对服务贸易概念的探讨是从“服务”本身的概念开始的。20世纪80年代中期,巴格瓦蒂将服务贸易的方式分为4种:消费者和生产者都不移动的服务贸易;消费者移动到生产者所在国(地区)进行的服务贸易;生产者移动到消费者所在国(地区)进行的服务贸易;消费者和生产者移动到第三国(地区)进行的服务贸易。1987年,格鲁柏则直接把服务贸易定义为人或物的国际流动。

在关贸总协定乌拉圭回合谈判过程中,服务贸易的概念一直是各国争论的焦点之一。观点严重对立,长期相持不下,最终,乌拉圭回合协议把服务贸易定义为:一国(地区)的法人或自然人在其境内或进入他国(地区)境内提供服务的贸易行为。根据WTO于1994年签署的《服务贸易总协定》的内容,服务贸易有4种提供方式。

1. 跨境交付:指服务提供者在一成员方的领土内,向另一成员方领土内的消费者提供服务的方式,如在中国境内通过电信、邮政、计算机网络等手段实现对境外的外国消费者的服务;

2. 境外消费:指服务提供者在一成员方的领土内,向来自另一成员方的消费者提供服务的方式,如中国公民在其他国家(地区)短期居留期间,享受国外的医疗服务;

3. 商业存在:指一成员方的服务提供者在另一成员方领土内设立商业机构,在后者领土内为消费者提供服务的方式,如外国服务类企业在中国设立公司为中国企业或个人提供服务;

4. 自然人流动:指一成员方的服务提供者以自然人的身份进入另一成员方的领土内提供服务的方式,如某外国律师作为外国律师事务所的驻华代表到中国境内为消费者提供服务。

显然,这一定义和巴格瓦蒂等学者的观点是完全一致的。

(二) 国际服务贸易的方式

一般来看,国际服务贸易主要是通过以下3种方式实现的:

1. 直接出口

指服务出口国(地区)向服务进口国(地区)直接提供服务,这种方式中没有人员、物资和资金的流动，只是通过电讯、邮电或计算机的联网来实现，也就是说服务的供需双方不离开居住地而进行的服务交易。例如国际电话、卫星广播和计算机软件设计等。直接出口有时也被称为分离型国际服务贸易或过境交付型国际服务贸易。

2. 间接出口

指服务出口国（地区）不是直接将服务输出到服务进口国（地区）而是由服务进口国（地区）的消费者直接到服务出口国（地区）消费服务，比如服务进口国（地区）的消费者到服务出口国（地区）去旅游、留学等。间接出口又称为供给地依存型国际服务贸易或境外消费型国际服务贸易。

3. 国外（地区）当地生产当地销售

指服务出口国（地区）的企业、经济实体或个人直接到服务进口国（地区）去提供服务。提供的方式既可以是通过创办服务企业，也可以是通过个人受雇或从事个体服务等，比如在进口国（地区）受雇当司机、海员或自己开设个体医疗诊所等。国外当地生产、当地销售这种服务出口的方式又被称为需求地依存型或法人与自然人存在型国际服务贸易，是目前服务出口中一种最主要的方式。

（三）国际服务贸易的特点

尽管从历史上来看，国际服务贸易是伴随着国际货物贸易的发展而发展起来的，但与国际货物贸易比较，国际服务贸易具有以下几个明显的特点：

1. 服务是无形的，具有不可触摸性、不可储存性和不易运输性，因而导致国际服务贸易的交易方式多样化及主体地位的多重性，服务的卖方往往也是服务的生产者，而买方往往是服务的消费者。

2. 服务的生产与消费往往是同时发生的，通常无法进行将服务转让从而达到赢利目的的活动，所以服务的生产和出口过程一定程度上讲也就是服务的进口和消费过程，具有同步性。

3. 国际服务贸易更多地依赖于生产要素的国际移动和服务机构的跨国设置，国际上的服务交换无论采取什么样的形式，它都与资本、劳动力和信息等生产要素的跨国界移动紧密相关。

4. 服务贸易的统计数据和货物贸易的统计数据一样，在各国国际收支平衡表中得到体现。但是，服务贸易的统计数据却无法像货物贸易的统计数据那样，在各国（地区）海关进出口统计上显示。

5. 服务贸易的市场更具复杂性。一是发达国家与发展中国家服务贸易的发展极不平衡，服务贸易市场具有很强的垄断性；二是服务贸易涉及一国（地区）很多敏感领域，所以各国（地区）对服务贸易的保护更具刚性和隐蔽性；三是服务贸易的管理不仅涉及对服务自身的管理，还涉及劳动力的流动等，所以服务贸易的营销管理难度更大。

二、国际服务贸易的分类

根据不同的标准，人们对服务贸易进行了诸多分类。

（一）按服务产品的性质分类

这种分类法是根据服务产品分类的原则和思想，结合国际服务贸易的范围和特点进行的。

1. 劳务型服务贸易，主要指国际劳务输出、输入，如工程承包等。

2. 资本型服务贸易，主要指国际资本输出、输入，包括国际资本流动以及资本投入形成的设备、设施提供的服务贸易。

3. 专业型服务贸易，主要指咨询、管理、技术服务等专业服务贸易。

4. 权益型服务贸易，主要指运用产权、特许权、专利权等权益型资产提供的服务贸易，如国际租赁、土地与各种设备租用、专利权许可使用等。

5. 知识信息型服务贸易，主要指以提供知识信息及其相关服务的贸易，如国际电信服务贸易、国际卫星通信服务贸易、文化交流等。

（二）按服务贸易同货物贸易的关联程度为标准分类

1. 国际核心服务贸易

国际核心服务贸易同货物的国际投资和国际贸易无直接关联。在国际服务贸易市场上，这类服务本身是市场需求和市场供给的核心对象。国际核心服务贸易按供给者与需求者的接触形式分为两种："远距离型"和"面对面型"。前者是指无需提供者和需求者的实际接触而跨国境（边境）交易的服务；后者则需要供给者与需求者的实际接触。但无论是哪一种实际接触方式，通常都伴随着人员或生产要素的跨国境（边境）流动。

2. 国际追加服务贸易

国际追加服务贸易同货物的国际贸易及国际投资有着密不可分的联系。国际追加服务贸易实际上是分配服务的国际化延伸，它本身并不向消费者提供直接的、独立的服务效用，而是作为货物核心效用的派生效用。所以，国际追加服务贸易市场的需求和供给都是属于派生的需求和供给。然而，在现代科技革命的推动下，这种追加服务却往往在很大程度上左右着消费者对所需核心效用的选择。

（三）世界贸易组织的分类

乌拉圭回合服务贸易谈判小组在对以商品为中心的服务贸易分类的基础上，结合服务贸易统计和服务贸易部门开放的要求，并在征求各谈判方的提案和意见之后，提出了以部门为中心的服务贸易分类方法，将服务贸易分为12大类。分别如下：

1. 商业性服务。指在商业活动中涉及的服务交换活动，分别是专业性（包括咨询）服务、计算机及相关服务、研究与开发服务、不动产服务、设备租赁服务和其他服务。

2. 通讯服务。主要指所有有关信息产品、操作、储存设备和软件功能等服务。主要包括邮政服务、速递服务、电信服务、视听服务和其他电信服务。

3. 建筑服务。主要指工程建筑从设计、选址到施工的整个服务过程。具体包括：选址服务，涉及建筑物的选址；国内工程建筑项目，如桥梁、港口、公路等的地址选择等；建筑物的安装及装配工程；工程项目施工建筑；固定建筑物的维修服务；其他服务。

4. 销售服务。指产品销售过程中的服务交换。主要包括：商业销售，主要指批发业务；零售服务；与销售有关的代理费用及佣金等；特许经营服务；其他销售服务。

5. 教育服务。指各国（地区）间在高等教育、中等教育、初等教育、学前教育、继续教育、特殊教育和其他教育中的服务交往，如互派留学生、访问学者等。

6. 环境服务。指污水处理服务、废物处理服务、卫生及相似服务等。

7. 金融服务。主要指银行和保险业及相关的金融服务活动。

8. 健康及社会服务。主要指医疗服务、其他与人类健康相关的服务、社会服务等。

9. 旅游及相关服务。指旅馆、饭店提供的住宿、餐饮服务、膳食服务及相关的服务；旅行社及导游服务。

10. 文化、娱乐及体育服务。指不包括广播、电影、电视在内的一切文化、娱乐、新闻、图书馆、体育服务，如文化交流、文艺演出等。

11. 交通运输服务。主要包括：货物运输服务，如航空运输、海洋运输、铁路运输、管道运输、内河和沿海运输、公路运输服务，也包括航天发射以及运输服务，如卫星发射等；客运服务；船舶服务（包括船员雇用）；附属于交通运输的服务，主要指报关行、货物装卸、仓储、港口服务、起航前查验服务等。

12. 其他服务。

三、国际服务贸易的产生和发展

（一）国际服务贸易的产生

从历史发展的角度看，国际服务贸易的历史起源是从属于国际货物贸易的。越是古老的国际服务贸易项目就越是同国际货物贸易紧密关联。比如国际运输服务就贯穿了整个国际服务贸易的历史，并且直到现在也仍然是国际服务贸易中最主要的项目之一。其他如进出口商品的国际结算、运输机械的跨国维修和保养等，都是古老的、直接由于货物贸易而产生的国际服务贸易项目。在逻辑上，这类国际服务贸易，是现代各类国际服务贸易的历史起点，它们伴随国际货物贸易额的增长而增长。

相对独立于货物贸易的国际服务贸易项目是近几十年来服务贸易额大幅增长的主要领域，其发展的主要推动力来源于国际投资，主要有3个方面的原因：第一，在产业结构的层次上，国际投资带动了各国（地区）相关的服务业的发展，从而扩展了国际服务贸易的范围和内容；第二，跨国投资加强了各国（地区）经济间的依存度，相互对对方服务产业的需求也增加了；第三，国际投资所形成的净收益本身构成广义服务的一项内容（资本要素服务）。

在国际经贸关系发展的历史进程中，最先出现并充分发展的是货物贸易，接着产生和发展起来的是国际直接投资，而国际间接投资和国际服务贸易则是在最近这几十年伴随着新科技革命和世界经济飞跃发展而迅速崛起的，它们代表着世界经贸关系的新趋势。

（二）国际服务贸易的发展

进入20世纪70年代以来，国际服务贸易有了突飞猛进的发展。1970年，世界服务贸易总额只有710亿美元，而到1980年则猛增至3 830亿美元，10年间增长5倍多。1980年以后，国际服务贸易依然保持着迅速增长的势头，年平均增长率约5%，是同期国际货物贸易年平均增长率2.5%的两倍。到1993年，世界服务贸易额达到10 300亿美元，在全球贸易总额中的比重超过1/4。随着关贸总协定乌拉圭回合协议的实施和世界贸易组织（WTO）的正式运行，各国服务贸易也进一步发展，21世纪初服务贸易额在世界贸易额中的比重上升到1/3。

1. 国际服务贸易迅速增长的原因

（1）世界产业结构的调整和转移促进了服务贸易的发展

20世纪90年代以来，世界经济结构调整步伐加快，传统制造业比重相对下降，服务业地位提升，在各国（地区）GDP和就业中的比重不断提高。第三产业的迅速崛起为国际服务贸易的发展奠定了坚实的物质基础。

(2) 科学技术的进步推动世界服务贸易的发展

科技进步极大地提高了交通、通讯和信息处理能力,为信息、咨询和以技术服务为核心的各类专业服务领域提供了新的服务手段,使原来不可能发生贸易的许多服务领域实现了跨国贸易。这与国际上的技术、产品和产业梯度扩散紧密相关。新技术不仅为附加服务提供了贸易机会,而且使高新技术服务成为一些跨国公司的核心竞争力。

(3) 跨国公司扩张带动了世界服务贸易的发展

跨国公司国际化经营活动的开展,带来了资本、技术、人才的国际流动,促进了与其相关或为其服务的国际服务贸易的发展。跨国公司在世界范围扩张过程中所带进的大量追随性服务,如设立为本公司服务的专业性公司,这些服务子公司除满足本公司需求之外,也向东道国的消费者提供服务,从而促进了东道国(地区)服务市场的发展。

(4) 服务需求的迅速扩大

从需求的角度来看,随着世界经济的发展,各国(地区)人民生活水平普遍提高,对各种服务的需求迅速增长。

(5) 国际货物贸易的发展成为服务贸易发展的重要动力

国际服务贸易是伴随商品贸易的发展而发展起来的,国际货物贸易的高速发展,也推动了服务贸易的发展,其中金融、保险业和运输业表现最突出。

(6) 发展中国家采取开放政策,积极参与世界服务贸易

发展中国家为了发展经济,普遍采取了开放型经济政策,积极地从发达国家引进资金和技术。与此同时,为增加外汇收入,实现本国经济现代化,发展中国家也积极参与国际服务贸易,随着外贸政策不断趋向自由化和经济实力的增强,贸易范围不断扩大。近年来,发展中国家除积极参与国际运输、劳务输出外,还大力发展旅游业,千方百计吸引外国游客,并且积极扩大其他服务出口,推动了世界服务贸易的发展。

2. 国际服务贸易发展的特点

(1) 国际服务贸易进入高速发展期

据世界贸易组织的统计,在过去十多年间,世界服务贸易与世界货物贸易并驾齐驱,基本保持同步增长。2000—2009 年,世界服务贸易与货物贸易出口额年均增长率分别为 9% 和 8%。其中,2000—2005 年,二者年均增长率均为 10%;2005—2010 年,二者年均增长率均为 8%。预计到 21 世纪 30 年代,服务贸易在整个国际贸易中的比重将赶上甚至超过货物贸易的比重,服务贸易将成为国际贸易的主要内容。

(2) 国际服务贸易日益显示出发达国家占主导地位的格局

由于科技、经济及服务业发展的不平衡,世界各国(地区)的服务贸易水平以及在国际服务市场上的竞争实力相差悬殊,服务贸易发展的地区不平衡性突出,预计这种不平衡性将在较长时间内存在。从地区结构看,世界服务贸易主要集中在欧洲、北美和亚洲三大地区。目前,世界服务贸易的 85% 左右集中在发达国家和亚洲新兴经济体,欧洲则保持服务贸易额最大的地位。2010 年,欧洲、北美和亚洲的服务出口占世界服务出口总额的 88.8%,其中欧洲占 47%;同年三大地区服务进口占世界服务进口总额的 83.8%,其中欧洲占 42.9%(见表 7-1)。

表 7-1 2005—2010 年世界主要地区服务贸易进出口情况

10 亿美元

	2010 年出口额	出口年均增长率(%)				2010 年进口额	进口年均增长率(%)			
		2005—2010	2008	2009	2010		2005—2010	2008	2009	2010
世界	3 665	8	13	-12	8	3 505	8	14	-11	9
北美洲	599	7	9	-8	9	471	6	9	-9	9
中南美洲	111	10	15	-8	11	135	14	21	-9	23
欧洲	1 724	6	12	-14	2	1 504	6	12	-13	1
非洲	86	9	14	-9	11	141	14	30	-12	12
中东	103	-	-	-3	9	185	-	-	-8	9
亚洲	963	12	16	-11	21	961	11	16	-10	20

(资料来源:根据 WTO Annual Report 2011 整理。)

从国别构成看,自 2003 年以来,美国、英国和德国一直是世界排名前三位的服务出口国和进口国。美国在世界服务贸易中居绝对主导地位,服务出口和进口均雄居世界榜首,与其巨额的货物贸易逆差相比,美国服务贸易处于顺差状态。德国和英国是欧洲两个最重要的服务贸易国家,长期位居世界第二位和第三位,2011 年,英国被中国取代,退居世界服务进口的第四位。2011 年,在世界服务贸易前十位的国家中,只有中国、印度、新加坡是发展中国家,但它们在世界服务贸易总额中的比重仍较小,合计低于美国(见表 7-2)。

表 7-2 2011 年世界服务贸易(不含政府服务)排名

10 亿美元

排名	出口方	贸易额	排名	进口方	贸易额
1	美国	577.98	1	美国	390.55
2	英国	274.29	2	德国	283.61
3	德国	252.93	3	中国大陆	236.48
4	中国大陆	182.05	4	英国	170.90
5	法国	160.95	5	日本	164.74
6	印度	148.37	6	法国	140.70
7	日本	142.92	7	印度	130.07
8	西班牙	140.60	8	荷兰	118.30
9	荷兰	128.41	9	意大利	114.54
10	新加坡	125.07	10	爱尔兰	113.35

(资料来源:根据 WTO Annual Report 2012 整理。)

(3) 高附加值服务贸易比重加大,服务贸易结构趋向于高级化

在世界服务贸易发展中,贸易结构呈现出由传统服务贸易逐渐向现代服务贸易倾斜的趋势。这表现为运输、旅游等传统服务贸易所占比重下降,而以其他商业服务(主要包括通

信、建筑、保险、金融、计算机和信息服务、专有权利使用和特许、咨询、广告宣传、电影音像和其他商业服务)为代表的现代服务贸易发展迅速,所占比重提升(见表7-3)。

表7-3　2000—2010年各类服务占世界服务出口总额的比重

%

年份	2000	2005	2006	2007	2008	2009	2010
世界服务贸易	100.0	100.0	100.0	100.0	100.0	100.0	100.0
运输	23.4	23.3	22.9	22.9	23.7	20.9	21.4
旅游	32.1	27.7	27.1	25.7	25.1	26.0	25.5
其他商业服务	44.5	49.0	50.0	51.4	51.1	53.1	53.1

(资料来源:根据WTO Annual Report 2011整理。)

(4)服务贸易壁垒仍然繁多复杂,消除贸易壁垒的进展十分缓慢

与货物贸易相比,服务产品具有无形性,服务的生产与消费具有同步性和跨国界的特点。与货物贸易通过关税壁垒实施保护不同,服务业没有关税,壁垒也很难量化。服务贸易保护表现为国内法规限制性规定,如资格资质要求、参股比例限制、经营范围和地域要求、行政管理的复杂度及透明度等,因此服务贸易壁垒也更加隐蔽。在过去的十余年里,虽然世界服务贸易取得显著增长,但与其在国内经济增加值与就业的贡献相比,发展潜力未能释放出来,服务贸易在世界贸易总额中所占比例仍然较小。这不仅是由于服务贸易的实现要比货物贸易的实现难得多,而且在于服务贸易的政策环境没有能跟上服务贸易增长潜力的步伐。但是,在经济全球化背景下,服务贸易自由化是大势所趋,全球及各国逐渐削减服务贸易壁垒,将为世界服务贸易发展提供良好环境。

第三节　国际服务贸易壁垒与自由化

一、国际服务贸易壁垒

国际服务贸易壁垒是指一国政府对国外生产的服务销售所设置的有阻碍作用的政策措施。随着国际服务贸易国际化趋势的加强,国际服务贸易市场上的竞争异常激烈,各国出于自身利益的考虑,对国际服务贸易都实行了较为严厉的贸易保护主义政策。

据GATT统计,各国制定的服务贸易非关税壁垒多达2 000多种,用以保护本国银行、金融、咨询、保险、通讯等部门。可以将其归纳为以下6种:

1. 资本移动的壁垒。主要涉及的是商业存在问题,即东道国是否允许外国企业在本国设立机构开展业务。

2. 人员移动的壁垒。主要涉及各国移民限制的法律。由于各国移民法及工作许可、专业许可的规定不同,限制的内容和方式也不同。

3. 服务产品移动的壁垒。涉及市场准入的限制,即东道国允许外国服务者进入本国市场的程序。这类限制常规定服务供给的最高限度,当外国服务者提供的服务超过限度时,完全阻止外国服务产品进入国内市场,只使用本国服务。

4. 信息移动的壁垒。由于信息传递模式涉及国家主权、垄断经营和国家公用电信网、

私人秘密等敏感问题，因此各国普遍存在各种限制，如技术标准、网络进入、价格与设备的供应、数据处理及复制、储存、使用和传送、补贴、税收与外汇控制和政府产业控制政策等限制或歧视性措施。

5. 经营的限制。这是通过对外国服务实体在本国的活动权限进行规定，以限制其经营范围、经营方式等，甚至干预其具体的经营决策。主要包括开业权的限制和具体经营权限的限制。值得注意的是，随着服务贸易自由化的逐步推进，以开业权限制等为表现形式的绝对的进入壁垒正面临越来越大的国际压力，而对具体经营权限的限制则既体现了适度的对外开放，又往往能有的放矢地削弱外国服务经营者在本国的竞争力和获利能力。因此，这将成为国际服务贸易的一种十分重要的壁垒形式。

从具体形式来说，由于服务标的的特点，不同的服务部门会面临不同的壁垒（如表7-4）。

表7-4　国际服务贸易壁垒简表

服务部门 / 壁垒形式	运输		电信	数据处理	银行	保险	工程建筑	广告	影视	会计	法律	软件	旅馆
	空运	水运											
数量质量限制	√					√	√	√	√				
补贴	√		√	√			√		√				
政府采购	√	√		√		√	√						
技术标准	√		√				√						
进口许可证		√	√	√		√		√	√			√	
海关估价		√	√										
货币控制及交易			√		√	√	√		√				
限制						√	√			√	√		√
特殊就业条件					√	√	√			√			
开业权限制			√		√		√		√				√
歧视性税收			√	√	√			√	√				√
股权限制													

（注："√"表示此种壁垒存在于该行业中。）

综上所述，与货物贸易相比较，服务贸易壁垒有以下几个主要特点：一是以国内政策为主；二是制定的政策较多对"人"（自然人、法人及其他经济组织）的资格与活动的限制；三是政策由国内各个不同部门掌握制定、庞杂繁复，缺乏统一协调；四是灵活隐蔽，选择性强，保护力强；五是除了商业贸易的利益外，还强调将国家的安全与主权利益等作为政策目标。

二、国际服务贸易自由化

所谓贸易自由化就是各成员方通过多边贸易谈判，降低和约束关税，取消其他贸易壁垒，消除国际贸易中的歧视待遇，扩大本国市场准入度。实现上述目标的途径是以市场经济为基础，进行贸易自由化。自由贸易政策允许货物和生产要素的自由流动，在国际价值规律的作用下，可以刺激竞争，鼓励发展，提高经营管理水平，促进世界性的分工和贸易发展，扩大市场;同时使消费者得到物美价廉的商品和服务。服务贸易自由化是在经济全球化的基础上发展起来的,是贸易自由化在服务领域的具体表现,是现代世界经济发展的一种趋势。

(一)国际服务贸易自由化的背景

1. 服务业在世界经济中的地位日益重要

20世纪60年代以来,各国国内经济重心开始转向服务业,其在就业和国民生产总值中的比重不断提高,发达国家服务业占GDP的比重由1970年的58.2%提高到1999年的65.3%,发展中国家和地区服务业占GDP的比重也从42.5%上升到48.1%;发达国家服务业就业人数占国内就业总数的比重在55%~75%之间,发展中国家和地区服务业就业人数占国内就业总数的30%~55%,服务业已成为国民收入和就业增长的重要来源。服务业的发展推动了各国服务贸易的扩大,如无形贸易出口在出口总额中的比重在美国达60%以上,在英国、法国、瑞士则高达70%以上,在德国、日本、意大利、荷兰等国也达到30%以上,服务贸易日渐成为世界各国获取外汇收入、改善本国在国际经济贸易交往中的地位、降低资源和能源消耗、减少污染、提高经济效益的重要途径,在很大程度上决定了一国国际贸易的水平,进而决定了一国在国际竞争中的地位。

2. 发达国家力主服务贸易自由化

在国际服务贸易发展中,各国服务贸易的发展极不均衡,发达国家竞争力强,而发展中国家和地区竞争力弱。发达国家为了发挥其在服务贸易中的优势,增加出口,都力图把服务贸易自由化列入多边贸易谈判议程之中。与之相比,发展中国家和地区经济技术水平较低,其服务出口产品多为附加值较低的传统服务,在国际竞争中处于不利地位,且其许多服务部门尚属“幼稚”产业,关系国内政治、经济和文化等各个方面,牵一发而动全局,服务市场的开放可能对其服务业,甚至整个经济体系造成致命打击。

3. 跨国公司迅速发展

跨国公司是金融、信息和专业服务的重要供应者,许多公司的全球经营和扩展过程本身就是服务的全球出售过程:通过扩大经营活动和经营范围,跨国公司扩充了消费者规模;通过越境数据资料的流动和世界信息网的建立,跨国公司又加大了各种服务传输的力度和规模;巨型跨国公司更是有能力向国际市场提供各种服务,或者是商品与服务相结合,或者挖掘进入金融市场、扩大信息系统的潜力,把交钥匙工程、设计和其他劳务合作结合起来。

4. 通讯和信息技术、交通运输业迅猛发展

20世纪80年代,特别是进入90年代以来,世界生产布局有了较大变化,交通、通讯业的迅速发展,计算机、光纤及卫星通讯的推广与普及,使得电信收入在国民经济中所占比重大大增加。1995年,世界各国电信服务总收入为6 000亿美元,1996年达到6 700亿美元,2000年达到12 000亿美元,年均增长率达20%,这对各国经济的发展起到了重要作用,也为通讯和信息技术在世界服务贸易中的广泛应用打下了基础,把一系列关系国家经济命脉、主权、安全等关键领域引入了国际交换市场,加深了各国服务业相互间的依存关系,为服务贸易自由化提供了良好的环境。

(二)服务贸易自由化的表现

20世纪80年代中期以来,全球出现了服务贸易自由化趋势,主要表现在以下几个方面:

1. 多边服务贸易体制的形成

乌拉圭回合经过8年的谈判,最终达成协议,第一次将服务贸易纳入多边贸易体制中。

《服务贸易总协定》制定了一套参与服务贸易国家共同遵循的国际准则，其签署和实施标志着服务贸易逐步自由化原则已被世界各国所接受，这将对各国的服务贸易政策的制定和调整产生重大影响，必将促进各国逐步开放国内服务市场，扩大人员、技术、信息等服务要素在国家之间的自由移动。实施以来，《服务贸易总协定》通过最惠国待遇、透明度、发展中国家更多参与、一体化以及商业管理等原则，运用市场准入、国民待遇等具体承诺及执行条款，使得各缔约方逐步削减和降低贸易壁垒，各国服务贸易政策从保护向开放调整，促进了服务在各国和地区之间的自由流动。

2. 多边性国际公约或协定的签署

这类协定中的大部分属于国际服务贸易的技术性规范，而且主要集中在国际运输部门，如1929年在华沙订立的《统一国际航空运输某些规则的公约》，1944年在芝加哥订立的《国际民用航空协议》《国际航空运输协定》和《国际航班过境协定》，1951年在日内瓦订立的《国际公路货物运输合同公约》，1970年在伯尔尼订立的《铁路货物运输国际公约》，1980年在日内瓦订立的《联合国国际货物多式联运公约》，以及与国际运输相关的其他条约，如1923年在日内瓦订立的《国际海港制度公约》，1926年的《海员协议条款》，1924年的《统一提单的若干法律规则的国际公约》，1948年日内瓦《国际海事组织公约》，1969年伦敦《1969年国际船舶吨位丈量公约》，1976年《国际海事卫星组织公约》，1978年汉堡《联合国1978年海上货物运输公约》以及伦敦《1978年海员培训、发证和值班标准国际公约》等。此外还有1982年内罗毕《国际电信公约》，1979年日内瓦《商标注册用商品和服务国际分类尼斯协定》等非运输领域的公约。这些公约和协定为国际服务贸易的自由化发展奠定了基础。

3. 区域服务贸易发展

二战以来，世界经济贸易中区域一体化和贸易集团化的趋势加强，各经济集团近年来在服务贸易方面也表现不凡，一些区域集团协议相继达成，如1957年《关于建立欧洲经济共同体条约》(Treaty Establishing the European Economic Community，也即《罗马条约》)、1973年《关于建立加勒比共同市场条约》(Treaty of the Establishment of the Caribbean Common Market)、1975年《关于建立西非国家经济共同体条约》(Treaty for the Establishment of the Economic Community of West African States)、1983年《关于建立中非国家经济共同体条约》(Treaty for the Establishment of the Economic Community of Central African States)以及1992年《北美自由贸易协定》(North American Free Trade Agreement)等，这使得各区域在服务贸易一体化方面产生突破性进展。

4. 各国政府做出了开放市场的具体承诺

在多边贸易谈判中，各国政府就具体服务部门的开放进行了双边和多边磋商，达成了有关协议，并以此为准则来推动服务贸易的自由化进程。各国根据本国服务业发展水平和实际情况，本着利益互惠原则，提出本国能够进行谈判的服务部门。

5. 各国服务贸易壁垒有所降低

WTO所指的自由化的最终形式是给外资以国民待遇，废除各种壁垒。近年来，在多边贸易体制的推动下，服务贸易壁垒有所降低。发达国家在服务贸易许多项目上都具有绝对或相对优势。为了扫清存在于服务业的壁垒，便利其打开世界服务市场，它们率先削减了本国服务贸易壁垒，如在电信领域，美国已允许100%的外国股权，欧盟也开放了基本电讯服务市场，并对雇用人员的本地化要求降低了标准。发展中国家，尤其是一些新兴工业化国家和地区在某些服务行业也取得了相当优势，如新加坡的航空运输业、韩国的建筑承包业、泰国的国际旅游业等，它们有能力降低部分服务部门的壁垒，以引进一定数量的外国服务和服务提供者，为其新兴服务业提供必要的资金、技术支持。

6. 美国积极倡导服务贸易自由化

服务贸易是美国出口和对外直接投资的重要组成部分，是其改善国际收支、增加国民收入、恢复国民经济竞争力的重要手段。为了促进其服务业的对外扩张，从 20 世纪 70 年代中期开始，一方面，美国通过国内立法，授权总统就服务贸易问题与别国进行多边或双边谈判等多种措施来寻求“公平的贸易”，并授权其对“不公平贸易”进行报复，同时还成立有关机构，及时提出政策建议，推动服务贸易在世界市场上更自由地进行；另一方面，美国还致力于将服务贸易纳入多边贸易谈判的轨道，在全球范围内推行服务贸易自由化。为实现这一目标，美国早在 1982 年关贸总协定东京回合谈判时，就积极倡导进行服务贸易的谈判。乌拉圭回合多边贸易谈判前后，美国策动关贸总协定把服务贸易作为新的议题进行多边谈判，积极推进服务贸易的自由化。

（三）服务贸易自由化的影响

和货物贸易自由化不同，服务贸易自由化涉及范围更广，包括运输、旅游、教育、金融、通讯等行业；服务贸易自由化涉及一个国家敏感性行业和意识形态领域，开发难度更大；服务贸易自由化的不确定因素更多等。在自由化过程中，这些特点导致达成统一规则难度大，所花费时间长。因此在考虑一国服务贸易竞争力长期发展战略的时候，需要把贸易自由化带来的机遇和挑战综合考虑进去。同时，服务贸易自由化给发达国家和发展中国家带来的影响是有一定差异的。

1. 服务贸易自由化对发达国家的影响

发达国家服务业的发展极具竞争优势，倡导服务贸易自由化可以使得发达国家服务业更易进入发展中国家，获得更多的贸易利益，所以对发达国家来说，服务贸易自由化对其是利大于弊，唯一的威胁就是可能削弱其在现有技术上的领先优势，所以发达国家对一些处于世界领先水平的高技术，特别是军事领域的高技术的服务，都出台了各种限制出口的政策措施。

2. 服务贸易自由化对发展中国家的影响

（1）对经济效率的影响

总体来说，服务贸易自由化有利于发展中国家经济效率的提高，主要体现在以下几个方面：① 由于外国服务提供者进入市场，发展中国家的企业能够有更多的机会选择质优价廉的服务，提高企业的经济效益。② 发展中国家能够进口经济发展急需、而本国又不能满足需求的生产性服务，从而有利于解决生产发展与服务业落后的矛盾。③ 外国企业的竞争将迫使发展中国家的服务企业向国际先进水平看齐，吸收国外先进服务技术与经验，努力降低成本，提高质量和竞争能力，走向世界市场。④ 有利于发展中国家发展自己具有优势的服务业，进口不具有相对优势的服务，从而促进经济资源的有效配置，为发展中国家有优势的服务业出口创造更多的机会。

（2）对国际收支的影响

服务贸易自由化对国际收支的影响是双重的，一方面，由于发展中国家减少对服务进口的限制，短期内可能导致进口大量增加，造成国际收支恶化；另一方面，发展中国家可以利用自由化的国际环境设法扩大自己的服务出口。由于能够采用优质价廉的进口服务，发展中国家有可能降低其物质产品的成本，提高质量，增强货物出口的国际竞争力，从而增加收入。同时，适度开放金融服务市场还将有利于外资的流入，改善国际收支状况。

(3) 对技术进步的影响

服务贸易自由化对技术进步的促进作用主要有两个方面：一是服务贸易本身可以成为技术转让的渠道。由于技术进步往往首先发生在服务领域，这样就可以使发展中国家通过技术引进、咨询、培训及其他技术服务形式获得先进技术和其他信息。同时，服务业的外国直接技术投资也往往伴随着某些技术转让。二是国际竞争的压力会迫使发展中国家的服务业加快技术进步，以提高竞争力，并由此带动其他部门的技术进步。当然，如果一国过分依赖于外国的高技术服务，就可能抑制本国在这方面的研究与开发。

(4) 对劳动就业的影响

发展中国家服务业劳动生产率较低，劳动密集程度高，劳动力素质差，向其他部门转移较困难。因此，服务贸易自由化可能使本国服务业和与之相关的物质生产部门的就业状况恶化，而且对发展中国家尚未成长起来的高新技术服务部门，如远程通信服务、法律专业服务、金融保险服务、信息咨询服务等可能造成损害，从而影响这些服务业的发展与国内就业。但是随着服务进口与出口的扩大，也可能增加一部分就业，特别是通过扩大劳务出口，能够缓解国内就业的一些压力。

(5) 对经济安全的影响

第一，服务贸易自由化可能会削弱发展中国家的经济独立性。首先对服务贸易自由化的承诺会使发展中国家在一定程度上丧失部分经济决策的自主权，特别是发展中国家的某些至关重要的服务行业，如通信、金融和交通运输业等可能受到发达国家跨国公司的控制和支配而损害东道国的主权。其次，外国服务的竞争可能会抑制发展中国家弱小的新兴服务业，特别是高新技术生产性服务以及与之相关的高新技术产业的发展，使它们难以改善自身的产业结构，从而在高技术服务上依赖发达国家。

第二，服务贸易自由化会增加经济的不稳定性。一方面，服务贸易自由化鼓励一国根据比较优势的原则发展自身具有相对优势的服务业，这就有可能增强某些发展中国家对某一单一服务部门的依赖，不利于这些国家形成对国际市场的应变能力；另一方面，银行业等金融服务市场的对外开放将使发展中国家的国内金融体系与世界金融市场联系在一起。一旦国际金融市场发生强烈动荡，将难免对发展中国家的经济造成冲击。

综上所述，服务贸易自由化对发展中国家经济效益的影响是利大于弊，对经济安全的影响却是弊大于利。

(四) 服务贸易自由化的政策选择

1. 发达国家服务贸易自由化的政策取向

发达国家对发展中国家和地区开放本国服务市场的条件是以服务换商品，即发展中国家和地区以开放本国服务市场为交换条件要求发达国家开放商品市场；而对于同等发达程度的国家或地区，则需要相互开放本国市场，即所谓的“服务贸易补偿论”。此外，发达国家还经常以维护国家安全和竞争优势为理由，对其服务出口采取管制措施。

2. 发展中国家和地区服务贸易自由化的政策取向

发展中国家和地区一般采取混合型逐步自由化的服务贸易发展战略，从理论上可归结为5个步骤:第一步,逐步放松国内(地区)服务市场的管制,允许外国服务企业进入;第二步,逐步开放本国(地区)商品贸易市场,降低商品关税水平;第三步,逐步开放服务产品市场,减少服务产品领域的非关税壁垒;第四步,逐步开放服务要素市场,减少有形服务贸易的关税和非关税壁垒;第五步,实现服务贸易自由化。

第四节 服务贸易总协定

《服务贸易总协定》(General Agreement on Trade in Service,GATS)是多边国际贸易体制下第一个有关服务贸易的框架性法律文件,是乌拉圭回合达成的3项新议题之一,于1994年4月15日在马拉喀什正式签署,在1995年1月1日和世界贸易组织同时生效。

一、《服务贸易总协定》的产生

随着服务贸易的迅猛发展,多边贸易的谈判重点也正从货物贸易转向服务贸易。关贸总协定从二战后产生,在所进行的几轮多边贸易谈判中,货物贸易的大部分市场已经基本开放,剩下的领域各国在短期内很难取得进展,而服务贸易的自由化才刚刚开始,有着广阔的开放领域。因此,服务贸易的自由化成为多边贸易谈判的主要议题。

(一)《服务贸易总协定》产生的背景

发达国家积极倡导服务贸易自由化。在经历1979—1982年经济危机后,美国经济增长缓慢,在国际货物贸易中赤字日增,而在服务贸易领域却占据明显优势,连年顺差。以1984年为例,美国的商品贸易有1 140亿美元的逆差,而服务贸易却有140亿美元的顺差。作为世界最大的服务贸易出口国(地区),美国急切地希望打开其他国家(地区)的服务贸易市场,通过大量的服务贸易出口来弥补贸易逆差,推动经济增长;而各国(地区)对服务贸易的不同程度的限制,成为美国利益最大化的障碍。因此,美国积极倡导实行全球服务贸易自由化。早在东京回合谈判中,美国政府根据《1974年贸易法》的授权,试图把服务贸易作为该回合谈判的议题之一,因为当时有更加迫切的问题需要解决,美国没有提出服务贸易的减让谈判,但在东京回合中所达成的海关估价、政府采购协议中写入了一些服务贸易的内容。美国国会在《1984年贸易与关税法》中授权政府就服务贸易等进行谈判,并授权对不在这些问题上妥协的国家(地区)进行报复。发展中国家和一些发达国家抵制美国的提议,欧盟起初对美国的提议持疑虑,但经过调查发现欧共体的服务贸易出口量要高于美国,转而坚决地支持美国。日本虽然是服务贸易的最大进口国,呈逆差形势,但由于在国际贸易中呈现顺差,加之为调和与美国之间日益尖锐的贸易摩擦,也始终支持美国。

当美国开始提出服务贸易问题时,绝大多数发展中国家出于国家安全和保护幼稚服务业的考虑,都坚决反对服务贸易自由化。随着发达国家在服务贸易谈判问题上的认识逐步统一,发展中国家坚决抵制的立场有所改变。首先,在一些新兴的发展中国家和地区,某些服务业已取得相当的优势,如韩国的建筑工程承包就具有一定的国际竞争力,新加坡的航空运输业在资本、成本和服务质量上也具有明显的优势,这些国家(地区)希望通过谈判扩大本国优势服务的出口。其次,大部分发展中国家一方面迫于来自发达国家的压力,另一方面也认识到如果不积极地参与服务贸易的谈判,将会形成由发达国家制定服务贸易的规则,而处于被动地位,其利益将会受到更大的损害。因此,许多发展中国家也先后表示愿意参加服务贸易谈判。1986 年 9 月，埃斯特角《部长宣言》中将服务贸易作为 3 项新议题之一列入乌拉圭回合多边贸易谈判议程，拉开了服务贸易首次多边谈判的序幕。

（二）《服务贸易总协定》谈判的历程

乌拉圭回合服务贸易谈判大体可分为 3 个阶段：

第一阶段从 1986 年 10 月 27 日正式开始到 1988 年 12 月中期审议前为止。谈判的主要内容包括服务贸易定义；适用服务贸易的一般原则、规则；服务贸易协定的范围；现行国际规则、协定的规定；服务贸易的发展及壁垒等。这一阶段各国（地区）的分歧很大，主要集中在对国际服务贸易如何界定问题上，发展中国家要求对国际服务贸易做比较狭窄的定义，将跨国公司内部交易和诸如金融、保险、咨询、法律规范服务等不必跨越国境的交易排除在外面，而美国等发达国家主张较为广泛的定义，将所有涉及不同国民或国土的服务贸易归为国际服务贸易一类。多边谈判最终基本采取了欧共体的折中意见，即不预先确定谈判的范围，根据谈判需要对国际服务贸易采取不同定义。

第二阶段从中期审议至 1990 年 6 月为止。在加拿大蒙特利尔举行的中期审议会上，谈判的重点集中在服务贸易的基本原则，此后的工作主要集中于通讯、建筑、交通运输、旅游、金融和专业服务各具体部门的谈判。其中 1990 年 5 月 4 日，中国、印度、喀麦隆、埃及、肯尼亚、尼日利亚和坦桑尼亚几个亚非国家向服务贸易谈判组联合提交了“服务贸易多边框架原则与规则”提案，对最惠国待遇、透明度、发展中国家更多参与等一般义务及市场准入、国民待遇等特定义务作了区分。后来，《服务贸易总协定》的文本结构采纳了“亚非提案”的主张，并承认成员方发展水平的差异，对发展中国家作出了很多保留和例外，这在相当程度上反映了发展中国家的利益和要求。

第三阶段从 1990 年 7 月至 1993 年 12 月。这一阶段的谈判成果是由《服务贸易总协定》框架内容的基本明朗到最终达成《服务贸易总协定》。1990 年 12 月的布鲁塞尔部长级会议上，服务贸易谈判组修订了“服务贸易总协定多边框架协议草案”文本，但由于美国与欧共体在农产品补贴问题上的重大分歧而没有能够最终结束谈判。经过进一步谈判，在 1991 年底形成了《服务贸易总协定》草案，基本上确定了协定的结构框架。经过各国的继续磋商谈判，协议草案根据各国的要求进一步修改，1993 年 12 月 5 日，贸易谈判委员会在搁置了数项一时难以解决的具体服务部门谈判后，最终通过了《服务贸易总协定》。

1994 年 4 月 15 日，各成员方在马拉喀什正式签署《服务贸易总协定》，它于 1995 年 1 月 1 日和世界贸易组织同时生效。至此，长达 8 年的乌拉圭回合谈判终告结束，虽然有几个具体服务部门的协议尚待进一步磋商谈判，但《服务贸易总协定》作为多边贸易体制下规范国际服务贸易的框架性法律文件，它的出现是服务贸易自由化进程中的一个里程碑。

二、《服务贸易总协定》的内容

（一）《服务贸易总协定》的框架

《服务贸易总协定》由三大部分组成：一是协定条款本身，又称为框架协定；二是部门协议；三是各成员的具体承诺表。

1. 框架协定

这是《服务贸易总协定》的核心内容，包括 6 个部分，29 项具体条款。

序言，正文之前的简短“序言”确定了各成员参加及缔结《服务贸易总协定》的目标、宗旨及原则。

第一部分(第1条)为“范围和定义”,其主要内容是就协定中的服务贸易予以界定。

第二部分(第2条至第15条)为“一般义务与纪律”,确定了服务贸易应遵循的几项基本原则,这些原则具有一般的指导意义,是各成员在服务贸易中各项权利和义务的基础。

第三部分(第16条至第18条)为“具体承诺”,是该协定的中心内容,包括“市场准入”和“国民待遇”两个方面,规定了各成员应承担的特定义务。

第四部分(第19条至第21条)为“逐步自由化”,主要确定服务贸易自由化的进程安排和具体承诺表制定的标准,规定各成员尤其是发展中国家服务贸易自由化的原则及权利。

第五部分(第22条至第26条)为“组织条款”,主要内容有协商机制、争端解决与执行、服务贸易理事会、技术合作及与其他国际组织的关系等。

第六部分(第27条至第29条)为“最后条款”,内容是就该协定中的重要概念作出定义,并规定了各成员可拒绝给予该协定各种利益的情形。

2. 部门协议

《服务贸易总协定》还有第29条“附录”,即部门条款,具体包括“关于第2条豁免的附件”“关于本协定项下提供服务的自然人流动的附件”“关于空运服务的附件”“关于金融服务的附件”“关于金融服务的第二附件”“关于海运服务谈判的附件”“关于电信服务的附件”“基础电讯谈判的附件”等,是总协定的组成部分。

3. 各成员的具体承诺减让表

每一成员在其减让表中列出了自己做出的具体承诺。具体承诺减让表规定了对外国服务和外国服务提供者的限制,是否给予市场准入、是否给予国民待遇,成员在哪些具体服务部门和事项方面承担具体义务,均依该具体承诺减让表来确定。与最惠国待遇义务的例外清单采取“否定式”相反,具体承诺采取了“肯定式清单”方法,成员只对具体承诺的事项和范围承担义务。

在具体承诺减让表中,每个成员应具体列明下述内容:市场准入的规定、限制和条件;国民待遇的条件和资格;有关附加承诺的承诺;适当情况下,实施这类承诺的时间表;这类承诺的生效日期。这些内容与服务贸易方式、服务部门分类紧密联系在一起,构成了一个复杂的体系。

(二)《服务贸易总协定》主要条款

1. 序言

《服务贸易总协定》的序言说明了缔结该协定的宗旨、目的和总原则。具体表现在:

(1) 鉴于国际贸易对世界经济发展日益增长的重要性,谈判各方希望在透明度和逐步自由化的条件下,建立一个有关服务贸易的原则和规则的多边框架,以促进贸易各方的经济增长和发展中国家的经济与社会发展。

(2) 在尊重各国政策目标的前提下,本着在互利的基础上提高各参与方利益的目的和确保各方权利和义务的宗旨,希望能通过多轮多边谈判以促进服务贸易自由化的早日实现。

(3) 希望能通过增强其国内服务业能力、效率和竞争性来促进发展中国家在国际服务贸易中的更多参与和服务出口的增长。

(4) 对最不发达国家在经济、发展、贸易和财政需求方面的特殊困难予以充分的考虑。

序言用较多的篇幅和文字强调了发展中国家的积极参与和其自身的特殊情况。发展中国家成员应努力在今后服务贸易的部门开放谈判中充分利用《服务贸易总协定》的基本原则和目的，以争取对自身有利的谈判结果，从根本上改变此序言仅仅是象征性而非实质性地促进各成员、特别是发展中国家成员服务水平和经济发展。

2. 第一部分　范围与定义

第1条　范围与定义

《服务贸易总协定》的含义有3层：首先，说明了《服务贸易总协定》适用于成员影响服务贸易的各种措施，并确定了《服务贸易总协定》适用于"服务部门参考清单"所列12种服务部门的服务贸易，即说明了该协定的适用范围。其次，界定了服务贸易的内涵。第三，对"各国的措施"和"服务"做了解释性说明。

3. 第二部分　普遍义务与原则

这是《服务贸易总协定》的核心部分之一，包括第2条到第15条共14条的内容。规定了各成员必须遵守的普遍义务与原则，本部分条款是各方一旦签约就须普遍遵守，与第三部分不同。下面对其中的主要条款逐一予以评述。

第2条　最惠国待遇

《服务贸易总协定》的最惠国待遇与《关税与贸易总协定》第一条最惠国待遇类似，原则上也是无条件最惠国待遇原则，而对某些国际协议予以例外处理。如《服务贸易总协定》规定本条不适用于有关税收、投资保护和司法或管理协助的国际协议；也暂时不适用于《服务贸易总协定》附则中没列入的、而由其他国际协议管辖的具体部门。

第3条　透明度

规定"任何成员除非在紧急情况下应立即并最迟在其生效前，公布所有有关或影响本协定执行的相关措施。本协定成员也应公布其签署参加的有关或影响服务贸易的国际协定"。

此条还规定应至少一年一度地对本国新法规，或现存法规的修改作出说明介绍，规定对其他成员的询问作出迅速的答复；任何成员都可以向他方通知另一成员所采取的影响《服务贸易总协定》执行的任何措施；绝密信息可以不加以透露。

第4条　发展中国家的更多参与

此条款有3层含义：① 有关成员应作出具体承诺以促进发展中国家国内服务能力、效率和竞争性的增强；促进其对技术的有关信息的获取；增加产品在市场准入方面的自由度。② 发达国家应在《服务贸易总协定》生效后的2年内建立"联系点"，以使发展中国家的服务提供者更易获取有关服务供给的商业和技术方面的信息；有关登记、认可和获取专业认证方面的信息；服务技术的供给方面的信息。③ 对最不发达国家予以特殊优惠，准许这些国家不必作出具体的开放服务市场方面的承诺，直到其国内服务业具有竞争力。该条款在《服务贸易总协定》中明确列出具有积极的意义，这是发展中国家争取的结果。

第5条　经济一体化

该条款主要内容是：不阻止各成员参加有关服务协议，不阻碍服务贸易自由化的推进；而对发展中国家之间的有关协议采取较为灵活的政策，允许其按发展水平达成某些协议；但是参加有关协议的各方对该协议外的国家不应采取提高壁垒的措施；任何成员决定加入某一协议或对某一协议进行重大修改时，都应迅速通知各成员，而各成员应组成工作组对其进行检查；如果某一成员认为某个协议损害了自己的利益，则按《服务贸易总协定》的第21条程序办理。

第6条　国内规章

本条共有5款，首先表示对国内规定的尊重，赋予各国（地区）以一定的权利，其中包括当局引进新规定以管理服务的权利，并对发展中国家做了优惠安排。准许发展中国家设立新的规定，其中包括可以在某些部门为了实现国家政策目标而采取垄断性的授权；允许各成员对服务和服务的提供者提出要求以使其满足某些规定，但这类要求必须是建立在合理、客观地和非歧视的基础之上，不能给国际服务贸易带来负担和阻碍。其次，对各成员当局提出了一些义务要求。如要求各方建立起司法、仲裁、管理机构和程序，以便对服务消费者和提供者的要求迅速做出反应；并要求各成员对服务提供授权的申请迅速做出决定；成员不应利用移民限制措施来阻碍《服务贸易总协定》的实施，涉及人员移动的有关具体承诺在《服务贸易总协定》下达成，应允许这种人员的移动、暂时居留和工作。

第7条　认可

本条的宗旨是有关服务的规定、标准和要求应达成一致和相互认可。本条认为一成员可以与其他成员就某些有关服务提供的准则达成协议以促进国际服务贸易的进行。而这些协议应该可以允许别的成员加入，其执行也应建立在合理、客观和公正的基础上。另外，协议的参加方应在协议生效之后的13个月之内就其协议内容通知各成员，有关协议的任何重大修改也应及时通知各成员。有的成员还提出在以后采用一种国际统一的标准来处理有关部门的服务。

第8条　垄断和专营服务提供者

该条款要求一个垄断的服务提供者在有关市场上提供垄断服务时，其行为不能够损害其他成员的服务提供者按《服务贸易协定》的第2、16、17条所享有的权利；还规定当一个行业的垄断服务商在其垄断权范围之外的行业与其他服务提供者进行直接或间接的竞争时，不能利用其垄断地位进行竞争。而当一成员认为别国的垄断服务提供者损害了本国服务提供者的正当权益时，举证的责任在申诉一方，但不要求其提供有关绝密的信息。本条还对垄断服务提供者的概念下了定义，包括寡头性质的垄断形式。

第9条　商业措施

本条要求限制某些企业在服务市场上实施影响竞争的做法，包括一些有关服务出口的反竞争性限制做法，一成员在其他成员提出要求时，应与有关当局进行磋商以便阻止这些做法。

第10条　紧急保障措施

本条款准许某一缔约国（地区）在由于没有预见到的变化或由于某一具体承诺而使某一服务的进口数量太大以致对本国（地区）内的服务提供者造成了严重损害或威胁时，此一缔约国（地区）可以部分地或全部地中止此承诺以弥补这一损害。而任何成员要采取这种“紧急保障措施”应在之前或之后立即通知全体成员并提供有关数据，且应与有关各方充分磋商；所有这种紧急措施都应受成员全体的监督，且受影响的其他成员可采取相应的措施。

第11条　支付和转移

本条规定，除非出现第12条的情形，《服务贸易总协定》下有关服务贸易的具体承诺的执行不能因受到支付和货币转移方面的限制而遭到阻碍，且规定《服务贸易总协定》的任何条款都不能影响国际货币基金组织成员国在“基金协议条款”下的权利和义务。

第12条　确保国际收支平衡的限制措施

该条准许一成员在其成员国际收支和金融地位严重恶化的情况下，就其作为具体承诺的服务贸易采取限制性的措施,或对与这种交易有关的支付和货币转移做出限制,尤其是金融地位比较脆弱的发展中国家为实现其发展目标而维持其外汇储备的要求应予以考虑。本条还规定这种限制性措施要迅速通知各成员且不应超过必要的程度,不对各成员采取歧视性措施,不给其他成员带来不必要的商业和经济损失。同时,采取限制性措施的成员应立即就其限制性措施同各成员磋商,且应用国际货币基金组织提供的有关数据资料做出判断和评价。

第 13 条　政府采购

本条规定《服务贸易总协定》的第 2、16 和 17 条不适用于政府采购法规下的采购。但第二款要求在《世界贸易组织协定》生效两年内,应就政府采购问题举行谈判。

第 14 条　普遍例外

本条款规定只要符合一定的条件,那么在一些特定的情况下,成员可以采取一些与《服务贸易总协定》不一致的措施。这些条件是:① 不得在情况相似的国家之间采取武断和不公平的歧视;② 不得借机为国际服务贸易设置限制的"特定情况"是:为了保护公共安全、公共卫生、环境、文化、资源等;为了维护国内法律和制止欺诈行为,采取的措施要及时向各成员通知。

本条还规定《服务贸易总协定》对各成员的以下方面没有制约作用:① 有关国家(地区)安全的情报;② 有关军事、放射性物质和战争时期等所采取的行动;③ 为执行联合国宪章而采取的行动。但各成员应尽可能得到通知。

第 15 条　补贴

本条规定在某些情况下,补贴会给服务贸易带来扭曲性的影响,故各成员应进行多边谈判并制定必要的多边规则以避免这种扭曲。谈判还应提出合适的反补贴程序并对发展中国家补贴方面的需要予以灵活处理,而各成员应相互通报各自服务提供者的补贴问题,以便进行谈判。还规定受到某成员补贴影响的另一成员可要求就此同该成员进行磋商解决。

4. 第三部分　具体承诺

第 16 条　市场准入

本条规定有关那些在本协定第 1 条认可的方式提供的市场准入问题,各成员应给予其他成员的服务和服务提供者以不低于其在细目表上已同意提供的待遇。若在一成员的细目表上给出了不止一种有关服务提供的准入途径,那么其他成员的服务提供者可以自由选择其所乐意的那一种。该条款要求在承担市场准入义务的部门中,原则上不能采取数量限制的措施阻碍服务贸易发展。

第 17 条　国民待遇

本条规定在不违反本协定的有关规定,而且在其细目表上的条件和要求相一致的条件下,一成员应该在所有影响服务供给的措施给予别国(地区)的服务和服务提供者以不低于其所给予的国内服务或服务提供者的待遇。

第 18 条　附加承诺

该条规定各成员可以就不包括在第 16、17 条下的影响服务贸易的措施进行谈判。

5. 第四部分　逐步自由化

第 19 条　具体承诺义务的谈判

首先,本条规定:本着进一步提高服务贸易自由化的目标,各成员应进行多轮谈判,最晚从《世界贸易组织协定》生效后5年开始,并在此后定期举行谈判。这些谈判的目的是减少和消除对服务贸易产生不良影响的措施,以实现有效的市场准入途径。谈判过程应本着在互惠的基础上给各方带来利益和各方权利及义务平衡。最不发达国家可以从本协定下的任何减让中获取好处。

其次,本条认为应充分尊重各国(地区)政府的政策目标和各国(地区)的发展水平。对某些发展中国家应允许有一定的灵活性,允许其有选择地开放部门和交易类型,并考虑到发展中的发展目标。

本条还规定了谈判时应遵守的准则和程序,而准则的确立应考虑以下因素:前一阶段谈判结果的评估、发展中国家的更多参与、自愿原则、最不发达国家的特殊困难。

最后,本条规定谈判的范围是:① 就某些部门、分部门达成新的市场准入方面的承诺;② 就某些部门、分部门达成新的国民待遇承诺;③ 将那些已有协议的部门和分部门中的对市场准入方面的限制全部或部分地撤销;④ 将那些已有协议的部门和分部门中的对国民待遇方面的限制全部或部分地撤销。

第20条 具体承诺细目表

本条规定各成员应与其他成员达成的有关承诺列在其细目表中。且应指明达成协议的部门和分部门。另外还应包含以下内容:① 有关市场准入的任何限制和条件;② 有关国民待遇的任何限制和条件;③ 任何未就市场准入和国民待遇达成协议的支付方式;④ 可能的话,列出承诺执行的时间表;⑤ 任何实现市场准入的其他措施;⑥ 承诺生效的时期;⑦ 还规定了有关协议的细目表应附在《服务贸易总协定》之后,使之成为《服务贸易总协定》的一部分。

第21条 细目表的修改

本条对成员修改和撤回自己的承诺做了规定。规定修改和撤回承诺只能在其承诺生效3年之后,并且应在一定的时间内与受影响的其他成员达成补偿性协议,并通告服务贸易理事会。其他成员在受到影响后,有权自行采取补偿性的措施对其承诺做出相应的修改或撤回,但是,都需通知服务贸易理事会。

6. 第五部分 组织机构条款

第22条 磋商

本条规定,任何成员都有权对其认为会有损于其利益的做法,在本协定原则下向另一成员提出磋商。第22条第1款规定当任何成员对影响本协定执行的任何事项向另一成员提出磋商请求时,另一成员应给予同情的考虑,并做出积极的反应,要主动给予适当的机会予以充分的磋商。该条第2款还规定当某成员要求提出的磋商没能达成圆满的结果时,服务贸易理事会可与另一成员(指当事另一成员)或其他成员进行磋商解决有关问题。第3款允许各成员在非歧视原则基础上实施避免双重征税的措施等协定,并可将引起的争端提交仲裁。

第23条 争端解决和执行

该条规定本协定的任一成员认为依协定项下应得的利益另一成员没有能够实现,或未能履行其应尽义务时,由此使某一成员在协定项下的利益正在丧失或正在受到损害,受损害的成员有权向另一成员或其他有关各成员提出书面请求或建议,并都应给予同情的考虑,以期达到双方都满意的结果,妥善地解决该争端。当受损害的成员认为该争端在合理的一段时间内没能达成满意的结果，或当事方认为磋商结果不尽如人意时，可将此争端提交“争端解决机构”。如果“争端解决机构”认为必要时，也可以同该争端有关的各方或有关联的任何政府间组织进行必要的磋商，甚至授权受损害方中止其义务和具体承诺。

第 24 条　服务贸易理事会

该条共 3 款。第 1 款规定服务贸易理事会是为了有利于实施本协定和促进实现本协定所期望达到的目标而设。代表理事会的职能是：① 监督《服务贸易总协定》的实施以促进实现其目标。② 设立附属机构以有效地分散其职能。第 2 款规定所有成员都有权向代表理事会及附属机构派驻代表。第 3 款认为代表理事会将选出代表理事会主席并制定自己的工作原则和程序，理事会主席一经选出，他本身不能代表他所在成员行使其职权。

第 25 条　技术合作

该条共 2 款。要求发达国家成员和其他工业化国家成员应尽量为其他成员的服务提供者、特别是来自发展中国家或地区的服务提供者提供服务方面的技术援助。并由“服务贸易理事会”作出决定，由权威的秘书处在多边水平基础上提供。

第 26 条　与其他国际组织的关系

该条规定“服务贸易理事会”应将不断地作出适当的安排与联合国及其专门组织机构和其他政府间有关服务方面的组织进行磋商和合作。

7. 第六部分　最后条款

第 27 条　利益的否定

该条规定各成员可以拒绝给予那些“源于”不是《服务贸易总协定》的成员，或不适用本协定的另一成员的服务或服务提供者《服务贸易总协定》项下的利益。根据《世界贸易组织协定》在两个成员之间互不适用《服务贸易总协定》时，其服务提供者也不享受本协定利益。

第 28 条　术语的定义

该条对一些术语作了解释性说明和定义。

第 29 条　附件

该条声明本协定的附件是本协定的有机组成部分。

三、《服务贸易总协定》的重要意义

《服务贸易总协定》签署和实施之后，对世界经济、贸易发展起到了巨大的推动作用。

（一）为各缔约国发展国际服务贸易提供了共同遵守的国际规则

长期以来，尽管国际服务贸易比国际有形商品贸易发展迅速，但它却缺乏一套像有形商品贸易那样由关贸总协定所提供的参与国际服务贸易的国家或地区共同遵守的国际规则，同时也缺乏针对性的约束机制。在 GATS 正式形成之前，各国服务贸易政策和规则的协调主要通过两种形式：一是以双边或区域协调为主。许多国家之间订立双边贸易协定，在服务贸易上相互给予互惠待遇。二是以行业协调为主。这些协调方式显然不能够适应国际服务贸易发展的现实，妨碍了国际服务贸易的全面自由化并减缓了服务贸易流量的增长。

在乌拉圭回合多边贸易谈判中产生的《服务贸易总协定》就为国际服务贸易的发展创立了各缔约国必须共同遵守的国际准则。《服务贸易总协定》的目的在于制定处理服务贸易的多边原则和规则的框架，包括对各个服务部门制定可能需要的守则，以便在透明度和逐步自由化的条件下扩大服务贸易，并以此作为促进所有贸易伙伴经济增长和发展中国家发展的一种手段。《乌拉圭回合部长宣言》同时还提出将关贸总协定的程序和惯例适用于国际服务贸易的谈判。这样,关贸总协定把40多年来在有形商品贸易谈判中取得的全部经验都引申到服务贸易中,从而使服务贸易的规则、内容、条款以及组织机构得以完整地建立,使各缔约国有了一个共同的认可和可供遵循的国际规则。

(二) 促进国际服务贸易的自由化,并推动国际服务贸易的全面增长

国际服务贸易虽然不存在关税壁垒,但却存在着各种各样、名目繁多的非关税壁垒,并对国际服务贸易的发展形成重大障碍。而《服务贸易总协定》的基本精神是服务贸易自由化,即提请各国在遵守一般义务和原则的前提下,做出开放本国各个服务部门的具体承诺,然后在框架协议生效后,就上述的具体承诺举行多边谈判,以逐步实现服务贸易的自由化,使服务业在各国或地区间无阻碍地自由流动。所以,服务贸易总协定一定会像关贸总协定那样,通过最惠国待遇、各国服务贸易政策透明度、市场准入和国民待遇、发展中国家更多的参与、逐步自由化,以及各成员国所制定的一系列义务、原则等在最大限度上促进其自由化,从而服务贸易总协定必将使国际服务贸易额有较大增长。

(三) 在推动国际服务贸易发展的同时,促进有形商品贸易的发展

服务贸易的自由化在促进服务贸易发展的同时,会推动与服务贸易相关的有形商品贸易的发展,特别是资本、技术密集型服务的贸易,往往伴随着相应的硬件设备的有形商品贸易(如数据处理服务、远距离通讯服务等)的扩大,将促使通讯类的各种硬件设备的发展;航空运输服务的扩大会促进飞机制造业的发展;陆路、水运服务的发展必然引起相关产业的发展;银行金融服务的发展,也必将使银行系统的传真通讯及资金调拨网络的硬件贸易增长。同时,由于发达国家具有服务贸易项目的比较优势,因此,在未来的多边谈判中,有可能在发展中国家服务市场逐步开放的同时,在有形商品贸易方面向发展中国家作出更多的让步,从而促进有形商品贸易的发展,并会形成国际分工的新格局。

(四) 增加各缔约国的外汇收入,平衡国际收支

过去,外汇收入的主要来源是有形商品的出口,而当今世界服务贸易出口为一个国家赚取的外汇不能不令人格外重视。至今,几个主要的发达国家仍然是服务贸易的最大出口国。随着服务贸易总协定的全面实施,发达国家依靠其服务贸易上的比较优势,必然会获得更多的外汇收入。同时对于广大发展中国家而言,除可以利用服务贸易总协定中的有关条款保护国内相对幼稚的服务业外,还可以利用最惠国待遇等有关条款发展运输业、旅游业和劳务出口,为国家增加外汇收入,平衡国际收支。

(五) 以缓解各国国内就业压力

目前,全世界大约有30%的劳动力处于失业、半失业状态,而这种形势随着科技的进步和先进生产工艺的进一步使用还会更加严重,所以各国国内就业压力非常大。实践证明,大力发展服务业是缓解国内就业压力的有效途径。如发达国家平均每10个就业机会中就有8个来自服务业。由于《服务贸易总协定》的实施可以推动服务贸易的自由化进程,并可带动有形商品贸易的发展,可以引进先进的技术和管理经验,为发展本国经济服务,因此可以预见,随着服务贸易总协定的实施,无论是发达国家,还是发展中国家,就业压力均会有所减轻。

(六) 促进了发展中国家服务贸易的发展

首先,由于服务贸易总协定对发展中国家做了许多保留与例外,特别是允许他们在国民待遇、最惠国待遇、透明度、市场准入等方面逐步自由化，并在对发展中国家经济技术援助方面予以很大的优惠。所以发展中国家可以充分利用这些机会扩大本国具有优势的服务业的出口。其次，服务贸易总协定的实施，虽然要求发展中国家为服务贸易的逐步自由化作出贡献，对本国服务业市场作适度开放，但也允许发展中国家在特定条件下采取适当的措施保护其落后的服务业。这样，发展中国家既可以为保护国内幼稚服务业或民族服务业的发展而采取很多限制服务进口的措施和规定，也可以在适度的开放过程中，学到发达国家在服务业方面的先进技术和经营管理方式，并可以在开放过程中，使本国相应的服务业与发达国家进行竞争，使其在竞争中得到发展。

四、《服务贸易总协定》的后续谈判

从 1995 年 1 月开始，在服务贸易理事会指导下，服务贸易谈判主要集中在两个方面：试图在基础电信服务、金融服务、海上运输服务和自然人流动等领域改善市场准入条件；通过保障措施、补贴和政府采购等方面的谈判，以及对国（地区）内管制约束适时降低，来完善框架协议。

（一）改善市场准入的谈判

1. 金融服务谈判

根据 GATS 金融服务附件的定义，金融服务是指成员国（地区）的金融服务提供者提供的服务，包括所有保险和与保险相关的服务，以及所有银行和其他金融服务（保险除外）。GATS 在附件中还对除保险以外的金融服务详细列出 12 条，包括所有可能的融资、支付、证券发行、金融中介和咨询、资产管理等金融服务形式。金融服务贸易自由化是国际服务贸易自由化的重要组成部分，它主要是指增加金融业的对外开放程度，即放松本国居民可获得的以外币表示的资产和负债管制，以及放松非居民可在国内金融市场（包括通过外国银行的市场准入的参与）经营资产和负债管制。全球金融服务贸易自由化在矛盾地向前进，一方面，世界贸易组织多边贸易体制的全球协调、区域经济一体化体系下的区域协调和国际组织的部门协调三足鼎立，它们内部的金融开放程度已经相当高，但对外仍筑有较高的壁垒；另一方面，在各国国内法中，发达国家对于金融服务的管制相对宽松，而发展中国家的国内法对金融服务的管制还相当严格。

1997 年 12 月 13 日，各成员方达成《世界贸易组织金融服务协议》，占世界金融服务贸易份额 95% 的 70 个成员方同意开放银行、保险、证券和金融信息市场，这一协议涉及全球 95% 的金融服务市场，其中包括 18 万亿美元的证券资产、38 万亿美元的银行贷款和 2.5 万亿美元的保险费。

从总体上来看，《世界贸易组织金融服务协议》由两个部分组成：框架协议和具体承诺。这一谅解协议是乌拉圭回合一揽子协议的组成部分，它是为使金融服务的具体承诺与自由化的最低限制相符而制定的协议。它首先由发达国家提出，后来得到发展中国家的响应，这一谅解协议提供了更多的可供作出具体承诺的方式：

（1）前提

各成员方只要符合下列要求，就可以采取不同于《服务贸易总协定》所规定的特定承诺的方式：

① 不与《服务贸易总协定》相冲突；

② 不损害其他成员方依据《服务贸易总协定》第三部分“特定承诺”的规定安排具体承诺时间表的权利；

③ 应在最惠国待遇原则的基础上作出特定承诺；

④ 不对任一成员方依据《服务贸易总协定》的规定所作的具体承诺的程度作出规定，成员方有按照协议自由承诺的权利。

（2）承诺方式

任何成员方在协商的基础上，有权采取下列方式作出承诺：

① 保持原状。该谅解协议对承诺所作出的任何限定和提出的条件只适用于现存的未经认可的措施。

② 市场准入。第一是专营垄断方面。在遵守《服务贸易总协定》的基础上，各成员方应在金融服务承诺表中列出现存的专营垄断并应尽力减小其范围。第二是公共机构购买的金融服务方面。谅解协议要求各成员方的公共机构在购买金融服务时，对设立在本国（地区）境内的服务供给者给予最惠国待遇和国民待遇。第三是跨境服务方面。在以下金融服务领域中，成员方应允许非居民金融服务供给者在提供服务时享有国民待遇：A. 有关海运和商业性航空航天发射和运费（包括卫星）风险的保险；B. 国际运输过程中货物风险的保险；C. 再保险与再再保险以及附录中所列的有关辅助服务；D. 除与银行及其他金融服务有关的中介服务外的金融信息、数据处理和其他辅助服务；E. 各成员方应允许其居民购买由在其境内的其他成员方的金融服务供给者提供的金融服务。第四是商业存在方面。A. 各成员方应允许其他成员方的服务供给者在其境内以商业存在的形式提供金融服务，设立的形式可以是收购现有的企业来扩大其服务范围；B. 成员方在不违反《服务贸易总协定》的基础上制定有关以商业存在形式提供金融服务的条件和程序。第五是在新金融服务方面。各成员方应允许其他成员方在其境内设立的服务机构提供新的金融服务，这是指尚未在该成员方境内提供但已在其他成员方提供的金融服务项目。第六是在信息传递与信息处理方面。任何成员方不应阻止金融信息的处理和传递，但不包括为保守个人资料、隐私和账户秘密所采取的措施。第七是在人员的暂时进入方面。各成员方应允许在其境内设立服务机构的服务供给者的人员暂时进入该国领域，这些人员包括：A. 高级管理人员；B. 经营专家；C. 计算机、电讯和金融服务的专家；D. 保险和法律专家。第八是在非歧视措施方面。各成员方应努力消除对其他成员方服务供给者的限制措施，这些措施包括：A. 阻碍金融服务供给者在其境内按照许可的方式提供金融服务的非歧视性措施；B. 阻碍服务供给者在成员方境内将业务扩展至其境内全部领域的非歧视性措施；C. 一成员方对其他成员方的银行和证券服务供给者在该地提供金融服务的歧视性措施。

③ 国民待遇。根据国民待遇原则，任一成员方应许可在其境内设立的金融服务机构使用由其公共机构经营的支付和清算系统，获得正常的基金和融资便利；成员方应保证其他成员方的金融服务机构在参加本国金融业行业管理组织及其他类似组织后，仍享有国民待遇。

④ 定义。有关的定义与《服务贸易总协定》及其附录相一致。

2. 基础电信服务谈判

基础电信的服务项目主要分为：语音电话业务、分组交换数据传输业务、电路交换数据传输业务、电传业务、电报业务、传真业务、可销售或租赁的私人专线业务、卫星通信业务、其他业务（包括移动电话、移动数据、寻呼设备、同步移动的通信卫星、关口地面站、电视会议、集群无线系统等项业务)。而基础电信的经营范围则主要分为:本地电信服务、长途电信服务、国际电信服务;以有线为基础的电信服务(所有类型的有线业务,通常也指固定设施的无线部分)、以无线为基础的电信服务(所有类型的无线业务,包括通信卫星);公用电信服务、非公用电信服务(如闭合用户群);以设施为基础的电信服务、以非设施为基础的电信服务(如转租或转售)等。

(1) 基础电信协议(Basic Telecommunication Agreement)的签署

1994 年 5 月,基础电信谈判正式启动,先后共有 55 个世贸组织成员(欧盟 15 国单独作为一方)参与谈判,它们占到国际电信市场 93% 的份额。谈判旨在开放年收入达 5 000 亿美元的全球基础电信市场,其根本目标是不仅要扩大国际电信市场的竞争,而且要制定统一的竞争规则,以保证各国相关政策的透明度和防止不公平竞争行为。后续的基础电信部门的谈判于 1997 年 2 月结束,达成了定于 1998 年 1 月 1 日生效的《全球基础电信协议》。截至 1998 年 1 月底,占全球电信市场总份额 90% 以上的 72 个成员方签署了协议,其中 18 个成员方将完全取消对外国公司进入本国电信市场的限制,47 个成员方允许外国电信公司对本国企业进行控股,而印度等 3 个国家将允许外国资本在本国电信企业中占 25% 的股份。

作为《全球基础电信协议》的补充,《信息技术协议》(Information Technology Agreement, ITA)于 1997 年 3 月在成员方的努力下达成。该协议将信息技术产品分为 6 大类:计算机包括处理器、显示器、扫描器、键盘、硬盘和电源插座;通信设备包括电话机、传真机、移动电话机、数据交换机、可视电话机和广播电视的传输装置;半导体零部件包括各种规格和容量的芯片;半导体制造设备包括真空机、切割机、光刻机和测试装置;通信软件包括各种类型的磁盘和光盘;科学仪器包括显微镜、分光仪和光电分析设备。各成员方在协议中承诺:将在 2000 年 1 月 1 日前取消包括计算机软件、硬件等在内的约 200 种信息技术产品的关税。

(2) 基础电信谈判有关文件的分析

① 基础电信协议。基础电信协议及其所附的各方有关基础电信的承诺表构成了 WTO 基础电信协议的主要内容。协议的关键条款是市场准入,其规定主要有:缔约方应确保外国电信服务提供者在跨境提供基础电信的相关服务时享受最惠国待遇;缔约方应允许外国电信服务提供者在其境内建立能够提供各种基础电信服务的经营实体或商业机构;缔约方应准许在其境内设立机构的外国电信服务提供者能拥有和经营其独立的电信网络基础设施。

② 基础电信工作组报告至 1997 年 2 月 15 日谈判取得成功之时,根据 1996 年 4 月 30 日的基础电信承诺决议的要求,世界贸易组织基础电信工作组向服务贸易理事会作出了这份报告,对基础电信工作组的主要工作议题和宗旨、活动内容、关注的焦点以及取得的成果等内容进行了回顾和总结,是基础电信部门自由化谈判中的重要文件之一。报告的主要内容有:

第一,重申 1996 年 4 月 30 日基础电信承诺决议中关于服务贸易理事会通过基础电信协议以及从基础电信谈判小组的最终报告附件中摘记各方的减让承诺表以及最惠国待遇豁免清单的内容。重申了决议中明确规定基础电信工作组为各成员方在 1997 年 1 月 15 日至 2 月 15 日期间修改或补充其减让表或豁免清单提供咨询。

第二,基础电信工作组在第一次会议上提出了工作组的主要任务是争取增加减让承诺表的数量和改善减让表的质量以及致力于 1996 年 4 月份遗留下来尚未得到解决的问题。

第三,回顾了基础电信工作组的主要工作:即主持了多轮双边的基础电信承诺表谈判,并就未解决的问题进行了定期讨论。工作组在提交给服务贸易理事会的报告中建议新加坡部长级会议推动基础电信谈判于截止日 1997 年 2 月 15 日前完成。基础电信工作组还重点讨论了诸如国际服务贸易中潜在的反竞争扭曲措施等焦点问题。

第四，重申了工作组组长声明中关于保证承诺透明度和无线电频率分配的内容。

第五，阐述了谈判的成果：69 个成员政府提交的 55 份减让承诺表以及 9 份最惠国待遇豁免清单。

第六，关于差异性结算费率，基础电信工作组认为成员方并不会因此在 WTO 争端解决机制下提出诉讼，并且承诺在新一轮谈判开始之前重新审查工作组的上述观点。

第七，重申了决议中经理事会批准同意，未提交减让承诺表和豁免清单的成员方可在 1998 年 1 月 1 日前提交。

第八，新的减让承诺表和豁免清单将替换附在第四议定书项下 1996 年 4 月 30 日的原有承诺表和豁免清单。

③ 关于基础电信承诺的决议

1996 年 4 月 29 日，美国借口对部分谈判方的承诺不满意而退出谈判，在其后一天的会议中，经各方妥协，服务贸易理事会谈判附件和基础电信谈判小组的最终报告通过了此项决议，其主要内容有：

第一，通过了基础电信协议的法律文本——《基础电信协议》（服务贸易总协定第四议定书），摘记了各方所作的承诺减让表和最惠国待遇豁免清单的内容。

第二，保持各方业已在基础电信部门承诺的自由化水平，各方不采取任何相悖的措施，以撤回或降低各自的承诺，并使承诺与现行法律法规保持最大限度的一致。服务贸易理事会将对此过程中出现的问题予以审查并关注各方对议定书的接受情况。

第三，在 1997 年 1 月 15 日至 2 月 15 日期间，已将承诺附在议定书项下的成员方可补充或修改其承诺，尚未将其豁免清单附在议定书项下的成员方也可在此期间递交承诺减让表和豁免清单。未作出承诺的世界贸易组织其他成员方可在理事会批准同意的情况下，于 1998 年 1 月 1 日前提交其减让表和豁免清单，90 天以内将开始工作并取代基础电信谈判小组的基础电信工作组将对此提供咨询。

④ 乌拉圭回合关于基础电信谈判的部长决议

1994 年 4 月 15 日，乌拉圭回合部长级会议在马拉喀什城一致通过“关于基础电信谈判议决”，同意在自愿的基础上继续进行旨在促进基础电信部门贸易自由化的全面谈判，并据此组建了基础电信谈判小组（NGBT），并要求其在 1996 年 4 月 30 日前达成协议，结束谈判。决议还包括一项 1994 年 4 月 15 日起生效的暂定承诺，即要求谈判各方自生效之日起不采取任何足以影响其基础电信贸易的措施以提高本方在谈判中的地位和作用。此决议阐述了基础电信后续谈判的基本情况，成为发动和指导基础电信后续谈判的基础性文件，其主要内容有：

第一，谈判应在 GATS 框架内，本着自愿的原则，实现基础电信部门（电信传输网络和服务）的自由化。

第二，基础电信谈判小组负责在基础电信各个领域进行的谈判，并应定期报告谈判进程。

第三，谈判应向有意参与的各方开放，美国、欧共体、日本、澳大利亚、加拿大、墨西哥、中国香港等 19 个成员方已宣布了参与谈判的意向。

第四，谈判从 1994 年 5 月起，在 1996 年 4 月 30 日之前完成，基础电信谈判小组应作出包含谈判结果实施日期的最终报告。

第五，所作承诺，包括生效日期，应列入作为服务贸易总协定附件的减让承诺表中，并不得与总协定的条款相抵触。

第六，要求任何参加方都不采取任何措施以提高其在谈判中的地位和实力。基础电信工作组将对此进行监督，任一参与方也可将与此相关的违规行为呈报给基础电信工作组。

⑤ 关于电信管理原则的参考文件

在 WTO 基础电信谈判中，各方还制定了一份关于电信管理原则的“参考文件”作为基础电信承诺表中的一项“附加承诺”。这一文件确立了各成员政府和其有关当局管理本国基础电信市场的一些基本原则。WTO 各成员可以全部接受这份文件的内容作为其电信管理部门遵循的原则，也可以有保留地接受或稍微修改这一文件的内容。各成员可以原封不动地直接将此参考文件附于其基础电信承诺表后，或稍作修改后附于其基础电信承诺表后，以此作为其电信管理方面的附加承诺。

这一参考文件是 WTO 基础电信谈判的一项重要成果，基础电信谈判小组于 1996 年 4 月 24 日采纳了这一文件，并为后来的基础电信工作组所继承，这一文件成为各成员作出有关电信管理体制与管理原则的附加承诺的主要依据。其目的是为确保外国新进入者能在各成员方的国内电信市场进行公平竞争，保证各成员市场准入承诺的有效实施。参考文件的制定进一步提高了各国（地区）电信法规的透明度、稳定性和可预见性，也加大了世界贸易组织多边贸易体制对各国（地区）电信市场的影响（如争端解决机制的有效实施等），促进了各成员方承诺的落实以及自由化目标的稳步推进。

参考文件第一段规定此参考文件只适用基础电信服务，不适用于增值电信。其他内容包括竞争保障、互联、普及服务、许可标准的公开、管理机构的独立性以及稀有资源的分配和使用等方面，其中电信网络之间的互联是文件的核心内容，它对互联的定义、互联保障、互联磋商程序的公开、争议的解决和互联安排的透明度 5 个方面作了较为详细的规定和阐述。

3. 海运服务谈判

海运服务贸易（Maritime Transportation Service）包括传统的海上客货运输服务、海运辅助服务（如海关通关服务、货运代理服务、仓储服务、货物装卸服务等）、港口服务（如引航服务、船舶拖带服务、补给品供应服务、垃圾和废水处理服务等）以及其他海运服务（如船舶维修服务、租船服务和海难专业救助等）。作为服务贸易的传统项目，海运服务贸易在世界贸易组织的货物及服务贸易多边框架体系中具有举足轻重的地位。海运服务谈判的目标是逐步取消一切限制进入海运市场的限制措施，允许外国在本国实现自由的商业存在，给予外国海运服务最惠国待遇，最终实现海运全面自由化。

早在乌拉圭回合谈判初期，当时的关税与贸易总协定（GATT）就设立了运输服务特别工作组，并将海运服务贸易谈判作为工作组的工作重点。在 GATT/WTO 的海运服务贸易谈判中，各参加方都尽力保护本国（地区）海运业，要求其他参加方尽量开放其海运服务市场。乌拉圭回合之后，根据《关于海运服务谈判的部长决议》，海运服务谈判组（NGMTS）成立，并依照决议设定的框架基础，就海运服务继续进行了深入谈判。

此轮海运服务谈判原定于 1996 年 6 月结束，但是由于各成员方所提交的初步承诺开价单及最惠国待遇豁免项目清单所列附加条件太多，甚至美国这样积极倡导服务贸易自由化的国家都没有做出任何承诺，反而提出了包括对外国承运人调查和采取行动的权利等多项最惠国待遇的豁免，这使得最终协议难以产生；此外，美国和欧盟两大主导成员在海运部门法律和政策方面相差悬殊，二者相持不下的局面使海运谈判一时陷入进退维谷的困境。由于谈判成员方未能对一系列的承诺及条款达成一致，最终谈判小组只能决定在最晚不迟于下一轮多边贸易谈判中继续未尽的海运谈判。

“后乌拉圭回合海运服务谈判”期间还产生了一系列正式和非正式的文件。谈判达成了《海运服务谈判决议》和《关于海运服务谈判的附录》，它们对海运服务谈判的时间表、谈判的目标、谈判的公正性以及海运服务范围的划分均作了专款规定，虽然内容较为粗略，但却为今后进一步的谈判奠定了基础。谈判的成果还包括 1996 年 4 月 15 日公布的《海运服务减让表草案》及 1996 年 6 月 28 日达成的《关于海运谈判的决定》，它们为下一阶段的谈判作出了计划，并为最终协议打下了基础。此外，值得一提的是 1994 年 10 月 21 日，GATT 服务贸易理事会向海运服务谈判的各成员方发放了《海运服务问询调查单》，基于调查的回复而制作的世界各国海运总体发展状况的报告长达数百页，是研究世界海运服务市场状况的重要参考文献。

4. 专业服务谈判

专业服务是指以有偿方式运用专业知识在律师、会计、建筑、咨询、工程、医疗等方面提供各种各样的知识、信息或智能服务的行业。GATS 中含有两个关于专业服务的附件，即《根据本协定自然人提供服务活动的附件》和部长级决议《有关专业服务的决定》。

1995 年初，50 多个国家和地区在会计、审计、律师服务等专业服务领域作出承诺，具体包括经合组织 29 个成员国、其他 28 个新兴工业化国家及地区和一些发展中国家，其在该类领域的市场占有率累计为世界市场的 90%。另有 50 多个国家和地区就管理咨询、电脑服务作出开放市场的承诺。另外，1997 年 5 月 29 日，服务贸易理事会还通过了关于会计服务部门相互认证的指南，这有助于成员国之间进行服务业资格的相互认证，将有力地推动这一领域的自由化进程。

（二）完善框架协议的谈判

1. 服务业紧急保障问题

对于保障条款的确立问题，存在众多争议。首先是关于保障条款的作用问题，一些发展中国家认为，保障条款将会激励有关各方作出更积极、更务实的有关服务贸易自由化承诺，如取消在自然人移动领域的经济需求认定要求，在更多的部门承认商业存在或减少对市场准入和国民待遇的限制等；而持怀疑态度的成员方认为，总协定中已包括了有效的保障措施，再确立保障条款会为贸易保护主义提供契机和借口。

其次是如何具体界定实施保障措施的经济状况和物质环境。发展中国家和地区的要求是：① 因履行总协定所规定的开放义务而导致服务进口的大量增加，结果是国内有关服务提供者要求采取保障行为以补救所遭受的损害，即出现了第 14 条所界定的情况；② 政府为了达到某些政策目标，采取的维护国内服务业生存的行动，即对国内服务业保持最低控制的政府行为。

缺乏有效的关于服务生产、贸易和投资方面的统计资料，是关于紧急保障条款是否有必要存在的一个主要原因。在损害确定中，服务业受损害的标准可沿用货物贸易中的做法，但是关于受到损害的主体——国内产业，没有一个准确的界定，因为，根据总协定的定义，国内产业不包括由外国投资者所有或控制的公司，这样，保障条款的引用条件就很难确定。

2. 服务业补贴问题

服务贸易总协定第15条指出，除其他事项外，成员国应认识到，在一定经济条件下，补贴可能会扭曲服务贸易的发展。因此，各成员国在进行进一步谈判时，应该有意识地建立一种多边准则以防止服务补贴可能对服务贸易产生的不良影响，并确立适当的反补贴程序。谈判应认识到补贴对发展中国家成员方在这一领域中所需的灵活性。基于谈判的目的，所有成员方应交换由其提供给本国服务提供者有关服务补贴的所有资料。

乌拉圭回合谈判后，关于服务补贴的讨论主要集中在区分不同的服务业补贴。服务补贴的目的是多样化的，有的是为了实现社会和其他国家（地区）的政策目标，有的是为了保护某种商业利益而给某种形式的服务和服务提供者的，有的则是为了实现地区和民族的平衡发展，还有一些是为了扶植高新产业等特定产业的发展。对于这些不同目的、不同方式的补贴要区别对待。

关于服务业补贴的另一个问题是，由于服务统计数据的收集难度较大，而且各国（地区）在关于服务贸易的概念、部门分类及很多术语的解释方面存在较大差异，对补贴的幅度很难进行衡量，并且，有些服务贸易很难有充足的材料来确定市场份额和价格，“单位产品”和“单位成本”的概念也不适用，因此价格差异以及对国内服务生产者的损害都难以作出评估。这些原因使得确定补贴规范的谈判连连推迟。

3. 政府服务采购问题

关于政府采购问题的谈判焦点是各成员方是否愿意在服务的政府采购方面维持现状。在目前状况下，服务贸易总协定中政府采购的豁免会促进服务贸易一体化，并最终促进关于政府采购的多边规定或者在服务贸易总协定的范围内建立规范政府采购的多边准则。此外，政府采购守则的工作组将继续关注以下一些问题：为什么大多数国家（地区）未加入；工作组的工作范围；关于政府采购规定的多边程序进一步扩大的可能性；在更广泛的基础上建立程序规则的可能性；如何使已经存在的服务贸易总协定的透明度适用于服务贸易的政府采购措施；服务贸易政府采购的自由化可能产生的影响。

（三）服务贸易总协定的进一步谈判

乌拉圭回合结束时，各成员方同意在基础电信、海运、自然人流动和金融服务4个领域继续进行谈判，并提出服务贸易总协定成员在世界贸易组织协定生效后将要进行一系列持续的谈判，以不断提高服务贸易自由化水平。这些谈判将要减少或消除阻碍提供有效的市场准入的措施，提高具体承诺的总体水平，并且在共同优势的基础上维护各参加方的利益及其利益与权利的基本平衡，最终在新一轮谈判中要进一步完善服务贸易条款。这些原则正如多哈会议中《部长宣言》中所指出的：“在服务贸易领域的谈判旨在促进所有成员国的经济增长，尤其是促进发展中国家和最不发达国家的发展。”

在关于新一轮贸易谈判的讨论中，发达和发展中成员均认为谈判应实现更高水平的服务贸易自由化，减少阻碍服务贸易发展的各种限制性壁垒，进一步完善服务贸易领域的多边规则并促进其更加有效的实施。世贸组织成员基本同意服务部门的范围应是广泛和全面的，所有服务部门和所有服务提供方式下的市场准入和国民待遇承诺水平均应在新一轮谈判中得到进一步的改进，对任何服务部门和任何服务提供方式均不应作任何预先的排除。

关于协议规则,世贸组织成员均同意不就GATS本身重开谈判,而应继续协议既定的有关补贴、保障措施和政府采购规则的谈判。发展中成员特别强调尽快制定有关保障措施和补贴的规则的重要性。

关于新一轮谈判,除了以上共识外,各利益方还存在一些分歧:首先是谈判的方式,印度、巴西等一些发展中成员比较坚持采用传统的"要价/出价"方式。其他成员认为在条件具备时,也可以考虑"统一承诺"的方式,预计部长级会议最后确定的谈判方式可能会是两种方式的结合;其次是新谈判的出发点,发展中成员,如阿根廷、哥伦比亚等成员认为谈判应以成员现有的服务贸易减让表为基础,但美国等少数发达成员则提出应以成员现行的服务贸易体制为起点,成员超出减让表承诺水平的自主自由化措施在谈判开始时就应予以约束,作为谈判基础的一部分。

虽然新一轮的谈判的最终结论尚不可知,但涉及以上方面,未来谈判综合考虑发达国家和发展中国家的利益,可能会有以下的调整:

(1) 修改服务贸易总协定;

(2) 在服务贸易总协定中增加一个多边服务投资协定或条款;

(3) 规范服务贸易统计方法,有助于进行准确评判服务贸易自由化利益;

(4) 加强信息资料的披露要求和政府间交流活动,以促进服务贸易自由化。

阅读与思考

中国与东盟服务贸易自由化

材料1 中国东盟服务贸易协议 全球最大自由贸易区浮现

2007年1月14日,来自中国、澳大利亚、新西兰、日本、韩国、印度以及东盟10国的领导人聚集于菲律宾第二大城市宿务,出席一系列会议,包括第10次中国与东盟领导人会议,第10次东盟与中、日、韩领导人会议以及第二届东亚峰会,中国国务院总理温家宝代表中国出席。会议当天,中国与东盟签署《服务贸易协议》,这是中国在自由贸易区框架下与其他国家签署的第一个关于服务贸易的协议,也意味着中国一东盟自贸区的建设跨过了一个重大障碍。

中国商务部的消息显示,中国与东盟签订的《服务贸易协议》将在各国完成国内法律审批程序后,于2007年7月1日正式生效。《服务贸易协议》规定,在2008年7月1日之前双方还将就第二批服务部门市场开放问题进行谈判,以进一步推动中国与东盟的服务贸易自由化。

商务部人士透露,《服务贸易协议》包括中国与东盟10国开放服务贸易的第一批具体承诺减让表。中国承诺,将在WTO允诺的开放条件下,进一步向东盟国家开放建筑、环保、运输、体育和商务等5个服务部门的26个分部门。东盟10国也将向中国开放金融、电信、教育、旅游、建筑、医疗等行业。

中国与东盟能够在服务贸易领域达成一致,是双方关于自贸区谈判的关键性突破。中国社科院亚太研究所研究员陆建人表示,服务贸易谈判的难点在于,中国与东盟10国经济水平差距很大,服务贸易的成熟程度也有差别。比如新加坡等服务贸易有优势的国家要求尽早开放服务贸易市场,而服务贸易较不成熟的国家则有自己的考虑。但是大家一致同意,服务贸易领域的市场准入必须比WTO更深入。

(资料来源:陈善哲,《中国21世纪经济报道》,2007年1月16日。)

材料 2　中国与东盟服务贸易自由化意义深远

今年初，中国与东盟新签署的《关于实施中国—东盟自贸区〈服务贸易协议〉第二批具体承诺的议定书》已经生效。自 2007 年 1 月，中国与东盟签署《服务贸易协议》后，这是双方第二次就服务贸易相互开放作出具体承诺，成为中国与东盟在自贸区建成后取得的又一重要成果。此举将有效提升自贸区的自由化水平，推动双方服务贸易的互利共赢发展。

中国在第二批具体承诺中进一步开放了公路客运、职业培训、娱乐文化和体育服务等服务部门。与此同时，东盟各国的第二批具体承诺涵盖的部门也明显增加，不仅在其 WTO 承诺基础上做出更高水平的开放，许多国家的承诺还超出了 WTO 新一轮谈判出价水平。而之前的第一批具体承诺中，中国已开放了建筑、环保、运输、商务服务等服务部门的 26 个分部门。由于《服务贸易协议》的实施和推动，以及中国—东盟自贸区建设进程不断加快，双边服务贸易总额从 2007 年的 179 亿美元增长至 2010 年的 268 亿美元。

目前，全球经济竞争的重点正从货物贸易转向服务贸易，服务业与服务贸易的发展水平已成为衡量一个国家现代化水平的重要标志之一。总体上看，中国服务业和服务贸易相对落后，服务业竞争力不强。因此，加强服务业的“引进来”和“走出去”，提升服务业国际竞争力，已成为中国在今后一个时期内的迫切任务。中国与东盟《服务贸易协议》是我国在自贸区框架下与其他国家签署的第一个关于服务贸易的协议，其内容与影响受到世界关注。这个协议以及新一轮的具体承诺，不仅影响中国和东盟的经贸关系，而且对我国与其他国家和地区开展自贸区谈判都产生了重要影响。

建立自贸区已成为中国推进服务业双向开放的重要平台和策略选择。到目前为止，我国与其他国家、地区和组织已签订的自贸区协定有 9 个。在中国—东盟自贸区之后，我国与智利、新西兰、新加坡、巴基斯坦等国签订的自贸区协议中，服务贸易自由化均成为主要内容。此外，内地与香港、澳门达成的《更紧密经贸关系安排》也涵盖了服务贸易的内容。

（资料来源：芳菲，《广西日报》，2012 年 3 月 23 日。）

思考与练习

1. 说明服务的含义、特点及服务业的发展趋势。
2. 说明国际服务贸易的含义、特点及分类。战后国际服务贸易迅速发展的原因是什么？
3. 什么是国际服务贸易壁垒？简要归纳其种类。
4. 什么是服务贸易自由化？有何表现？对发达国家和发展中国家有何影响？
5. 简述《服务贸易总协定》的主要框架及其重要意义。

第八章

国际工程承包

国际工程承包(International Contracting for Construction)是一种综合性的并被世界各国广泛采用的商务活动方式。国际工程是指由一国的工程承包公司以自己的资金、技术、劳动力、设备、材料、许可证等,在国际承包市场上通过投标等方式,为另一国的业主包揽营建的工程项目。随着经济全球化的发展,世界各国的经济活动在更高、更宽的领域渗透,资本、技术、劳动力的国际流动和交换规模日趋扩大,国际工程承包在世界经济贸易市场上的地位日益突出。

第一节 国际工程承包方式

一、国际工程承包的含义和内容

国际工程承包是指一个国家的政府部门、公司、企业或项目所有人(一般称工程业主或发包人)委托国外的工程承包人负责按照所规定的条件承担完成某项工程任务。从国际贸易的角度看,国际工程承包就是以工程项目为对象的跨国技术商务活动。国际工程承包与普通商品贸易的最大差别在于,建设工程的施工与使用通常是在同一地点进行,无须再经过特定的流通环节,承包商只要通过输出人才、技术和管理,到国外组织物化劳动,完成建筑产品,即可实现其交换价值。此外,国际工程承包与劳务输出相比也更为复杂,它不仅要输出劳务,还要输出资金、技术和设备等。因此对承包商的资金、技术、设备和管理的综合能力要求很高,承包的风险很大,但盈利也大。研究国际工程承包的理论和实务,对于提高我国对外工程承包的管理水平具有很重要的现实意义。

国际工程承包是包括技术、管理、劳务、设备和资金在内的一种内容复杂的国际贸易方式。其内容主要有以下几个方面:

(一)工程项目咨询和设计

1. 工程项目建设的全过程服务

即对工程项目建设的可行性研究、招标、合同谈判、签约、设计、施工、设备安装、物资供应、竣工验收、试生产和维修的全过程承担咨询或监理任务。

2. 工程设计和技术服务

基本设计:指对工程项目所要达到的规格、标准、生产能力进行初步设计,一般在合同签订之前进行。

详细设计:指对工程项目的机械、电子、仪表及其工艺的设计、建筑物设计和配套工程设计,通常在合同签订以后进行。

技术服务:指为该项目提供所使用的专利发明、计算机软件、专有技术以及在项目实施阶段提供监理服务。

（二）工程项目的物资供应

1. 供应机器与设备：工程项目所需要的大量机器和设备，由承包人在本国或在国际市场上采购供应，亦可部分由业主采购，部分由承包人供应。

2. 供应原材料、能源与动力：原材料、能源与动力的供应既可以由业主提供，也可由承包商提供，还可由双方按一定的比例分别提供。

（三）工程项目的施工承包

施工承包的内容包括向工程项目派遣技术、管理、服务人员，组织项目实施，提供工程施工机械、使用人员以及供应材料等。

（四）其他内容：资金供应、人员培训、经营管理等

筹措工程项目使用的资金，招收和培训必要的生产人员，组建生产指挥管理机构，制定管理制度，保证工程项目的建设工作顺利实施。

二、国际工程承包方式

（一）总、分包形式

1. 总承包形式

总承包形式（Principal Contract）指从投标报价、谈判、签订合同到组织合同实施的全过程，包括整个工程项目对内、对外的转包与分包都由总包商对业主负全部责任。

2. 分包

分包（Separate Contract）指业主把工程项目分成若干子项目（或几个部分）分别发包给几个承包商，各承包商之间没有经济联系，独立完成承包任务，是一种平等的关系，并各自对业主负责。各承包商承包任务的组织协调工作，由业主委托监理工程师或某一承包商实施，但对其不能视为总包商。

3. 二包

二包（Sub-contract）指承包商将自己总包或分包来的工程项目其中的某一子项目转包给另一承包商，并签订合同。接受转包的承包商称为“二包”。二包与业主不发生直接关系，但受业主与总包合同的约束和支配，或者必须经过业主同意才能成为二包。二包在工程施工中必须受业主委派的监理工程师的管理和监督。

（二）“交钥匙”工程的承包形式

指承包商将工程项目全过程即从选择工程方案、选址、设计、施工、设备供应与安装、技术培训、试生产到正式运营等一系列过程承包下来，按合同规定实施，按期、按质、按量生产出合格产品。所谓“交钥匙”工程，即业主不再参与建设全过程，只对工程项目进行验收，组织生产。

（三）带资承包形式

业主向承包商发包的同时，还要求承包商提供资金支持作为承包条件。

（四）收购与兼并的承包形式

承包商对工程项目所在国的经济实体收购或兼并后成立子公司，由该子公司作为当地的承包商参加该国的工程项目投标竞争，中标后签约承包。这种形式有利于避开项目所在国贸易壁垒和保护主义政策。

(五)"建设—经营—转让"承包形式

"建设—经营—转让"方式(Build - Operate - Transfer)简称 BOT 项目承包形式。一般做法是:业主就发包项目经过招标或议标选择承包商,并与其组成联合公司,筹集项目建设资金和项目建成后的经营管理费用。业主可用土地、自然资源或当地货币等入股,项目建设和经营费用则由承包人分担,项目建成后由联合公司负责经营管理;公司盈利按参股的多少分成,合营的时间取决于各方投资的大小和回收年限,也可取决于经营的收益,一般为 10 年以上,原则上保证各方收回投资且能获得一定的利润;合同期满后,项目的所有权及经营权移交给业主。这种形式的实质是利用外资来建设本国(一般是发展中国家)急需的大型资本、技术密集型项目,并利用外国的先进技术与管理经验进行经营管理,以提高项目的经济效益。

(六)"建设—拥有—经营"承包形式

"建设—拥有—经营"方式(Build - Own - Operation)简称 BOO 承包形式。BOO 与 BOT 不同之处在于联合公司中的发包国一方的股东不是政府而是具有法人资格的承包公司,项目的一切风险由私人投资者承担;此外,项目建成后的所有权属于联合公司,不存在项目所有权的转让。项目经营管理期间股东可以变动,但公司的所有制性质不变。为了保证各投资者的利益,一般要在项目经营满 10 年以后才能出售股份。这种承包形式报价灵活、造价低、财政和技术都有保证,可以吸收各方面更多的资金投入建设。

三、国际工程承包的特点

(一)国际工程承包是一项工作内容复杂的系统工程

国际工程承包的项目一般投资较大、任务重、营建时间长,从工程项目筹备到项目完成不仅要经过一系列复杂的项目实施过程,而且还要涉及国际贸易、金融、税收、保险、外汇、海关、国际法等一系列经济活动。就具体项目而言,承包商要针对每个工程的经济技术特征和业主的要求,研究确定自己的实施方案,包括适用的技术、所需施工机械、物资采购与运输、劳动力招募、分包选择和资金运筹等。如果是"交钥匙"工程,还包括前期的咨询设计和后期的试生产。因此,国际工程承包是一项多因素、多目标的系统工程。

(二)国际工程承包是一项创汇潜力较大的综合输出

国际工程承包以技术、管理为龙头,带动设备、材料和劳务出口,推动相关行业的发展,是一项创汇潜力较大的综合输出。一般而言,发达国家主要是通过国际工程承包带动成套设备、建筑材料的输出,改善一国的国际收支,促进一国的经济发展,而发展中国家则主要是通过国际工程承包带动劳务输出。

(三)国际工程承包是一项可变因素多、风险大的事业

国际工程承包除了一般工程存在的风险(如自然灾害、恶劣的地质条件等)因素外,还会面临诸如政治风险、货币风险、合同风险等。因此,国际工程承包商必须加强预测分析,采取各种防范措施,只有在激烈的市场竞争中驾驭风险,才能在大风险中获取高额盈利。

(四)国际工程承包是一种竞争极其激烈的无形贸易方式

如上所述,国际工程承包作为跨国的技术贸易是一种投资大、利润大、风险也大的无形贸易方式,并能带动其他贸易的发展,是增加出口创汇的重要渠道,因此各国都在致力于发展这种贸易方式,市场参与面极广。承包商为了增加劳务输出以及取得工程项目承包权,除

了在工程项目投标中压低报价外，还要附加一些优惠条件，所以本来就很激烈的国际工程承包市场竞争更加激烈。

第二节　国际工程招标与投标

招标与投标是国际工程承包市场上最普遍、最常见的成交方式，它不仅适用于工程项目承包、发包，也适用于规划、设计、设备提供、材料和其他物资采购、技术服务、技术转让等项目。

一、招标

（一）招标的概念

招标是一方（招标人）欲出售、购买商品或欲建设工程项目，按一定程序征求应征人，不经磋商而进行交易的一种方法。应征人按招标人的要求提出具体方案并寄交招标人称为投标。

（二）招标的方式

1. 公开招标

公开招标（Open Bidding）又称无限竞争性招标，由招标人通过公共宣传媒介发布招标信息，凡具备投标资格且对该项目有兴趣的承包商，均可申请资格预审，预审合格者方可进行投标，条件对业主最有利者可中标。公开招标常用于所在国政府的工程项目、联合国经济援助项目或者业主希望实行公开招标的工程项目。

2. 邀请招标

邀请招标（Invited Bidding）又称有限竞争选择性招标（Limited Competitive Selected Bidding）。这种方式不采用刊登广告的方式，而是业主根据经验和各种情报资料，对那些被认为有能力承担该项目的承包商发出邀请，一般邀请 5～10 家承包商（不得少于 3 家）前来投标。这种招标方式可以保证参加投标的承包商信誉可靠、经验丰富，有能力完成该项目，但是也可能会漏掉一些技术上、报价上有竞争力的承包商。邀请招标常用于所在国政府发包的工程项目、私人工程项目和业主希望采用的工程项目。

3. 两段招标

两段招标（Two-Stage Competitive Bidding）是指由无限竞争性招标与有限竞争性招标相结合的一种招标方式。一般可以先公开招标，经过开标、评标后，再邀请其中报价较低（不一定是最低标）的几家承包商参加第二阶段报价。针对大型的、复杂的项目，还有一种两段招标，第一阶段要求投标人进行技术投标，评标后，淘汰其中技术不合格的承包商，再进行第二阶段的投标报价。

两段招标方式往往应用于下列两种情况：

招标工程内容的制定尚处于进行中，需要在第一阶段的招标中博采众议，进行评审，选出最新、最优的方案，然后在第二阶段中邀请被选中方案的投标商进行详细报价。

在某种新的大型项目的经营中，招标人对此项目的经营往往缺乏经验，这时可以在第一阶段招标中向投标商提出要求，就其最熟悉的经营方式进行投标，经过评价，选出其中最佳的投标商再进行第二阶段的详细报价。

4. 议标

议标(Negotiated Bidding)又称非竞争性招标。在此方式下,招标人根据项目的具体要求和自己所掌握的情况,直接选择某一家承包商进行谈判;若经谈判达不成协议,招标人可另找一家承包商继续谈判,直到最后达成协议。议标方式常用于工程造价低、工期较紧、专业性强或军事保密工程,有时也用于专业咨询、设计和指导性服务,或专用设备的安装、维修等项目。这种招标方式容易达成协议,工作可以迅速开展,但其缺点是合同谈判的结果往往不理想,无法获得有竞争力的报价。

(三)招标的程序

招标以业主为主体,整个招标过程所需要的时间往往随招标方式和项目特点的不同而有所差异,少则一年,多则几年。从成立招标机构开始到签订承包合同需要严格按照招标程序和要求进行,是一项繁杂而又细致的工作。其大致要经过以下具体程序:

1. 成立招标机构

国际招标工作的整个过程一般由一个专门设立的机构全权负责。招标机构可以自己设立,也可以委托国际上常设的招标机构或从事招标的咨询公司代为招标。招标机构的能力和工作效率直接影响到招标的成败。

2. 制定招标规则

招标规则主要包括以下内容:一是确定招标方式;二是确定广告刊登的范围和文字表达方式;三是确定开标的时间和地点;四是确定评标的标准。

3. 编制招标文件

招标文件是招标的法律依据,也是投标者投标和准备标书的依据。招标文件的具体内容应视项目的规模和复杂程度而定,其主要包括招标人须知、担保书、合同条件和技术规范等。招标人所要建造的工程项目和所要采购物资的具体内容与要求,以及评标的具体标准全部体现在招标文件中,所以招标文件一定要力求完整和准确。招标文件所用的文字应该是国际商业通用的英文、法文和西班牙文。

4. 发布招标公告

招标公告是指招标机构利用广播、电视以及国内外知名度较高的报纸、期刊向国内外的合格承包商发布的招标启事,即邀请所有合格的承包商进行投标。招标公告的主要内容包括发包人的名称、项目的名称与概况、项目的资金来源、招标的方式、投标的开始时间与截止日期、评标的地点和时间、招标文件的发行等。

5. 进行资格预审

资格预审是指对愿意承担招标项目的投标人进行财务状况、技术能力、资信等方面的预先审查,目的是选择确有承包能力的投标人。参加资格预审的承包商应向招标机构提供投标意向书、公司章程与资质、公司技术和行政管理机构的人员名单、公司现有的机构设备清单、公司现有的合同清单、公司过去5年来承揽类似合同的清单、公司资产负债表、业主或监理工程师对公司资信的证明和银行对公司资信的证明。资格预审的标准应在招标公告中注明,经资格预审后,所有符合标准的承包商都应准予投标。

6. 开标

开标是指招标委员会在规定的时间和地点,将截止日期前收到的全部投标文件,在所有投标人或其代表在场的情况下,当场拆封投标文件,并公开宣读各投标人的投标条件,使全体投标人了解各家标价的程序。

7. 评标

招标委员会将投标文件的标价及其他条件一一汇集列表，选取其中报价最低的四五份投标文件，进行审查、鉴别、比较，最后决定中标单位。交易条件主要是看标价，对业主而言，标价越低越好；技术条件主要包括施工方案、施工所采用的技术、施工的组织与管理、工期以及施工方案的合理性、可靠性和科学性。

8. 决标

决标是根据评标报告及其推荐意见，由招标委员会决定中标人，同时向中标人发出中标通知书的环节，对未中标的人一般可不通知，或只简单通知××承包人中标即可。招标不一定都能选中中标人，招标人可以拒绝全部投标，即废标。一般而言，招标人在出现下列3种情况之一时，有权宣布废标：① 投标人不足3家；② 最低标价超过标底；③ 所有的投标书均未按招标文件的要求编写。废标后，可进行第二次招标。

9. 签订合同

中标人在接到正式的"中标通知书"后，应在规定时间内与工程业主签订工程承包合同。合同先由一方起草，并在该草稿基础上进行磋商，达成一致后签订。

至此，招标工作全部结束，中标人便可着手准备工程的开工建设，若中标人未按期签约或故意拖延，并且事先没有向招标机构提出可以接受的申请，那么中标人应被视为违约。

二、投标

（一）投标的概念

投标（To submit tender）是指由获取投标资格的投标人，根据招标条件和公司的实力，在规定的期限内向招标人填报投标书，并争取中标、达成协议的过程。

（二）投标的特点

1. 投标的前提是必须承认全部招标条件，否则就失去参加投标的机会。

2. 投标属于一次性标价，但主动权掌握在招标人手中，即业主在选定中标者的过程中，投标人一般没有讨价还价的权力。

3. 投标在法律上属于要约，标价一旦报出，不能随意撤销。为此，招标人一般要求投标人交纳投标保证金。

（三）投标的程序

投标本身也是一个过程，主要经过投标前的准备、询价、制定标价、制作标书、竞标等程序。

1. 投标前的准备

投标前的准备工作十分重要，它直接影响中标率的高低，准备工作应从以下3方面入手：

(1) 收集有关信息和资料。需要收集的资料主要包括两个方面：一是项目所在国（地区）的情况，如项目所在国（地区）政治的稳定性、与邻国的关系、经济的发展水平、基础设施状况、金融与保险业的发达程度、自然环境、社会环境、文化环境等。二是竞争对手的有关资料，其中主要是了解能够参与本行业投标的企业数目，以及这些企业的经营状况、生产能力、知名度、参加投标的次数和中标率等。如果竞争对手各方面均优于本企业，且本企业中标的机会很小,就应放弃该项目的投标,转向本企业中标机会较大的其他项目。

(2) 研究国际招标法规。国际招标活动涉及的东道国法规有采购法、合同法、公司法、税法、劳动法、外汇管制法、保险法、海关法、代理法等。

(3) 组成投标小组。投标小组的成员应由本企业从各部门中选拔出来的具有各种专业技术的人员组成,他们的能力是本企业中标和获利的关键。

2. 询价

询价是投标人在投标前必须做的一项工作,因为承包商在承包活动中,往往需要提供设备和原材料,询价的目的在于准确核算工程成本,以作出既有竞争力又能获利的报价。此外,有时消费品价格和劳务的价格也是询价的一个内容。

3. 制定标价

投标价格是在成本核算的基础上制定的。成本主要包括直接成本和间接成本两部分。直接成本主要包括工程成本、产品的生产成本、包装费、运输费、运输保险费和工资等;间接成本主要包括投标费、捐税、施工保险费、经营管理费和贷款利息等。此外,一些可能发生的费用也应考虑进去,如因通货膨胀可能造成的成本上涨的费用、因汇率波动而产生的费用等。制定标价时,承包商在成本基础上加一定比例的利润便可形成最后的标价。考虑利润的同时也应考虑竞争对手的情况及企业投标的目的,如承包商不指望通过工程的建造来取得收益,而是想通过承包工程带动本国(地区)设备和原材料的出口,进而从设备和原材料的出口中获得利润,出于这种目的的承包商所制定的标价与工程项目的建造成本持平或低于成本,从而提高中标率。

4. 制作标书

标书是投标书的简称,亦称投标文件。它的具体内容依据项目的不同而有所区别,编制投标书是指填好投标书及其附件、投标保证书、工程量清单、单价表和有关的技术文件等,投标人的报价、技术状况和施工工程质量全部体现在投标书中。在编制标书之前,预审合格的承包商根据业主的通知到指定的机构购买招标文件。要仔细阅读招标文件,编制的标书一定要符合招标文件的要求,否则投标无效。

5. 投递标书

投标书编制完成后,投标人应按招标人的要求装订密封,并在规定的时间内送达指定的招标机构。投递标书不宜过早,一般应在投标截止日期前几天为宜。

6. 竞标

开标后投标人为中标而与其他投标人的竞争叫竞标。投标人参加竞标的前提条件是成为中标的候选人。在一般情况下,招标机构在开标后先将投标人按报价的高低排出名次,经过初步审查选定 2 ~3 个候选人,招标机构通过对候选人的综合评价,确定最后的中标者。当候选人的条件相当,招标机构难以取舍时,招标机构便会向候选人重发通知,再次竞标,投标人也将再次竞标,以决胜负。

第三节 国际工程承包合同

一、国际工程承包合同的概念

工程承包合同又称工程承包契约,是业主和承包商为确定各自应享受的权利和应履行的义务而订立的共同遵守的法律条文。承包合同是双方在合同实施过程中应遵守的行为准则,也是解决双方可能发生纠纷的基本依据,因而应对双方当事人的权利与义务予以明确规定。合同一经签字,对双方都有法律约束力。国际工程项目具有项目周期长、规模大、风险大等特点,使得承包合同的谈判更为复杂。承包商弄清合同的种类、内容与特点,对于正确履行合同,并运用合同维护自己的正当权利,具有非常重要的意义。

二、国际工程承包合同的种类

工程承包合同包括建筑工程合同和安装工程合同,有的将设计合同和勘测合同也归纳进去。从不同的角度,可对国际工程合同进行不同的分类:

(一) 按价格形式分类

1. 总价合同

总价合同(Lump-sum Contract)指支付给承包商的款额在合同中是一个规定的金额,即总价。总价合同又可分为固定总价合同、调值总价合同、固定工程量合同和管理费总价合同等4种形式。

(1) 固定总价合同。这种合同的价格计算是以图纸及相关规定、规范为基础的,合同总价是固定的。承包商在报价时对一切费用的上升因素都做了估计,并已包含在合同价格之中。使用这种合同时,在图纸和相关规定、规范中应对工程作出详尽的描述。如果设计和工程范围有所变更,合同总价也必须作相应的变更。

(2) 调值总价合同。这种合同的总价一般是以图纸及相关规定、规范为基础,按时价进行计算。它是一种相对固定的价格。在合同执行过程中,由于通货膨胀这一因素,所用的工、料等成本增加时,合同总价也要作相应调整。因此,在这种合同中,由工程发包人承担了通货膨胀这一不可预见的费用因素的风险,而承包人只承担施工中的有关时间和成本等因素的风险。

(3) 固定工程量总价合同。指由发包人或其咨询单位将发包工程按图纸和相关规定、规范分解成若干分部分项工程量,由承包人据以标出分项工程单价,再将各个分项工程总价相加,即构成合同总价。

(4) 管理费总价合同。指发包单位雇佣某一承包公司(或服务公司)的管理专家对发包工程项目的施工进行管理和协调,并由发包单位向承包公司支付总的管理费用的合同。

2. 单价合同

当准备发包的工程项目内容、技术经济指标尚不能明确时,采用工程单价合同(Unit-price Contract)形式为宜。工程单价合同有估计工作量单价合同、纯单价合同两种不同的形式。

(1) 估计工程量单价合同:以工程单价表为依据来计算合同价格的合同。合同中的单位价格乘以实际工程量便得出工程结算的总价格。

(2) 纯单价合同:发包单位只向投标人给出发包工程的分部分项工程以及工程范围,而不对工程量作任何规定,承包商在投标时只需对这种给定范围的分部分项工程提出报价即可。

3. 成本补偿合同

对招标单位来说,当工程内容及其技术经济指标尚未全面确定,而工程又必须向外发包

时,采用成本补偿合同(Cost-plus-fee Contract)这种形式是比较合适的。成本补偿合同有以下7种形式:

(1)成本加固定费用合同。发包单位对承包商支付的人工、材料和设备台班费等直接成本全部予以补偿,同时还增加一笔管理费。所谓固定费用是指杂项费用和利润相加之和,费用总额是固定的,只有当工程范围变更而超出招标文件时才允许变动。

(2)成本加定比费用合同。这种合同与上述第一种合同较为相似,不同的只不过是这种合同中所说的费用不是一笔固定金额,而是相当于成本的一定百分比。

(3)成本加奖金合同。在合同中对成本规定一个底点和一个顶点,承包商在指标的顶点之下完成工程时可以得到奖金。奖金的额度通常根据低于指标顶点的情况而定。当奖金加上报价书中的成本概算总额达到顶点时,则不再给奖金。如果成本超过顶点,则对超出部分支付罚款,直至总费用降到顶点时为止。

(4)成本加固定最大酬金合同。在合同中设定了三笔成本总额:第一笔称为报价指标成本;第二笔称为最高成本总额;第三笔称为最低成本总额。如果承包商在完成工程中所花费的工程成本总额没有超过最低成本总额,他所花费的全部成本费用、杂项费用以及应得酬金等都可以得到发包单位的支付;如果花费的工程成本总额低于最低成本总额,可与发包单位分享节约额;如果花费的工程成本总额在最低成本总额与报价指标成本之间,则只有成本和杂项费用可以得到支付;如果花费的工程成本总额处于工程成本总报价成本与最高成本总额之间,全部成本则可以得到支付;花费的工程成本总额超过最高成本总额时,发包单位不予支付超过部分。

(5)成本加保证最大酬金合同。这种合同规定发包单位补偿承包商花费于工程中的人工、材料及机械台班等方面的成本,另加付工人及利润的涨价部分,这一部分的总额可达到完成招标书规定时而给付的保证最大酬金为止。如果施工过程中工程规范和范围有所变更,承发包双方可以协调一个新的保证最大酬金;如无变更,则原来的最大酬金不变。

(6)成本补偿费用合同。这种合同与前面5种形式合同的不同之处在于发包单位向承包商支付全部直接成本并加附一笔费用,这笔费用是对承包商所支出的全部间接成本、管理费、杂费及利润的补偿。

(7)工时及材料补偿合同。这是一种特殊形式的成本补偿合同。它指的是以一个综合的工时费率来计算工作人员在工作中所完成的工时并予以支付,综合性的费率包括基本工资、保险、纳税、工具、监督管理、现场及办公室的各项开支以及利润等。材料费用的补偿以承包商实际支付的材料费为准。

在一项合同中应注意尽量避免混用不同的计价方式。当一项工程仓促上马,准备工作不够充分时,发包单位充分考虑各方面的情况后,很可能在其发包工程合同中既包含总价合同内容,又包含单价合同及成本补偿合同内容。

(二)按合同范围分类

按合同范围来划分,国际工程承包合同可分为工程咨询合同、施工合同、工程服务合同、设备供应合同、设备供应与安装合同、"交钥匙"合同、交产品合同。

1. 工程咨询合同

工程咨询合同(Consultant Contract)即业主与咨询人(工程师或建筑师)签订的合同。这种合同是专业服务合同。咨询人和咨询公司通常由工程业务不同的会员组成,各自承担不同的专业咨询业务。

工程咨询业务分为投资前研究、项目的准备活动、工程设施服务、技术服务等4种。

2. 施工合同

施工合同(Construction Contract)又称建筑合同,是业主与承包商签订的工程实施合同。许多国家都制定了本国的标准合同格式。目前,使用最广泛的合同格式是国际顾问工程师联合会(FIDIC)拟定的《土木建筑工程(国际)施工合同条款》。

3. 工程服务合同

对于大型或复杂的工程项目,业主往往要委托工程公司、制造公司等负责有关工程服务工作,为此而签订的合同称为工程服务合同(Engineering Contract)。

4. 设备供应合同以及设备供应与安装合同

为完成整个工程的设备部分,业主可根据情况,签订4种范围不同的设备供应合同以及设备供应与安装合同(Supply of Equipment and Supply of Equipment with Erection Contact):① 单纯设备供应合同,这种合同属买卖合同,当事人是买主与卖主;② 设备供应与安装合同,这种合同属承包合同,当事人为业主和承包商,除了包含买卖合同外,还附加一项服务合同;③ 单纯安装合同,这种合同属服务合同,当事人是业主和承包商,承包商只负责安装设备;④ 监督安装合同,这种合同适用于业主自行安装设备,承包商负责指导监督安装。

5. "交钥匙"合同

"交钥匙"合同(Turn-key Contract)又称"一揽子"合同,承包商自始至终对业主负责。工程竣工后,承包商只要交给业主工厂的钥匙,业主开门即可正式投入生产。这种合同实际上是以业主为一方,以咨询人、设备供应厂商、土建承包商为另一方所签订的合同。

6. 交产品合同

交产品合同(Product-in-hand Contract)又称产品到手合同,是指在工程项目投产以后,承包商仍在一定的时间内继续负责指导生产、培训人员和维修设备,保证生产出一定数量的合格产品,并达到规定的原材料、燃料等消耗指标后才算完成任务,所以又称为"保产合同"。这种合同形式是在"交钥匙"合同形式的基础上发展起来的,与"交钥匙"合同相比,承包商的履约保证范围更大。

(三) 按承包方式分类

1. 统包合同

统包合同(Principal Contract)即从项目方案的选择、总体规划、设计、施工,设备材料供应和安装,以及操作人员培训的指导,直到试运投产、产品达到设计要求后,再移交给发包人的一揽子合同。

2. 分项合同

分项合同(Separate Contract)即发包人将一项工程分为若干部分分别发包给几个承包人,各承包人同发包人分别签订的合同。

3. 二包合同

二包合同(Sub-Contract)即总承包人或各分包人将自己所包工程的一部分转包给其他专业承包人,各专业承包人与总承包人签订的合同。

三、国际工程承包合同的内容

国际工程承包合同因其类型不同,在内容上各有简繁,格式上也各有不同,但其主要条款大体一致。目前,使用最广泛的合同格式是由国际顾问工程师联合会拟定的《土木建筑工程(国际)施工合同条款》,也称 FIDIC 条款。FIDIC 条款得到世界银行的推荐,成为目前国际上最具权威的从事国际工程承包活动的指导性文件。FIDIC 条款由 3 部分组成,即土木工程施工合同的一般条件、专用条款和合同格式。主要包括以下内容:

(一)合同范围

合同范围一方面指承包商的责任范围,另一方面指工程范围。

(二)工程期限

工程期限即工期,指工程从开工之日起到全部建成为止所需的时间。如果承包商无故拖延工期,给业主造成损失,则要受到罚款。

(三)承包商的义务与违约

承包商除按合同规定完成并维修该项工程外,还要提交履约保函,提出工程进度计划,接受工程师的监督,执行工程师的命令,在工程师签发竣工证书前照看工程,对工程进行保险,对二包商的工作负责。其中,最重要的义务之一就是按合同规定的工期和质量要求完成项目。若承包商违反了合同中列举的事项如承包商未经许可转包工程、无正当理由不开工、质量不合格等,承包商就构成违约,业主有权没收承包商的履约保证金,另雇承包商完成该项工程,有权免费使用工地上的施工机械,并要求赔偿损失。

(四)业主的责任与违约

业主主要负责清理并提供施工场地,协助承包商办理施工所需的机械设备、原材料、生活物资的出入境手续,支付工程建设款等。反之,如果业主未按合同规定的期限和数额支付工程建设款,可能是因破产、停业或不可预见的原因而未履行义务,承包商有权解除合同,撤走设备和材料,业主应向承包商偿付由此而造成的损失和费用。

(五)工程师和工程师代表

工程师由业主任命并代表业主执行合同规定的任务,如发出开工、停工或返工等指令,除非合同另有规定,工程师行使的任何权力都应被视为已征得业主的同意。工程师代表的主要职责是代表工程师在现场监督、检查施工质量、处理实施合同中发生的问题。工程师代表也可任命一定数量的人员协助其工作。

(六)价格与支付条款

价格条款中应写明是否是总价合同、单价合同或成本补偿合同,价格中是否包括税金,计价所采用的货币种类,以及是采用固定价格还是滑动价格等。支付条款应包括支付方式和支付期限。在国际工程承包活动中,一般采用银行保函和信用证来办理支付,其支付的具体方法大多采用预付款、进度款和最终结算相结合的做法。

(七)转包与分包

承包商未经业主的同意,不得将合同或其中的任何部分转让出去。在得到业主许可的情况下,可将工程的一部分给其他承包商,但不能全部分包出去。

(八)工程变更条款

工程师在必要时,可以对工程或其他任何部分的形式、质量或数量作出变更。如果变更后的工程量超过一定的幅度,其价格也应作相应的调整;如果工程的变更是由承包商引起的,变更的费用则由承包商承担。

(九)验收条款

业主对承包商所提供的一切设备、材料、做工等,经检查、试验、试生产后,认为完全符合合同的规定并表示满意,验收即为合格,验收合格的应发合格证书。验收不合格的,若责任在承包商一方,则由承包商负责修补,直至合格为止。验收条款中应订明验收的组织形式、验收方法和时间以及验收文件等内容。

(十)争议的解决条款

如果业主与承包商之间发生争议,其中的一方应书面通知工程师并告知另一方,工程师在收到通知的一定期限内作出决定并通知业主和承包商,如果业主或承包商对工程师的决定不满意或工程师在规定的期限内未能作出决定,不满方应在收到工程师决定的 7 天之内或在通知工程师决定而工程师未在规定期限内作出决定之后的 7 天内通知对方和工程师,并提出仲裁意向。如果双方都未发出要求仲裁的通知,工程师的决定将作为最终有约束力的决定。

招标成交的国际工程承包合同不采取单一合同方式,而是采取另一种合同方式,这种合同是由一些有关文件组成的,通常称为合同文件。

合同文件包括:招标通知书、投标须知、合同条件、投标书、中标通知书和协议书等。按照国际上通用的“合同条件”,一般包括以下内容:

1. 监理工程师和监理工程师代表权责条款

合同中应该规定,发包人须将其任命的监理工程师及时通知承包人,监理工程师是发包人的代理人,在监理工程师中选定监理工程师,代表发包人负责监督工程施工和处理履约中出现的问题。

2. 工程承包的转让和分包条款

合同一般规定,承包人未经发包人或其代理人同意,不得将全部合同、合同的任何部分、合同的任何利益和权益转让给第三者。经发包人或其代理人同意,承包人方可把部分工程分包给他人,但原承包人仍对全部工程负责。

3. 承包人一般义务条款

根据合同规定,承包人应该负责工程项目的全部设计和施工,并无偿提供施工所必备的劳务、材料、机器设备及管理知识。

4. 特殊自然条件和人为障碍条款

一般来说履行工程承包合同的时间较长,在履行合同中,可能会由于特殊自然条件和人为原因给工程的施工带来困难,必须采取一定的措施才能排除,例如,增加施工机械设备、劳动力、材料等,这样就要增加承包费用或推迟工程进度。以上问题须经监理工程师或监理工程师的代表确认,发包人才能偿付额外增加的费用或同意工程延期。

5. 竣工和推迟竣工条款

合同中规定竣工时间和标准,工程完成后承包人经监理工程师或其代表验收无误后发给竣工证明,标志着工程项目已全部竣工。如果出现一些特殊情况,如工程变更、自然条件变化、人为障碍使工程延误,承包人经监理工程师同意,可以延长工程的竣工期限。

6. 专利权和专有技术条款

承包人或分包人须向发包人提供专利和专有技术,并承担被第三方控告合同范围内专利权为非法的责任以及专利权被第三方侵犯时的维权责任；对于承包人提供的专有技术，双方应订立保密条款。

7. 维修条款

合同中的维修条款说明维修期限和维修费用的负担问题。维修期限一般是从竣工证书签发之日起计算，一般土木工程维修期为 12 个月。在维修期内，承包人应按监理工程师的要求，对工程缺陷进行维修、返工或弥补等。如果工程的缺陷是承包人的疏忽造成的，由承包人负担由此而引起的费用。如果是其他原因造成的，由发包人负担费用。

8. 工程变更条款

合同签订后，发包人或监理工程师有权改变合同中规定的工程项目，承包人应按变更后的工程项目要求进行施工。因工程变更增加或减少的费用，应在合同的总价中予以调整，工期也要相应改变。

9. 支付条款

支付条款一般规定在合同条件的“特殊条件”之中，主要包括：

（1）预付款：工程开工前，发包人应按合同规定支付给承包人一部分预付款，预付款金额一般是合同总价的 5% ~15%，以便承包人购置机械设备和采购材料等。

（2）临时结算：发包人每月向承包人支付一次，发包人每月支付的金额应扣除承包人的保留金，保留金通常是每月支付金额的 5% ~10% 左右，但保留金的累计金额达到合同总价款的 5% 时，就不再扣留，承包人交付的保留金应在工程竣工和维修期满后全部退还给承包人。

（3）支付期限：一般规定，在监理工程师签发结算单之日起 15 ~30 天以内，发包人要向承包人付清费用。

（4）迟付加息：如果发包人不按规定付款，应按工程项目所在国中央银行放款利率加息。在结算证书之日起 30 天内，发包人付清全部价款。

10. 违约惩罚条款

合同项下的双方当事人在履行合同过程中，可能会出现违约的行为，针对各方违约的情况，分别订立违约惩罚条款。

（1）对承包人违约的惩罚

凡是以下情况即构成承包人违约：承包人未经发包人书面同意而转让和分包承包工程；承包人无正当理由不按时开工；承包人未按合同规定标准准备材料；承包人不听从监理工程师的正当警告；承包人忽视工程质量；等等。对此，发包人有权终止合同，没收承包人的履约保证金或者采取其他必要的惩罚措施。

（2）对发包人违约的惩罚

凡是以下情况即构成发包人违约：未向承包人按时支付费用；干扰、阻碍或拒绝向承包人签发付款证明；无正当理由中途决定停工，故意制造事端，挑剔和责难承包人；等等。

对于发包人的违约行为，承包人有权终止合同，发包人须赔偿承包人因准备开工或施工中所有费用的支出和机器设备折旧费用、运输费用等。

除上述合同条款外，还要订立仲裁条款、特殊风险条款等。

阅读与思考

"FIDIC"条款的运用

FIDIC 条款：

FIDIC 是国际咨询工程师联合会的法文缩写。FIDIC 条款是一种国际惯例，世界银行、亚洲开发银行及美国总承包商协会、中美洲建筑工程联合会等国际组织推荐 FIDIC 条款作为土木工程实行国际招标时通用的合同条款。

FIDIC 条款的实施条件：

（1）采用无限制招标选择承包商；

（2）合同履行中建立以工程师为核心的管理模式；

（3）施工承包合同采用单价合同。

FIDIC 条款的运用及注意问题：

新疆维吾尔自治区吐—乌—大高等级公路、乌—奎高速公路是采用世界银行贷款修建的高标准公路，沿线的房屋配套设施工程也相应采用 FIDIC 条款管理模式进行工程监督管理。这也是新疆首次采用 FIDIC 条款对工业与民用建筑工程进行管理。通过这几年对这两条路的房屋配套设施运用 FIDIC 条款进行管理的实践，认为在利用 FIDIC 条款对工业与民用建筑工程进行管理时，应主要抓好以下几个方面的工作：

1. 做好前期的准备工作。① 做好工程的设计及审核工作；② 选择适宜的监理组织机构形式；③ 注重监理人员的配备；④ 做好监理人员、承包商主要人员的培训工作；⑤ 明确业主与监理的职责与关系。

2. 做好监理工作。① 加强工程质量管理；② 加强工程进度监理；③ 加强工程建设投资控制；④ 加强工程合同管理；⑤ 加强信息管理；⑥ 加强组织协调；⑦ 妥善做好工程交工。

3. 做好缺陷责任期的工作。

四、订立国际工程承包合同的程序

订立国际工程承包合同与订立其他经济合同的程序基本相同，它需要经过要约和承诺的过程。但由于国际工程承包合同涉及的内容极其广泛，当事人双方往往要经过较长时间的反复协商与谈判，才能达成一致的协议，因而订立合同的过程也较复杂，要经过建立联系、双方各自表明意向、投标报价、正式谈判、制定书面协议、合同正式签字等 6 个主要步骤，在某种情况下还需要将合同签证。

（一）收集信息

对承包商而言，获取和追踪拟建项目的信息，是承包工作至关重要的第一步。可以从国内、国外各种媒体中收集；也可以从国内外咨询人和代理人、国内外各界友好人士和华侨人士交往中收集；还可以从我国驻外使馆及其他驻外机构和各进出口贸易公司等涉外单位获取。总之，从事国际工程承包的企业要设立专人或机构，广交朋友，寻找适当的代理人，在国内外建立广泛的联系，形成一个反应迅速的信息网络组织，从各方面收集资料，加以分析研究，掌握最佳时机，迅速作出反应和决策。

（二）表明合作意向

承包商取得工程项目信息后需要与该项目的业主或咨询公司以及与此工程项目有关系的其他各方面加强联系，以进一步了解该工程项目的基本性质和一般情况，如项目的资金来源、建设规模、质量要求、工程地点、工期及付款条件等，这些情况是投标决策的基础。如果该工程项目是公开招标的，承包商还须了解投标的条件、投标日期和投标方式、预付款额度和开工日期以及是否要进行资格预审等情况。在对上述情况进行综合分析后决定是否进行投标及以何种方式投标。如果决定投标，则承包商可以用信件、电传、电报、电话或面谈等方式向业主表明愿望，或向其他承包商表明合作意愿和合作方式。

（三）投标报价

承包商对欲参加投标的一些工程项目，有时需向业主提交资格预审书，预审合格后，才能参加投标。在正式投标前，承包商应根据招、投标文件规定的工程量和技术规范及其他条件，及时组织人员进行预算估价工作。工程造价估算完毕后，再按标书规定的投标时间和投标方式向业主提交填写好的投标书。

承包商所制定的报价条件和价格将是当事人双方拟定合同条款的主要依据，它会直接影响承包商在合同中所享有的权利和应承担的义务，所以承包商在投标报价阶段要仔细阅读招标文件，准确掌握标书中的各项内容，这也是制定合理价格的关键。

（四）议价谈判

国际工程承包合同的议价谈判工作都是在业主基本同意但未正式接受承包商的报价条件和价格之前进行的。开标后，业主按各承包商的报价条件和价格进行议价判标工作，即业主从参加投标的诸多承包商中选择 2 ~ 3 家标价最低且报价条件相同的承包商，要求他们再次报价，或分别和他们进行讨价还价的谈判。通过承包商的二次报价以及分别和承包商进行谈判，业主就可以达到降低标价的目的，并为最终正式选择一家承包商来承包该项工程做好准备。在这一阶段中，承包商谈判的目的是促成项目的成交，为争取拿到项目和今后签订正式合同创造条件。

（五）制定书面协议

国际工程承包合同都要采取书面形式，在制定书面协议时应注意以下问题：

1. 合同使用的文字须经当事人双方同意，国际工程承包合同多用英文书写。如用两种以上语言制作书面合同，须注明几种文本是否具有同等效力。

2. 书写合同时，文字要表达清楚，含义要明确，一定要避免使用模棱两可的语句。

3. 内容要具体明确，不能笼统。

4. 合同条款要完整，一项条款有时要包括几个方面的内容，若遗漏某项重要内容，往往会给一方造成损失。

（六）签署协议

书面合同制成之后，当事人各方要及时签署。国际工程承包合同的当事人多属法人，所以签署时必须写明法人的全名称和签署人的姓名及职务。在当事人各方不能集中同时签署时，通常是以最后一个当事人签署的日期和地点作为签约的日期和地点。合同末尾的签署姓名处要留出一定的空白处以便签署。另外，在合同文本页与页之间，或在每页的角上当事人要签上姓名起首字母。

（七）签证和公证

某些国家规定国际工程承包合同还需要经过有关主管机关的签证，或者经过公证机关的公证后才具有法律效力。合同的签证是行政监督，合同的公证是法律监督。

第四节 国际工程项目管理

国际工程项目管理(International Project Management)属于项目管理知识体系(Project Management Body of Knowledge)的范畴。项目管理知识体系是指项目管理这一专业领域中的知识总和。项目管理知识体系包括已被公认的、正在广泛应用的传统经验,也包括在某个领域内开始被采用的先进技术和创新。

一、国际工程项目的含义

(一)工程项目

工程项目是指建设领域中的项目。一般是指某种特定的建设工程,或是指某一项具体的建设工作。它既是指项目建造的结果(包括产品和服务),同时也是建造这一结果的过程。

(二)国际工程项目

国际工程项目是指国际工程领域中的项目,也可以说是国际领域中的工程项目。它是跨国的,就某一国家而言分为海外工程和国内涉外工程;就一个项目来说,从咨询、融资、招标、投标、施工、监理到培训等各阶段或环节的主要参与者(单位或个人,产品或服务)来自不止一个国家(地区),它一般需要按照国际上通用的项目管理模式通过国际性公开招标投标竞争取得参与资格,并进行建设。工程项目"国际性"的程度,取决于跨越国界的数量,取决于项目主体来自不同国家(地区)的数量。

二、国际工程项目的特点

(一)跨多个学科的系统工程

国际工程项目管理是一个在国际上不断发展和创新的学科,必须按照国际惯例进行管理,因而从事国际工程的人员不但要求掌握某一个或几个专业领域的技术知识,还要求掌握涉及国际领域的法律、合同、金融、外贸、保险、财会等多方面的专业知识。从工程项目准备到项目实施、运行和维护,整个管理过程十分复杂,因而国际工程是跨多个学科、对人才素质有很高要求的复杂的系统工程。

(二)跨国(地区)的经济活动

国际工程是一项跨国(地区)的经济活动,涉及不同的国家(地区),不同的民族,不同的政治、经济、文化和宗教背景,不同参与单位的经济利益,因而合同中各方不容易相互理解,可能会产生矛盾和争议。

(三)严格的合同管理

国际工程往往不止一个国家(地区)的单位参与,不可能依靠行政管理的方法,因而必须采用国际上多年来业已形成惯例的、行之有效的一整套合同管理方法。即要求花费比较多的时间做好招标文件的准备以及招标、投标、评标和谈判签约等工作,从而顺利签订好合同,以便在实施阶段严格按照合同进行项目管理。

(四)风险与利润并存

国际工程是一个充满风险的事业,比国内工程风险大得多,每年国际上都有一批工程公司倒闭。一项国际工程如果订好合同、管理得当将会获得一定的利润,但如果不会管理,遭遇风险,则可能遭受重大的损失。因此一个公司要想在国际工程市场中参与竞争并生存,就需要努力提高公司成员的素质。

（五）发达国家垄断市场

国际工程市场是从西方发达国家许多年前到国外投资、咨询和承包开始的,发达国家凭借雄厚的资本、先进的技术、高水平的管理和多年的经验,占有绝大部分国际工程市场,我们要想进入这个市场,拿到国际工程项目,就需要加倍努力。

三、国际工程项目管理的主要模式

国际工程项目管理模式指国际上从事工程建设的大型工程公司或管理公司对项目管理的运作方式。近年来,一些国际上比较先进的工程公司为适应项目建设大型化、一体化以及项目大规模融资和分散项目风险的需要,推出了一些成熟的项目管理方式。

（一）设计—招标—建造模式

设计—招标—建造模式(Design-Bid-Building,DBB)的运作流程如下:首先业主通过组织安排专业技术人员进行前期可研项目评估工作,然后组织施工招标选择承包商。该模式具有较成熟的管理方法,在项目开展各阶段互相监督更有利于工程项目施工在成本、进度与质量控制方面得到较大保障;同时在选择专业技术人员方面也比较自由,有利于对成本进行控制。

但该模式中项目的建设周期比较长且管理的成本也较高,同时在项目前期工作中的投入也较大;另一方面,由于设计单位与承包商的施工工艺、施工经验以及先进的施工技术不能较好地结合,工程设计阶段的相对独立性造成承包商在施工阶段困难较多。

（二）设计—建造模式

设计—建造模式(Design-Building,DB)的运作流程如下:在业主确定的工程项目原则下,由一个总承包商来负责项目的设计与施工。该模式的最大优势在于其可能产生的风险大部分由总承包商来承担,从而使得业主在投资固定的前提下所承担的风险较小;业主在工程项目建成后对其进行验收、投产及运行维护,可以在较大程度上节省时间与精力。但是该模式的劣势也是显而易见的,业主投资成本将会比传统项目管理模式高出很多,同时总承包商的施工技术水平差距使得工程项目质量得不到保证。

（三）建造—运营—移交模式

建造—运营—移交模式(Building-Operating-Transferring,BOT)的运作流程如下:政府将基础设施项目转给民营企业开展实施。这种模式能减轻政府财政负担从而降低项目成本、提高项目建设效率,同时政府将大部分风险转移给了承包商,因而承担的风险较小。但政府需要在寻找项目资金渠道方面花费较多精力。

（四）建筑工程管理模式

建筑工程管理模式(Construction-Management,CM)的优势一方面在于其设计符合工程实际,使得施工效率提高,节省了时间,从而缩短了项目工期,业主能较快实施营运并收回投资;另一方面在于业主能对项目进行直接管控。但工程项目成本的不确定性、因项目索赔与设计变更发生的费用无法准确评估,使得业主无法有效地对成本进行控制而承担较大风险,同时工程设计质量会因投标风险因素以及来自业主与承包商的压力而受到影响。

（五）项目管理承包模式

项目管理承包模式（Project—Management—Contractor，PMC）是业主通过项目管理承包商开展项目前期工作，项目管理承包商制定工程项目具体实施细则以对项目实施管理控制的整个过程。项目双方共同承担风险与分享利益，从而较大程度上精简建设管理机构并节省投资。但该模式实施不具备普遍性，仅适用于一些具有国际融资能力的大项目，而这些工程项目往往实施难度较大。

四、国际工程项目管理的基本措施

（一）项目管理规划大纲

该大纲是企业管理层在投标之前编制的，旨在作为投标依据、满足招标文件要求及签订合同要求的文件，是进行国际工程管理的战略性文件。

1. 项目概况及实施条件分析

得到工程招标信息之后必须认真分析工程的情况，进行全面了解，分析进行投标的可行性，研究该项目的有利条件及不利因素，进行施工条件评估。

2. 项目投标活动及签订施工合同的策略

确定参与该项目投标后，根据公司战略发展需要，针对该项目的具体情况，研究投标策略，采用不平衡报价、多方案报价、建议方案报价及无利润报价等不同策略。

3. 项目管理组织机构及其职责

根据已投标的工程项目特点选派优秀的管理团队，并且在投标标书编制过程中让项目经理及主要技术、管理人员参与其中，以便日后可以使投标工程与中标后的现场施工管理工作有机结合。

4. 确定项目质量、工期、成本、管理目标

质量目标（生产能力、功能、技术标准等）、工期目标和费用目标（成本、投资）共同构成项目管理的目标体系。三大目标互相联系、互相影响，所以项目管理者应追求三者之间的均衡性、合理性，任何强调最短工期、最高质量、最低成本的管理方式都是片面的。

5. 项目风险预测

主要指对项目所在国家（地区）及材料采购地、劳务人员来源地等方面的不确定因素进行充分了解。项目风险包括政治、法律、经济、社会、自然等方面的风险。应根据不同风险采取相应的措施，比如风险转移、降低、规避等。

6. 其他方面的规划

在投标过程中还需进行安全生产、文明施工及环境保护等方面的措施规划，特别是环境保护，现在许多国家（地区）越来越注重环境保护，如果在这方面考虑不到位，将会给以后的工程实施带来很大的隐患。

（二）项目实施过程中的目标管理

在相应的工程承包合同范围内，承包商完成规定的设计、施工、供应、竣工和保修任务，并为这些工作提供设备、劳务、管理人员，对相应的工程承包进行计划、组织、协调和控制，使承包工程在规定的工期和承包范围内符合合同所规定的功能和质量要求。

1. 工程项目范围管理

工程项目范围管理是指为了成功达到项目的目标，完成项目可交付成果而必须完成的

工作，即项目行为系统的范围。承包商在接到招标文件及中标后，必须研究自己的工程项目范围，以便进行精确的施工计划。精确的施工计划有助于分清项目责任，进行项目管理和索赔。项目范围管理的有效办法是进行工作分解结构，即 WBS。

2. 工程项目管理组织

工程项目管理模式的确定必须依据业主的项目实施战略和工程项目的特殊性。组织有效的项目经理部，进行合理的专业分包，建设有效的组织是项目经理的首要职责，它是一个持续的过程，需要领导技巧以及对组织结构、组织界面、职能结构和激励的全面把握，形成一个联合的工作群体。工程项目管理组织特别注重项目团队和团队精神，团队精神对项目的运作有特殊的作用，是项目组织文化的具体表现：有明确共同的目标，所有成员对目标有共识；有合理的分工和合作；有不同层次的权利和责任；组织有高度的凝聚力，能使大家积极地参与；团队成员能全身心投入到项目"团队"工作中；成员互相信任、互相沟通，成员交流经常化，团队中有民主氛围，大家能感觉到团队的存在；在项目经理部经常开展学习和创新活动。

3. 项目进度管理

工期计划的目的是确定项目的总工期。工期计划是工程项目计划体系中最重要的组成部分，必须按照合同中规定的时间和计划进行。掌握项目的里程碑事件的安排对进度管理是十分重要的，承包商必须有自己的里程碑计划，此计划应比合同中的里程碑计划稍提前。在进度计划的基础上进行综合的、多角度的进度控制，除工期外，还需考虑到实物工作量、成本、资源的消耗量等因素，对进度拖延必须采取综合措施。

4. 项目成本管理

项目成本管理包括成本计划、成本控制。在现代工程项目中，积极的成本计划不仅不局限于事先的成本估算（或报价），而且也不局限于工程的成本进度计划（即 S 曲线）。积极的成本计划还体现在以下方面：积极的成本计划不仅包括按照已经确定的技术设计、合同、工期、实施方案和环境预算成本，而且包括对不同的方案进行技术经济分析，从总体上考虑工期、成本、质量、实施方案等之间的互相影响和平衡，以寻求最优的解决方案；进行全过程的成本计划管理，不仅在计划阶段进行周密的成本计划，而且在实施中积极参与成本控制，不断根据新的情况调整和修改计划，形成一个动态控制过程；实现项目的盈利最大化，比如在决定工期方案时不仅应考虑资源投入量和成本的高低，而且应考虑工期拖延的合同违约金或工期提前的奖励。成本控制是指通过控制手段，在达到预定工程功能和工期要求的同时优化成本开支，将总成本控制在预算（计划）范围内。成本和工期的动态控制是通过网络进行的，在工程实施的状况下，应顾及剩余工程（包括工作量、质量、实施方案、实施顺序）的修改、工期推迟和风险等因素，用项目的成本模型进行后期的成本趋向预测，以及项目结束时总成本和收益状况预测。

5. 工程项目采购和合同管理

工程项目采购包括工程的分包、材料和设备的采购、劳务的分包等方面。合同管理包括合同的分析、合同控制、索赔管理等方面。以上的管理和控制对工程能否顺利实施以及盈利与否影响重大，必须设置专门的部门、人员进行管理。应该根据不同的项目特点，选择不同的采购对象，同时加大合同管理的力度。

6. 工程项目质量管理

工程项目质量管理包括项目产品的质量和项目工作的质量。管理的目标是为项目的用户(业主)和其他项目相关者提供高质量的工程和服务。其管理体系的内容包括质量计划、项目质量保证、质量控制、质量管理文件。质量目标是工程项目的三大管理目标之一,必须高度重视。

7. 工程项目风险管理

现代工程(尤其是国际工程)项目风险大,风险管理是项目管理的一个热点,越来越引起我们的重视。工程项目风险具有如下特点:风险的多样性、普遍性、全局性、客观性、偶然性、可变性、规律性。应该根据不同的项目特点采取不同的分析控制方式,常用的风险对策有:回避风险大的项目;采取积极的技术措施;采用适当的组织措施;参与工程保险;要求对方提供担保;提取风险准备金;采取合作方式共同承担风险;等等。

8. 工程项目沟通管理及信息管理

由于项目和项目组织的特殊性会带来沟通的困难,组织协调和沟通不仅是一个信息过程,而且是一个组织过程,同时又是一个心理过程。协调是项目成功的保证,沟通是达到组织协调的手段,是解决组织成员间障碍的基本方法。项目手册是有效的沟通方法。信息流对项目管理有特别重要的意义,可以将项目的工作流、物流、资金流结合在一起,将各个管理职能、项目组织结合在一起,将项目与环境结合在一起。只有信息流畅通、有效率,才会有顺利的、有效率的项目实施过程。

总的来说,随着国际工程项目管理技术不断发展以及国际工程大型化、复杂化,工程项目管理亦更趋于复杂化。项目管理全球化发展在给我们创造了学习机会的同时也提出了更高的要求,要求我们朝着更高水平的国际化方向迈进,就要求我们进一步系统学习并掌握国际先进工程项目管理方法以适应国际工程项目发展的新形势,从而积极参与到国际工程项目管理中。

思考与练习

1. 当代国际工程承包市场的特点是什么?
2. 国际招标方式有哪几种?
3. 导致施工索赔的原因有哪些?
4. 如何理解国际承包工程的投标是一种有限制的自由竞争?
5. 如果你是某工程项目经理,初次到某国去参加工程承包的投标竞争,你准备怎么做?
6. 国际工程项目的特点及其管理的主要模式有哪些?

第九章

国际直接投资

自20世纪80年代以来,国际直接投资的发展速度已经超过了国际贸易和国际技术转让的发展速度,在世界经济中占据主导地位,并在很大程度上推动了经济的全球化。国际直接投资是国际投资的一种主要和重要形式,就其作用与影响而言,它除了引起货币资本在国际流动外,还与其他生产要素(设备、原材料、生产技术和管理技能等)的国际流动有着密切关系,进而关系到企业的全面国际化。国际直接投资不但与投资国的出口贸易及国际收支密切相关,还直接影响到东道国外资与技术的引进、就业状况与产业发展。它涉及面广、持续时间长,受到了各国政府、企业乃至个人的密切关注。

第一节　国际直接投资及其发展

一、国际直接投资的概念与特点

(一)国际直接投资的概念

国际直接投资也称外国直接投资(Foreign Direct Investment, FDI),是与间接投资相对应的一个概念,是国际资本流动的一种形式。

从金融学的角度看,投资是指现在以合适的媒介投入资金以便以利息、租金、股息或退休金等形式取得未来的收益,或者使原来的资本额增值的行为。从经济学的角度看,投资是进行固定资产建设以为将来的更大收益进行准备的行为。二者本质上并没有区别,例如,个人以股票、债券或储蓄等为媒介进行的投资会通过金融机构直接或间接地用于固定资产的建设上。因此,理论上一般将投资定义为:投资是经济主体(政府、企业、个人)以获得未来资本增值为目的,预先垫付一定量的资本或实物(固定资产、无形资产、土地等)的行为。

国际投资是投资的特殊形态,是与国内投资相对称的,指将资本从一个国家(地区)投向他国或境外某地区的经济活动。国际投资有各种不同的分类方法:按资本流动的期限可分为长期资本投资和短期资本投资;按资本流动的方式可分为借贷资本流动和生产资本流动;按资本所有者可分为国家资本输出和私人资本输出;按投资方式可分为国际直接投资和国际间接投资。

关于国际直接投资的定义,众说纷纭,归纳其理论观点,大致可表述为:

国际直接投资是指一个国家(地区)的投资者(包括自然人和法人)到国(境)外直接开办工矿企业或经营其他企业,将资本直接投放到生产经营中去并取得企业经营控制权的经济活动。其所投资本既包括资金,也包括机器设备等有形资本和技术、管理等无形资本。

国际直接投资按其资本构成可以分为两类:单一资本方式和联合资本方式。在东道国设立分公司或受母公司控股的子公司称作单一资本方式,外商独资企业属于这种方式。联合资本方式包括股权式合营企业和契约式合作企业,它们都与东道国企业共同投资、共享利益。

国内学术界与部分实际工作者将国际直接投资作了这样 3 个方面的划分：

一是按其投资行为将国际直接投资划分为两种形式：创办新企业和控制外国企业股权。

创办新企业指投资者直接到国外进行投资，创办企业或分支机构，从事生产经营活动。它包括开办新厂矿或设立分支机构、附属机构、子公司，同东道国或第三国联合创办合资企业，收买外国现有企业或公司，等等。

控制外国股权是指购买外国企业股票并达到一定比例，从而拥有对该外国企业进行控制的股权。目前，在国际上究竟控股率达到多少才算直接投资，还没有统一的标准。按照国际货币基金组织的定义，只要拥有 25% 的股权，即可视为直接投资。按美国的规定，凡拥有外国企业股权达 10% 以上者均属直接投资。

二是按国际分工将国际直接投资划分为 3 种类型：横向型国际直接投资、垂直型国际直接投资与混合型国际直接投资。

横向型国际直接投资也称水平型国际直接投资，是指企业到国外投资，建立与国内生产、经营方向一致的子公司或附属机构，同时这种国外分支机构或子公司能够独立地完成产品的全部生产与销售过程。它一般适用于机器制造业和食品加工业。

垂直型国际直接投资也称国际直接纵向型投资，它一般指某企业到国外建立与国内的产品生产具有关联的子公司，并在母公司与子公司之间实行专业化协作。垂直型国际直接投资又可细分为两种形式：一种是子公司与母公司从事同一行业产品的生产，但分别承担同一产品生产过程的不同工序零部件的生产；这种形式多见于汽车、电子行业。另一种是国内与国外企业从事不同的行业，但它们互相衔接、互相关联。这种形式在资源开采和加工行业中出现较多。

混合型国际直接投资，是指一个企业到国外建立与国内生产和经营方向完全不同的子公司。目前，世界上只有少数的巨型跨国公司采用这种形式。如美国的埃克森石油公司，不仅投资于石油开采、精炼和销售领域，而且还投资于石油化学工业、机器制造业、商业和旅游业，等等。

三是按其合作方式将国际直接投资划分为独资企业、合资企业、合作企业。

（二）国际直接投资的特点

国际直接投资作为一种投资形式，与国际间接投资相比，具有以下几个特点：

第一，投资周期长，风险性大。直接投资一般都要参与企业的具体生产经营活动，通过投资以取得对企业生产经营活动的控制权，因而它必须与直接的生产经营项目联系在一起。一个项目的投资与项目的生命周期有关，一般来说，其生命周期较长，少则几年，长的达十几年甚至几十年。因此，直接投资的周期长，从而加大了投资者的投资风险。

第二，带动技术出口和管理经验的国际传播。由于国际直接投资一般都要参与企业的生产和经营，因而可以带动投资国的技术出口；对投资接受国来说，国际直接投资有利于促进其技术进步，并且由于国际直接投资带来了先进的企业管理经验，从而有利于投资接受国管理水平的提高。

第三，推动优势生产要素结合，创造更高的劳动生产率。通过这个途径，投资国和东道国的优势生产要素得以结合，各种资源在高水平、高层次上得到利用和开发，产品的质量、竞争力得到提高，生产力的开掘在世界范围内获得新的深度。

第四，超越贸易壁垒，推动世界经济发展。在当今世界上，各国为本国本地区的利益、为平衡国际收支逆差，纷纷筑起各种关税和非关税壁垒，限制外国产品大量进入本国市场，从而使世界经济的增长受到相当大程度的遏制。而国际直接投资能给东道国带来众多好处，因此它能跨越多种壁垒，开拓东道国的市场，推动世界经济的进一步发展。

第五，推动东道国经济增长。外商在东道国兴办企业虽然拥有相对独立的经营决策权，但必须遵守东道国的有关法律、法规。东道国可利用此种宏观调控手段引导投资方向，改善投资结构、商品出口结构，完善健全自己的国民经济体系。从微观上看，三资企业在各种经济指标上的优良表现既为国内企业的改革明确了目标，也对其施加了压力。

二、国际直接投资的动机与经济效应

(一) 国际直接投资的动机

企业从事国际直接投资的动机主要体现在以下几个方面：

1. 利润导向型

在这种类型的对外直接投资方式下，资本要素向国外转移的主要目的在于获取比国内更高的投资利润率。因此，资本要素一般是由资本相对充裕的国家(地区)流向资本相对稀缺的国家(地区)。

2. 劳动力导向型

资本要素向国外转移的主要目的在于与国外相对廉价的劳动力要素相结合，以提高资本劳动产出率。在这种情况下，资本要素一般是由劳动力价格相对较高的国家(地区)流向劳动力相对廉价的国家(地区)。

3. 自然资源导向型

对外直接投资在很大程度上发生在自然资源开发项目上，其目的是获取国外相对丰富的自然资源或母国相对短缺的自然资源。很明显，在这种情况下，资本要素将从自然资源相对贫乏的国家(地区)流向自然资源相对丰富的国家(地区)。

4. 市场导向型

这种类型的对外直接投资的主要目的在于开拓国外市场或巩固自己的市场地位。在当今世界经济生活中，贸易保护主义盛行，各国都利用关税壁垒及其他非关税壁垒措施来限制外国商品进入本国市场。在这种情况下，为绕开关税和非关税壁垒，企业不得不在国外投资设厂，当地生产、就地销售，以达到扩大市场份额、获得更多利益的目的。

5. 技术导向型

在某些情况下，对外直接投资的目的是获取东道国先进的科学技术知识及管理经验。为了达到这一目的，在技术导向型对外投资中，资本要素一般是由技术欠先进的国家(地区)流向技术较先进的国家(地区)。

6. 分散投资风险导向型

当一国的政治、经济情况不稳定时，该国的投资者一般会将全部或部分资金转移到国外政治、经济情况良好的环境中去，以降低投资的风险。在这种情况下，资本要素一般是流向政局稳定、经济稳步增长、投资环境较佳的国家(地区)。有时为了防止一国政治、经济的变化给投资者带来太大的冲击，投资者也会选择在多国投资，以分散风险，保证相对稳定的收益。

7. 管理与信息导向型

这种类型的对外直接投资指以及时获取当地市场信息,加快市场信息反馈,协调公司内部管理和生产安排为目的而进行的投资。在单纯的国际商品贸易中,由于生产地与消费地分别处于不同的国家,相距较远、通讯不便,产品市场上出现的新趋势、新动向、新问题不容易及时反馈到生产地,因此生产企业很难及时根据市场动态来调整生产。通过在市场地直接投资,可以将生产与销售更紧密地结合起来,从而更有利于企业根据市场来及时调整自己的生产。

8. 全球战略导向型

这种类型的对外直接投资的目的在于实现投资者的全球战略,有些对外直接投资在短期可能是无效益的或效益不高的,有时甚至是负效益的。投资者之所以仍然对外投资,其目的在于在全世界范围内提高自己的知名度,树立自己的企业形象,获取一些隐形的利益,实现其全球战略,为谋求更长远的利益和发展奠定基础。

(二)国际直接投资的经济效应

国际直接投资的经济效应是指国际直接投资对东道国和母国经济发展方面的影响和作用。这种影响和作用是双重的,主要体现在:

1. 资本转移效应

对东道国来说,外国资本的投入,一方面可以直接增加东道国的资本流量,使东道国能够扩大生产、增加产出,而且外国投资带来的乘数效应能拉动东道国的经济增长,促进东道国的经济的发展,对东道国的经济起到"输血"的作用。另一方面可以增加或调整东道国的资本存量,改善其资产质量。即通过投资新建项目或对项目连续追加投资来增加东道国的资本存量,也可以通过兼并收购东道国的企业增加东道国的资本存量。东道国通过吸引外资突破自身自然条件对其经济发展的限制,使资产得到更合理的配置和利用,从而提高全社会的经济效益。

国际直接投资对东道国的资本转移也有一些负面效应。例如,发展中东道国引进外资要付出较大的经济代价,承受一定程度的剥削。发展中东道国的一些较落后的重要经济部门很容易被控制,阻碍发展中国家民族工业独立健康地发展,加重发展中国家对外国资本的依赖。国际直接投资还可能使发展中东道国外债负担加重,国家主权利益受损,等等。

对资本输出国来说,资本流出的影响和作用大体上是积极的、正面的。对外投资虽然在短期内会减少资本输出国的资本流量,但长期来说,一旦投资进入回收期,利润会源源不断地流回资本输出国,资本流量和存量得到增加。同时,伴随着资本流出,必然增加东道国对资本输出国出口品的需求,刺激资本输出国的出口生产,拉动经济增长。当然,如果资本输出国对外投资过快过急,出现对外投资膨胀,则也会产生一些负面的资金转移效应,例如国内投资增长缓慢、国内投资增长率低于对外投资增长率、对外贸易由顺差转向逆差、国内通货膨胀等。

2. 技术与管理能力转移效应

国际直接投资往往有助于东道国引进国外先进的技术和管理能力。首先,外资对东道国的注入使东道国可能借助多种方式获得先进技术和研发成果。对于发展中国家来说,通过引进外资直接引入国外先进技术,不仅能节省科研费用,而且能节约研制时间,取得跳跃性的发展。其次,外国直接投资往往还会通过竞争、示范和产业联系等途径对东道国产生外在效应。

国际直接投资对投资国的效应主要在于：一是能够推动其技术进步和提高其研发能力。投资国虽然输出了技术，但技术的研究、开发仍集中在投资国进行，面对市场的扩大与竞争，投资国将强化新技术的研究开发，促进技术进步，提高发明能力。二是能增加母国的技术收入。一方面能获得技术使用费收入；另一方面，随着跨国公司研究开发活动的跨国化和分散化，还可利用其他国家的廉价研究人才，降低研究开发成本。

3. 市场进入效应

接受国际投资的东道国通过引进外资，为其进入国际市场开辟了道路。首先，外资的进入能为东道国带来符合国际惯例的市场进入渠道，构筑新的贸易渠道，增强东道国进入国际市场的能力，促进其出口的扩大。同时外资项目还可发挥进口替代作用，减少东道国对该项目的进口，节约东道国的外汇。其次，国际直接投资为东道国开辟新的市场，引导出口行为。与东道国企业相比，外资企业具有更强的出口导向性和更高的产品技术含量，其出口产品向技术密集型制成品方向发展，从而为东道国企业传递新的市场信息，引导东道国企业的行为，为东道国开辟出新的国际市场。

投资输出国向外投资的最重要动机和目的就是占领东道国的市场，争取更大的经济领地，因而对投资国的市场进入效应首先表现在扩大投资国的市场，增强投资国在国际市场的竞争力。投资国通过国际直接投资可以建立生产、销售一体化的网络，同时降低营销成本和市场进入费用，有利于稳定和开拓国外市场，扩大对外贸易。其次，投资国的资本流出，有利于强化跨国公司在国际市场的主导地位，巩固和发展其在国际市场拥有的份额，取得经济上的规模效应。

4. 结构调整效应

国际直接投资不是单一的资本流动，而是技术、资金和商品的综合转移，因而可为东道国带入一批相互产生积极影响的资源。这些资源与东道国的资源相结合，可以促进东道国产业结构的调整。这种效应对于发展中东道国尤其明显。首先，通过利用发达国家的对外投资，发展中国家可形成一些新兴工业部门，填补一些产业空白，改变单一或落后的经济结构。其次，国际直接投资的外部效应和扩散效应使发展中东道国整个工业技术水平和劳动者素质得到提高，促进技术密集型和资本密集型产业的发展，从而促进产业结构的高级化，改善整个国民经济结构。进一步说，在新技术革命的背景下，国际直接投资加快了高新技术部门在各国的发展，促进了整个世界包括发展中国家和发达国家产业结构的演进。

投资输出国通过对外投资可以把国内效率较低或附加值相对较小而在国外有比较优势的产业转移到国外，从而使投资国的产业结构得到优化。投资国会制定相应的产业政策引导国内的经济结构调整。然而，如果投资国的跨国公司在向国外扩张时出现资本、技术等生产要素的非合理化流出，就可能造成投资国的产业空心化，经济结构失衡，国内物质生产的地位和作用被削弱，国内物质产品供给能力落后于需求。因此，国际直接投资对投资国的经济结构调整效应同样既有正面的作用，也有负面的作用。

5. 就业效应

国际直接投资对东道国的就业效应通常表现为创造新的就业机会并提高就业质量。新建企业投资方式直接创造出许多新的就业机会，而兼并收购方式往往会提高就业质量。此外,国际投资的乘数效应也创造出许多间接的就业机会。因为企业之间存在相互依存的连锁关系,一个企业必有许多相关企业与之配合,从而间接增加工作岗位。对于发展中国家而言,其接受的国际直接投资相当大一部分属于劳动密集型产业和服务业,从而能够产生大量的就业机会。但是,如果国际直接投资进入的是东道国已有一定基础的行业,则行业的竞争可能使一些东道国企业退出市场,造成下岗待业。此外,跨国公司与东道国企业争夺技术人才,也将加重低层次劳动者的就业压力。

投资输出国通过对外投资可为跨国公司的连锁企业增加一些间接的就业机会,但通常也会使本国丧失部分就业机会。由于国际直接投资引起母国产业结构加速变化,大量资本流出使国内某些工业部门发展减缓甚至停滞,从而排挤出一部分劳动力,造成不可避免的结构性失业。

三、当代国际直接投资发展的特征

(一)国际直接投资与世界经济发展密切相关,其规模随世界经济形势的波动而波动

20 世纪 90 年代以来,世界经济呈现较快增长,全球贸易投资自由化步伐加快,国际直接投资进入黄金发展期。1990 年全球跨国直接投资流出为 2 414. 98 亿美元,到 2000 年则达到 12 266. 33 亿美元,为 30 多年来的顶峰。但受亚洲金融危机后世界经济低速增长的影响,2001 年开始,全球跨国直接投资连年下降,2002 年跌至 5 284. 96 亿美元。随着世界经济形势的好转和跨国公司经营状况的改善,从 2004 年起全球跨国直接投资开始回暖,2004 年比 2003 年增长 9%。以后逐年攀升,到 2007 年创下 2 万多亿美元的新高。2008 年美国次贷危机引发的新一轮世界经济危机,使国际直接投资额急剧下降,2009 年下降到 1.1 万亿美元。随着世界经济的复苏,国际直接投资规模也在缓慢回升,2011 年达到约 1.6 万亿美元,但尚未恢复到 2007 年的最高水平。如图 9-1 所示。

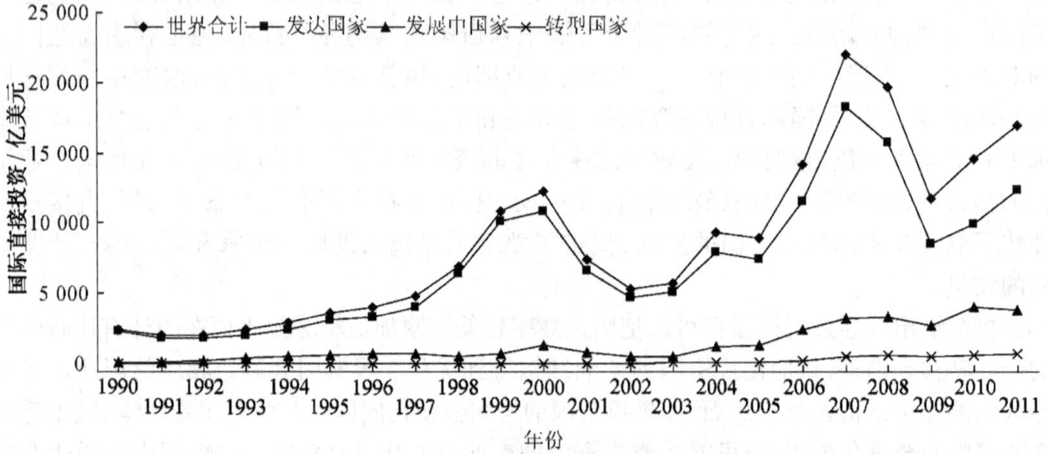

图 9-1　国际直接投资发展概况

(二)投资主体多元化,但发达国家仍然占据全球直接投资的主体地位

随着国际经济合作的发展和各国经济实力的增长,国际直接投资呈现出主体多元化趋势,但发达国家的主导格局依然存在,如图 9-1 所示。以 2011 年为例,发达国家对外直接投资占全球对外直接投资的 73%,发展中国家和转型国家合计约占 27%。此外,美国依然在

对外直接投资中占据优势地位，日本和欧洲大陆在国际投资地位中的重要性有所提高。2011 年，美国的对外直接投资达到 3 966.56 亿美元，占全球对外直接投资流出量 16 943.96 亿美元的 23.4%。日本和欧盟分别占 6.7% 和 30.3%。另一方面，许多发展中国家和地区，特别是新兴工业化国家和地区纷纷加入对外投资行列，成为国际直接投资领域中的新兴力量。发展中国家在对外直接投资总额中的比重不断攀升，已成为中国和其他几个亚洲国家的主要投资者。

（三）投资流入分布不平衡，发达国家和有潜力的发展中国家成为 FDI 的主要输入国

外国直接投资的地区分布不平衡特征一向十分突出。具体表现为国际直接投资大部分流向发达国家，总体上发达国家一直是国际直接投资流入最多的地区，亚洲、拉丁美洲和加勒比地区的国家则是发展中国家中吸收国际直接投资的主体。根据联合国贸发会议统计，2011 年，全球范围内，20 个最大东道国和地区吸收了全球外资流入量的 74.8%。美国以占比 14.89% 位居全球外资流入第一大国。值得注意的是，近年来，发展中国家和转型经济体的跨国直接投资流入持续增长。联合国贸发会议《2012 年世界投资报告》指出，2011 年发展中经济体的 FDI 流入量仍然接近全球 FDI 流入总量的一半(45%)，增长 11%，达到 6 840 亿美元，再创新的纪录。2011 年，流入转型经济体的 FDI 另占全球流入总量的 6%，增长了 25%。如图 9-2 所示。

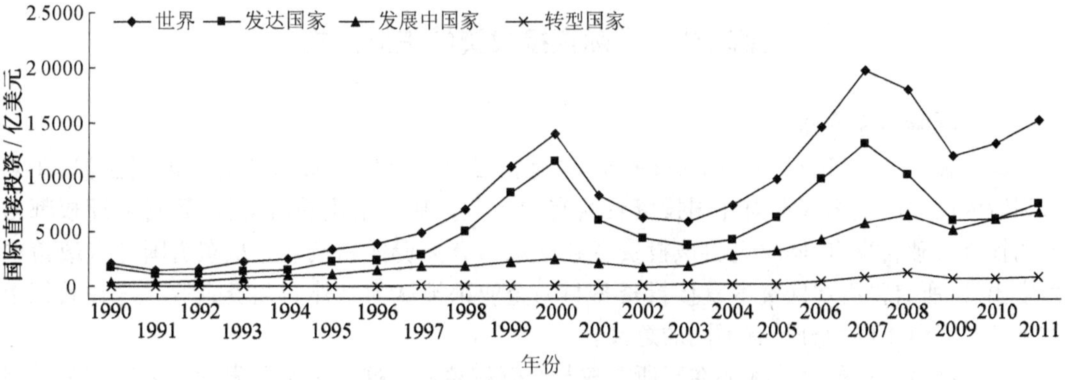

图 9-2　国际直接投资流入发展概况

（四）投资结构趋于高级化，服务业成为国际直接投资流入的重要行业

在国际直接投资急剧增长的同时，投资出现了从初级产业和资源加工型产业向服务业和技术密集型产业的转移，投资结构表现出明显的高级化特征。20 世纪 90 年代以后，随着资本、技术、知识等要素在经济增长中作用的增强，以寻求知识创新为导向的高级形式，即高资本、高技术、高知识型投资成为国际直接投资的主导。特别是国际直接投资分布向服务业集中的特征尤为明显。20 世纪 80 年代初期，服务部门流入的外资仅占全世界外国直接投资存量的 1/4，1990 年所占比例不到一半，而 2004 年已上升到 62.8%。2011 年流入服务业的 FDI 达到 5 700 亿美元，公用事业(如电力、燃气和水处理)以及交通和电信行业的活动增加是推动服务业国际直接投资的主要原因。此外，由于投资国和东道国服务部门的跨国度落后于制造业，因此存在进一步向服务业转移的空间。

（五）跨国公司是国际直接投资的主要载体

跨国公司由于拥有巨额的资本、庞大的生产规模、先进的科学技术、全球化的经营战略、现代化的管理手段和世界性的营销网络,是国际直接投资的主要载体,其投资动向主导着全球 FDI 的走势。跨国公司通过对外直接投资控制全球对外直接投资存量的 90%,其 FDI 存量与全球 GDP 的比率达 16%,FDI 流量与世界国内资本形成总额的比率达 14%。2010 年,跨国公司的全球生产带来约 16 万亿美元的增值,约占全球 GDP 的 1/4。跨国公司外国子公司的产值约占全球 GDP 的 10% 以上和世界出口总额的 1/3。跨国公司控制了世界研究与开发的 80% ~90%,且拥有全球 90% 的技术转让份额。因此,无论是输入 FDI 还是输出 FDI,跨国公司的作用绝对不容忽视。

(六) 跨国并购成为国际直接投资的重要方式

跨国公司为增强其在全球范围内的竞争力而进行战略调整, 加上全球范围内的投资自由化趋势,导致近几年全球跨国并购案件急剧增加。跨国并购在国际直接投资中所处的地位也不断提高,成为国际直接投资的重要方式。2010 年跨境并购交易值上升了 36%,约为 2007 年最高值的 1/3 左右,进入发展中经济体的跨境并购值翻了一番。而 2011 年全球 FDI 流入量的增长则主要受全球跨国并购交易活动的驱动。2011 年全球跨国并购交易额同比增长近 50%,发达国家和转型经济体国家采掘业并购数量增加,同时发达国家医药业并购交易活动较为活跃。就中国而言,2003 年企业对外跨国并购交易额还只有 28.5 亿美元,2010 年就达到了 590 亿美元,增长 20 倍。

第二节 国际直接投资的主要方式

一、国际独资企业

国际独资企业(International Enterprises)是指由某一外国投资者依据东道国法律,在东道国境内设立的全部资本为外国投资者所有的企业。独资企业的所有权、经营管理权都由外国投资者独自享有,同时也由该投资者独立承担有关责任和风险。从东道国外资政策的角度出发,所有没有本国资本直接投资参与的企业都被认为是外商独资企业。这种政策上的划分与经营上的划分具有不同的意义。

国际独资企业的经营优势在于所有权与经营权独占。这也是某些发达国家跨国公司坚持在东道国设立自己独资企业的重要原因之一。具体地讲,设立境外独资企业可以拥有下列经营优势:

1. 企业的设立和经营均由投资者依法自选确定,不存在与其他投资者的冲突,有完全的自主权和经营决策与行动的自由;

2. 具有整体经营弹性,母公司可以根据总体经营战略的需要调整子公司的经营活动,从而可以取得最大的总体效益;

3. 独享企业机密和垄断优势,减少扩散的不利影响;

4. 独享经营成果,尤其是当投资者具有垄断利润优势时更是如此;

5. 具有财务管理弹性,在增加股本或再投资、汇出盈余、股息政策和公司内部融资等方面均不会受到更多的牵制;

6. 在投入资本的选择方面有较大的自由;

7. 免除共同投资者之间的摩擦及管理中的难题,避免与当地投资者的冲突;

8. 在专利、特许权、技术授权和管理费用的确定与收取方面享有较大的弹性;

9. 母公司可独自享有税收优惠方面的利益。

当然,设立独资企业也存在着一些不利因素或制约条件。例如,设立独资子公司受到某些东道国政策和法律的限制。虽然独资子公司具有东道国的国籍和当地法人资格,但在当地人的眼中仍被视为外国公司,被作为经济上的异己力量对待,因而其在经营范围和投资方向上会受到更多限制。还有一些发展中国家明令禁止外国投资者设立独资子公司,或要求逐渐转让股权。设立独资子公司的审批条件较严格,多数发展中国家要求它们投入高技术和承担出口义务。从企业经营的角度来看,独资对资本的要求较高,有较高的经营风险。此外,独资企业设立具体事宜的办理和项目的工程营建等都需由投资企业独自办理,而且独资企业也不容易克服与东道国社会和文化环境的差异带来的不利因素。

二、国际合资企业

国际合资企业(International Joint Ventures)是指由外国投资者与东道国投资者共同经营一项事业,联合出资,依东道国法律在其境内设立的独立企业。投资各方共同承担企业风险,共同参与企业经营管理和共享经营成果。合资企业的突出特点就是所有权分享。任何一个合资企业都至少涉及两个投资者,所有投资者共同负担合资企业所需的投资,在所有权分享的基础上共同承担企业的管理责任。合资企业是当前国际投资中最普遍的投资方式。

国际合资企业应该是由两个或两个以上的相互合作的投资者共同拥有和控制的独立企业。这是一个简单的广义合资企业的概念,也是一个单纯的出资和经营意义上的概念,泛指国际上所有类型的合资形态的企业。但是,从合资者来源国角度分析,这一单纯经营意义上的国际合资企业包括来自任何两个或两个以上国家的投资者共同投资在任何东道国设立的企业,既包括外国投资者与东道国投资者共同投资和经营的企业,也包括几个外国投资者共同投资和经营的企业。但是,从各方面都普遍关注的国际合资企业形态来看,它并不泛指所有来源的合资企业,而是特指那些由外国投资者与东道国投资者共同投资设立的合资企业。由不同的外国投资者共同投资设立的企业仍被认为是,而且实际上也是全部外资的企业,被东道国划入外商独资企业的范畴。这种形式的企业被称为联合投资(Consortium)企业。从东道国的政策和管理角度看,它们被排除在合资企业之外,不享有任何有东道国资本参与的合资企业所享受的优惠待遇。因此,东道国所承认的合资企业只包括那些有东道国投资者参与的合资企业,在国际投资中普遍研究的也是这类合资企业。只有这类合资企业才有可能使外国投资者在东道国享有不同于独资的待遇。一些发展中国家为了发展自己的工业,对国际合资企业采取鼓励的政策,鼓励和提倡设立有当地资本参与的国际合资企业。

(一) 国际合资企业的基本类型

国际合资企业可分为股权合资企业与契约合资企业两种基本形式。虽然两种形式的合资企业都是由外国投资者与东道国投资者共同投资设立的企业,但是它们在投资安排、组织形式、法律地位、管理模式、成果分享、责任和风险分担等方面都有所不同。

国际股权合资企业(International Equity Joint Ventures)是建立在股权分享原则之上的典型国际合资企业,也是国际上最为普遍的合资企业形式。股权合资企业是由投资各方以股权结合方式共同投资设立的企业。投资各方无论以何种形式出资,都需折合成一定数量的股份。投资各方的权益以各自投入的股本在企业总股本中所占的比例为依据进行分配。投资者按股权比例参与经营、分享经营成果、分担经营风险。投资各方共同投资、共同经营、共担风险、共负盈亏。国际股权合资企业一般都采用有限责任公司或股份有限公司的组织形式。两种企业组织形式的共同特点是企业的全部资产都划分为等额的股份,投资者仅依据所拥有的股份比例承担有限的责任。所不同的是,有限责任公司一般不能公开发行股票,公司的股份不能自由转让,股东人数有最高限额,社会性较低,但设立程序相对简单。股份有限公司能公开向社会发行股票,公司的股份可以自由转让,具有很高的社会性,但公司的设立程序比较复杂,管理也较为严格。

国际契约合资企业(International Contractual Joint Ventures),又称合作经营企业,是建立在契约规定的合作条件基础之上的一种形式灵活的合资企业。契约合资企业是依东道国法律设立的联合经营体,可以组成法律实体,也可以不组成法律实体。契约合资企业中投资各方的出资不采取股份的形式,而是依据契约中规定的具体投资条件投入。一般做法是根据经营的需要在契约中规定投资各方投入资本的具体形式和数量,根据合营的目的和合作条件,在契约中规定投资各方产品分成、收入分成或利润分成的比例,同时在契约中具体规定投资各方应承担的风险和责任。合资双方的共同经营活动都以共同签订的契约为唯一依据。契约合资企业是更为灵活的合资方式,适用于某些规模较小、周期较短的生产项目和某些开发项目。

(二)国际合资方式的利弊分析

采用国际合资的方式进行直接投资具有较大的灵活性,投资者可以根据自身的竞争优势、经营需要以及市场条件等采用不同的合资方式进行投资。投资者所选择的合资对象可以是东道国的私人企业,也可以是东道国的国有企业或政府机构。一般认为与后者的合作可以减少差别待遇,较容易进入当地市场或得到优惠待遇。在设立方式上,可以建立一个全新的合资企业,也可利用当地已有的企业。许多国际合资企业的设立都采用了后一种方式,在东道国原有企业的基础上改建、扩建,使之成为新的合资企业。在企业组织形式上,可以按股权方式组成有限责任的法人实体公司,也可以组成非法人式的契约合营公司。在投资份额上,可以拥有10%以上的少数股权,也可以拥有对等股权,或拥有高达90%的多数股权,或采取任何商定的数额、比例或方式进行投资。此外,外国投资者还可以采用逐渐减少股权比例的方式与东道国合营。

1. 国际合资方式的优势

国际合资企业的主要经营优势表现为共同投资和经营所形成的组合优势和克服外部限制条件的有利地位。从投资者的角度出发,国际合资方式的优势可简要地概括为:

(1)利用合营对象的销售网络和销售手段进入特定地区市场或国际市场,开发和扩大境外市场;

(2)合营各方可以在资本、技术、经营能力等方面相互补充,增强合营企业自身的竞争力;

(3)有利于获得当地的重要原料、资源或生产基地;

(4)吸收对方的经营管理技能,获得有经验的经营、销售和技术人员;

(5)有助于投资者进入某一新的业务领域,取得新技术、新知识;

(6)能够扩大企业的现有生产规模,迅速了解和满足境外市场的需求变化;

(7)获取税收减免利益或其他优惠利益;

(8)分散或减少国际投资中的风险;

(9) 适应当地的客观环境条件,更好地了解东道国的经济、政治、社会和文化,有助于投资者作出正确的决策;

(10) 有当地资本投入可能会消除国家征收或排挤外资政策的影响,克服差别待遇和法律障碍;

(11) 有助于缓解东道国的民族意识和克服企业文化差异。

2. 国际合资方式的劣势

设立国际合资企业也有一些不利的因素。它们主要表现为:投资各方的目标不一定相同,经营决策和管理方法不一定一致,经营决策和管理中容易产生摩擦,市场意向和销售意向方面可能产生分歧,不同投资者的长、短期利益难以统一,等等。所以,合资企业经营的成功取决于投资各方的共同意愿和共同努力。

阅读与思考

独资与合资的选择

选择独资还是选择合资,或者是在合资中拥有多大比例的股权,是国际投资者首先要考虑的重要问题之一。这一问题在跨国公司的经营中被称为股权战略,是公司总体战略中的重要组成部分。在投资实践中,不同投资者在股权选择方面的差异非常明显。投资者所在国家的背景、企业规模的大小、投资项目的行业范围、投资项目的区位都可能会对投资者的股权策略产生影响。实际的股权选择往往是多种因素交叉作用的结果,这些因素可能来自企业内部,也可能来自企业外部,两方面因素的综合分析与权衡是投资者制订股权选择策略的基本依据。

决定股权策略的企业内部因素主要包括:① 投资企业自身具有的经营实力,技术、资本、产品、管理和市场营销的现状及其与其他企业相比较而存在的竞争优势与劣势。一般而言,投资企业的经营实力越强,越具有竞争优势,越具有选择的主动权。可以认为,企业的经营实力是制订股权选择策略的基础。② 投资企业承担风险的能力和主要决策者的风险态度。③ 投资企业的产品策略因素。④ 当地资源和当地市场利润对投资企业的重要意义。

影响股权选择策略的企业外部因素主要包括: ① 东道国政府的外资政策和外资立法,以及东道国政府对外资的态度;本国政府的有关政策与规定。② 东道国当地的民族意识和民族情绪。③ 主要市场的竞争状况和主要竞争者的状况。④ 东道国潜在竞争者的能力。

三、国际企业并购

国际企业并购(International Mergers and Acquisitions)是指外国投资者通过一定的程序和渠道依法取得东道国某企业部分或全部所有权的行为。它是一种国际性的企业购买活动,购买的标的主要是东道国的现有企业。这种购买的结果是跨国性企业接管或兼并,所以也称跨国并购(Transnational M&A)。从历史和现状来看,企业的接管和兼并活动在发达国家是非常普遍的现象。

(一) 国际企业并购的方式

在企业并购过程中,按照是否取得被并购企业的全部所有权,将并购行为分为全部并购和部分并购。在全部并购条件下,收购者取得被并购企业的全部所有权,被并购企业不复存在,或成为买方资产中的一部分。部分并购又称为参与股份,这种并购的结果一般不会对出售股份的企业产生实质性的影响,不会引起被并企业的所有权发生转移。

国际企业并购还可以分为直接并购和间接并购。直接并购又称为协议收购(Negotiated Acquisition)或友好接管(Friendly Take-Over),是指收购公司直接向目标公司提出拥有所有权的要求,双方通过一定的程序进行磋商,根据双方商定的协议完成所有权转移的做法。间接并购是指收购公司并不向目标公司提出并购的要求,而是通过在市场上收购目标公司已发行或流通的具有表决权的股票,从而取得目标公司表决权的行为。

(二)国际企业并购的基本做法

1. 现金收购

凡不涉及发行新股票的收购都可以被认为是现金收购,即使购买者直接发行某种形式的票据所进行的购买也属于现金收购的范畴。在后者条件下,被收购企业的股东可以取得某种形式的票据,但其中丝毫不含有股东的权益因素。票据安排只是对某种固定的现金支付所作的特殊安排,属于某种形式的推迟了的现金支付。如果从购买者的资本使用角度考虑,这种做法可以被认为是一种融资方式,直接由被收购企业的股东提供资金融通。现金收购是一种单纯的收购行为,购买者支付了一定数量的现金后,就取得了被收购企业的所有权。一旦被收购企业得到了对所拥有股份的现金支付,就失去了所有权和选举权与被选举权。这是现金收购方式的一个突出特点。

2. 股票收购

如果投资者不是以现金为媒介对当地企业进行收购,而是增加发行本公司的股票,以新发行的股票替换被收购公司的股票,则被称为股票收购。通过这种途径完成的收购往往被称为企业兼并。股票收购与现金收购的主要区别在于收购公司无需支付大量的现金,因而不会影响收购公司的现金状况。另一方面,收购完成后,被收购公司的股东并不会因此而失去他们的所有权,他们的所有权从被收购公司转到了收购公司,他们随之成为该公司的新股东。

3. 杠杆收购

一家或几家公司在银行贷款或在金融市场借贷的支持下进行的企业收购被认为是杠杆收购。其一般做法是由收购公司设立直接收购公司,再以该公司的名义向银行借贷,或以该公司的名义发行债券向公开市场借贷,以借贷的资本完成企业收购。由于这种收购只需以较少的资本即可完成,故而被称为杠杆收购。杠杆收购于20世纪60年代出现在美国,之后得到了较快的发展,80年代以来则风靡美、欧等地区。

杠杆收购的一个突出特点是收购公司不需投入全部的收购资本即可以进行收购活动,收购公司完成收购所需的大量资金靠借贷取得。在借贷过程中,收购公司通常以目标公司的资产和收益作为借贷的保证。在一般情况下,收购所需全部资本的构成中,收购公司自己拿出的资本只占收购资本总额的10% ~15%。银行贷款占收购资本总额的50% ~70%,发行债券筹措的资本占收购资本总额的20% ~40%。

案例分析

沃尔沃并购完成交割　吉利成中国首个汽车跨国企业

北京时间2010年8月2日下午，福特汽车公司在英国伦敦举办的交接仪式上，正式把沃尔沃资产交割给吉利控股集团，完成沃尔沃轿车公司的交割手续，吉利集团为收购沃尔沃轿车公司开出了票据并支付了13亿美元现金。根据双方之前在瑞典哥德堡签署的协议，吉利以18亿美元收购沃尔沃轿车公司100%股权。至此，中国民营企业最大规模的海外并购案走完法律程序。吉利控股集团同时宣布，大众汽车北美区首席执行官斯蒂芬·雅克布将加入沃尔沃轿车公司并接任总裁兼首席执行官一职。此前，吉利集团董事长李书福宣布自己将出任沃尔沃轿车董事长，沃尔沃轿车前总裁兼首席执行官汉斯担任副董事长。按惯例，一家企业的海外营业收入超过企业总收入的30%，这家企业就可以认定为跨国公司。因此对年销售收入超百亿美元的沃尔沃轿车完成并购后，年销售收入20亿美元的吉利集团一跃成为中国首个跨国汽车企业。

为了兑现"恢复沃尔沃昔日辉煌"的承诺，李书福为沃尔沃组建了一支汽车企业运营"梦之队"。李书福此前就曾表示，他不会派出一支中国团队去接管沃尔沃。新沃尔沃超豪华的管理团队将体现出跨国企业管理层高起点、国际化的特点。李书福认为："中国企业收购沃尔沃，使中国拥有具备国际竞争力的世界知名汽车品牌，可以一举进入国际高端汽车市场并占有一定份额，同时可以掌握部分汽车核心技术。"李书福说："这对中国从世界上最大的汽车消费市场变成汽车强国具有重要意义。"不过，即便拥有了雄厚的资金背景，建立了豪华的管理团队，吉利沃尔沃这场"蛇吞象"式的并购，最后会不会以消化不良收场，仍然令人担忧。

国务院发展研究中心金融研究所副所长巴曙松对吉利沃尔沃并购案评价说："对中国来说，资源、技术、品牌和营销渠道是并购的主要目标，因为利润空间日益微薄的中国制造业必须依赖资产并购来提升在产业链中的地位"，"中国现在进行海外并购，并不缺乏资金，缺乏的是清晰的战略眼光和整合能力"。

据了解，吉利计划使沃尔沃在中国的汽车销量有大幅增长，并计划在中国建立生产基地，使沃尔沃产能5年内达到60万辆。分析认为，当前年产能仅为40万辆的吉利集团，要实现上述目标，最大的瓶颈是没有充足的产业工人后备。事实上，目前吉利正在紧锣密鼓地进行人才储备工作。吉利近年来已经创办了7所学校培养职业技术人员和汽车研发人员，目前吉利旗下直接投资或是合作办学的学校在校生已达4万，且数量还在不断扩充中。

专家认为，吉利收购沃尔沃目前只是完成了法律程序，摆在李书福团队面前的还有诸多问题需要解决。资金来源充裕和管理团队的建立给新沃尔沃运营开启了一个良好局面，但是跨国企业文化融合问题，以及在竞争白热化的中国汽车市场沃尔沃如何胜出、如何通过收购沃尔沃提高中国汽车产业的技术水平，这些都是摆在李书福和整个中国汽车产业面前的新挑战。

（资料来源：中国新闻网，2010年8月2日。）

（三）国际企业并购的基本优势

1. 可大大缩短项目的建设周期，迅速扩大企业的生产和经营规模。由于国际企业收购是对境外现有企业所有权的取得，而不是从零开始新建一个企业，所以它是迅速实现企业国际发展战略、进入境外市场的有效手段。一项对德国和英国跨国公司在巴西进行的14例企业收购的研究结果显示，其中12例都是当年收购、当年开始重新投产，基本上没有时间差。而一项新建的生产项目则一般至少需要两年的时间才能正式投入生产。

2. 当投资者购买一家价值低估的企业时，可以大大减少资本支出，从而比重新创建企业更为有利。

3. 收购现有企业可使投资者获得现成的经营管理人才和技术人才，尤其是当投资者无法通过其他途径得到所需人才时，这一优势更为明显。企业在国际化生产和经营过程中，往往需要大量有经验的管理和技术人才，在企业迅速发展时人才短缺问题较为突出。在激烈的竞争中，收购企业可能成为一种获取人才的有效方式。此外，收购企业也极有利于引进境外企业的先进管理方式和管理经验。

4. 收购可以利用被收购企业的销售系统，直接占有被收购企业原有的市场。通过收购，投资者无需花太大力气就能迅速在境外打开新市场，占有一定的市场份额。对于一般企业来说，要在短期内迅速开拓新境外市场或增加一定的市场份额都不是一件轻而易举的事情。收购境外企业可以在这方面作出较大的贡献，有助于企业进行市场扩张。

5. 收购企业可以更好地克服产品周期缩短的问题，使收购公司得以保持自己在产品生产中的有利地位。从目前市场发展的趋势来看，一方面，新产品的研制和开发需要大量的投入，另一方面，产品的更新换代速度加快。为了跟上这种趋势，企业收购是一种有效的途径，通过企业收购可以迅速取得新产品的生产能力。

6. 收购与自己存在竞争关系的公司可以保证企业的利润水平。收购往往是限制竞争的有效手段，竞争对手企业的消失可以保证收购公司的垄断利润。正因为收购具有这种特点，许多国家政府从保护自由竞争的角度出发，对于可能引起市场垄断的收购予以法律上的限制。

7. 收购企业可以取得企业发展所需的技术、专利和商标等无形资产。通过收购取得的被收购公司的先进技术和专利有助于迅速提高收购公司的技术水平，提高其研究和开发能力。通过收购取得被收购企业的著名商标有助于打开市场，扩大企业的销售量。

8. 收购可以迅速增加企业的产品种类，扩大企业的生产经营范围，或者迅速改变企业的经营方向，形成生产和经营的前后关联体系。美国电报电话公司通过收购迅速地进入了电子计算机行业就是一例。企业如果想要得到原材料的供应，就可以通过收购控制原材料来源。

外资直接或间接进入上市公司乃至控股上市公司，或成为第一大股东已经成为跨国公司对我国上市公司实施并购的新动向。目前有些上市公司的控股股东已经是境外机构，如银广厦第三大股东是美国晶河有限公司，北京北旅由日商五十铃和伊藤忠通过购入法人股4 200万股实行控股，江铃汽车股份有限公司则由美商福特汽车公司认购B股而成为控股股东，等等。

除了通过证券市场和企业产权市场实施整体或部分收购中国企业外，跨国公司更多的是通过协议并购和在合资企业内通过股权转让或增资扩股稀释中方股权的方式进行并购。如以并购企业发展壮大的德国汉高公司，通过内部收购股份方法，成功地控制了上海汉高化学品有限公司和天津汉高洗涤剂有限公司。

随着我国对外开放的深入、对外资给予国民待遇、对外资开放领域的进一步明确、法律法规的进一步健全，除国家禁止或限制的产业以及上市公司的并购受到限制外，外资实施对华企业的并购已无法律上的其他障碍。

第三节 国际投资环境

一、国际投资环境的概念

国际投资环境是指在一定时间内,东道国(地区)影响和决定国际直接投资进入并取得预期经济效益的各种因素的有机整体。它是开展国际直接投资活动所具有的外部条件,是国际直接投资进行的前提。

国际投资环境涉及的范围十分广泛,是一个由多种因素构成的复合系统。按照构成国际投资环境诸因素的属性,同时考虑到建立投资环境评价模型的便利,我们将国际投资环境因素分为政治因素、经济因素、基础设施因素、法律因素、社会文化因素和自然地理因素6类。

二、国际投资环境的基本内容

(一)政治因素

国际直接投资环境中最敏感的因素是东道国(地区)的政治稳定性、安全性,这是任何国际投资都要始终给予密切关注的重要方面。反映东道国政治环境状况的因素多种多样,既包括政治制度、政府能力、政局稳定性、政策连续性以及政府与公众对待外资的态度等国内政治因素,又涉及东道国与他国的战争冲突、外交政策变化及经济摩擦等国际关系因素。

1. 政治制度

政治制度属于上层建筑,是建立在一国经济基础之上并与之相互适应的。考虑一国的政治制度主要考虑其基本力量,即各政治利益集团的比例、制度的弹性、政权交替方式、政府意识形态等。

2. 政治稳定性

政治稳定性是指一国政权有无被颠覆和推翻的可能性。政治稳定性受多种因素影响,如政治制度、经济发展水平、社会文化传统等多种因素。这里面经济因素尤为重要。假设国内经济困难,人民生活水平大幅下降,就有可能导致对现政权的不满,引发政权的更替。

3. 政策的连续性

政策的连续性是指一国政权发生换届时,该国的政策不会发生太大的变化,仍然保持一定的连续性。一般而言,政权的稳定性越强,政策的连续性就越强。有些国家虽然政权更迭频繁,但上届政权制定的政策往往为下一届政权继承发展,因而政策连续性较好。政策连续性不强,就会增加投资者面临的不确定因素。

4. 突发事件的可能性

突发事件是指一些未曾事先料到的对社会正常生活有重大影响的事件,如战争、动乱等。这些事件的发生会导致停工停产,造成投资的严重损失。因此,投资者必须对突发事件发生的可能性作出准确的预测。

(二)经济因素

东道国的经济环境是外商的投资动机和目的得以实现的基本保障。因此,经济环境不仅是影响外商投资决策的关键因素,也是东道国改善投资环境的主要方面。

在投资环境系统中,经济因素是涉及面最广、内容最丰富、最重要的子系统。它广泛涉及了与外商投资相关的各种经济内容,诸如经济体制的健全程度、社会经济发展水平及增长速度、物价及货币的稳定性、市场环境、生产要素供给水平、行业竞争状况及专业化协作水平、国际收支状况、国际贸易和国际金融等涉外经济政策,等等。

1. 经济状况

经济状况主要从经济发展水平、经济发展速度和经济稳定程度3个方面进行考察。经济发展水平是指一国经济所达到的程度,是一个静态指标。而经济发展速度以动态形式反映一国经济的发展情况。经济发展速度快的国家,收入增长较快,市场不断扩大,需求也随之扩大,赢利机会较多,因而能吸引到大量投资。经济发展速度比较缓慢的国家,市场需求长期停留在某一水平,对吸收投资是一个不利因素。经济发展速度对投资的影响不仅局限于投资者决定投资的这一段时间,更主要地体现在它对国际投资有着长期影响。经济稳定程度主要看一国物价、利率、汇率等指标是否稳定,经济发展速度是否大起大落。经济稳定程度较低的国家,投资风险较大,投资者面对的是不稳定的环境,很难对投资的成本、收益和风险作出客观评价,因此,投资者一般倾向于在一个经济稳定程度较高的国家进行投资。

经济发展水平、经济发展速度和经济稳定程度是不可分割的整体,三者必须通盘考虑。一般而言,工业化国家经济发展水平与经济稳定程度较高,而发展中国家经济发展速度较快。

2. 经济政策

一国为了保持经济的稳定与发展,经常采用各种经济政策对经济进行干预。一国的经济政策主要包括:

(1) 外资政策

外资政策体现了东道国吸引外资的态度和手段。它是东道国对投资方式、投资领域、经营管理、资本和利润汇回的特殊规定。一国的外资政策直接影响到国际投资的可能性、收益性、持续性等多个方面,因而是投资者进行国际投资时应首先考虑的因素。

(2) 产业政策

为了国家经济健康快速发展,政府往往制定产业政策来鼓励某些产业或限制某些产业的发展,有些国家还专门列出鼓励或限制外资发展的产业目录。产业政策对国际投资有一定影响,投资者在做投资决策时,必须充分考虑这方面的影响,利用产业政策的优惠,避免对自己不利的产业政策的影响。此外,一个国家的产业政策往往随着经济的发展水平而有所改变,对进行一项较为长期的国际投资而言,对东道国的产业政策的变化趋势作出一定预测也是必要的。

(3) 税收政策

税收政策对国际投资者的收益有很大影响。投资者在从事国际投资活动时,对东道国的税收政策必须有充分的了解,如公司所得税、个人所得税、东道国的税收抵免与税收优惠措施等。在其他因素类似的情况下,投资者往往倾向于在税收负担较低的国家进行投资。

(4) 外汇政策

国际投资的收益大多以东道国货币形式实现,因而东道国的外汇政策对投资收益有决定性影响,这类政策包括货币是否可以自由兑换、利润汇出有无限制等。

(5) 贸易政策

贸易政策可大致分为自由贸易政策和保护贸易政策。目前各国贸易政策在国际组织的努力下均有走向自由化的趋势,但各国一般仍采取一些保护性措施。贸易政策对国际投资的影响主要表现在两方面:一是其产品的出口、原材料的进口等可能受到限制;二是投资者若因为东道国的贸易政策原因不能以出口形式进入东道国市场,那么它只能采取直接投资形式。

3. 贸易及国际收支状况

贸易状况主要考察一国的进出口总额、进出口产品结构、进出口产品的地区分布及其对外贸易的依存度等。了解一国的对外贸易状况对投资者是十分必要的。一般来讲,东道国比较欢迎进口替代型投资和能扩大出口、改善或优化出口商品结构的投资,并乐于给予优惠。对这一点,在制订国际投资决策时,投资者应充分进行考虑。

国际收支状况是一国同世界其他各国的经济往来情况,主要包括经常项目、资本项目等。国际投资者可以通过一国的国际收支预测该国的潜在投资条件的变化,如某国国际收支出现较大逆差,这个国家近期就有可能限制进口,鼓励外国资本流入。

4. 经济制度及市场体系完善程度

国际投资运行需要一个合理的经济制度和健全的市场体系作保障。经济制度和市场体系是否完善合理,决定着国际投资者获得经营资源的难易程度和经营利益。商品、资金、劳动力和信息市场不完备,国际投资就难以正常运行。

(三)基础设施因素

基础设施又称基础结构,是人们从事生产活动的物质条件,其基本作用是为生产地域综合体、工业枢纽、城市、工业区及其他各种特殊经济区域的生产和生活服务,也是投资活动赖以生存和发展的基础。它涉及的范围很广,按职能可分为 7 个系统:① 能源供应系统,主要包括油气管道、供热和供电设施等动力燃料供应设施;② 供水和排水系统;③ 交通系统,包括特定区域内(如城市内)的公共交通设施和同外部进行物质联系的各种运输线路,如铁路、公路、水路、航空、管道等设施;④ 邮电系统,包括邮政设施和电信设施,如电话、电报、电传等;⑤ 防灾系统;⑥ 环境系统,主要是环境美化和保护设施;⑦ 生活服务系统,包括住宅、商店、旅馆、医院、学校和其他一些服务性机构。

基础设施是国民经济建设和发展的重要组成部分,是维系与促进各类生产和生活活动的基本物质条件。从物质生产角度来看,基础设施作为“劳动过程的资料”为其提供着不可缺少的一般条件,它们不直接加入劳动过程,但是没有它们,劳动过程就不能进行,或者只能不完全地进行,而国际直接投资方式更与东道国基础设施条件密不可分。因此,当地基础设施状况也就必然成了外商投资区位选择的重要因素之一。当地基础设施落后,既意味着当地内部人流、物流、信息流的载体容量小,整体功能差,也意味着使各种“流”向外辐射的能力低。在这样的地区投资,不仅对内对外联系困难多、效率低,而且获取生产要素的选择性也小。

(四)法律因素

在国际直接投资环境的诸因素中,法律因素起着调整投资关系、保障投资者的利益和安全、调节投资行为的作用。东道国对国际资本输出和输入的态度及其所应采取的鼓励、保护和限制的政策措施,都是以一定的法律形式表现出来的。因而,为了给国际投资者提供充分的法律保护,以期强化国际投资者的投资意愿,坚定其投资信心,东道国必须不断健全法制,努力保持其法律的相对稳定性,同时还要认真研究投资国的法律,并积极谋求国际法的支持,从而使东道国的涉外法规同投资国的法律以及国际法规范形成一个宜于国际资本流动的完善的法律环境。

法律环境主要包括东道国法律的完备性、法律的公正性和法制的稳定性。

1. 法律的完备性

法律的完备性主要是指牵涉到国际投资的法律文件是否完备、健全。由于各国国情不同,各国在法律上的规定也不同,但一般牵涉到国际投资的法律包括公司法、外商投资法、劳工权利保护法等。这些法律从不同方面规定了外国投资的进入、经营等各方面的情况。投资者不仅要详细了解东道国对外资的立法形式和立法内容,还要对有关法律文件进行深入分析和研究,以便能在东道国法律允许的范围内从事国际投资活动。

2. 法律的公正性

法律的公正性是指法律执行时能公正地、无歧视性地以同一标准对待每一个诉讼主体。投资者从事国际投资活动时,在与东道国政府机构和东道国企业发生纠纷时,需要提请仲裁与法律诉讼。只有在公正对待外国投资者的国家里,投资者利益才有可能得到保障。

3. 法制的稳定性

法制的稳定性是指法律一经颁布,即在一定时期内保持稳定。法律是严肃的,虽然它应该随客观情况的变化而相应作出调整,但稳定性非常重要。对直接投资而言,法制的稳定性尤为重要。因为直接投资是一种比较长期的经济活动,其收益要在投资以后较长的时间才能逐步实现。如果一个国家的法律经常变化、调整,必然增加投资者风险,使投资者面临的不确定因素增加,这很可能使投资者望而却步。

(五) 社会与文化因素

世界各国都有其特异的文化、社会背景及教育水平,而且国与国之间差别较大,一国之内也因地而异。这种差异必然影响东道国消费者的生活方式、消费倾向、购买态度等,企业的生产、研究、发展、组织、人事各项活动也会受到各国特异文化的影响。因此,国际投资也会受社会文化环境的潜在制约,且受文化因素影响的敏感性较国内投资更大。

1. 语言

语言是人们交流思想和传播信息的基本手段,投资者在进行国际投资时,必须与各类机构和个人进行沟通,如果缺乏对东道国语言的了解,必然会给沟通带来困难,从而会给投资活动的各个环节带来不便。

2. 宗教

宗教对人的生活态度、价值观、购买动机、消费偏好等皆有重大影响。

3. 教育水平

教育水平关系到一个国家的劳动力素质、技术先进程度、国家文明程度。在国际投资中,教育水平影响劳动力的供给水平,同时,教育水平高的人谋求改善生活的欲望及能力皆高,对新机器的理解和使用容易掌握,对各种宣传媒体容易了解,易产生宣传效果。

4. 社会心理和社会习惯

这是一个国家在长期的历史发展过程中积淀下来的为社会公众接受的风俗习惯,它对人们的行为有着重大的影响。例如东方国家普遍重视储蓄,储蓄率较高,而西方国家则储蓄率较低。东方人家庭观念较重,而西方国家则个人主义倾向较强。诸如此类因素在国际投资活动中必须予以考虑。

(六) 自然地理因素

自然地理因素是企业生存和发展的必要条件,企业在进行国际投资活动时,必然要考虑自然地理因素。它包括：

1．地理位置

距离的远近影响企业运输的成本、生产的布局等。一般投资者习惯于从附近的国家和地区开始投资，而且投资数额较大。美国对加拿大和墨西哥投资数量大的一个重要因素是它们的地理位置较接近。另外，是否处于交通便利的地理位置也是投资者考虑的重要因素，如新加坡位于交通极为便利的马六甲海峡，这对吸收国际投资起了很大的促进作用。

2．自然资源

自然资源指天然存在的、对人类生存和发展起着重要作用的各种资源，包括矿产资源、水资源、各种原材料等。这对那些以资源为导向的投资具有重大影响。如世界上的大石油公司在中东一带均有投资，东南亚的天然橡胶和热带作物也吸引了不少外国投资者。

3．气候

气候包括温度、降水、降雪等一系列情况。气候因素可能会从不同侧面对许多行业的投资产生影响，气候的差异和变化关系到企业的生产、运输条件。西伯利亚和加拿大北部虽然资源丰富，但由于气候条件过于恶劣，因此吸引到的投资也较少。

4．人口

人口的研究主要包括出生率、死亡率、疾病、人口增长率和人口密度。人口因素对国际投资的影响很大，人口不仅决定某一产品的需求规模，其分布亦决定需求的种类和层次，如年轻人所占的比重大的国家对音乐、电影、食品、服饰等各种产品的需求就与老年人比例大的国家有明显差异。人口因素对于劳动力的供给情况也有很大影响。

自然资源虽对国际投资有很大影响，但在科学技术飞速发展的今天，它对国际投资的影响已呈下降趋势，如通讯技术的发展和运输工具的改进导致运输成本的降低，使位置的远近已不再是决定因素。新能源（如核能）的发明和可替代天然原材料的人造材料技术的发展也大大降低了自然资源在国际投资决策中的地位。但是，自然资源因素仍然是投资者进行投资决策时考虑的一个重要因素。

上述国际投资环境的各项要素构成了一个有机系统，形成了国际投资的外在约束条件。在这些因素之中，经济环境是基础，政治环境是保障。国际投资环境各要素之间不是互相独立的，而是相互影响、相互渗透的。如经济发展水平会影响人们对自然环境的依赖程度，政治环境和法律环境是建立在一定经济环境之上且与之相适应的，而政治环境和法律环境又会反作用于经济环境。在这个有机系统中，每个要素的变化都会引起其他环境要素的变化，从而对国际投资者的决策产生影响。正因为如此，东道国要想吸收国际投资，就必须对投资环境的各要素进行改善，努力营造国际投资环境的良好氛围。

三、国际投资环境发展的新趋势

随着世界经济和国际经济关系的变化，投资环境作为国际直接投资的外部条件，也出现了与之相适应的若干变化和发展新趋势，即投资环境的高级化发展趋势。在这种情况下，东道国要想吸收国际直接投资，只有顺应这种发展趋势，有重点地积极改善投资环境，才能达到利用外资、有效促进经济发展的目的。

近些年来，投资环境发展的新趋势主要表现在以下几个方面：

（一）拥有高素质劳动者的国家是国际直接投资者的青睐对象

20 世纪六七十年代，随着西方发达国家的技术进步、经济发展和工资费用的上升，西方私人企业主要通过对外直接投资将劳动密集型产业大量转移到国外，以利用廉价劳动力降低生产成本，增强其产品在国际市场的竞争力。80 年代以后，随着科技革命的进一步发展及其在生产中的广泛应用，生产和管理的高度机械化与自动化带来了劳动生产率的提高，使劳动力成本的重要性大为降低。国际市场竞争已开始转移到产品的高附加值和高质量及服务质量方面。国际直接投资也不再主要是利用非熟练的廉价劳动力和陈旧生产设备，而是利用熟练劳动力和先进甚至尖端的生产线。据统计，目前发达国家对外直接投资中约有 50% 集中于服务行业或与其有密切关联的行业，简单的加工行业已不再是外资投入的重点。东道国能够提供具有较高素质的经理、中级管理人员及熟练的技术人员和劳动力，成了吸引外国直接投资的一个重要方面。所以，通过发展各类中等和高等教育，培养和造就具有高素质的熟练劳动者，既是一国加快经济建设的需要，也是东道国改善投资环境、有效吸引更多外国直接投资的一个重要发展趋势。

（二）市场规模成为吸引国际直接投资极其重要的内容

国际直接投资在相当长的发展时期是属于所谓资源型的投资。但是，由于自然资源业是个具有较强政治敏锐性的投资领域，二次大战后，不少国家为维护本国的自然资源主权，对外来投资施加种种限制，甚至对外国投资经营的资源开发企业进行征用或没收，使得资源型投资面临着较大的风险。与此同时，随着技术革命的深入发展，各种新型合成材料及新的替代资源的出现使得获得资源的传统投资动机明显弱化。在劳动生产率迅速提高的情况下，随着资源型投资重要性的下降，市场型投资的重要性凸显出来，即从事国际直接投资是为了就地生产、就地销售，开辟和占领投资东道国及其毗邻的市场。

东道国及其毗邻地区的市场规模广大，不仅有利于外国直接投资者从当地市场取得生产经营所需要的多样化的各种资源，而且可以使之降低资源采购和产品出口运输的成本，提高获利水平。也就是说，经济规模大、经济增长快、市场规模巨大的国家和地区，易于吸收大量的外国直接投资。因而，在当前吸引国际直接投资的竞争中，制定适当的产业政策、加快经济发展、增强经济活力、提高开放程度、有效扩大经济和市场规模，已成为许多国家和地区致力改善投资环境中的一种较为普遍的新趋向。

（三）较高的科技和工业水平成为国际直接投资注视的重点

目前，国际直接投资的产业主要是知识和技术密集型产业。在跨国公司中，已经形成了相当有效的组织，不仅有总公司及其下属的诸多子公司，而且在内部有从事研制、开发、生产和营销的严密分工，使之成为一个进行再生产活动的有机结构体系。跨国公司在进行国际直接投资的活动中，几乎都有获得东道国先进技术、科学管理和合格配套产品等的强烈动机。这在以发达工业国家作为东道国的投资中表现得格外突出。所以，要更加有成效地吸引外国直接投资，特别是吸引实力雄厚的跨国公司的技术要求较高的投资，就必须在改善投资环境中，把致力于发展科研事业、提高科学技术水平及提供高质量的配套技术服务作为重点。只有这样，才能更多地吸引把握先进技术的外国投资者，并在为其提供必需技术、管理和配套产品中，取其之长、补己之短，进一步提高本国的技术和工业水平。

（四）现代化的基础设施是国际直接投资从事生产经营的必备条件

随着国际分工的深化和世界生产经营一体化的迅速发展，各国之间的经济联系和依赖关系日趋密切。跨国公司进行的现代化的大规模生产经营活动，对于能源、交通、通讯等基础条件的要求也越来越高。按照国际标准从事本国的基础设施建设，是当代国际直接投资者的客观需要，也是各国改善投资环境极为重要的内容。

四、国际投资环境评价方法

国际投资环境评价是对具体国际投资环境的分析，它已成为国际投资活动中不可缺少的重要环节。从理论上说，对投资环境的评价应当做到一般与特殊相结合，定性分析与定量分析相结合，静态分析与动态分析相结合。即不仅要从总体上对投资环境作出评价，还要考虑不同行业和企业的特定要求；不仅要区分投资环境的优劣，还要衡量其优劣程度，以便得出更为具体的结论；不仅要分析某国投资环境的现状，还要分析构成其投资诸要素的变化趋势。目前国际上投资环境的评价方法主要有以下几种：

（一）等级评分法

这种方法是美国经济学家罗伯特·斯托鲍夫提出的。他对一国投资环境的一些主要因素，按对投资者重要性大小，确定了不同的评分标准，再按各种因素对投资者的厉害程度，确定具体评分等级，然后将分数相加，作为对该国投资环境的总体评价。总分的高低反映其投资环境的优劣程度，便于在各国间进行投资环境的综合比较。具体评价标准见表 9-1。

表 9-1 投资环境等级评分表

投资环境因素	评　分
1. 资本抽回(Capital Repatriation)	0～12 分
(1) 无限制	12
(2) 有时间上的限制	8
(3) 对资本有限制	6
(4) 对资本和红利都有限制	4
(5) 限制繁多	2
(6) 禁止资本抽回	0
2. 外商股权(Foreign Ownership Allowed)	0～12 分
(1) 准许并欢迎全部外资股权	12
(2) 准许全部外资股权但不欢迎	10
(3) 准许外资占大部分股权	8
(4) 外资最多不得超过股权半数	6
(5) 只准外资占小部分股权	4
(6) 外资不得超过股权的三成	2
(7) 不准外商控制任何股权	0
3. 对外商的歧视和管理程度(Discrimination and Controls)	0～12 分
(1) 外商与本国企业一视同仁	12
(2) 对外商略有限制但无管制	10
(3) 对外商有少许管制	8
(4) 对外商有限制并有管制	6
(5) 对外商有限制并严加管制	4
(6) 对外商严加限制并严加管制	2
(7) 对外商禁止投资	0

续表

投资环境因素	评　分
4. 货币稳定性(Currency Stability)	4～20 分
(1) 完全自由兑换	20
(2) 黑市与官价差距小于 10%	18
(3) 黑市与官价差距在 10% 至 40%	14
(4) 黑市与官价差距在 40% 至 100%	8
(5) 黑市与官价差距在 100% 以上	4
5. 政治稳定性(Political Stability)	0～12 分
(1) 长期稳定	12
(2) 稳定但因人而治	10
(3) 内部分裂但政府掌权	8
(4) 国内外有强大的反对力量	4
(5) 有政变和动荡的可能	2
(6) 不稳定,政变和动荡极可能	0
6. 给予关税保护的意愿(Willingness to Grant Tariff Protection)	2～8 分
(1) 给予充分保护	8
(2) 给予相当保护但以新工业为主	6
(3) 给予少许保护但以新工业为主	4
(4) 很少或不予保护	2
7. 当地资金的可供程度(Availability of Local Capital)	0～10 分
(1) 成熟的资本市场,有公开的证券交易所	10
(2) 少许当地资本,有投机性的证券交易所	8
(3) 当地资本有限,外来资本(世界银行贷款等)不多	6
(4) 极有限的短期资本	4
(5) 资本管制很严	2
(6) 高度的资本外流	0
8. 近 5 年的通货膨胀率(Annual Inflation)	2～14 分
(1) 小于 1%	14
(2) 1% 至 3%	12
(3) 3% 至 7%	10
(4) 7% 至 10%	8
(5) 10% 至 15%	6
(6) 15% 至 35%	4
(7) 35% 以上	2
总　计	8～100 分

表中的 8 大因素中,每个因素又包括若干个子因素,并标有相应的分数。这些因素对投资环境有直接影响,是投资者最为关心的因素。投资者可以根据在东道国投资的实际有利程度进行评分,以确定投资环境的优劣。例如,在第三大因素即对外商的歧视和管理程度中,如果东道国将外商与本国企业一视同仁,即对外商不存在歧视,则可得最高分 12 分。投资环境等级评分分析法由于具有定量分析和对作用程度不同因素的逐项分析,所以深受投资者的欢迎,是一种较为普遍使用的投资环境评价方法。但该方法也存在不少不足之处。比如,一国的政治稳定性是至关重要的因素,但该项仅被给予了 12 分权重,而外汇黑市与官价差距小于 10% 的却给予了 18 分的权重。另外,该方法对于所得税率的高低、基础设施的

好坏等重要因素在评分时不予考虑也是欠妥的。

（二）冷热比较法

1968 年，美国经济学家伊·利特法克和彼得通过对美国、加拿大等国投资者在选择投资场所时所考虑的因素进行调查，发表了《国际商业安排的概念框架》的论文，归纳出影响东道国投资环境"冷热"（即优劣）的 7 大因素：

1. 政治稳定性。它是指东道国有一个由社会各阶层代表所组成的为广大群众所拥护的政府。该政府能够鼓励和促进企业发展，创造出良好的适宜企业长期经营的环境。当一国政治稳定性高时为"热"因素，相反为"冷"因素。

2. 市场机会。东道国市场对外国投资生产的产品或提供的劳务的有效需求尚未满足，表明东道国市场机会较大，为"热"因素，相反为"冷"因素。

3. 经济发展和成就。东道国经济发展速度快，经济运行良好，经济成就大，为"热"因素，相反为"冷"因素。

4. 文化一元化。东道国国内各阶层民众的相互关系、处世哲学、人生观和奋斗目标都受到传统文化的影响，他们的文化越接近一致、文化一体，文化程度就越高，否则就越低。文化一元化程度高为"热"因素，相反为"冷"因素。

5. 法律阻碍。东道国有着独立而繁杂的法律体系，这些法令中有些对外国企业经营起着限制和阻碍的作用。法律对外国企业经营的阻碍大为"冷"因素，阻碍小为"热"因素。

6. 实质障碍。东道国的自然条件（如地形、地理位置等）对外国企业的有效经营产生的实质阻碍高为"冷"因素，实质阻碍低为"热"因素。

7. 地理及文化差距。指投资国与东道国之间的距离遥远、文化各异，社会观念风俗习惯和语言上的差别妨碍了两国的思想交流。地理及文化差距大为"冷"因素，地理及文化差距小则为"热"因素。

综合这 7 种因素，可评价出东道国的投资环境属于"热"还是"冷"，东道国的投资环境越热就越好，外国投资者越倾向于选择到该国投资。

（三）投资障碍分析法

投资障碍分析法是依据阻碍国际投资运行潜在因素的多寡与程度来评价投资环境优劣的一种方法。投资者依据投资环境的内容结构，分别列出阻碍直接投资的主要因素，并在潜在东道国之间进行比较，障碍少的国家被认为拥有较好的投资环境。投资障碍分析包含了以下 10 个方面的障碍因素：

1. 政治障碍：政治制度与投资国不同，政局动荡不稳；

2. 经济障碍：经济停滞或增长缓慢，外汇短缺，劳动力成本高，通货膨胀和货币贬值，基础设施差，原材料等基础行业薄弱；

3. 资金融通障碍：资本数量有限，没有完善的资本市场，融通的限制较多；

4. 技术人员和熟练工人短缺；

5. 国有化政策和没收政策；

6. 对外国投资者实行歧视性政策：禁止外资进入某些行业，对当地的股权比例要求过高，要求有当地人参与企业管理，要求雇佣当地人员，限制外籍人员的数量；

7. 政府对企业过多地干预：国有企业参与竞争，实行物价管制，要求使用本地原材料；

8. 普遍实行进口限制:限制工业制成品进口,限制生产资料进口;

9. 实行外汇管理和限制汇回:一般外汇管制,限制资本和利润汇回,限制提成费汇回;

10. 法律和行政体制不完善:外国投资法规不健全,国内法律不健全,没有完善的仲裁制度,行政效率低,贪污受贿行为多。

各种投资环境评估法均有其优劣之处。在使用时,我们应注意发挥它们各自的长处,在充分掌握信息资料的基础上,尽量多采用几种方法进行评估,以便获得一个客观公正的结果。

思考与练习

1. 理解国际直接投资的主要类型和动机。
2. 试析当代国际直接投资的主要特点。
3. 国际直接投资的主要方式有哪些?它们各有什么优势?
4. 国际投资环境涉及哪些内容?通常如何对投资环境进行评价?

第十章

国际经贸业务中的争议处理

国际经贸活动包括国际货物贸易、技术贸易、服务贸易以及国际资本流动、国际工程承包等多项内容,方式和环节众多,影响因素复杂多变。在实际业务中,双方当事人为了达到各自的目的,往往通过签订合同来依法确立各自享受的权利和应尽的义务,并依据合同进行具体的业务操作。在合同的订立和履行过程中,对争议出现的预防和处理非常重要。

第一节 争议和违约

国际经贸活动情况复杂多变,在履约过程中如市场情况发生变化或某一环节出了问题,就可能导致合同一方当事人违约或毁约而给另一方当事人造成损害,交易双方形成争议。

一、争议的含义

争议是指交易的一方认为另一方未能全部或部分履行合同规定的责任而引起的业务纠纷。在国际经贸业务中,这种纠纷屡见不鲜,究其原因主要是由于违约行为的出现。

违约是指合同的一方当事人没有履行或没有完全履行其合同规定的义务的行为。发生违约行为后,违反合同的一方称为违约方,另一方称为受损方。违约方要负有相关的法律责任,受损方有权要求损害赔偿或主张其他权利。只有当履约中发生不可抗力事故,致使一方不能履约或不能按时履约时,违约方才可根据合同规定或法律规定免责。

二、各国及地区的法律对违约的规定

(一)大陆法系关于违约的规定

大陆法系又称罗马法系,是承袭古罗马法的传统而建立起来的法律制度。

大陆法系将违约的形式概括为不履行债务和延迟履行债务两种情况。不履行债务,也称为给付不能,是指债务人由于种种原因,不可能履行其合同义务。延迟履行债务,也称为给付延迟,是指债务人履行期已届满,而且是可能履行的,但债务人没有按期履行其合同义务。大陆法在处理买卖合同这类民事纠份时,以过失责任作为一项基本原则。如果有过失,违约方才承担违约的责任。也就是说买卖合同当事人出现不能或不能完全履行合同义务时,只有当存在着可以归咎于他的过失时,才能构成违约,从而承担违约的责任。

(二)英美法系关于违约的规定

英美法系又称普通法系,是以英国中世纪以来的法律,特别是其普通法为基础而建立起来的法律制度。

英美法认为,一切合同都是"担保",只要债务人不能达到担保的结果,就构成违约,应负责赔偿损失。在《英国货物买卖法》和《美国统一商法典》中,关于构成违约的条件并未被详

细写明，但从司法实践中看出，处理违约并不是以当事人有无过失作为构成违约的必要条件。通常只要当事人未履行合同规定的义务，均被视为违约。

《英国货物买卖法》将违约的形式划分为违反要件和违反担保两种。违反要件是指合同当事人违反合同中重要的、带有根本性的条款。按英国法律，买卖合同中关于履约的时间、货物的品质和数量等条款都属于合同的要件。违反担保是指当事人违反合同中次要的、从属于合同的条款。英美法认为，只要当事人未履行合同规定的义务，就构成违约，应负责赔偿损失。美国法律现已放弃使用"要件"与"担保"这两个概念来划分违约的情况，即从违约的性质和带来的结果来划分违约的情况，而不是用合同条款的性质来划分。

美国法律把违约划分为两类：轻微的违约和重大的违约。

所谓轻微的违约，是指债务人在履约中尽管存在一些缺陷，但债权人已经从合同履行中得到该交易的主要利益。例如履行的时间略有延迟，交付的货物数量和品质与合同略有出入等，都属于轻微的违约。当一方轻微违约时，受损方可以要求赔偿损失，但不能拒绝履行合同的义务或解除合同。所谓重大的违约，是指由于债务人没有履行合同或履行合同有缺陷致使债权人不能得到该项交易的主要利益。在重大违约的情况下，受损的一方可以解除合同，同时还可以要求赔偿全部损失。

（三）《联合国国际货物销售合同公约》的规定

《联合国国际货物销售合同公约》未明确规定违约必须以当事人有无过失为条件。《公约》第 25 条规定，只要一方当事人违反合同行为的结果使另一方当事人蒙受损失，就构成违约，就要承担违约责任。

《联合国国际货物销售合同公约》将违约划分为根本性违约和非根本性违约。根本性违约是指一方当事人违反合同的结果，如使另一方当事人蒙受损失，以致实际上剥夺了他根据合同有权期待得到的东西，即为根本性违反合同，除非违反合同的一方并不预知而且同样一个通情达理的人处于相同情况下也没有理由预知会发生这种结果。由此可见，构成根本性违约有两个条件：一是看违约造成的损害程度，即必须是已经给对方造成实质性损害；二是看违约方主观方面有无过错，即违约方是否预知或是否应该预知损害的后果。只有具备这两个条件，才是根本性违约，否则就是非根本性违约。根据《联合国国际货物销售合同公约》的有关规定，在根本性违约的情况下，受损害的一方有权要求宣告合同无效并要求损害赔偿；而在非根本性违约的情况下，受损害的一方只能要求损害赔偿，不能要求宣告合同无效。

（四）我国《合同法》关于违约的规定

我国《合同法》上的违约责任遵循归责原则。归责就是责任的归属，它是确定行为人的民事责任的根据和标准，也是贯穿于整个民事责任制度并对责任规范起着统率作用的立法指导方针。归责原则是指在进行违约行为所导致的事实后果的归属判断活动时应当遵循的原则和基本标准。

根据我国《合同法》的规定，我国违约责任的形态具体包括以下几种：

1. 预期违约

预期违约是指在合同履行期限到来之前，当事人一方明确表示或者以自己的行为表明不履行合同的行为。我国《合同法》第 108 条明确规定："当事人一方明确表示或者以自己的行为表明不履行合同义务的，对方可以在履行期满之前要求其承担违约责任。"可以看出预期违约分为明示违约和默示违约两种形式，且守约方有选择权，可以积极要求赔偿，也可消极等待。

2. 不履行

不履行是指当事人根本未履行任何合同义务的违约情形。从不履行的原因看,既可能是当事人虽然能够履行但是拒绝履行,也可能是当事人不能履行。当事人一方不能履行或拒绝履行合同义务,对方可以解除合同,并追究当事人一方的违约责任。我国《合同法》第68条规定,应当先履行义务的当事人,有确切证据证明对方有下列情形之一的,可以中止履行:经营状况严重恶化;转移财产、抽逃资金,以逃避债务;丧失商业信誉;有丧失或者可能丧失履行债务能力的其他情形。当事人没有确切证据而中止履行的,应当承担违约责任。我国《合同法》第69条规定:当事人依照本法第68条的规定中止履行的,应当及时通知对方。对方提供适当担保时,应当恢复履行。中止履行后,对方在合理期限内未恢复履行能力并且未提供适当担保的,中止履行的一方可以解除合同。

3. 迟延履行

迟延履行指在合同履行期限届满而未履行债务,包括债务人迟延履行和债权人迟延履行。债务人迟延履行是指合同履行期限届满,或者在合同未定履行期限时,在债权人指定的合理期限届满,债务人未履行债务。债权人迟延履行表现为债权人对于债务人的履行应当接受而无正当理由拒不接受,即迟延接受履行。

4. 不适当履行

不适当履行指虽有履行但是履行质量不符合合同约定或法律规定的违约情形,包括瑕疵履行和加害给付两种情形。瑕疵履行是指一般所谓的履行质量不合格的违约情形。加害给付是指债务人因交付的标的物的缺陷而造成他人的人身、财产损失的行为。瑕疵履行和加害给付分别规定于《合同法》第112条和第113条。另外,债务人未按合同约定的标的、数量、履行方式和地点履行债务的行为,主要包括:① 部分履行行为;② 履行方式不适当;③ 履行地点不适当;④ 其他违反附随义务的行为。这些也应当属于不适当履行。

三、各国及地区对违约的救济方法

救济方法是指合同一方当事人违约时,另一方当事人依法取得补偿的方法。违约救济的方法有多种,各国法律对此都有不同的规定,有的规定比较概括,有的规定比较具体,但基本的救济方法可概括为3种:实际履行、损害赔偿和解除合同。

(一) 实际履行

实际履行是指合同当事人应当按照合同约定的标的履行合同义务,而不能以其他的标的加以替代。各国法律对实际履行作为一种救济方法都有规定,但是差异较大。

(1) 大陆法系将实际履行作为一种主要的救济方法,只要实际履行可能而必要,就不允许其以金钱或其他方式代替。按照大陆法系的原则,债权人可以请求法院判令债务人实际履行合同,但是,法院只有在债务人履行合同尚属可能时,才能作出实际履行的判决。如果出现实际履行不可能的情况,如买卖的特定物已被烧毁,法院就不会作出实际履行的判决。在实践中,当事人提起实际履行之诉的情况并不多见。一般当事人都要求其他的救济方法,如解除合同或请求损害赔偿等。只有当金钱赔偿不能满足其要求时,债权人才会提起实际履行之诉。

(2) 英美法系将实际履行作为例外的辅助性的救济方法。英美法认为,强制债务人具体履行某种人身性质的义务,是对"个人自由"原则的过分干预,是违反宪法精神的,故英美法中并未规定这种实际履行的救济方法。但在司法实践中,依据衡平法原则,实际履行只被视为一种例外的救济方法。法院对是否判令实际履行有自由裁量权。

(3) 为了调和英美法系和大陆法系在实际履行问题上的分歧,《联合国国际货物销售合同公约》规定,当事人有权要求他方履行某项义务,法院没有义务作出判决,要求实际履行此项义务,除非法院依照其本身的法律对不受本《公约》支配的类似买卖合同可以这样做。另外,《公约》还规定,一方当事人向违约方提出实际履行要求时,不能采取与这一要求相抵触的其他救济方法。例如,如果一方当事人已对违约方宣告合同无效,那么就不能再要求违约方实际履行。

(4) 我国《合同法》规定,当事人一方不履行合同义务或者履行合同义务不符合约定的,应当承担继续履行、采取补救措施或者赔偿损失等违约责任;当事人一方明确表示或者以自己的行为表明不履行合同义务的,对方可以在履行期限届满之前要求其承担违约责任;当事人一方未支付价款或者报酬的,对方可以要求其支付价款或者报酬;当事人一方不履行非金钱债务或者履行非金钱债务不符合约定的,对方可以要求履行。但有下列情形之一的除外:

① 法律上或者事实上不能履行。

② 债务的标的不适于强制履行或者履行费用过高。

③ 债权人在合理期限内未要求履行。

(二) 损害赔偿

损害赔偿是指违约方用金钱来补偿另一方由于其违约所遭受的损失。损害赔偿的关键问题是赔偿范围和赔偿金额的确定,目前对此规定有两种不同的方法:一种是约定的损害赔偿,指的是当事人自行约定损害赔偿的金额或计算原则。通常情况下,双方当事人在订立合同时,考虑到可能会出现的各种违约情况,事先订立了违约金条款,当违约情况发生时,违约方按照该条款支付违约金。另一种是法定的损害赔偿,指双方当事人在合同中没有约定的情况下,一旦有违约情况发生,受损害方即根据法律规定来确定赔偿的金额。

1. 各国及地区法律对约定的损害赔偿的规定

德国法律认为,违约金具有罚金的性质,它是对债务人不履行合同的一种制裁。

法国法律认为,违约金的性质是属于约定的损害赔偿金额。也就是说,违约金是双方当事人事先约定的,违约时,债务人应支付给债权人一定的金额作为损害赔偿。因此,债权人一旦要求债务人支付违约金,他就不能另行提出不履行债务的损害赔偿,也不能要求债务人履行主债务。

英美法系对合同中约定的违约金按两种不同性质去处理:一种属于约定的损害赔偿金额,另一种属于罚款。从客观上讲,违约金可能是约定的损害赔偿金额,也可能是一定数额的罚款。为了妥善和公平地处理损害赔偿,按英美法,法院要依据案情或事实来断定这一金额是罚金还是约定的损害赔偿金额。

我国《合同法》规定,违约金具有"赔偿"和"惩罚"的双重性质。如果约定的违约金低于造成的损失,当事人可以请求人民法院或者仲裁机构予以增加;如果约定的违约金过分高于造成的损失,当事人可以请求法院或者仲裁机构予以适当减少,这点体现了违约金的"赔偿"性质。

2. 各国及地区法律对法定的损害赔偿的规定

德国《民法典》认为,损害赔偿的范围应包括违约所造成的实际损失和所失利益两个方面。实际损失是指一方违约给对方造成的现实的损害,即指按合同规定的合法利益遭受的损失。如交付货物的品质低于合同规定的货物,或交付数量少于合同规定的货物,这时的品质差价或短量差价就属于实际损失。所失利益是指如果债务人不违反合同,债权人本应能够取得但因债务人违约而丧失了的利益。通常所失利益比实际损失更加难以确定。法国法对损失的赔偿范围也有类似德国法的规定。

英美法系认为,损害赔偿的范围是使由于债务人违约而蒙受损害的一方,在经济上能处于该合同得到履行时的同等地位。法院在作出判决时,对损害赔偿范围的确定要遵循两个原则:一是这种损失必须是依据一般正常情况下直接或必然会引起的估定的损失;二是这种损失必须是当事人在订立合同时,对于违约可能产生的后果所合理地预见到的。如果有关货物存在可以利用的市场,则赔偿金额初步断定应按合同价格与约定的履行日期的市场价格两者之间的差额计算。

我国《合同法》规定,在确定损害赔偿金额时,要遵循两个原则:首先,当事人赔偿金额应相当于另一方所受到的损失;其次,赔偿金额不得超过违约方在订立合同时应当预见到的因违反合同可能造成的损失。由此可见,在订立合同时,一方有必要让对方知道违约会给他带来严重的损失。

《联合国国际货物销售合同公约》对损害赔偿的范围作了两项原则性的规定:首先,一方当事人违反合同应付的损害赔偿额应与另一方当事人因他违反合同而遭受的包括利润在内的损失额相等。这是确定损害赔偿范围的总原则。这里,《公约》特别强调包括利润损失在内。其次,守约方可以得到的损害赔偿"不得超过违反合同一方在订立合同时,按照他当时已知道或理应知道的事实和情况,对违反合同预料到或理应预料到的可能损失"。此条规定与我国《合同法》的有关规定是相同的,均排除了对不可预料的损失提起损害赔偿的要求。

(三)解除合同

解除合同指一方当事人违反合同规定的义务,另一方当事人依照法律或合同的规定终止合同的效力。各国法律对构成解除合同的条件有着不同的规定。

大陆法对解除合同的条件规定得比较简单。大陆法认为,只要合同一方当事人不履行其合同义务,对方就有权解除合同。债务人不履行合同包括:拒绝给付、全部给付不能和部分给付不能、给付迟延、不完全给付。在拒绝给付和给付不能两种情况下,债权人有权立即解除合同。而在给付迟延和不完全给付的情况下,需要先经催告,通知对方履行,在催告的期限内,债务人仍未完全履行时,债权人也可以解除合同。

英美法系规定只要合同一方违反要件或重大违约,另一方就可以解除合同。解除合同后,仍可向违约方要求损害赔偿或其他救济方法。对于违反担保或轻微违约,则不能解除合同,只能要求损害赔偿等。

我国《合同法》规定,有下列情形之一的,当事人可以解除合同:因不可抗力致使不能实现合同目的;在履行期限届满之前,当事人一方明确表示或者以自己的行为表明不履行主要债务;当事人一方迟延履行主要债务,经催告后在合理期限内仍未履行;当事人一方迟延履行债务或者有其他违约行为致使不能实现合同目的;法律规定的其他情形。

《联合国国际货物销售合同公约》把解除合同称为宣告合同无效。《公约》认为,合同一方不履行义务构成根本性违约时,另一方有权宣告合同无效,但宣告合同无效必须向对方发出通知。宣告合同无效解除了双方在合同中的义务,但对应负责的任何损害赔偿仍应负责;宣告合同无效不影响合同中关于解决争端的任何规定,也不影响合同中关于双方在宣告合同无效后权利和义务的任何其他规定。已全部或局部履行合同的一方,可以要求另一方归还他按照合同供应的货物或支付的价款。如果双方都须归还,则他们必须同时这样做。

第二节　争议预防条款

在国际经贸合同中通常约定索赔条款，其意义在于一方面有利于促使合同当事人认真履约，另一方面也便于依约处理合同争议。在一般货物买卖合同中，多数只订立异议与索赔条款，而在大宗商品和机械设备合同中，除了订明争议与索赔条款外，往往还需另外订立罚金条款。此外，有的合同还约定定金法则，以提高履约率，减少违约。

一、争议与索赔条款

争议与索赔条款是国际经贸合同中关于处理和索赔违约责任的规定，其内容通常包括索赔依据、索赔期限、索赔金额和索赔办法等。

（一）索赔依据

在索赔条款中，一般都规定提出索赔应出具的证据和出证机构，如双方约定货到目的港卸货后，若发现品质、数量或重量与合同规定不符，除应由保险公司或船公司负责外，买方还可于货到目的港卸货后若干天内凭双方约定的某商检机构出具的检验证明向卖方提出索赔。但货物在运输途中发生品质和重量上的自然变化，不在索赔之列。提出索赔时，必须按规定提供齐全、有效的证据，否则可能遭到拒赔。

（二）索赔期限

合同索赔条款中一般应订明守约方向违约方提出索赔的时限，如超过约定时限索赔，违约方可不予受理。因此，索赔期限的长短应当规定合适。在规定索赔期限时，应考虑不同商品的特性和检验条件。对于有质量保证期限的商品，合同中还应加订保证期。一般货物规定为货物到达目的地后 30 天或 45 天，但对有质量保证期的机械设备的索赔期，可长达 1 年或 1 年以上。索赔期的规定在进出口合同中不宜太短，防止超过索赔期而被拒绝，或者在合同当中规定："如在有效期内，因检查手续和发证手续办理不及，可先电告对方延长索赔期 × 天。"此外，在规定索赔期限时还应对索赔期限的起算时间一并作出具体规定，通常有下列几种起算方法：

（1）货到目的地后 × 天起算；

（2）货到目的地卸离运输工具后 × 天起算；

（3）货到买方营业处所或用户所在地后 × 天起算；

（4）货到检验后 × 天起算。

案例分析

我国某五金公司以 CFR 条件对德国出口一批五金工具。合同约定货到目的港后 30 天内检验，买方有权凭检验结果提出索赔。该公司按期发货，德国客户也按期凭单支付了货款。半年后，该公司收到德国客户的索赔文件，称上述五金工具有 70% 已锈损，并附有德国某检验机构出具的检验证书。该公司如何处理德国客户的索赔要求?

分析:本案中五金公司可以拒绝德国客户的索赔要求,因为早已超过索赔期限。双方在合同中规定货到目的港后30天内检验。尽管这是一个买方复验的期限,但实质上也是索赔的期限,而德国客户却在半年后才向该公司提出索赔要求,显然已经超过索赔期限,因此德国客户已经丧失了向该公司索赔的权利。

德国客户索赔理由不尽合理。尽管索赔文件中声称有70%的货物已锈损,但无法证明这些锈损是装船前已经存在的,还是装船后才发生的。按照CFR条件成交,买卖双方风险划分界限是以装运港船舷为界。因此,卖方只承担货物装船前锈损的风险,而装上船后发生的锈损风险只能由买方自己承担。本案中买方已按期凭单付款,这说明卖方提交的交货单据是齐全合格的,间接地说明了卖方装上船的货物是符合合同要求的。因此,货物发生70%的锈损可能是装上船后的风险所致。在这种情况下,买方除非能证明这种锈损是由货物本身固有的瑕疵所致,否则卖方将不承担任何责任。

另外,德国客户提供的索赔依据不符合要求。一般情况下,双方规定在货到目的港后30天内检验时,买方提供的检验证书应由目的港的检验机构出具。而本案买方提供的检验证书却是德国内地检验机构出具的,这显然是不合理的,这也容易使人产生联想,认为这批货物的锈损可能是买方自己在接受货物后和上市销售前因保管不善所致。因此,这份索赔依据也是不充分的。

(三)索赔金额

由于索赔金额事先难以预计,故订约时一般不作具体规定,待出现违约事件后,再由有关方面酌情确定。一般来说,一方违约给对方造成损失的,索赔金额应相当于因违约所造成的损失,其中包括合同履行后可以获得的利益,但不得超过违约方订立合同时能预见到或应当预见到的因违约可能造成的损失。违约方承担的违约赔偿包括受害方的成本、费用和利润3个方面。与此相反,若合同中约定了损害赔偿的金额或损害赔偿额的计算方法,则按约定的赔偿金额或根据约定的损害赔偿额的计算方法计算出的赔偿金额提出索赔。

索赔金额的计算方法有以下几种:

1. 索赔金额为合同价格与替代货物的交易价格或转卖价格之间的差额。这是在合同被宣告无效的合理时间内,买方已以合理方式购买替代货物,或者卖方已以合理方式将货物转卖,所以这时的索赔金额应为合同金额与二者当中的某一项的差额。

2. 如果合同被宣告无效,而货物又有时价,索赔金额则是合同规定的价格与宣告合同无效时的时价之间的差额,而不是合理时间之外转售或他购时的价格。

3. 如果卖方延迟交货,而恰值该货市价下跌,则合同规定交货时的交货地价格与实际交货时的交货地价格之差,连同由此给买方造成的实际损失,即为索赔金额。

4. 如果卖方交付的品质、包装不符合合同规定,那么实际交付的货物价格与符合合同规定的货物时价之间的差额为索赔金额。

5. 如果买方延迟派船接货,卖方同意保留合同,那么卖方因买方延迟派船而增加的仓租、利息、保险费就是合理的索赔金额。

6. 如果买方在接收货物之后宣告合同无效,则以接收日的时价与合同价格之间的差额为索赔金额,而不是以宣告日的时价为准。需强调的是,买卖双方都有保全货物的责任,如果对方违约在先,自己又不采取措施保全货物,则索赔金额必须扣除由此造成的损失。

（四）索赔方法

有些合同在争议与索赔条款中已经对守约方如何索赔和违约方如何理赔分别做了具体规定。例如，有的合同规定："货到目的港后，买方如发现品质及/或数量、重量与合同规定不符，除属于保险公司及/或船公司的责任外，买方可以凭双方同意的检验机构出具的检验证书向卖方提出异议。品质异议须于货到目的港之日起 30 天内提出；数量/重量异议须于货到目的港之日起 15 天内提出。卖方收到异议后 20 天内答复。"凡有此类规定的，应按约定办法处理。如合同未做具体规定，则应本着实事求是和公平合理的原则，在弄清事实与分清责任的基础上，区别不同情况，有理有据地对违约事件进行适当处理和理赔。

另外，应注意处理好索赔条款与检验条款之间的关系。例如，买方索赔的期限同买方对货物进行复验的有效期是互相关联的，故约定索赔期限时，必须考虑检验条件和期限的长短等因素。为了使这两项条款的约定互相衔接、更加合理，以免出现彼此脱节或互相矛盾的情况，有些合同中便将这两项条款结合起来订立，称为"检验与索赔条款"。

二、罚金条款

罚金条款是指合同中规定一方如未履约或未完全履约，应向对方支付一定数量的约定金额。罚金条款一般用于买卖大宗商品或机械设备的合同中，内容主要规定一方如未履行合同所规定的义务，应向对方支付一定数额的约定罚金，以补偿对方的损失。这种条款一般适用于卖方延期交货等，双方还根据延误时间长短预先约定赔偿的金额，同时规定最高罚款金额。其特点是在合同中先约定赔偿金额或赔偿的幅度。例如，有的合同规定："如卖方不能按期交货，在卖方同意由付款行从议付货款中扣除罚金的条件下，买方可同意延长交货。但是因延期交货的罚金不得超过货物总金额的 5%，罚金第 7 天收取 0.5%，不足 7 天按 7 天计算。如卖方未按合同规定的装运期交货，延长 10 周时，买方有权撤销合同，并要求卖方支付上述延期交货罚金。"

罚金条款主要针对当事人不按期履约而订立，如卖方未按期交货或买方未按期派船、开证。罚金的支付，并不解除违约方继续履行的义务。因此，违约方除了支付罚金外，仍应履行合同义务，如因故不能履约，则另一方在收受罚金之外，仍有权索赔。

订立罚金条款时，应注意各国及地区的法律对于罚金条款持有不同态度和不同的解释与规定。法、德等国法律中，对合同中的罚金条款是予以承认和保护的。但英美法系国家及地区的法律只承认损害赔偿，不承认带有惩罚性的罚金。所以在与英、美、澳、新等国及地区贸易时，应注意约定的罚金额的合法性。例如，在英国的法律中，对合同中订有固定赔偿金额的条款，按其情况分为两种性质：一种是"预定损害赔偿金额"，是指双方当事人在订立合同时，根据估计可能发生违约所造成的损害，事先在合同中规定赔偿的百分比。另一种是"罚款"，是指当事人为了保证合同的履约，对违约一方征收的罚金。对上述性质的区分是根据当事人在合同中表示的意思由法官来确定。英国法院主张：如属预定的损害赔偿，不管损失金额大小，均按合同规定的固定金额判付；反之，如属"罚金"，对合同规定的固定金额不予承认，而根据受损方提出损失金额的证明另行确定。我国《合同法》中没有规定"罚金"，而规定"违约金"。《合同法》第 114 条规定："当事人可以约定一方违约时应当根据违约情况向对方支付一定数额的违约金，它可以约定因违约产生的损失赔偿额的计算方法。"

三、定金罚则

（一）定金的含义

定金与预付款不同。定金是指合同一方当事人根据合同的约定预先付给另一方当事人一定数额的价款，以保证合同的履行，它是作为债权的担保而存在的。而预付款是指合同当事人预先付给对方一定数额的价款，即对合同义务的预先履行，其本身就是预付的价款或价款的一部分，而不是对合同履行的担保。在国际货物贸易合同中，只要约定了定金条款，无论合同当事人哪一方违约，都要承担与定金数额相等的损失。也就是说，如支付定金的一方违约，即丧失定金的所有权，定金则由另一方当事人所有；如收取定金的一方违约，则除返还定金外，还需付给对方同定金数额相等的数额。这就是定金罚则。

（二）定金条款的内容

定金条款由合同双方当事人约定，其内容主要包括：

1. 定金的数额及支付定金的时间与方式。

2. 付给定金的一方履行合同义务后，是收回定金还是抵作价款。

3. 定金罚则，即支付定金的一方不履行合同义务的，即丧失定金的所有权，因而无权请求返还定金；收受定金的一方不履行合同义务的，则应双倍返还定金。

（三）约定定金条款的注意事项

由于种种原因，国际贸易中违约情况时有发生，要使合同双方当事人自觉履行合同义务，提高履约率，采取定金制度是行之有效的举措。为了贯彻"重合同、守信用"的原则，我国《合同法》第 115 条对定金的有关问题作出了具体规定："当事人可以按照《中华人民共和国担保法》约定一方向对方给付定金作为债权的担保。债务人履行债务后，定金应当抵作价款或者收回。给付定金的一方不履行约定债务的，无权要求返还定金：收受定金的一方不履行约定债务的，应当双倍返还定金。"实践表明，此项规定对提高履约率、维护合同当事人的合法权益、减少贸易纠纷和解决争议都有重要的意义。

约定定金条款时，应注意以下几个方面：

1. 合同中是否订立定金条款，由双方当事人根据经营意图自愿酌情商定，任何一方不得强迫对方接受定金条款。

2. 定金条款的内容应当明确具体，以利于合同的履行。如定金的数额、支付定金的时间和方式，债务人履行债务后定金是收回还是抵作价款等，都应在合同中具体订明。

3. 鉴于定金与预付款不同，故约定定金条款时，其含义和内容应表述清楚，以免引起误解，定金与预付款不能混同使用。

4. 在合同中同时有违约金与定金条款的情况下，一方违约时，另一方可以选择适用违约金条款或定金条款，即只能选择其中之一适用，二者不能同时并用。

第三节　争议的解决

一、争议的解决方式

国际经贸业务中争议的解决方式由经济活动中的当事人在相关合同或协议中协商确定。实践中常用的争议解决方式有 5 种，即协商、调解、仲裁、国际经济诉讼和 ADR（Alternative Dispute Resolution）方式。

（一）协商

1. 协商的含义

协商是争议当事人在争议发生后最先选择采用的争议解决方法。它是指国际经济活动的当事人在发生争议后，以双方自愿为基础，针对所发生的争议进行口头或书面的磋商或谈判，自行达成和解协议，解决纠纷的方式。

2. 协商的特点

协商方式通常不需第三方介入，且程序简单、灵活，因而多数当事人同意在争议发生之初先行协商解决，很少有当事人在争议发生后不与对方当事人协商而直接提起仲裁或诉讼。达成和解协议后，各方可以继续根据互谅互让的合作原则进行合作和发展。这样可以有效节省当事人的时间及人力、财力。

协商解决的结果往往取决于各方讨价还价的能力及经济状况和经济实力，协商所达成的和解协议可能对处于弱势的一方利益保护不够。此外，当各方分歧严重难以自己协商解决时，只能求助第三方。

（二）调解

1. 调解的含义

调解是在当事人之外的中立第三方的主持下，由第三方以中间人的身份在分清是非和责任的基础上，根据法律、合同、国际惯例，帮助和促使当事人在互谅互让的基础上达成协议，解决争议的方法。该第三方称为“调解人”。调解方式主要源于我国。在调解方面，一些国际组织或商会以及一些国家通过了调解规则。如联合国国际贸易法委员会于 1980 年通过了《联合国国际贸易法委员会调解规则》，供当事人选用，该规则对调解作了详细规定。此外，国际商会还于 1988 年 1 月 1 日通过了《调解与仲裁规则》。

2. 调解的特点

调解能较快解决争端，有利于保持当事人的友好关系，使双方当事人相互信任，同时也节省费用。调解人有促使双方当事人达成协议的职责，无权不顾当事人的意愿，自行作出具有法律约束力的裁决。如果一方当事人因某种理由在调解过程中不予合作，调解即宣告失败。因此其在解决国际经济争端中所起的作用比仲裁方式小。

3. 调解的类型

根据调解人的不同，可将调解分为以下 5 种：

（1）民间调解。民间调解是指由仲裁机构、法院或国家指定负责调解的机构以外的第三方主持进行的调解。该调解人称“民间调解人”。

（2）专门机构调解。专门机构调解是指由设在商会或仲裁协会内部的专门调解机构主持的调解。

（3）联合调解。联合调解也称共同调解，它是中国国际贸易促进委员会与美国仲裁协会于 1977 年共同开创的解决国际商事争议的新方式。联合调解是指由中外争议当事人中的一方向另一方发出书面通知，邀请另一方按照两个调解中心的联合调解规则调解、解决争议，如另一方当事人接受了调解邀请，调解程序开始，当事人可以协商选定两个调解中心秘书处中的任何一个作为案件的行政管理机构，如未选定，由被申请人所在国家的秘书处进行管理。

（4）仲裁机构调解。仲裁机构调解是指由仲裁机构主持进行的调解。即将调解纳入仲裁程序,由仲裁机构在开始仲裁前或仲裁中征得当事人意见,当事人同意调解的,则进行调解,调解成功则制作调解书,并撤销案件。

(5) 法庭调解。法庭调解也称法院调解或司法调解。它是指由法院主持进行的调解。

(三) 仲裁

仲裁一词来自拉丁文,指争议当事人通过协议方式将争议提交第三方(仲裁机构)进行裁决解决的方式。国际贸易仲裁是国际商事仲裁的一种,概括而言,它是指国际经贸活动的各方当事人自愿将其争议提交第三者进行审理并作出仲裁裁决的方式。仲裁已成为国际上解决经贸争议普遍采用的方式,下面对其进行详细阐述。

1. 仲裁的含义和特点

仲裁也叫公断,是指交易双方在争议发生前或争议发生后达成书面协议,自愿把争议提交双方同意的第三方予以解决的一种方式。仲裁裁决一般都是终局性的,对双方均有约束力,双方都必须执行。如果败诉一方不执行这种裁决,胜诉一方有权向法院提出申请,要求予以强制执行。

仲裁是国际货物贸易中双方解决争议的一种方式。买卖双方在执行合同的过程中发生的纠纷,首先是通过协商或调解的方式进行解决,一旦友好协商无法解决,就会提交仲裁解决。显然,仲裁并非解决交易双方争议的最好方式,但与司法诉讼相比,仍具有气氛友好、程序简单、耗时较少、费用较低的优势,而仲裁的裁决是终局性的,可以在法院的支持下得到执行,因此许多当事人都愿意通过仲裁来解决彼此之间的争议。

2. 仲裁协议的形式及作用

从仲裁的定义中可以看出,交易双方将彼此间的争议提交仲裁的条件就是要签订一份仲裁协议。在仲裁协议中要对仲裁地点、仲裁机构和仲裁程序规则进行选择,也要对仲裁费用的负担作出规定,还要对仲裁裁决的效力进行强调。

(1) 仲裁协议的形式

仲裁协议是在争议发生之前或发生之后,双方当事人订立的自愿将双方发生的争议提交仲裁解决的书面文件。仲裁协议包括合同中的仲裁条款和双方签订的将已发生的争议提交仲裁的协议。前者是买卖双方在争议发生前约定的书面仲裁协议,表示双方愿意将未来彼此间可能发生的争议提交仲裁机构解决。后者是在争议发生后,由双方当事人共同签署的、将已发生的争议提交仲裁解决的书面协议。虽然这两种协议表现形式不同,签订的时间也不同,但它们的效力与作用是相同的。

(2) 仲裁协议的作用

根据大多数国家的法律,仲裁协议具有约束当事人以仲裁方式解决争议、排除法院对争议案件的司法管辖权、使仲裁机构获得对争议案件的管辖权的作用。双方当事人均受仲裁协议的约束,不得向法院起诉。如果合同一方当事人违反协议向法院提起司法诉讼,另一方当事人可以以仲裁协议为依据,声明法院无权管辖,请求停止诉讼的进行。法院接到这种声明后,将不得再对有关的案件进行司法审理。因此,从另一个角度可以说,仲裁协议是仲裁机构受理争议案件的法律依据。

案例分析

甲方与乙方签订了一份出口某货物的合同，合同中的仲裁条款规定："凡因执行本合同发生的一切争议，双方同意提交仲裁，仲裁在被诉方国家进行。仲裁裁决是终局的，对双方都有约束力。"合同履行过程中，双方因品质问题发生争议，于是将争议提交甲国仲裁。经仲裁庭调查审理，认为乙方的举证不实，裁决乙方败诉。事后甲方因乙方不执行裁决向本国法院提出申请，要求法院强制执行。乙方不服而向本国法院提起诉讼，法院能否受理其上诉？

提示：双方的仲裁协议排除了法院的管辖权，仲裁庭享有完全的自裁管辖权，其作出的仲裁裁决是终局的，当事人不得另行向法院提起诉讼。

3. 合同中的仲裁条款

(1) 仲裁地点的选择

仲裁地点是仲裁条款中最重要的内容之一，也是双方达成仲裁条款时争议的焦点。因为仲裁地点与仲裁所适用的规则有关，一般情况下，在哪个国家仲裁，往往就适用哪个国家的仲裁规则。

我国商务合同中仲裁地点的选择通常有 3 种：

① 规定在中国仲裁的条款格式。在中国仲裁，不仅地理位置近、方便，可以节省许多费用，而且我方对本国法律比较熟悉，对仲裁比较放心。

② 规定在被告方所在国仲裁的条款格式。如果对方不同意在中国仲裁，则可争取规定在被告方所在国仲裁。因为在我国的出口贸易中，卖方成为被告方的可能性较大，这实际上有 50% 以上的可能性在中国仲裁。

③ 规定在双方同意的第三国仲裁的条款格式。如果在中国仲裁和在被告方所在国仲裁双方均不同意，可选择在第三国仲裁。但第三国必须是双方都同意的，必须不是中国的敌对国家，而应是中国的友好国家，最低程度应是中立国家，以免将来作出对我方不公正的裁决。

(2) 仲裁机构的选择

仲裁机构包括常设仲裁机构和临时仲裁机构。常设仲裁机构，是指国家和一些国际性组织设立的专门从事处理商事纠纷、进行有关仲裁的管理与组织工作的常设机构。这种仲裁机构常年受理案件。根据其经营的性质或范围，分为国际性或区域性仲裁机构、国家性仲裁机构和特定行业附设的专业性仲裁机构。临时仲裁机构是为了解决某项特殊的争议，由交易双方共同指定的人员所组成的仲裁庭，待争议处理完毕，该仲裁机构即宣告解散。

在签订仲裁条款时，应订明仲裁机构的名称。如在我国仲裁，为避免另一方利用名称做文章，现行《仲裁规则》第 79 条专门就此作了规定：仲裁协议或合同中的仲裁条款订明由仲裁委员会或其分会仲裁或由其旧名称的中国国际贸易促进委员会、对外贸易仲裁委员会或对外经济贸易仲裁委员会仲裁的，均视为双方当事人一致同意由仲裁委员会或其分会仲裁。如果规定在外国仲裁机构仲裁更应谨慎，务求仲裁条款详细、具体。在仲裁条款中必须写明在国外的常设机构仲裁，并写明仲裁机构的全称，避免不必要的麻烦。

(3) 仲裁程序的选择

在国际商事仲裁中,选择某一国的仲裁机构,不一定适用该国关于仲裁程序的规定,当事人可以在国际通行的仲裁程序当中任意选择一个。如无事先约定,则适用审理地法律,即在哪个国家仲裁,则适用该国的仲裁法规。

(4) 仲裁裁决的效力

各国的仲裁规则均规定仲裁裁决是终局的,即一经提交仲裁,双方当事人自愿放弃向法院提起诉讼的权力,仲裁裁决对双方均有约束力。

(5) 仲裁费用的负担

通常,在仲裁条款中应明确规定仲裁费用由谁负担。一般规定由败诉方承担,也可规定由仲裁庭酌情裁定。仲裁的费用,一般按争议价值的0.1% ~1%收取。

(四) 国际经济诉讼

国际经济诉讼也称国际民事诉讼,它是指国际经济争议当事人将其争议提交法院予以审理并作出判决的争议解决方法。

1. 国际经济诉讼的原则

(1) 属地管辖原则

属地管辖原则,又称为领土管辖原则或地域管辖原则,是指采用一些与地域有关的标志来确定法院对国际民事案件的管辖权,如以当事人的住所、居所、营业所、被告财产所在地、诉讼原因发生地、诉讼标的物所在地等为本国境内行使管辖的依据。

(2) 属人管辖原则

属人管辖原则是指根据当事人的国籍来确定管辖权,例如有些国家规定,只要当事人一方具有本国国籍,本国法院就具有管辖权。

(3) 协议管辖原则

协议管辖原则,又称为合意管辖原则,是指根据当事人共同选择管辖法院的协议来确定管辖权,即当事人合意选择处理其争议的法院对案件享有管辖权。

(4) 专属管辖原则

专属管辖原则是指一国主张其法院对某些国际民事案件具有独占的或排他的管辖权,不承认其他国家法院对这些案件的管辖权。

(5) 平行管辖原则

平行管辖原则,又称为选择管辖原则,是指一国在主张自己对某些案件有管辖权的同时,并不否认其他国家法院对这些案件行使管辖权。

2. 国际经济诉讼的解决方式

国际司法解决方式是指将国际经济争端提交国际法院解决的方式。国际法院是联合国的主要法定组织之一。《国际法院规约》有关国际法院诉讼管辖权的规定是:① 国际法院的诉讼当事人限于国家,任何组织、团体或个人均不得成为诉讼当事人。② 国际法院管辖的案件主要包括:各当事国提交的一切案件;《联合国宪章》或现行条约及协定中所特定的一切事件;关于条约的解释、国际法的任何问题、任何事实的存在如经确定即属违反国际义务者;因违反国际义务而应予赔偿的争端。这些均以当事国声明接受强制管辖为前提。

比较而言,国内司法解决方式是将国际经济争端提交各国法院解决的方式。各国法院主要受理不同国籍私人之间的经济争端。国际上主要的涉外经济管辖权制度包括如下几点：① 属地管辖权制度，即以当事人（主要是被告）的住所地、居所地或事物的存在地、事情的发生地等地域因素为行使管辖权依据的制度。② 属人管辖权制度，即以当事人的国籍为行使管辖权依据的制度。③ 普通法管辖权制度，即以"实际控制"为行使管辖权依据的制度。鉴于确定司法管辖权是受理特定案件、进行诉讼的前提，并往往同法律适用密切相关，从而直接影响案件的审理结果，一些国家的有关法律还明确规定了本国法院对此类争端的司法管辖权。由于目前尚无各国普遍接受的调整各国法院管辖此类争端的规则，此类争端不可避免地属于若干国家国内法院的管辖权范围，即产生了国内法院管辖权冲突问题。

（五）ADR 方式

ADR（Alternative Dispute Resolution）是起源于美国的争议解决的一种新方式，意为"解决争议的替代方式"或"非诉讼纠纷解决程序"。对 ADR 方式目前有两种理解：① 除了诉讼，其他方式（包括仲裁在内）均属于 ADR 方式。② 除了仲裁和诉讼，其他方式均属于 ADR 方式。通过 ADR 方式达成的协议并不具有法律约束力，因此如果一方当事人不履行达成的协议，仍然需要以仲裁或诉讼方式解决。因此，ADR 方式并不是适用于一切争议的解决方式。

二、国际经贸争议中的法律适用

国际经贸合同是在营业地分处不同国家的当事人之间订立的。各国政治、经济、法律制度不同，就会产生法律冲突和法律适用问题。当事人在合同中明确宣布合同适用何国法律的条款称作法律适用条款或法律选择条款。

国际经贸争议的法律适用是指在国际经贸争议发生后，适用哪个国家的法律解决争议。由于国际经贸争议的当事人处于不同国家、地区或争议的标的物做跨越国界的移动，因此国际经贸争议的解决涉及两个以上国家的法律管辖问题；而各个国家对同一问题的法律规定又不尽相同，因而正确选择解决争议所适用的法律对维护各方当事人的利益至关重要。国际经贸争议的法律适用包括实体法的适用和程序法的适用。

（一）实体法的适用

实体法主要包括国内法、国际公约、国际惯例。在实体法的适用方面主要遵守以下原则：根据意思自治原则，各国都允许当事人通过合同自由选择合同适用的法律。这些法律可以是当事人的国内法（买方或卖方国家的法律或是第三国法律），可以是与合同有联系或无联系的法律，可以是国际公约，也可以是国际商业惯例。

在选择实体法时，可以有以下 3 种方法：

（1）单一选择法。即在合同中明确指明合同适用某一国家的法律（本国的或外国的）作为合同的准据法。

（2）多边选择法。即规定整个合同受一国法律管辖，特定条款受另一国法律管辖。

（3）无准据法，即当事人法。合同中规定，合同除受其本身条款约束外，不受任何国家的法律管辖，或由于某种原因，当事人在合同中未规定合同适用的法律。在这种情况下，仲裁机构或法院通常为当事人寻求解决合同争议的准据法，特别是当某一特定法律很明显与该合同有"最密切联系"的时候。在国际货物买卖中，通常卖方是给合同以实质履行的一方，因此在双方未规定合同适用的法律时，按照与合同有"最密切联系"的原则，多适用卖方国家的法律。如我国《民法通则》第 145 条规定："涉外合同的当事人可以选择处理合同争议所适用的法律,法律另有规定的除外。涉外合同的当事人没有选择的,适用与合同有最密切的联系的国家的法律。”我国《合同法》第126条也有类似规定。

(二) 程序法的适用

程序法主要包括国内法、国内仲裁机构制定的仲裁规则、国际公约。程序法的适用包括仲裁法律的选择和仲裁规则的选择。

(1) 仲裁法律的选择。大多数国家规定采用属地法原则,即凡在本国仲裁都要适用本国仲裁法。

(2) 仲裁规则的选择。仲裁规则的选择有以下方式:①必须依照仲裁机构的仲裁规则进行仲裁;②按照当事人选择的仲裁规则进行仲裁。

案例分析

2002年12月12日,德国旭普林公司与无锡沃可公司签署了由旭普林公司总承包沃可公司位于无锡市新区的新厂房(一期)工程的合同。合同附件约定:“Arbitration: 15. 3ICC Rules, Shanghai shall apply.”本案合同采用的是FIDIC(国际咨询工程师联合会)示范合同文本,该合同文本第15.3规定:“异议通知书所指的任何争端,应当由一名独立的仲裁员根据协议附件中规定的规则作出最终处理。在未达成一致的情况下,仲裁员应当由协议附件中规定的机构指定。案件审理应当在协议附件中规定的地点进行,并使用第1.5条规定的语言。”

双方在合同的履行中发生争议,2003年4月23日,旭普林公司向国际商会国际仲裁院提出仲裁申请。沃可公司对仲裁庭的管辖权提出异议。沃可公司的抗议是否合理?为什么?

提示:根据我国仲裁法的有关规定,有效的仲裁条款应当同时具备仲裁的意思表示、仲裁事项和明确的仲裁机构3个方面的内容。本案所涉仲裁条款从字面上看,虽然有明确的仲裁的意思表示、仲裁规则和仲裁地点,但并没有明确指出仲裁机构。因此,应当认定该仲裁条款无效。

第四节 不可抗力

国际经贸业务中,双方签订合同后,由于自然原因或社会原因引起的人力不可抗拒的事件使买卖双方签署的合同不能履行,按照国际经贸有关法律和惯例,可以免除合同当事人的责任。为避免产生不必要的矛盾,双方当事人应在合同中订立不可抗力条款(Force Majeure, Act of God)。

一、不可抗力的含义

不可抗力条款是指合同订立以后发生的当事人订立合同时不能预见的、不能避免的、人力不可控制的意外事故,导致合同不能履行或不能按期履行。遭受不可抗力的一方可由此免除责任,而对方无权要求赔偿。

在国际经贸中,不可抗力的含义及其叫法并不统一。在英美法系中,有“合同落空”原则的规定，其意思是指合同签订后，不是由于合同当事人的过失，发生了当事人意想不到的事件，致使订约目的受到挫折，从而造成“合同落空”。发生事件的一方，可据此免除责任。在大陆法系中，有所谓“情势变迁”或“契约失效”原则的规定，其意思是指签订合同后，不是由于合同当事人的原因而发生了当事人预想不到的情况变化，致使合同不可能再履行或对原来的法律效力需作相应的变更。不过，法院对引用此项原则来免除履约责任的要求是很严格的。根据《联合国国际货物销售合同公约》规定，合同签订后，如发生了合同当事人订约时无法预见和事后不能控制的障碍，以致不能履行合同义务，则可免除责任。

就一般情况而言，不可抗力来自两个方面：自然条件和社会条件。前者如水灾、旱灾、地震、海啸、泥石流等，后者如战争、暴动、罢工、政府禁令等。在美国习惯上认为不可抗力仅指由于“自然力量”引起的意外事故，不包括社会力量引起的意外事故，所以在美国的贸易合同中，往往不使用“不可抗力”一词，而称之为“意外事故”条款。

二、不可抗力事件

（一）不可抗力事件的性质

不可抗力事件有其特定的解释，并不是任何一种意外事件都可以称作不可抗力事件。不可抗力事件的不可预见性和偶然性决定了人们不可能列举出它的全部外延，不可能穷尽人类和自然界可能发生的种种偶然事件。所以，尽管世界各国都承认因不可抗力而违约可以免责，但是没有一个国家能够确切地规定不可抗力的范围，而且由于习惯和法律意识不同，各国对不可抗力的范围理解也不同。

（二）不可抗力事件的构成条件

“不可抗力”是一个有确切含义的法律概念，并不是所有的意外事故都可构成不可抗力的。有时当事人在合同中改变了不可抗力概念通常的含义，因此需要在合同中订明双方公认的不可抗力事故。具体来说，构成不可抗力事故应具备以下 4 个条件：

（1）该事故是在合同订立以后发生的。如果在订立合同时，当事人就已经知道或应当知道意外事故的存在，这种意外事故不能作为不可抗力。

（2）事故是在订立合同时双方不能预见的。通常认为，货币贬值、价格涨落是普通的商业风险，作为商人，这是应当预见的职业常识，不能算不可抗力。

（3）事故不是由任何一方的疏忽或过失引起的。由一方的过失引起意外火灾发生，导致合同不能履行或不能按期履行，则视同违约，违约方要承担损害赔偿责任。

（4）事故的发生是不可避免且是人力不能抗拒、不能控制的。如地震和海啸，无论如何防范也不能避免。此外，不能简单地把没有做过的事都看做是不可能的事。一些意外事故的发生，并没有使合同履行成为不可能，而仅仅是使合同履行变得非常麻烦，或需要支出庞大的费用。在这种情况下，不能援引不可抗力免除当事人的责任。

（三）不可抗力事件的范围及约定办法

订约后发生的当事人双方无法控制的意外事故，能否构成不可抗力或合同落空，以及引起怎样的后果，国际上并无统一的解释。这样容易导致当事人之间出现分歧，产生纠纷。为避免这种现象的发生，防止一方当事人以扩大或缩小对不可抗力事故范围的解释，或在不可抗力事故发生后在履约方面仍提出不合理要求，在贸易合同中订入不可抗力条款是非常重要的。

贸易合同中的不可抗力条款，一般包括不可抗力事件的范围、不可抗力的后果、发生不可抗力事件后通知对方的期限和方式、不可抗力的证明文件及出具证明的机构等项内容。

不可抗力的事件范围一般包括两类：一类是自然原因引起的，如水灾、旱灾、雪灾、飓风、雷电、火灾、地震、海啸、暴风雨、冰封等；另一类是政治或社会原因引起的，如战争、罢工、骚乱、政府封锁与禁运、贸易政策调整等。在实际业务中，由于不可抗力是一项免责条款，买卖双方可以通过扩大不可抗力事件的范围来减少自己的合同义务，因此在合同中约定的不可抗力事故范围应明确具体，防止笼统含糊而造成解释上的分歧，产生不必要的麻烦和损失。

不可抗力事件范围的规定通常有 3 种方式：

(1) 列举式。即以一一列举的方式，详细列明不可抗力事件的范围。这种规定方式虽然明确，但灵活性较差，很容易造成遗漏。一旦发生了规定范围以外的意外事件，就无法援引。

(2)概括式。即对不可抗力事件范围只作笼统规定，而不具体规定哪些事件属于不可抗力事件的范围。这种规定方法过于含糊，买卖双方容易因解释上的差异而产生纠纷。

(3)综合式。这种规定方式一方面要列出比较常见的不可抗力事件；另一方面还要再加上“以及双方同意的其他不可抗力事件”一类的补充说明。这种规定方法比较明确具体，又考虑到履行合同中可能发生的一些意想不到的事件，具有一定的灵活性。

三、国家经贸合同中的不可抗力条款

鉴于国际上对不可抗力事件及其引起的法律后果并无统一规定，为防止合同当事人对不可抗力事件的性质、范围作随意解释，或提出不合理的要求，或无理拒绝对方的合理要求，故有必要在买卖合同中订立不可抗力条款，明确约定不可抗力事件的性质、范围、处理原则和办法，以免引起不必要的争议，有利于合同的履行。

不可抗力条款是一种免责条款，即免除因不可抗力事件而违约的一方的违约责任。一般应规定的内容包括：不可抗力事件的范围、不可抗力事件的通知与证明以及不可抗力事件的法律后果。不可抗力事件的范围如上所述。下面主要介绍不可抗力事件的通知与证明及其法律后果。

（一）不可抗力事件的通知与证明

按照国际惯例，当发生不可抗力事故影响合同履行时，当事人必须及时通知对方，对方亦应于接到通知后及时答复。尽管如此，买卖双方为明确责任，一般在不可抗力条款中还规定一方发生事故后通知对方的期限和方式。一方遭受不可抗力事故以后，应以电报通知对方，并应在 15 天内以航邮挂号提供事故的详情及影响合同履行程度的证明文件，如果是社会不可抗力，事故持续存在 60 天以上时，卖方有权撤销合同或撤销合同中未发运部分。

一方在援引不可抗力条款要求免责时，必须向对方提交专门机构出具的证明文件。在国外，不可抗力证明文件的出具机构往往是发生不可抗力事件地区合法的公证机构，或是当地的商会；在我国，则由中国国际贸易促进委员会或其设在各口岸的分会出具。

（二）不可抗力事件的法律后果

发生不可抗力事件后，应按约定的处理原则和办法及时进行处理。不可抗力的后果有两种：一是解除合同；二是延期履行合同。究竟如何处理，应视事故的原因、性质、规模及其对履行合同所产生的实际影响程度而定。

不可抗力的法律后果是免除遭受不可抗力一方的责任，而不是解除合同。解除合同还是延迟履行合同，取决于不可抗力是持续相当一个时期还是暂时的、对合同履行的影响程度如何、合同的标的是现金交付还是提交货物。一般而言，没有任何意外事故可以解除当事人履行现金债务的义务。如果提交的货物是特定物，发生灭失可以解除合同，如果是种类物，而在客观上不是不能提供这种货物时，即使发生不可抗力也不能解除卖方的履约义务。此外，在考虑免除遭受不可抗力一方责任时，还要看意外事故与当事人未履行或不能按期履行合同之间是否存在因果关系。

（三）订立不可抗力条款的注意事项

（1）在国际经贸中，不可抗力的含义及其叫法并不统一。在英美法中，有“合同落空”原则；大陆法系中有所谓“情势变迁”或“契约失效”原则。

（2）不可抗力事故的范围，应采用我国最常用的规定方法，即综合规定的办法在买卖合同中订明。

（3）明确规定不可抗力事件发生后向对方提交证明书的期限。实际业务中常规定事故发生时应立即电告买方，并在事故发生后 15 天内航邮证明书。

（4）明确规定不可抗力事件发生后出具证明文件的机构，在我国应注明由中国国际贸易促进委员会（即中国国际商会）出具。

案例分析

1985 年 2 月 13 日，内地某公司 A 和香港某公司 B 签订了醋酸纤维板的来料加工和补偿贸易合同。合同的主要内容是 A 公司利用 B 公司和另外两家香港的金融机构共同提供的设备为 B 公司进行来料加工，每生产 1 吨板材的加工费为 1 600 美元，B 公司负责提供给 A 公司的来料即醋酸纤维板的数量为：1985 年不少于 80 吨，1986 年不少于 150 吨，1987 年不少于 200 吨，以后每年不少于 200 吨。A 公司以来料加工费偿还设备的贷款的本息。但在实际履行中，B 公司仅在 1985 年 12 月 30 日提供来料 34 吨，1986 年 9 月 4 日提供来料 17 吨，1987 年 2 月 16 日提供来料 1.1 吨，合计提供来料 52.1 吨。1987 年 10 月，双方签订补充协议，再次规定了 B 公司提供来料的义务和数量。结果该补充协议仍未履行，致使 A 公司引进的设备无法得到充分利用，只偿还了设备贷款本息的一小部分。A 公司提请仲裁，要求 B 公司赔偿包括设备贷款在内的经济损失。B 公司答辩称：B 公司未能履行合同的全部义务，是因为国际市场发生重大变化，原料价格上涨，数量短缺，无法买到原料。最后原本供应该原料的工厂停产，B 公司更是无法买到。这是不可抗力事故，B 公司不应承担责任。试分析本案中，B 公司应不应该承担责任？

提示：B 公司应该承担责任。因为：

（1）根据买卖合同的有关法律和惯例，当事人一方因不可抗力事件不能履行合同的全部和部分义务时，应及时通知另一方并出具有关的证明文件。本案中 B 公司并未及时通知对方并出具有关证明。

（2）不可抗力事件必须是该事件的发生和后果是当事人不可避免的、不能克服的。本案合同及补充协议中并未规定具体一家或几家工厂提供原料，所以，一家工厂停产不能提供规定的原料，并不能证明其他工厂也无法生产和提供同类原料。对此，B 公司所述的理由不充分，不足以证明该事件的发生及后果是不可避免的和不能克服的。

(3) 不可抗力事件还必须是事前无法预见的。而本案中，双方在签订补充协议前 B 公司已经没有完全履行合同。在签订补充协议时，B 公司理应预见在执行补充协议时将出现在签订补充协议前曾出现过甚至还可能继续存在的履行不能的风险。

由上述分析可知：B 公司以德国一家工厂停产买不到规定的原料为不可抗力要求免责的说法是不成立的。本案具有补偿贸易和来料加工的性质，没有 B 公司的来料，A 公司就没有加工费可以补偿进口设备的价款，就势必影响合同的全面履行，B 公司应负违约责任并赔偿 A 公司的经济损失。

思考与练习

1. 国际贸易中产生争议的原因主要有哪些？有哪些解决争议的主要方法？
2. 什么是违约？各国法律对违约是如何规定的？
3. 违约的救济方法主要有哪些？各国法律对违约救济方法的规定有何不同？
4. 国际货物贸易合同中争议的预防与处理条款主要有哪些？主要包括哪些内容？
5. 什么是仲裁？简述仲裁协议的形式及作用。
6. 什么叫不可抗力？不可抗力的法律后果如何？

参考文献

[1] 刘丽娟:《世界贸易组织概论》,中国商业出版社,2012 年。
[2] 韩立余:《世界贸易组织(WTO)案例分析》,中国人民大学出版社,2002 年。
[3] 曹建明,贺小勇:《世界贸易组织》,法律出版社,2011 年。
[4] 朱榄叶:《世界贸易组织国际贸易纠纷案例评析(2007—2009)》,法律出版社,2010 年。
[5] 黄晓玲:《中国对外贸易概论》,对外经贸大学出版社,2009 年。
[6] 陈家勤:《当代中国对外经贸理论研究》,社会科学文献出版社,2010 年。
[7] 尤盛东:《国际贸易理论教程》,北京师范大学出版社,2011 年。
[8] 胡昭玲:《国际贸易:理论与政策》,清华大学出版社,2010 年。
[9] 陈宪,张鸿:《国际贸易——理论·政策·案例》,上海财经大学出版社,2012 年。
[10] 林德特,王新奎:《国际贸易》,格致出版社,2012 年。
[11] 董瑾:《国际贸易学》,机械工业出版社,2010 年。
[12] 许斌:《国际贸易》,北京大学出版社,2009 年。
[13] 赵春明:《跨国公司与国际直接投资》,机械工业出版社,2012 年。
[14] 王红岩:《国际直接投资与跨国公司》,立信会计出版社,2012 年。
[15] 王焕祥:《跨国公司经营与管理》,经济科学出版社,2011 年。
[16] 毛蕴诗,袁静:《跨国公司经营管理:案例与阅读材料》,中山大学出版社,2010 年。
[17] 李尔华,崔建格:《跨国公司经营与管理》,清华大学出版社,北京交通大学出版社,2011 年。
[18] 郭伟,徐翔:《跨国公司经营管理案例:世界 500 强企业的成功之道》,复旦大学出版社,2012 年。
[19] 冯金华:《经济全球化和国家竞争优势——贸易、效率和适度自由化》,上海财经大学出版社,2008 年。
[20] 陈儒丹:《经济全球化的法律博弈》,上海人民出版社,2012 年。
[21] 杨逢珉,张永安:《经济全球化背景下的南北关系》,上海人民出版社,2011 年。
[22] 刘淼,齐顺利,陈慧:《经济全球化与国际经济》,暨南大学出版社,2010 年。
[23] 李健:《经济全球化背景下的新贸易壁垒》,东北财经大学出版社,2007 年。
[24] 李玉举:《发展中国家参与区域经济一体化》,中国市场出版社,2008 年。
[25] 张彬:《国际区域经济一体化比较研究》,人民出版社,2010 年。
[26] 张永安:《区域经济一体化理论与实践》,格致出版社,2010 年。
[27] 黄卫平:《中国加入区域经济一体化研究》,经济科学出版社,2009 年。
[28] [美]施奈德:《电子商务》,成栋译,机械工业出版社,2008 年。
[29] 兰宜生:《国际电子商务教程》,首都经济贸易大学出版社,2007 年。

[30] 祝雅辉:《国际电子商务贸易》,上海财经大学出版社,2008 年。
[31] 黄梅波:《世界经济学》,复旦大学出版社,2010 年。
[32] 何树全:《当代世界经济学导论》,格致出版社,2011 年。
[33] 姚新超:《国际贸易惯例与规则实务》,对外经济贸易大学出版社,2008 年。
[34] 吴百福:《进出口贸易实务教程》,上海人民出版社,2011 年。
[35] 黎孝先:《进出口合同条款与案例分析》,对外经济贸易大学出版社,2003 年。
[36] 黎孝先,王健:《国际贸易实务》,对外经济贸易大学出版社,2011 年。
[37] 韩玉珍:《现代国际贸易实务》,首都经济贸易大学出版社,2003 年。
[38] 贾建华,阚宏:《国际贸易理论与实务》,首都经济贸易大学出版社,2008 年。
[39] 刘德标,罗凤翔:《国际贸易实务案例分析》,对外经济贸易大学出版社,2005 年。
[40] 宫焕久:《进出口业务教程》,上海人民出版社,2004 年。
[41] 全国国际商务单证培训认证考试办公室:《国际商务单证理论与实务(2009 年版)》,中国商务出版社,2009 年。
[42] 博斌:《国际贸易实务与案例》,清华大学出版社,2007 年。
[43] 易露霞:《国际贸易实务案例教程(双语)》,清华大学出版社,2010 年。
[44] 石玉川:《国际贸易方式》,对外经济贸易大学出版社,2002 年。
[45] 杜奇华,冷伯军:《国际技术贸易》,高等教育出版社,2011 年。
[46] 赵承璧,王玉清:《国际技术贸易》,清华大学出版社,2007 年。
[47] 李虹:《国际技术贸易》,东北财经大学出版社,2010 年。
[48] 李军:《国际技术与服务贸易》,中国人民大学出版社,2012 年。
[49] 饶友玲:《国际技术贸易理论与实务》,南开大学出版社,2006 年。
[50] 陆蓓:《国际技术贸易》,立信会计出版社,2010 年。
[51] 林珏:《国际技术贸易》,上海财经大学出版社,2006 年。
[52] 汪建新:《国际技术贸易》,格致出版社,2011 年。
[53] 汪素芹:《国际服务贸易》,机械工业出版社,2011 年。
[54] 陈宪,程大中:《国际服务贸易》,立信会计出版社,2008 年。
[55] 石静霞:《WTO 服务贸易法专论》,法律出版社,2006 年。
[56] 刘东升:《国际服务贸易概论》,北京大学出版社,2009 年。
[57] 郭根龙:《服务贸易自由化与竞争力》,经济科学出版社,2007 年。
[58] 程大中:《国际服务贸易学》,复旦大学出版社,2007 年。
[59] 王绍媛:《国际服务贸易自由化理论与规则》,大连理工大学出版社,2008 年。
[60] 何伯森:《国际工程承包》,中国建筑出版社,2007 年。
[61] 刘昌明,宋会莲:《工程招投标管理》,北京大学出版社, 2006 年。
[62] 吕文学:《国际工程合同管理》,化学工业出版社, 2006 年。
[63] 赵丕熙:《国际工程承包项目管理实务》,科学技术文献出版社,2011 年。
[64] 章昌裕:《国际直接投资融资》,中国人民大学出版社,2007 年。
[65] 桑百川,李玉梅:《国际直接投资》,北京师范大学出版社,2008 年。
[66] 曾小龙,蒋瑛:《国际投资学》,中国对外经济贸易出版社,2006 年。
[67] 綦建红:《国际投资学教程》,清华大学出版社,2008 年。

[68] 郭波:《国际投资:理论 · 政策 · 战略》,中国社会科学出版社,2009 年。
[69] 任淮秀:《投资经济学》,中国人民大学出版社,2009 年。
[70] 史晓丽,祁欢:《国际投资法》,中国政法大学出版社,2009 年。
[71] 王杨:《外商直接投资机理与效应》,中国人民大学出版社,2012 年。
[72] 陈文汉:《国际贸易实务》,中国人民大学出版社,2012 年。
[73] 袁其刚:《最新国际贸易惯例案例详解》,中国财政经济出版社,2008 年。
[74] 程德钧:《国际贸易争议与仲裁》,对外经济贸易大学出版社,2002 年。
[75] 黄进:《国际商事争议解决机制研究》,武汉大学出版社,2010 年。
[76] 赵秀文,曾宪义,王利明:《国际贸易法专题研究》,中国人民大学出版社,2009 年。
[77] 王晓川:《国际贸易争议与仲裁》,中国人民大学出版社,2008 年。
[78] 赵相林:《国际民商事争议解决的理论与实践》,中国政法大学出版社,2009 年。
[79] 王传丽,史晓丽:《国际贸易法》,中国人民大学出版社,2012 年。
[80] 韦经建,王彦志:《国际经济法案例教程》,科学出版社,2011 年。
[81] 朱念:《2010 国际贸易术语解释通则与 2000 版的比较分析》,《对外经贸实务》,2011 年第 5 期。
[82] 秦庆军,陈怀东:《WTO〈服务贸易总协定〉解读》,《当代石油石化》,2001 年第 12 期。
[83] 张海龙,赵圣存,谢凡:《国际工程承包项目中的风险管理》,《中国新技术新产品》,2011 年第 6 期。
[84] 牛学辉:《新形势下国际工程承包风险问题研究——以利比亚危机下中国工程承包企业风险为例》,《农村金融研究》,2011 年第 10 期。
[85] 王锡岩,甄淑慧:《国际工程承包项目风险管理分析》,《项目管理技术》,2008 年第 4 期。
[86] 王锡岩:《国际工程承包的发展趋势与项目管理过程》,《项目管理技术》,2007 年第 2 期。
[87] 黄晓:《对我国国际工程承包项目管理运作模式的建议》,《山西建筑》,2008 年第 36 期。
[88] 王恩英:《国际工程承包风险预警系统的构建》,西华大学硕士学位论文,2009 年。
[89] 曹磊:《2010—2011 年度全球电子商务研究报告》,中国电子商务研究中心。
[90] http://business. sohu. com/2004/05/20/33/article220213302. shtml。